Süd- und Nord-Québec
Seiten 150–161

Québec und St. Lawrence River
Seiten 132–149

Montréal
Seiten 110–131

Newfoundland und Labrador
Seiten 70–79

New Brunswick, Prince Edward Is. und Nova Scotia
Seiten 80–101

Toronto
Seiten 170–193

Ottawa und Ost-Ontario
Seiten 194–209

VIS-À-VIS

KANADA

DK
London • New York • München
Melbourne • Delhi

www.dorlingkindersley.de

Produktion
Duncan Baird Publishers, London

Texte
Paul Franklin, Sam Ion, Philip Lee, Cam Norton, Lorry Patton, Geoffrey Roy, Michael Snook, Donald Telfer, Paul Waters

Fotografien
Alan Keohane, Peter Wilson, Francesca Yorke

Illustrationen
Joanna Cameron, Gary Cross, Chris Forsey, Paul Guest, Claire Littlejohn, Robbie Polley, Kevin Robinson, John Woodcock

Kartografie
ERA-Maptec Ltd., Dublin, Irland

Redaktion und Gestaltung
Duncan Baird, London: Rebecca Miles, Vanessa Marsh, Georgina Harris, Michelle de Larrabeiti, Zoë Ross, Dawn Davies-Cook, Ian Midson, Rosie Laing, Kelvion Mullins, Gary Cross, Sarah Williams
Dorling Kindersley, London: Paul Hines, Jane Ewart, Mary Sutherland, Hugh Thompson, Helen Townsend, Anna Streiffert, Vivien Crump, Gillian Allen, Douglas Amrine

Titel der englischen Originalausgabe:
Eyewitness Travel Guide *Canada*
Zuerst erschienen 2000 in Großbritannien
bei Dorling Kindersley Ltd.
A Penguin Random House Company

Für die deutsche Ausgabe:

Ein Unternehmen der Penguin Random House Group

Aktualisierte Neuauflage 2018 / 2019

Programmleitung Dr. Jörg Theilacker, DK Verlag
Projektleitung Stefanie Franz, DK Verlag
Projektassistenz Antonia Wiesmeier, DK Verlag
Übersetzung Werner Geischberger, Pesch & Partner
Redaktion Dr. Elfi Ledig, München
Schlussredaktion Philip Anton, Köln
Umschlaggestaltung Ute Berretz, München
Satz und Produktion DK Verlag, München
Druck RR Donnelley Asia Printing Solutions Ltd., China

ISBN 978-3-7342-0169-1
12 13 14 15   20 19 18 17

Dieser Reiseführer wird regelmäßig aktualisiert. Angaben wie Telefonnummern, Öffnungszeiten, Adressen, Preise und Fahrpläne können sich jedoch ändern. Der Verlag kann für fehlerhafte oder veraltete Angaben nicht haftbar gemacht werden. Für Hinweise, Verbesserungsvorschläge und Korrekturen ist der Verlag dankbar. Bitte richten Sie Ihr Schreiben an:

Dorling Kindersley Verlag GmbH
Redaktion Reiseführer
Arnulfstraße 124 • 80636 München
travel@dk-germany.de

◀ **Bergkulisse im Assiniboine Provincial Park, British Columbia**

◀◀ **Umschlag: Das türkise Wasser des Lake O'Hara vor majestätischen Gipfeln, Yoho National Park** ***(siehe S. 308f)***

Inhalt

Rekonstruierte Vergangenheit: Fortress Louisbourg ***(siehe S. 100f)***

Lake Moraine im Banff National Park *(siehe S. 304 – 307)* in den Rockies

Château Frontenac *(S. 138)*, Québec

Ontario

Zentralkanada

British Columbia und Rockies

Nordkanada

Zu Gast in Kanada

Grund-informationen

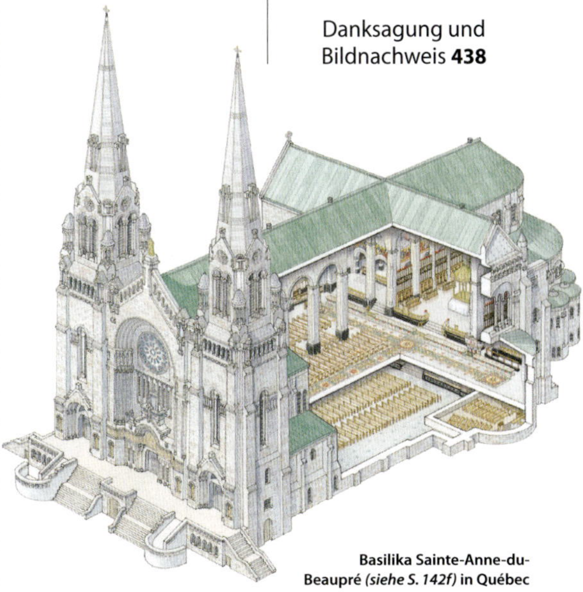

Basilika Sainte-Anne-du-Beaupré *(siehe S. 142f)* in Québec

Benutzerhinweise

Dieser Reiseführer soll Ihren Besuch in Kanada mit hilfreichen Informationen und Tipps zu einem unvergesslichen Erlebnis machen. Der Abschnitt *Kanada stellt sich vor* beschreibt Land und Leute und stellt historische Zusammenhänge dar. Das Land ist in sechs Großregionen und 13 Unterregionen unterteilt, darunter auch Städte wie *Toronto* und *Montréal*, in denen jeweils die Sehenswürdigkeiten in Text und Bild erläutert werden. Empfehlenswerte Restaurants, Hotels, Läden oder Unterhaltungsmöglichkeiten finden Sie im Kapitel *Zu Gast in Kanada*. Die nützlichen Hinweise in den *Grundinformationen* helfen sowohl bei der Reiseplanung als auch beim Zurechtfinden vor Ort.

Die Regionen Kanadas

Kanada wurde in diesem Reiseführer in sechs Hauptkapitel eingeteilt, die wiederum in 13 farblich markierte Regionen unterteilt sind. Ihre Farbcodierung ist auf den vorderen Umschlaginnenseiten zu sehen.

1 Überblickskarte
Diese Karte zeigt das Straßennetz und eine Übersicht der Hauptregion. Sie gibt hilfreiche Tipps für die Erkundung des Gebiets mit dem Auto oder anderen Transportmitteln.

2 Regionalkarte
Diese Karte listet die Attraktionen der Region auf. Alle Sehenswürdigkeiten sind nummeriert. Eine kurze Einführung informiert über Geschichte, Charakter und Naturschönheiten des Areals.

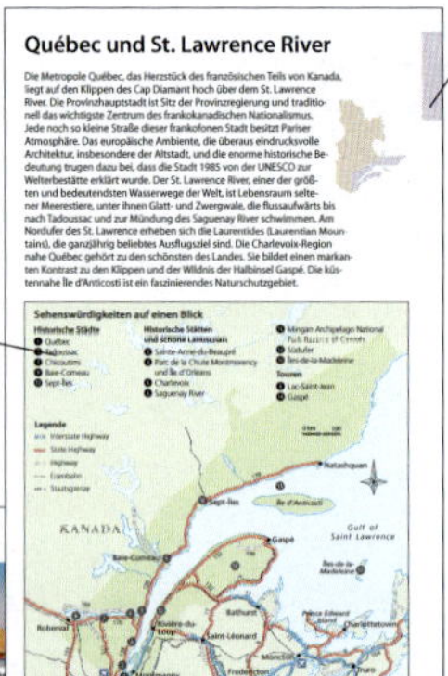

Die farbige Griffmarke erleichtert das Auffinden der einzelnen Regionen.

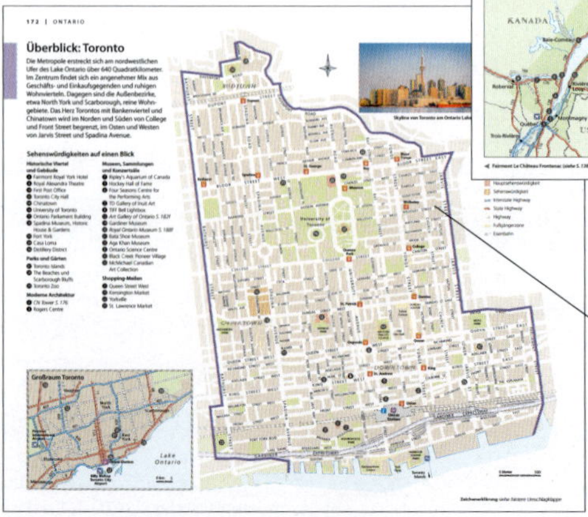

3 Stadtkarte
Die Großstädte Montréal, Toronto und Vancouver haben Stadtkarten. Hier sind die wichtigsten Sehenswürdigkeiten nummeriert gelistet. Die Seiten informieren auch über den öffentlichen Nahverkehr.

Die Infobox liefert praktische Informationen, die für Ihren Besuch hilfreich sind.

4 Detaillierte Informationen
Alle wichtigen Städte und Schauplätze werden einzeln in der Reihenfolge ihrer Nummerierung auf der *Regionalkarte* oder *Stadtkarte* detailliert beschrieben.

5 Zentrumskarte
Sie zeigt Straßen, die für Besucher einer Stadt interessant sind. Sehenswürdigkeiten sind darauf ebenso verzeichnet wie Bahnhöfe, Parkplätze, Touristeninformation und Kirchen.

Die Routenempfehlung führt Sie durch die interessantesten Straßen eines Stadtteils.

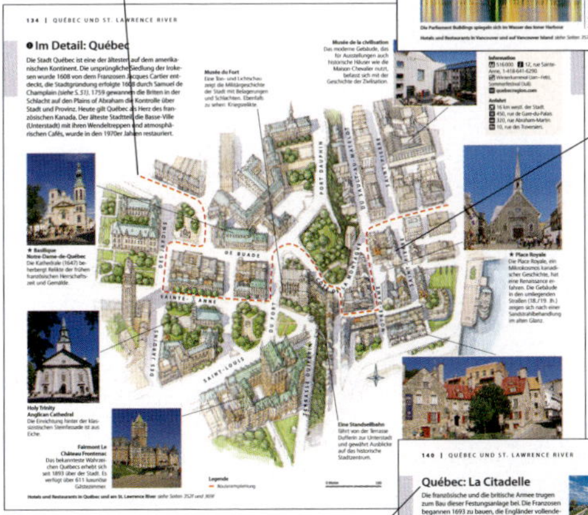

6 Detailkarte
Interessante Viertel sind aus der Vogelperspektive dargestellt. Fotos veranschaulichen wichtige Sehenswürdigkeiten

Sterne kennzeichnen Attraktionen, die Sie nicht versäumen sollten.

7 Hauptsehenswürdigkeiten
Den Highlights Kanadas werden zwei oder mehr Seiten gewidmet. Historische Gebäude werden im Aufriss gezeigt, zu Nationalparks gibt es detaillierte Karten, Museen und Sammlungen haben farbige Grundrisse.

Der »Außerdem«-Kasten liefert zusätzliche Detailinformationen oder nette Kleinigkeiten.

KANADA STELLT SICH VOR

Kanada entdecken

Die folgenden Tages- und Wochentouren sind so konzipiert, dass Sie möglichst viele Highlights des Landes erleben, ohne allzu weite Wege zurücklegen zu müssen. Zunächst werden Toronto, Montréal und Vancouver in zweitägigen Touren vorgestellt. Die ersten beiden Metropolen können im Rahmen einer einwöchigen Tour auch hintereinander besichtigt werden. Danach folgen Sieben-Tage-Touren durch British Columbia und Rockies, Ontario, Québec und die Atlantikprovinzen, bei denen man einen guten Eindruck von den jeweiligen Gebieten bekommt. Suchen Sie sich die für Sie geeignete Tour aus, kombinieren Sie, folgen Sie Ihrem eigenen Weg, oder tauchen Sie einfach in dieses faszinierende Land ein.

Niagara Falls
Die spektakulären Wasserfälle im Grenzgebiet zu den USA werden jedes Jahr von rund 14 Millionen Menschen besucht *(siehe S. 216–221)*.

Sieben Tage in Ontario

- Bewundern Sie die viktorianische Architektur am **Parliament Hill** in **Ottawa**.
- Abenteuerlich: Kanufahrt durch die Wildnis des **Algonquin Provincial Park**.
- Unternehmen Sie einen Streifzug durch die wechselvolle Geschichte der National Historic Site **Sainte-Marie among the Hurons**.
- Natur pur: Bootsfahrt und Wanderung durch den idyllischen **Georgian Bay Islands National Park**.
- Spüren Sie den eindrucksvollen Zauber der Naturgewalten: **Niagara Falls**.
- Machen Sie einen Spaziergang durch **Niagara-on-the-Lake**, einen Ort mit charmanten Holzhäusern.

Sieben Tage in Québec

- Bummeln Sie entlang den kopfsteingepflasterten Straßen der Metropole **Québec**.
- Spektakulär: **Montmorency Falls** im **Parc de la Chute Montmorency**.
- Besichtigen Sie die prunkvolle **Sainte-Anne-de-Beaupré**, das wichtigste Pilgerziel in Québec.
- Walbeobachtungstour mit Start im stimmungsvollen Städtchen **Tadoussac**.
- Ein Traum: die ursprüngliche Landschaft im **Parc National du Canada Forillon** an der Spitze der Halbinsel **Gaspé**.
- Tipp: Weintour mit Verkostung durch das **Vallée-du-Richelieu** bei **Montréal**.

◀ ***Indianisches Zeltlager am Lake Huron*** **(um 1845) von Paul Kane**

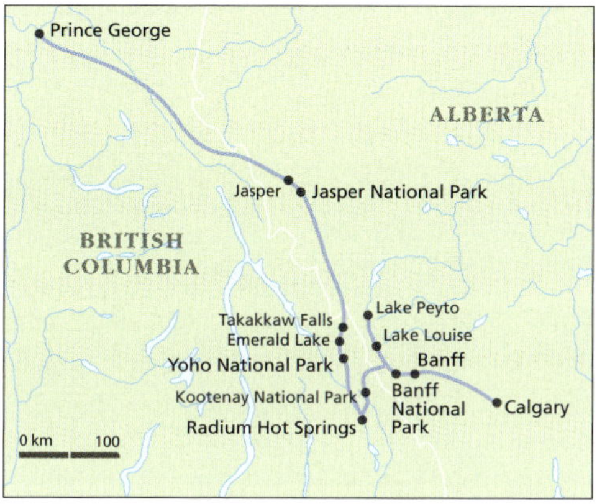

Sieben Tage in British Columbia und Rockies

- Besuchen Sie **Calgary** – am besten zur berühmten **Calgary Stampede**.
- Zeuge der dramatischen Geschichte des westlichen Kanada: **Fort Calgary**.
- **Banff National Park** – dichte Wälder, schneebedeckte Gipfel und klare Seen.
- Bizarr geformte Schlucht: **Marble Canyon** im **Kootenay National Park**.
- Machen Sie eine Bootsfahrt auf dem smaragdgrünen **Emerald Lake**, wandern Sie im **Yoho National Park**.
- Ein Muss: Fahrt mit der **Jasper Tramway**, Kanadas längster Seilbahn, zur Aussichtsterrasse (2277 m).

Sieben Tage in den Atlantikprovinzen

- Bummeln Sie durch **Halifax**, und besichtigen Sie die sternförmige **Zitadelle**.
- Erkunden Sie **Peggy's Cove**, das kleine Dorf zwischen Felsküste und Atlantik mit berühmtem Leuchtturm.
- Genießen Sie kleinstädtischen Charme: **Charlottetown**, Hauptstadt der Provinz **Prince Edward Island**.
- Auf den Spuren einer Literatin: Besichtigung von **Lucy Maud Montgomery's Cavendish Home**.
- Wanderung im Bann der Gezeiten – im **Fundy National Park** erreicht der Tidenhub Rekordwerte.

Legende

- Ontario
- Québec
- Atlantikprovinzen
- British Columbia und Rockies

Peggy's Cove
Der auf einem Granitfelsen thronende Leuchtturm von Peggy's Cove ist ein Wahrzeichen der Atlantikprovinzen und eine der meistfotografierten Sehenswürdigkeiten Kanadas *(siehe S. 93)*.

Zwei Tage in Toronto

Die Metropole verfügt über erstklassige Hotels und Restaurants sowie Museen von Weltrang (u. a. Art Gallery of Ontario und Royal Ontario Museum).

- **Anreise** Der UP Expresszug (alle 15 Min.) fährt vom Flughafen zur Union Station im Finanzviertel (Dauer: 25 Min.).
- **Weiterreise** Mit dem Flugzeug nach Vancouver, mit Flugzeug, Zug oder Bus nach Montréal.

Blick auf die Skyline von Toronto am Lake Ontario *(siehe S. 170–193)*

Erster Tag

Vormittags Die Skyline von **Toronto** *(siehe S. 170–193)* wird vom **CN Tower** *(siehe S. 176)* dominiert, zu den Aussichtsplattformen führen Aufzüge. Von oben bietet sich eine tolle Aussicht. Wagen Sie auch einen Blick durch den Glasboden nach unten (nur für Schwindelfreie!). Die **Toronto Dominion Gallery of Inuit Art** *(siehe S. 178)* präsentiert eine Sammlung von Inuit-Kunst. Spazieren Sie dann am **Hafen** entlang *(siehe S. 174f)*, bewundern Sie moderne Kunst in der **Power Plant**. Sie können auch eine Rundfahrt buchen.

Nachmittags Das von den Briten errichtete **Fort York** *(siehe S. 190)* war für die Historie der Stadt bedeutend. Ein Muss ist ein Besuch der **Art Gallery of Ontario** *(siehe S. 182f)* mit ihren fantastischen Sammlungen bildender Kunst. Von dort ist es nicht weit zu dem für seine ethnische Vielfalt bekannten Shopping-Viertel **Kensington Market** *(siehe S. 184)*.

Zweiter Tag

Vormittags Das imposante Spektrum des **Royal Ontario Museum** *(siehe S. 188f)* reicht von Totempfählen bis zu Dinosaurierskeletten. Thematisch überschaubarer sind die Ausstellungen im **Bata Shoe Museum** *(siehe S. 186f)*, in dem Unmengen von Schuhen in allen Formen und Größen gezeigt werden. Ein fester Bestandteil sind Schuhe von Prominenten.

Nachmittags Versäumen Sie nicht die Keramiksammlung im **Gardiner Museum** *(siehe S. 186)*, danach lockt die **Casa Loma** *(siehe S. 190f)*, ein burgartiger viktorianischer Bau. Bummeln Sie durch **Yorkville** *(siehe S. 187)*, hier kann man gut essen. Per Boot kommen Sie zu den autofreien Toronto Islands, ein Paradies für Radfahrer. **Hanlan's Point** *(siehe S. 192)* ist ein FKK-Strand.

Tipp zur Verlängerung
Von Toronto erreicht man mit Zug, Bus oder Auto in nur zwei Stunden die weltberühmten **Niagara Falls** *(siehe S. 216–221)*. Nehmen Sie sich für das Naturwunder einen Tag Zeit.

Casa Loma in Toronto – Burgimitation mit Zinnen *(siehe S. 190f)*

Zwei Tage in Montréal

Montréals französisches Erbe zeigt sich u. a. in der großen Zahl an Restaurants.

- **Anreise** Vom Airport fahren Shuttle-Busse in 40 Minuten ins 22 Kilometer entfernte Zentrum.
- **Weiterreise** Mit dem Flugzeug nach Vancouver, mit Flugzeug, Zug oder Bus nach Toronto.

Erster Tag

Vormittags Beginnen Sie den Streifzug durch **Montréal** *(siehe S. 110–131)* mit einer Besichtigung der **Basilique Notre-Dame de Montréal** *(siehe S. 116f)*, deren Fassade von Zwillingstürmen geprägt wird. Das **Centre d'histoire de Montréal** *(siehe S. 118)* dokumentiert die Stadtgeschichte. Didaktisch sehr gut aufgebaut ist auch das **Centre des sciences de Montréal** *(siehe S. 118)* mit Sammlungen zu Technik und Wissenschaft.

Nachmittags Nach dem Essen flanieren Sie am Wasser zum **Vieux-Port** *(siehe S. 116)*, dem Alten Hafen. Das Areal wurde in einen stimmungsvollen Park umgewandelt. Gehen Sie dann zurück nach **Vieux-Montréal** *(siehe S. 114f)*. Hier, in der Altstadt, lohnt vor allem das im Stil eines französischen Schlosses erbaute **Château Ramezay**

Weitere Infos zu den Verkehrsmitteln innerhalb Kanadas *siehe S. 406–419*

(siehe S. 116f) einen Besuch. In der Nähe befindet sich die **Sir George-Etienne Cartier National Historic Site** *(siehe S. 117)*, ein aus zwei viktorianischen Häusern bestehendes Nationaldenkmal an der Rue Notre-Dame. Das Anwesen wird von einigen der imposantesten Gebäude von Vieux-Montréal umrahmt.

Zweiter Tag

Vormittags Inspirierend ist ein Spaziergang entlang der Rue Sherbrooke, die von eleganten Villen, erhabenen Kirchenbauten und schön dekorierten Juwelierläden gesäumt wird. In dieser Straße befindet sich mit dem **Musée des beaux-arts** *(siehe S. 122f)* auch die größte Kunstsammlung der Stadt. Eine grüne Oase bilden die beiden Plätze **Square Dorchester** und **Place du Canada** *(siehe S. 123)*, auf denen Statuen berühmter Kanadier stehen. Beim Bau der **Cathédrale Marie-Reine-du-Monde** *(siehe S. 126)* orientierten sich die Architekten am Petersdom in Rom.

Nachmittags Nach einer Portion Kunstgenuss in der **Place des Arts** *(siehe S. 119)* besuchen Sie das **Musée d'art contemporain** *(siehe S. 120f)* mit seinen Sammlungen zeitgenössischer Kunst (Gemälde, Fotografien, Videos, Installationen). Der Entspannung dient ein Abstecher zum **Parc Mont-Royal** *(siehe S. 127)*, einer Grünanlage, von deren höchstem Punkt (Mont-Royal) sich eine fantastische Aussicht bietet. Erklimmen Sie nun die 300 Stufen zum Eingang der Kirche **Oratoire Saint-Joseph** *(siehe S. 127)*, deren kupferne Kuppel schon von Weitem zu sehen ist. Bei schlechtem Wetter schlendern Sie durch das umtriebige Viertel **Plateau Mont-Royal** *(siehe S. 119)* mit seinen Boutiquen, Buchläden und Straßencafés.

Vieux-Montréal, ein überaus charmantes Stadtviertel ***(siehe S. 114f)***

Zwei Tage in Vancouver

Vancouver beeindruckt allein schon durch seine spektakuläre Lage zwischen Pazifischem Ozean und den Coast Mountains. Das Zentrum der Metrople an der kanadischen Westküste liegt auf einer Halbinsel.

- **Anreise** Der SkyTrain fährt vom Flughafen ins 13 Kilometer entfernte Zentrum (Fahrtdauer: 25 Minuten).
- **Weiterreise** Mit dem Flugzeug nach Toronto und Montréal.

Erster Tag

Vormittags Im Hafenviertel von **Vancouver** *(siehe S. 268–283)* kann man Fähren beim An- und Ablegen beobachten und die Architektur des **Canada Place** *(siehe S. 272)* bestaunen. Sehenswert sind auch **Waterfront Station** *(siehe S. 272)* und der 167 Meter hohe **Harbour Centre Tower** *(siehe S. 272)*. Kanadische und internationale Kunst zeigt die **Vancouver Art Gallery** *(siehe S. 275)*.

Nachmittags Machen Sie einen Streifzug durch **Gastown** *(siehe S. 272f)*, dessen Flair von älteren Gebäuden und vielen Läden geprägt wird. Von hier geht es nach **Chinatown** *(siehe S. 274)*. Entspannung findet man im **Dr. Sun Yat-Sen Classical Chinese Garden** *(siehe S. 274)*. Im spannenden Wissenschaftsmuseum **Science World** *(siehe S. 274f)* ist Mitmachen angesagt.

Science World mit 47 Meter hoher Kuppel, Vancouver ***(siehe S. 274f)***

Zweiter Tag

Vormittags Im über 400 Hektar großen **Stanley Park** *(siehe S. 279)* kann man wandern und Rad fahren (Verleih vor Ort) oder am Strand ein Sonnenbad nehmen. Von der Grünanlage hat man eine fantastische Sicht auf die Stadt. Im **Vancouver Aquarium** *(siehe S. 279)* sind u. a. Delfine und Wale zu sehen.

Nachmittags Das **University of British Columbia Museum of Anthropology** *(siehe S. 280f)* präsentiert Sammlungen indianischer Kunst. Zu den Objekten gehören u. a. Totempfähle und Kopfschmuck. Veranschlagen Sie ein paar Stunden für das Museum. Auf dem Weg zurück ins Stadtzentrum legen Sie einen Stopp im **Vanier Park** *(siehe S. 270)* ein, einem hübschen Stück Parkland.

Tipp zur Verlängerung
Verbringen Sie zwei Tage in **Victoria** *(siehe S. 284–289)*. Die Stadt erreicht man von Vancouver per Fähre in zwei Stunden.

Mit der Seilbahn auf den Sulphur Mountain (2281 m; *siehe S. 307*)

Sieben Tage in British Columbia und Rockies

- **An-/Abreise** Der Flughafen Calgary ist Start-/Zielort.
- **Weiterreise** Für die Tour braucht man ein Auto.
- **Reservierung** *Jasper National Park:* Jasper Tramway.

Erster Tag: Calgary

Startpunkt der Tour ist **Calgary** *(siehe S. 296–299)*, eine Großstadt mit »Westernflair«. Berühmt ist sie wegen ihrer Rodeos (Stampedes). Weitere Attraktionen sind das **Glenbow Museum** *(siehe S. 297)*, in dem Arbeiten kanadischer Künstler ausgestellt sind, und der **Fort Calgary Historic Park** *(siehe S. 298)* mit einem wiederaufgebauten Fort.

Zweiter Tag: Banff

Mit seiner imposanten Bergszenerie ist **Banff** *(siehe S. 307)* ein guter Startpunkt für Touren in die Rockies. Fahren Sie mit der Seilbahn auf den **Sulphur Mountain** *(siehe S. 307)*. Die **Cave and Basin National Historic Site** *(siehe S. 307)* ist ein Museum zur Stadthistorie. Dem Wasser im **Upper Hot Springs Pool** *(siehe S. 307)* wird Heilwirkung nachgesagt.

Dritter Tag: Banff National Park

Schneebedeckte Berggipfel, dichte Wälder und kristallklare Seen erlebt man im **Banff National Park** *(siehe S. 304–307)*. Verweilen Sie ein wenig am faszinierenden, türkisfarbenen **Lake Louise** *(siehe S. 307)*, durchwandern Sie den **Johnston Canyon** *(siehe S. 306)*, und genießen Sie vom Aussichtspunkt am **Peyto Lake** *(siehe S. 306)* das Panorama.

Vierter Tag: Kootenay NP und Radium Hot Springs

Der Kootenay Parkway schlängelt sich durch den **Kootenay National Park** *(siehe S. 303)*. Halten Sie an den Paint Pots genannten, eisenhaltigen Mineralquellen und ein weiteres Mal am Marble Canyon, einer von steilen Wänden begrenzten Schlucht. Nächster Stopp ist die für ihre Mineralquellen berühmte Ortschaft **Radium Hot Springs** *(siehe S. 303)*.

Fünfter Tag: Yoho National Park

Die Erkundung des **Yoho National Park** *(siehe S. 308f)* beginnt am Emerald Lake, einem nach seiner »Smaragdfärbung« benannten See. Buchen Sie eine geführte Tour zur Fossilienfundstätte **Burgess Shale** *(siehe S. 309)*, und beenden Sie den Tag mit einem Abstecher zu den 254 Meter hohen **Takakkaw Falls** *(siehe S. 309)*.

Sechster Tag: Jasper National Park

Eine Tour durch die kanadischen Rockies wäre nicht komplett ohne einen Besuch des **Jasper National Park** *(siehe S. 312–315)*. Die Bergwelt im Umland der Stadt Jasper ist gigantisch, ein Highlight ist der tief eingeschnitten **Maligne Canyon** *(siehe S. 315)*. Unternehmen Sie eine Kanutour auf dem **Pyramid Lake** *(siehe S. 315)*, entspannen Sie in den **Miette Hot Springs** *(siehe S. 315)*, den heißesten Quellen der Rockies, wandern Sie zum Angel Glacier am **Mount Edith Cavell** *(siehe S. 315)*, oder fahren Sie mit der **Jasper Tramway** *(siehe S. 312)*, einer Seilbahn, zur Aussichtsterrasse in 2277 Metern Höhe.

Siebter Tag: Prince George

Beenden Sie die Tour mit dem Besuch von **Prince George** *(siehe S. 316)*, einem wichtigen Versorgungszentrum am Schnittpunkt von Yellowhead Highway und Highway 97. Neben Kunstgalerien fasziniert hier vor allem das exzellente **Exploration Place Museum and Science Centre** *(siehe S. 316)*, dessen Exponate die Geschichte der Gegend verdeutlichen.

Maligne Canyon mit Wasserfall, Jasper National Park *(siehe S. 315)*

Moraine Lake vor Bergkulisse im Banff National Park *(siehe S. 304–307)*

Weitere Infos zu den Verkehrsmitteln innerhalb Kanadas *siehe S. 406–419*

Blick auf die Herbstlandschaft von Thousand Islands *(siehe S. 204)*

Sieben Tage in Ontario

- **An-/Abreise** Die Airports von Ottawa und Toronto eignen sich gleichermaßen.
- **Weiterreise** Täglicher Zugverkehr zwischen Ottawa, Kingston und Toronto. Die Fahrt von Ottawa nach Kingston dauert 2,5 Stunden und von dort nach Toronto ebenso lang. Für die Tour braucht man ein Auto.
- **Reservierung** *Algonquin Provincial Park:* Camping und Ausrüstung.

Erster Tag: Ottawa

Die kanadische Hauptstadt **Ottawa** *(siehe S. 196–203)* bietet viele Sehenswürdigkeiten und erstklassige Restaurants. Konzentrieren Sie sich auf das Gebiet um den Parliament Hill mit seinen schönen viktorianischen Bauten, das **Canadian War Museum** *(siehe S. 199)* und die **National Gallery of Canada** *(siehe S. 202f)*.

Zweiter Tag: Kingston und Thousand Islands

Bummeln Sie durch das geschichtsträchtige **Kingston** *(siehe S. 204f)*, und erleben Sie im **Marine Museum of the Great Lakes** *(siehe S. 205)* die Geschichte der Schifffahrt auf den Großen Seen. Machen Sie eine Fahrt auf dem St. Lawrence River zu den **Thousand Islands** *(siehe S. 204)*.

Dritter Tag: Algonquin Provincial Park (Teil 1)

Zu den landschaftlichen Höhepunkten Ontarios gehört der **Algonquin Provincial Park** *(siehe S. 208f)*, ein dicht bewaldetes Areal mit einem Mosaik von glitzernden Seen. Einzige durch den Park führende Straße ist der Highway 60 (Parkway Corridor), über den man auch das **Algonquin Art Centre** und das **Algonquin Logging Museum** erreicht. Übernachten Sie in einer Lodge.

Vierter Tag: Algonquin Provincial Park (Teil 2)

Machen Sie sich früh am Tag auf den Weg, und unternehmen Sie eine Kanutour – auf eigene Faust oder mit Führer. Das Netz an Wasserwegen durch die unberührte Wildnis ist sehr dicht, Sie können einen ganzen Tag auf dem Wasser verbringen.

National Gallery of Canada in der Hauptstadt Ottawa *(siehe S. 202f)*

Fünfter Tag: Sainte-Marie among the Hurons und Georgian Bay Islands National Park

Zu den größten kulturhistorischen Schätzen Ontarios gehört **Sainte-Marie among the Hurons** *(siehe S. 224f)*, eine rekonstruierte Missionsstation (17. Jh.), die von den Jesuiten auf dem Gebiet der Huronen errichtet wurde. Fahren Sie zum Ort **Honey Harbour** *(siehe S. 223)*, von wo aus Sie per Wassertaxi zum **Georgian Bay Islands National Park** *(siehe S. 223)* und nach **Beausoleil Island** *(siehe S. 223)* gelangen.

Sechster Tag: St. Jacobs, Niagara Falls und Niagara-on-the-Lake

Machen Sie einen Abstecher zur **Bell Homestead National Historic Site** *(siehe S. 222)* mit dem Wohnhaus von Alexander Graham Bell, Erfinder des Telefons. Die **Niagara Falls** *(siehe S. 216–221)* sind Höhepunkt jeder Kanadareise. Hier stürzen Kanadas Horseshoe Falls und Amerikas American Falls 52 Meter in die Tiefe. Durch die Sprühnebel fahren Hornblower-Boote Besucher so nah wie möglich an die Fälle heran. Das Städtchen **Niagara-on-the-Lake** *(siehe S. 212)* mit Gärten und Weinkellereien lohnt einen Besuch.

Siebter Tag: Toronto

Wählen Sie einen Tag aus der Stadttour auf Seite 12 aus.

Küstenlandschaft im Parc National du Canada Forillon ***(siehe S. 149)***

Sieben Tage in Québec

- **An-/Abreise** Montréal ist der beste Ausgangspunkt.
- **Weiterreise** Mit Bussen von Greyhound Canada erreicht man viele Ziele in der Umgebung von Québec. Die Fahrtdauer für die Strecke Québec–Montréal beträgt drei Stunden. Die Zugverbindung zur Gaspé Peninsula wird unregelmäßig bedient. Mit dem Auto ist man flexibler.

Erster Tag: Québec

Ein idealer Ausgangspunkt für eine Tour durch die Provinz ist die Hauptstadt **Québec** *(siehe S. 134–143)* am St. Lawrence River. Von **La Citadelle** *(siehe S. 140f)* bietet sich ein herrlicher Überblick über die Stadt. Ein Bummel durch die Altstadt führt an zahlreichen schmucken Häusern vorbei. Besuchen Sie zwei weitere Attraktionen: **Musée de la civilisation** *(siehe S. 137)* und **Château Frontenac** *(siehe S. 138)*.

Zweiter Tag: Umgebung von Québec

Ein Ausflug nach Norden führt ins reizende Städtchen **Chicoutimi** *(siehe S. 144)*. Bei einer Tour um den **Lac-Saint-Jean** *(siehe S. 145)* kommt man durch einige sehr hübsche Dörfer, die von Hügelland umrahmt werden.

Dritter Tag: Sehenswertes am St. Lawrence River

Im **Parc de la Chute Montmorency** *(siehe S. 143)* mündet der Montmorency in einem 86 Meter hohen Wasserfall in den mächtigen St. Lawrence River. **Sainte-Anne-de-Beaupré** *(siehe S. 142f)*, einer der heiligsten Orte Kanadas, zieht große Scharen von Pilgern an. Die prachtvoll ausgeschmückte römisch-katholische Basilika wurde 1923 im neoromanischen Baustil fertiggestellt. **Baie-Saint-Paul** *(siehe S. 143)* zählt auch wegen seiner historischen Bausubstanz zu den schönsten Orten an der Küste. Das vor hoch aufragenden felsigen Klippen gelegene **Tadoussac** *(siehe S. 144)* ist auch als Startpunkt von spektakulären Touren zur Walbeobachtung bekannt.

Château Frontenac ***(siehe S. 138)*****, Wahrzeichen von Québec**

Vierter Tag: Gaspé Peninsula – Nordküste

Mit der Fähre überquert man den breiten St. Lawrence River zwischen Saint-Siméon und **Rivière-du-Loup** *(siehe S. 147)*. Von dort führt eine Küstenstraße zur **Gaspé Peninsula** *(siehe S. 148f)*. **Grand Métis** *(siehe S. 148)* besitzt schöne Gärten. Für Wanderungen eignet sich der **Parc National de la Gaspésie** *(siehe S. 148)*.

Fünfter Tag: Gaspé Peninsula – Südküste

Der **Parc National du Canada Forillon** *(siehe S. 149)* ist ein Highlight im Nordosten der Halbinsel. Südwestlich Richtung **Percé** *(siehe S. 149)* gibt es viele Galerien. In der vorgelagerten Bucht kann man Wale beobachten. Das malerische **Vallée de la Matapédia** *(siehe S. 148)* ist für Ahornsirup und Obstgärten bekannt.

Sechster Tag: Eastern Townships

Ein prachtvoll verziertes Herrenhaus lohnt einen Besuch von **Sainte-Croix** *(siehe S. 152)*, auch **Sherbrooke** *(siehe S. 152)* ist sehr stimmungsvoll. Der **Lac Memphrémagog** *(siehe S. 152)* wird von bewaldeten Hügeln umgeben. **Vallée-du-Richelieu** *(siehe S. 152)* ist ein Obst- und Weinbaugebiet.

Siebter Tag: Montréal

Wählen Sie einen Tag aus der Stadttour auf Seite 12f aus.

Weitere Infos zu den Verkehrsmitteln innerhalb Kanadas *siehe S. 406–419*

Sieben Tage in den Atlantikprovinzen

- **An-/Abreise** Halifax Airport ist Start- und Endpunkt.
- **Weiterreise** Für die Tour braucht man ein Auto.

Erster Tag: Halifax

In **Halifax** *(siehe S. 94f)*, der Hauptstadt von Nova Scotia, lohnt ein Besuch der sternförmigen **Halifax Citadel National Historic Site** *(siehe S. 95)* – nicht nur wegen der Aussicht. Bei einem Bummel durch das Hafenviertel kommt man auch zum **Maritime Museum of the Atlantic** *(siehe S. 94)*.

Zweiter Tag: Peggy's Cove und Lunenburg

Die schroffe Küste südwestlich von Halifax wurde von der Meeresbrandung geformt und birgt viele Höhlen. Auf einem Granitfelsen liegt der beschauliche Ort **Peggy's Cove** *(siehe S. 93)*, dessen Leuchtturm zu den meistfotografierten Motiven in Kanada gehört. Seefahrerromantik verströmt das von der UNESCO 1996 zur Welterbestätte erklärte, von viktorianischen Häusern geprägte Städtchen **Lunenburg** *(siehe S. 92)*.

Dritter Tag: Nova Scotias historische Architektur

Drei stattliche Kirchen prägen das Bild von **Mahone Bay** *(siehe S. 92f)*. **Annapolis Royal** *(siehe S. 91)* beeindruckt mit seiner historischen Bausubstanz, zu der auch zwei Forts gehören (ein britisches, ein französisches). Nicht weniger lohnend ist ein Bummel durch **Wolfville** *(siehe S. 91)*, wo die Grand Pré National Historic Site der Franzosen (Akadier) gedenkt, die 1755 von den Briten vertrieben und zur Umsiedlung gezwungen wurden.

Vierter Tag: Von Truro nach Charlottetown

An der Küste des Orts **Truro** *(siehe S. 90)* ist der Tidenhub gewaltig – ideal zur Beobachtung der Meeresgewalten. Im restaurierten **Fort Beauséjour** *(siehe S. 90)* ist ein archäologisches Museum untergebracht. Über die 13 Kilometer lange und 1997 eröffnete Confederation Bridge erreicht man die Provinz **Prince Edward Island** *(siehe S. 86–89)* mit der Hauptstadt **Charlottetown** *(siehe S. 89)*, die als »Kanadas Geburtsort« gilt.

Fünfter Tag: Prince Edward Island

Zu den meistbesuchten Gebäuden von **Cavendish** *(siehe S. 88)* gehört **Lucy Maud Montgomery's Cavendish Home**. Der etwa 22 Quadratkilometer große **Prince Edward Island National Park** *(siehe S. 88)* verläuft entlang der Nordküste. Lassen Sie den Tag im **Orwell Corner Historic Village** *(siehe S. 89)* ausklingen – der sorgfältig restaurierte Ort (19. Jh.) wirkt wie ein Freilichtmuseum.

Bootsanlegestelle mit bunt bemalten Häusern, Peggy's Cove *(siehe S. 93)*

Häuser in Charlottetown, Prince Edward Island *(siehe S. 86–89)*

Sechster Tag: Fundy National Park und Saint John

Der **Fundy National Park** *(siehe S. 82)* in New Brunswick liegt an einem felsigen Küstenabschnitt mit einem gigantischen Tidenhub von bis zu 15 Metern. Nach einer Wanderung entlang der Küste lohnt sich ein Abstecher in die Kleinstadt **Saint John** *(siehe S. 82)* mit dem sehenswerten New Brunswick Museum.

Siebter Tag: Fredericton

Fredericton *(siehe S. 83)*, die Hauptstadt New Brunswicks, zählt mit ihrer historischen Bausubstanz zu den schönsten Orten Ostkanadas. Sehenswert: die **Beaverbrook Art Gallery** mit einer Gemäldesammlung (19./20. Jh.).

Tipp zur Verlängerung

Mit überwältigenden Naturschönheiten beeindruckt **Cape Breton Island** *(siehe S. 96f)*. Die Insel eignet sich für einen zweitägigen Aufenthalt. Ein sehr dichtes Netz an Wanderwegen durchzieht den **Cape Breton Highlands National Park**, ein guter Ausgangspunkt ist **Chéticamp**. Ebenso attraktiv ist der Ferienort **Baddeck**, der mit diversen Sehenswürdigkeiten aufwartet, u. a. mit der Alexander Graham Bell National Historic Site, einem Museum zu Ehren des Erfinders des Telefons.

West- und Nordkanada auf der Karte

Kanada liegt am nördlichen Ende des amerikanischen Kontinents und umfasst 9 970 610 Quadratkilometer Fläche. Über 70 Prozent der nördlichen Wildnis sind unbewohnt, da der Boden ganzjährig gefroren ist. In British Columbia gibt es hingegen dichte Waldbestände.

Entfernungstabelle

10 = Entfernung in Kilometern

	Banff	Calgary	Dawson City	Red Deer	Regina	Saskatoon	Vancouver	Whitehorse
Banff								
Calgary	128							
Dawson City	3039	2911						
Red Deer	253	146	1976					
Regina	888	764	2526	610				
Saskatoon	748	630	2297	476	260			
Vancouver	928	1057	1917	934	2424	1677		
Whitehorse	2513	2385	440	2188	2871	2614	2697	
Winnipeg	1464	1336	2942	1186	888	829	3312	3524

Weitere Zeichenerklärungen
siehe hintere Umschlagklappe

Ostkanada auf der Karte

Die meisten der 36,5 Millionen Einwohner Kanadas leben in der Nähe der US-amerikanischen Grenze – in einem Streifen, der sich von der Ostküste bis nach British Columbia im Westen erstreckt. Über 60 Prozent konzentrieren sich in den Provinzen Ontario und Québec im Südosten. Hier ist auch das Herzland der kanadischen Industrie: Elektronik, Wasserkraft, Holz und Papier. Die Küstenprovinzen Nova Scotia, New Brunswick und Prince Edward Island sind Kanadas kleinste Provinzen, doch ihre Schönheit zieht zahlreiche Besucher an. Auch Newfoundland und Labrador sind für den herben Charme ihrer Landschaft bekannt.

Entfernungstabelle

10 = Entfernung in Kilometern

	Charlottetown	Fredericton	Halifax	Montréal	Niagara Falls	Ottawa	Québec	Sept-Îles	Thunder Bay
Fredericton	356								
Halifax	239	473							
Montréal	1149	834	1003						
Niagara Falls	1860	1510	1925	676					
Ottawa	1339	1016	1456	200	536				
Québec	954	598	1071	257	946	724			
Sept-Îles	1412	1267	1512	859	1569	1074	637		
Thunder Bay	2794	2471	2910	1654	1521	1503	1963	2613	
Toronto	1689	1366	1806	549	137	399	809	1449	1384

Weitere Zeichenerklärungen *siehe hintere Umschlagklappe*

Ein Porträt Kanadas

Kanada ist der flächenmäßig zweitgrößte Staat der Erde. Das Territorium erstreckt sich vom Atlantischen Ozean im Osten bis zum Pazifischen Ozean im Westen. Im Norden reicht es bis zum Nordpolarmeer, im Süden grenzt es an die USA. Kanada ist ein Land mit reicher Natur – weite, von zahllosen Seen bedeckte Ebenen werden von hohen Gebirgsketten begrenzt. Die Metropolen des Landes sind kosmopolitisch. Kanada ist seit rund 20 000 Jahren bewohnt, ab dem 17. Jahrhundert siedelten sich Europäer an. Heute ist das Land für seine liberale Gesellschaft bekannt.

Kanadas Liberalität und Toleranz sind Folgen seiner konfliktreichen Vergangenheit. Zur Stabilisierung des Landes waren zwei Jahrhunderte voller Kompromisse nötig. Nach den Kämpfen zwischen britischer und französischer Armee Mitte des 18. Jahrhunderts gewannen die Briten 1759 die Kontrolle. Die selbst verwalteten Kolonien von British North America benötigten drei Jahre für das Abkommen, das sie 1867 in der Dominion of Canada vereinte. Newfoundland wurde erst 1949 Teil des Staats. Regionale Unterschiede, vor allem zwischen dem Französisch und dem Englisch sprechenden Teil, erschwerten die Entwicklung einer nationalen Identität. Als Pierre Berton, ein kanadischer Schriftsteller, einen Kanadier charakterisieren sollte, sagte er: »Jemand, der in einem Kanu Liebe machen kann.«

Als zweitgrößtes Land der Welt hat Kanada eine Fläche von fast zehn Millionen Quadratkilometern. Über 40 Prozent davon liegen oberhalb des 60. Breitengrads. In der spärlich besiedelten Wildnis fällt das Thermometer im Winter auf –30 °C. Im Sommer wird sie von Millionen von Insekten heimgesucht. So überrascht es nicht, dass die meisten Kanadier die gemäßigteren südlichen Regionen bevorzugen.

Die schneebedeckten Dächer von Québec vor dem St. Lawrence River in der Abenddämmerung

◀ Parade der Royal Canadian Mounted Police (RCMP) am 1. Juli, dem Canada Day, in Ottawa

Über 80 Prozent der gut 36,5 Millionen Einwohner leben nicht weiter als 200 Kilometer von der US-Grenze entfernt.

Flora und Fauna

Im Norden lässt der Dauerfrostboden der baumlosen Tundra (oder Taiga) nur die widerstandsfähigste Flora wachsen – z. B. Flechten und Moose sowie besonders robuste Blumen und Gräser. Im Frühling und Herbst zeichnet sich die heimische Flora jedoch durch eine beeindruckende Farbenpracht aus. Es gibt sehr viele Tiere in dieser Region, u. a. Polarbären, Polarfüchse, Wölfe, Robben, Moschusochsen und Karibus.

Frühlingsblume von der Bruce Peninsula

Weiter südlich bedeckt Nadelwald einen Teil von Newfoundland im Osten und erstreckt sich bis zum Yukon Territory im Westen. Verschiedene Baumarten wie Fichten, Balsamtannen und Banks-Kiefern bieten Tieren eine Heimat, die als typisch kanadisch gelten: Elch, Biber, Luchs und Schwarzbär. Der Biber ist das Symbol Kanadas. Es war der in Europa modische Biberhut, der den kanadischen Pelzhandel ermöglichte, den europäischen Siedlern das Landesinnere eröffnete und den Weg zu einem modernen Staat bahnte.

Die Laubwälder im Osten mit dem charakteristischen Ahornbaum bevölkern Hirschwild, Waschbären und Nerze. Das als Prärie bekannte Grasland Zentralkanadas beherbergt Elche, Ziesel und auch wieder immer mehr Büffel (Bisons).

Zur Fauna der Regenwälder British Columbias mit Orchideen, Farnen, Zedern, Tannen und Fichten gehören Maultierhirsche, Braunbären und Pumas.

Indigene Völker

Obwohl Kanada als recht junges Land gilt, reicht seine Vorgeschichte rund 20 000 Jahre zurück. Damals, in der Eiszeit, verband eine Landbrücke Sibirien mit Alaska. Sibirische Nomaden überquerten sie und wurden die ersten Einwohner Nordamerikas. In den folgenden Jahrhunderten zogen ihre Nachkommen nach Süden. Archäologische Grabungen im Old Crow River Basin im Yukon brachten Werkzeuge zutage, die wohl aus dieser Wander-

Kein ungewöhnlicher Anblick: Weißkopfseeadler am Archipel von Haida Gwaii in British Columbia

phase stammen. Diese Nomaden waren die Vorfahren der einheimischen Völker Nordamerikas.

Anfang des 16. Jahrhunderts waren Spanier, Franzosen und Portugiesen die ersten Europäer, die Handel mit der Urbevölkerung Amerikas trieben, die sie – in der irrtümlichen Annahme, sie hätten Indien erreicht – »Indianer« nannten. Als im 17. Jahrhundert britische Siedler beobachteten, wie sich die Beothuk von Newfoundland mit rotem Ocker einschmierten, um Insekten abzuwehren, bezeichneten sie sie als »Rothäute«. Den Einheimischen im hohen Norden gab man den heute unerwünschten Namen »Eskimos«, wörtlich »die, die rohes Fleisch essen«. Angesichts der Geschichte der Ureinwohner überrascht es kaum, dass ihre Nachkommen diese Namen ablehnen. Akzeptierte Bezeichnungen sind Ureinwohner, einheimische Kanadier und Indigene Völker. Im Norden bevorzugt man »Inuit« (»Menschen«), im Süden »First Nations«. Zur einheimischen Bevölkerung werden auch die Métis gezählt, Nachfahren von Ureinwohnern und Französisch sprechenden europäischen Händlern.

Inuit-Kinder in Bathurst Inlet, Nunavut

Seinen Ruf als multikulturelle Gesellschaft erwarb sich Kanada bereits im 18. Jahrhundert, als Einwanderungswellen und Ansiedlungspläne Menschen aus aller Welt in die Städte und aufs Land zogen. Die beste Möglichkeit, den kulturelle Mix des modernen Kanada zu erleben, ist der Besuch seiner drei größten Metropolen: Toronto, Montréal und Vancouver.

Gesellschaft

Französisch und Englisch sind die offiziellen Landessprachen. Das Zusammenspiel der zwei größten Sprach- und Kulturgruppen wird in der Hauptstadt Ottawa deutlich, wo jede offizielle Rede und auch jedes Gesetz zweisprachig sein muss. 24 Prozent der Bevölkerung Kanadas sind Frankokanadier, überwiegend Nachkommen französischer Siedler, die im 17. und 18. Jahrhundert in die Kolonie Neu-Frankreich kamen *(siehe S. 51)*. Ihre Englisch sprechenden Landsleute stammen weitgehend von britischen Einwanderern aus dem 18. und 19. Jahrhundert ab.

Regierung und Politik

Kanada ist eine parlamentarische Demokratie auf föderalistischer Basis. Alle Provinzen oder Territorien verfügen über ihre eigene demokratisch gewählte Legislative, der jeweils ein Premier vorsteht, und senden gewählte Repräsentanten ins Bundesparlament in der kanadischen Hauptstadt Ottawa. Das Unterhaus ist die wichtigste Gesetzgebungsinstanz des Bundes.

Blick von den Gartenanlagen des Centre Island im Lake Ontario auf Torontos CN Tower

Wachablösung vor Ottawas Parlamentsgebäude

An der Spitze der kanadischen Regierung steht der Premierminister. Er ist gleichzeitig ein gewähltes Mitglied des Unterhauses, in dem er über eine Mehrheit verfügen muss. Im Unterhaus verabschiedete Gesetze werden an den Senat, das Oberhaus, zur Ratifizierung weitergeleitet. Der Premierminister ernennt die Senatoren, allerdings werden zunehmend Forderungen laut, dass auch diese gewählt werden sollen. Das nominelle Staatsoberhaupt ist der britische Monarch, derzeit Königin Elizabeth II, ihr kanadischer Repräsentant ist der Generalgouverneur.

Feierliche Enthüllung der neuen Nunavut-Fahne, 1999

Der Regionalismus beherrscht Kanadas politische Debatte seit Jahrzehnten. Das Streben der Provinzen nach mehr Unabhängigkeit erschwert es den politischen Parteien, deutliche Mehrheiten zu gewinnen. Dies zeigt vor allem der Konflikt um Québec, wo die Separatistenbewegung besonders stark ist. Seit 1980 gab es zwei Volksabstimmungen zur Frage der Unabhängigkeit Québecs. Obwohl die Wähler beide Male mit Nein stimmten, war das Ergebnis knapp. So bleibt die Frage der Beziehung Québecs zum Rest des Landes weiter ungelöst, neue Konflikte scheinen unvermeidbar.

Seit den 1980er Jahren treten politische Kampagnen der Ureinwohner für Verfassungs-, Land- und Abbaurechte zunehmend in den Vordergrund. Die Assembly of First Nations erstritt die Gründung des Inuit-Homelands Nunavut, das seit April 1999 offiziell ein eigenständiges Territorium ist. Seitdem kämpfen die Inuit weiter für ein höheres Maß an Unabhängigkeit, sie streben für Nunavut den Status einer Provinz an.

Kanada war an beiden Weltkriegen beteiligt und nimmt heute eine bedeutende Stellung in der internationalen Politik ein. Das nordamerikanische Land ist u. a. Mitglied des Nordatlantikpakts (NATO) und gehört – nach dem Ausschluss Russlands 2014 – zusammen mit den USA, Großbritannien, Japan, Deutschland, Frankreich und Italien zu den G-7-Staaten, die über Welthandelsabkommen entscheiden.

Kunst und Kultur

Die weite Landschaft Kanadas ist ein bestimmendes Merkmal seiner Kultur. Wandern, Ski- und Kanufahren sowie Angeln sind beliebte Outdoor-Aktivitäten. Die Kanadier sind begeisterte Sportfans. Eishockey, Baseball, Basketball und kanadischer Football locken sehr viele Zuschauer an und fördern tief gehende Bindungen. Neben ihrer Leidenschaft für Sport sind die Kanadier kunstbegeistert. Das Land hat den berühmten Pianisten Glenn Gould hervorgebracht, alle größeren Städte besitzen angesehene Orchester. Zudem stammen aus Kanada viele internationale Rockstars und Popgrößen – von Joni Mitchell und Neil Young bis zu Céline Dion, Alanis Morissette, Bryan Adams, Shania Twain und Justin Bieber. Die kosmopolitische Kultur des Landes bedeutet auch, dass der Besucher in Bars, Cafés und bei den vielen Veranstaltungen eine große Auswahl an Musikstilen findet. Während des berühmten Stratford Shakespearean Festival, das jedes Jahr in Ontario stattfindet, gibt es Theateraufführungen von Shakespeare bis zur Moderne.

Viele kanadische Künstler sehen die Wildnis als Quelle der Inspiration. Der erste Maler, der versuchte, eine kanadische Identität zum Ausdruck zu bringen, war Tom Thomson mit seiner unverwechselbaren Landschaftsmalerei, die sich auf Nord-Ontario bezog. Er beeinflusste die berühmteste Malergruppe Kanadas, die Group of Seven *(siehe S. 168f)*, einen eigenen nationalen Stil zu entwickeln. Die Darstellung der Wildnis war ein Thema, das Zeitgenossen wie Nachfolger der Gruppe, u. a. Emily Carr, weiterentwickelten.

Alanis Morissette – internationale Rockgröße

Kanadas Museen und Sammlungen genießen Weltruf. Die herausragende Art Gallery of Ontario in Toronto *(siehe S. 182f)* beherbergt eine große Sammlung von Bildern der Group of Seven und auch beeindruckende Beispiele moderner Kunst. Zu den zeitgenössischen Künstlern von Weltrang gehören z. B. Janet Cardiff und Rodney Graham.

Weltberühmte Autorin: Margaret Atwood

Kanada hat hervorragende englisch- und französischsprachige Schriftsteller, und die Liste zeitgenössischer, preisgekrönter Romanciers, zu denen bekannte Autorinnen und Autoren wie Margaret Atwood, Carol Shields, Michael Ondaatje, Jacques Poulin, Yann Martel, Alice Munro sowie Germaine Guèvremont gehören, ist überaus beeindruckend.

Eishockey – Mats Sundin (Toronto Maple Leafs)

Die kanadische Filmindustrie blüht. Ihr gehören so renommierte Regisseure wie David Cronenberg und Atom Egoyan an. *Barney's Version*, ein sozialkritischer Film von Richard J. Lewis nach einem 1997 erschienenen Roman von Mordecai Richler, wurde in und um Montréal gedreht.

Kanadas vielfältiges kulturelles Leben ist vom Stolz auf die Geschichte, vom kosmopolitischen Erbe und von der Liebe zur Natur geprägt.

Landschaft und Geologie

Kanada ist etwas größer als die USA bzw. China und nach Russland das zweitgrößte Land der Welt. Es entstand aus uralten Landmassen: Der Milliarden Jahre alte Kanadische Schild bedeckt den größten Teil des Landes. Er fällt zur Hudson Bay ab und erhebt sich an ihren Rändern zu Gebirgshöhe. Das Land wird auf drei Seiten von Meeren begrenzt, hat eine fast 250 000 Kilometer lange Küste und etwa zwei Millionen Seen. Die Landschaftstypen reichen vom eisigen, kargen Norden, der zum bergigen Westen mit Wäldern und Weizenfeldern abfällt, bis zum bewaldeten, hügeligen Osten und den flachen, fruchtbaren Lowlands im Südosten.

Die Region der Großen Seen, drei Prozent des Landes, umfasst auch ein landwirtschaftlich wichtiges Tieflandbecken.

Die Interior Plains bzw. Prärien sind das Hauptanbaugebiet für Weizen. Sie erstrecken sich über 2600 Kilometer in südöstlicher Richtung von den Kordilleren bis zur US-amerikanischen Grenze.

Die Rockies und die westlichen Kordilleren

Die kanadischen Kordilleren mit den Bergen am Pazifik und den bewaldeten Becken sind Teil einer 15 000 Kilometer langen Gebirgskette. Abstufungen der Höhenzüge, etwa das Columbia Icefield (siehe S. 314), weisen auf die Erosion der Eiszeit hin. Die Rockies (siehe S. 262f) entstanden durch plattentektonische Bewegungen, die vor 120 Millionen Jahren begannen.

Geografische Regionen

Kanada gliedert sich in sechs Hauptregionen. Den Norden prägt die Tundrenlandschaft, der hohe Norden ist fast ständig von Eis bedeckt. Im Westen und Süden ernährt das wärmere, fruchtbare Land der Kordilleren und Interior Plains die Bevölkerung. Im Osten wird das Gebiet um die Großen Seen landwirtschaftlich genutzt. Der gewaltige Kanadische Schild umgibt die Ebenen, bildet im Norden die Innuitians und im Süden die Appalachen.

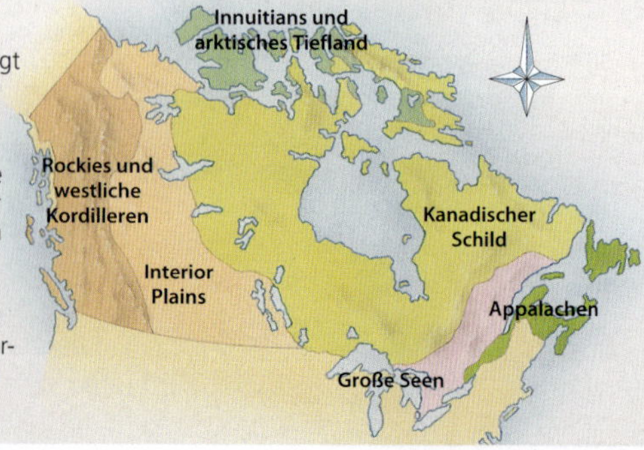

Die wellige Landschaft der Appalachen besteht zu etwa zwei Dritteln aus Wald – mit landwirtschaftlich genutzten Ebenen und den höchsten Gipfeln Québecs auf der Halbinsel Gaspé, dem äußeren Höhenzug des Kanadischen Schilds. Der größte Teil der Appalachen befindet sich in den USA. Die Kette bildet die natürliche Grenze zwischen der Ostküste und dem kontinentalen Tiefland.

Der Kanadische Schild, das aus 1100 Millionen Jahre altem Grundgestein gebildete Herzstück des Landes, erstreckt sich von der Hudson Bay aus über fünf Millionen Quadratkilometer Land. In seinem Zentrum finden sich Buschland und Felsen, an seinem Rand steile Berge.

Die Innuitians erstrecken sich vom arktischen Tiefland mit Höhen zwischen 100 und 700 Metern bis zu den Gipfeln der Innuitian Mountain Range, deren höchster Berg auf Ellesmere Island 2616 Meter erreicht. Bei der jahrtausendelangen Vergletscherung bildeten sich tiefe Fjorde, steile Gipfel und Frostmuster auf dem Boden. Die Region ist reich an Öl, Kohle und Gas.

Landschaften und Tierwelt

Nach der letzten Eiszeit vor 10 000 Jahren entwickelten sich in Kanada Landschaften und Klimazonen, die zu den vielfältigsten der Welt gehören. Der arktische Norden ist von karger Landschaft geprägt, in der mehrere Monate lang Dunkelheit herrscht und der Boden die meiste Zeit des Jahres über gefroren ist. Dagegen liegen Teile Ontarios, der südlichsten Provinz, auf demselben Breitengrad wie Nordkalifornien und besitzen fruchtbare, von Flüssen und Seen durchzogene Böden und Wälder. In den Nadelwäldern Südkanadas, die die alten Felsen des Kanadischen Schilds bedecken, ist eine Vielfalt an Tieren beheimatet. Von hier leiten Hügel zu den Rocky Mountains über, die allmählich in Küstengebirge und die Regenwälder an der Pazifikküste übergehen.

Der Moschusochse, ein Herdentier, hat die letzte Eiszeit überlebt. Sein dicker Mantel aus Granne und die »Weste« aus flauschigerem Haar halten ihn selbst bei –45 °C warm.

Borealer Wald

Die Zone borealer Nadelwälder erstreckt sich von Ostkanada über Teile von Québec und Ontario bis in den Norden der Prärieprovinzen. Fichten, Kiefern, Birken und Espen bedecken die riesigen Felsnasen des Kanadischen Schilds *(siehe S. 28f)*. Mit seinen unzähligen Seen ist der boreale Wald Lebensraum für einige der bekanntesten Tierarten Kanadas.

Der europäisch-asiatische Wolf war Anfang der 1950er Jahre fast ausgestorben. Nun ist er in abgelegenere Teile des borealen Walds zurückgekehrt.

Der Ruf des Seetauchers (Loon) an den nördlichen Seen ist Symbol für die kanadische Wildnis.

Prärien

Die kanadische Prärie, früher als »Grasmeer« bezeichnet, ist nun vor allem Agrarregion, wo Getreide, meist Weizen, angebaut wird und Rinder gezüchtet werden. Obwohl wenig von der ursprünglichen Präriewildnis geblieben ist, gibt es immer noch riesige offene Flächen, in denen erstaunlich viele, oft seltene Tierarten leben.

Der Gabelbock ist der Letzte seiner Spezies, der in Nordamerika überlebt hat. Das schnellste amerikanische Säugetier erreicht maximale Geschwindigkeiten von über 75 Kilometer pro Stunde.

Bisons gibt es nur noch in zwei wilden Herden in Alberta und den Northwest Territories.

Sportfischerei

In Kanadas Gewässern leben zahlreiche Fischarten, die geangelt werden – von Hecht und Seeforelle im Norden bis zu Zander und Schwarzbarsch im Süden. Einige der bei Europas Sportanglern beliebten Fische (z. B. Karpfen) werden in Kanada als »Abfall« betrachtet und sind in den Seen und Flüssen der Prärien reichlich vorhanden. Der im hohen Norden vorkommende Seesaibling wird hingegen wegen seines Geschmacks geschätzt.

Angeln ist eine der beliebtesten Sportarten Kanadas. Hierzu laden die 37 Nationalparks mit ihren vielen Seen und Flüssen ein.

Die Lachswanderung stellt jährlich eine Herausforderung für Angler dar. Kanada besitzt ein Fünftel des Süßwassers der Welt. Auch Hochseeangeln kann viel Vergnügen machen.

Rocky Mountains

Die Rocky Mountains beginnen in den Foothills West-Albertas und steigen bis nach British Columbia hinein an. Mit den Columbia Mountains und dem Küstengebirge bilden sie eine einzigartige Landschaft von bewaldeten Hängen, alpinen Matten und schneebedeckten Gipfeln. Hier leben einige der majestätischsten Tierarten Kanadas.

Die Hörner des männlichen Dickhornschafs, einer Art in den Rockies, wiegen so viel wie seine gesamten Knochen.

Der Grizzlybär kann fast drei Meter groß und bis zu 350 Kilogramm schwer werden. Er lebt von Wurzeln, Beeren und Fleisch.

Kanadische Arktis

Nördlich des 60. Breitengrads wird der Wald von arktischer Tundra und Felsgestein abgelöst. Der nur wenige Zentimeter unter der Oberfläche ganzjährig gefrorene Grund ist als Permafrostboden bekannt. Die eisige Wüste ist dennoch Heimat zahlreicher Tiere. Während des kurzen Sommers schmilzt die oberste Schicht: Die Arktis blüht.

Der Eisbär verbringt die meiste Zeit seines Lebens allein auf dem Packeis, wo er Seehunde jagt.

Das Karibu ist ein nordamerikanischer Verwandter des Rentiers. Karibus wandern im Frühjahr in Herden von 10 000 Tieren Richtung Norden zur Tundra, im Winter südwärts zu den Wäldern.

Multikulturelles Kanada

Kanada ist multikulturell und trägt den kulturellen Bedürfnissen seiner heterogenen Bevölkerung Rechnung. Im Gegensatz zum amerikanischen »Schmelztiegel« hat sich Kanada für ein Modell entschieden, das auf Akzeptanz der Vielfalt statt auf Integration basiert und tief in der kanadischen Geschichte wurzelt. Aus Angst vor einem Angriff der USA schützten die Briten 1793 religiöse und weltliche Einrichtungen – in der Hoffnung, dass ihre französisch-kanadischen Untertanen sich nicht mit den Amerikanern verbünden würden. Damit schufen sie die Basis für eine Gesellschaftsform, die nun ein Kennzeichen Kanadas ist. Die Mehrzahl der über 35 Millionen Einwohner stammt von Briten und Franzosen ab. Doch es gibt etwa 60 bedeutende Minderheiten.

Junge Inuit im traditionellen Anorak, der vor Schnee schützt

Indigene Völker

Heute gibt es über eine Million Ureinwohner in Kanada, die gewöhnlich in drei Untergruppen gegliedert werden – First Nations (850 000), Métis (indianisch-französischer Abstammung, 450 000) und Inuit (60 000). Über 60 Prozent der Gesamtgruppe sind als registrierte Indianer bekannt, d. h., sie leben offiziell in Reservaten. Gut die Hälfte von ihnen hat allerdings die Reservate verlassen – nur 900 von Kanadas 2370 Reservaten sind noch bewohnt. Dort leben 608 First-Nations-Gruppen oder *Bands*, deren gewählte Räte ein unterschiedliches Maß an Selbstverwaltung ausüben. Seit den 1970er Jahren haben progressive Räte eine Schlüsselrolle bei der Wiederbelebung der traditionellen Kultur gespielt. Die meisten nicht registrierten Ureinwohner haben sich in die Bevölkerung integriert.

Selten stammen die Mitglieder eines Reservats nur von einem Stamm ab. Die größte *Band* bilden die Six Nations of the Grand River in Ontario, deren 19 000 Bewohner sich aus 13 Gruppen, einschließlich der Mohawk, Delaware und Seneca, zusammensetzen. Im Norden sind die Inuit knapp in der Mehrheit. Ein Ergebnis ihres Strebens nach Selbstbestimmung ist Nunavut, ein Territorium mit besonderen Rechten, das rund 350 000 Quadratkilometer der östlichen Arktis einnimmt und im April 1999 gegründet wurde. Nunavut bedeutet in der Sprache der Inuit »unser Land«. In dieser Region wollen sich die Inuit auf die Fertigkeiten des Jagens und des Baus von Iglus rückbesinnen.

Anglokanadier

Kanadier britischer und irischer Abstammung machen einen großen Prozentsatz der Bevölkerung aus. Die ersten englischen Siedler kamen im Gefolge der Flotten, die im 16. Jahrhundert vor Newfoundland fischten. Danach gab es einen steten Zustrom von Engländern, Schotten, Walisern und Iren sowie mehrere Einwanderungswellen, die entweder durch die politische Situation in Europa oder die Verlockungen Kanadas ausgelöst wurden.

Tausende Schotten kamen nach der Niederlage von Bonnie Prince Charlie in Culloden 1746. Iren strömten zur Zeit der Hungersnot (1845–1849) ins Land. Nach der Bildung der Prärieprovinzen ab 1880 und nach den Weltkriegen gab es weitere Einwanderungswellen. Die Siedler trugen viel zur Entwicklung Kanadas bei. Sie prägten gesellschaftlich-kulturelle Normen und schufen juristisch-politische Institutionen. Staatsoberhaupt ist nach wie vor die britische Monarchin.

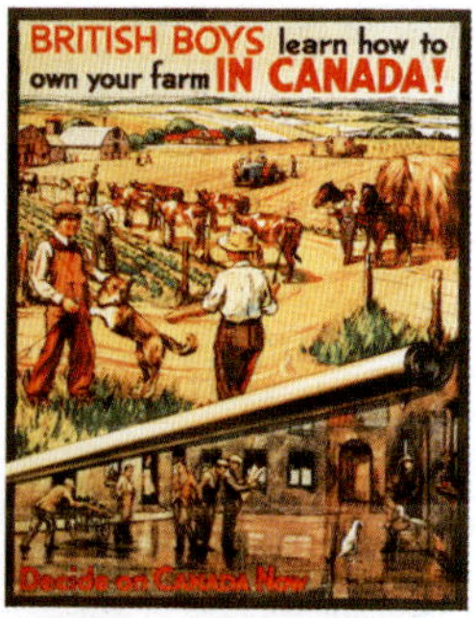

Britisches Poster (1920): Werbung für die Auswanderung

Frankokanadier

Die Französisch sprechenden Kanadier, die zweitgrößte ethnische Gruppe des Landes, machen rund 20 Prozent der Bevölkerung aus. Sie leben vornehmlich in Québec und New Brunswick. Die ersten

Franzosen erreichten Kanada 1535, als Jacques Cartier auf der Suche nach einem Weg nach Asien den St. Lawrence River hinaufsegelte. Händler, Priester und Bauern folgten ihm. Ende des 17. Jahrhunderts hatte sich Neu-Frankreich, wie man die Kolonie nannte, bereits etabliert. Nachdem die Briten die Kolonie im Siebenjährigen Krieg (1756–1763) erobert hatten *(siehe S. 52f)*, blieben die meisten französischen Siedler als Untertanen der britischen Krone. Sie behielten ihre religiösen und weltlichen Einrichtungen und bewahrten sich ein Gefühl der Unabhängigkeit. In den 1960er Jahren war die Beziehung zwischen Québec und dem Rest des Landes Gegenstand politischer Debatten. Eine starke Minderheit der Einwohner Québecs drängte auf völlige Unabhängigkeit *(siehe S. 60)*.

Deutsch-Kanadier

Obwohl Deutsche seit etwa 1660 in Kanada leben, gab es erstmals zwischen 1850 und 1900 eine größere Einwanderungswelle, zwei weitere nach den beiden Weltkriegen. Im Prinzip hat die Englisch sprechende Mehrheit die Deutschen absorbiert, doch es gibt noch einige deutschsprachige Gruppen in Lunenburg, Nova Scotia *(siehe S. 92)*, und in Kitchener-Waterloo, Ontario.

Die ländlichen Gemeinden um Kitchener-Waterloo sind Hochburgen der Amish *(siehe S. 223)*, einer Pennsylvaniadeutsch sprechenden Glaubensgemeinschaft, deren Mitglieder dem modernen Leben abgeschworen haben und noch heute in Pferdewagen fahren und selbst geschneiderte Kleidung tragen.

Deutsche Speisen und Getränke – vor allem Bier – haben die kanadische Küche bereichert.

Straßenszene in Chinatown, Toronto

Italienische Kanadier

Die rund 600 000 italienischen Einwanderer sind fast völlig in der englischsprachigen Bevölkerung aufgegangen. Es gibt jedoch Ausnahmen: In Toronto findet man zahlreiche Espressobars und Restaurants in »Klein-Italien« (College Street, westlich der Bathurst Street). Der erste Zustrom aus Italien erfolgte nach den Bürgerkriegen, die das Land in der zweiten Hälfte des 19. Jahrhunderts spalteten. Eine weitere Einwanderungswelle gab es nach dem Zweiten Weltkrieg. Auch im 21. Jahrhundert bleibt Kanada Einwanderungsland für Italiener. Zwei Prozent der Kanadier sprechen heute Italienisch als Muttersprache.

Deutscher Bierkrug

Chinesische Kanadier

Mitte des 19. Jahrhunderts kamen chinesische Arbeiter, um in den Goldminen von British Columbia zu arbeiten. Danach spielten sie eine Schlüsselrolle beim Eisenbahnbau und gründeten neue Städte. Ihre Arbeitsstätten verlagerten sich immer weiter nach Osten. In dieser Zeit waren die Chinesen einem brutalen Rassismus ausgesetzt, auch durch Gesetze, die die Diskriminierung festschrieben.

Viele Chinesen wanderten 1997, bevor die Engländer Hongkong an China zurückgaben, nach Kanada aus. Die meisten ließen sich in Toronto, Montréal und Vancouver nieder. Neuerdings ist auch British Columbia beliebt. Da die Chinesen ihre Großfamilien zusammenhalten, zieht es die meisten von ihnen in etablierte Gemeinden. Ende des 20. Jahrhunderts war Chinesisch für ca. zwei Prozent der kanadischen Bevölkerung Muttersprache.

Ukrainische Kanadier

Obwohl die Ukrainer nur knapp drei Prozent der Bevölkerung ausmachen, haben sie großen Einfluss auf die Kultur. Das gilt vor allem für die Prärieprovinzen, in denen die Kuppeln ihrer Kirchen viele Dörfer überragen.

Eine größere Anzahl Ukrainer kam Ende des 19. Jahrhunderts ins Land, um der Verfolgung durch den Zaren zu entgehen. Das Sowjetregime und der Zweite Weltkrieg führten zu einer weiteren Einwanderungswelle.

Frau in ukrainischer Tracht in Battleford, Saskatchewan

Französisches Kanada

Die meisten Kanadier weisen gern darauf hin, dass Kanadas Ursprünge eher französisch als englisch sind und dass die ersten europäischen Kanadier französische Eroberer waren, die als *canadiens* bezeichnet werden. Die Frankokanadier kämpfen vor allem in Québec und in Teilen der Atlantikprovinzen seit Langem für die Erhaltung ihrer Identität, ihrer Sprache und Kultur. Auf diese Weise haben sie erreicht, dass sich in vielen Teilen Kanadas die französische Kultur wiederfindet – in Sprache, Religion und Kunst. Doch der weitergehende Kampf um ihre Unabhängigkeit ist noch nicht gewonnen. Das Herz des französischen Kanada ist Québec, eine Provinz von der mehrfachen Größe Frankreichs. Hier betrachten 85 Prozent Französisch als ihre Muttersprache. Und es ist nicht nur die Sprache der Gastronomie, Folklore und Liebe, sondern auch Geschäfts- und Amtssprache.

Sprache

Französisch ist eine der offiziellen Sprachen Kanadas, hat sich aber – ebenso wie das nordamerikanische Englisch – gegenüber dem Original verändert. Vor allem in den Großstädten verwenden *canadiens* gern Anglizismen, meist moderne, von Englisch sprechenden Kanadiern eingeführte Begriffe, die sich auf Handel und Industrie beziehen. Andererseits haben einige Wörter, die in Frankreich aus der Mode gekommen sind, hier überlebt. In Kanada heißt ein Karren noch *charette* statt *tombereau* und das Wochenende *fin de semaine* statt *le weekend*. Vor allem in Québec sind die jungen Menschen bei der Verwendung des informellen *tu* statt des formellen *vous* viel freier, als ihre Eltern es waren.

Es gibt große Unterschiede in der Qualität und im Stil des gesprochenen Französisch. Die von Paris beeinflusste Intonation des Montréaler Bildungsbürgertums unterscheidet sich sehr von den rhythmischen Kehllauten der akadischen Fischer. Die Bewohner der Region Saguenay-Lac-Saint-John in der Provinz Québec sprechen ein hartes, klares Französisch, das dem ihrer normannischen Vorfahren wohl sehr ähnlich klingt.

Im Lauf der Jahre hat sich in Québec ein *joual* genannter, salopper, mit Anglizismen gespickter Dialekt entwickelt, der mit einer Mischung aus Stolz und einer gewissen Verachtung verwendet wird. Für Ausländer ist er recht schwer zu verstehen.

Essen

Die *canadiens* haben sich stets als die Feinschmecker Kanadas betrachtet und genießen die Tafelfreuden mehr als ihre englischsprachigen Landsleute. Das traditionelle Essen ist nahr- und herzhaft. Fleischpasteten sind eine Spezialität: *Cipaille* besteht aus Schichten von Wildbret unter einer Blätterteigkruste. Die häufig gebackene *tourtière* hat eine mit Nelken gewürzte Füllung aus Rindergehacktem. Lachspasteten, Eintöpfe mit Schweinsfüßen und Fleischbällchen mit Sauce sind ebenfalls sehr typisch.

Die Desserts sind reichhaltig. Beliebt sind *tarte au sucre* und der *pudding au chômeur* (wörtlich: Arbeitslosenpudding), ein Kuchen mit einer karamellisierten Sauce auf Ahornsirupbasis.

Sugar Pie, ein traditionelles akadisches Dessert für Festtage

Der Musiker Félix Leclerc war ein Hüter der Volksmusik Québecs

Musik

Chansoniers sind die Troubadoure des französischen Kanada. Ihre Lieder mit einfachen Melodien wie die Balladen von Félix Leclerc wurzeln in der traditionellen Musik der ersten Siedler. Ob schwermütig oder fröhlich – meist sind sie romantisch. Die von der Gitarre begleiteten Volkslieder sind häufig von Optimismus und einer tiefen Liebe zum Land geprägt. Für alle, die nach Unabhängigkeit streben, ist das *Mon Pays* des Chansoniers Gilles Vigneault aus Québec zur inoffiziellen Nationalhymne geworden. Die akadischen Sängerinnen sind oft *chansonnières*, darunter auch Edith Butler und Angèle Arseneault, die das traurige und fröhliche Leben am Meer besingen. Natürlich gibt es auch erfolgreiche Rock- und Popbands sowie eine Reihe von Independents.

Traditionelle katholische Kirche in Chéticamp, Cape Breton Island

Religion

Die ersten französischen Siedler waren römisch-katholisch, oft sehr fromm bis fanatisch. Paul Chomédy, Sieur de Maisonneuve, und Jeanne Mance, die Gründer Montréals, hatten gehofft, eine auf dem Christentum basierende Gesellschaft zu schaffen. Doch diese Hoffnung hat sich zerschlagen, vor allem in Québec, wo die Zahl der Kirchenbesucher landesweit am niedrigsten ist. Die einstige Frömmigkeit hat jedoch zahllose Denkmäler hinterlassen. In einigen Dörfchen in Québec und New Brunswick findet man riesige Steinkirchen mit prächtigem Interieur. Einige Pfarrkirchen in Montréal wie die Basilika Notre-Dame de Montréal *(siehe S. 116 f)* würde man in den USA als Kathedralen bezeichnen.

Nationalismus

Seit der Gründung des modernen Kanada spielt der Nationalismus bei fast allen Bestrebungen der *canadiens* eine Rolle. Die Bewohner Québecs schlossen sich 1867 dem Dominion of Canada *(siehe S. 54)* nur an, weil die französischen Führer sie davon überzeugten, dass ihr Glaube und ihre Sprache so erhalten blieben. Zwischen 1960 und 1980 nahm die Kampagne eine neue Form an. Aus der Politik des Überlebens wurde ein Kampf für die Unabhängigkeit Québecs (den Frankreichs Präsident Charles de Gaulle 1966 mit der Parole *Vive le Québec libre!* unterstützte). In New Brunswick erhielten die Akadier politischen Einfluss und konnten so ihr Erbe bewahren. In Ontario kämpfte man für Kontrolle über die eigenen Schulen, in Manitoba zwang man die Provinzregierung juristisch, alle Statuten ins Französische zu übersetzen. Das Wiederaufleben des Nationalstolzes war vor allem in Québec zu spüren, wo René Lévesque und sein Parti Québécois 1976 die Wahlen gewannen. Die Partei gewinnt nun regelmäßig und hat zwei Referenden zur Unabhängigkeit durchgeführt. Bei beiden gab es eine knappe Mehrheit dagegen. Das Thema bestimmt weiterhin die Politik.

Flagge Québecs mit den Lilien der Bourbonen

Symbole

Die Flagge Québecs besitzt ein weißes Kreuz auf blauem Grund mit einer weißen Bourbonen-Lilie in jedem Viertel. Die Akadier haben sich ihre eigene Flagge geschaffen, indem sie der französischen Trikolore einen Goldstern hinzufügten, der die *Stella Maris* symbolisiert, den nach der Jungfrau Maria benannten Stern. Schutzpatron des französischen Kanada ist St-Jean-Baptiste (Johannes der Täufer), dessen Festtag am 24. Juni gefeiert wird. In Québec ist dieser Tag *Fête Nationale*. Der Vogel der Provinz ist die heimische Schnee-Eule, ihre Blume die weiße Lilie.

Demonstration während des Referendums für ein unabhängiges Québec

Indigene Völker

Die meisten Archäologen glauben, dass die ersten Einwohner Nordamerikas vor rund 20 000 Jahren von Sibirien nach Alaska kamen. Diese nomadisierenden Jäger folgten den Spuren der Mammuts und der eiszeitlichen Bisons, die ihre Hauptnahrung bildeten. In den nächsten 15 000 Jahren wanderten weitere Sibirer nach Kanada. Die Stämme zogen nach Osten und Süden, bis sie den Atlantik und Südamerika erreichten. Im Lauf der Zeit entwickelten ihre Nachfahren eine Vielfalt an Kulturen, geprägt durch die jeweilige Umgebung. Im eisigen Norden und in der Wildnis Newfoundlands war das Leben asketisch, die fruchtbaren Böden Ontarios und die fischreichen Küsten von British Columbia förderten auf Fischfang und Landwirtschaft basierende Gesellschaften.

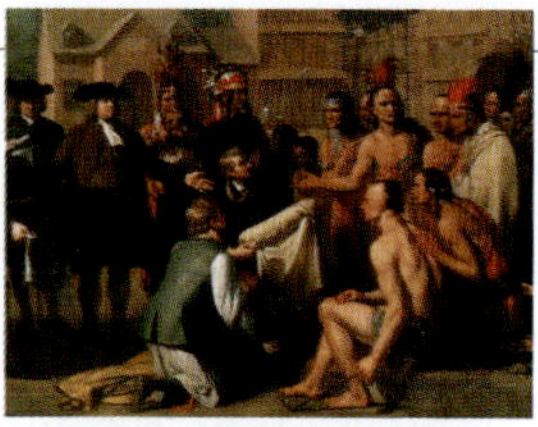

Eine größere Zahl von Europäern wanderte im 17. Jahrhundert ein. In Newfoundland, dem ersten von Weißen besiedelten Gebiet, gab es zunächst freundlichen Austausch. Das änderte sich, als die Siedler in Jagdgründe vordrangen. Die Ureinwohner, die in großer Zahl an den Krankheiten der Weißen starben, wurden in unwirtliche Regionen abgedrängt.

Irokesen

Entlang dem St. Lawrence River und den Küsten der Großen Seen lebten Irokesen-Stämme. Zu ihnen gehörten die Mohawk, die Huronen und die Seneca. Diese Stämme jagten und fischten, bauten aber auch Bohnen, Kürbisse *(squash)* und Mais an, und zwar in Mengen, die für ein Jahr reichten. Dies ermöglichte ihnen, in großen Dörfern zu leben, oft mit mehreren Hundert Einwohnern. Ihre traditionelle Unterkunft war das Langhaus, gebaut aus Zedernpfählen, die zu einem schützenden Bogen geformt waren und mit Borke abgedeckt wurden. Die Siedlungen waren von hohen Schanzpfählen umgeben – eine notwendige Maßnahme, da unter den Stämmen Kriege verbreitet waren.

Irokesisches Langhaus

Cornplanter, ein Häuptling der Seneca (17. Jh.)

Prärie-Indianer

Auch in den Prärien Süd-Manitobas und Saskatchewans waren Kriege keine Seltenheit. Die dort ansässigen Blackfoot lebten von der Büffeljagd. Sie aßen das Fleisch, verwendeten das Fell für Kleidung und Zelte und stellten aus den Knochen Werkzeuge her. Die frühen Blackfoot jagten, indem sie die Herde zu Steilklippen und damit in den Abgrund trieben *(siehe S. 300)*. Pferde waren den Ureinwohnern zunächst unbekannt. Ihr größtes Lasttier war der Hund. Im 16. Jahrhundert führten die spanischen Eroberer das Pferd in Südamerika ein, von dort verbreitete es sich nach Norden bis zu den kanadischen Prärien. Dies veränderte das Leben der Blackfoot: Die Büffel ließen sich nun leicht jagen und stellten eine gut zugängliche Nahrungsquelle dar. In der Folge entwickelte der Stamm eine kriegerische Kultur, die sich vor allem auf den Heldenmut junger Männer konzentrierte.

Büffeljagd mit Pfeil und Bogen

Ein Blackfoot-Lager mit traditionellen Zelten

Stämme der Pazifikküste

Die Ureinwohner der Pazifikküste waren in viele kleine Stämme wie die Tlingit und die Salish gegliedert. Der Ozean war eine reiche Nahrungsquelle, und da die Lebensgrundlage gesichert war, entwickelte sich ein zeremonielles Leben mit großen Festen, den *potlachs*, bei denen die Clans sich mit Geschenken zu übertrumpfen versuchten. Die Völker der Region waren auch exzellente Holzschnitzer, ihre Totempfähle wahre Kunstwerke. Auf jedem Pfahl ist ein Mythos der Stammesreligion dargestellt. Magische Tiere vermischen sich mit halbmenschlichen Figuren und erzählen eine »geschnitzte« Geschichte.

Ritueller Tanz der Sqylax in British Columbia

Totempfahl im Stanley Park

Terminologie

Viele Kanadier betrachten »Eskimo« und »Indianer« als Schimpfwörter, da sie auf die Zeit zurückgehen, in der die Weißen die Urbevölkerung unterdrückten. Statt »Eskimo« sagt man »Inuit«, doch für den Begriff »Indianer« gibt es keinen entsprechenden Ersatz. Hierfür wählt man den Überbegriff »indigene Völker«, spricht von »Ureinwohnern« oder »Einheimischen«, ganz korrekt allerdings von »First Nations«. Bei Stämmen oder Völkernamen kann man auch die Stammesbezeichnung, etwa »Irokesen« oder »Cree«, verwenden.

Inuit und Stämme der borealen Wälder

Der hohe Norden, der sich von Alaska nach Grönland erstreckt, war die Heimat der Inuit, nomadischer Jäger, die im Sommer in Zelten aus Fellen und im Winter in »Schneehäusern« (Iglus) lebten. Aufgrund des arktischen Klimas und der begrenzten Nahrungsquellen machten sie sich in kleinen Familienverbänden auf Nahrungssuche und versammelten sich nur zu besonderen Anlässen. Südlich dieser Region – und über das heutige Kanada verstreut – lebten die Stämme der borealen Wälder, u.a. Naskapi, Chipewyan und Wood Cree. Sie waren ebenfalls nomadisch lebende Jäger, deren Stammespriester (Schamanen) für das Wohlwollen der Geisterwelt sorgten. Sonst gab es bei den Stämmen kaum ein gesellschaftliches Zusammenleben.

Jagender Inuit vor seinem Iglu

Ein Inuit im Karibu-Parka prüft seine Harpune

Paul Okalik, Nunavuts erster Premier

Der Kampf der First Nations

Seit den 1960er Jahren haben die indigenen Völker Kanadas wieder an Selbstbewusstsein gewonnen. Ein erster Schritt war die Schaffung der Assembly of First Nations (AFN), einer Organisation der verschiedenen Stämme, die auf nationaler Ebene großen Einfluss hat. In den 1980er Jahren kämpfte die AFN erfolgreich für mehr Selbstverwaltung in den Reservaten, forderte von der Bundesregierung Landrechte und finanzierte Prozesse, die deutlich machten, wie die Ureinwohner ihrer Gebiete beraubt worden waren. Die AFN war auch an der Gründung von Nunavut *(siehe S. 61)* beteiligt, dem Inuit-Territorium mit besonderen Rechten, das 1999 in einem Teil der ehemaligen Northwest Territories geschaffen wurde. Kanadas Ureinwohner sind aber weiterhin arm und benachteiligt, die Lebenserwartung ist geringer, die Suizidrate hoch. Die Wiedergutmachung historischer Fehler wird vermutlich noch viele Jahre dauern, selbst wenn der politische Wille, die Situation zu verbessern, stark genug bleibt.

Kunst

Die Inuit und andere First-Nations-Gruppen haben seit prähistorischen Zeiten Kunstwerke geschaffen. Die Inuit schnitzten aus Holz oder Geweih Skulpturen, andere Ureinwohner taten sich durch Felsmalereien und Keramik hervor. Die frühen europäischen Einwanderer, ob Engländer oder Franzosen, ignorierten einheimische Traditionen und folgten den europäischen. Im 19. und frühen 20. Jahrhundert reisten Künstler nach Paris, London und New York, um europäische Kunst zu studieren. Erst später entwickelten sie einen eigenen nationalen Stil. Ein durchgängiges Thema der kanadischen Malerei ist das Land selbst, die Auseinandersetzung mit seinen Wäldern und der Wildnis des Nordens. Heute spiegelt die Kunst eine Vielfalt an Richtungen wider. Bei Sammlern erzielt vor allem die Kunst der First Nations hohe Preise.

***Auf dem St. Lawrence* (1897), Ölgemälde von Maurice Cullen**

Maler der Neuen Welt

Schon im 17. Jahrhundert führten französische Siedler Gemälde mit religiösen Motiven als Kirchenschmuck ein. Nur Samuel de Champlain, der »Vater Neu-Frankreichs« *(siehe S. 51)*, hebt sich hiervon durch seine Skizzen der Huronen ab. Nach der Eroberung durch die Engländer in den 1870er Jahren fanden Themen wie Politik, Land und Menschen Eingang in die Kunst. Der Offizier Thomas Davies (1737–1812) brachte in seinen Werken die Liebe zur Landschaft zum Ausdruck. Künstler wie Robert Field (1769–1819) wandten sich dem europäischen Neoklassizismus zu und waren ebenso wie die Maler Antoine Plamondon (1804–1895) und Théophile Hamel (1817–1870) aus Québec sehr beliebt. Cornelius Krieghoff (1815–1872) ließ sich in Québec nieder und wurde für seine Schneeszenen mit Siedlern oder Einheimischen berühmt. Paul Kane (1810–1871) bereiste Kanada und hielt das Leben der First Nations fest. Von seinen 100 Skizzen und Bildern ist *Mah Min* (*Die Feder*, um 1856) am beeindruckendsten *(siehe S. 48)*. Im 19. Jahrhundert konzentrierten sich die Maler auf die Landschaft. Homer Watson (1855–1936) und Ozias Leduc (1864–1955) waren die ersten Künstler, die ihr Handwerk in Kanada erlernten. »Ich kannte nicht genug, um Paris oder Rom im Kopf zu haben… Für mich war Toronto alles«, sagte Watson. Seine Bilder zeigen häusliche Szenen in Ontario.

Nach der Konföderation 1867 wurden 1883 die Royal Canadian Academy of Arts und die National Gallery of Canada gegründet – doch viele zog es immer noch nach Paris. Curtis Williamson (1867–1944) und Edmund Morris (1871–1913) kehrten mit dem Vorsatz zurück, die nationale Kunst zu erneuern. 1907 gründeten sie den Canadian Art Club, in dem neue Stile wie der Impressionismus vorgestellt wurden. Schlüsselfiguren der Bewegung waren James Wilson Morrice (1865–1924), Maurice Cullen (1866–1934) und Marc Aurèle de Foy Suzor-Coté (1869–1937).

Moderne Maler

Vor dem Ersten Weltkrieg kritisierten Künstler aus Toronto den Einfluss der europäischen Kunst und wiesen auf die fehlende nationale Identität in der Kunst hin. Um 1920 hatte die wohl einflussreichste Gruppe kanadischer Maler, die Group of Seven *(siehe S. 168f)*, mit Landschaftsbildern wie A. Y. Jacksons *Terre Sauvage* (1913) eine eigenständige kanadische Malerei hervorgebracht, woran auch Tom Thomson trotz seines Tods vor der Formierung der Gruppe beteiligt war. Von dieser Gruppe waren drei Maler beeinflusst, die in den 1930er Jahren berühmt wurden. Ihre Werke zeugen von der Leidenschaft für die Provinz. David Milne (1882–1953) ist für seine Stillleben bekannt, LeMoine Fitzgerald (1890–1956) für seine häuslichen und Hinterhofszenen und die angesehene

Der Maler Lawren S. Harris (1885–1970)

Skidegate, Graham Island, BC (1928), ein Spätwerk von Emily Carr

Emily Carr (1871–1945) für die Darstellung der an der Westküste lebenden Salish und ihrer Totempfähle *(siehe S. 286)*. Carr war Malerin und Schriftstellerin, ihr Gedicht *Renfrew* (1929) beschreibt ihre Beziehung zur Natur, die sich auch in ihren Bildern widerspiegelt.

Nachfolgende Generationen wehrten sich gegen den Einfluss der Group of Seven. John Lyman (1886–1967) lehnte ihren Nationalismus ab. Von Matisse inspiriert, wandte er sich nicht länger dem Land als vorherrschendem Thema zu, sondern gründete in Montréal die Contemporary Arts Society und förderte damit moderne Kunst. Selbst der Surrealismus erreichte damals die Stadt.

Seit dem Zweiten Weltkrieg gibt es vielfältige neue Kunstformen. In Montréal gründeten Paul-Émile Borduas (1905–1960) und zwei seiner Kollegen die vom Surrealismus und vom abstrakten Impressionismus beeinflussten *Automatists*. Um 1950 hatten die kanadischen Maler internationales Ansehen erlangt. Auch in Toronto, wo *The Painters Eleven* abstrakte Gemälde schufen, griff man aktuelle Trends auf. Heute sind in der kanadischen Kunst alle Bewegungen vertreten.

Die Künstler nehmen Einflüsse aus aller Welt und aus Kanadas kulturellem Mosaik in ihre Arbeiten auf. Experimentelle Arbeiten von Jack Bush, Greg Carnoe und Joyce Wieland stehen in der Tradition der 1960er Jahre. Kanada hat unzählige Galerien und besitzt exzellente Sammlungen von Kunstwerken des 20. Jahrhunderts.

Kunst der indigenen Völker

Die Kunst der Inuit *(siehe S. 330f)* und der First Nations des Nordwestens wird in Kanada sehr geschätzt. Zu den prähistorischen Funden zählen herrliche Objekte, von Figurinen bis zu geschnitzten Harpunenköpfen, die vor allem religiösen Zwecken dienten. Nach Ankunft der Europäer passten die Inuit ihre Kunst deren Bedürfnissen an und stellten Skulpturen aus Elfenbein, Knochen und Stein her. Heute sind Aqqhadluk, Qaqaq Ashoona und Tommy Ashevak für ihre Skulpturen und Wandteppiche bekannt. Die Skulpturen der First Nations der Nordwestküste sind weltberühmt, vor allem die Zedernholz-Schnitzereien des Haida-Künstlers Bill Reid (1920–1998), die Totempfähle von Richard Krentz und das Kwa Gulth Big House in Fort Rupert von Chief Tony Hunt.

Robert Murrays *Sculpture*

Der berühmte Haida-Künster Bill Reid

Maler wie Norval Morisseau, Carl Ray und Daphne Odjig decken viele Stilrichtungen ab. Die Kunst feiert die Kultur der Ureinwohner, ihre Überlebenstechniken, ihre Geschichten und Mythen und auch ihren Kampf um die Erhaltung des Landes.

Bildhauerei

Die europäische Bildhauerei wurde von den Franzosen eingeführt, die Heiligenfiguren für ihre Kirchen schufen. Von Louis Quévillon (1749–1823) stammen Altarbilder und schöne Marmorstatuen in Montréal. Bis zum Ende des 19. Jahrhunderts dominierten weithin die europäischen Traditionen, erst im 20. Jahrhundert entstand in den Städten Kunst im öffentlichen Raum. Die Fassade des Parlaments von Québec entwarf Louis-Philippe Hébert (1850–1917).

Die einheimische Kunst fand in die Bildhauerei des 20. Jahrhunderts ebenso Eingang wie Jugendstil und Art déco. Seit 1960 bemühen sich Bildhauer wie Armand Vaillancourt (geb. 1929) und Robert Murray (geb. 1936) um einen kanadischen Stil. Moderne Materialien und der Einfluss der Concept-Art prägen die Werke zeitgenössischer Künstler wie Michael Snow, die nicht nur in Museen, sondern auch in neuen Gebäuden zu sehen sind.

Literatur und Musik

Der kanadische Dichter Reverend Edward Hartley Dewart schrieb 1864: »Eine Nationalliteratur ist ein wesentliches Element bei der Herausbildung eines Nationalcharakters.« Ein Großteil der kanadischen Literatur und Musik beschäftigt sich mit der Frage des Nationalbewusstseins, spiegelt aber auch die kulturelle Vielfalt des Landes wider. Die Werke von Anglo- und Frankokanadiern sind von den USA, Großbritannien und Frankreich und den Einwanderern anderer Nationen beeinflusst. Die Beziehungen zu den First Nations und die Tatsache, in einem Land mit rauer Wildnis zu leben, schlagen sich in Stil und Inhalt von Prosa und Poesie nieder.

Stars des beliebten Films *Anne of Green Gables* (1934)

Anfänge

Die frühen kanadischen Autoren (1550–1750) waren Seefahrer, Pelzhändler, Soldaten und Missionare. *Die Geschichte Neu-Frankreichs* (1609) des französischen Anwalts Marc Lescarbot ist ein anschaulicher Bericht seiner Abenteuer in Nova Scotia. Nach der Eroberung durch die Engländer 1760 wurde Neu-Frankreich unterdrückt, doch Gedichte wie *Le Vieux Soldat Canadien* (1855) von Octave Cremazie (1827–1879) läuteten eine Renaissance ein.

In der englischen Literatur ging es um den Kampf der Menschen mit der Natur und um das Leben in der Neuen Welt. *Roughing it in the Bush* (1852) von Susanna Moodie erzählt vom isolierten Norden Ontarios. British Columbia wurde als letzte Region besiedelt. Eine fesselnde Kurzbiografie ist *A Pioneer Gentlewoman in British Columbia: the Recollections of Susan Allison* (1876). Die Engländerin Allison war die erste Europäerin, die zu Pferd über die Hope Mountains reiste.

Ein Großteil der kanadischen Literatur im 19. Jahrhundert verklärt die Vergangenheit. So bietet William Kirbys (1817–1906) *Golden Dog* (1877) ein idealisiertes Bild von Québec im 18. Jahrhundert. Romane der Zeit konzentrierten sich auf Leben und Kultur der Ureinwohner, vor allem John Richardsons (1796–1852) *Wacousta* (1832). Archibald S. Belaney (1888–1938) nahm eine neue Identität als Ojibwa namens Grey Owl *(siehe S. 254)* an, seine Werke zählen zu den beliebtesten Kanadas. *Pilgrims of the Wild* (1935) erzählt von seiner Reise nach Québec, um ein Schutzgebiet für bedrohte Biber zu finden. *The Adventures of Sajo and her Beaver People* (1935) und *Tales of an Empty Cabin* (1936) beklagen verlorene Traditionen. Klassiker des frühen 20. Jahrhunderts thematisieren das häusliche Leben, so *Anne of Green Gables* (1908) von Lucy M. Montgomery (1874–1942). Komisches schrieben Stephen Leacock *(siehe S. 222)* und Thomas Chandler Haliburton (1796–1865), der Sam Slick erschuf, den Erzähler von *The Clockmaker* (1836). *A House of all Sorts* (1944) der Malerin Emily Carr beschreibt ihre Tage als Landlady.

Dichtung

Die auf Englisch verfassten Gedichte Standish O'Gradys (1793–1843) und Alexander McLachans (1818–1876) zeugten stark von einer kolonialen Sichtweise. Die Dichter kritisierten ihr frevelhaftes Mutterland und priesen die Möglichkeiten in der Neuen Welt. 1870–90 wandten sich die Schöpfer einer »neuen« kanadischen Dichtung Landschaftsbeschreibungen zu, um das Streben des Menschen nach Eroberung der Natur hervorzuheben. Zu nennen sind hier Charles Mair (1838–1927) und Isabella Valancy Crawford (1850–1887). Auch im 20. Jahrhun-

Dichter und Liedermacher Leonard Cohen (1934–2016)

dert war die Wildnis Hauptthema der Poesie, aber der knappe Stil spiegelte die schlichten Landschaftsbilder der Group of Seven *(siehe S. 168f)* wider. Robert Service (1874–1958) ist bekannt für seine Goldrausch-Gedichte wie *The Spell of the Yukon* (1907) und die später veröffentlichten *Rhymes of a Roughneck* (1950). John McCraes (1872–1918) *In Flanders Fields* (1915) ist eines der berühmtesten Gedichte über den Ersten Weltkrieg.

Die moderne Dichtung von Anne Wilkinson, Irving Layton, Earle Birney, E. J. Pratt, Leonard Cohen und Patrick Anderson, dessen *Poem on Canada* (1946) den Einfluss der Natur auf die europäische Mentalität betrachtet, wird weltweit gelesen. Die Frankokanadierin Anne Hébert behandelt eher universelle Themen wie Kindheit, Erinnerung und Tod, etwa in *Le Tombeau des Rois* (1953). Der Canada Council for the Arts hat diesen Boom an Texten stark gefördert.

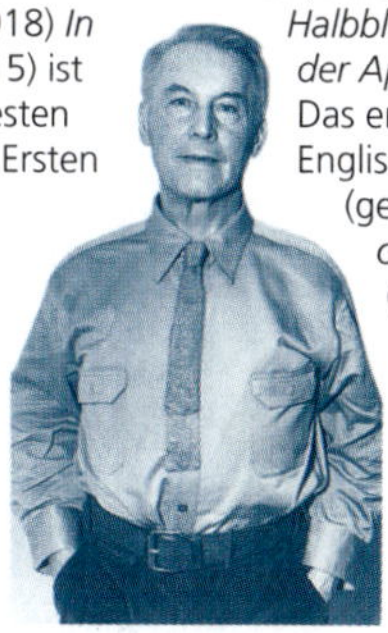

Der kanadische Dichter Robert Service, 1942

Literatur der indigenen Völker

Trotz einer starken mündlichen Tradition schreiben einheimische Autoren seit dem 19. Jahrhundert Autobiografien, Kinderbücher, Stücke, Kurzgeschichten, Essays und Romane. Eine der beliebtesten Autobiografien dieser Zeit stammt vom Ojibwa George Copway (1818–1869): *The Life, History, and Travels of Kab-ge-ga-ga-bowh* (1847) erzielte sechs Auflagen. Der Erstling der Okanagan-Autorin Mourning Dove (1888–1936) war *Cogewea, The Half-Blood* (1927). Eine weitere Okanagan-Autorin, Jeannette Armstrong (geb. 1948), veröffentlichte 1985 *Slash*. Die Kämpfe einer Métis-Frau im modernen Kanada schildert Maria Campbells Autobiografie *Halfbreed* (1973).

Die Literatur der Ureinwohner ist oft eine Mischung aus Mythen und politischer Kampagne für ihre Rechte, so z. B. Pauline Johnsons *The White Wampum* (1895) und Beatrice (Culleton) Mosioniers *Halbblut: Die Geschichte der April Raintree* (1983). Das erste Inuit-Werk auf Englisch war Markoosies (geb. 1942) *Harpoon of the Hunter* (1970), eine Geschichte über das Erwachsenwerden in der Arktis. Zu den besten Dramatikern gehört der Cree Thompson Highway (geb. 1951), der die harte Realität des Lebens in den Reservaten beschreibt.

Moderne Literatur

Seit den 1940er Jahren haben viele der kanadischen Autoren internationales Ansehen erlangt: Margaret Atwood (geb. 1939) für ihre Gedichte, Romane und Kritiken, Carol Shields (1935–2003) für *Das Tagebuch der Daisy Goodwill*, das 1996 den britischen Booker Prize gewann. Mordecai Richler (1931–2001) und Robertson Davies (1913–1995) sind bekannt für ironische Darstellungen der modernen Gesellschaft.

Gabrielle Roys *Bonheur d'Occasion* (1945) wurde 1983 als *The Tin Flute*, *Shoeless Joe* (1982) von W. P. Kinsella 1989 als *Field of Dreams* verfilmt. Die Verfilmung von Michael Ondaatjes (geb. 1943) *Der englische Patient* (1992) gewann 1996 neun Oscars.

Legende: Singer-Songwriter Joni Mitchell

Michael Ondaatje, der berühmte Autor von *Der englische Patient*

Beliebt sind auch die Bücher von Pierre Berton (1920–2004) zur Geschichte der Nation. Als Meisterin der zeitgenössischen Kurzgeschichte gilt die 2013 mit dem Literaturnobelpreis ausgezeichnete Autorin Alice Munro (geb. 1931).

Musik in Kanada

Einige der größten Namen im Musikbereich sind kanadisch. Die Tradition von Folksongs haben Künstler wie Leonard Cohen, Kate und Anna McGarrigle, Joni Mitchell und Neil Young hervorgebracht. Vertreter einer neuen Generation von Liedermachern, die die Tradition melodischer Hits fortsetzen, sind Alanis Morissette und k. d. lang. Die Cowboy Junkies und Shania Twain spielen Country-Musik in neuem Stil. Superstars wie Justin Bieber, Céline Dion und Bryan Adams sind weltweit gefragt. In Bezug auf Klassik ist das Montréal Orchestre Symphonique weltweit bekannt. Weltruhm erzielte auch der Pianist Glenn Gould (1932–1982). Der Pianist Oscar Peterson (1925–2007) war eine Jazzlegende. Montréal ist der Ort für das weltweit größte Jazzfestival.

Sport

Die Kanadier sind begeisterte Sportfans. Die meisten Städte bieten ganzjährig Sportevents. Obwohl Lacrosse (ein First-Nations-Spiel, bei dem ein Ball mit einer Ledervorrichtung an einem Stock gefangen wird) das offizielle Nationalspiel ist, entfacht Eishockey die größte Begeisterung. Baseball, Basketball und kanadischer Football (ähnlich dem amerikanischen) sind ebenfalls beliebt. Größere Städte locken mit erstklassigen Autorennen, Golf- und Tennisturnieren die Stars an. In kleineren Orten kann man weniger bekannte Profis, Amateure und Studenten beim Wettkampf beobachten. Besucher, die gern Sport treiben, finden viele Gelegenheiten, z. B. Skifahren, Golf spielen, Angeln und Wandern.

Szene aus einem Match der National Hockey League

Eishockey

Die Beliebtheit von Eishockey kennt in Kanada keine Grenzen. Die Begeisterung über den Olympiasieg Kanadas bei den Winterspielen 2014 in Sotschi war riesig. Die nordamerikanische **National Hockey League** (NHL) wurde 1917 gegründet, der Hauptpreis, der Stanley Cup, schon 1892 vom kanadischen Generalgouverneur Lord Stanley eingeführt. Heute hat die Liga 30 Mannschaften, von denen sieben zu kanadischen Städten gehören: die Montréal Canadiens, Calgary Flames, Edmonton Oilers, Toronto Maple Leafs, Ottawa Senators, Winnipeg Jets und Vancouver Canucks. Seit einigen Jahren spielen immer mehr Cracks aus Osteuropa und Skandinavien in den Spitzenmannschaften. Zu dem für seine Härte bekannten Spiel gehören gewöhnlich Handgemenge der Spieler, sodass ein einstündiges Spiel bis zu drei Stunden in Anspruch nehmen kann. Die Saison dauert von Oktober bis April, wenn die Entscheidungsspiele für den Stanley Cup beginnen. Hockeystars wie Wayne Gretzky sind Nationalhelden. Als Gretzky sich 1999 nach 20 Jahren aus dem Sport zurückzog, hatte er 61 NHL-Scorer-Rekorde erzielt.

Karten für wichtige Spiele sollten Sie im Voraus bestellen (beim Kartenservice der Clubs oder bei **Ticketmaster**). Karten für Zweitliga- und Collegespiele sind leichter erhältlich (am Veranstaltungsort im Stadion oder im Verwaltungszentrum) und auch wesentlich preisgünstiger. Toronto University und York University (beide Toronto), Concordia in Montréal und die Universität von Alberta, Edmonton, haben gute Mannschaften.

Baseball

Baseball wird zwar als amerikanischer Sport angesehen, hat aber eine große Fangemeinde. In der ersten US-Liga spielen die in Kanada sehr bekannten und beliebten **Toronto Blue Jays**, die in den 1990er Jahren ihre bislang größten sportlichen Erfolge feierten, als sie 1992 und 1993 die World Series gewannen.

Baseball wird von April bis September (mit Entscheidungsspielen bis Ende Oktober) gespielt. Die Toronto Blue Jays sind in einem architektonisch außergewöhnlichen Stadion zu Hause: Sie empfangen ihre Gegner in Torontos Rogers Centre (bis 2005: SkyDome), dessen Dach sich je nach Wetter öffnen und schließen lässt *(siehe S. 177)*. Karten für gute Sitzplätze sollten ein oder zwei Tage im Voraus bestellt werden, Karten für hintere Plätze gibt es meist noch am Spieltag.

José Bautista, Spieler des Baseballteams Toronto Blue Jays

Football

Der kanadische Football ist aufregender als der amerikanische. Obwohl die besten kanadischen Spieler wegen der höheren Gehälter gern in die USA gehen, lockt das Spiel eine große Zuschauerschaft an. Die Canadian Football League hat zwei Ligen mit vier Mannschaften, die von Juli bis November spielen.

Die Spiele werden oft von Familien besucht und sind ein großes Vergnügen – vor allem während des Grey-Cup-Finales, das am letzten Sonntag im November stattfindet und von einwöchigen Festivitäten und einem großen Umzug in der gastgebenden Stadt eingerahmt wird. Football wird auch an den meisten Universitäten gespielt, wo man an Samstagnachmittagen interessante Spiele verfolgen kann. Die Collegemeisterschaft, der Vanier Cup, wird in Torontos Rogers Centre und anderen Stadien ausgetragen. Karten sind preiswert und relativ leicht erhältlich.

Basketball

Früher war Basketball eine Leidenschaft der Amerikaner, heute wird es auf der ganzen Welt gespielt. Das Spiel wurde in den USA von dem Kanadier Dr. James Naismith erfunden und erfreut sich nun in seinem Heimatland großer Popularität. Die **Toronto Raptors** spielen in der National Basketball Association, der Top-Liga der Welt, gegen Mannschaften wie die Chicago Bulls, Boston Celtics, Los Angeles Lakers und New York Knicks. Die Saison dauert von Oktober bis in den späten Frühling. Es lohnt sich, Torontos Air Canada Centre einen Besuch abzustatten, um sich eines der fantastisch schnellen Spiele anzusehen.

Fast alle kanadischen Universitäten haben eigene Mannschaften. Obwohl deren Spiele weniger Zuschauer anziehen als die der Profis, wird dort hart gekämpft. Die Atmosphäre ist großartig, vor allem bei der nationalen Meisterschaft, die jedes Jahr im März ausgetragen wird.

Basketballspiel der Toronto Raptors gegen die L. A. Clippers

Golf

Golf ist ein enorm beliebter Freizeitsport. Es gibt mehr als 1700 schöne Plätze, die über Kanada verteilt sind – vom Banff Springs Course im Westen bis zu den vielen sanft gewellten Fairways auf Prince Edward Island im Osten.

Das von **Golf Canada** veranstaltete Turnier RBC Canadian Open ist das bedeutendste Profiturnier der Saison. Es findet alljährlich im Juli statt, als Austragungsort wechseln sich einige der besten Golfplätze des Landes ab (2018: Glen Abbey, Ontario). Unter den Teilnehmern finden sich viele der weltbesten Golfer. Die **Canadian Pacific Women's Open** der LPGA (Ladies Professional Golf Association) findet jedes Jahr im August statt.

Wintersport

Kanada ist für seine kalten, sonnigen und schneereichen Winter bekannt – nicht zufällig wurden die Olympischen Winterspiele 2010 zwischen Vancouver und Whistler ausgetragen. Die kanadischen Skigebiete mit ihren fantastischen Landschaften sind weniger überfüllt als die europäischen. Besuchern bietet sich eine große Auswahl an Wintersportorten, von Whistler in den Rockies bis zum Mont-Ste-Anne in Québec. Neben Ski-Abfahrten kann man auf feinstem Schnee Snowboard, Schneemobil, Hundeschlitten oder Heli-Ski testen *(siehe S. 395)*.

Auf einen Blick

National Hockey League
W **nhl.com**

Ticketmaster
Tel. 1-855-985-5000 (für Hockey-Spiele). W **ticketmaster.ca**

Baseball
Toronto Blue Jays
Tel. 1-416-341-1234, 1-855-258-3529 (Tickets).
W **bluejays.com**

Football
Canadian Football League
W **cfl.ca**

Basketball
Toronto Raptors
Tel. 1-416-815-5600 (Tickets).
W **raptors.com**

Golf
Canadian Pacific Women's Open
Tel. 1-866-571-5742.
W **cpwomensopen.com**

RBC Canadian Open
Tel. 1-800-571-6736.
W **rbccanadianopen.com**

Ein Snowboarder im Pulverschnee am Steilhang

Das Jahr in Kanada

Die jahreszeitlichen Wechsel in Kanada erfolgen je nach Region unterschiedlich, doch meist sind die von November bis März dauernden Winter lang und kalt, Frühling und Herbst hingegen relativ mild. British Columbia hat mit einer Durchschnittstemperatur von 5 °C im Januar gemäßigtes Klima. Im Juli und August ist es fast überall, auch im hohen Norden, warm und sonnig. In dieser Zeit finden die meisten Open-Air-Events statt. Doch auch im Winter gibt es drinnen wie draußen viele Veranstaltungen. Bei Hundeschlittenrennen, Schneemobilfahrten und Eislaufen drückt sich Kanadas Fähigkeit aus, das Beste aus der Eiseskälte zu machen. Viele Events und Veranstaltungen spiegeln die Geschichte und die ethnische Vielfalt des Landes wider. Fast jede Bevölkerungsgruppe hat ihre eigenen Feiertage. Ein großes Event ist etwa das chinesische Neujahr in Vancouver.

Frühling

März bis Mai herrscht wechselhaftes Wetter. Innerhalb eines Tages kann es schneien oder auch sonnig sein. Im Norden begrüßt man in dieser Zeit das Ende des Winters, während weiter südlich schon viele Frühlingsfeste stattfinden.

Hundeschlitten beim Long John Jamboree, Yellowknife *(März)*

März

Sugarbush Maple Syrup Festival *(März)*, Toronto. In den geschützten Waldgebieten Torontos gibt es Vorführungen, Wagenfahrten – und Pancakes mit Ahornsirup.

Long John Jamboree *(Ende März)*, Yellowknife. Fest zur Ankunft des Frühlings mit Hundeschlitten- und Schneemobilrennen sowie köstlichem einheimischen Essen.

April

Toonik Tyme *(Mitte Apr)*, Iqaluit. Zu dem einwöchigen Fest gehören Iglubauen, traditionelle Spiele und Gemeindefeste.

Shaw Festival *(Apr–Okt)*, Niagara-on-the-Lake. Theaterfestival mit Klassikern von G. B. Shaw u. a. *(siehe S. 212)*.

Mai

Canadian Tulip Festival *(Mitte Mai)*, Ottawa. Farbenprächtige Tulpenschau mit einer Reihe von Veranstaltungen.

Stratford Shakespearean Festival *(Mai–Nov)*, Stratford. Weltberühmtes Theaterfestival mit Stücken von der elisabethanischen Zeit bis heute *(siehe S. 215)*.

Vancouver International Children's Festival *(letztes Maiwochenende)*, Vancouver. Theater, Zirkus und Musik für Kinder ab drei Jahren.

Sommer

Von Juni bis August ist es meist warm, dann gibt es eine wahre Explosion an Festivals, Karnevalsfeiern und kulturellen Veranstaltungen.

Juni

Pride Week *(Juni)*, Toronto. Zehntägiges Fest der Schwulengemeinde mit einem fantasievollen Umzug.

Grand Prix du Canada *(Juni)*, Montréal. Formel-1-Rennen an einem Wochenende.

Honda Indy *(Juni)*, Toronto. IndyCar-Rennen am Exhibition Place.

Luminato Festival *(Juni)*, Toronto. Zehntägige internationale Kunstshow mit Gesprächen, Konzerten und Events.

Banff Summer Arts Festival *(Juni–Aug)*, Banff. Sommerfestival mit Musik, Oper, Schauspiel und Tanz im renommierten Banff Centre.

Mosaic-Festival of Cultures *(1. Wochenende im Juni)*, Regina. Kulturveranstaltungen aus aller Welt.

Jazz Fest International *(Ende Juni bis Juli)*, Victoria. Jazz- und Bluesmusiker treten überall in der Stadt auf.

Red River Exhibition *(Ende Juni bis Juli)*, Winnipeg. Große Messe mit viel Unterhaltung.

Tulpenpracht beim Frühlingsfest (Canadian Tulip Festival) in Ottawa *(Mai)*

»Steer Wrestling« (Stierringen) beim *Half Million Dollar Rodeo* während der Calgary Stampede *(Juli)*

Festival International de Jazz de Montréal *(Ende Juni–Juli)*, Montréal. Berühmtes Jazzfestival. Kostenlose Konzerte im Freien.
Royal Nova Scotia International Tattoo *(Ende Juni–Juli)*, Halifax. Große Tattooshow mit rund 2000 Teilnehmern.

Juli

Folk on the Rocks *(Juli)*, Yellowknife. Auftritte von Inuit-Trommlern, -Tänzern und -Sängern, zusammen mit Indie-Folk-Bands, Western-Bands und Electro-Pop-Gruppen.
K-Days *(Juli)*, Edmonton. Erinnerung an die Frontier-Zeit der Stadt.
Calgary Stampede *(Juli)*, Toronto. Zehn Tage lang Westernpartys und großes Rodeo *(siehe S. 298)*.
Festival d'été de Québec *(2. Woche im Juli)*, Québec. Zehn Festivaltage mit Musik und Tanz in der Altstadt.
Just for Laughs Festival *(Juli)*, Montréal. Zwölftägiges Festival mit über 600 Comedians aus aller Welt.
Scotiabank Caribbean Carnival *(Juli–Aug)*, Toronto. Eines der größten karibischen Festivals Nordamerikas. Der große Umzug findet am 1. Augustwochenende statt.
Antigonish Highland Games *(Mitte Juli)*, Antigonish. Hier finden die ältesten traditionellen Highland Games statt – mit Dudelsackkapellen und Tanz.

August

Rogers Cup *(Aug)*, Montréal, Toronto. Großes internationales Tennisturnier.

Rennwagen beim Honda Indy in Toronto *(Juni)*

Royal St. John's Regatta *(1. Woche im Aug)*, St. John's. Nordamerikas ältestes Sportereignis mit Ruderregatten und Karnevalsfest.
Wikwemikong Cultural Festival *(1. Wochenende im Aug)*, Manitoulin Island. Ein Powwow der Ojibwa mit Tanzdarbietungen und Trommelwettbewerb *(siehe S. 228)*.
Folklorama *(Anfang Aug)*, Winnipeg. Multikulturelles Festival mit Essen, Aufführungen und Kunst.
Victoria Park Arts and Crafts Fair *(Anfang Aug)*, Moncton. Größter Open-Air-Markt für Kunst, Antiquitäten und Kunsthandwerk in den Atlantikprovinzen.
Festival Acadien de Caraquet *(Anfang Aug)*, Caraquet. Feier der akadischen Kultur und Geschichte.
Halifax International Busker Festival *(2. Woche im Aug)*, Halifax. Treffen der besten Straßenkünstler der Welt.
Discovery Days Festival *(Mitte Aug)*, Dawson City. Fest zum Gedenken an die Goldrausch-Tage mit Umzügen und Kanurennen.
Fringe Festival *(Mitte Aug)*, Edmonton. Theateraufführungen und Live-Musik mit internationalen Künstlern im Stadtviertel Old Strathcona.
Canadian National Exhibition *(Aug–Sep)*, Toronto. Jährlich veranstaltete Messe mit spektakulären Flugschauen, Konzerten und zahlreichen Fahrgeschäften.
Folkfest *(Mitte Aug)*, Saskatoon. Feier von Saskatchewans multikulturellem Erbe mit vielen Events.

Springreiten beim Spruce Meadows Masters in Calgary *(Sep)*

Herbst

Kühles, aber häufig sonniges Wetter ist der Rahmen für das Rot und Gold des Herbstlaubs, das insbesondere in den Laubwäldern der östlichen Provinzen leuchtet. In Ontario und Québec beginnen nach den feuchten Sommermonaten nun die frischeren Tage, die sich gut für Aktivitäten im Freien eignen.

September

Spruce Meadows Masters *(Anfang Sep)*, Calgary. Reitturnier mit internationaler Beteiligung.

Toronto International Film Festival *(Sep)*, Toronto. Berühmte Schauspieler und Regisseure besuchen das angesehene Festival.

CityFolk *(Mitte Sep)*, Ottawa. Viertägiges Folkmusic-Festival im Lansdowne Park.

Ottawa International Animation Festival *(Mitte Sep)*, Ottawa. Hier kann man die weltbesten Animationsfilme sehen.

Niagara Wine Festival *(Mitte Sep)*, St. Catharines. Weinbergtouren, Weinproben und Konzerte zur Feier der Traubenlese.

Autumnfest Outdoor Festival *(Wochenenden Mitte Sep–Okt)*, Städte im Osten. Genießen Sie im Owl's Head Ski Resort die Herbstfarben beim Wandern, Mountainbiken, Skilift-Fahren oder anderen Aktivitäten. Ähnliche Veranstaltungen gibt es auch in Orford und Sutton.

Bayrische Trachten und Musik auf dem Oktoberfest *(Okt)*

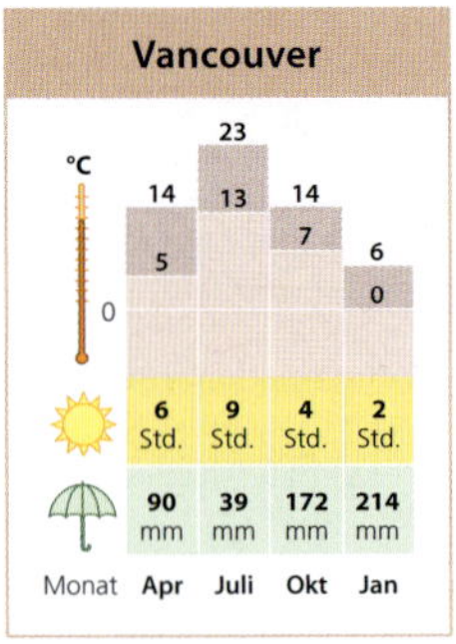

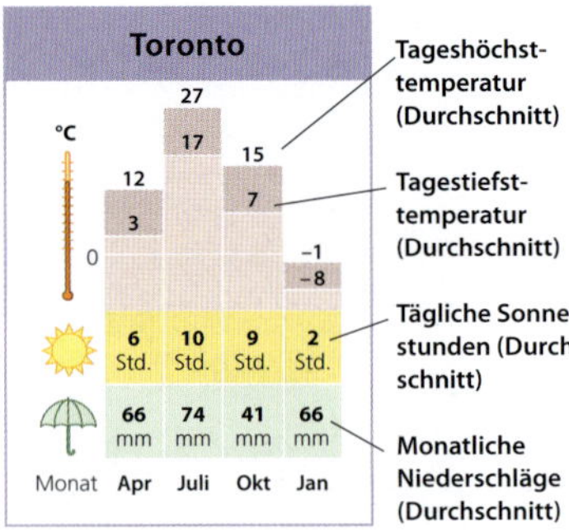

Klima

Das riesige Land hat lange, kalte Winter, jedoch kein einheitliches Klima. Die meisten Kanadier leben im wärmeren Süden in der Nähe der US-Grenze. In Süd-Ontario und an der Süd- und Zentralküste von British Columbia ist es am wärmsten, Zentral- und Nordkanada haben die kältesten Winter.

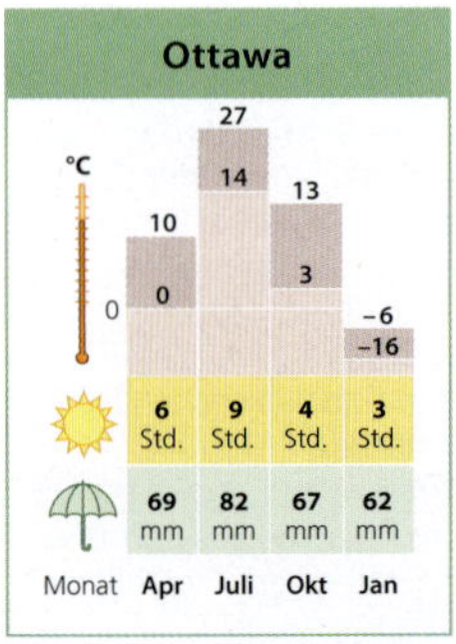

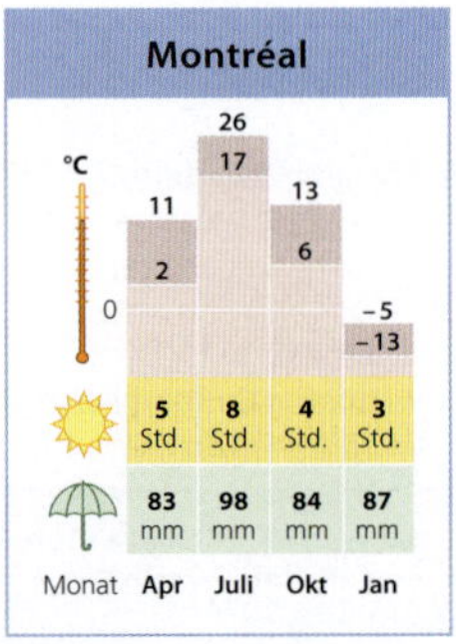

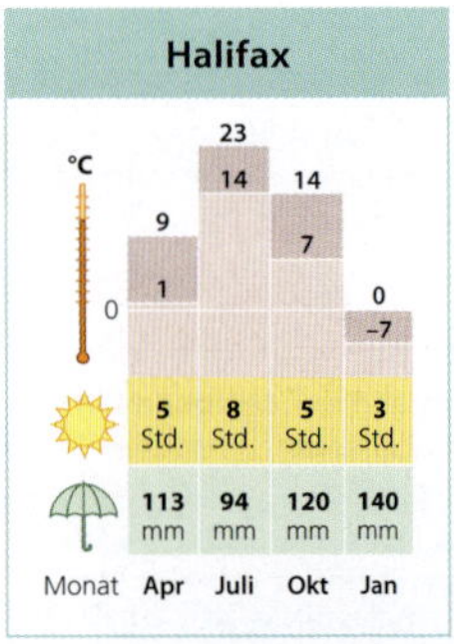

Oktober

Okanagan Wine Festival *(Anfang Okt)*, Okanagan Valley. Touren und Weinproben im ganzen Tal *(siehe S. 321)*.

Oktoberfest *(Mitte Okt)*, Kitchener-Waterloo. Größtes bayrisches Bierfest außerhalb Deutschlands.

Celtic Colours *(Mitte Okt)*, Cape Breton Island. Internationales Festival keltischer Musik überall auf der Insel.

November

Royal Agricultural Winter Fair *(Anfang–Mitte Nov)*, Toronto. Weltgrößte Landwirtschaftsmesse mit Royal Horse und Winter Garden Show.

Canadian Finals Rodeo *(Mitte Nov)*, Edmonton. Mit Kanadas Cowboy-Champions.

Winter Festival of Lights *(Mitte Nov–Mitte Jan)*, Niagara Falls. Spektakuläre Beleuchtung und Konzerte.

Winter

Außer an der Küste von British Columbia sind die kanadischen Winter lang, kalt und schneereich. Im Mittelpunkt steht der Wintersport mit einigen der weltweit besten Skimöglichkeiten in Orten wie Whistler in British Columbia. In den Weihnachtsferien sorgen Freizeitaktivitäten für Aufmunterung angesichts der dunklen Tage.

Feiertage

New Years Day Neujahr *(1. Jan)*

Good Friday Karfreitag *(variabel)*

Easter Sunday Ostersonntag *(variabel)*

Easter Monday Ostermontag *(variabel; freier Tag nur für Verwaltung und Schulen)*

Victoria Day *(Mo vor 25. Mai)*

Canada Day *(1. Juli)*

Labour Day *(1. Mo im Sep)*

Thanksgiving Erntedankfest *(2. Mo im Okt)*

Remembrance Day *(11. Nov)*

Christmas Day, Boxing Day Weihnachten *(25., 26. Dez)*

Leuchtender Weihnachtsschmuck in der Adventszeit

Dezember

Christmas Carolships Parade *(Mitte Dez)*, Vancouver. Weihnachtlich geschmückte Boote befahren die Gewässer Vancouvers.

Januar

Rossland Winter Carnival *(letztes Wochenende)*, Rossland. Party mit Snowboard-Wettbewerben, Musik und Tanz.

Igloofest *(Wochenenden Jan–Feb)*, Montréal. Festival elektronischer Musik bei klirrender Kälte im Alten Hafen.

Québec Winter Carnival *(Jan–Feb)*, Québec. Das berühmte Kanurennen über den St. Lawrence River ist nur eine Attraktion des Winterfests.

Jasper in January *(letzte 2 Wochen im Jan)*, Festival mit Skipartys, Wettkämpfen und Lebensmittelmessen.

Fredericton FROSTival *(Ende Jan–Anfang Feb)*, Fredericton. Outdoor-Events mit Toboggan-Schlitten, Hundeschlitten und Pond Hockey. Kulturelles gibt es in warmen Innenräumen.

SnowDays *(Jan–Anfang Feb)*, Banff, Lake Louise. Viele Events, u. a. Skating-Partys, Heubodentanz, Hockey und Eisskulpturenwettbewerb.

Zwei Adler-Eisskulpturen bei Ottawas Winterlude-Festival *(Feb)*

Februar

Yukon Quest *(Feb)*, Whitehorse. Berühmtes Schlittenhunderennen (1600 km) von Fairbanks, Alaska, nach Whitehorse.

Nova Scotia Icewine Festival *(Feb)*, ganz Nova Scotia. Feier des Eisweins der Region.

Yukon Sourdough Rendezvous *(Feb)*, Whitehorse. Winterfestival mit »Fallensteller«-Wettbewerb und vielen Veranstaltungen für Kinder.

Available Light Film Festival *(Feb)*, Yukon. Internationale und kanadische Filme.

Festival du Voyageur *(Mitte Feb)*, Winnipeg. Das größte Winterfestival Westkanadas widmet sich dem historischen Pelzhandel im französichen Viertel St-Boniface.

Winterlude *(jedes Wochenende)*, Ottawa. Große Auswahl an Aktivitäten einschließlich Eislaufen auf dem Rideau Canal.

Die Geschichte Kanadas

Kanada ist für seine schöne, aber auch ziemlich wilde Landschaft bekannt. Mithilfe der einheimischen Bevölkerung gewöhnten sich die europäischen Siedler allmählich an die Gegebenheiten und bauten im Lauf der Jahrhunderte eine prosperierende Nation auf. Trotz der anhaltenden Differenzen zwischen Anglo- und Frankokanadiern heißt das nordamerikanische Land Einwanderer aller Nationen willkommen und gilt als eines der tolerantesten der Welt.

Lange Zeit bevor die ersten Europäer 986 n. Chr. den Atlantik überquerten, gab es im heutigen Kanada verschiedene Zivilisationen. Nomadische Stämme wanderten über eine Landbrücke, die einst als Teil der uralten Landmasse Laurasia Asien mit Nordamerika verband, auf den Kontinent.

Jahrhunderte vergingen, ehe sich die frühen Einwohner, die heute als First Nations bezeichnet werden, an die Umgebung anpassten. Dazu mussten sie Fertigkeiten und Techniken entwickeln, die das Überleben in Kanada erforderte.

Frühes Überleben

Vom Yukon im Westen bis zum Atlantischen Ozean im Osten gab es in großen Landesteilen zwei Hauptgruppen von Jägern und Sammlern, die Algonkin und die Athapasken. Die Angehörigen beider Völker lebten als Nomaden in Gruppen, stellten Kanus aus Birkenrinde her und erfanden Schneeschuhe, um das Land zu durchqueren. Jagd und Fischfang sorgten für ausreichend Nahrung und Kleidung. Bis in jene Zeit reichen alte Traditionen zurück, die die Grundlage für Kanadas Fisch- und Pelzhandel schufen.

Nördlich dieser beiden Gruppen lebten die Innu, die das Leben in der Arktis mit den eisigen Wintern und kurzen Sommern zu meistern wussten. Im Süden siedelten die Irokesen in Walddörfern aus Langhäusern und bauten Mais an. In den westlichen Prärien war der Bison Lebensgrundlage. Die Ethnien an der Pazifikküste trieben Fischfang und Handel. Ihre Totempfähle zeugen von Kultur und Religiosität.

Trotz unterschiedlicher Lebensstile verband die First Nations das Bewusstsein, Teil der Natur zu sein. Sie glaubten, dass die Tiere, die sie jagten, ihnen verwandte Seelen besäßen und dass diejenigen, die diese Seelen durch unnötiges Töten beleidigten, Unglück treffen würde.

Die Großzügigkeit der Ureinwohner gegenüber den Europäern hat vielleicht ihren Untergang beschleunigt. So schreibt der kanadische Historiker Desmond Morton: »Ohne die volle … Unterstützung der Einheimischen, die den Europäern ihre Überlebenstechniken, ihr Gebiet und ihre Ressourcen zeigten, wären noch mehr der ersten Entdecker und Siedler gestorben. Vielleicht hätten sie, so wie die Wikinger 500 Jahre zuvor, ihre Ziele aufgegeben.«

9000 v. Chr. Ureinwohner sind bis zum Eramosa, nahe dem heutigen Guelph, Ontario, nach Süden vorgedrungen

Wikingerschiff, um 980

986 Der Wikinger Bjarni Herjolfsson segelt von Island nach Grönland und sieht als erster Europäer die Küste Labradors

1497 Erste Reise von Giovanni Caboto (John Cabot) nach Nordamerika

30 000 v. Chr. | 20 000 v. Chr. | 10 000 v. Chr. | 1 n. Chr. | 500 n. Chr. | 1000 n. Chr. | 1500 n. Chr.

30 000–10 000 v. Chr. Nomadische Jäger kommen über die Landbrücke von Asien nach Nordamerika

992 Leif Ericsson, »der Glückliche«, besucht Labrador und L'Anse aux Meadows, Newfoundland

1003 Thorfinn Karlsefni gründet mit Einheimischen eine Handelskolonie in Labrador (Vinland), die zwei Jahre später wegen Kämpfen mit feindlichen Ureinwohnern aufgegeben wird

◀ *Mah Min* oder *Die Feder*, Porträt des Assiniboine-Häuptlings (um 1856) von Paul Kane *(siehe S. 38)*

Erste Europäer

Die Sagen Nordeuropas erzählen, wie die Wikinger 986 n. Chr. von Island aus die Küste Labradors erreichten und mehrere erfolglose Versuche unternahmen, dort eine Kolonie zu gründen. Leif Ericsson, »der Glückliche«, startete 988 von Grönland aus und nannte das Land Vinland, nach den wilden Trauben, die dort wuchsen. Um 1000 versuchte Thorfinn Karlsefni, eine Vinland-Kolonie zu gründen. Seine Gruppe überwinterte zwar, segelte jedoch im Frühling nach Grönland zurück, überzeugt, dass eine Kolonie wegen zu weniger Kolonisten und der Feindseligkeit der *skraelings* (Ureinwohner) nicht möglich sei. 1963 wurden Reste dieser Wikingersiedlung in Newfoundland entdeckt *(siehe S. 77)*.

Der italienische Seefahrer und Entdecker John Cabot

Invasion der Engländer

1497 segelte der italienische Seefahrer Giovanni Caboto (John Cabot; 1450–1498) im Auftrag von König Henry VII von England mit der *Matthew* nach Amerika. Am 24. Juni fand er einen geschützten Ort auf Newfoundland und ging mit einer Gruppe an Land, um das Gebiet für England zu beanspruchen. Bevor er als Held nach Hause zurückkehrte, kartografierte er die Ostküste.

Im Mai 1498 stach Cabot erneut mit fünf Schiffen und 300 Männern in See, auf der Suche nach der Nordwestpassage nach Asien. Das Wetter zwang ihn jedoch, weiter südlich, in Richtung Nova Scotia, zu fahren. Das Meer war von Eisbergen übersät, seine Flotte ging vor der Küste Grönlands unter. Danach schwand Englands Interesse an dem neuen Land.

Ankunft der Franzosen

1534 unternahm der Forscher Jacques Cartier (1491–1557) von St-Malo aus seine erste Reise nach Kanada. Er erreichte Labrador, Newfoundland und den Gulf of

Karte der Reise Jacques Cartiers und seiner Leute von Pierre Descaliers (ca. 1534–41)

1525

1535 Jacques Cartier segelt auf dem St. Lawrence River bis Stadacona (Québec) und Hochelaga (Montréal)

1541 An der Mündung des Flusses Cape Rouge gründet Cartier Charlesbourg-Royal, die erste französische Siedlung in Amerika. Sie wird 1543 aufgegeben

1550

Jacques Cartier

1567 Der »Vater Neu-Frankreichs«, Samuel de Champlain, wird geboren

1575

1600

1605 Samuel de Champlain und Sieur de Roberval gründen Port Royal, nun Annapolis Royal, Nova Scotia

1608 Champlain gründet Québec, Kanadas erste europäische Dauersiedlung

1610 Henry Hudson erforscht die Hudson Bay

St. Lawrence, bevor er auf Anticosti Island landete. Dort erkannte er, dass er sich an einer Flussmündung befand. Ein Jahr später kehrte er zurück und segelte den St. Lawrence hinauf bis zum heutigen Québec. Bei Hochelaga erreichte er ein Lager der Ureinwohner, das er Montréal nannte. Nach einem bitteren Winter kehrten Cartier und seine Gruppe 1543 entmutigt nach Frankreich zurück. Es verstrichen 70 Jahre, bis französische Kolonisten erneut nach Kanada kamen – und blieben.

Champlain, der »Vater Neu-Frankreichs«, kämpft gegen Irokesen

Der »Vater Neu-Frankreichs«

Samuel de Champlain (1567–1635), Seefahrer und Soldat, reiste 1603 von Frankreich nach Kanada. Das Schiff, das ihn über den Atlantik brachte, ankerte vor Tadoussac, Champlain aber fuhr im Kanu den St. Lawrence entlang zu den Stromschnellen von Lachine. 1605 schlug sein Versuch, in Port Royal eine Kolonie zu gründen, fehl. 1608 begann mit dem Bau von drei zweistöckigen Häusern mit Hof und Wachturm, umgeben von einem Holzwall, der Aufbau einer französischen Kolonie in Québec.

Angetrieben vom Pelzhandel, schloss Champlain Bündnisse mit Algonkin und Huronen, kämpfte gegen deren gefürchtete Feinde, die Irokesen, bereiste das Land der Huronen, das heutige Zentral-Ontario, und sah die Großen Seen. Champlain und die anderen Franzosen, die ihm folgten, gründeten im St. Lawrence Valley nicht nur Siedlungen, sondern erforschten auch den halben Kontinent. Sie bauten ein »Neu-Frankreich« auf, das sich auf seinem Zenit von der Hudson Bay südlich nach New Orleans in Louisiana und von Newfoundland nach Westen bis fast zu den Rockies erstreckte.

1612 wurde Champlain Kanadas erster Gouverneur. Er schuf ein religiöses Klima, das es Orden wie den Jesuiten ermöglichte, Missionen zu gründen, legte aber auch den Grundstein für den Konflikt mit den Engländern, der bis ins nächste Jahrhundert und länger andauern sollte.

Hudsons letzte Reise

Hudson's Bay Company

1610 landete der Engländer Henry Hudson in jener Bucht, die seinen Namen trägt. Da sie Zugang zu vielen wichtigen Wasserwegen und Handelsrouten bot, begünstigte sie den Pelzhandel. Die 1670 gegründete Hudson's Bay Company gewann die Kontrolle über das Gebiet und sicherte sich das Pelzhandelsmonopol. Konkurrenten waren nur schottische Kaufleute, die 1783 in Montréal die North West Company gründeten. 1821 fusionierten die beiden Unternehmen. Bis heute ist die Hudson's Bay Company Kanadas größter Pelzhändler.

1625 | **1650** | **1675** | **1700**

1629 Der Brite David Kirke nimmt Québec ein, das aber 1632 an Frankreich zurückgegeben wird

Waschbärpelz

1648–49 Die Irokesen treiben die Huronen auseinander. Jesuitenpater Jean de Brébeuf wird beim Angriff auf die Huronen getötet

Darstellung eines Irokesen

1670 Die Hudson's Bay Company wird mit königlicher Urkunde von einer Gruppe englischer Kaufleute gegründet

1676 Neu-Frankreichs Bevölkerung wächst auf 8500 Siedler an

1702 Französisch-britische Rivalitäten führen zum Spanischen Erbfolgekrieg

Britisch-französische Feindschaft

Im 18. Jahrhundert erreichte der Konflikt zwischen Engländern und Franzosen die Neue Welt. 1713 beherrschte England Nova Scotia, Newfoundland und die Hudson-Bay-Region, nach dem Siebenjährigen Krieg 1763 auch das französische Kanada. Die Lage wurde durch die Religion verschärft: Die Engländer waren meist Protestanten, die Franzosen Katholiken. Dies führte dazu, dass die Provinz Québec 1791 in das Englisch sprechende Upper Canada (nun Ontario) und das Französisch sprechende Lower Canada (nun Québec) gespalten wurde. 1812 nutzten die Amerikaner den Konflikt zwischen Briten und Napoléon und marschierten in Kanada ein. 1814 wurden sie besiegt, doch die Angst vor weiteren Invasionen beeinflusste im 19. Jahrhundert die Geschichte Kanadas.

Exodus der Akadier
Um 1750 wurden die französischsprachigen Kanadier gnadenlos von den Engländern aus Akadien vertrieben *(siehe S. 68f)*.

Die Plains of Abraham, Québec: Hier siegten die Briten über die Franzosen.

General Isaac Brock
Brocks Heldentaten während des Kriegs von 1812, etwa die Eroberung eines Postens in Detroit, machten den Kanadiern Mut.

Siebenjähriger Krieg
Die berühmte Schlacht auf den Plains of Abraham 1759 war die letzte zwischen Briten und Franzosen in Kanada. An einer nun als Wolfe's Cove bekannten Stelle am St. Lawrence River besiegte General Wolfe mit einem Überraschungsangriff den französischen General Louis Joseph de Montcalm und seine Armee. Beide Generäle fielen in der Schlacht. In der Folge kam Québec an die Briten. Der Krieg endete 1763 mit dem Frieden von Paris, durch den das gesamte französische Gebiet an die Briten abgetreten wurde.

Empire-Loyalisten
Die Kapitulation des britischen Generals Charles Cornwallis *(rechts)* beendete den Amerikanischen Unabhängigkeitskrieg (1775–83). Viele, die der britischen Krone treu blieben, flohen daraufhin von den neu gegründeten USA nach Kanada. Die britische Bevölkerung Kanadas wuchs um 50 000.

Louisbourg
Die französische Festung Louisbourg wurde zwischen 1720 und 1740 auf Cape Breton Island erbaut. Bis zur Zerstörung 1758 durch die Briten war sie Hauptquartier der französischen Flotte. Heute ist die Anlage eine Touristenattraktion mit in historischen Gewändern gekleideten Führern *(siehe S. 100f)*.

General Wolfe
Der berühmte britische Offizier, hier tödlich verwundet auf den Plains of Abraham, nahm 1758 vor seinem Sieg in Québec (1759) die französische Festung Louisbourg ein.

General Wolfes Truppen segelten nachts den St. Lawrence River hoch, um den Feind in Québec zu überraschen.

Wolfes Infanterie erkletterte eine steile Klippe, um einen feindlichen Posten einzunehmen. Dann griffen die in Booten wartenden Soldaten in den Kampf ein.

Rechte der Franzosen
1774 garantierte die britische Regierung den Frankokanadiern in der Québec-Akte Religions- und Sprachfreiheit und erkannte das französische Zivilrecht an.

1720 | 1740 | 1760 | 1780 | 1800

1713 Die Briten erlangen die Kontrolle über Nova Scotia, Newfoundland und die Hudson Bay

1743 Die Brüder La Vérendrye entdecken die Rocky Mountains

1755 Vertreibung der Akadier aus Nova Scotia

1758 Die französische Festung Louisbourg auf Cape Breton Island fällt an die Briten

1759 Wolfe besiegt de Montcalm in der Schlacht auf den Plains of Abraham

Medaille für die britische Einnahme Québecs 1759

1760 Montréal wird britisch

1774 Die Québec-Akte garantiert Frankokanadiern das Recht auf sprachliche und religiöse Freiheit

Sir Alexander Mackenzie

1793 Der schottische Pelzhändler Mackenzie überquert die Rockies und erreicht auf dem Landweg den Pazifik

1812 Krieg zwischen den USA und England bis zum Frieden von Gent 1814

Britisches Territorium

Repräsentanten diskutieren in London über eine Vereinigung

25 Jahre nach dem Krieg von 1812, der mit einem Patt geendet hatte, loderte Gewalt anderer Art in Kanada auf. Die Engländer strebten nach der Wahlmehrheit und versuchten, den Einfluss der katholischen Kirche einzuschränken. Um 1834 hatten die Franzosen nur ein Viertel der öffentlichen Stellen inne, obwohl sie zwei Drittel der Bevölkerung stellten.

Von 1837 bis 1838 gab es, ausgelöst durch englische wie französische Reformer, die eine Selbstverwaltung mit einer breiteren Wählerschaft forderten, Aufstände in Upper und Lower Canada. Daraufhin vereinte die britische Regierung die beiden Provinzen 1840. Die neue Provinz gewann schnell an Unabhängigkeit, als 1849 die Reformpartei die Rebellen von 1837 per Gesetz entschädigte. Lord Elgin, der Generalgouverneur, lehnte das Gesetz zwar ab, legte aber kein Veto ein. Die Province of Canada besaß nun »Selbstverwaltung« (das Recht, ohne Zustimmung eines britischen Repräsentanten Gesetze zu verabschieden).

Das übrige Britisch-Amerika blieb weiterhin eine Reihe von Kolonien, die trotz wirtschaftlicher Erfolge ein Übergreifen der Amerikaner fürchteten. Diese Ängste wurden durch einige Fenier-Überfälle auf kanadisches Gebiet (1866–1870) geschürt. (Die Fenier, irische Einwanderer aus New York, hofften auf Unterstützung der Frankokanadier bei ihrem Kampf für Irlands Unabhängigkeit.) Ab 1864 diskutierte man die Frage der Konföderation, denn die britischen Kolonien konnten diese Überfälle, darüber waren sich die Politiker einig, nur dann abwehren, wenn sie sich zusammenschlossen.

Am 1. Juli 1867 wurden gemäß dem Britisch-Nordamerika-Gesetz die Provinzen Québec (Canada East) und Ontario (Canada West) geschaffen und mit Nova Scotia und New Brunswick zur Dominion of Canada vereint. Die neue Regierung war nach britischem Vorbild organisiert, mit einem Generalgouverneur (dem Repräsentanten der Krone), einem Unterhaus und einem Senat. Das Parlament regelte Angelegenheiten von nationalem Interesse: Verteidigung, Justiz und Handel. Den Provinzen oblagen regionale Fragen, etwa im Bereich der Bildung.

Rebell Louis Riel

Aufstand der Métis

Nach der Konföderation kaufte die Regierung von der Hudson's Bay Company Rupert's Land, ein Gebiet, das sich südlich und westlich der Hudson Bay Tausende Kilome-

1818 Der 49. Breitengrad vom Lake of the Woods bis zu den Rockies wird Staatsgrenze zwischen den USA und Kanada

1821 Fusion von Hudson's Bay und North West Company

1837 Das Gefühl, die Regierung sei nicht demokratisch genug, führt zu gewaltsamen, aber erfolglosen Aufständen in Upper und Lower Canada

1839 Lord Durhams Bericht sieht die Selbstverwaltung und die Vereinigung von Upper und Lower Canada zur schnelleren Assimilierung der Frankokanadier vor

1841 Der Union Act vereint Upper und Lower Canada zur Province of Canada

1849 Die Grenze auf dem 49. Breitengrad wird bis zum Pazifik ausgedehnt

1820 | 1830 | 1840 | 1850

ter landeinwärts erstreckte. Die hier lebenden Métis fürchteten den Zustrom englischsprachiger Siedler. 1869 fand unter Führung von Louis Riel der erste Métis-Aufstand statt. Die Red River Rebellion war ein Versuch, das zu verteidigen, was die Métis als ihr angestammtes Recht auf das Land betrachteten. 1870 wurde ein Kompromiss erzielt und die neue Provinz Manitoba geschaffen. Viele Métis zogen jedoch nach Westen in die spätere Provinz Saskatchewan (1905).

Riel selbst wurde 1874 ins Unterhaus gewählt, emigrierte aber 1875 in die USA. Die Absicht der Regierung, den Westen zu besiedeln, veranlasste 1884 die Métis von Saskatchewan, Louis Riel zu bitten, wieder zurückzukommen, um einen weiteren Aufstand (die North-West-Rebellion) anzuführen, der jedoch nur von kurzer Dauer war. Riel wurde im Mai in Batoche besiegt, des Verrats angeklagt und am 18. November 1885 in Regina gehängt.

Geburt einer Nation

Die Niederlage der Métis und der Bau einer transkontinentalen Eisenbahn waren für die Besiedlung des Westens entscheidend. British Columbia, das seit 1858 Kronkolonie war, schloss sich 1871 der Dominion an. Bedingung hierfür war der Bau einer Bahnverbindung zum Rest des Landes. Der erste Zug, der 1886 von Montréal nach Vancouver fuhr, ebnete den Weg zur Besiedlung des Westens.

Verlegung des letzten Stücks der Canadian Pacific Railroad, 1885

Prince Edward Island, Kanadas kleinste Provinz, schloss sich 1873 der Dominion an. 1898 wurde Yukon Territory gegründet, um Kanadas Rechtsprechung während des Klondike-Goldrauschs zu sichern *(siehe S. 56f)*.

1905 entstanden aus Rupert's Land die Provinzen Saskatchewan, Alberta und Northwest Territories. Jede Provinz hatte einen Premier und eine frei gewählte Volksvertretung. Um das Jahr 1911 hatte sich die Einwohnerzahl durch den kontinuierlichen Zuzug von Einwanderern in die neuen Provinzen etwa verdoppelt. Newfoundland zog es damals vor, eine britische Kolonie zu bleiben. Erst 1949 kam es als zehnte Provinz zu Kanada.

Métis

Die Métis Zentralkanadas waren Nachfahren von Ureinwohnern und Franzosen. Die halbnomadisch lebenden Métis, die hauptsächlich von der Büffeljagd lebten, waren stolz auf ihre Kultur und widersetzten sich der Integration in die Dominion. Sie reagierten auf die Vereinigung des Landes mit zwei Aufständen, die scheiterten. Die Métis erhielten keinerlei Landrechte und waren zu einem Leben in Armut oder zu erzwungener Integration verdammt.

Métis auf Büffeljagd in der Prärie

Sir John A. MacDonald

1867 Dominion of Canada. Sir John A. MacDonald wird Kanadas erster Premierminister

1870 General Wolseley schlägt die Red River Revolution nieder. Gründung der Provinz Manitoba

General Wolseley

1886 Goldfunde am Forty-Mile River

1860 | **1870** | **1880**

1866 Fenier-Überfälle auf kanadisches Gebiet sollen britische Truppen von Irland ablenken

1855 Königin Victoria bestimmt Ottawa zur Hauptstadt der Province of Canada

Canadian-Pacific-Logo

1885 Riel führt die North-West-Rebellion an. Die Métis werden bei Batoche besiegt, Riel in Regina gehängt. Eröffnung der transkontinentalen Eisenbahn

Der Klondike-Goldrausch

Von etwa 1830 an kursierten Gerüchte, dass es im Yukon Gold geben würde, doch das raue Land und die ihr Gebiet bewachenden Chilcotin hielten die meisten Goldsucher fern. Am 16. August 1896 begann der sagenhafte Goldrausch, als George Washington Carmack und zwei Freunde, die Ureinwohner Snookum Jim und Tagish Charlie, in einem Fluss, den sie später Bonanza Creek tauften, einen großen Goldklumpen fanden. In den folgenden beiden Jahren machten sich über 100 000 Goldsucher zu den neuen Goldfeldern auf, doch nur ungefähr 40 000 schafften es, dorthin zu gelangen. Die meisten nahmen Boote nach Skagway oder Dyea und kämpften sich über die Küstengebirge zu den Quellflüssen des Yukon vor. Von dort waren es rund 500 Kilometer per Boot bis zu den Goldfeldern. Insgesamt wurden beim Goldrausch etwa 50 Millionen Kanadische Dollar erwirtschaftet, obwohl der Reichtum nur für wenige Goldgräber von Dauer war.

Der Klondike-Unternehmer
Der geschäftstüchtige, »König des Klondike« genannte Alex McDonald aus Nova Scotia kaufte die Claims entmutigter Goldsucher auf, ließ andere für sich arbeiten und verdiente so Millionen.

Skagway, Alaska
Ausgangspunkt für den Marsch zum Klondike war die Zeltstadt Skagway. Hier gab es an jeder Ecke Saloons (und Betrüger) und in den Straßen häufig Schießereien. Der berühmteste Schwindler war Jefferson Randolph »Soapy«, der 1898 erschossen wurde.

Der Heckraddampfer war ein von nur einem Schaufelrad angetriebener Dampfer.

Der Yukon entspringt im Küstengebirge von British Columbia und windet sich über 3000 Kilometer bis nach Alaska.

Mounties übernehmen die Kontrolle
Für die Sicherheit beim Klondike-Goldrausch sorgten Kanadas rot uniformierte Mounties – der Grund, warum es einigermaßen friedlich zuging. 1895 wurden 19 Mounties zum Yukon geschickt. 1898 waren es bereits 285, die vom Fort Herchmer in Dawson aus operierten.

Klondike-Fieber
Die Außenwelt erfuhr von den Reichtümern im Juli 1897, als Goldgräber vom Yukon mit ihrem Gold in den Häfen von Seattle und San Francisco ankamen.

Dawson City
Als der Goldrausch im Sommer 1897 voll ausbrach, wuchs das kleine Zeltlager beim Zusammenfluss von Klondike und Yukon auf 5000 Menschen an. Ein Jahr später machten 40 000 Bewohner Dawson City zur größten Stadt Kanadas.

Dampfboote und andere Schiffe brachten Tausende von Goldsuchern den Yukon hinauf nach Dawson, wo sie sich im Hafen drängelten.

Literarische Zeugnisse
Selbst die Literatur wurde vom Klondike-Goldrausch inspiriert. Jack London *(rechts)* schrieb *Ruf der Wildnis* (1903) und Robert Service *Songs of a Sourdough* (1907).

Überquerung des Yukon

An den gefährlichen Stromschnellen des Yukon im Miles Canyon zerschellten derart viele Boote, dass die Mounties anordneten, alle Boote bräuchten einen kundigen Lotsen. Erfahrene Matrosen konnten dabei bis zu 100 Kanadische Dollar pro Fahrt verdienen. War der Miles Canyon durchfahren, gab es nur noch eine Stromschnellenpassage, bevor der Yukon bis nach Dawson hin ruhiger wurde.

1896 George Carmack und seine Freunde Tagish Charlie und Snookum Jim machen ihr Glück am Bonanza Creek. Der liberale Wilfried Laurier wird der erste frankokanadische Premierminister des Landes

1897 Dampfboote aus Alaska bringen Seattle und San Francisco die Kunde von den Goldfunden. Der Goldrausch beginnt

Klondike News, *1898*

1898 Das Areal am Yukon wird eine eigene Provinz, u. a. um dem benachbarten Alaska gegenüber die britische Oberhoheit deutlich zu machen

1899 In Nome, Alaska, wird Gold entdeckt. Viele Leute verlassen Dawson, um weiter westlich ihrem Traum vom Reichtum nachzujagen

1896 | 1897 | 1898 | 1899

Neuer Optimismus

Der Klondike-Goldrausch war in ganz Kanada spürbar. Er führte zum Anwachsen von Städten wie Vancouver und Edmonton und zur Gründung des Yukon Territory. Die 1896 gewählte liberale Regierung unter dem ersten frankokanadischen Premier Wilfried Laurier verbreitete neuen Optimismus. Laurier war überzeugt, dass »das 20. Jahrhundert Kanada gehören wird«. Die neuen Provinzen Zentralkanadas mit ihren weiten Prärien boten europäischen Siedlern eine neue Heimat. Im Jahr 1913 kamen 400 000 Einwanderer. Schließlich profitierte Kanada von einer blühenden Weltwirtschaft und begann, sich als Industrie- und Agrarmacht zu etablieren.

Werbung für die Einwanderung nach Kanada (1914)

Unterstützung der Alliierten

Der erste Auslandstest für das kanadische Militär kam 1899 beim Burenkrieg in Südafrika, der zweite 1914 beim Ausbruch des Ersten Weltkriegs. Laurier zeigte angesichts der Krise in Südafrika Zurückhaltung, doch der Druck seitens der Englisch sprechenden Bevölkerung führte dazu, dass man 1899 1000 Soldaten nach Kapstadt schickte. Bis zum Ende des Burenkriegs 1902 hatten etwa 6000 Soldaten die Reise nach Südafrika angetreten und an der Seite der Briten gekämpft. Sie kehrten mit gestärktem Nationalbewusstsein zurück. Die Kriegserfahrung führte allerdings nicht nur zu einem neuen Nationalgefühl, sondern machte auch Gegensätze deutlich. Es gab Auseinandersetzungen zwischen Englisch und Französisch sprechenden Studenten sowie zwischen den Konservativen Ontarios und den frankofonen Politikern Québecs.

Burenkrieg: kanadischer Vormarsch bei Paardeberg, 1900

Bevor sich die Situation zuspitzte, drohte eine neue Krise. Die Kanadier schlossen sich den Alliierten in Flandern an und gingen ruhmreich aus dem Ersten Weltkrieg hervor. Der Kanadier Billy Bishop war der beste Pilot der Alliierten, Roy Brown, ein weiterer kanadischer Pilot, schoss den »Roten Baron« ab. Kanadische Truppen waren die Helden der Schlachten von Ypern (1915) und Vimy (1917). Bis zum Friedensschluss am 11. November 1918 wurden 175 000 Kanadier verwundet, 60 000 starben für ihr Land.

Unabhängiger Status

Kanada hatte im Ersten Weltkrieg eine so bedeutende Rolle gespielt, dass es als souveräner Staat anerkannt und in den Völ-

1899 Die ersten Kanadier werden in den Burenkrieg geschickt

1911 Der Streit um das Marinegesetz (Naval Service Bill) führt bei der Parlamentswahl zur Ablösung Wilfred Lauriers durch Robert Bordens Konservative

1917 Die Explosion eines Munitionsschiffs im Hafen von Halifax zerstört große Teile der Stadt. Es gibt 2000 Tote und 9000 Verletzte

1918 Kanadier durchbrechen die deutschen Schützengräben bei Amiens. »Kanadas 100 Tage« beginnen

1900 | 1905 | 1910 | 1915 | 1920

1903 Kanada verliert Alaska-Grenzstreit, als ein britisches Tribunal für die USA Partei ergreift

1914 England erklärt Deutschland den Krieg und zieht Kanada in den europäischen Konflikt hinein. Deutsche und österreichisch-ungarische Kanadier sind gezwungen, Ausweise bei sich zu tragen

Dr. Frederick Banting

1922 Die Kanadier Charles Best, Frederick Banting und John MacLeod erhalten den Nobelpreis für die Entdeckung des Insulins

kerbund aufgenommen wurde. Die Unabhängigkeit wurde 1931 mit der Verabschiedung des Statuts von Westminster bestätigt: Kanada wurde ein autonomer, souveräner Staat im Commonwealth.

1929 wurde durch den Kurssturz an der Wall Street die Weltwirtschaftskrise ausgelöst – und Kanadas Optimismus gedämpft. Alberta, Saskatchewan und Manitoba litten unter Dürre. Jeder Vierte war arbeitslos. Auf Güterwaggons mitfahrende Arbeitsuchende waren damals kein seltener Anblick.

Suppenküche zur Zeit der Wirtschaftskrise

Zweiter Weltkrieg

Die Versorgung der alliierten Streitkräfte half dem Land aus der Wirtschaftskrise. Die Marine trug entscheidend zum Gewinn der Atlantikschlacht (1940–43) bei. Viele alliierte Flieger wurden in Kanada ausgebildet. Kanadische Regimenter erwarben sich bald den Ruf großer Tapferkeit. Viele fielen etwa beim Angriff auf Dieppe (1942). Tausende kämpften in Italien, während andere in der Normandie an Land stürmten. In den Kämpfen hatten die Zweite und Dritte Kanadische Division mehr Tote zu beklagen als jede andere britische Einheit. Die Kanadier befreiten auch einen großen Teil Hollands.

Kanadas damaliger Premier, der Liberale Mackenzie King (1935–48), ordnete einen Volksentscheid an, um in den letzten Kriegsmonaten weiter Wehrpflichtige nach Übersee zu schicken, überwachte den Bau des Alaska Highway *(siehe S. 266f)* und leistete viel für die Alliierten.

D-Day, 6. Juni 1944: deutsche Gefangene der kanadischen Infanterie

Eine internationale Stimme

Bei Kriegsende 1945 hatte Kanada die drittgrößte Marine der Welt, die viertgrößte Luftwaffe und eine Bodentruppe von 730 000 Mann. Zwar hatte die Nation im Zweiten Weltkrieg einen hohen Preis bezahlt – 43 000 Soldaten starben, die Staatsschulden vervierfachten sich –, doch bei der steigenden Bevölkerung konnte man die Verluste recht schnell auffangen. Ein Großteil der Staatsschulden war nämlich in Industriezweige investiert worden, die die Nachkriegswirtschaft ankurbeln sollten.

1925

1926 Der Balfour Report definiert britisches Territorium als autonom und gleichberechtigt

1929 Beginn der Weltwirtschaftskrise

1930

Logo von Air Canada

1931 Das Statut von Westminster gewährt Kanada völlige Autonomie

1935

1937 Trans-Canada Air Lines, nun Air Canada, nimmt Flugbetrieb auf

1940

1941 Hongkong fällt an Japan. Kanadier werden als Kriegsgefangene behandelt

1942 Rund 22 000 japanische Kanadier werden nur mit der Kleidung am Körper interniert

1944 Kanadische Truppen stoßen am D-Day weiter ins Land vor als jede andere Einheit der Alliierten

1945

1945 Kriegsende. Kanada tritt der UNO bei. In Chalk River, Ontario, geht der erste Atomreaktor ans Netz

Kanadisches Getreideschiff am St. Lawrence Seaway im Einweihungsjahr 1959

Nach dem Zweiten Weltkrieg wuchs Kanadas Wirtschaft. Zusammen mit Sozialprogrammen der Regierung wie einer Arbeitslosenversicherung und einem Renten- und Gesundheitssystem bescherte dies den Kanadiern einen der weltweit höchsten Lebensstandards und eine Lebensqualität, die Einwanderer aus aller Welt anlockt. Seit 1945 kommen diese vorrangig aus Südeuropa, Asien, Südamerika und von den Karibischen Inseln. Sie alle haben zum multikulturellen Status des Landes beigetragen.

International sind Kanadas Ansehen und Einfluss gewachsen. Es ist Mitglied der Vereinten Nationen seit deren Gründung 1945 und das einzige Land, das an fast allen größeren Frieden stiftenden Operationen der UNO beteiligt war. Deshalb nimmt es nicht wunder, dass es Lester Pearson, der spätere kanadische Premierminister, war, der 1959 den Friedensnobelpreis für seine Bemühungen zur Lösung der Suez-Krise erhielt. Kanada ist zudem ein angesehenes Mitglied internationaler Organisationen, u. a. des Commonwealth, von La Francophonie, der G-7-Staaten, der OAS (Organization of American States) und der NATO.

Britisch-französische Rivalitäten

Trotz aller Errungenschaften spielt die Frage der nationalen Identität und Einheit auch weiterhin eine wichtige Rolle. Motor dieser Debatte sind noch immer die französisch-britischen Rivalitäten, wobei die bekanntesten Gegenspieler der letzten Jahrzehnte Premierminister Pierre Trudeau (1968–79 und 1980–84) und Québecs Premier René Lévesque (1976–85) waren.

Als Jean Lesage 1960 Premier von Québec wurde, leitete er die »Stille Revolution« ein, Reformen, die der Provinz mehr Macht verliehen, aber nicht ausreichten, um einen militanten Nationalismus zu verhindern. Im Oktober 1970 wurden der britische Wirtschaftsbeauftragte James Cross und der Arbeitsminister von Québec, Pierre Laporte, von der frankokana-

Québecs Premier René Lévesque und Kanadas Premier Pierre Trudeau während des Referendums von 1980

1950 Kanadische Spezialeinheit unterstützt UN-Soldaten im Korea-Krieg

1957 Lester Pearson erhält Friedensnobelpreis für seinen Beitrag zur Lösung der Suez-Krise

Lester Pearson

1980 Québecs Bevölkerung stimmt mehrheitlich gegen Unabhängkeit der Provinz

1950 **1955** **1960** **1965** **1970** **1975** **1980**

1949 Newfoundland schließt sich der Konföderation an, Kanada der NATO

1965 Nach erbitterter Debatte wird Kanadas neue Flagge eingeführt

1976 In Montréal finden die Olympischen Spiele statt. René Lévesque und der separatistische Parti Québécois gewinnen Provinzwahl

Marc Garneau

Demonstration in Montréal für Québecs Unabhängigkeit, 1990

dischen Terrororganisation Front du Libération de Québec (FLQ) entführt. Cross konnte von der Polizei befreit werden, Laporte wurde später ermordet aufgefunden. Trudeau verhängte daraufhin das Kriegsrecht, sandte Truppen nach Montréal und verbot den FLQ. Dabei kam es zu etwa 500 Festnahmen.

Trudeau widmete sein politisches Leben dem Föderalismus, kämpfte gegen den Separatismus und für eine eigene kanadische Verfassung. Québec-Premier René Lévesque setzte sich hingegen für ein Referendum zur Unabhängigkeit Québecs ein. Nur eine knappe Mehrheit stimmte dagegen. Der Separatismus beherrschte weiterhin die Tagespolitik. 1982 erfüllte sich dann Trudeaus Traum: Kanada erhielt eine eigene Verfassung, die die Bürgerrechte und Freiheiten ebenso wie die Gleichstellung der Frau garantierte.

Konservative gegen Multikulti

1984 gewann der Führer der Progressiven Konservativen, Brian Mulroney, die Parlamentswahlen mit der größten Mehrheit in der kanadischen Geschichte. Er lehnte Trudeaus Politik ab und legte den Schwerpunkt auf engere Beziehungen zu Europa und vor allem zu den USA. In den folgenden Jahren wurden zwei Schritte zu einer Verfassungsreform unternommen. Das Meech-Lake-Abkommen von 1987 zielte auf eine Sonderstellung der Provinz Québec ab, scheiterte allerdings. 1992 wurde der Charlottetown Accord, ein Paket von Verfassungserweiterungen, bei denen es um die Souveränität der Inuit und First Nations ging, abgelehnt. Inzwischen wurde jedoch Québecs französisches Erbe offiziell anerkannt, die Inuit erhielten ihr Territorium Nunavut.

2015 gewann der Linksliberale Justin Trudeau, der Sohn des früheren Premiers, die Wahl. Sein multikulturelles Kabinett besteht zur Hälfte aus Frauen. 2017 konnte das europäisch-kanadische Freihandelsabkommen CETA teilweise in Kraft treten.

Unabhängigkeit für Nunavut

Am 1. April 1999 wurde das Inuit-Territorium Nunavut gegründet. Die Kampagne für einen Inuit-Staat begann in den 1960er Jahren, als neben der Forderung nach Landrechten auch der Wunsch nach einer eigenen politischen Identität laut wurde. Nunavuts erster Premier war der 34-jährige Paul Okalik, Führer der ersten Inuit-Mehrheitsregierung. Traditionelle Fischfang- und Jagdfertigkeiten wurden wieder eingeführt. Inuktitut hat Englisch als Amtssprache verdrängt. Die Regierung investierte bisher über eine Milliarde Dollar in öffentliche Einrichtungen.

Vertragsunterzeichnung in Iqaluit, 1. April 1999

1984 An Bord der amerikanischen *Challenger* fliegt Marc Garneau als erster Kanadier ins All

1985

1988 XV. Olympische Winterspiele in Calgary

1989 Kanadisch-amerikanisches Freihandelsabkommen

1990

1995

1997 Eine 13 Kilometer lange Brücke verbindet Prince Edward Island mit dem Festland

1999 Gründung des Inuit-Territoriums Nunavut

2000

Flaggen Kanadas und Nunavuts

2005

2006 Konservative Minderheitsregierung unter Stephen Harper (auch 2008)

2010

2010 XXI. Olympische Winterspiele in Vancouver und Whistler

2015

2015 Linksliberale Regierung unter Premier Justin Trudeau

2017 Ratifizierung von CETA

ATLANTIK-PROVINZEN

Atlantikprovinzen im Überblick

Die Atlantikprovinzen sind berühmt für ihre felsigen Küsten, malerischen Fischerdörfer, sonnigen Badestrände, gemütlichen Landgasthäuser und ihre freundlichen Menschen. Jede Provinz hat ihr eigenes kulturelles Flair. Im Nordosten New Brunswicks blüht die frankofone akadische Kultur, während die Südküste von der durch die Gezeiten zerklüfteten Bay of Fundy geprägt ist. Mit Prince Edward Island verbindet man grünes Weideland, schöne Sandstrände und den Genuss von Hummer. Nova Scotia hat faszinierende Landschaften wie den Cabot Trail, aber auch historische Orte wie das Seefahrerstädtchen Lunenburg, eine der wenigen kanadischen Städte, die nationale Gedenkstätten sind. In Newfoundland ragen die Berge des Gros Morne National Park über glitzernd blauen Fjorden auf. In Labrador treiben schimmernde Eisberge vor einer atemberaubenden Küstenlandschaft.

Die Küste mit dem Strand von Two Islands, wegen der beiden vorgelagerten Inseln auch als »The Brothers« bekannt, in Parrsboro, Nova Scotia

Akadische Orte – nach 400 Jahren eigenständiger Kultur im Nordosten New Brunswicks immer noch lebendig

◀ **Leuchtturm an der Küste von Nova Scotia *(siehe S. 93)***

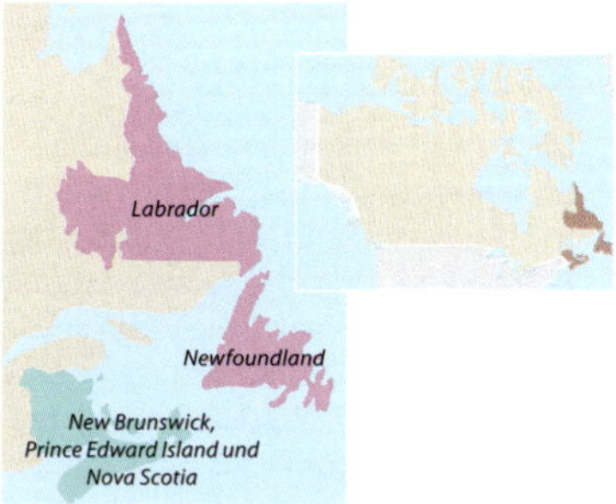

Quidi Vidi, eines der ältesten Dörfer Newfoundlands, hoch über der Atlantikküste

0 Kilometer 250

In den Atlantikprovinzen unterwegs

Air Canada und WestJet bieten Flüge für die gesamte Region. Die Confederation Bridge verbindet Borden auf Prince Edward Island mit Cape Tormentine in New Brunswick. Eine Fährverbindung gibt es zwischen Wood Island, Prince Edward Island und Pictou auf Nova Scotia, eine weitere zwischen Digby auf Nova Scotia und Saint John, New Brunswick. Züge von VIA Rail verkehren zwischen New Brunswick und Nova Scotia. Newfoundlands Port aux Basques oder Argentia erreicht man per Flugzeug oder mit der Fähre von Sydney, Nova Scotia, aus. Eine Hochgeschwindigkeitsfähre verkehrt zwischen Yarmouth, Nova Scotia, sowie Bar Harbor und Portland, Maine. Alle Provinzen haben Buslinien, doch viele Gegenden sind so abgeschieden, dass man sich vorher erkundigen sollte.

Weitere Zeichenerklärungen *siehe hintere Umschlagklappe*

Meeresfauna

Die kanadischen Atlantikprovinzen – Nova Scotia, New Brunswick und Prince Edward Island – bieten zusammen mit Newfoundland und Labrador, dem Nordufer des St. Lawrence River in Québec und der Halbinsel Gaspé Meerestieren einen vielfältigen Lebensraum. Das Klima wird zum einen durch den warmen Golfstrom, der von der Karibik nach Norden fließt, geprägt, zum anderen durch eisige Ströme aus der kanadischen Arktis, die oft Eisberge mit sich führen. Die Küstenlandschaft Ostkanadas wechselt zwischen felsigen Landzungen und Sandstränden. Sowohl Land- als auch Meeressäuger leben hier, ebenso zahlreiche Seevogelarten.

Regenpfeifer sind vom Aussterben bedrohte Vögel, die auch an der Atlantikküste Kanadas leben und brüten.

Lebensraum Küste

Die Küstenlinie ist von schroffen Felsklippen, Sandstränden und Marschland geprägt. Etwas weiter landeinwärts geht die Landschaft in Moore, Wälder und Wiesen über und bietet Waschbären und Bibern sowie verschiedenen Vogelarten einen einladenden Lebensraum. Zwischen Land und Meer, im fruchtbaren Bereich des Gezeitenwechsels, leben Algen, Weichtiere und andere Wirbellose.

Der Fischotter lebt im »Familienverband« und jagt in Flüssen, Seen und Buchten nach Beute.

Der Papageitaucher mit seinem charakteristischen Schnabel ist ein neugieriger und freundlicher Seevogel, der auf Klippen nistet.

Der Waschbär mit seinem weiß beringten Schwanz ernährt sich von Fischen, Krebsen, Vögeln und Vogeleiern.

Der Biber, das Symbol Kanadas, lebt in Sumpfwäldern. Zum Fressen und zum Bau von Dämmen und »Burgen« nagt er Bäume ab.

Lebensraum Meer

Die See vor der Ostküste ist durch den kalten Labradorstrom von Norden, den Golfstrom von Süden und das Süßwasser der St.-Lawrence-Mündung geprägt. Unzählige Tiere bevölkern die Gewässer. Die nährstoffreiche Bay of Fundy besitzt den höchsten Tidenhub der Welt. Vor der Küste Newfoundlands befinden sich die Grand Banks, einst die reichsten Fischgründe weltweit. Wegen massiver Überfischung wurden die Fangquoten mittlerweile begrenzt.

Hummer werden nahe der Küste in Fallen gefangen. Die Fangquote ist streng geregelt, um die Anzahl der Tiere zu schützen.

Der ausgewachsene Blauwal, das größte Säugetier der Welt, wird bis zu 30 Meter lang. In der Bay of Fundy, wo Wale häufig zu sehen sind, gewinnt die ökologisch orientierte Walbeobachtung an Bedeutung.

Der Atlantische Lachs kehrt im Gegensatz zu den Lachsen im Pazifik mehrmals zum Laichen in den Heimatfluss zurück. Er ist bei Anglern besonders beliebt *(siehe S. 31)*.

Große Tümmler sind für ihre kurze Schnauze und ihr charakteristisches »Lächeln« bekannt. Sie leben vor der Ostküste von New Brunswick und Nova Scotia.

Seevögel der Atlantikküste

Die Küste Ostkanadas ist ein perfektes Habitat für Seevögel. Felsklippen und Landzungen bieten ideale Brutstätten. Die Küstengewässer und Gezeitenzonen sind reiche Vorratskammern für viele Vogelarten, z. B. Kormorane und Sturmvögel. Einige Seevögel sind durch Umweltveränderungen gefährdet. Die Populationen der Tordalke und Papageitaucher wachsen jedoch.

Die Ohrenscharbe aus der Familie der Kormorane ist ein Tauchvogel, der sich von Fischen ernährt und diese noch in zehn Metern Tiefe erbeuten kann.

Der Wellenläufer besitzt einen scharfen Geruchssinn, der ihm beim Navigieren auf dem offenen Meer zugutekommt.

Akadier

Wenige Geschichten der Besiedlung der Neuen Welt sind mit so viel Tragik und Triumph verbunden wie die der Akadier. Im 17. Jahrhundert kolonisierten 500 französische Siedler das Annapolis-Tal in Nova Scotia und nannten es Acadie. 1750 waren es 14000, die dort und in New Brunswick mit ihrer Kultur dominierten. Die Briten sahen die Enklaven in dem von ihnen regierten Gebiet als Bedrohung und vertrieben die Akadier 1755, viele davon in die USA. Als England und Frankreich 1763 Frieden schlossen, kehrten die Akadier allmählich in ihre Heimat zurück. Noch heute gedeiht ihre frankofone Kultur in einigen Arealen.

Akadische Frauen verkaufen bei Sommerfestivals Wollartikel und Leinenstoffe.

Île Sainte-Croix wurde 1604 als erste akadische Siedlung in New Brunswick gegründet. Typisch ist die großzügige Anordnung des Dorfs.

Akadische Landwirtschaft

Die Akadier arbeiteten hart. Sie kultivierten das Land im Annapolis-Tal, gründeten Dörfer und errichteten ein System von Deichen, um dem Meer fruchtbares Ackerland abzugewinnen. Die Sommerernte versorgte sie im Winter. Kartoffeln und Gemüse wurden im Keller eingelagert, für Vieh und Ziegen gab es Heu. Anfang des 19. Jahrhunderts dehnten die akadischen Bauern den Anbau auf Tabak und Flachs aus.

Das Heu wurde beim Ernten zu spitzen Haufen, *chafauds*, zusammengerecht und für den Winter getrocknet.

Die Vertreibung der Akadier fand im August 1755 statt. Sie wurden von britischen Truppen brutal zusammengetrieben. Über 6000 Akadier wurden auf Boote verladen und einige in die USA verschifft, wo sie noch heute als *Cajuns* leben. Manche von ihnen kehrten später zurück. Ihre Nachfahren leben jetzt in den Dörfern der Ostprovinzen.

Die Akadier hielten jahrhundertelang an ihrem Lebensstil fest, der im Village Historique Acadien *(siehe S. 84)* nachgebildet wurde.

Die Kirche Sainte Anne in Sainte-Anne-du-Ruisseau ist typisch für den einfachen Baustil der Akadier. Der Katholizismus war und ist ihnen sehr wichtig. In der schweren Zeit um 1755 gaben ihnen die Priester Beistand.

Die Musik der Akadier, Volksmusik für Geige und Gitarre, spiegelt seit dem 17. Jahrhundert ihre Kultur wider. Bekannt sind Balladen, die von unerwiderter Liebe und von Vertreibung erzählen.

Das akadische Leben spielte sich um die Gehöfte ab. Die Männer arbeiteten auf dem Feld oder gingen der Fischerei nach, die Frauen halfen bei der Ernte.

Henry Wadsworth Longfellow

Der Amerikaner Henry Longfellow (1807–1882), zu Lebzeiten einer der bekanntesten Dichter in den USA und in Europa, ist für seine bittersüßen Balladen bekannt. *Evangeline* aus dem Jahr 1847 thematisiert das Unrecht, das den Akadiern angetan wurde, und zeichnet das Leben eines jungen akadischen Paares nach – den tragischen Verlust einer Liebe und einer Idylle, die durch die sozialen Umwälzungen und die Vertreibung im 18. Jahrhundert zerstört wurden: »Laut (singt) aus seinen felsigen Abgründen der nahe, tiefe Ozean. Lausch der trauervollen Geschichte, die von den Kiefern des Waldes gesungen wird … Lausch der Erzählung einer Liebe in Akadien, der Heimat der Glückseligen.«

Newfoundland und Labrador

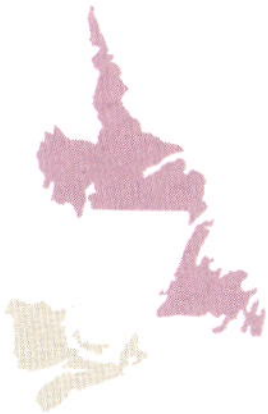

Mit hoch aufragenden Gipfeln, ausgedehnten Landschaften und etwa 17 000 Kilometern rauer, überwiegend zerklüfteter Küstenlinie bieten Newfoundland und Labrador ein faszinierendes Naturerlebnis. Riesige Eisberge treiben vor der Küste, in glitzernden Meeresbuchten schwimmen Wale, Elche grasen auf offenen Marschen. Der Westen Newfoundlands verfügt über die wohl eindrucksvollsten Landschaften östlich der Rocky Mountains. Die Granitberge des Nationalparks Gros Morne sind von tiefen Fjorden zerschnitten, im Nationalpark Terra Nova findet man flachwelliges Terrain mit zahlreichen Buchten und Meeresarmen. Die Geschichte der einst hier angesiedelten Kulturen, etwa der First Nations in Port au Choix, der Wikinger in L'Anse aux Meadows und der baskischen Walfänger von Red Bay in der Meerenge von Labrador, ist höchst interessant.

Sehenswürdigkeiten auf einen Blick

Historische Städte

- ❶ St. John's
- ❻ Trinity
- ❾ Gander
- ⓯ Nain
- ⓰ Happy Valley-Goose Bay
- ⓲ Labrador City

Nationalparks

- ❼ Terra Nova National Park
- ⓫ Gros Morne National Park

Historische Stätten und schöne Landschaft

- ❷ Avalon Peninsula
- ❸ Burin Peninsula
- ❹ Saint-Pierre und Miquelon
- ❺ Bonavista Peninsula
- ❽ Notre Dame Bay
- ❿ Südwestküste
- ⓭ Labrador Straits
- ⓮ Battle Harbour
- ⓱ Churchill Falls

Tour

- ⓬ Nördliche Halbinsel

Legende

- State Highway
- Highway
- Eisenbahn
- Staatsgrenze

Zeichenerklärung *siehe hintere Umschlagklappe*

◀ **Cape St. Mary's Ecological Reserve, Avalon Peninsula *(siehe S. 74)***

❶ St. John's

Der italienische Entdecker Giovanni Caboto (John Cabot) *(siehe S. 50)* hatte 1497 nach einer Seereise im Auftrag von Henry VII großes Interesse an Newfoundland erweckt. Er beschrieb »ein Meer so voller Fische, dass ein über Bord geworfener Korb bis an den Rand gefüllt mit Kabeljau wieder hochkommt«. Eine Auswanderungswelle in die Neue Welt begann. St. John's ist eine der ältesten Städte Nordamerikas und noch heute von Fischfang und Ölförderung geprägt. Schiffe aus aller Welt laufen den Hafen an. Die Freundlichkeit der Menschen ist spürbar und bildet einen Gegenpol zur rauen Schönheit der Umgebung.

Blick auf das Zentrum von St. John's vom Meer aus

Überblick: St. John's

Die Hauptstadt Newfoundlands lässt sich gut zu Fuß erkunden. Wenn man östlich die Water Street entlanggeht, liegen viele Sehenswürdigkeiten nahe beieinander. Den besten Blick auf den Hafen und die von Klippen flankierte Einfahrt mit den pastellfarbenen, alten Häusern hat man vom Meer aus.

Murray Premises

Water St/Ecke Beck's Cove.
tägl. 8–22.30 Uhr.

Am westlichen Ende der Water Street stehen die Murray Premises (1846). Diese Holz-Ziegel-Bauten sind die letzten Zeugen der großen Handelsgebäude und Fischfabriken, die einst überall an der Hafenstraße zu finden waren. Von den Murray Premises wurde Kabeljau in die ganze Welt verschifft. Der Komplex blieb bei einem Großbrand 1892, der weite Teile der Stadt zerstörte, verschont. Die restaurierten Gebäude markieren die westliche Grenze des Brands. Heute stehen sie unter Denkmalschutz und beherbergen Boutiquen, Hotels und Büros.

The Rooms

9 Bonaventure Ave. 1-709-757-8000. Mo–Sa 10–17 Uhr (Mi bis 21 Uhr), So 12–17 Uhr. Mitte Sep–Apr: Mo; 1. Jan, 25. Dez.
therooms.ca

The Rooms, das Wahrzeichen von St. John's, beherbergt das Museum of Newfoundland, das rund 9000 Jahre Regionalgeschichte zeigt, die Provincial Archives und die Art Gallery of Newfoundland and Labrador mit Werken einheimischer und internationaler Künstler.

Hafenviertel

Water St. 1-709-579-1439.

Water Street, am Hafen von St. John's, ist die älteste öffentliche Durchgangsstraße Nordamerikas und geht auf das späte 16. Jahrhundert zurück, als hier der Handel blühte. Einst war es eine Werftgasse mit Ginbrennereien und Bordellen. Heute findet man hier und in der Duckworth Street Souvenirläden, Galerien und einige der besten Restaurants Newfoundlands. Am Harbour Drive kann man gut bummeln. Die George Street ist für ihr Nachtleben bekannt.

Commissariat House

Kings Bridge Rd. 1-709-729-6730.

Das Commissariat House wurde 1836 errichtet und war nach seiner Fertigstellung Sitz britischer Beamter. Das elegante georgianische Gebäude ist mittlerweile eine historische Stätte, interaktive Stationen geben eine Vorstellung von St. John's im frühen 19. Jahrhundert. In der Nähe liegt das Government House aus den 1820er Jahren, die Gouverneursresidenz.

The Battery

Battery Rd. 1-709-576-8106.

Die Häuser an den Steilhängen der Hafeneinfahrt sind als »The Battery« bekannt. Der Stadtteil ist eine der meistfotografierten Sehenswürdigkeiten in St. John's. Er wirkt wie ein altes Fischerdorf. The Battery wurde nach den Befestigungsanlagen zur Verteidigung des Hafens benannt. 1763 setzten die Bewohner die Geschütze ein, um holländische Piratenschiffe abzuwehren.

Signal Hill National Historic Site of Canada

Signal Hill Rd. 1-709-772-5367.
Visitor Centre 20.–31. Mai: Mi–So 10–18 Uhr; Juni–Sep: tägl. 10–18 Uhr; Labour Day–Anfang Okt: Sa–Mi 10–18 Uhr.

Von der Anhöhe aus hat man einen herrlichen Blick aufs Meer, die Klippen der Hafeneinfahrt und die Stadt, die sich um den Hafen schmiegt.

Cabot Tower

Signal Hill Rd. 1-709-772-5367.
Visitor Centre Öffnungszeiten siehe Signal Hill National Historic Site of Canada.

Vom malerischen Fischerhafen aus sieht man den Signal Hill

Hotels und Restaurants in Newfoundland und Labrador *siehe Seiten 350 und 364*

Der Cabot Tower steht auf dem Signal Hill oberhalb des Hafens

Der Cabot Tower auf dem Signal Hill wurde 1897 gebaut, um den 400. Jahrestag der Ankunft Cabots zu feiern. An Sommerwochenenden exerzieren Soldaten in Uniformen aus dem 19. Jahrhundert zu Musketen- und Kanonenschüssen. Cabots Landsmann Guglielmo Marconi empfing hier 1901 das erste drahtlose transatlantische Signal.

Quidi Vidi Village

Quidi Vidi Village Rd. 1-709-570-2038. **Brauerei** Mo–Sa 10–17.30 Uhr. für Führung durch die Brauerei.

Auf der anderen Seite des Signal Hill gruppieren sich die verwitterten Häuser des alten Dörfchens Quidi Vidi um den Hafen. Zum Schutz des Hafens wurde 1762 auf einer Anhöhe die Quidi Vidi Battery errichtet. Direkt am Wasser befindet sich die Quidi Vidi Brewery, die man besichtigen kann.

Pippy Park

Nagles Place. 1-709-737-3655. tägl.

Besucher sind oft erstaunt, frei herumlaufende Elche in St. John's zu sehen. Das passiert im 1400 Hektar großen Naturpark, vier Kilometer vom Stadtzentrum entfernt, jedoch öfter. Zum Park gehören auch die Teiche und Grünanlagen des Botanischen Gartens sowie das einzige »Fluvarium« Nordamerikas mit neun Unterwasserfenstern, durch die man Forellen beobachten kann.

Cape Spear Lighthouse National Historic Site of Canada

1-709-772-5367. **Visitor Centre** 20.–31. Mai: Mi–So 10–18 Uhr; Juni–Sep: tägl. 10–18 Uhr; Labour Day–Anfang Okt: Sa–Mi 10–18 Uhr.

Cape Spear, zehn Kilometer südöstlich der Stadt, ist der östlichste Zipfel Nordamerikas. Der auf einer Klippe stehende Leuchtturm von Cape Spear war schon immer ein Symbol der Unabhängigkeit Newfoundlands. Heute gibt es hier zwei Leuchttürme: den Originalturm von 1836, den ältesten der Provinz, und einen automatisch betriebenen Turm von 1955.

Infobox

Information

106 000. Gentara Building, 348 Water St, 1-709-576-8106. St. John's Days Celebrations (Juni), Signal Hill Tattoo (Juli, Aug), Royal St. John's Regatta (Aug).

Anfahrt

6 km nördl. der Stadt.
Memorial University.
Argentia, 130 km südöstl.

East End

Kings Bridge Rd. 1-709-739-8899.

Das East End mit seinen engen Kopfsteinpflasterstraßen und den eleganten Häusern gehört zu den architektonisch interessantesten Vierteln der Stadt.

Zentrum von St. John's

1. Murray Premises
2. The Rooms
3. Hafenviertel
4. Commissariat House
5. The Battery
6. Signal Hill
7. Cabot Tower

Zeichenerklärung
siehe hintere Umschlagklappe

Wal- und Vogelbeobachtungstouren führen zur Avalon Peninsula

❷ Avalon Peninsula

St. John's. Argentia.
1-709-576-8106.

In der malerischen Gemeinde Ferryland auf der Avalon Peninsula finden archäologische Ausgrabungen der Colony Avalon statt, einer Siedlung, die 1621 vom englischen Entdecker Lord Baltimore und elf Siedlern gegründet wurde. Baltimore wollte eine autarke Kolonie, die vor allem von Fischfang, Landwirtschaft und Handwerk leben sollte, errichten – wobei hier seinerzeit strenge religiöse Regeln galten.

Ende 1622 lebten 32 Siedler dort. Die Bevölkerung wuchs, lange Zeit war dies die einzige erfolgreiche Kolonie der Gegend. Die Ausgrabungen haben bisher zwar nur fünf Prozent der Kolonie ans Tageslicht gebracht, dennoch handelt es sich um einen der reichsten Funde an Artefakten früher europäischer Siedler in Nordamerika. Über eine halbe Million Gegenstände wurden geborgen, darunter Tonscherben, Tonpfeifen, Werkzeuge sowie viele Ruinen – auch die einer Verteidigungsanlage, einer Schmiede und eines Handelskomplexes am Hafen.

Das Besucherzentrum illustriert die Geschichte der Kolonie. Während der Führung können die Besucher den Archäologen bei der Arbeit – sowohl bei Ausgrabungen als auch im Labor – zuschauen.

Am Südzipfel der Halbinsel liegt das **Cape St. Mary's Ecological Reserve**, die einzige Seevogelbrutstätte der Provinz, die man zu Fuß erreichen kann. Ein kurzer Pfad führt an spektakulären Klippen vorbei zu einer Kolonie von 8000 Tölpeln, die in ein paar Metern Entfernung auf Felsen nisten.

Im Südwesten der Halbinsel, mit Blick auf die Hafeneinfahrt zur historischen Stadt Placentia, liegt die **Castle Hill National Historic Site** – Ruinen einer französischen Festungsanlage von 1662. Planen Sie für einen Besuch zwei bis drei Stunden ein.

Bootsfahren, Witless Bay

Cape St. Mary's Ecological Reserve
Nahe der Route 100. 1-709-277-1666. ganzjährig. **Interpretive Centre** Mai–Okt: tägl.

Castle Hill National Historic Site of Canada
Jerseyside, Placentia Bay.
1-709-227-2401. Juni–4. Sep: tägl. 10–18 Uhr.
pc.gc.ca/en/lhn-nhs/nl/castlehill/

❸ Burin Peninsula

St. John's. Argentia.
Columbia Drive, Marystown, Juni–Nov: 1-709-279-1211; Dez–Mai: 1-709-279-1887.

Die Landschaft der Burin Peninsula ist eine der beeindruckendsten in Newfoundland. Niedrige, schroffe Felsspitzen ragen aus einem mit unzähligen Seen gesprenkelten Heidekrautteppich hervor. Im Fischerdorf Grand Bank liegt das **Provincial Seamen's Museum**, das Exponate aus dem Alltagsleben der Fischer im 18. und 19. Jahrhundert zeigt. Vom nahen Ort Fortune kann man mit einer Fähre zu den französischen Inseln Saint-Pierre und Miquelon übersetzen.

Provincial Seamen's Museum
54 Marine Drive. 1-709-832-1484. Mai–Okt: tägl. teilweise.

❹ Saint-Pierre und Miquelon

6400. Place du Général de Gaulle, Saint-Pierre, 0508-41-02-00. **tourisme-saint-pierre-et-miquelon.com**

Die Inseln gehören nicht zu Kanada, sondern seit 1783 zu Frankreich. Saint-Pierre, die einzige Stadt auf der gleichnamigen Insel, ist ein hübscher Küstenort. Das **Saint-Pierre Museum** illustriert die Geschichte der Inseln, die während der Prohibition eine Zufluchtsstätte für Schwarzhändler waren. Über drei Millionen Kisten Alkohol wurden jährlich durch den Hafen geschleust. Viele der zu diesem

Die Cabestan Ferry auf dem Weg nach Saint-Pierre und Miquelon

Hotels und Restaurants in Newfoundland und Labrador *siehe Seiten 350 und 364*

Cape Bonavista Lighthouse, an jener Stelle errichtet, an der John Cabot angeblich erstmals landete

Zweck gebauten Lagerhäuser am Hafen stehen heute noch.

Miquelon besteht aus zwei kleineren Inseln, Langlade und Grand Miquelon, die durch einen zwölf Kilometer langen Sandstreifen miteinander verbunden sind. Die Straße über die Landenge führt durch bewachsene Dünen, wo wilde Pferde grasen und die Brandung mächtig ist.

Eine Fähre verkehrt dreimal die Woche (meist Di, Mi, So) zwischen Saint-Pierre und Miquelon. Eine andere steuert täglich (außer Di) Langlade an.

Saint-Pierre Museum
Rue du 11 Novembre. 0508-41-04-35. Juni–Okt: Di–So.

5 Bonavista Peninsula

St. John's. Argentia. 95 Church Street, 1-709-468-7747. **townofbonavista.com**

Die Halbinsel Bonavista ragt weit in den Atlantik hinaus. Sie hat eine zerklüftete Küste mit Klippen, Buchten und malerischen Dörfern wie Birchy Cove und Trouty. Wo heute der Ort Bonavista steht, soll John Cabot *(siehe S. 50)* erstmals an Land gegangen sein. Beim Leuchtturm Cape Bonavista (1843) steht auf einem Felsvorsprung sein Denkmal.

In der Hafenstraße in Bonavista stehen die riesigen Ryan Premises aus dem 19. Jahrhundert, früher eine Fischverarbeitungsfabrik. Der restaurierte Komplex umfasst drei große Gebäude, in denen einst Fische getrocknet, gelagert und verpackt wurden. Eine Ausstellung illustriert die Geschichte des Fischfangs. Im Salzhaus am Hafen kann man Volksmusik hören.

6 Trinity

300. Trinity Visitor Centre, West St, 1-709-729-0592.

Das Dörfchen Trinity ist einer der schönsten Orte Newfoundlands. Es liegt mit seinen bunten Häusern aus dem 19. Jahrhundert oberhalb der blauen Trinity Bay. Trinity hat mehrere Kunstgewerbeläden und Restaurants. Am besten erkundet man das Dorf zu Fuß. Im **Trinity Museum** sind über 2000 Artefakte ausgestellt.

Hiscock House ist ein stilgerecht restaurierter Bau von ca. 1900, in dem die Kauffrau Emma Hiscock den Dorfladen sowie Schmiede und Post betrieb – und nebenbei sechs Kinder großzog.

Trinity Museum
Church Rd. 1-709-464-3599. Mitte Juni–Mitte Sep: tägl. 10–17.30 Uhr.

7 Terra Nova National Park

Trans-Canada Hwy. ab St. John's. Mai–Mitte Okt: tägl. teilweise. Glovertown, 1-709-533-2801. **pc.gc.ca**

Bewaldete Hügel und Fjorde prägen den Nationalpark im Nordosten Newfoundlands. Das Marine Interpretation Centre des Parks bietet Ausstellungen zur Meeresflora und -fauna. Über einen faszinierenden Unterwasser-Videomonitor kann man das Leben am Meeresboden beobachten. Es werden auch Walbeobachtungstouren angeboten.

Blick über die bewaldeten Hügel des Terra Nova National Park

8 Notre Dame Bay

Gander. Port aux Basques; Argentia (zeitweise). Notre Dame Junction, Rte 1, 1-709-535-8547. **kittiwakecoast.com**

Auf der Ostseite der Notre Dame Bay stößt man auf traditionelle neufundländische Vorhäfen. Im Twillingate Museum in einem Pfarrhaus aus der Zeit Edwards VII gibt es Räume mit Möbeln der Zeit. Twillingate gilt als »Eisberg-Hauptstadt«, da hier viele Eisberge in der Iceberg Alley vorbeiziehen. Im Frühling und Sommer gibt es Bootstouren zu den Eisbergen und zur Walbeobachtung.

Das zerklüftete Fogo Island erreicht man mit der Fähre. Der Fogo Island Inn ist heute ein bekanntes Luxushotel. Faszinierend: die winzigen Change Islands, Heimat des bedrohten Neufundland-Ponys.

Das Twillingate Museum in einem Pfarrhaus

9 Gander

11 000. 109 Trans-Canada Hwy, 1-709-256-7110.

Gander, wo man gut einkaufen und tanken kann, ist für seine glorreiche Rolle in der Luftfahrtgeschichte bekannt. In Grand Falls-Windsor, etwa 100 Kilometer westlich, befindet sich das Mary March Provincial Museum, benannt nach der letzten Beothuk-Indianerin. Es illustriert die rund 9000 Jahre alte Kulturgeschichte der Gegend, von den ersten Siedlungen bis ins Industriezeitalter. Gleich hinter dem Museum beginnt eine Führung durch das historische Dorf.

Interessiert auch die Kleinsten: Mary March Provincial Museum

10 Südwestküste

Fähranlegestelle. Port aux Basques. Port aux Basques, 1-709-695-2262.

Im Süden Newfoundlands führt eine 45 Kilometer lange Küstenstraße (Route 470) von Channel-Port aux Basques nach Rose Blanche durch eine schroffe Gebirgslandschaft und an felsigen, wellenumspülten Ufern vorbei.

In der Nähe von Rose Blanche ist ein 500 Meter langer Fußweg aus Holzplanken zu den eindrucksvollen, 55 Meter hohen Barachois-Wasserfällen angelegt, an deren Fuß sich ein hübscher Picknickplatz befindet.

Das Gebiet ist bekannt für die vielen Schiffswracks, die hier liegen. Auch der alte Leuchtturm Rose Blanche (1873) ragt noch in vollem Glanz über die Landspitze am Hafen.

11 Gros Morne National Park

1-709-458-2417. Corner Brook. St. Barbe. Mitte Mai–Mitte Okt: tägl. **pc.gc.ca**

Gros Morne ist UNESCO-Welterbe und Newfoundlands Vorzeigepark. Die Long Range Mountains erheben sich bis zu 700 Meter über die blauen, in die Küste eingeschnittenen Fjorde. Hier stehen einige der ältesten Berge der Welt aus dem Präkambrium, Hunderte von Millionen Jahre älter als die Rockies.

Den besten Eindruck von dem Areal gewinnt man bei einer Bootstour entlang dem Western Brook Pond, einem Fjord zwischen hohen Klippen, von denen Wasserfälle in die Tiefe stürzen. Elche, Karibus und Adler sind hier häufig zu sehen.

Die Long Range Mountains im Gros Morne National Park gehören zu den ältesten Gesteinen der Welt

Hotels und Restaurants in Newfoundland und Labrador *siehe Seiten 350 und 364*

⑫ Tour: Nördliche Halbinsel

Die nördliche Halbinsel ist ein Land der Sagen und Geheimnisse und bietet Abenteuerlustigen die Gelegenheit, viel über die 4000 Jahre alte Geschichte zu erfahren: über die Ureinwohner, die Kolonisierung bis hin zum modernen Fischfang. Die Straße im Norden führt an schroffen Felsküsten vorbei. Historische Stätten wie L'Anse aux Meadows erzählen von früheren Kulturen, die das wilde Land ihr Eigen nannten.

Routeninfos

Länge: 430 km auf dem Hwy 430.

Start: Deer Lake, an der Kreuzung zum Hwy 1.

Rasten: Gros Morne's Wiltondale Visitors' Centre und Tablelands, Port au Choix National Historic Site, Grenfell Museum in St. Anthony.

⑤ Port au Choix
Ausstellungen widmen sich den archaischen Ureinwohnern und den Dorset-Inuit, die von 2000 v. Chr. bis 500 n. Chr. hier lebten.

④ Hawke's Bay
Die ehemalige Walfangstation (Anfang 20. Jh.) rühmt sich heute ihrer guten Lachsfanggründe.

③ The Arches
Sie sind nach drei Kalksteinbogen benannt, die wahrscheinlich 400 Millionen Jahre alt sind.

② Gros Morne National Park
Der Nationalpark gilt als einer der schönsten in ganz Kanada.

⑥ L'Anse aux Meadows National Historic Site
Die historische Siedlung mit Rekonstruktionen von drei Wikinger-Behausungen zählt zu den frühesten Siedlungen von Europäern auf nordamerikanischem Boden und wurde von der UNESCO zur Welterbestätte erklärt.

① Deer Lake
Hier kann man zu Beginn der Tour tanken und einkaufen. Mit glitzernden Gewässern, Flüssen mit Lachsen *(Humber)*, Wäldern und Farmen sind Deer Lake und seine Umgebung lohnende Ausflugsziele.

Legende
- Routenempfehlung
- Andere Straße

0 km 25

Fischerhütten in Red Bay, einem Ort an der Küste Labradors

13 Labrador Straits

Blanc Sablon. Labrador Straits Historical Development Association, Forteau, 1-709-931-2013.
labradorcoastaldrive.com

Die bezaubernde Küstenlandschaft der Labrador Straits ist ein beliebtes Ausflugsziel. Das ganze Jahr überquert eine Fähre von St. Barbe (Newfoundland) aus die Meerenge nach Blanc Sablon (Québec) nur wenige Kilometer von der Grenze zu Labrador entfernt. Dort nehmen Sie die Route 510, ein lange, reizvolle Küstenstraße an hohen Bergen mit spärlichem Heidekraut und Nadelbäumen vorbei. Die Route verläuft durch kleine Fischerdörfer, in denen die Fischerei immer noch Haupterwerbszweig vieler Bewohner ist.

1854 wurde hier mit dem Point-Amour-Leuchtturm bei L'Anse-Amour der höchste Leuchtturm an der kanadischen Atlantikküste erbaut, um die Navigation durch die tückischen Gewässer zu erleichtern. Der 30 Meter hohe Turm ist heute eine Provincial Historic Site. Von oben hat man einen atemberaubenden Blick auf die Küste.

Auf dem Weg zum Leuchtturm liegt Nordamerikas älteste Grabstätte, die Maritime Archaic Burial Mound National Historic Site, wo vor 7500 Jahren ein Kind beerdigt wurde.

Die Straße führt nun nach Red Bay. In der **Red Bay National Historic Site** (heute UNESCO-Welterbe) mit dem Right Whale Exhibit Museum erfahren Besucher einiges über die Basken, die im 16. Jahrhundert hier Walfang betrieben. Beim Rundgang sieht man Fundamente von Hütten, Schiffswerften und Küferläden.

Red Bay National Historic Site
Route 510. 1-709-920-2142.
Juni–Ende Sep: tägl.

14 Battle Harbour

Mary's Harbour, Newfoundland, 1-709-921-6325.
battleharbour.com

Battle Harbour war früher (ca. 1870–1930) die inoffizielle Hauptstadt Labradors. Der kleine Ort auf einer Insel vor der Südküste Labradors war im späten 18. und 19. Jahrhundert ein blühender Fischereihafen. 1966 wurde die zusammengeschrumpfte Bevölkerung nach St. Mary's aufs Festland umgesiedelt. Die Gebäude der Stadt, von denen viele über 200 Jahre alt sind, blieben stehen. Ende des 20. Jahrhunderts wurden sie umfassend restauriert und sind heute ein National Historic District. Eine Inselrundtour vermittelt einen Eindruck vom einstigen Leben.

15 Nain

1400. Tourism Nunatsiavut, Nain, 1-709-922-2942.
tourismnunatsiavut.com

Nain ist die nördlichste Gemeinde der Provinz Newfoundland und Labrador. Ein Großteil der Menschen, die hier leben, sind Inuit, unter ihnen viele der bekanntesten Inuit-Künstler in Labrador. Kunstwerke bekommt man bei Torngat Arts & Crafts im Zentrum.

Die Anreise nach Nain erfolgt am besten mit der Northern Ranger Ferry von Happy Valley-Goose Bay. Entlang der Strecke passiert man einige kleine Fischerdörfer, darunter auch mit Rigolet die südlichste Gemeinde der Inuit. Makkovik ist ebenfalls ideal, um sich mit der Kunst der Inuit zu beschäftigen. Postville war früher ein bedeutendes Handelszentrum. Hopedale ist bekannt für seine Holzrahmengebäude. Bei einem Besuch der **Hopedale Mission**

Inuit-Kinder in Nain

Battle Harbour Island mit Eisbergen am Horizont

Hotels und Restaurants in Newfoundland und Labrador *siehe Seiten 350 und 364*

Lange Winter: verschneite Straße in Nain

National Historic Site kann man sich mit dieser Bautechnik am besten vertraut machen.

Hopedale Mission National Historic Site
Agvituk Historical Society, Hopedale. 1-709-933-3881. tägl.

The Moravian Church in Happy Valley-Goose Bay

⑯ Happy Valley-Goose Bay

8100. Labrador North Chamber of Commerce, 6 Hillcrest Road, 1-709-896-8787. Reservierung erforderlich.

Die größte Stadt in der Wildnis im Zentrum Labradors, Happy Valley-Goose Bay, war im Zweiten Weltkrieg ein wichtiger Zwischenlandeplatz für Transatlantikflüge. Heute trainieren hier Deutsche, Italiener und Briten auf der NATO-Basis.

Das Labrador Heritage Museum im nahen Ort North West River illustriert die Geschichte Labradors. Das Leben der Fallensteller wird anhand von Tierfellen, Werkzeugen und einem Unterschlupf in der Wildnis *(tilt)* veranschaulicht.

⑰ Churchill Falls

Churchill Falls Development Corporation, 1-709-925-3335. Reservierung erforderlich.

Die Stadt Churchill Falls ist der ideale Ort, um Vorräte einzukaufen, das Auto vollzutanken und noch einmal den Reifendruck zu prüfen, denn zwischen Happy Valley-Goose Bay und Labrador City gibt es keine Tankstellen mehr.

Churchill Falls besitzt eines der weltgrößten Wasserkraftwerke, ein Meisterwerk der Technik, das 1970 errichtet wurde. Der Churchill River (der größte Fluss Labradors) und seine unglaublichen Wassermassen werden umgeleitet und treiben die unterirdischen Turbinen an, die 5225 Megawatt Strom produzieren – genug, um ein kleines Land zu versorgen. Das Kraftwerk bietet Führungen an.

⑱ Labrador City

7400. 1-709-896-8787.

Mitten in der Tundra befindet sich die Bergarbeiterstadt Labrador City, die das moderne, industrielle Kanada verkörpert. Hier findet man die älteste Eisenmine der Welt. Die Menschen haben sich seit den späten 1950er Jahren um die Abbaugebiete herum angesiedelt.

Die weite Wildnis um Labrador City mit ihren unzähligen klaren Seen und Flüssen ist ein Paradies für Jäger und Angler aus aller Welt.

Die Wildnis Westlabradors ist auch Heimat der ungefähr 700 000 Karibus der George-River-Herde. Die Herde bewegt sich den Großteil des Jahrs frei und grast in kleinen Gruppen in der Tundra. Professionelle Ausrüster bieten Touren zur Herde an. Selten hat man die Möglichkeit, so viele Karibus auf einmal zu sehen.

Das **Gateway Labrador Visitor Center** präsentiert eine sehenswerte Ausstellung zu Geschichte und Kultur des westlichen Labrador sowie zum Bergbau und zum Pelzhandel in der Region.

Gateway Labrador Visitor Center
1365, Route 500. 1-709-944-5554. Mitte Juni–Sep: tägl. 9–18 Uhr.

Northern Ranger Ferry

Die Northern Ranger Ferry ist für die Küstenbewohner das wichtigste Transportmittel. Auch Besucher der Region benutzen sie häufig. Die Route beginnt in Happy Valley-Goose Bay. Zu den Anlegestellen zählen die Orte Rigolet, Makkovik, Postville, Hopedale und Natuashish, wo die Fähre für ein bis drei Stunden verweilt. Endpunkt der Fährroute ist Nain. Die Strecke führt an vielen Eisbergen vorbei, was die Navigation erschwert.

New Brunswick, Prince Edward Island und Nova Scotia

Die gewaltige Schönheit der kanadischen Küstengebiete am Atlantischen Ozean ist in diesen drei Provinzen allgegenwärtig: Atemberaubende Meeresküsten, malerische Dörfer, Sehenswürdigkeiten von Weltruf und unzählige Familienattraktionen haben diese drei Atlantikprovinzen zu beliebten Urlaubszielen werden lassen. New Brunswicks zerklüftete Bay of Fundy und die wellige Landschaft, in der Dörfer in stillen Buchten und an Sandstränden liegen, sind gleichermaßen beeindruckend. Prince Edward Island mit seinen wogenden Feldern, den steilen Klippen und dem tiefblauen Wasser ist bei Outdoor-Sportlern – darunter Radfahrer, Angler, Wanderer und Golfer – beliebt. Nova Scotia mit glitzernden Buchten und verwitterten Fischerdörfern besticht durch sein romantisches Flair. Zahlreiche alte Gasthäuser und historische Sehenswürdigkeiten lassen die Vergangenheit aufleben.

◀ **Hafen von Peggy's Cove** *(siehe S. 93)*

Zeichenerklärung *siehe hintere Umschlagklappe*

Buckelwale in der Bay of Fundy

❶ Fundy National Park

1-506-887-6000. Moncton. Sussex. Saint John. tägl. Mai–Okt. **pc.gc.ca**

An der Südküste von New Brunswick bestimmt der Gezeitenunterschied den Alltag. Zweimal täglich strömen über 100 Milliarden Tonnen Wasser in die Bucht hinein und wieder hinaus. Sie verursachen einen Tidenhub von bis zu 15 Metern und formen eine wilde Felsküste.

Der Fundy National Park ist voller Meerestiere und hat viele Wanderwege. Bei Ebbe kann man etwa einen Kilometer ins Watt hineingehen. Die Bucht lockt Naturliebhaber an. Da die Gezeiten für nährstoffreiches Wasser sorgen, gibt es hier eine großartige Fauna, die dem Leben mit und dann wieder ohne Wasser angepasst ist.

Elche im Fundy National Park

❷ Saint John

70 000. 15 Market Square, 1-506-658-2855. **discoversaintjohn.com**

In Saint John herrscht noch der Charme einer Kleinstadt. 1785 erbauten sie rund 14 000 den Wirren der Amerikanischen Revolution entkommene Loyalisten in knapp einem Jahr.

Das Zentrum wurde renoviert. Der Old City Market ist der älteste kontinuierlich betriebene Wochenmarkt Kanadas. Er fasziniert mit farbenfrohen Ständen, frischem Seafood, Cafés und einem exzellenten traditionellem Fischrestaurant.

Auf dem nahen Market Square verbindet ein luftiges Atrium mehrere Gebäude, die einst Handelszentrum der Stadt waren. Hier befinden sich gehobene Restaurants und Läden sowie das anschauliche **New Brunswick Museum**. Auf seinen drei Stockwerken wird eine spannende und unterhaltsame Ausstellung zu New Brunswicks Geologie, Kultur- und Naturgeschichte gezeigt. Vor allem Kinder haben Spaß an der Hall of Whales und dem Tidal Tower, einer Gezeitenröhre, die den Tidenhub simuliert.

Das nahe gelegene Loyalist House Museum ist in einem beeindruckenden, georgianischen Haus (um 1810) untergebracht. Das Innere des Gebäudes wurde restauriert. Die Möblierung mit authentischer Einrichtung veranschaulicht den Lebensstil einer reichen Familie jener Zeit.

New Brunswick Museum
Market Square. 1-506-643-2300. tägl. Feiertage.

❸ Passamaquoddy Bay

St. Stephen. Blacks Harbour u. Letete. St. Andrew's Visitor Information Centre, 1-506-529-3556.

Die Dörfer um die Passamaquoddy Bay, der viele Inseln vorgelagert sind, haben einen vornehmen historischen Charme. Doch keines ist faszinierender als der hübsche Ferienort St. Andrews-by-the-Sea. Das gut erhaltene Resort Marriott Algonquin bietet einen hübschen Blick auf die Stadt. Die elegante Anlage mit einem 27-Loch-Golfplatz erinnert an das frühe 20. Jahrhundert, als St. Andrews ein Erholungsort für die Reichen und Mächtigen war.

Die Water Street ist von attraktiven Boutiquen, Kunsthandwerksläden und guten Restaurants in jahrhundertealten Häusern gesäumt. Am Pier werden Segel-, Walbeobachtungs- und Kajakausflüge angeboten. Ein elegantes georgianisches Haus von 1824 beherbergt heute das **Ross Memorial Museum** mit einer umfangreichen Sammlung von Antiquitäten und Kunst aus dem frühen 20. Jahrhundert.

Mehrmals täglich verkehren Fähren von Blacks Harbour in der nahe gelegenen Region um St. George zur Insel Grand Manan, die sich 30 Kilometer südlich von St. Andrews befin-

Saint John mit dem Saint John River

Hotels und Restaurants in dieser Region *siehe Seiten 350f und 365–367*

Blick vom Saint John River auf Frederictons bezaubernde viktorianische Fassaden

det. Die 20 Kilometer südlich von St. Andrews gelegene Insel Campobello erreicht man mit der Fähre von Letete über Deer Island, wo man in eine andere Fähre steigt.

Der Roosevelt Campobello International Park ist ein 1135 Hektar großer Naturpark auf Campobello, der um das Sommerhaus von Präsident Franklin D. Roosevelt angelegt wurde. Das restaurierte Landhaus mit 34 Zimmern zeigt persönliche Gegenstände von Roosevelt und seiner Familie.

Grand Manan Island hat steile Klippen und malerische Fischerdörfer. Da sich hier alljährlich große Seevogelschwärme sammeln, ist die Insel bei Vogelbeobachtern beliebt.

The Ross Memorial Museum
188 Montague St. 1-506-529-5124. Juni–Anfang Okt: Mo–Sa.

❹ Fredericton

58 000. 397 Queen St, 1-506-460-2129.
tourismfredericton.ca

Fredericton erstreckt sich an beiden Seiten des Saint John River und ist die Provinzhauptstadt New Brunswicks. Viktorianische Häuser machen es zu einer der hübschesten Städte Ostkanadas. Historische Gebäude zeugen von der Rolle als britischer Militärposten.

Die **Beaverbrook Art Gallery** zeigt eine eindrucksvolle Sammlung von Gemälden des 19. und 20. Jahrhunderts, darunter *Santiago el Grande* (1957) von Salvador Dalí.

Kings Landing Historical Settlement, 37 Kilometer westlich, ist ein Geschichtsmuseum, das den Dorfalltag des 19. Jahrhunderts dokumentiert. Über 100 Angestellte in Kostümen agieren in Häusern, Kirche und Schule.

Beaverbrook Art Gallery
703 Queen St. 1-506-458-2028. tägl.
beaverbrookartgallery.org

Kings Landing Historical Settlement
Rte 102, westl. von Fredericton. 1-506-363-4999. Juni–Okt: tägl. 10–17 Uhr. teilweise.

❺ Grand Falls

5600. Malabeam Reception Centre.

Von Fredericton bis Edmundston fließt der Saint John River durch ein beschauliches Tal mit Hügeln, Wäldern und Ackerland. Die kleine Stadt Grand Falls besitzt eine Hauptstraße, die sich für eine Erholungspause eignet. Grand Falls erhielt seinen Namen wegen des Wasserfalls in der Grand-Falls-Schlucht. Das Wasser des in einer Parklandschaft gelegenen Flusses stürzt mehr als 40 Meter tief. Im Lauf der Zeit hat es eine 1,5 Kilometer lange Schlucht von stellenweise 70 Metern Tiefe gegraben.

Talaufwärts im Norden findet sich in Edmundston der **New Brunswick Botanical Garden**. Die Wege führen durch acht Themengärten und zwei Baumschulen. Leuchtende Farben, faszinierende Düfte und klassische Musik erfreuen Besucher.

New Brunswick Botanical Garden
Saint-Jacques, Edmundston. 1-506-737-4444. Mai–Okt: tägl. 9–17 Uhr (Juli, Aug: bis 20 Uhr).
jardinnbgarden.com

Wasserfälle in der Grand-Falls-Schlucht

❻ Village Historique Acadien

Nach der Zwangsumsiedlung von 1755 bis 1763 *(siehe S. 68f)* kehrten die Akadier allmählich in die Küstenprovinzen zurück, rodeten Land und lebten wieder wie früher. Das Village Historique Acadien zeigt eine akadische Landkommune zwischen 1770 und 1949. Die 60 restaurierten Häuser, darunter bewirtschaftete Höfe, verteilen sich auf einer Fläche von 364 Hektar. Zweisprachige Fremdenführer stellen das Alltagsleben im 19. Jahrhundert nach. Man kann mit der Kutsche fahren, dem Schmied zuschauen, eine Druckerei und eine Mühle besichtigen sowie Farmen besuchen, in denen Frauen weben und kochen.

Infobox

Information
Route 11, 10 km westl. von Caraquet. ☎ 1-506-726-2600.
Juni–Sep: tägl. 10–18 Uhr.

Anfahrt
ab Bathurst.

Schule und Kapelle
Während der jahrhundertelangen Wirren war der Katholizismus immer eine Stütze der Akadier. Ausbildung stand hoch im Kurs – die Priester waren zugleich auch Lehrer.

Männer in Pferdewagen
Auf den Farmen arbeitet man mit traditionellen Methoden. Die Ernte wird auf Wagen in die Scheunen eingebracht.

Schmiede
Der Schmied stand in vieler Hinsicht im Zentrum des Gemeindelebens und war ein Muss für jedes akadische Dorf. Er reparierte Farmgeräte und beschlug die Pferde.

Nahezu endlose Sandstrände im Kouchibouguac National Park

❼ Acadian Peninsula

Bathurst. Bathurst. Dalhousie. Juni–Sep: 76 Water St, Campbellton, 1-506-789-2700; Okt–Mai: Campbellton Chamber of Commerce, 1-506-759-7856.

Die ruhigen Küstenorte und Strände der Acadian Peninsula sind schon lange Zeit beliebte Ferienziele. Seit dem 17. Jahrhundert sind die Akadier für ihre hübschen Orte, eine ertragreiche Landwirtschaft und ihre Volksmusik *(siehe S. 68f)* berühmt.

In dem Fischerdorf Shippagan auf der Festlandspitze steht das **Marine Centre and Aquarium** mit über 3000 im Atlantik heimischen Tieren. Zudem gibt es Ausstellungen zur lokalen Fischerei.

Die nahen Inseln Lamèque und Miscou sind durch einen Damm mit dem Festland verbunden. Besuchen Sie die Église Ste-Cécile auf Lamèque Island, ihre Wandbilder sind sehenswert. Jährlich gibt es hier ein Barockfestival. Flora und Fauna der Halbinsel findet man im **Ecological Park**. Hier sind die fünf Ökosysteme der Region versammelt.

Ein 1000 Meter langer Steg führt auf Miscou über ein Moor. Schilder erläutern das einzigartige Ökosystem. Der 35 Meter hohe Leuchtturm, der älteste Holzturm Kanadas und mittlerweile National Historic Site, ist noch in Betrieb. Caraquet, Heimat vieler akadischer Künstler, ist das rege Kulturzentrum der Halbinsel. Am Wasser bieten Abenteuerveranstalter Kajaktouren in die Baie des Chaleurs.

Marine Centre and Aquarium
100 Aquarium St, Shippagan. 1-506-336-3013. Mitte Mai–Mitte Okt: tägl. 10–18 Uhr.

Ecological Park
65, rue du Ruisseau, Lamèque. 1-506-344-3223. Ende Juni–Aug: tägl. 10–17 Uhr.

❽ Kouchibouguac National Park

1-506-876-2443. Miramichi. Miramichi. Miramichi. tägl. **pc.gc.ca**

Der Name des 238 Quadratkilometer großen Parks stammt vom Micmac-Wort für »Fluss der langen Gezeiten«. Er ist eine salzhaltige Dünenlandschaft mit Marschen – die Heimat vieler Tiere – und 25 Kilometer langen feinen Sandstränden sowie guten Radwegen. Beliebt: das Voyageur Canoe Adventure, eine dreistündige Kanutour zu den Sandbänken vor der Küste, wo sich Hunderte von Kegelrobben in der Sonne aalen.

❾ Bouctouche

2400. Juni–Sep: 14 Acadia St, 1-506-743-8811; Okt–Mai: Bouctouche Chamber of Commerce, 1-506-743-2411.

Bouctouche ist eine Stadt mit akadischer Tradition. Hier steht das Freilichtmuseum **Le Pays de la Sagouine**. La Sagouine, die weise Wäscherin, wurde von der akadischen Autorin Antonine Maillet (geb. 1929) erfunden. Hier werden Maillets Erzählungen aufgeführt.

Das Irving Eco-Centre schützt das zwölf Kilometer lange, bis zum Hafen reichende Ökosystem mit Dünen, Marschen und Strand.

Le Pays de la Sagouine
57 Acadia St. 1-506-743-1400. Mitte Juni–Sep: tägl. 10–18 Uhr.

Erhöhte Stege beim Irving Eco-Centre, La Dune de Bouctouche

⑩ Prince Edward Island

Das schöne, ländliche Prince Edward Island ist bekannt für seine üppige Landschaft. Wo immer man hinschaut, ergänzen sich die satten Farben, das smaragdgrüne Farmland, die roten Lehmstraßen und die strahlend blaue See zu stets neuen Mustern. Da die Insel einige der besten Golfplätze Kanadas besitzt, ist sie bei Golfern beliebt, ebenso bei Sonnenanbetern, die die Sandstrände rund um die Insel genießen. Prince Edward Island ist wie geschaffen für gemütliche Erkundungen. Die Küstenstraße bietet ständig ein neues Panorama von Meer, Sand und Himmel. Historische Städtchen beherbergen hübsche Gasthäuser und Kunstgalerien. Abends gibt es die berühmten fangfrischen Hummer.

Green Gables House
Das von schattigen grünen Pfaden umgebene Haus (19. Jh.) war die Kulisse des Romans *Anne of Green Gables.*

Malpeque Bay
In dieser Bucht liegt der Cabot Beach Provincial Park. Alljährlich werden hier zehn Millionen der berühmten Malpeque-Austern geerntet.

Außerdem

① **Der Cedar Dunes Provincial Park** hat einen restaurierten Leuchtturm (1875), Sandstrände und einen Campingplatz am Meer.

② **Die Confederation Bridge** (13 km lang, 1997 eröffnet) stellt die Verbindung zum Festland her.

③ **Der Brudenell River Provincial Park** ist von schroffer Felsküste umgeben und bietet Meerblick.

④ **Panmure Island** besitzt lange sandige Strandabschnitte.

Main Street, Summerside
Die ruhige Stadt mit den hübschen Alleen ist für ihr Hummer-Festival im Juli berühmt.

Hotels und Restaurants in dieser Region *siehe Seiten 350f und 365–367*

★ Prince Edward Island (PEI) National Park
Der Nationalpark besitzt eine charakteristische, 40 Kilometer lange Küste aus roten Klippen, rosa und weißem Sand und ruhiger See. Er bietet grandiose Sport- und Freizeiteinrichtungen sowie ein Besucherzentrum mit Informationen zur Meeresfauna und -flora.

Infobox

Information
ℹ 6 Prince St, Charlottetown, 1-902-437-8570 oder 1-800-463-4734. **W tourismpei.com**

Anfahrt
✈ Charlottetown. 🚌 ⛴ nach Wood Islands, Borden-Carleton (Boot auch nach Souris).

East Point Lighthouse
Am östlichsten Punkt der Insel steht ein Leuchtturm (19. Jh.) mit restauriertem Funkraum. Heute ist der Turm automatisiert und für Besucher geöffnet.

★ Charlottetown
Elegante Reihenhäuser (19. Jh.) sind charakteristisch für die verschlafene Stadt, die kleinste der Provinzhauptstädte. 1867 wurde hier über die Autonomie Kanadas entschieden.

Red Point Beach
Die roten Felsen führen hinunter zu breiten Stränden. Unerklärlicherweise, doch vor allem zur Freude der Kinder, quietscht der Sand unter den Füßen.

Zeichenerklärung *siehe hintere Umschlagklappe*

Prince Edward Island: Überblick

Aufgrund des geballten Angebots an Aktivitäten ist fast jeder Winkel von Prince Edward Island, der kleinsten Provinz Kanadas, zugänglich. Das zentral gelegene Charlottetown, Kanadas »Geburtsort«, bietet mit seinen Alleen einen guten Einstieg für eine Inseltour. Rote Lehmstraßen führen durch Bauern- und Fischerdörfer zu kleinen, über die Insel verstreuten Parks. Entlang der Nordküste kommt man durch den PEI National Park mit seinen beeindruckenden Stränden. Im Süden laden viele warme Stellen zum Schwimmen ein.

Fischerhütten am French River nahe Cavendish

Cavendish

Die Kleinstadt hat heute nichts mehr gemeinsam mit dem Schauplatz von *Anne of Green Gables*. Am ehesten spürt man die Atmosphäre des Romans auf dem Grundstück des **Lucy Maud Montgomery's Cavendish Home**, wo die Autorin lange Zeit in einfachen Verhältnissen lebte. **Green Gables Heritage Place**, das Haus des im 19. Jahrhundert spielenden Romans, steht noch.

Cavendish
Route 6 u. 13. 1-902-963-7830.

Lucy Maud Montgomery's Cavendish Home
Route 6. 1-902-963-2231.
Mai–Mitte Okt: tägl. 10–17 Uhr (Juli, Aug: bis 18 Uhr).

Green Gables Heritage Place
Route 6. 1-902-963-7874.
21. Mai–31. Okt.

Prince Edward Island National Park

Green Gables ist Teil des Prince Edward Island National Park, dessen westlicher Eingang in Cavendish liegt, der lebhafteren Seite des Parks. Cavendish Beach gehört aufgrund des feinen Sands und der sanften Wellen zu den bevorzugten Stränden der Provinz. Die Küstenstraße führt zum North-Rustico-Strand, der bei Besuchern gleichfalls sehr beliebt ist. Am Westende des Parks führt der Homestead Trail acht Kilometer lang durch Wald und Wiesen. Die ruhigere Ostseite bietet einen langen Strand mit Dünen sowie eine landschaftlich schöne Küstenstraße. Der Reeds and Rushes Trail verläuft über Stege zu einem Brackwassersee, an dem heimische Arten von Gänsen und Enten nisten.

Prince Edward Island National Park
Charlottetown. Wood Islands. 1-902-672-6350. tägl.
pc.gc.ca

Südküste

Die Straßen an der Südküste zwischen Confederation Bridge und Charlottetown bieten bezaubernde Ausblicke auf Farmland und Küste. Hier liegt Victoria-by-the-Sea mit den interessantesten Kunsthandwerksläden der Insel.

Richtung Charlottetown kann man einen kleinen, aber lohnenden Umweg über die **Port-la-Joye – Fort Amherst National Historic Site** machen. Dort errichteten die Franzosen 1720 die erste Siedlung. Die Briten eroberten sie 1758 und bauten Fort Amherst, um den Eingang zum Hafen Charlottetowns zu schützen. Das Fort ist schon längst verschwunden, doch die Schanze ist auf dem parkartigen Areal noch zu sehen.

Port-la-Joye – Fort Amherst National Historic Site
Rocky Point. 1-902-675-2220.
Juli, Aug: tägl. Gelände: Mitte Juni–Mitte Okt.

Rote Felsklippen am Cavendish Beach, einem der Strände im Prince Edward Island National Park

Hotels und Restaurants in dieser Region *siehe Seiten 350f und 365–367*

Blendend weiß: Kirche (19. Jh.) im Orwell Corner Historic Village

Panmure Island

Die natürliche Schönheit des Ostens der Insel kann man auf Panmure Island, südlich von Georgetown, erleben. Die ebenen Straßen sind bei Radfahrern beliebt. Vom **Panmure Island Lighthouse** hat man einen weiten Blick über die Strände, Salzmarschen und Wälder der Insel. Seit 1853 weist der Leuchtturm den Schiffen den Weg.

Panmure Island Lighthouse
Panmure Island. 1-902-838-3568. Mitte Juni–Mitte Okt: tägl. 10–18 Uhr.

Orwell Corner Historic Village

Direkt vor dem Weiler Orwell lässt Orwell Corner Historic Village den Alltag eines Straßendorfs im 19. Jahrhundert wiedererstehen. Orwell Corner war bis ins 20. Jahrhundert ein blühender Ort, doch durch die Veränderungen im Transport- und Handelswesen verlor es an Bedeutung. Das restaurierte und 1973 wiedereröffnete Dorf versprüht Charme. Zu besichtigen sind u. a. Schmiede, Kirche, Schule und Clarke's Store, das soziale Zentrum der Gemeinde. Orwell Corner beherbergt das PEI Agricultural Museum, das die reiche Geschichte der Provinz vom 18. bis Mitte des 20. Jahrhunderts dokumentiert.

Nur etwa einen Kilometer entfernt liegt **Sir Andrew Macphail Homestead**. Das viktorianische Gebäude war das Zuhause von Macphail, Arzt, Journalist, Lehrer und Soldat, zu dessen Freunden auch Premierminister und bekannte Schriftsteller wie Rudyard Kipling zählten. Im Inneren kommentieren vielfältige Exponate Macphails Leben. Draußen winden sich einige Pfade durch unberührte Wälder.

Orwell Corner Historic Village
Orwell. 1-902-651-8515. Juni: Mo–Fr; Juli, Aug: tägl.

Sir Andrew Macphail Homestead
Nahe Rte 1, Orwell. Juni–Dez: 1-902-651-2789; Jan–Mai: 1-902-838-4791. Juli–Sep: tägl. 9–17 Uhr.

Charlottetown

Kanadas »Geburtsort« ist eine bezaubernde Kleinstadt, deren Charme man sich kaum entziehen kann. Charlottetown verfügt über eine renommierte Kulturszene, viele Läden und einige erstklassige Restaurants.

In dem eleganten **Confederation Centre of the Arts** werden bunte Shows aufgeführt, u. a. das populäre Musical *Anne of Green Gables*. In der **Province House National Historic Site** wurde 1864 die Charlottetown Conference abgehalten, die zur Unabhängigkeit Kanadas führte. Einige Räume wurden original restauriert.

Einheimische wie Besucher bummeln gern auf der Flaniermeile Peake's Quay, die mit vielen Läden und Straßenmusik lockt.

Charlottetown
6 Prince St, 1-800-955-1864.
discovercharlottetown.com

Confederation Centre of the Arts
145 Richmond St. 1-902-628-1864. tägl.

Province House National Historic Site
165 Richmond St. 1-902-566-7050. wg. Renovierung. Ausstellung im Confederation Centre.

Historische Anwesen in der Great George Street, Charlottetown

Lucy Maud Montgomery

Die berühmte Autorin wurde 1874 in Cavendish geboren. Das nahe Green Gables House wurde zum Schauplatz ihres Bestsellers *Anne of Green Gables* (1908), eines Romans, der im 19. Jahrhundert spielt. Erst die sechste Manuskriptversion wurde veröffentlicht. Der Roman hatte Auflagen in Millionenhöhe und wurde in 16 Sprachen übersetzt. 1911 heiratete Lucy, zog nach Ontario und bekam zwei Söhne. Sie schrieb noch weitere 17 Bücher. In zehn von ihnen ist Anne die Heldin. Prince Edward Island ist Schauplatz von 16 Büchern. 1942 starb Lucy und wurde oberhalb ihres geliebten Cavendish, das sie so oft beschrieben hatte, beerdigt.

Lucy Maud Montgomery

⓫ Amherst

9400. Route 104, Ausfahrt 1, 1-902-667-8429.

Das geschäftige Amherst, Zentrum für Handel und Landwirtschaft, blickt auf die größte Marschlandschaft der Welt: Tantramar. An ihrem Rand gedeiht das Korn auf Boden, den die Akadier im 17. Jahrhundert durch Deiche gewannen. Das **Cumberland County Museum** ist im Familiensitz von Senator R. B. Dickey untergebracht, einem der Väter der Konföderation. Es beherbergt Exponate zur regionalen Industrieentwicklung, Heimat- und Naturgeschichte. Das nahe gelegene **Fort Beauséjour** birgt ein Museum mit interessanten archäologischen Funden aus dem Akadierdorf Beaubassin.

Cumberland County Museum
150 Church St. 1-902-667-2561. Feb–Nov: Di–Fr.

Fort Beauséjour
Trans-Canada Hwy 2, Ausfahrt 513A. Mitte Juni–Mitte Sep: tägl.

⓬ Truro

12 300. Victoria Square, 1-902-893-2922.

Truro, das an Nova Scotias Hauptverkehrsachse liegt, bietet ein einzigartiges geografisches Phänomen, den Tidenhub. Wenn die Great-Fundy-Flut zurückkehrt und ins Minas Basin strömt, bildet sich eine riesige Flutwelle, die mehrere Kilometer weit die Flüsse aufwärtsdrückt, die in das Minas

Das Haliburton House in Windsor, Heim des bekannten Humoristen

Basin münden. Eine Tafel am Salmon River erklärt den Vorgang und gibt die Zeiten für Ebbe und Flut an. Auf dem Shubenacadie River können Besucher in Rafts sehr weit auf dieser Gezeitenwelle reiten. Die Wellen erreichen bis zu zwei Meter Höhe, vor allem bei Neu- und Vollmond.

⓭ Parrsboro

1200. 1 Eastern Ave, 1-902-254-3266.

Parrsboro auf der Nordseite des Minas Basin gilt als Ort der weltweit höchsten Tiden (bis zu 15 Meter). Fossiliensucher kommen zu den mit Halbedelsteinen und Fossilien übersäten Stränden.

Schädel eines Prosauropoden, Fundy Museum

Das **Fundy Geological Museum** zeigt Amethyste sowie Knochen, Schädel und versteinerte Fußspuren von Dinosauriern.

The Fundy Geological Museum
162 Two Islands Rd. 1-902-254-3814. Mitte Mai–Mitte Okt: tägl.; Mitte Okt–Mitte Mai: Mo–Sa.

⓮ Windsor

3650. 8 Water St, 1-902-798-6777.

Das ruhige Windsor, dessen viktorianische Häuser auf den Avon River schauen, war die Heimatstadt von Thomas Chandler Haliburton, dem Richter, Historiker und Autor der »Sam Slick«-Geschichten, die um 1850 überaus populär waren. Haliburton war einer der ersten erfolgreichen Humoristen Nordamerikas. Sein schlauer, schnell sprechender Held Sam Slick war ein Yankee-Hausierer, der Redewendungen wie »Morgenstund' hat Gold im Mund« oder »Es regnet Bindfäden« prägte. Sein elegantes Heim ist nun das **Haliburton House Provincial Museum**. Ein von Haliburton angelegter Garten umgibt das Anwesen. Im Haus selbst kann man viktorianische Antiquitäten und persönliche Gegenstände sehen.

Haliburton House Provincial Museum
414 Clifton Ave. 1-902-798-2915. Juni–Okt: tägl. teilweise.

Two Island Beach in Parrsboro – die beiden großen Felsnasen sind als »Brothers Parrsboro« bekannt

Hotels und Restaurants in dieser Region *siehe Seiten 350f und 365–367*

⓯ Wolfville

4200. 11 Willow Ave, 1-902-542-7000.

Wolfville, der Standort der renommierten Acadia University, und die umliegende Landschaft verströmen einen liebenswürdigen Charme. Hier trifft das fruchtbare Annapolis-Tal auf das Ufer des Minas-Beckens. Man fährt auf den Landstraßen vorbei an üppigem Farmland, Obstgärten und Gezeitenbecken.

Einen Großteil des ertragreichen Bodens im Tal gewannen die Akadier im 17. Jahrhundert durch Eindeichung. Nach der Zwangsumsiedlung 1755 boten die Briten Siedlern aus Neuengland Land unter der Bedingung an, dass die Dörfer wieder besiedelt wurden. Die hart arbeitenden Siedler waren so erfolgreich, dass die Orte im Tal eine Blüte erlebten.

Wolfville hat baumbestandene Straßen, einladende Läden und Restaurants. Am Informationszentrum beginnt ein fünf Kilometer langer Wanderweg auf den akadischen Deichen zur Kirche auf der **Grand Pré National Historic Site**. Der Einmarsch der Briten im August 1755 in das akadische Dorf markierte den Beginn der groß angelegten Zwangsumsiedlung – *Le Grand Dérangement* –, die Tausende von Akadiern aus Nova Scotia *(siehe S. 68f)* vertrieb. Als Gedenkstätte für diese Tragödie wurde 1921 in dem alten Dorf Grand Pré nach dem Vorbild französischer Landkirchen eine Steinkirche errichtet. Das Kreuz markiert die Stelle, an der die Akadier die Schiffe betraten.

Heute besichtigt man die Kirche und die Gartenanlagen, wo die Statue von Evangeline, der Heldin aus Longfellows Epos über die Akadier, auf ihren Liebsten Gabriel wartet. Das Informationszentrum beschäftigt sich mit der akadischen Deportation und der Rückkehr in die Küstenprovinzen. Viele Familien versteckten sich hier, aber auch Deportierte kehrten zurück.

Statue der Evangeline

Grand Pré National Historic Site
Hwy 101, Ausfahrt 10. 1-902-542-3631. Mitte Mai–Okt: tägl.

⓰ Annapolis Royal

490. 236 Prince Albert Rd, 1-902-532-5454.

Am Ostende des Annapolis-Tals liegt das historische Annapolis Royal, die erste Hauptstadt der Kolonie Nova Scotia. Die von Briten erbaute **Fort Anne National Historic Site** war Zeuge vieler Kämpfe zwischen Engländern und Franzosen um die Vormacht. In der Nähe erbaute Samuel de Champlain 1605 Port Royal *(siehe S. 51)*, einen Handelsposten für Felle. Dieser entwickelte sich zur ersten europäischen Siedlung in der Neuen Welt nördlich von Florida. Die **Port Royal National Historic Site** ist ein genauer Nachbau der Kolonie nach Plänen Champlains.

Eingangsschild zum Kejimkujik Park

Eine Autostunde landeinwärts liegt der **Kejimkujik National Park and National Historic Site**, der sich über eine 381 Quadratkilometer große, mit Seen und Flüssen gesprenkelte Wildnis erstreckt. Im Park gibt es Paddelrouten und Wanderwege, von Kurzstrecken bis zu einem 60 Kilometer langen Wildnispfad.

Fort Anne National Historic Site
St. George St. 1-902-532-2397. Juni–Okt: tägl.

Port Royal National Historic Site
15 km westl. von Annapolis Royal. 1-902-532-2898. 19. Mai–19. Juni, 10. Sep–7. Okt: Di–Sa; 20. Juni–9. Sep: tägl.

Kejimkujik National Park and National Historic Site
3005 Main Parkway. 1-902-682-2772. tägl. Mitte Mai–Okt.

⓱ Digby

2100. 237 Shore Rd, 1-902-245-2201.

Der Fischerort wird mit den Jakobsmuscheln, die die Hauptbeute der großen Fischflotte sind, assoziiert. Man kann schöne Fahrten am Digby Neck entlang zur Küstenlandschaft auf Long Island und Brier Island unternehmen. Um die beiden Inseln wimmelt es von Finn-, Zwerg- und Buckelwalen. Manchmal sieht man den seltenen Glattwal, denn 200 der 350 weltweit noch lebenden Giganten verbringen ihre Sommer in der Bay of Fundy.

Paddelspaß: Kinder in Kanus auf einem See im Kejimkujik National Park

Dory Shop Museum in Shelburne, Zentrum des Bootsbaus

⓲ Shelburne

1750. 43 Dock St, 1-902-875-4547.

Shelburne liegt an einem Tiefwasserhafen und wurde von 3000 britischen Loyalisten gegründet, die nach der Amerikanischen Revolution 1775 nach Kanada flüchteten. In den Folgejahren wuchs Shelburne auf 16000 Einwohner an und wurde zur drittgrößten Stadt im britischen Nordamerika. Im Lauf der Zeit zogen viele der Siedler nach Halifax oder gingen wieder nach England zurück.

Geht man die Water Street entlang, kommt man an schönen historischen Häusern vorbei und gelangt in der Dock Street zum **Dory Shop Museum**. Der Gebäudekomplex ist seit seiner Gründung 1880 eine Werft für kommerzielle *dorys* (Plattbodenschiffe).

In den Tagen der Grand-Banks-Schonerflotte waren *dorys* aus Shelburne berühmt für ihre Stärke und ihre Seegängigkeit. Die Stadt hatte sieben Werften, die jährlich Tausende von Booten bauten.

Im Erdgeschoss gibt es eine Ausstellung zur Kabeljau-Fischerei. Im oberen Stockwerk des Museums demonstrieren Bootsbauer die traditionellen Techniken des *Dory*-Baus.

Der Film *Der scharlachrote Buchstabe* wurde 1995 in Shelburne gedreht. In der Stadt befindet sich die letzte Böttcherei Kanadas.

Dory Shop Museum
11 Dock St. 1-902-875-3219. Juni–Mitte Okt: tägl. teilweise.

⓳ Lunenburg

2300. 11 Blockhouse Hill Road, 1-902-634-3656.
explorelunenburg.ca

Keine Stadt verströmt so viel Seefahrerromantik wie Lunenburg. Um 1750 wollten die Briten hier eine weitere loyale Siedlung gründen. Das Land boten sie Protestanten aus Deutschland, der Schweiz und Frankreich an. Obwohl diese Bauern waren, wandten sie sich Schiffsbau und Handel zu. 1996 wurde Lunenburg zum UNESCO-Welterbe erklärt, da es eine der am besten erhaltenen britischen Siedlungen in der Neuen Welt ist. Zudem ist es Heimathafen der *Bluenose II* – eines Nachbaus des bekanntesten Schoners Kanadas.

Das **Fisheries Museum of the Atlantic** belegt mehrere Gebäude am Hafen. Am Dock liegen Schoner, es gibt Streichelbecken sowie tägliche Vorführungen, wie man Jakobsmuscheln aus der Schale löst.

Fisheries Museum of the Atlantic
68 Bluenose Dr. 1-902-634-4794. 20. Mai–9. Sep: tägl. teilweise.

Idyllisch gelegen: eine der drei Kirchen in Mahone Bay

⓴ Mahone Bay

1000. 165 Edgewater St, 1-902-624-6151.
mahonebay.com

Mahone Bay gilt allgemein als das »hübscheste Städtchen in Kanada«. Es liegt in der Bucht gleichen Namens versteckt, deren Ufer von historischen Häusern (18. Jh.) gesäumt ist. Hinten im Hafen werfen drei

Blick vom Fisheries Museum of the Atlantic auf die hübschen Häuserfassaden von Lunenburg

Hotels und Restaurants in dieser Region *siehe Seiten 350f und 365–367*

stattliche Kirchen ihr Spiegelbild auf das ruhige Wasser.

Einige der besten Künstler und Handwerker Kanadas, deren Läden die Hauptstraße säumen, hat es hierhergezogen. Das sehenswerte **Mahone Bay Museum** befasst sich mit der Besiedlung des Orts durch Protestanten (1754) und seiner Bedeutung als Zentrum des regionalen Bootsbaus. Die beliebtesten Ausstellungen sind die Keramiksammlung und die Sammlung von Antiquitäten des 18. und 19. Jahrhunderts.

Mahone Bay Museum
578 Main St. 1-902-624-6263.
20. Mai–9. Sep: tägl.

21 Peggy's Cove

650. Sou'wester Restaurant, 1-902-823-2561.
peggyscoveregion.com

Der Leuchtturm von Peggy's Point thront hoch auf wellenumspülten Granitfelsen und ist eine der meistfotografierten Sehenswürdigkeiten Kanadas, ein Symbol der Verbundenheit Nova Scotias mit dem Meer. Das Dorf mit farbigen, an Felsen errichteten Häusern und dem kleinen Hafen mit verwitterten Stegen und Fischerhütten hat seinen Ruf als malerischstes Fischerdorf der Provinz verdient. Ein Spaziergang bietet sich an, doch sollte man im Sommer die Mittagszeit wegen der vielen Reisebusse meiden. Am frühen Morgen oder späten Nachmittag ist es ruhiger. Außerhalb des Dorfs wurde den Opfern des Swissair-Absturzes von 1998 ein Denkmal errichtet.

Das Dorf war auch die Heimat des bekannten Marinemalers und -bildhauers William E. deGarthe (1907–1983). Oberhalb des Hafens zeigt eine Dauerausstellung 65 seiner bekanntesten Bilder und Skulpturen. Vor der Galerie befindet sich eine 30 Meter hohe Skulptur von deGarthe zum Gedenken an die Fischer von Nova Scotia. 32 Fischer und ihre Frauen und Kinder sind hier in eine Granitfelsnase

Peggy's Point Lighthouse – Wahrzeichen der Atlantikprovinzen

eingemeißelt. Der Sage nach stellt der große Engel auf der Skulptur Peggy, die Namenspatronin der Stadt und einzige Überlebende eines Schiffsunglücks im 19. Jahrhundert, dar.

22 Halifax

Siehe S. 94f.

23 Ostküste

Halifax. Antigonish. Pictou. Canso, 1-902-366-2170.

Eine Fahrt entlang der Ostküste führt durch das traditionelle Nova Scotia, durch Städte und Dörfer, in denen sich das Leben seit Beginn des 20. Jahrhunderts wenig geändert hat. Der winzige Bauernhof, in dem das Fisherman's Life Museum in Jeddore, Oyster Ponds (60 km östlich von Halifax), untergebracht ist, gehörte um 1900 einem Küstenfischer, seiner Frau und den 13 Töchtern.

Heute ist das Haus ein Museum »lebendiger Geschichte«, in dem Führer (oft Frauen der örtlichen Fischer) in Trachten der damaligen Zeit den Alltag der Küstenfischer nachstellen. Zur Mittagszeit werden die Besucher zum Essen eingeladen, das auf einem Holzofen gekocht wird. Täglich gibt es zudem Vorführungen in Teppichknüpfen, Quilten und Stricken sowie eine Besichtigung der Stellagen für die Lagerung von gesalzenem Fisch.

Sherbrooke Village ist das größte Freilichtmuseum in Nova Scotia. Zwischen 1860 und 1890 lebte der Ort vom Gold- und Holzboom. Als kein Gold mehr zu finden war, wurde das Städtchen wieder zu einem verschlafenen Dorf. Anfang der 1970er Jahre restaurierte man einige der 25 ältesten Gebäude Sherbrookes. Führer in Tracht lassen hier das Nova Scotia des 19. Jahrhunderts auferstehen.

Die Fahrt im Pferdewagen vermittelt einen Überblick über den Ort. Die Kutscher erzählen dabei Anekdoten aus der Geschichte der Region. In der Apotheke kann man bei der Zubereitung von Arzneien zuschauen, und im Ambrotype Studio kann man sich in einer Tracht auf eine Fotoplatte bannen lassen – wenn man ganz still hält. Vor dem Dorf dreht sich ein riesiges Wasserrad, das ein Sägewerk mit Energie versorgt.

Sherbrooke Village
Nahe Hwy 7. 1-888-743-7845.
Juni–Okt: tägl.

Apotheke im Freilichtmuseum in Sherbrooke Village

㉒ Halifax

Der glitzernde Hafen, hübsche Parks und eine einzigartige Mischung aus moderner und historischer Architektur machen Halifax zu einer reizvollen Stadt. Das Flair täuscht über die 250 Jahre alte Geschichte als laute Garnisonsstadt hinweg. Halifax wurde 1749 von General Edward Cornwallis gegründet und war das Militärzentrum nördlich von Boston. In seiner abenteuerlichen Geschichte war es die Stadt, in der Freibeuter gekaperte Schiffe in den Hafen brachten, um die Beute mit der Krone zu teilen. Am 6. Dezember 1917 wurde die Stadt durch die Explosion eines französischen Schiffs im Hafen zerstört. Heute ist Halifax ein Bildungszentrum mit fünf Universitäten.

Überblick: Halifax

Halifax kann man leicht zu Fuß erkunden, da viele der Museen, Sehenswürdigkeiten, Läden und Restaurants innerhalb des kleinräumigen historischen Kerns liegen.

Das Zentrum, westlich der Brunswick Street, ist hügelig und grün, ideal, um in Ruhe die Architektur alten Stils zu bewundern. Citadel Hill (der Festungsberg) bietet einen schönen Blick auf die Stadt, den Hafen und Dartmouth.

Historic Properties

1869 Upper Water St. Tel. 1-902-429-0530. Geöffnet tägl. Rollstuhlgerecht teilweise.

Die Historic Properties am Hafen sind eine Ansammlung alter Stein- und Holzhäuser (19. Jh.), die gebaut wurden, um die von Piraten gekaperte Beute zu lagern. Heute beherbergen sie eine reizvolle Mischung aus Spezialitäten- und Geschenkeläden, Kneipen und feinen Restaurants. Hier trifft man sich gern an warmen Sommerabenden und genießt die Hafenbeleuchtung und die Musik aus den Kneipen.

Maritime Museum of the Atlantic

1675 Lower Water St. Tel. 1-902-424-7490. Geöffnet Mai–Okt: tägl.; Nov–Apr: Di–So. Eintritt Sommer. Rollstuhlgerecht. Führungen auf Anfrage.

Das Museum am Hafen bietet viele Exponate zur Seefahrtsgeschichte, etwa ein kleines Boot, einen restaurierten Schiffsausrüster und im Dock das flottgemachte Forschungsschiff von 1913, die *Acadia*. Beliebt sind die von der *Titanic* geborgenen Objekte. Zu sehen sind u. a. Fragmente der großen Treppe des Schiffs und ein wandgroßes Foto der Treppe im Originalzustand. Nach der Katastrophe von 1912 wurden viele der geborgenen Leichen nach Halifax gebracht, 150 wurden auf dem Fairview Lawn Cemetery beerdigt.

Blick von der Fähre auf das Hafenviertel von Halifax

Hafenviertel

Info 1-902-490-5946.

Der Halifax Harbourwalk bietet Souvenirläden, Cafés und Restaurants in historischer Kulisse entlang dem Pier. Die hübsche Promenade führt zur Halifax–Dartmouth-Fähre, Nordamerikas ältester Stadtfähre. Auf einer Hafenrundfahrt kann man das Panorama genießen.

Government House

1451 Barrington St. Info 1-902-424-7001. Geöffnet Juli, Aug: Fr–Mo. Führungen obligatorisch.

Das heutige Gebäude des Vizegouverneurs von Nova Scotia ist auch architektonisch interessant. Die georgianische Fassade verleiht ihm eine gewisse städtische Würde. Das 1807 fertiggestellte Haus gehört zu den ältesten kanadischen Residenzen. Führungen dauern eine halbe Stunde.

Statue mit Blumen in den Halifax Public Gardens

Pier 21

1055 Marginal Rd. Tel. 1-902-425-7770. Geöffnet Mai–Okt: tägl.; Nov–Apr: unterschiedl. Eintritt. Rollstuhlgerecht. Web **pier21.ca**

Das Eingangstor für mehr als eine Million Einwanderer und Flüchtlinge zur Neuen Welt – der Pier 21 ist mittlerweile ein Nationaldenkmal. Das Museum zur Immigration bietet einen einzigartigen Einblick in Kanadas Geschichte.

Halifax Public Gardens

Spring Garden Rd. Tel. 1-902-490-4894. Geöffnet Mitte Apr–Nov: tägl. Rollstuhlgerecht teilweise.

Die öffentliche, sieben Hektar große Gartenanlage aus dem Jahr 1836 bildet eine riesige grüne Oase im viktorianischen Stil für Spaziergänge mitten im geschäftigen Halifax. Wege winden sich um Teiche und vorbei an Brunnen und vielen Blumenbeeten. Sonntags finden im Musikpavillon Konzerte statt. Am Wochenende (im Sommer täglich) stellen am Zaun zahlreiche Kunsthandwerker ihre Produkte aus.

Halifax Citadel National Historic Site

5425 Sackville St. 1-902-426-5080. Mai–Okt: tägl. **Gelände** tägl. Sommer.

Die große, sternförmige Zitadelle thront über dem zweitgrößten Naturhafen der Welt. Die zwischen 1828 und 1856 gebaute Zitadelle war eine ausgezeichnete Verteidigungsanlage. Heute kann man über den Exerzierhof spazieren, wo das 78. Highland-Regiment (im Kilt) zweimal täglich Musketenübungen vorführt.

Old Town Clock, ein Geschenk des britischen Königshauses von 1803

Old Town Clock

Citadel Hill.

Am Fuß des Citadel Hill befindet sich das Wahrzeichen der Stadt, die Old Town Clock. Diese berühmte Uhr war ein Geschenk Edwards, Duke of Kent, der sehr großen Wert auf Pünktlichkeit legte. Das gute Stück hatte vier Zifferblätter, eins für jede Himmelsrichtung, damit das Militär und die Bürger pünktlich ihren Pflichten nachkamen.

Infobox

Information

390 000. 1800 Argyle St, 1-902-422-9334. Nova Scotia International Tattoo (Juli), Atlantic Jazz Festival (Juli), International Busker's Festival (Aug).

destinationhalifax.com

Anfahrt

35 km nördl. der Stadt. 6040 Almon St.

Province House

1726 Hollis St. 1-902-424-4661. Juli, Aug: tägl.; Sep–Juni: Mo–Fr.

Das von 1811 bis 1819 erbaute Province House ist der älteste Parlamentssitz Kanadas. Hier wurden wichtige Entscheidungen getroffen. 1864 etwa berieten hier die Väter der Konföderation zwei Tage lang die Gründung Kanadas *(siehe S. 54)*.

Zentrum von Halifax

1. Historic Properties
2. Maritime Museum of the Atlantic
3. Hafenviertel
4. Government House
5. Pier 21
6. Halifax Public Gardens
7. Halifax Citadel National Historic Site
8. Old Town Clock
9. Province House

Zeichenerklärung
siehe hintere Umschlagklappe

㉔ Cape Breton Island

Die Anziehungskraft der Insel liegt in ihrer überwältigenden Naturschönheit. Jedes Jahr wandern Tausende Besucher auf dem Cabot Trail durch die zerklüftete Szenerie des Cape Breton Highlands National Park *(siehe S. 98)*. Doch auch an anderen Stellen wird die Schönheit des Eilands sichtbar: Sie liegt entlang der Landstraßen oder auch an den weniger besuchten Stellen dieser fruchtbaren Insel. Faszinierend sind die Mabou Highlands mit den Seen Ainslee und Bras d'Or, über deren Ufern Adler kreisen. Romantische Küstenorte, etwa das windgepeitschte Gabarus oder auch das wiedererrichtete französische Garnisonsdorf Louisbourg (18. Jh.), lohnen einen Besuch.

Saint-Pierre in Chéticamp
Die katholische Kirche (1883) mit silberner Turmspitze steht in Chéticamp, einem Ort für Walbeobachtungsfahrten. Die akadische Kirchengemeinde hat 3000 Mitglieder.

Glenora Distillery
Glenora am malerischen Ceilidh Trail war Kanadas erste Single-Malt-Destillerie und ist bekannt für Glen Breton Rare, einen zehn Jahre alten Whisky. Es gibt ein Pub, einen Gasthof und einen Geschenkeladen.

Lake Ainslee
Der ruhige See zieht Vögel wie Fischadler und Seetaucher an, die hier ein reichhaltiges Nahrungsangebot finden.

Außerdem

① **Das Alexander Graham Bell Museum**, 30 Jahre lang Bells Sommerhaus am Ufer des Bras d'Or, zeigt Prototypen vieler seiner berühmten Erfindungen.

② **Bird Islands** mit Robben und Adlern erreicht man per Boot.

③ **Die Küstenstadt Sydney Mines** (18. Jh.) besitzt Bergbauschächte, die rund fünf Kilometer ins Meer hineinreichen.

Hotels und Restaurants in dieser Region *siehe Seiten 350f und 365–367*

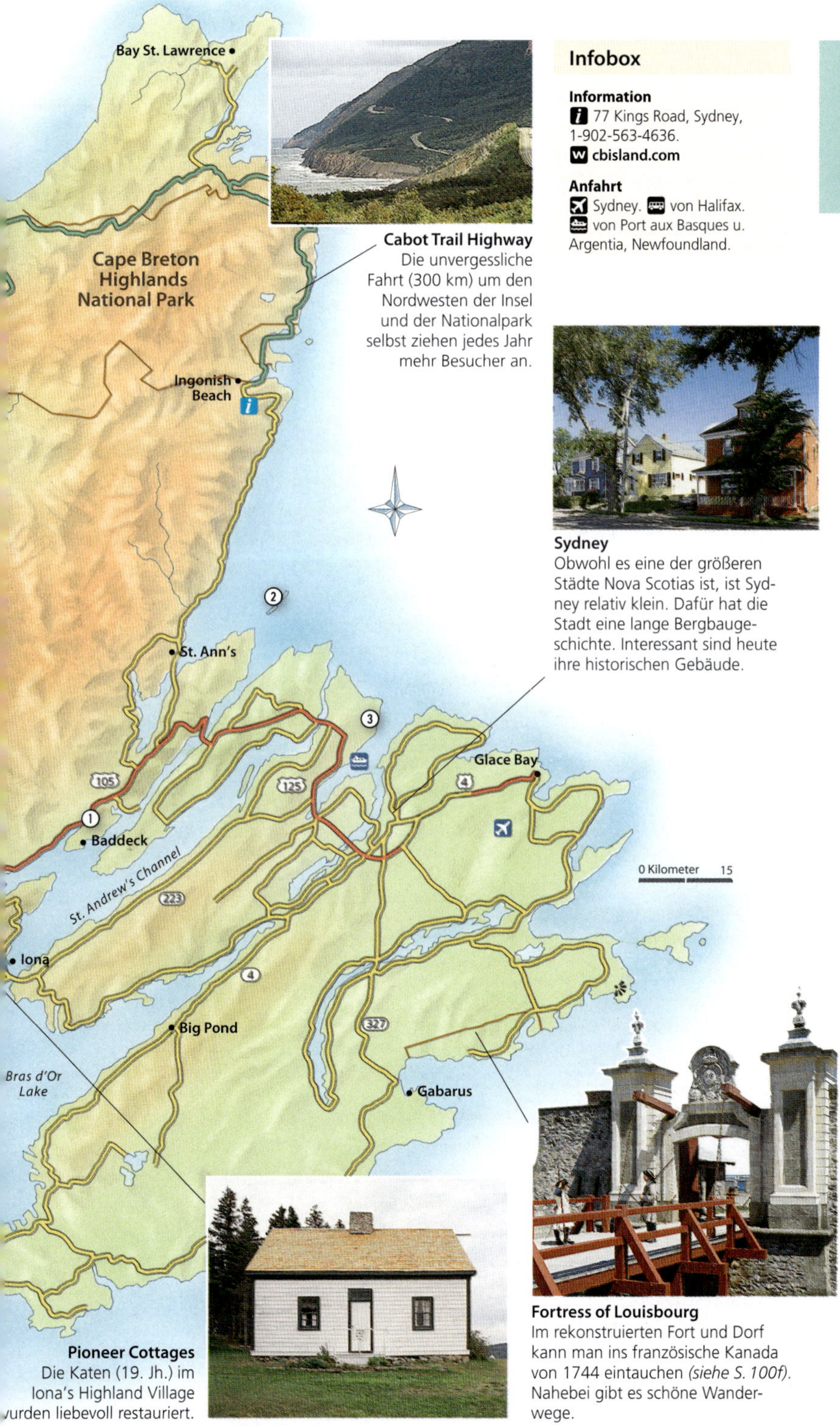

Cabot Trail Highway
Die unvergessliche Fahrt (300 km) um den Nordwesten der Insel und der Nationalpark selbst ziehen jedes Jahr mehr Besucher an.

Infobox

Information
77 Kings Road, Sydney, 1-902-563-4636.
cbisland.com

Anfahrt
Sydney. von Halifax. von Port aux Basques u. Argentia, Newfoundland.

Sydney
Obwohl es eine der größeren Städte Nova Scotias ist, ist Sydney relativ klein. Dafür hat die Stadt eine lange Bergbaugeschichte. Interessant sind heute ihre historischen Gebäude.

Pioneer Cottages
Die Katen (19. Jh.) im Iona's Highland Village wurden liebevoll restauriert.

Fortress of Louisbourg
Im rekonstruierten Fort und Dorf kann man ins französische Kanada von 1744 eintauchen *(siehe S. 100f)*. Nahebei gibt es schöne Wanderwege.

Zeichenerklärung *siehe hintere Umschlagklappe*

Cape Breton Island: Überblick

Die größte Insel in Nova Scotia, Cape Breton, ist mit ihrer wilden Schönheit und Erhabenheit eine der eindrucksvollsten Landschaften Kanadas. Der Cabot Trail, der durch welliges, von glitzernden Flüssen durchzogenes Hochland zu feinen Sandstränden führt, ist für Kanada-Besucher eine bleibende Erinnerung. Weitere einladende Landstraßen führen zu den faszinierenden Mabou Hills, um den Lake Ainslee und zu romantischen Städten wie Baddeck und der akadischen Siedlung Chéticamp, nahe dem grünen Margaree Valley.

Hummerfangboote im Hafen von Main à Dieu auf Cape Breton Island

Cape Breton Highlands National Park
1936 überließ die kanadische Regierung 950 Quadratkilometer herrlichen Hochlands auf der nördlichen Spitze von Cape Breton dem Cape Breton Highlands National Park. Er schützt eine der schönsten Landschaften Kanadas: Berge, grüne Wildnis und windgepeitschte Küstenabschnitte. Am bekanntesten ist der spektakuläre, 106 Kilometer lange Abschnitt des Cabot Trail Highway, der in einer Schleife entlang der Parkgrenzen von Chéticamp nach Ingonish verläuft. Der Cabot Trail ist die einzige Route durch den Park, die meisten Sehenswürdigkeiten liegen an dieser Strecke. Am Eingang auf der westlichen Seite steigt der Weg an den Hängen der Küstenberge an. Von 24 Aussichtspunkten aus ist hier das in der Ferne aufragende Hochland zu sehen. Weiter im Landesinneren überquert der Trail das Hochplateau. Direkt hinter dem French Lake kann man auf Stegen durch die Marschen wandern. Tafeln erläutern das einzigartige Ökosystem Moor, in dem viele Orchideen gedeihen. Mit etwas Glück erhascht man auch einen Blick auf einen der zahlreichen hier grasenden Elche.

Nach der Überquerung der French und Mackenzie Mountains führt der Weg relativ steil hinab in das hübsche alte Dorf Pleasant Bay. Dann steigt er wieder an, überquert den North Mountain, mit 457 Metern die höchste Erhebung im Park, und führt hinab ins Aspy-River-Tal, von wo ein Stichweg zum Fuß der rund 30 Meter hohen Beulach-Ban-Wasserfälle führt.

Traumhafter Sandstrand von Ingonish, Cape Breton Island

Am Cape North gibt es einen Seitenweg zur Bay of St. Lawrence, wo man Wale beobachten kann. Schon bald entfernt sich die Panoramastraße vom Cabot Trail, folgt der Küste und bietet atemberaubende Blicke aufs Meer, während sie sich zum White Point hinunterwindet. Im Osten, wo sie den Ferienort Ingonish erreicht, laufen Straße und Cabot Trail wieder zusammen. Tipp: Der hiesige Highland Links Golf Course zählt zu den besten Golfplätzen Kanadas.

Cape Breton Highlands National Park
Ingonish. 1-902-224-2306.
Mitte Mai–Okt. **Cabot Trail**
ganzjährig. teilweise.
pc.gc.ca

Baddeck
Auf der Nordwestseite des Bras d'Or Lake, gegenüber dem Grundstück Alexander Graham Bells, liegt inmitten von Ackerland der Ferienort Baddeck – noch immer das freundliche Städtchen, das schon im 19. Jahrhundert die Gäste verzauberte. Alle Sehenswürdigkeiten sind zu Fuß erreichbar. Die Hauptstraße führt am Wasser entlang und ist von Läden, Cafés und Restaurants gesäumt. Mehrere Unternehmen an der Water Street bieten Bootstouren auf dem See an.

Hauptattraktion ist die **Alexander Graham Bell National Historic Site**. Das Museum zeigt die weltweit größte Sammlung von Fotografien, Artefakten und Dokumenten aus dem Leben des berühmten Erfinders, u. a. die ersten Telefone und eine Kopie seines HD-4-Luftkissenboots.

Baddeck
454 Chebucto St, 1-902-295-1911.

Alexander Graham Bell National Historic Site
559 Chebucto St (Hwy 205), Baddeck. 1-902-295-2069.
19. Mai–Okt: tägl.; Nov–Apr: nach Voranmeldung.

Hotels und Restaurants in dieser Region *siehe Seiten 350f und 365–367*

Ein Fliegenfischer im lachs- und forellenreichen Margaree River

Margaree River Valley

Das kleine smaragdgrüne Margaree River Valley ist bei Wanderern und Antiquitätensammlern beliebt. Schon seit dem 19. Jahrhundert zieht der Fluss Lachs- und Forellenangler an. In North East Margaree begeistert das winzig kleine, doch stilvolle **Margaree Salmon Museum** mit schönen alten Ruten und Angelrollen auch Nicht-Angler.

Zum Aussichtspunkt Big Intervale, wo die Quellflüsse aus dem Hochland herabstürzen, begleiten Teer- und Schotterstraßen den Margaree flussaufwärts. Um einen Eindruck von der gälischen Kultur zu bekommen, sollte man dem Gaelic Trail bis zur **Glenora Distillery** folgen.

Margaree River Valley
Margaree Fork, 1-902-248-2803.

Margaree Salmon Museum
60 East Big Interval Rd. 1-902-248-2848. Mitte Juni–Mitte Okt: tägl. 9–17 Uhr. teilweise.

Glenora Distillery
Route 19/Ceilidh Trail. 1-902-258-2662. Mai–Okt: tägl.

Chéticamp

Die geschäftige Stadt ist die größte akadische Gemeinde in Nova Scotia. Vom Meer aus kann man schon kilometerweit die schöne Kirche Saint-Pierre sehen. Die Akadier von Cape Breton sind gute Handwerker. Sieben Kooperativen stellen Keramik und geknüpfte Teppiche her. Die bekannteste Knüpferin war Elizabeth LeFort. Ihre großen Arbeiten, die herausragende geschichtliche Ereignisse zum Thema haben, hängen sogar im Vatikan und im Weißen Haus in Washington, DC. Einige ihrer besten Werke sind in der **Elizabeth LeFort Gallery** in Les Trois Pignons zu bewundern. Chéticamp ist auch ideal für Bootsausflüge, da es hier mehrere Walarten zu beobachten gibt.

Elizabeth LeFort Gallery
15584 Main St. 1-902-224-2642. Mitte Mai–Mitte Okt: tägl.

Sydney

Die einzige »richtige« Stadt auf Cape Breton ist Sydney mit etwa 26 000 Einwohnern. Hier befand sich früher die größte Stahlverarbeitungsanlage Nordamerikas, heute spielt der Tourismus die wirtschaftlich größte Rolle.

Sydney hat ein kleines historisches Viertel nahe der Esplanade mit einigen restaurierten Gebäuden, darunter das Cossit House und das Jost House (beide um 1870). Im Zentrum säumen viele Boutiquen, Läden und Restaurants die Charlotte Street.

Sydney
Sydney, 1-902-539-9876.

Alexander Graham Bell

Alexander Graham Bell

Alexander Graham Bell wurde 1847 in Schottland geboren. Seine Mutter war gehörlos. Daher war er schon als Kind fasziniert von Sprache und Kommunikation. 1870 zog er mit seiner Familie nach Ontario *(siehe S. 222)*. Er beschäftigte sich mit der elektronischen Übermittlung der Stimme und experimentierte mit Telegrafie. 1876 übermittelte er die erste telefonische Nachricht. Mit der Patentierung seiner Erfindung gehört er zu jenen Persönlichkeiten, die die Welt entscheidend verändert haben. 1877 heiratete er Mabel Hubbard, eine seiner gehörlosen Studentinnen. Das Paar besuchte Cape Breton 1877, wo Bell später am Bras d'Or Lake seinen schönen Landsitz, Beinn Bhreagh, errichten ließ. Dort lebte und arbeitete er jeden Sommer bis zu seinem Tod im Jahr 1922. Die Alexander Graham Bell National Historic Site in Baddeck ist seinem Leben und Werk gewidmet.

Fortress of Louisbourg

Die Festung Louisbourg war Frankreichs militärische Bastion in der Neuen Welt. Heute ist sie die größte rekonstruierte Militäranlage Nordamerikas. Betritt man sie, fühlt man sich ins Jahr 1744 zurückversetzt, als gerade der Krieg zwischen Frankreich und England ausgebrochen war. Innen vermitteln zahlreiche Führer in historischen Kostümen den Besuchern die Atmosphäre einer französischen Handelsstadt im 18. Jahrhundert. Straßen und Häuser sind voller Händler, Soldaten, Fischverkäufer und Waschfrauen, die ihren Geschäften nachgehen. Von der kleinsten Fischerkate bis zum stilvollen Haus des Chefingenieurs der Armee ist auf jedes Detail geachtet worden. Die Führer informieren über die Festung, ihre Geschichte und das Leben der Menschen jener Zeit.

Überblick über die Festung
Die Festung beherbergte einen Regierungssitz, einen bedeutenden militärischen Stützpunkt und eine Stadt mit mehreren Tausend Einwohnern.

Kai und Frederic Gate
Der Kai war früher Zentrum kaufmännischer Aktivitäten. Auch heute finden unter dem gelben Torbogen noch viele Veranstaltungen statt.

★ Engineer's Residence
Der für alle Bauprojekte in der Festung verantwortliche Ingenieur zählte zu den wichtigsten und mächtigsten Männern der Gemeinschaft.

Außerdem

① **Offiziersräume**

② **Im Icehouse** lagerten frische Nahrungsmittel für den Gouverneur.

③ **Das Wachhaus** war ein Teil der Verteidigungsfront. Hier waren wachhabende Soldaten postiert.

Hotels und Restaurants in dieser Region *siehe Seiten 350f und 365–367*

★ King's Bastion
Das größte Gebäude der Zitadelle, die King's Bastion Barracks, beherbergte 500 französische Soldaten, die hier lebten, aßen und schliefen.

Infobox

Information
Route 22, südwestl. von Louisbourg. ☎ 1-902-733-3552 bzw. 1-902-733-3548 (Infos zu Events). ◯ 22. Mai–15. Okt: tägl. 9.30–17 Uhr; 16. Okt–21. Mai: Mo–Fr 9.30–16 Uhr.
W fortressoflouisbourg.ca

King's Bakery
In der ehemaligen Armeebäckerei kann man auch heute frisch gebackenes Brot kaufen.

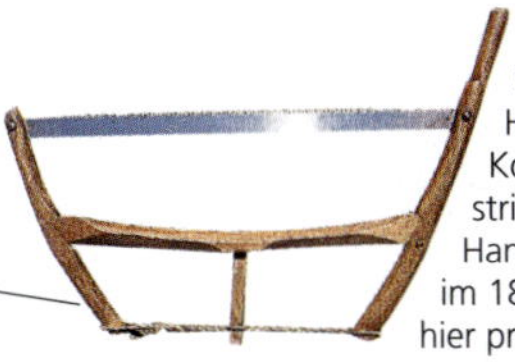

Schmiede
Handwerker in Kostümen demonstrieren traditionelles Handwerk, so wie es im 18. Jahrhundert hier praktiziert wurde.

Dauphin Gate
Soldaten in historischen Uniformen halten – wie wohl auch 1744 – Besucher am Tor auf. Die künstlerischen Details des Tors sind Überreste des um 1960 freigelegten Originaltors.

Verschneites Dorf am St. Lawrence River, Provinz Québec ▶

QUÉBEC

Québec im Überblick

Québec ist die größte Provinz Kanadas und das größte frankofone Gebiet der Welt. Viele der über acht Millionen Einwohner halten der Sprache und Kultur ihrer französischen Vorfahren die Treue. Die Landschaft wechselt von idyllischen Tälern und Dörfchen entlang der US-Grenze bis zu weiten Tundragebieten an der Küste der Hudson Bay. Das Herzstück Québecs ist der St. Lawrence River. Vom malerischen Charlevoix am Nordufer schlängelt er sich an Seen, Wäldern und Tundra bis zur Hudsonstraße und vorbei an einem der weltweit größten Kraftwerke in der James Bay. Im Süden liegt die gebirgige Gaspé Peninsula. Die größten Städte der Provinz sind das multikulturelle Montréal und Québec, Provinzhauptstadt und Nordamerikas einzige von einer Mauer umgebene Stadt.

An einem See in den Laurentides (Laurentian Mountains) liegt Saint-Jovite, umrahmt von Wäldern in Herbstfarben

Das Zentrum von Montréal, Québecs größter Stadt, wird abends lebendig

Legende

- Interstate Highway
- Divided Highway
- State Highway
- Highway
- Eisenbahn (Hauptstrecke)
- Eisenbahn (Nebenstrecke)
- Staatsgrenze
- Provinzgrenze
- Gipfel

Weitere Zeichenerklärungen *siehe hintere Umschlagklappe*

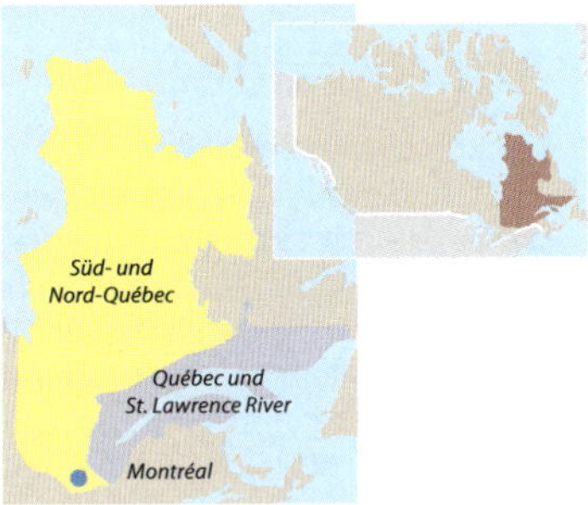

Infanterieparade in La Citadelle *(siehe S. 140f)*, dahinter das Fairmont Le Château Frontenac

In Québec unterwegs

Jede größere Stadt hat einen Flughafen. In der gesamten Provinz Québec gibt es Buslinien wie Voyageur Lines und Orléans Express sowie kleinere regionale Linien. Die in den USA stationierten Greyhound-Busse fahren nach Montréal und durch die gesamte Provinz, Limocarbusse durch die Laurentides. Autobus Viens bedient die Orte im Osten. Nur im Süden Québecs gibt es Bahnlinien. Die Region hat auch ein hervorragendes Netz an Highways.

Ahornwälder

Kanadas alte Ahornwälder, der Stolz Québecs und Ontarios, sind nicht nur schön anzusehen, wenn sich die Blätter im Herbst karminrot und orange verfärben. Im Frühling liefern die Bäume ihr berühmtes Produkt: den Ahornsirup *(maple syrup)*. Die von Ureinwohnern entwickelten Gewinnungstechniken wurden im 17. Jahrhundert an die Europäer weitergegeben. Bis 1940 änderten sich die traditionellen Methoden kaum, erst dann wurden Teile des Prozesses mechanisiert. Doch Traditionen wie das abschließende Rühren des Sirups per Hand blieben erhalten. Ahornbäume, ob Rotahorn *(Acer rubrum)* oder Zuckerahorn *(Acer saccharum)*, werden bis zu 30 Meter hoch und haben Stämme von einem Meter Durchmesser. Ihr Hauptprodukt ist Sirup, aus dem harten Holz werden Möbel gefertigt. Das Ahornblatt ist das Nationalsymbol Kanadas und ziert seit 1965 die Flagge.

Für die Saftgewinnung klopft man zuerst gegen den Stamm. Im Frühling, wenn der Saft steigt, wird er eingeschnitten.

Der Saft wurde früher in großen Fässern auf Pferdeschlitten durch die verschneiten Wälder gezogen. Seit etwa 1970 gibt es ein Netz von Plastikschläuchen, die den Saft direkt von den Baumstämmen zu den Zuckerhütten befördern.

Die Zuckerhütten *(sugar shacks)* werden im Wald im Zentrum einer Gruppe von Saft produzierenden Bäumen errichtet. Dort wird der Saft langsam zu Sirup reduziert, ein sehr langwieriger Prozess. In Québec gibt es ein spezielles Frühlingsritual, wenn der erste Sirup fertig ist: Er wird vor den Hütten in den verharschten Schnee gegossen, um daraus köstliche Toffees herzustellen.

Produkte aus Ahornsirup

Rund 80 Prozent von Kanadas jährlicher Ahornernte werden zu Sirup verarbeitet, daneben gibt es weitere Produkte. Kocht man den Sirup länger, wird daraus ein blassgoldener Zucker, den man als Bonbon essen oder zum Süßen von Kaffee verwenden kann. Ahornbutter, die mit Zucker geschlagen wird, ist auch beliebt. Schmackhaft sind auch in Sirup gebeizter Schinken und Speck. Die Bewohner Québecs verwenden den Sirup für eine Zuckertorte. Die Siruppreise richten sich nach der Qualität: Klarer goldener Sirup, meist am Anfang der Saison produziert, ist der teuerste. Der spätere dunkle Sirup wird zum Kochen, der noch dunklere als Grundstoff für synthetische Aromen verwendet. Über 100 Millionen Kanadische Dollar werden jährlich für Ahornprodukte ausgegeben.

Ahornprodukte werden für süße und pikante Speisen verwendet

Geschichte des Ahornsirups

Die ersten Ahornzucker-Farmer waren Ureinwohner. Lange vor Ankunft der Europäer (16. Jh.) süßten die Stämme im Nordosten Gerichte mit Sirup. Eine Irokesen-Sage erzählt von einem Häuptling, der eine Axt gegen einen Baum schleuderte und am nächsten Abend feststellte, dass aus dem Stamm eine süße Flüssigkeit tropfte. Seine Frau kochte darin die Jagdbeute – der Sirup war geboren. Fest steht, dass die Einheimischen den Saft entdeckten und die bis heute wenig veränderten Techniken zu seiner Verfeinerung entwickelten, die sie großzügig an die Europäer weitergaben.

Für einen Liter Sirup braucht man 40 Liter Ahornsaft. Die goldene Farbe und der Geschmack entwickeln sich beim Destillieren. Der blassere erste Sirup der Saison ist der wertvollste.

Aus Saft Ahornsirup zu machen dauert sehr lange. Der Saft brodelt über einem Holzfeuer (vorzugsweise Ahornholz), bis 98 Prozent seines Wassergehalts verdampft sind. Heute verwendet man hierzu oft mechanische Verdampfer, aber selbst dann rührt man den köchelnden Sirup noch abschließend per Hand.

St. Lawrence Seaway

Zusammen mit den Großen Seen bildet der St. Lawrence Seaway eine 3700 Kilometer lange Wasserstraße, die sich vom Gulf of St. Lawrence an der Atlantikküste bis nach Duluth am Westende des Lake Superior in Minnesota erstreckt. Der St. Lawrence Seaway selbst, der von Montréal bis zum Lake Erie reicht, misst 553 Kilometer. Die weltweit längste Tiefwasser-Binnenwasserstraße ist von März bis Dezember befahrbar. Die Schiffe leisten einen Großteil des inländischen Transports, doch Ziel- und Herkunftsort von über 60 Prozent der Gesamtfracht sind Häfen in Europa, Afrika und dem Mittleren Osten. Der Seeweg wird aber nicht nur von Frachtschiffen, sondern auch von Vergnügungsbooten befahren.

Zur Orientierung

St. Lawrence Seaway

Geschichte des Seewegs

Die Geschichte des Seewegs begann 1680, als der französische Mönch Dollier de Casson eine Kampagne zum Bau eines eine Meile langen Kanals vom Lac St. Louis nach Montréal startete. Der Lachine Canal wurde schließlich 1824 eröffnet, der erste Welland Canal (vom Lake Ontario zum Lake Erie) 1833. Der vierte Welland Canal (1932) bildete den ersten modernen Teil des Seewegs, mit dessen Planung die USA und Kanada 1951 begannen. Er wurde am 25. April 1959 eröffnet und verbindet die Großen Seen mit der restlichen Welt.

Die *D'Iberville*, das erste Schiff auf dem Seeweg

Vergnügungsboote befahren den Seeweg nahe den Thousand Islands bei Kingston, Ontario. Im Sommer nutzen kleine Boote die hervorragenden Segel- und Wasserskibedingungen auf diesem Abschnitt des Seewegs.

Montréal ist der historische Ausgangspunkt für den St. Lawrence Seaway. Hier entstand die erste Verbindung zu den US-amerikanischen Seen im 18. Jahrhundert. Der Seeweg ist trotz des oft eiskalten Wetters neun Monate im Jahr befahrbar.

Frachtschiffe transportieren Eisenerz, Getreide, Kohle und andere Massenfrachten über den Wasserweg, seit 1959 mehr als zwei Milliarden Tonnen. Kanadas Schwerindustrie könnte ohne die Wasserstraße nicht existieren.

Die Schleuse St. Lambert umgeht die Stromschnellen von Lachine. Der Seaway ist eine Wassertreppe ins amerikanische Binnenland. Die Schiffe werden auf die Höhe eines 60-stöckigen Hauses angehoben und wieder hinabgelassen.

Bau des St. Lawrence Seaway

1895 beauftragten die amerikanische und die kanadische Regierung eine Kommission, Möglichkeiten zum Bau des heutigen St. Lawrence Seaway zu erkunden. Nach 50 Jahren zwischenstaatlicher Diskussion begann man am 10. August 1954 mit dem gemeinsam finanzierten Projekt, das laut Kanadas Premierminister Louis St. Laurent »Amerikaner und Kanadier mehr verbindet als trennt«. Das Unternehmen war von unvorhersehbaren Problemen begleitet: Man entdeckte extrem harte Felsformationen, für die man neue Maschinen entwickeln musste. Bei allen Arbeiten, einschließlich der Umsiedlung von Dörfern und dem Ausbaggern existierender Kanäle, sollte der Schiffs-, Bahn- und Autoverkehr der Städte möglichst wenig beeinträchtigt werden. Allen Widrigkeiten zum Trotz wurde man mit dem auf vier Jahre veranschlagten Bau fast auf den Tag genau fertig.

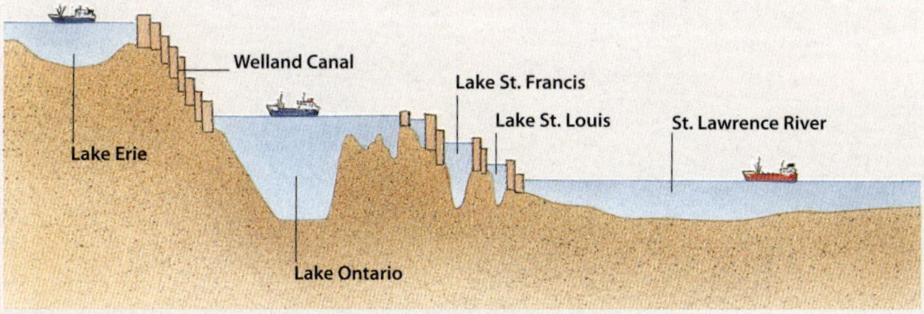

Profildarstellung mit Schleusen und unterschiedlichen Höhenniveaus des Wassers

Montréal

Montréal ist die zweitgrößte Stadt Kanadas und die zweitgrößte frankofone Stadt der Welt. Die frommen französischen Gründer dieser dynamischen Inselmetropole aus dem 17. Jahrhundert wären wohl überrascht, einen solchen Ort des *savoir vivre* hervorgebracht zu haben. Geblieben sind die Bauten: Bis heute prägen die Türme einiger der schönsten Kirchen Kanadas die Skyline.

Montréals Lage am Zusammenfluss von St. Lawrence und Ottawa River machte die Stadt zu Kanadas erstem großen Handelszentrum. Sie wurde 1642 von einer Gruppe französischer Katholiken als christliche Gemeinde und Hafen gegründet. Ein Großteil ihrer Wirtschaftskraft hat sich nach Toronto verlagert.

Es ist die kulturelle Vielfalt, die Montréal heute so interessant macht. Etwa 70 Prozent der 1,7 Millionen Einwohner (Großraum: 4 Mio.) sind französischer, 15 Prozent britischer Abstammung. Zudem ist fast jede größere ethnische Gruppe vertreten. Viele sprechen drei Sprachen. Die Gemeinden – die anglofonen im Westen, die frankofonen im Osten und die anderen über die ganze Insel verteilten Gruppen – bilden ein kulturelles »Mosaik«. Sie grenzen sich nicht streng voneinander ab: Anglokanadier speisen in den Lokalen des historischen französischen Stadtteils, Frankokanadier besuchen das englische Viertel. Die interessantesten Stadtteile liegen an den Südhängen des Mont-Royal, des 234 Meter hohen Hügels, dem die Stadt ihren Namen verdankt.

Montréals Altstadt mit ihren engen Kopfsteinpflasterstraßen befindet sich in Hafennähe. Das Shopping-Gebiet liegt weiter nördlich entlang der Rue Sainte-Catherine. Es erstreckt sich bis in das Labyrinth von Tunneln hinein, die Underground City, einen Komplex mit vielen Läden und Freizeitanlagen unter der pulsierenden Stadt. Weitere moderne Sehenswürdigkeiten der Stadt sind das Olympiastadion und das Musée d'art contemporain *(siehe S. 120f)*, das Montréals historische Museen ergänzt.

Besucher auf einem Aussichtspunkt vor Montréals beeindruckender Skyline

◀ **Basilique-Cathédrale Notre-Dame-de-Québec** *(siehe S. 138)*

Überblick: Montréal

Montréal liegt auf einer 50 Kilometer langen Insel am Zusammenfluss von St. Lawrence und Ottawa River. Der Stadtkern mit vielen Sehenswürdigkeiten liegt südlich und östlich des Wahrzeichens der Stadt, dem Plateau Mont-Royal. Vieux-Montréal, die Altstadt, erstreckt sich am Ufer des St. Lawrence, das moderne Zentrum zwischen Altstadt und Plateau Mont-Royal. Die Straßen sind schematisch angelegt. Besucher finden sich leicht zurecht.

Wolkenkratzer im Zentrum von Montréal in der Abenddämmerung

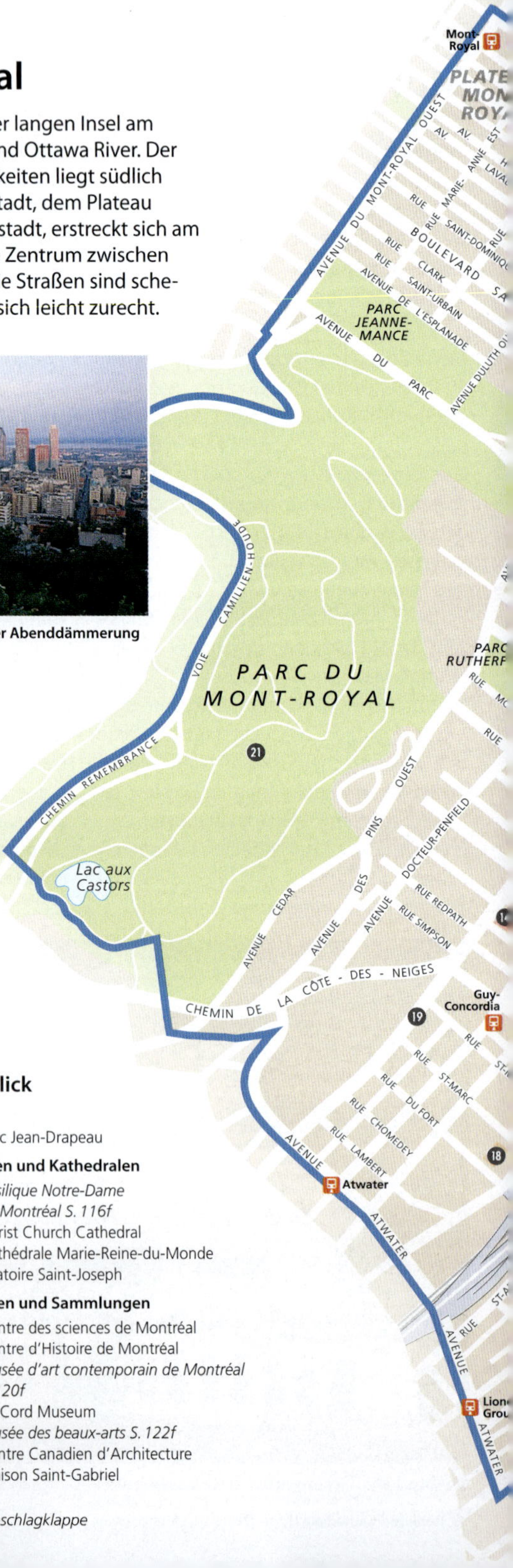

Legende

- Interstate Highway
- State Highway
- Fußgängerzone
- Eisenbahn
- Hauptsehenswürdigkeit
- Sehenswürdigkeit

Sehenswürdigkeiten auf einen Blick

Historische Stätten

1 Vieux-Port
3 Château Ramezay
4 Sir George-Etienne Cartier National Historic Site
7 Chinatown
8 Plateau Mont-Royal
9 Place des Arts
13 McGill University
15 Underground City
16 Square Dorchester und Place du Canada
19 Rue Sherbrooke
26 Lachine

Parks und Gärten

21 Parc du Mont-Royal
22 *Parc Olympique S. 128f*
23 Jardin Botanique de Montréal

Insel

24 Parc Jean-Drapeau

Kirchen und Kathedralen

2 *Basilique Notre-Dame de Montréal S. 116f*
11 Christ Church Cathedral
17 Cathédrale Marie-Reine-du-Monde
20 Oratoire Saint-Joseph

Museen und Sammlungen

5 Centre des sciences de Montréal
6 Centre d'Histoire de Montréal
10 *Musée d'art contemporain de Montréal S. 120f*
12 McCord Museum
14 *Musée des beaux-arts S. 122f*
18 Centre Canadien d'Architecture
25 Maison Saint-Gabriel

Weitere Zeichenerklärungen *siehe hintere Umschlagklappe*

In Montréal unterwegs

Ein Tunnel und 15 Brücken verbinden die Insel Montréal mit dem Festland. Die Schnellstraße Ville-Marie führt direkt ins Stadtzentrum. Die Sehenswürdigkeiten der Stadt erreicht man am bequemsten per Métro oder Bus.

Im Detail: Vieux-Montréal

Montréals Gründer unter Führung von Paul de Chomédey de Maisonneuve errichteten 1642 bei den Stromschnellen von Lachine das katholische Dorf Ville Marie, die spätere Altstadt Montréals. Missionare hatten hier wenig Erfolg, die Siedlung entwickelte sich vielmehr durch den Pelzhandel zu einer reichen Stadt mit schönen Häusern und einer Stadtmauer. Als sich Montréal Mitte des 20. Jahrhunderts ausdehnte, verfiel die Altstadt, erlebte jedoch in den 1980er Jahren eine Renaissance. Die Gebäude (18. Jh.) wurden renoviert, und Restaurants, Bistros und Boutiquen zogen ein – vor allem in der Rue Notre-Dame und der Rue Saint-Paul.

Flussansichten
Die historischen Straßen, die zum St. Lawrence River hinunterführen, bilden ein romantisches Viertel voller Charme inmitten der modernen Stadt.

❷ ★ Basilique Notre-Dame de Montréal
Das katholische Schmuckstück der Stadt, eine der schönsten Kirchen (1829) von Nordamerika, hat ein reich verziertes Inneres.

Pointe-à-Callière Archeological Museum
Die unterirdische Tour führt Besucher an Ruinen und Wasserleitungen aus dem 17. Jahrhundert vorbei.

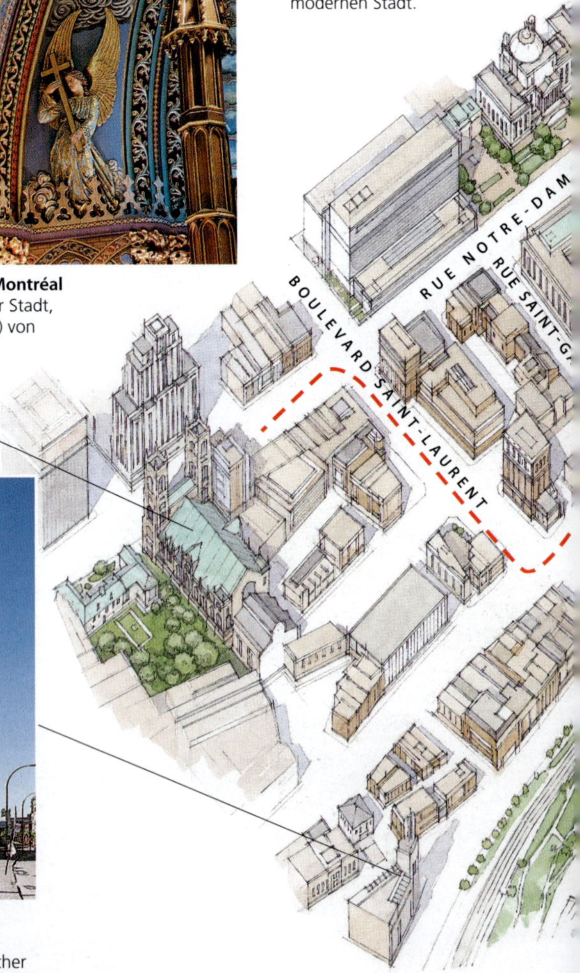

Hotels und Restaurants in Montréal *siehe Seiten 351f und 367–369*

Hôtel de Ville
Das Rathaus wurde 1872–78 im eleganten Empire-Stil erbaut und 1922 restauriert. In der Marmorhalle steht eine Statue des ersten Bürgermeisters.

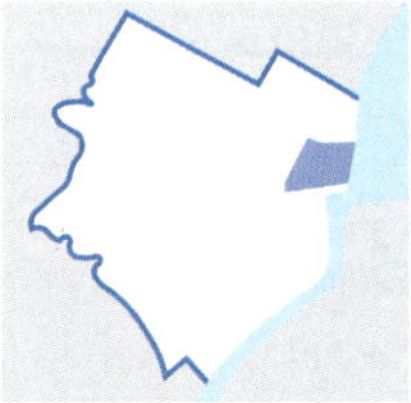

Zur Orientierung
Siehe Zentrumskarte S. 112f

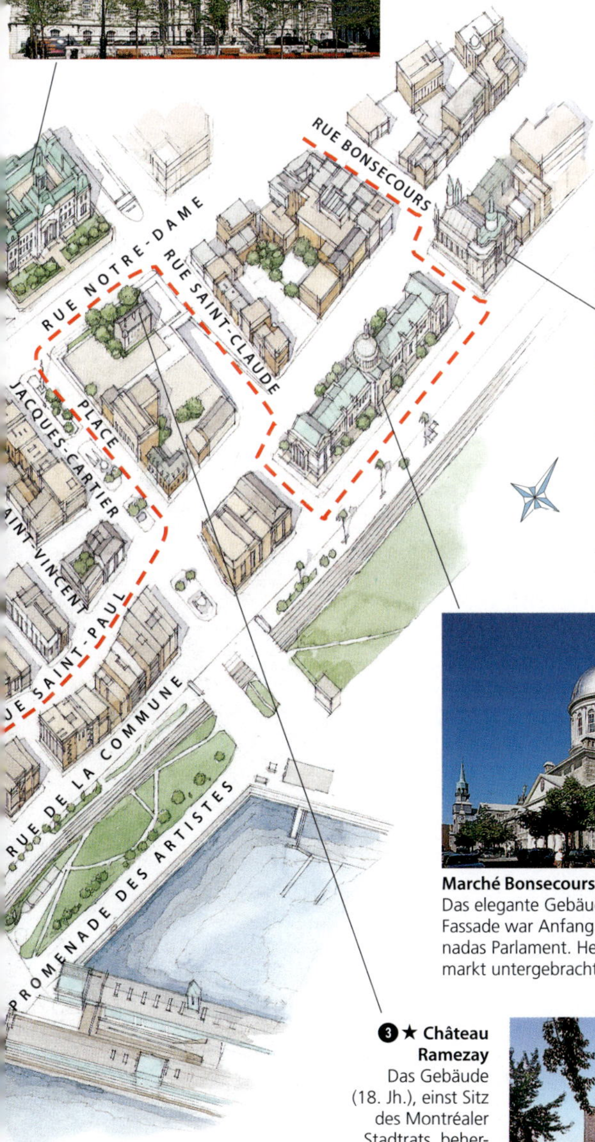

Chapelle Notre-Dame-de-Bonsecours
Die Kirche war einst spirituelle Heimat der Seeleute Québecs. Vom Turm aus sieht man auf den Fluss.

Marché Bonsecours
Das elegante Gebäude mit der Neorenaissance-Fassade war Anfang des 19. Jahrhunderts Kanadas Parlament. Heute ist hier ein Gemüsemarkt untergebracht.

3 ★ Château Ramezay
Das Gebäude (18. Jh.), einst Sitz des Montréaler Stadtrats, beherbergt ein Museum, das mit alten Werkzeugen und Artefakten an die Besiedlung Québecs erinnert.

Legende
– Routenempfehlung

❶ Vieux-Port

333, rue de la Commune.
1-514-496-7678. Gare Centrale. 55, 515, Terminus Voyager.
Square Victoria.
oldportofmontreal.com

Der Alte Hafen von Montréal war im 19. Jahrhundert einer der wichtigsten Binnenhäfen Nordamerikas, Anfang des 20. Jahrhunderts verlor er an Bedeutung. Ende 1980 begann die Regierung, Vieux-Port in einen Park zu verwandeln. Nun gehen ein langer Uferweg und offene Wiesen fast nahtlos in die hübschen Straßen der Altstadt über und ermöglichen von dort aus den freien Blick auf den Fluss.

Radfahrer genießen die Uferpromenade im Alten Hafen

Im Hafen herrscht eine geschäftige Atmosphäre. An Sommernachmittagen nutzen Besucher und Montréaler die Promenade des Alten Hafens zum Bummeln, Radfahren oder Inline-Skaten.

❸ Château Ramezay

280, rue Notre-Dame Est. 1-514-861-3708. 14, 55, 515, Terminus Voyager. Champ-de-Mars. Juni–Thanksgiving: tägl. 9.30–18 Uhr; Thanksgiving–Mai: Di–So 10–16.30 Uhr. 1. Jan, 25. Dez.
chateauramezay.qc.ca

Als Montréals elfter Gouverneur, Claude de Ramezay, 1702 in die Stadt kam, hatte er Heimweh nach der Normandie und beschloss, eine Residenz zu bauen, die ihn mit Steinwänden, Mansardenfenstern und Kupferdach an die Heimat erinnerte. Die gedrungenen Rundtürme (19. Jh.) ver-

❷ Basilique Notre-Dame de Montréal

Die Basilika mitten auf der Place d'Armes ist Montréals größte katholische Kirche. Sie wuchs im 17. Jahrhundert in die Höhe, doch schon 1829 wurde ein neues Gebäude vollendet. Der amerikanische Architekt James O'Donnell entwarf ein riesiges Gewölbe mit Elementen der Neugotik. Das Hauptschiff verfügt über 3000 Sitzplätze und zwei Balkonreihen. Die Holzschnitzereien der im 19. Jahrhundert neu ausgeschmückten Kirche sind das Werk des Kanadiers Victor Bourgeau.

Den Hauptaltar umgeben schöne Schnitzereien aus Kiefern- und Walnussholz.

Das Schiff unter der azurblauen Decke wird von einer Rosette erhellt.

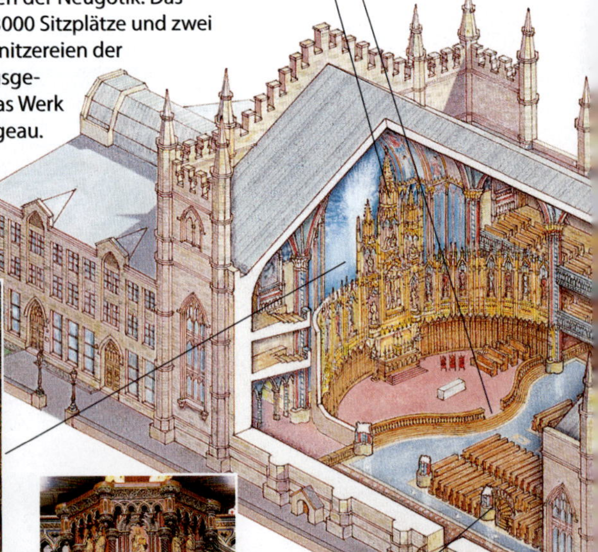

★ Altarretabel
Der Mittelpunkt des Schiffs unter goldenen Sternen ist azurblau hinterlegt.

★ Kanzel
Die kunstvolle Konstruktion ist das Werk Philippe Héberts. Die Statuen zeigen die Propheten Ezechiel und Jeremia.

stärken den Effekt. Viele Gouverneure lebten hier. Der Bau beherbergte auch die West India Company. Das Schloss ist eines der imposantesten französischen Kolonialgebäude, das öffentlich zugänglich ist. Es wurde detailgetreu restauriert. Interessant ist der Salon Nantes mit der geschnitzten Täfelung (18. Jh.) des französischen Architekten Germain Boffrand. Die obere Etage dokumentiert mit Uniformen, Möbeln u. a. das Leben der Oberschicht Neu-Frankreichs, der Keller dagegen das der Kolonisten niederer Herkunft. Sehenswert ist das scharlachrote Automobil des ersten Autobesitzers der Stadt.

4 Sir George-Etienne Cartier National Historic Site

458, rue Notre-Dame Est. 1-514-283-2282. Gare Centrale. 14, 515, Terminus Voyager. Champ-de-Mars. 17. Juni–4. Sep: Mi–So 10–17 Uhr; 5. Sep–17. Dez: Fr–So 10–17 Uhr.

George-Etienne Cartier (1814–1873) war einer der Väter der Konföderation *(siehe S. 54)* und einer der bedeutendsten frankokanadischen Politiker seiner Zeit. Das Nationaldenkmal umfasst zwei aneinandergrenzende Häuser am Ostrand der Altstadt. Eines ist Cartiers Karriere als Anwalt, Politiker und Eisenbahnbauer gewidmet. Dort kann man einer Zusammenfassung der politischen Gründung des modernen Kanada lauschen.

Uhr in der Cartier Site

Das zweite Haus zeigt das häusliche Leben der Cartiers und die Standards einer viktorianischen Familie der oberen Mittelschicht. Die Räume sind mit Möbeln der Zeit bestückt, Besucher können einer fiktiven Unterhaltung von »Bediensteten« zuhören, die über ihr Leben sprechen.

Die Zwillingstürme sind 60 Meter hoch und von allen Punkten der Altstadt aus sichtbar.

Vieux Séminaire aus dem Jahr 1685, das älteste Gebäude Montréals, gehört (ebenso wie die Basilika) dem Sulpizianerorden.

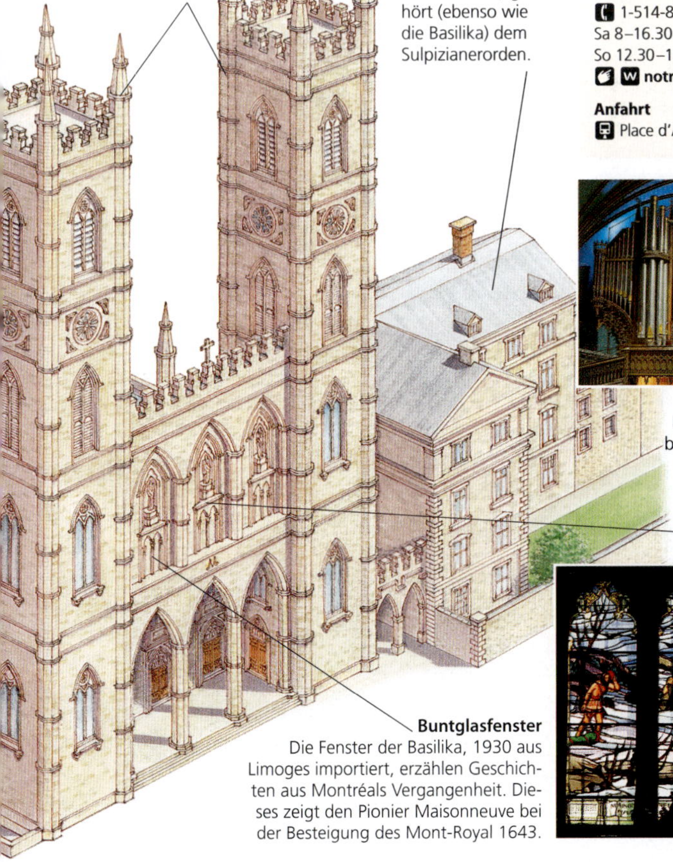

Infobox

Information
110, rue Notre-Dame Ouest. 1-514-842-2925. Mo–Sa 8–16.30 Uhr (Sa bis 16 Uhr), So 12.30–16 Uhr. **notredamebasilica.ca**

Anfahrt
Place d'Armes.

Orgel
Der berühmte Orgelbauer Casavant baute 1891 die Orgel über dem Nordportal, die oft für Konzerte genutzt wird.

Buntglasfenster
Die Fenster der Basilika, 1930 aus Limoges importiert, erzählen Geschichten aus Montréals Vergangenheit. Dieses zeigt den Pionier Maisonneuve bei der Besteigung des Mont-Royal 1643.

Vor dem Eingang zum Centre des sciences de Montréal

5 Centre des sciences de Montréal

King Edward Pier. 1-514-496-4724. Gare Central. Terminus Voyager. Champs-de-Mars. Mo–Fr 9–16, Sa, So 10–17 Uhr. **centredessciencesdemontreal.com**

Das auffällige Gebäude am King Edward Pier präsentiert Dauer- und Wechselausstellungen zu spannenden Themen der Wissenschaft und Technik. Zu den interessantesten Bereichen gehört »Cargo«, in dem anhand von Filmen und Containern die Abläufe in einem Hafen erläutert werden. Die Ausstellungsstücke wurden in enger Zusammenarbeit mit dem Bildungsministerium der Provinz Québec ausgewählt. Großer Wert wurde dabei auf die kindgerechte Gestaltung gelegt.

Dem Centre des sciences de Montréal ist das Cinéma IMAX Telus angegliedert. Es zeigt auf seinem riesigen Bildschirm 3-D-Dokumentationen.

6 Centre d'histoire de Montréal

335, place d'Youville. 1-514-872-3207. 61. Square-Victoria. Mi–So 10–17 Uhr.

Das Museum befindet sich in einer Feuerwache aus rotem Backstein mit einem Giebeldach von 1903. Es zeigt die Entwicklung Montréals von den ersten Siedlungen der Ureinwohner bis zur Gegenwart mit dem Schwerpunkt »Alltagsleben«. Es gibt drei Etagen mit Ausstellungen. Im ersten Stock sieht man fünf Phasen aus der Geschichte Montréals, beginnend mit dem Treffen zwischen Entdeckern und First Nations 1535 und endend mit dem kulturellen Boom der 1960er Jahre.

Auch im zweiten und dritten Stock liegt der Fokus auf der Stadtgeschichte. Hier werden in Wechselausstellungen einzelne Epochen aus der Historie von Montréal illustriert. Vom dritten Stock aus sieht man auf den Alten Hafen und auf Vieux-Montréal.

Centre d'histoire de Montréal

7 Chinatown

Champ-de-Mars, Place des Arts.

Der Name Chinatown ist mittlerweile ein wenig irreführend. Viele Restaurants und Geschäfte des Viertels nordöstlich der Altstadt gehören inzwischen Vietnamesen und Thailändern, die im 20. Jahrhundert nach Montréal kamen.

Die Chinesen ließen sich als Erste hier nieder. Sie kamen nach 1880 in großen Scharen zusammen mit vielen europäischen Einwanderern und konzentrierten sich beim Versuch, der Diskriminierung seitens einiger Einheimischer zu entgehen, in diesem Stadtteil. Viele der reicheren Nachkommen der ersten Einwanderer wanderten in den folgenden Jahrzehnten in wohlhabendere Gegenden ab und überließen Chinatown den Alten und Neuankömmlingen. An den Wochenenden zieht es sie nun in dieses lebhafte Stadtviertel zurück, wo sie in den engen Gassen vor allem Seide, Souvenirs, Gemüse, Schallplatten und Grillfleisch kaufen.

Chinatown bietet eine vielfältige Auswahl an internationalen Restaurants – darunter sichuanesische, kantonesische, thailändische, vietnamesische und koreanische –, und überall in den Straßen duftet es nach gegrilltem Schweinefleisch und Nudeln.

Für Besucher, die eher Ruhe suchen, gibt es in der Rue Clarke einen hübschen kleinen Garten, der dem charismatischen chinesischen Führer Sun Yat-sen gewidmet ist.

Weitere Attraktionen des Viertels sind zwei große, die Rue Gauchetière überspannende Torbogen im chinesischen Stil und zwei Pagoden auf dem Dach des Holiday Inn.

Bunt beflaggter Marktstand im quirligen Chinatown

Hotels und Restaurants in Montréal *siehe Seiten 351f und 367–369*

Erholungsort mit Atmosphäre: Einheimische beim Entspannen im Parc Lafontaine, Plateau Mont-Royal

❽ Plateau Mont-Royal

Tourisme Montréal, 1-514-844-5400. M Sherbrooke, Mont-Royal.

Kein Viertel ist so charakteristisch für Montréal wie das Plateau. Seine Hauptstraßen sind von Bistros, Boutiquen, Buchläden und Straßencafés gesäumt. Hier gibt es sowohl exzentrische als auch klassische Nachtclubs und Jazzbars und – neben Snackbars und Sandwichläden – einige der besten Restaurants der Stadt.

In dem Areal wohnen Studenten, frankofone Arbeiter, Yuppies und Familien europäischer und lateinamerikanischer Herkunft. Sie treffen sich entweder im Parc Lafontaine, einer großen Grünanlage mit einem Freilichttheater, oder privat in »Balconville«, einer für Montréal typischen Erweiterung der Duplex- und Triplexhäuser. Die Wohnungen sind in der Regel mit Balkonen ausgestattet, von denen oft fantasievoll gearbeitete schmiedeeiserne Treppen zur Straße führen. Im Winter sind die Stufen meist vereist und tückisch, doch im Sommer werden sie mit Blumen geschmückt.

Die großen Arbeiterfamilien, für die diese Häuser Anfang des 20. Jahrhunderts gebaut wurden, lebten bescheiden, konnten aber dennoch genug Geld aufwenden, um beeindruckend große und schöne Gemeindekirchen wie die Église Saint-Jean-Baptiste zu bauen. Die katholische Bourgeoisie Montréals wohnte dagegen in viktorianischen Häusern ein wenig weiter südlich in der Rue Saint-Denis oder am Carré Saint-Louis, einem der schönsten Plätze der Stadt.

Das nordöstlich bis zum Boulevard Saint-Laurent angrenzende Viertel Mile End zählt mit seinen Cafés, Boutiquen und Galerien zu den angesagtesten der Stadt.

❾ Place des Arts

260, bd de Maisonneuve Ouest. 1-514-842-2112. M Place des Arts. W **placedesarts.com**

Mit ihren Kunsthallen und Theatern ist die Place des Arts Montréals Zentrum der darstellenden Künste. Hier sind die Opéra de Montréal und das Orchestre Symphonique de Montréal untergebracht. Die Gebäude der Place des Arts sind zusammen mit dem hochinteressanten Musée d'art contemporain *(siehe S. 120f)* um einen großen modernen Platz angeordnet.

Place des Arts, Montréals Unterhaltungszentrum der Spitzenklasse

⑩ Musée d'art contemporain de Montréal

Das 1964 im Zentrum Montréals gegründete Museum zeitgenössischer Kunst ist die einzige Einrichtung Kanadas, die ausschließlich modernen Werken gewidmet ist. Mehr als 60 Prozent der etwa 7600 Gemälde, Zeichnungen, Fotos, Videos und Installationen der Dauerausstellung stammen von Künstlern aus Québec. Es gibt Werke von 1939 an, doch der Schwerpunkt liegt auf der Gegenwart. Zu sehen sind auch internationale Arbeiten, etwa von so unterschiedlichen Künstlern wie Bill Viola, Louise Bourgeois und Andrès Serrano. Die hellen weitläufigen Räume sind preisgekrönt.

Casier pour objet du désir (2000)
Francine Savard gestaltete die gitternetzartige Installation aus Lindenholz.

★ Sans titre (1988)
Dieses abstrakte Gemälde des aus Québec stammenden Malers Richard Mill befindet sich in der Abteilung »A Matter of Abstraction«. Mit mehr als 100 Werken von 46 Künstlern deckt sie den Zeitraum von 1940 bis heute ab.

Legende

- Dauerausstellung
- Wechselausstellungen
- Pierre-Granche-Skulptur
- Kino
- Videogalerie
- Multimediagalerie
- Theater-/Seminarraum
- Kunst-Workshops
- Keine Ausstellungsfläche

Eingangshalle
Die Halle ist mit Werken aus der Sammlung geschmückt. Hier finden Veranstaltungen und Empfänge statt. Vom Restaurant im ersten Stock überblickt man die Halle.

Kurzführer

Nur ein kleiner Teil der Exponate gehört zur Dauerausstellung, die sich zusammen mit den Wechselausstellungen im ersten Stock befindet. Vom Hauptgebäude aus erreicht man den Skulpturengarten (wechselnde Exponate), wo man sich zwischen dem Besuch einzelner Bereiche ausruhen kann.

Infobox

Information
185, rue Sainte-Catherine Ouest. 1-514-847-6253. Di–So 11–18 Uhr (Mi bis 21 Uhr). 1. Jan, 25. Dez.
macm.org

Anfahrt
Place des Arts.

★ **Comme si le temps … de la rue (1991/92)**
Pierre Granches Dauerinstallation im Freien basiert auf ägyptischen mythologischen Figuren, deren Formen Montréal symbolisieren. Das als Kontrast zum Stadtleben geschaffene Werk strahlt Humor und Poesie aus.

Museumsfassade
Das in den 1990er Jahren erbaute MAC zeigt 320 Exponate seiner Sammlung nach dem Rotationsprinzip.

⓫ Christ Church Cathedral

635, rue Sainte-Catherine Ouest. 1-514-843-6577. Gare Centrale. 15. McGill. tägl. 8–17.30 Uhr.

Der Architekt Frank Wills vollendete die Kirche 1859 als Sitz des anglikanischen Bischofs von Montréal. Die Fassade des gotischen Kalksteinbaus mit dreitürigem Portal und hohem, schlankem Turm ist mit Wasserspeiern geschmückt. Da der Bau zu schwer war, wurde der Steinturm 1940 durch einen Aluminiumturm ersetzt. In der kühlen Kathedrale mit den Buntglasfenstern, von denen einige aus dem William-Morris-Atelier in London stammen, finden Nachmittagskonzerte statt.

Christ Church Cathedral – erbaut nach frühen Entwürfen (14. Jh.)

⓬ McCord Museum

690, rue Sherbrooke Ouest. 1-514-861-6701. Gare Centrale. 24. McGill. Mo–Fr 10–18 Uhr (Mi bis 21 Uhr), Sa, So 10–17 Uhr.
mccord-museum.qc.ca

David Ross McCord (1844–1930), ein Anwalt, sammelte zu Lebzeiten praktisch alles, was mit Kanada zusammenhing – u. a. Bücher, Fotos, Schmuck, Möbel, Kleidung, Dokumente, Papiere, Gemälde, Spielzeug und Porzellan. 1919 übergab er die Sammlung der McGill University mit dem Wunsch, ein Museum der kanadischen Sozialgeschichte zu gründen.

Die fast 1,5 Millionen Exponate sind nun in einem herrschaftlichen Bau untergebracht. Neben einer Abteilung zur Frühgeschichte gibt es außergewöhnliche Volkskunst zu sehen. In der exquisiten Sammlung von Alltagsgegenständen und Kultobjekten der First Nations und der Inuit finden sich Schmuck, Waffen, Pelze und Tonwaren. Der Sozialgeschichte Montréals ist ein eigener Raum gewidmet. Prunkstück ist die riesige Fotosammlung, die das Alltagsleben im 19. Jahrhundert zeigt.

Inuit-Schuhe, McCord Museum

⓭ McGill University

845, rue Sherbrooke Ouest. 1-514-398-4455. Gare Centrale. 24. McGill. Mo–Fr 9–18 Uhr. Reservierung.
mcgill.ca

Kanadas bekannteste Universität wurde im Jahr 1821 auf dem Areal erbaut, das der Pelzhändler und Bodenspekulant James McGill (1744–1813) zu diesem Zweck der Stadt vermacht hatte. Der Haupteingang besitzt klassische Roddick-Tore. Dahinter führt eine Allee zur klassizistischen Kunsthalle. Sie ist der älteste Bau auf dem Campus. Zu den etwa 70 Gebäuden gehören neben viktorianischen Bauten auch moderne Betonklötze. Exzentrisch ist die Sammlung des naturgeschichtlichen **Redpath Museum of Natural History**. Hier findet man neben Fossilien (etwa einem Dinosaurierskelett) auch afrikanische Kunst, römische Münzen sowie einen Schrumpfkopf.

Redpath Museum of Natural History
859, rue Sherbrooke Ouest. 1-514-398-4086. Mo–Fr 9–17 Uhr, So 13–17 Uhr. Sa, Feiertage.

⑭ Musée des beaux-arts

Die älteste und größte Kunstsammlung Québecs umfasst annähernd 36 000 Objekte, darunter Gemälde, Skulpturen, Drucke, Zeichnungen und Fotografien. Die Sammlungen verteilen sich auf vier Pavillons. Der Michal and Renata Hornstein Pavilion präsentiert Kunst aus aller Welt, darunter Werke aus präkolumbischen, afrikanischen, asiatischen und islamischen Kulturen. Die Sammlungen des Jean-Noël Desmarais Pavilion legen den Fokus auf europäische Kunst vom Mittelalter bis ins 20. Jahrhundert. Im Clarie and Marc Bourgie Pavilion sieht man Inuit-Kunst und Gemälde von der Kolonialzeit bis zu den 1960er Jahren. Der Lilian and David M. Stewart Pavilion konzentriert sich auf Arbeiten von Gallé, Lalique und Frank Lloyd Wright.

Fassade des Jean-Noël Desmarais Pavilion
Zu den rund 26 000 Werken in diesem Pavillon zählen Bilder Alter Meister sowie zeitgenössische Arbeiten.

★ Porträt einer jungen Frau (um 1665)
Das berühmte Werk Rembrandts entstand in Holland, seiner Heimat, und wurde in einem realistischen Stil gemalt. Die Nachdenklichkeit der Frau wird durch den tiefschwarzen Hintergrund betont.

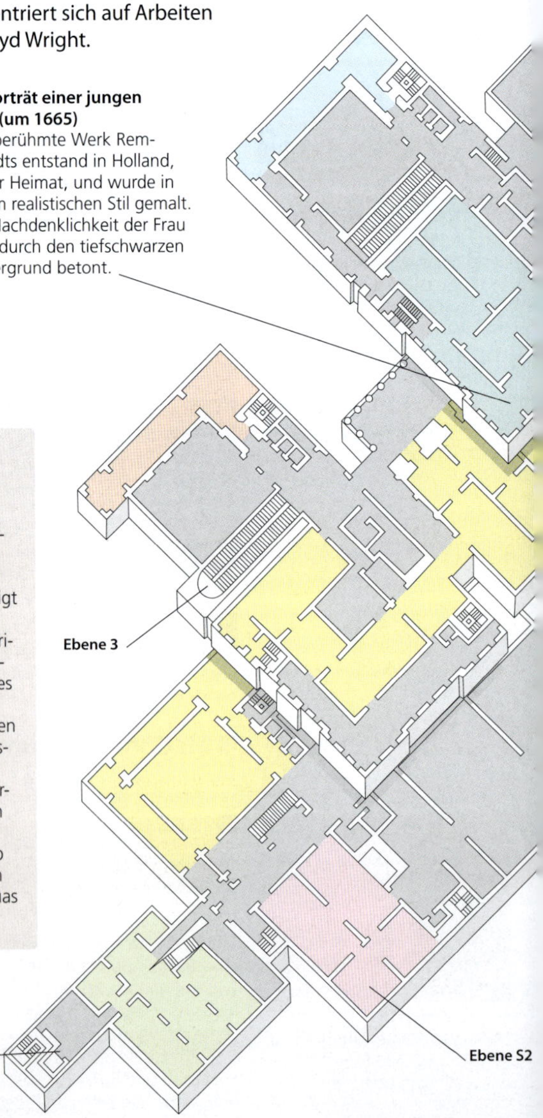

Zugang zum Michal and Renata Hornstein Pavilion

Michal and Renata Hornstein Pavilion

Der Pavillon ist durch einen Tunnel, der die Galerie alter Kulturen beherbergt, mit dem Desmarais Pavilion verbunden. Die Sammlung widmet sich dem Amerika vor 1960 und zeigt u. a. mittelamerikanische, amerikanisch-indianische, asiatische und afrikanische Kunst sowie Möbel im frühen europäischen Stil. Zudem gibt es Beispiele kanadischer Malerei, von der Sakralkunst bis zu frühen Studien von Paul Kane und des Impressionisten James Wilson Morrice. Weitere Werke stammen von Mitgliedern der Group of Seven und von Paul-Émile Borduas (20. Jh.).

Teekanne (18. Jh.)

Infobox

Information
1380, rue Sherbrooke Ouest.
1-514-285-2000.
tägl. 10–17 Uhr (Mi bis 21 Uhr). für Sonderausstellungen. 5. Sep–21. Mai: Mo. **mbam.qc.ca**

Anfahrt
Gare Central. 24.
Guy-Concordia.

★ Mann aus dem Hause Leiva (1590)
El Grecos eindringliche Bilder der spanischen Aristokratie sind ein Renaissance-Highlight.

Kurzführer
Die Gemäldesammlungen befinden sich auf Ebene 3 und 4 des Desmarais Pavilion. Ebene 2 beherbergt ein gutes Café. Der Museumsladen und der Haupteingang sind auf Ebene 1. Die untere Ebene S2 bietet Ausstellungsräume mit zeitgenössischer Kunst und den Tunnelzugang zum Michal and Renata Hornstein Pavilion.

Legende
- Zeitgenössische Kunst
- Kunst alter Kulturen
- Europäische Kunst (19. Jh.)
- Afrikanische Kunst
- Alte Meister
- Wechselausstellungen
- Keine Ausstellungsfläche

Ebenerdiger Eingang zum Labyrinth der Underground City

⓯ Underground City

Gare Centrale. Terminus Voyager. Peel, McGill, Bonaventure.

Als Montréal 1966 seine ersten Métro-Linien eröffnete, entstand nebenbei eine ganz neue Ebene des städtischen Lebens: die Underground City. Theoretisch ist es möglich, ein Leben in Montréal zu führen, ohne den Untergrund verlassen zu müssen. Die ersten Métros fuhren nur zu den beiden Hauptbahnhöfen, einigen Hotels und dem Einkaufszentrum unter dem Büroturm an der Place Ville-Marie. Inzwischen gibt es ein gigantisches Netzwerk gut beleuchteter Passagen mit über 1600 Geschäften, etwa 200 Restaurants sowie Hotels, Kinos und Konzerthallen.

⓰ Square Dorchester und Place du Canada

1001, rue Square Dorchester. 1-514-873-2015. Gare Centrale. Terminus Voyager. Peel, Bonaventure, Lucien-L'Allier.

Die beiden offenen Plätze sind eine grüne Oase im Zentrum. An der Nordseite des Boulevard René-Lévesque stehen im Schatten der Bäume des Square Dorchester Statuen, z. B. die des ersten frankokanadischen Premiers Wilfrid Laurier, und ein Kriegerdenkmal. Auf der Place du Canada blickt eine Statue des ersten Premierministers des Landes, Sir John A. Macdonald, zum Boulevard René-Lévesque. Zu den Gebäuden am Park gehören eine gotische Kirche, ein glänzend schwarzer Bankturm und das Sun Life Building (1933), eine Steinfestung, wo im Zweiten Weltkrieg die britischen Kronjuwelen lagerten.

Square Dorchester mit historischen wie postmodernen Bauten

Place du Canada, Square Dorchester und Cathédrale Marie-Reine-du-Monde in Montréal ▶

THE QUEEN ELIZABETH

Marie-Reine-du-Monde mit den Statuen der Schutzpatrone Montréals

⑰ Cathédrale Marie-Reine-du-Monde

1085, rue Cathédrale. 1-514-866-1661. Gare Centrale. Terminus Voyager. Bonaventure. Mo–Fr 7–18.15, Sa, So 7.30–18.15 Uhr. **cathedralecatholiquedemontreal.org**

Als Montréals erste katholische Kathedrale 1852 niederbrannte, beschloss Bischof Ignace Bourget, durch den Neubau in einem von der englisch-protestantischen Handelselite dominierten Viertel die Bedeutung der katholischen Kirche zu demonstrieren. Um die Loyalität seiner Gemeinde gegenüber dem Papst deutlich zu machen, ließ er die neue Kirche dem Petersdom in Rom nachbilden.

Altarbaldachin in der Kathedrale

Die 1894 vollendete Kathedrale ist nur ein Viertel so groß wie der Petersdom. Die Statuen auf dem Dach zeigen die Schutzpatrone aller Pfarrgemeinden, die 1890 die Diözese Montréal bildeten. Der Altarbaldachin aus Kupfer und Blattgold ist eine Nachbildung von Berninis Werk im Petersdom. An Bourgets Loyalität erinnert auch die Säule im Nordosten der Kirche. Ihre Marmortafel enthält die Namen aller Montréaler, die beim Italienischen Unabhängigkeitskrieg (Mitte 19. Jh.) in den Armeen des Papstes dienten.

⑱ Centre Canadien d'Architecture

1920, rue Baile. 1-514-939-7026. Gare Centrale. Terminus Voyager. Guy-Concordia. Mi–Fr 11–18, Do 11–21, Sa, So 11–17 Uhr. Mo, Di. Reservierung. **cca.qc.ca**

Das U-förmige Gebäude betritt man durch eine unauffällige Glastür in einer fast fensterlosen Fassade aus grauem Kalkstein. Hervorragend ausgeleuchtete Räume beherbergen Ausstellungen nach dem Rotationssystem. Schwerpunkte der Dauerausstellung sind Architektur, Design und Landschaftsgestaltung. Die beiden Flügel des modernen Gebäudes umrahmen das prächtige Shaughnessy Mansion am Boulevard René-Lévesque Ouest. Der Bau, nun Teil des Zentrums für Architektur, wurde 1874 für den Präsidenten der Canadian Pacific Railway, Sir Thomas Shaughnessy, gebaut. Es besitzt einen Jugendstil-Wintergarten mit kunstvoll verzierter Decke.

Das kanadische Zentrum für Architektur ist auch ein Ort der Gelehrsamkeit. Die Sammlung von Bauplänen, Zeichnungen, Modellen und Fotografien ist eine der wichtigsten ihrer Art. Die Bibliothek allein besitzt mehr als 215 000 Bücher über die bedeutendsten Gebäude der Welt.

⑲ Rue Sherbrooke

Gare Centrale. Terminus Voyager. Sherbrooke.

Montréal gehörte in der zweiten Hälfte des 19. Jahrhunderts zu den wichtigsten Städten des British Empire. Seine Händler und Industriellen kontrollierten 70 Prozent des Reichtums Kanadas. Viele von ihnen bauten sich vornehme Häuser an den Hängen des Mont-Royal, einem Areal, das als »Goldene Meile« bekannt wurde. Die Rue Sherbrooke zwischen Rue Guy und Universität war die Hauptstraße, die Läden, Hotels und Kirchen an der Straße waren die elegantesten des Landes.

Einige von ihnen wie das Holt Renfrew, Montréals vornehmes Kaufhaus, und das Hotel Ritz-Carlton haben die Bulldozer der 1960er Jahre überlebt. Auch die Presbyterianerkirchen St. Andrew and St. Paul und Erskine American United (mit Bleiglasfenstern von Tiffany) an der Ecke zur Avenue du Musée blieben erhalten. Boutiquen, Buchläden und Galerien füllen die vielen Stadthäuser. Millionäre, die nicht reich genug waren, um auf der »Goldenen Meile« zu bauen, errichteten Häuser in der Rue de la Montagne, Rue Crescent und Rue Bishop. In viele sind Läden und Bistros eingezogen. Weiter westlich liegt das Grand Séminaire, in dem Montréals katholische Erzdiözese Priester ausbildet.

Typisches Haus in der Rue Sherbrooke, in der »Goldenen Meile«

Hotels und Restaurants in Montréal *siehe Seiten 351f und 367–369*

Montréals größter Schrein, das Oratoire Saint-Joseph, wo Pilger die Treppen auf Knien hochrutschen

⑳ Oratoire Saint-Joseph

3800 Chemin Queen Mary. ☎ 1-514-733-8211. Gare Centrale. Terminus Voyager. Côte-des-Neiges. ◯ tägl. ♿

Zwei Millionen Pilger erklimmen jedes Jahr die 283 Stufen zum Eingang der Kirche (99 Stufen kann man auf Knien hochrutschen). Bruder André (1845–1937), auf den der Schrein zu Ehren des hl. Joseph zurückgeht, würde sich freuen. Zunächst errichtete er in seiner Freizeit eine Kapelle für Saint-Joseph. Montréals Kranke und Behinderte beteten dort mit ihm, doch schon bald gab es Berichte von Wunderheilungen. Für die vielen Pilger, die hierherkamen, wurde das heutige Oratorium gebaut. Bruder André starb hier, 1982 wurde er selig- und 2010 heiliggesprochen.

Die achteckige Kupferkuppel des Oratoire Saint-Joseph ist mit 44,5 Metern Höhe und 38 Metern Durchmesser eine der größten der Welt. Das Innere ist sehr modern. Die Holzstatuen der Apostel in den Querschiffen sind das Werk von Henri Charlier, von dem auch der Hauptaltar und das Kruzifix stammen. Die herrlichen Buntglasfenster schuf Marius Plamondon.

Im Hauptgebäude befindet sich ein Museum, das Andrés Leben zeigt. Neben der Krypta gibt es eine Votivkapelle mit Hunderten von brennenden Kerzen, die hoffnungsvolle Pilger angezündet haben.

㉑ Parc du Mont-Royal

☎ 1-514-843-8240. Gare Centrale. 11. Mont-Royal. ◯ tägl. 6–24 Uhr. ♿

Der steile grüne Hügel, der sich über das Stadtzentrum erhebt, ist nur 234 Meter hoch, doch die Montréaler nennen ihn »den Berg«. Er bekam 1535 seinen Namen von Jacques Cartier – und nach dem Berg wurde die Stadt benannt. Nachdem die Stadt das Areal gekauft hatte, wurde der Mont-Royal 1876 zum Park umgewandelt. Mit seiner Gestaltung beauftragte man Frederick Law Olmsted, der auch New Yorks Central Park entworfen hat. Nachfolgende Generationen fügten einen künstlichen Teich (Beaver Lake), ein 30 Meter hohes Kreuz aus Stahlträgern und die Voie Camilien Houde hinzu, eine Straße, die den Park von Osten nach Westen durchschneidet.

Die 101 Hektar Wiesen und Laubwälder bieten den Montréalern Erholung und Ausblicke auf die Stadt. Von der großen Terrasse vor dem Pavillon Chalet du Mont-Royal sieht man auf die Wolkenkratzer des Zentrums. An der Nordgrenze des Parks befinden sich zwei große Friedhöfe, der katholische Notre-Dame-des-Neiges und der nicht an eine Konfession gebundene Mount Royal Cemetery mit den Grabstätten vieler berühmter Kanadier.

Blick auf Montréal vom Parc du Mont-Royal

㉒ Parc Olympique

Montréals Olympiapark wurde für die Olympischen Spiele 1976 entworfen und besitzt fantastische moderne Bauten. Der französische Architekt Roger Taillibert schuf das Stadion. Wegen seiner elliptischen Form bekam es den Spitznamen »The Big O«. Mit seinen 56 000 Sitzplätzen wird das Olympiastadion für Konzerte internationaler Stars und auch für Ausstellungen genutzt. Seitlich ragt der Aussichtsturm, die Tour de Montréal, in die Höhe. Im nahe gelegenen Biodôme kann man vier Ökosysteme kennenlernen. Outdoor-Sportler finden auf der Esplanade Financière Sun Life ein geeignetes Terrain zum Austoben.

Blick auf den Olympiapark
Die Attraktion ist tagsüber ohne Einschränkungen zu besichtigen. Alternativ kann man sie auch beim Besuch eines Konzerts oder einer Sportveranstaltung kennenlernen.

★ Biodôme
Hier wurden vier Ökosysteme nachgebildet: ein tropischer Regenwald, die Arktis, die borealen Wälder der Laurentides und der fischreiche St. Lawrence River.

Außerdem

① **Das Rio Tinto Alcan Planetarium** erläutert die Astronomie mit zwei Shows. Eine ist wissenschaftlich orientiert, die andere eher skurril.

② **Das Biodôme** wurde 1976 als Velodrom benutzt – daher die ungewöhnliche Dachform.

③ **Eine Standseilbahn** fährt seitlich am Turm hoch. Die Tickets können mit einer Stadion- oder Biodôme-Führung kombiniert werden.

④ **Das Stadiondach** war ursprünglich beweglich. 1998 wurde es allerdings wegen baulicher Probleme durch ein permanent geschlossenes Dach ersetzt.

⑤ **Die Esplanade Financière Sun Life** ermöglicht Kindern, Jugendlichen und Erwachsenen kostenlose Outdoor-Aktivitäten.

Hotels und Restaurants in Montréal *siehe Seiten 351f und 367–369*

★ Tour de Montréal
Mit 175 Metern ist er der weltweit höchste schiefe Turm. Er neigt sich in einem Bogen über das Stadion. Eine Standseilbahn bringt Besucher in zwei Minuten zur Aussichtsplattform.

Infobox

Information
3200, rue Viau. 1-514-252-4141. Juni–Sep: Mo 13–22, Di–So 9–22 Uhr; Okt–Mai: Mo 13–18, Di–So 9–18 Uhr.
parcolympique.qc.ca

Anfahrt
Viau, Pie-IX.

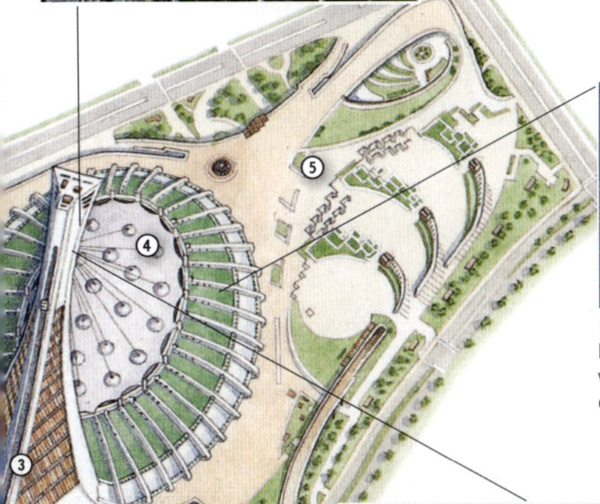

★ Olympiastadion
Das erste Event, das im Stadion stattfand, war die spektakuläre Eröffnungszeremonie der Olympischen Sommerspiele von 1976.

Aussichtsplattform
Die Glasplattform bietet eine herrliche Sicht auf die Stadt. Schilder weisen auch auf Sehenswürdigkeiten in bis zu 80 Kilometer Entfernung hin.

Sportzentrum
Das Zentrum wurde 2015 nach extensiver Renovierung wiedereröffnet. Hier stehen Besuchern diverse Einrichtungen, u. a. ein 15 Meter tiefer Sporttauch-Pool, zur Verfügung.

Übersichtsplan des Olympiaparks

1 Saputo Stadium
2 Pierre-Charboneau Centre
3 Maurice-Richard Arena
4 Biodôme
5 Olympiastadion
6 Sportzentrum/Tour de Montréal
7 Botanischer Garten
8 Esplanade Financière Sun Life
9 Rio Tinto Alcan Planetarium

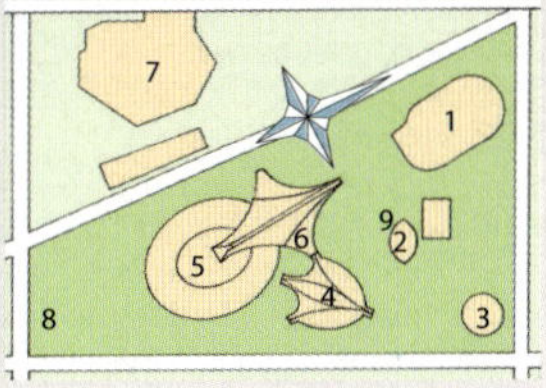

Der Jardin Botanique, eine Oase der Ruhe abseits der Hektik der Stadt

㉓ Jardin Botanique de Montréal

4101, rue Sherbrooke Est. 1-514-872-1400. Pie-IX. unterschiedl. Zeiten (siehe Website). **espacepourlavie.ca**

Montréals Botanischer Garten gehört zu den größten der Welt und ist zugleich eine wunderbare Einrichtung für diese nördliche Stadt mit ihrem rauen Klima. Der Park ist 75 Hektar groß, hat 30 Themengärten, zehn Gewächshäuser, einen »Hof der Sinne«, in dem Führer blinden Menschen das Aussehen exotischer Pflanzen erklären, und ein Insektarium in Käferform mit konservierten und lebenden Krabbeltieren. Die ruhigsten Ecken sind der 2,5 Hektar große Chinese Garden, die Nachbildung eines Ming-Gartens (14. Jh.), sowie der japanische Garten mit Pavillon.

Bonsai im Jardin Botanique

㉔ Parc Jean-Drapeau

20, chemin Tour de Lille. 1-514-872-6120. Jean Drapeau. Vieux-Port. tägl. 6–24 Uhr. **parcjeandrapeau.com**

Der Parc erstreckt sich über zwei Inseln – Île-Sainte-Hélène und Île-Notre-Dame. Das Areal ist bei Einheimischen wie Besuchern sehr populär. Hier finden viele Veranstaltungen statt, darunter jeden Sonntag im Sommer Piknic Électronik.

Die kleine bewaldete Île-Sainte-Hélène mitten im St. Lawrence River spielte eine wichtige Rolle für Montréals Entwicklung zur modernen Stadt. Die Insel, die nach Samuel de Champlains Gattin *(siehe S. 51)* benannt wurde, war Schauplatz der Expo '67, die Millionen Besucher in die Stadt brachte.

Einiges erinnert noch an diese Ausstellung, vor allem La Ronde, ein Vergnügungspark, und der kuppelförmige Pavillon der USA. Er beherbergt jetzt die Biosphère, die sich mit dem Ökosystem der Großen Seen und des St. Lawrence River befasst. Zwischen diesem Pavillon und den Achterbahnen steht das Fort de l'Île-Sainte-Hélène, das 1825 zum Schutz Montréals vor einem möglichen Angriff der Amerikaner gebaut wurde. Seine roten Steinmauern umschließen einen Paradeplatz, der heute von den Mitgliedern der Olde 78th Fraser Highlanders und der Compagnie Franche de la Marine genutzt wird, zwei im 18. Jahrhundert gegründeten Regimentern, deren Kampf um die Zukunft Neu-Frankreichs bis 1759 dauerte. Im Fort befindet sich das **Musée David M. Stewart** zur Sozial- und Militärgeschichte.

Die 116 Hektar große keilförmige, vom St. Lawrence Seaway umgebene Île-Notre-Dame existiert erst seit 1967. Damals wurde sie aus dem Erdreich geschaffen, das man beim Bau der Métro ausbaggerte. Auch diese Insel wurde für die Expo '67 genutzt.

Die beliebteste Attraktion der Île-Notre-Dame ist das Casino de Montréal, eine Spielhalle, die im alten französischen und im Québec-Pavillon untergebracht ist. Sie zieht täglich Tausende von Besuchern an und ist Tag und Nacht geöffnet. Weitere Anziehungspunkte sind die Ruderregattastrecke der Sommerolympiade von 1976, schöne Blumengärten und ein See mit dem einzigen Badestrand der Stadt.

Auf dem nach dem kanadischen Rennfahrer Villeneuve benannten Circuit Gilles Villeneuve finden Formel-1-Rennen statt.

Die Biosphère befasst sich mit den kanadischen Wassersystemen

Hotels und Restaurants in Montréal *siehe Seiten 351f und 367–369*

Vergnügen nonstop – das Casino auf der Île-Notre-Dame ist rund um die Uhr geöffnet

Musée David M. Stewart
20, chemin Tour de Lille. 1-514-861-6701. Mi–So 10–17 Uhr. 1. Jan, 25. Dez.

25 Maison Saint-Gabriel

2146, place de Dublin. 1-514-935-8136. Charlevoix. 57. Mitte Juni–Aug: Mo–Sa 11–18 Uhr; Sep–Mitte Juni: Di–So 13–17 Uhr. obligatorisch. **maisonsaint-gabriel.qc.ca**

Das Überbleibsel Neu-Frankreichs scheint zwischen den Arbeiterhäusern von Pointe-Saint-Charles etwas verloren. Das Haus war einst eine Farm, bis es Marguerite Bourgeoys, Montréals erste Lehrerin, die später heiliggesprochen wurde, 1668 als Sitz für den 1655 von ihr gegründeten Orden erwarb. 1698 wurde es nach einem Brand wiederaufgebaut. Das Haus ist beispielhaft für die Architektur des 17. Jahrhunderts – mit dicken Steinwänden und dem Giebeldach auf schweren Holzbalken.

Marguerite Bourgeoys und ihre Schwester bewirtschafteten die Farm und leiteten eine Schule für Kinder von Ureinwohnern und Kolonisten. Sie bildeten auch die *filles du roi* (»Königstöchter«) aus, verwaiste Mädchen, die nach Übersee geschickt wurden, als »Frauen der neuen Kolonie«.

Kapelle, Küche, Schlafsaal und Wohnzimmer enthalten Exponate aus dem 17. Jahrhundert. Zu den eindrucksvollsten gehören der Schreibtisch der Heiligen, ein schönes Gewand und ein Pluviale, das von einer reichen Einsiedlerin, die auf dem Grundstück lebte, mit Seide, Silber und Gold bestickt wurde.

26 Lachine

Boulevard St-Joseph. 1-514-873-2015. Lionel Groulx. 191.

Lachine umfasst einen Vorort im Südwesten Montréals und eine kleine Insel westlich der Stromschnellen, wo der St. Lawrence River zum Lac-Saint-Louis wird. Lachine ist nun Teil Montréals, hat aber eine eigene Geschichte. Die Altstadt entlang dem Boulevard Saint-Joseph ist bezaubernd. Viele schöne alte Häuser sind mittlerweile Restaurants und Bistros mit Terrassen, von denen aus man auf den Park René-Lévesque und auf den See sieht. Eines der ältesten Häuser (1670) birgt das **Musée de Lachine**, heute ein Geschichtsmuseum mit Kunstgalerie. Die **Fur Trade at Lachine National Historic Site** widmet sich dem Pelzhandel, der lange Zeit Montréals Haupteinnahmequelle war.

Der Lachine-Kanal (19. Jh.), der die Stromschnellen umgeht, verbindet die Stadt mit dem Alten Hafen. Der Kanal ist für den Schiffsverkehr gesperrt, die Uferzone wurde in einen Park umgewandelt.

Musée de Lachine
1, chemin du Musée. 1-514-634-3478. Mai–Okt: Mi–So 12–17 Uhr. Reservierung.

Fur Trade at Lachine National Historic Site
1255, bd St-Joseph. 1-514-637-7433. Mitte Juni–Sep: tägl. 10–17 Uhr.

Blick vom Kanal auf das historische Musée de Lachine

Québec und St. Lawrence River

Die Metropole Québec, das Herzstück des französischen Teils von Kanada, liegt auf den Klippen des Cap Diamant hoch über dem St. Lawrence River. Die Provinzhauptstadt ist Sitz der Provinzregierung und traditionell das wichtigste Zentrum des frankokanadischen Nationalismus. Jede noch so kleine Straße dieser frankofonen Stadt besitzt Pariser Atmosphäre. Das europäische Ambiente, die überaus eindrucksvolle Architektur, insbesondere der Altstadt, und die enorme historische Bedeutung trugen dazu bei, dass die Stadt 1985 von der UNESCO zur Welterbestätte erklärt wurde. Der St. Lawrence River, einer der größten und bedeutendsten Wasserwege der Welt, ist Lebensraum seltener Meerestiere, unter ihnen Glatt- und Zwergwale, die flussaufwärts bis nach Tadoussac und zur Mündung des Saguenay River schwimmen. Am Nordufer des St. Lawrence erheben sich die Laurentides (Laurentian Mountains), die ganzjährig beliebtes Ausflugsziel sind. Die Charlevoix-Region nahe Québec gehört zu den schönsten des Landes. Sie bildet einen markanten Kontrast zu den Klippen und der Wildnis der Halbinsel Gaspé. Die küstennahe Île d'Anticosti ist ein faszinierendes Naturschutzgebiet.

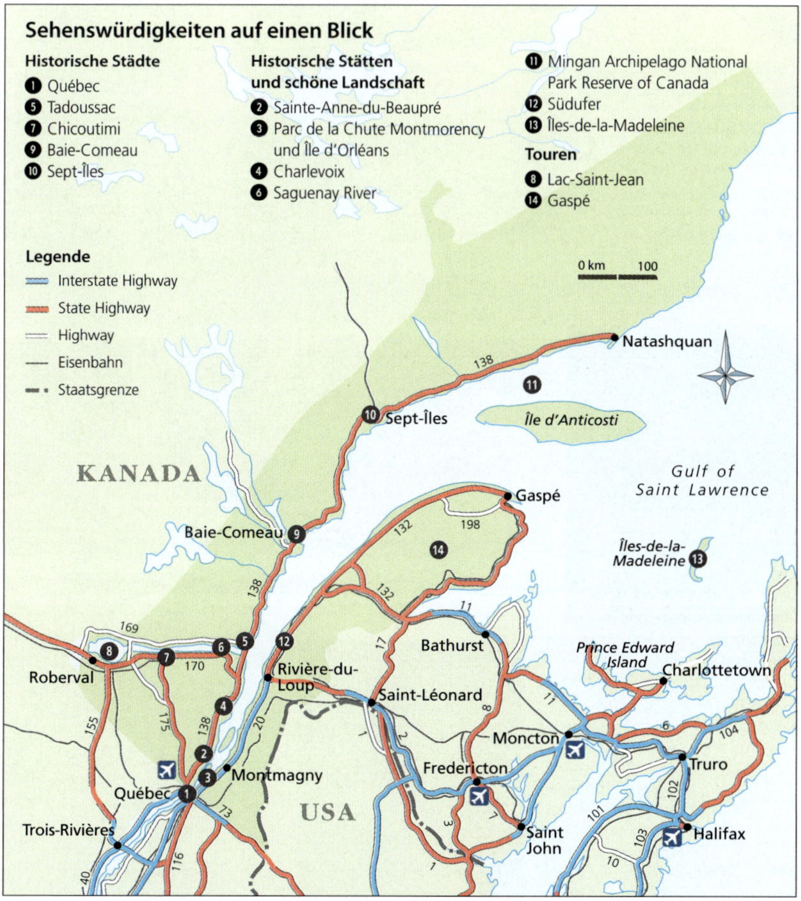

❶ Im Detail: Québec

Die Stadt Québec ist eine der ältesten auf dem amerikanischen Kontinent. Die ursprüngliche Siedlung der Irokesen wurde 1608 von dem Franzosen Jacques Cartier entdeckt, die Stadtgründung erfolgte 1608 durch Samuel de Champlain *(siehe S. 51)*. 1759 gewannen die Briten in der Schlacht auf den Plains of Abraham die Kontrolle über Stadt und Provinz. Heute gilt Québec als Herz des französischen Kanada. Der älteste Stadtteil, die Basse-Ville (Unterstadt) mit ihren Wendeltreppen und atmosphärischen Cafés, wurde in den 1970er Jahren restauriert.

Musée du Fort
Eine Ton- und Lichtschau zeigt die Militärgeschichte der Stadt mit Belagerungen und Schlachten. Ebenfalls zu sehen: Kriegsrelikte.

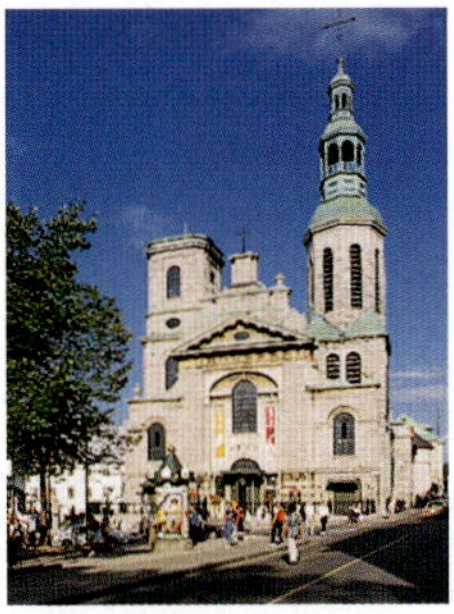

★ Basilique-Cathédrale Notre-Dame-de-Québec
Die Kathedrale (1647) beherbergt Relikte der frühen französischen Herrschaftszeit sowie Gemälde.

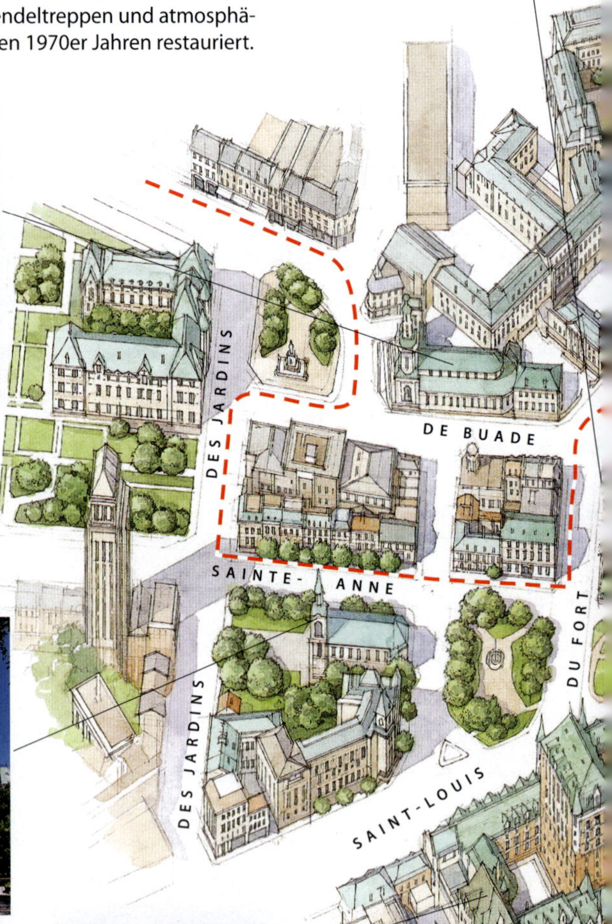

Holy Trinity Anglican Cathedral
Die Einrichtung hinter der klassizistischen Steinfassade ist aus Eiche.

Fairmont Le Château Frontenac
Das bekannteste Wahrzeichen Québecs erhebt sich seit 1893 über der Stadt. Es verfügt über 611 luxuriöse Gästezimmer.

Legende
— Routenempfehlung

Hotels und Restaurants in Québec und am St. Lawrence River *siehe Seiten 352f und 369f*

Musée de la civilisation
Das moderne Gebäude, das für Ausstellungen auch historische Häuser wie die Maison Chevalier nutzt, befasst sich mit der Geschichte der Zivilisation.

Infobox

Information
516 000. 12, rue Sainte-Anne, 1-418-641-6290.
Winterkarneval (Jan – Feb), Sommerfestival (Juli).
quebecregion.com

Anfahrt
16 km westl. der Stadt.
450, rue de Gare-du-Palais.
320, rue Abraham-Martin.
10, rue des Traversiers.

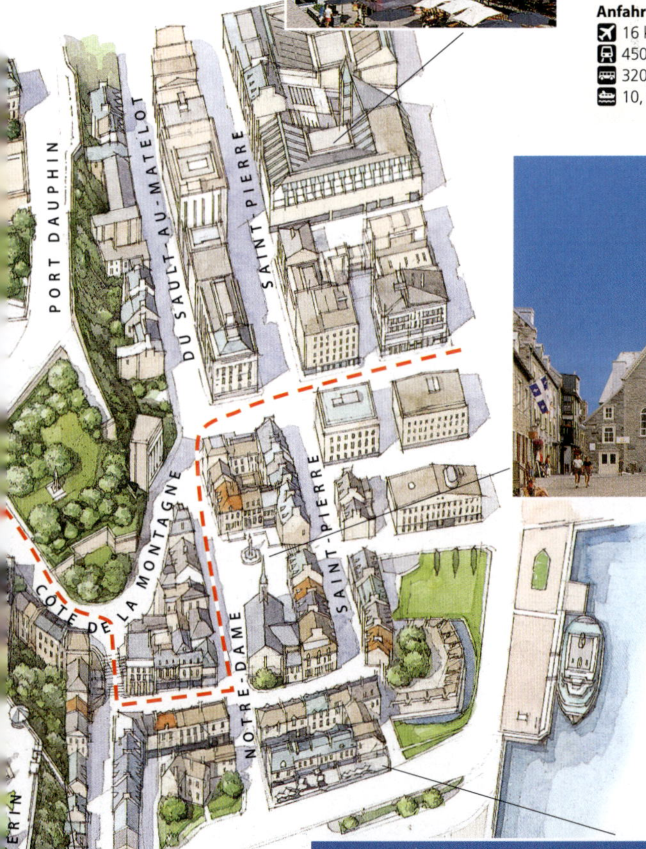

★ Place Royale
Die Place Royale, ein Mikrokosmos kanadischer Geschichte, hat eine Renaissance erfahren. Die Gebäude in den umliegenden Straßen (18./19. Jh.) zeigen sich nach einer Sandstrahlbehandlung im alten Glanz.

Maison Chevalier
Das an das Musée de la civilisation angegliederte Gebäude (18. Jh.) wurde einst für einen Kaufmann erbaut. Es ist der dekorativen Kunst gewidmet. Hier findet man Möbel, das berühmte Québec-Silber und Exponate, die das Leben der reichen Familien der Stadt im 18. und 19. Jahrhundert zeigen.

Eine Standseilbahn
fährt von der Terrasse Dufferin zur Unterstadt und gewährt Ausblicke auf das historische Stadtzentrum.

Québec

Die Stadt Québec ist die einzige von Mauern umgebene Stadt nördlich des Rio Grande. Sie hat enge kopfsteingepflasterte Straßen, ihre Gebäude (18. Jh.) verleihen der nur 55 Quadratkilometer großen Provinzhauptstadt europäisches Flair. Die meisten Sehenswürdigkeiten liegen ober- und unterhalb der Klippen des Cap Diamant. Auf der Spitze des Kaps thront die Zitadelle. Als Provinzhauptstadt ist Québec Sitz der Assemblée Nationale, des Provinzparlaments, das seine Debatten in den Räumen hinter der prunkvollen Fassade (frühes 19. Jh.) des Hôtel du Parlement fast ausschließlich auf Französisch führt.

Das Fairmont Le Château Frontenac beherrscht die Skyline von Québec

Überblick: Québec

Die meisten Sehenswürdigkeiten sind leicht zu Fuß erreichbar. Die Stadt lässt sich in drei Bereiche gliedern: Der älteste Teil, die Basse-Ville (Unterstadt), liegt am St. Lawrence River unterhalb des Cap Diamant. Darüber befindet sich die befestigte Haute-Ville (Oberstadt). Hier gibt es – wie in der Unterstadt – viele Läden und Restaurants, aber auch die katholische und protestantische Kathedrale sowie das imposante Fairmont Le Château Frontenac. Jenseits der Mauern steht an der Grande Allée das Parlamentsgebäude der Provinzregierung.

Jeanne d'Arc im Parc des Champs-de-Bataille

Terrasse Dufferin

Die Uferpromenade, die sich auf der Spitze des Cap Diamant vom Fairmont Le Château Frontenac bis zur Zitadelle erstreckt, ist mit Bänken und Kiosken ausgestattet und bietet eine unvergleichliche Sicht auf den St. Lawrence River, die Laurentides und die Île d'Orléans. Im eisigen Québecer Winter präpariert die Stadtbehörde hier eine als Les Glissades de la Terrasse bekannte Rodelbahn.

Parc des Champs-de-Bataille

835, avenue Wilfrid-Laurier.
1-418-649-6157. tägl.

Der Park war einst das Schlachtfeld, auf dem die Zukunft Kanadas entschieden wurde. Heute ist er ein Erholungsort. Nur die Denkmäler und ein Brunnen erinnern an seine dramatische Geschichte. Am 13. September 1759 besiegten hier auf den vor den Stadtmauern gelegenen Plains of Abraham britische Soldaten unter General James Wolfe die französische Armee *(siehe S. 52f)*. 1908 wurde das 103 Hektar große Areal in einen der größten Stadtparks Nordamerikas umgewandelt.

Assemblée Nationale

Avenue Honoré-Mercier u. Grande Allée Est. 1-418-643-7239.
tägl.

Die Assemblée Nationale tagt direkt vor den Mauern der Altstadt in dem 1866 als Schaustück der Provinzgeschichte errichteten Gebäude. In den Nischen der imposanten Fassade und den Seiten des hohen Zentralturms stehen 22 Bronzefiguren, Abbildungen politischer Persönlichkeiten, die für die Entwicklung Québecs wichtig waren. Der ersten Bewohner wird durch eine in Bronze gegossene Indianerfamilie am Haupteingang gedacht. Innen symbolisiert die Blaue Kammer das Zentrum der politischen Aktivitäten Québecs.

Fortifications de Québec

1-418-648-7016. 20. Mai – 9. Okt: tägl. **pc.gc.ca**

Nach gut einem Jahrhundert des Friedens wurden die im Jahr 1759 von den Briten fertiggestellten Festungsanlagen in den 1870er Jahren in die heute beliebte städtische Sehenswürdigkeit verwandelt. Am Nord- und Ostrand der Stadt liegen niedrige, mit Kanonen bestückte Wälle. An der Westseite sind die Mauern bis zu neun Meter hoch und werden lediglich von drei eleganten Toren (Saint-Jean, Kent und Saint-Louis) durchbrochen. Ein viertes Tor (Prescott Gate) befindet sich auf der östlichen

Québecs Festungsanlagen (18. Jh.) im Parc d'Artillerie

Überbordendes Warenangebot auf dem Markt in Vieux-Port

Seite. Besucher können auf den Mauern fast fünf Kilometer lang spazieren gehen.

Vieux-Port

100, rue Quai Saint-André.
1-418-648-3300.

Das schöne Viertel drängt sich um den Alten Hafen nordöstlich der befestigten Stadt. Im Gegensatz zu der mit historischen Sehenswürdigkeiten überladenen Unterstadt bietet Vieux-Port neue und moderne Attraktionen: etwa Bootsfahrten flussabwärts zu den Wasserfällen von Montmorency *(siehe S. 143)* oder Hafenspaziergänge, vorbei an schicken Boutiquen und Apartmentblocks, am Open-Air-Theater und an Geschäften in alten Lagerhäusern.

Musée de la civilisation

85, rue Dalhousie. 1-418-643-2158. 24. Juni–4. Sep: tägl. 10–17 Uhr; 5. Sep–23. Juni: Di–So 10–17 Uhr. **mcq.org**

Stararchitekt Moshe Safdie entwarf das moderne Gebäude aus Kalkstein und Glas in der Unterstadt als Québecs neues Museum für Geschichte und Kultur. Der Bau gewann mehrere Preise, da er sich hervorragend in die Umgebung einpasst. Drei historische Gebäude sind Teil des Komplexes, u. a. die Maison d'Estebe, ein Kaufmannshaus (18. Jh.). In einem weiteren nahe gelegenen Bau, der Maison Chevalier, stellt das Museum Québecer Architektur und Möbel in einem zeitgenössischen Ambiente aus.

Das Museum zeigt die Ausstellung »This is Our Story« zur Kulturgeschichte von Inuit und First Nations und die Reste eines 250 Jahre alten französischen Plattbodenschiffs. Viele der Exponate sind interaktiv. Zudem gibt es Familienführungen, in denen die Teilnehmer ermuntert werden, Kleidung aus verschiedenen Epochen anzuprobieren.

Musée de la civilisation – alte und moderne Architektur im Einklang

Zentrum von Québec

① Terrasse Dufferin
② La Citadelle *S. 140f*
③ Parc des Champs-de-Bataille
④ Assemblée Nationale
⑤ Fortifications de Québec
⑥ Vieux-Port
⑦ Musée de la civilisation
⑧ Place Royale
⑨ Rue du Petit Champlain
⑩ Fairmont Le Château Frontenac
⑪ Place d'Armes
⑫ Basilique-Cathédrale Notre-Dame-de-Québec
⑬ Rue du Trésor
⑭ Holy Trinity Anglican Cathedral
⑮ Monastère des Ursulines
⑯ Hôtel de Ville
⑰ Séminaire de Québec

Legende

Detailkarte *siehe S. 134f*

Zeichenerklärung
siehe hintere Umschlagklappe

Place Royale

Rue Saint-Pierre. 1-418-646-3167.

Die Place Royale ist der historisch bedeutsamste Platz Kanadas. Samuel de Champlain, der Gründer Québecs, legte hier einen Garten an, der französische Generalgouverneur Frontenac machte ihn 1673 zum Markt. 1686 stellte man eine Büste von Louis XIV auf und taufte den Platz Place Royale.

Heute sieht er noch fast so aus wie im 18. Jahrhundert, strahlt Eleganz und Größe aus. Der kopfsteingepflasterte Hof im Zentrum der Unterstadt ist von Gebäuden (frühes 18. Jh.) mit Giebeldächern und pastellfarbenen Fensterläden umgeben, die einst reichen Händlern gehörten. Im 19. Jahrhundert verfiel die Place Royale. Nun ist sie restauriert und bei Straßenkünstlern beliebt.

Shopping in der Rue du Petit Champlain

Rue du Petit Champlain

Unterhalb der Terrasse Dufferin (Altstadt). 1-418-692-2613. teilweise. **quartierpetitchamplain.com**

Der Escalier Casse-Cou (»halsbrecherische Treppe«) führt von der Oberstadt über mehrere Ebenen mit Souvenirläden zu der engen Gasse im ältesten Teil der Stadt hinunter. Um 1680 bauten hier französische Handwerker ihre Häuser, im 19. Jahrhundert zogen irische Hafenarbeiter ins Viertel. Ein Großteil der Architektur blieb erhalten, doch das Areal verfiel Anfang des 20. Jahrhunderts. Die Arbeiterhäuser sind nun renoviert. 50 von ihnen wurden zu Delikatessenläden und Restaurants umfunktioniert. In der Folge wurde die schmale Gasse zu einem der lebhaftesten Fleckchen der Altstadt.

Bekanntes Wahrzeichen: das Hotel Fairmont Le Château Frontenac

Place d'Armes

Einst nutzten französische Kolonialsoldaten das Grasland nördlich des Château Frontenac als Exerzierplatz. Heute warten hier Pferdekutschen, um Besucher auf eine Fahrt mitzunehmen, die den ganzen Charme dieses Platzes enthüllt. Im Zentrum erinnert das Monument de la Foi an den 300. Jahrestag der Ankunft der katholischen Récollet-Missionare 1615. An der Südwestecke steht neben der schönen anglikanischen Kathedrale das ehemalige Palais de Justice aus dem frühen 19. Jahrhundert, ihm gegenüber das Musée du Fort mit einem großen Modell von Québec im 19. Jahrhundert.

Fairmont Le Château Frontenac

1, rue des Carrières. 1-418-692-3861. *(siehe S. 353).*

Das Wahrzeichen, das die Skyline von Alt-Québec beherrscht, wurde von der Canadian Pacific Railway auf einer Anhöhe mit Blick auf den St. Lawrence River gebaut. Der amerikanische Architekt Bruce Price entwarf das Hotel im 19. Jahrhundert als französisches Schloss mit Dutzenden Türmen und einem mit Mansardenfenstern übersäten Kupferdach. 1893, nach Eröffnung des ersten Teils, zogen sich die Bauarbeiten noch fast ein Jahrhundert hin. Der letzte Teil wurde 1993 vollendet. Das aus Ziegeln und Stein erbaute Hotel hat 611 Zimmer und drei Restaurants der Spitzenklasse. Die öffentlichen Bereiche sind elegant und luxuriös.

Basilique-Cathédrale Notre-Dame-de-Québec

Place de l'Hôtel de Ville. 1-418-694-2533. tägl.

Die Kathedrale ist der Hauptsitz des römisch-katholischen Erzbischofs von Québec, dessen Diözese sich einst bis Mexiko erstreckte. Die ersten beiden Kirchen wurden noch vor 1640 durch Brände zerstört, die erste hier gebaute Kathedrale wurde 1759 von den Briten abgerissen. Ein vierter Bau brannte 1922 nieder. Die heutige Kathedrale wurde im Stil derjenigen von 1647 errichtet. Moderne Materialien wie Beton, Stahl und Gips sollten den Eindruck von Leichtigkeit erwecken. Diese Wirkung wird von Buntglasfenstern, der reichen Golddekoration und dem Baldachin über dem Hauptaltar unterstrichen.

Fassade der Basilique-Cathédrale Notre-Dame-de-Québec

Rue du Trésor
Nahe Place d'Armes.

Das kleine Gässchen gegenüber der Dreifaltigkeitskathedrale ist so etwas wie eine Institution Québecs. In der kleinen Fußgängerzone wimmelt es im Sommer von Besuchern, die sich von Straßenkünstlern porträtieren lassen wollen. Hier kann man auch gut nach Stadtansichten von Québec stöbern.

Holy Trinity Anglican Cathedral
31, rue des Jardins. 1-418-692-2193. tägl.

Nachdem die Anglikaner etwa ein Jahrhundert lang ihre Gottesdienste in Québecs katholischen Kirchen abgehalten hatten, ließen sie auf Staatskosten ihre eigene Kathedrale bauen. Es war die erste anglikanische Kirche außerhalb Englands. Die klassizistische Londoner Kirche St. Martin-in-the-Fields diente als Vorbild.

Bis heute sind hier englische Schenkungen zu sehen, u. a. das Gebetbuch und die Bibel von König George III. Das Eichenholz der Bänke stammt aus dem Windsor Forest. Das Glockenspiel ist das älteste Kanadas. Im Sommer zieht es Kunsthandwerker auf das Kirchengelände.

Reliquiar aus dem Ursulinenkonvent

Monastère des Ursulines
12, rue Donnacona. 1-418-694-0694. tägl.

1639 brachte Oberin Marie de l'Incarnation den Ursulinenorden nach Québec und beaufsichtigte 1641 den Bau des Klosters, das später niederbrannte. Heute kann man den Saint-Augustin- und den Sainte-Famille-Flügel besuchen, die aus der Zeit des Wiederaufbaus (1686–1721) stammen. Der schöne, von Obsthainen umgebene Komplex hat sich über 400 Jahre entwickelt. Eines der Gebäude beherbergt Nordamerikas älteste Mädchenschule (seit 2010 werden auch Jungen aufgenommen).

Das Hôtel de Ville von seinem kleinen Park aus gesehen

Da hier noch fast 100 Nonnen leben, ist der Zugang eingeschränkt. Die wunderschöne Kapelle sowie französische Antiquitäten, z. B. Möbel aus der Zeit Louis' XIII, wissenschaftliche Instrumente, Gemälde und Stickereien sind im Musée des Ursulines des Klosters zu sehen. Es zeigt auch pädagogische und missionarische Leistungen der Nonnen in der Provinz. Von Oberin Marie stammen die ersten Huron-, Algonkin- und Irokesen-Wörterbücher, die neben alten liturgischen Gewändern zu sehen sind.

Hôtel de Ville
2, rue des Jardins. 1-418-641-6010. tägl. 8.30–16.30 Uhr.

Das eindrucksvolle Bauwerk steht am Westende der Rue de Buade. Das Gebäude wurde 1895/96 auf dem Areal des 1877 zerstörten Collège des Jésuites errichtet und dient seitdem als Rathaus. Im bei den Einheimischen und Besuchern beliebten kleinen Park finden im Sommer Theatervorstellungen statt.

Séminaire de Québec
1, rue des Remparts. 1-418-692-3981. Sommer. obligatorisch.

1663 ließ der erste Bischof Québecs, François de Laval, neben seiner Kathedrale ein Seminar zur Ausbildung katholischer Priester für seine große Diözese bauen. Im Lauf der folgenden Jahrhunderte wurde es erweitert und bildet dementsprechend einen Komplex historischer Gebäude aus dem 17. bis 19. Jahrhundert, die sich um einen ruhigen Hof gruppieren.

Im Seminar kann man die Wandtäfelung (19. Jh.) der äußeren Kapelle bewundern. Das in dem Anwesen untergebrachte Musée de l'Amérique Francophone birgt eine Sammlung, zu der eine mit faszinierenden Trompe-l'Œil-Malereien geschmückte, umgewandelte Kapelle gehört.

Innenraum (19. Jh.) der Kapelle des Séminaire de Québec

Québec: La Citadelle

Die französische und die britische Armee trugen zum Bau dieser Festungsanlage bei. Die Franzosen begannen 1693 zu bauen, die Engländer vollendeten die Anlage 1831. Die Zitadelle sollte Québec vor Angriffen der Amerikaner schützen, die jedoch nie stattfanden. Heute kann man auf den Mauern um das sternförmig angelegte Fort herumgehen. Die Zitadelle ist Standort des berühmten 22. königlichen Regiments, der *Van Doos* (von französisch: *vingt-deux*). Weil sie noch heute als Kaserne dient, können Besucher das Regiment bei täglichen Aufgaben und beim Exerzieren beobachten.

Festungsanlagen
Ab Mitte des 19. Jahrhunderts diente die Zitadelle als Ostflanke der Verteidigung Québecs.

Residenz des Generalgouverneurs
Das schöne Herrenhaus mit Doppeltreppe und Marmorhalle ist seit dem 19. Jahrhundert die offizielle Residenz des kanadischen Generalgouverneurs.

Cape-Diamond-Redoute
Das älteste Gebäude der Zitadelle, die Redoute, stammt von 1693. Damals ließ der französische Graf Frontenac es als erste Zitadelle Québecs bauen. Heute beherbergt die Redoute Kriegserinnerungen und bietet eine herrliche Sicht.

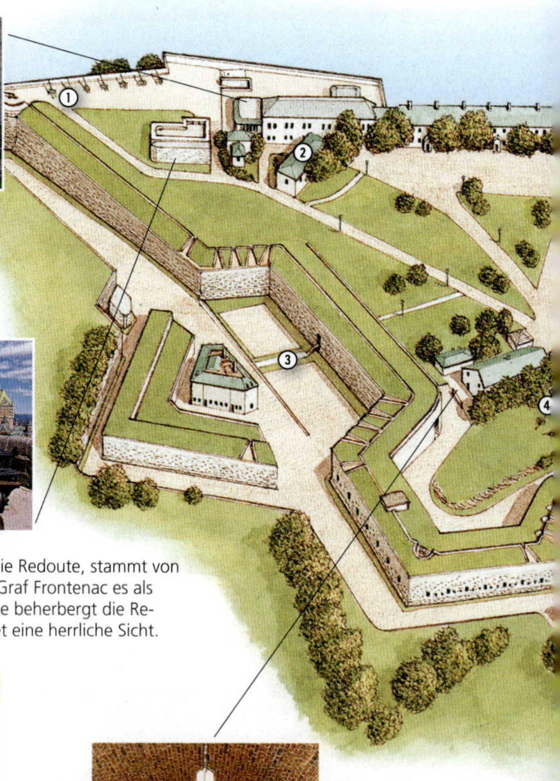

Außerdem

① **Cap Diamant** ist der höchste Punkt der Klippen des Cape Diamond, an das sich die Unterstadt schmiegt.

② **Altes Militärgefängnis**

③ **Die Gräben** um die Zitadelle dienten als zusätzlicher Schutz.

④ **Das Vimy-Kreuz** gedenkt der Kanadier, die 1917 in der Schlacht von Vimy fielen.

⑤ **Die Prince of Wales Bastion** wurde 1750 an der höchsten Stelle der Altstadt erbaut. In der Nähe ist ein ehemaliges Pulvermagazin.

Kapelle
Die Privatkapelle wurde früher von den Briten als Pulvermagazin genutzt. Heute dient sie zeremoniellen Zwecken.

★ Wachablösung, Paradeplatz
Vom 24. Juni bis zum Labour Day findet täglich eine Wachablösung statt. Dabei trägt das 22. Regiment britische Uniform – roten Rock und blaue Hose.

Infobox

Information
1, côte de la Citadelle. 1-418-694-2815. Mai–Okt: tägl. 9–17 Uhr; Nov–Apr: tägl. 10–16 Uhr. 1. Jan, 25. Dez. Museum. obligatorisch. **lacitadelle.qc.ca**

Kaserne
Die Kaserne ist heute noch Heimat von Kanadas 22. Regiment, das in beiden Weltkriegen tapfer kämpfte.

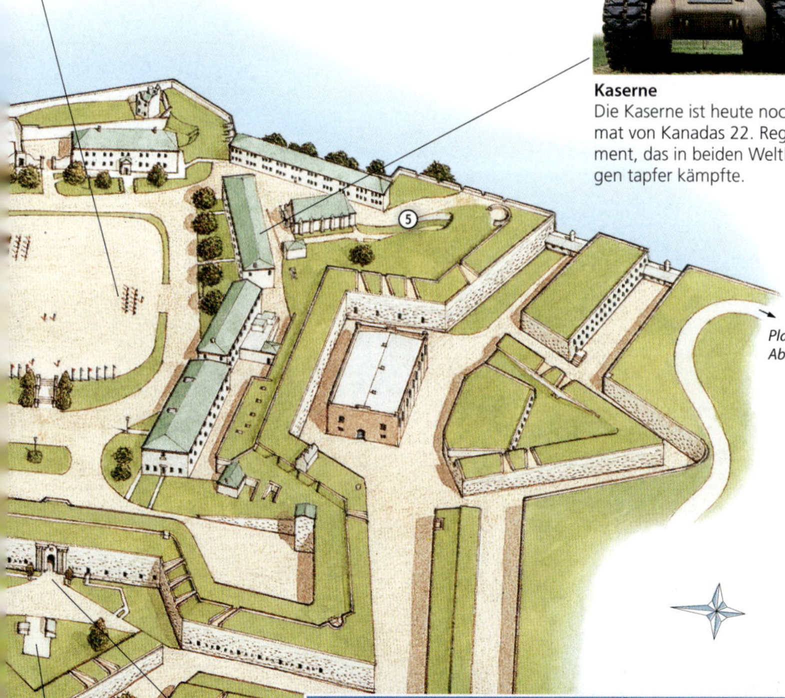

Eingang zur Zitadelle

Kartenverkauf

★ Dalhousie Gate
Das Dalhousie Gate ist noch als Original aus dem 19. Jahrhundert erhalten. Um das Tor gibt es Schießscharten und Luken. Diese dienten dem Feuerschutz der Nord-, Süd- und Westflanken des sternförmigen Forts.

❷ Sainte-Anne-de-Beaupré

Einer der heiligsten Orte Kanadas, der Schrein für die Mutter der Jungfrau Maria, wurde im 17. Jahrhundert von einer Gruppe dankbarer Seemänner gebaut. Sie waren 1665 knapp einem Schiffbruch entkommen und wohlbehalten hier gelandet. Heute kommen jährlich über 800 000 Besucher an diesen Ort. Am Festtag der hl. Anna, dem 26. Juli, findet eine Pilgerfahrt statt. Zentrum ist die römisch-katholische Basilika im prunkvollen neoromanischen Stil, die 1923 erbaut wurde. Breite Säulenreihen teilen das Innere. Die Gewölbedecke ist mit Goldmosaiken geschmückt, die das Leben der Heiligen darstellen. Eine große vergoldete Statue im Querschiff zeigt, wie sie die Jungfrau Maria in ihren Armen wiegt.

Statue der hl. Anna
Mittelpunkt der oberen Etage ist die reich verzierte Statue vor der Reliquie der hl. Anna – 1960 ein Geschenk von Papst Johannes XXIII.

Grundriss

1. Basilika
2. Kloster
3. Laden
4. Museum
5. Segnungsamt

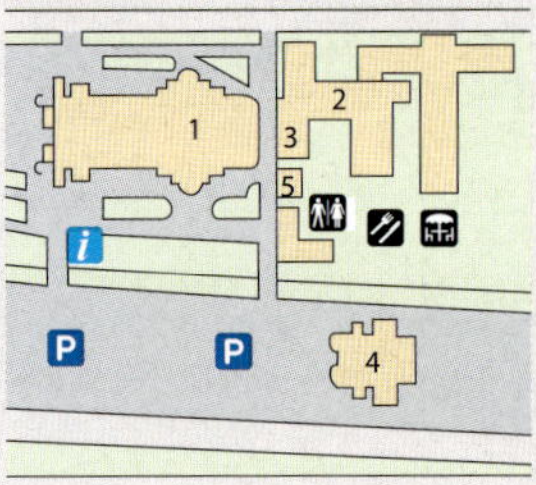

Basilika
1870 wurde die hl. Anna Schutzpatronin Québecs, 1877 bekam die Kirche den Status einer Basilika. 1878 übernahmen die Redemptoristen die Verantwortung für den Schrein.

Eingang zur oberen Etage der Basilika

★ Basilika
Seit 1658 gibt es an dieser Stelle eine Kirche. 1922 brannte der Kirchenbau nieder. Die heutige Basilika wurde 1923 errichtet.

Außerdem

① **Um die Rosette** angeordnete Buntglasfenster zeigen die Prozession der Pilger.

② **Das helle Bodenmosaik** wiederholt die Deckenmuster auf eindrucksvolle Weise.

Infobox

Information
10018, avenue Royale.
1-418-827-3781. tägl.
8–17 Uhr Messe.
9 Uhr im Sommer.
sanctuairesainteanne.org

★ **Pietà**
Michelangelos Original steht im Petersdom in Rom. Hier ist eine originalgetreue Kopie zu sehen.

Innenraum der Basilika
Sonnenstrahlen fallen durch die Buntglasfenster und tauchen den Kirchenraum in goldenes Licht.

Montmorency Falls (Île d'Orléans), Québecs prächtigster Wasserfall

❸ Parc de la Chute Montmorency und Île d'Orléans

Montmorency Falls, 1-418-663-3330. tägl.
sepaq.com/ct/pcm/
Île d'Orléans, Tourist Center, 490, côte du Pont, Saint-Pierre, 1-418-828-9411.
tourisme.iledorleans.com

Die Montmorency Falls, 13 Kilometer nordöstlich der Hauptstadt, sind Québecs berühmtester Wasserfall. Die Kaskade beim Zufluss des Montmorency in den St. Lawrence River stürzt 83 Meter in die Tiefe – fast 30 Meter tiefer als die Niagarafälle in den Ontariosee. Der umliegende Park bietet verschiedene Stellen zur Beobachtung des Wasserfalls: eine Hängebrücke, eine Seilbahn und eine Reihe von Wanderpfaden die Klippen hinauf.

Nahebei führt eine Stahlhängebrücke über den Fluss zur Île d'Orléans. Auf der Insel gibt es Dörfer, die einen Einblick in das traditionelle Landleben gewähren.

❹ Charlevoix

495, boulevard de Comporte, La Malbaie, 1-418-665-4454.
tourisme-charlevoix.com

Das Charlevoix erstreckt sich 200 Kilometer am Nordufer des St. Lawrence entlang, von Sainte-Anne-de-Beaupré im Westen bis zur Mündung des Saguenay River. Das Gebiet, wegen seiner borealen Wälder nun UNESCO-Biosphärenreservat, ist ein schmaler Streifen blühender Landschaft am Südrand der nördlichen Tundra.

Sanfte Täler schützen die alten, bis an den Fluss reichenden Städte. Küstenorte suchen Schutz an hohen Klippen. In einem fruchtbaren Tal liegt das Dörfchen Baie-Saint-Paul, dessen Straßen von historischen Häusern gesäumt werden.

Nur 35 Kilometer nördlich von Baie-Saint-Paul liegt der **Parc National des Grands-Jardins**, ein Gebiet mit vielen Seen, Taigalandschaft und einer Karibuherde. Kleine Berge bieten Spazier- und Wandermöglichkeiten. Weiter flussabwärts liegt die ruhige Île-aux-Coudres mit grünem Ackerland, historischen Farmen und einer Windmühle.

Parc National des Grands-Jardins
Route 381. 1-418-439-1227.
sepaq.com/pq/grj/

Windmühle auf der Île-aux-Coudres, Charlevoix

Tadoussac am Zusammenfluss von St. Lawrence und Saguenay River

❺ Tadoussac

850. 197, rue des Pionniers, 1-418-235-4744.

Die alten, von Boutiquen gesäumten Straßen der kleinen Stadt sind ein guter Ausgangspunkt zur Erkundung dieser Teilstrecke des St. Lawrence River. Um 1600 wählten französische Händler Tadoussac als ersten Pelzhandelsposten Kanadas aus, weil hier die Ureinwohner seit Generationen gehandelt hatten. Obwohl der Pelzhandel im 19. Jahrhundert noch wirtschaftlich bedeutend war, begann man, betuchte Besucher mit Dampfschiffen in die Stadt zu bringen, um ihnen eine Kostprobe von der Schönheit der Wildnis zu vermitteln.

Tadoussac liegt in einer bezaubernden Landschaft, vor dem Hintergrund felsiger Klippen und hoch aufragender Sanddünen. Das Hafenviertel blickt auf die Stelle, an der der Saguenay in den St. Lawrence mündet. Beliebte Sehenswürdigkeiten sind der Nachbau des Pelzhandelspostens aus dem 17. Jahrhundert und die älteste Holzkirche Kanadas, die 1747 erbaute Petite Chapelle. Hauptattraktion sind jedoch Walbeobachtungstouren zur Flussmündung, um die vielen verschiedenen Arten aus der Nähe zu sehen. Hier lebt eine Belugakolonie, der sich im Sommer auch Zwerg-, Finn- und Blauwale anschließen.

❻ Saguenay River

Jonquière. Chicoutimi. 412, bd Saguenay Est, bureau 100, Arr. Chicoutimi, 1-418-543-3536. **saguenaylacsaintjean.ca**

Der Saguenay River fließt durch den südlichsten natürlichen Fjord Nordamerikas. Er wurde durch einen zurückweichenden Gletscher geformt, der sich während der letzten Eiszeit vor 10 000 Jahren tief in die Erdoberfläche einschnitt. Tiefblaues Wasser, teilweise 300 Meter tief, fließt 155 Kilometer lang unterhalb von durchschnittlich 300 Meter hohen Klippen.

Wegen der außergewöhnlichen Tiefe können Ozeandampfer flussaufwärts bis nach La Baie fahren. Der Saguenay, der vom Lac-Saint-Jean bis zur St.-Lawrence-Mündung fließt, ist vor allem für seine üppigen Uferareale und die Tierwelt bekannt. Die Südhälfte des Flusses steht unter Naturschutz. Hier lebt eine Kolonie von etwa 1000 Walen. Vom Cap Trinité am Westufer genießt man eine schöne Sicht. Dort steht eine zehn Meter hohe Statue der Jungfrau Maria.

Relikt aus der letzten Eiszeit: der tiefe Saguenay-Fjord

❼ Chicoutimi

Saguenay. 66 000. Jonquière. Chicoutimi. siehe Saguenay River.

Das von Bergen umgebene Chicoutimi am Westufer des Saguenay River gehört zu den teuersten Städten im Norden der Provinz Québec. Es ist das Kultur- und Wirtschaftszentrum der Region. Das Hafenviertel wurde vor kurzer Zeit ansprechend restauriert. Bei einem Spaziergang entlang dem Ufer hat man eine schöne Aussicht auf die umliegenden Berge und den Zusammenfluss von Chicoutimi, Du-Moulin und Saguenay.

Chicoutimi war früher ein wichtiges Zentrum der Papierherstellung. Aus jener Zeit ist noch eine große Zellstofffabrik erhalten, die **Pulperie de Chicoutimi**. Sie ist nicht mehr in Betrieb, kann aber besichtigt werden. Ein interessantes Museum beschäftigt sich mit dieser alten Industrie, die früher den Großteil Nordamerikas mit Papier versorgte.

Pulperie de Chicoutimi
300, rue Dubuc. 1-418-698-3100. 20. Juni–Aug: tägl. 9–18 Uhr; Sep–19. Juni: Mi–So 10–16 Uhr.

Hotels und Restaurants in Québec und am St. Lawrence River *siehe Seiten 352f und 369f*

❽ Tour um den Lac-Saint-Jean

Der Lac-Saint-Jean liegt inmitten der felsigen, mit Fichten bestandenen Wildnis Zentral-Québecs. Am Ufer des rund 1000 Quadratkilometer großen Sees findet man Bauernhöfe mit Milchkühen, hübsche Dörfer wie Chambord und schöne Sandstrände. Der See und seine grüne Umgebung füllen einen Krater, den die Gletscher der letzten Eiszeit hinterließen. Bäche und Flüsse münden in den See und stürzen die Wände hinab ins blaue Wasser, um als Quelle des Saguenay River den See wieder zu verlassen.

Routeninfos

Start: Chambord.
Länge: 230 km.
Rasten: Die Fahrt ist lang, aber – bei gutem Straßenzustand – angenehm. In den meisten Orten, einschließlich Mashteuiatsh, gibt es Gasthäuser und Restaurants. Kleine Nebenstraßen bieten sich für nette Abstecher an.

⑥ Parc National de la Pointe-Taillon
Der Park, der sich bis auf eine in den See ragende Halbinsel erstreckt, besitzt schöne Strände und ist ideal zum Radfahren und Wandern.

① Chambord
In Chambord sind Schwimmen und Segeln bei Kindern und Eltern beliebt.

⑤ Dolbeau
Die meisten Besucher kommen im Juli zum zehntägigen Western-Festival mit Rodeos und Cowboys in den Ort.

④ Mashteuiatsh, Pointe-Bleue
In dem Montagnais-Dorf kann man alte Methoden des Schnitzens, Jagens, Webens und auch Kochens kennenlernen.

③ Roberval
Die Stadt hat einen hübschen Hafen. Von dort kann man das Finish des im Juli stattfindenden Schwimmwettbewerbs verfolgen, bei dem der See überquert wird.

② Village Historique de Val-Jalbert
Kernstück dieses Freilichtmuseums ist der 70 Meter hohe Ouiatchouan-Wasserfall, der um 1920 einer Zellstofffabrik Energie lieferte.

Zeichenerklärung *siehe hintere Umschlagklappe*

Daniel-Johnson-Damm, nördlich von Baie-Comeau

❾ Baie-Comeau

22 000. 1660, rue de Bretagne, 1-418-296-8178.

Die kleine Stadt verdankt ihre Existenz der US-Zeitung *Chicago Tribune*, die 1936 an der Mündung des Manicougan River eine Mühle baute, um ihre Druckerpressen mit Papier zu versorgen. Das Quartier Amélie, Baie-Comeaus ältestes Stadtviertel, 1985 zum historischen Viertel erklärt, hat schöne Häuser und ein imposantes Hotel aus den 1930er Jahren.

Die Papierproduktion ist noch immer ein wichtiger Industriezweig, doch Baie-Comeau ist heute vor allem das Tor zum riesigen Wasserkraftwerk Manic-Outardes, das sich am Highway 389 von Kilometer 22 bis Kilometer 200 erstreckt. Am spektakulärsten ist Manic-5, 210 Kilometer von Baie-Comeau entfernt. Dort staut der Daniel-Johnson-Damm ein großes Reservoir, das einen Krater füllt. Dieser entstand vermutlich vor mehreren Jahrtausenden durch Meteoriteneinschlag.

❿ Sept-Îles

26 000. 1401, bd Laure Ouest, 1-418-962-1238.

Bis Mitte des 20. Jahrhunderts führte Sept-Îles eine Existenz als verschlafenes Fischerdorf. Nach dem Zweiten Weltkrieg jedoch zog die kleine Siedlung an den Ufern einer großen Bucht die Aufmerksamkeit großer Firmen auf sich, die sie als Basis für die expandierende Eisenerzindustrie Nord-Québecs nutzen wollten. Heute ist Sept-Îles die größte Stadt am Nordufer des Gulf of St. Lawrence und Kanadas zweitgrößter Hafen am St. Lawrence Seaway. Bei einem Spaziergang am Wasser kann man die großen Schiffe bewundern und das Treiben in einem modernen Dock beobachten.

Sept-Îles, das sich der modernsten Meerestechnologie rühmt, bietet auch eine historische Sehenswürdigkeit: Der Vieux Poste nahe dem Stadtzentrum ist eine Rekonstruktion eines Handelspostens, an dem die Ureinwohner mit französischen Pelzhändlern Tauschhandel trieben. Ein kleines Museum verkauft einheimisches Kunsthandwerk.

Trotz seiner industriellen Bedeutung besitzt Sept-Îles eine herrliche Umgebung.

Luftaufnahme des betriebsamen Hafens in Sept-Îles

Lange Sandstrände säumen die nahe gelegene Küste. Etwa 20 Kilometer nördlich der Stadt fließt der lachsreiche Moisie River in den Gulf of St. Lawrence. Die sieben Felsinseln, die der Stadt ihren Namen gaben, bilden den Sept-Îles Archipelago Park. Eine der Inseln, die Île Grand-Basque, ist wegen ihrer schönen Strände und Naturpfade bei Campern und Wanderern beliebt. Die Île du Corossol ist ein Vogelschutzgebiet, in dem es Scharen von Möwen, Seeschwalben und Papageitauchern gibt. Für Vogelliebhaber werden Führungen angeboten. Bootstouren zwischen den Inseln sind ebenfalls möglich.

⓫ Mingan Archipelago National Park Reserve of Canada

Sept-Îles. Sept-Îles. 1401, bd Laure Ouest, 1-418-962-1238.

Das an der Nordküste des Gulf of St. Lawrence gelegene Schutzgebiet umfasst mehr als 1000 Inseln und Eilande. Erst in jüngster Zeit gewinnt dieses zuvor kaum besuchte, unbesiedelte Gebiet wegen seiner rauen Landschaft, seiner Tierwelt und intakten Ökosysteme an Beliebtheit. Papageitaucher, Seeschwalben und diverse Möwenarten finden hier Zuflucht. In den kleinen Buchten leben Kegel- und Sattelrobben sowie Seehunde. Gelegentliche Besucher sind Finnwale.

Zudem sind die Inseln für ihre Monolithe berühmt, nirgendwo in Kanada gibt es sie in größerer Zahl. Die Kalksteinskulpturen, die im Verlauf von Jahrtausenden vom Meer ausgewaschen wurden, haben surreale Formen. Die bekanntesten sehen aus wie Blumentöpfe. Man kann eine Bootstour buchen, um diese einzigartige Naturerscheinung zu besichtigen.

Bis 1974 war die 8000 Quadratkilometer große Île d'Anticosti östlich des Archipels in

Hotels und Restaurants in Québec und am St. Lawrence River *siehe Seiten 352f und 369f*

»Blumentopf«-Kalksteinmonolith im Mingan Archipelago National Park Reserve of Canada

Privatbesitz. Ihr ehemaliger Besitzer, der französische Schokoladenmagnat Henri Menier, kaufte die Insel im Jahr 1895 und siedelte Virginia-Hirsche an, die seine Freunde jagen durften. Die Herde, die nun 150 000 Tiere zählt, vermehrt sich gut und darf noch immer gejagt werden. In den Wäldern und an den Stränden leben 150 Vogelarten. Port Menier, ein Inseldorf mit etwa 300 Einwohnern, hat eine Fähranlegestelle.

Robbe, Île d'Anticosti

⓬ Südufer

Rivière-du-Loup. Rivière-du-Loup. Rivière-du-Loup. 148, rue Fraser, Rivière-du-Loup, 1-418-867-1272. **bassaintlaurent.ca**

Die hiesigen Gemeinden können ihre Wurzeln bis zu den Siedlern Neu-Frankreichs (18. Jh.) zurückverfolgen. Die Dörfer entlang dem flachen, fruchtbaren Ackerland am Südufer des St. Lawrence westlich von Gaspé und landeinwärts in Richtung Montréal liegen verstreut zwischen Montmagny, der größten Stadt der Region, und Rimouski. Rivière-du-Loup, ein scheinbar uninteressanter Ort, vermittelt einen Eindruck vom wahren Québec. Die Silhouette der Stadt mit den hügeligen Straßen wird von einer alten Steinkirche beherrscht. Die Katen (18. Jh.) strahlen französisches Flair aus. Vom höchsten Punkt aus hat man eine herrliche Sicht über das Flusstal.

Auch einige andere Dörfer in der Region bieten Sehenswürdigkeiten. Trois-Pistoles an der Route 132 blickt auf eine Geschichte zurück, die 1580 mit der Ankunft baskischer Walfänger begann. Die küstennah gelegene Île-aux-Basques, heute Vogelschutzgebiet, war im 16. Jahrhundert eine Walfangstation.

An der Straße nach Rimouski liegt der Parc du Bic, ein etwa 33 Quadratkilometer großes Naturschutzgebiet mit Laub- und borealem Nadelwald sowie vielen Tierarten.

⓭ Îles-de-la-Madeleine

128, chemin Principal, Cap-aux-Meules, 1-418-986-2245, 1-877-624-4437. **tourismeilesdelamadeleine.com**

Die etwa 12 000 Insulaner auf dem entlegenen Archipel im ausgedehnten Gulf of St. Lawrence haben ihre Katen gelb, rot und malvenfarben gestrichen. Zu den Inseln gelangt man per Fähre oder Flugzeug. Sowohl vom Meer als auch aus der Luft hat man eine fantastische Sicht auf die Orte der tief liegenden Inseln, über die der Wind fegt. Sie haben Besuchern, die die Anreise auf sich nehmen, viel zu bieten.

Neben bezaubernden alten Dörfern findet man hier einige wunderbar ruhige Strände, die wegen des herrlichen Sands und der geschützten Lage über die Region hinaus bekannt sind.

Fischerhäuschen auf der Île-du-Havre-Aubert, Îles-de-la-Madeleine

⓮ Tour: Gaspé

Die Halbinsel Gaspé, auf Französisch »La Gaspésie«, erstreckt sich nördlich von New Brunswick und bietet die wildeste Szenerie Québecs. Im Osten gehen Baumgruppen in dichte Kiefernwälder über. Die Landschaft wird rau und felsig. An der Nordküste ragen Klippen bis zu 500 Meter hoch auf. Die Chic-Choc-Berge erreichen 1300 Meter Höhe und gehören zum besten Wandergebiet der Provinz. An der Südküste liegen Fischerdörfer aus dem 18. Jahrhundert, Obstfarmen, Gärten und Nationalparks im Schutz der Berge.

③ Parc National de la Gaspésie
In dem über 800 Quadratkilometer großen sumpfigen Terrain geht der boreale in subalpinen Wald über.

① Grand Métis
In der kleinen Stadt findet sich einer der schönsten Gärten Kanadas mit über 3000 seltenen Pflanzenarten.

② Cap Chat
Das nach dem nahe gelegenen katzenförmigen Felsen benannte Kap hat die höchste Windmühle der Welt (110 m).

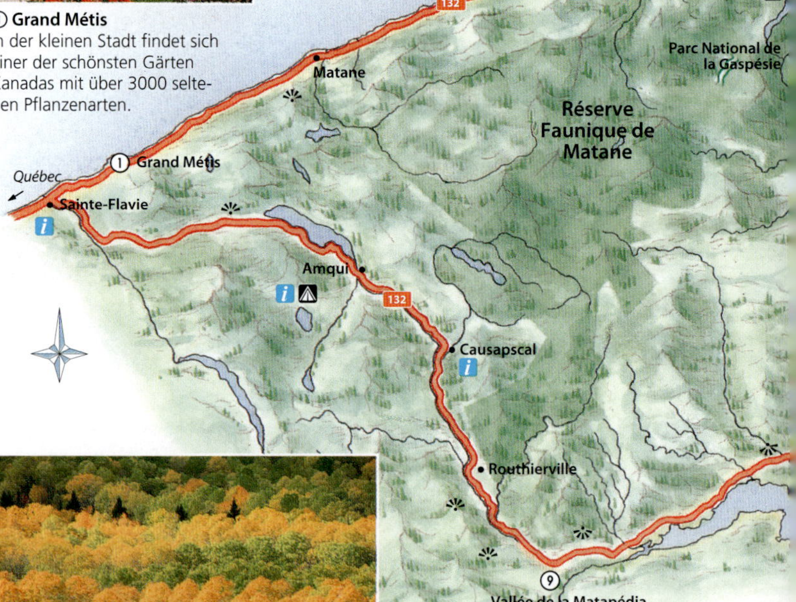

⑨ Vallée de la Matapédia
Das malerische Matapédia-Tal, das am Zusammenfluss zweier lachsreicher Flüsse beginnt, wird von überdachten Brücken (18. Jh.) überspannt. Alte Obstfarmen liegen im Schatten von Ulmen und Ahornbäumen, deren Herbstlaub weithin leuchtet.

⑧ Carleton-sur-Mer
Die Stadt, die 1756 von Akadiern zur Zeit der Vertreibung aus Nova Scotia *(siehe S. 68f)* gegründet wurde, ist heute ein hübscher Urlaubsort. Gute Hotels und Restaurants säumen die Straßen. Besucher genießen das milde Küstenklima.

④ Sainte-Anne-des-Monts
Das Dorf (19. Jh.) mit guten Restaurants bildet den Eingang zum Gaspé-Park und Chic-Choc-Wildreservat. Es gibt Möglichkeiten zum Lachsfang.

Routeninfos

Der Highway 132 führt in einem Rundkurs von Grand Métis an der Küste entlang um die Halbinsel. Die Fahrt, die für einen Tag zu lang ist, kann in vielen Dörfern unterbrochen werden. Bei Abstechern ins Innere auf der Nebenstraße 299 kann man die felsige Wildnis bewundern.

⑤ Mont-Saint-Pierre
Das Dorf, Tor für Besuche der Chic-Choc-Berge, ist auch ein Anlaufpunkt für Paraglider.

⑥ Parc National du Canada Forillon
Im Park liegen die Ausläufer der Appalachen. Die Klippen wurden vom Meer bizarr geformt.

⑦ Rocher Percé
Der durchlöcherte Felsen im Meer südlich der kleinen Stadt Percé ist das Ergebnis der Gezeitenerosion. Um 1930 wurde Percé bei kanadischen Künstlern ein beliebter Urlaubsort. Noch immer gibt es hier viele Galerien.

Legende
Routenempfehlung
Andere Straße

Zeichenerklärung *siehe hintere Umschlagklappe*

Süd- und Nord-Québec

Das ausgedehnte Gebiet, das sich von der Grenze der Provinz Ontario bis zur Metropole Québec erstreckt, bietet eine geradezu unglaubliche Vielfalt. Im Süden locken hügeliges Ackerland und tiefrote Ahornwälder die Besucher an. Im Norden mit den vereisten Nadelwäldern Nunaviks und den größten Wasserkraftwerken der Welt wächst im Frühling eine farbenprächtige Fülle von Wildblumen. Im Zentrum befinden sich die Laurentides (Laurentian Mountains), eine seenreiche Landschaft, deren Bergwelt hervorragende Möglichkeiten für Wintersportler bietet. Nunavik im hohen Norden gehört zum Teil zu Labrador und ist durch die Hudson Strait vom gegenüberliegenden Inuit-Territorium Nunavut getrennt. Die Region war bis zur Ankunft der Europäer im 16. Jahrhundert von den Ureinwohnern besiedelt. Aus den erbitterten Kämpfen zwischen Franzosen und Briten um die Vorherrschaft gingen die Briten 1759 siegreich hervor. Heute sprechen die meisten Bewohner Französisch.

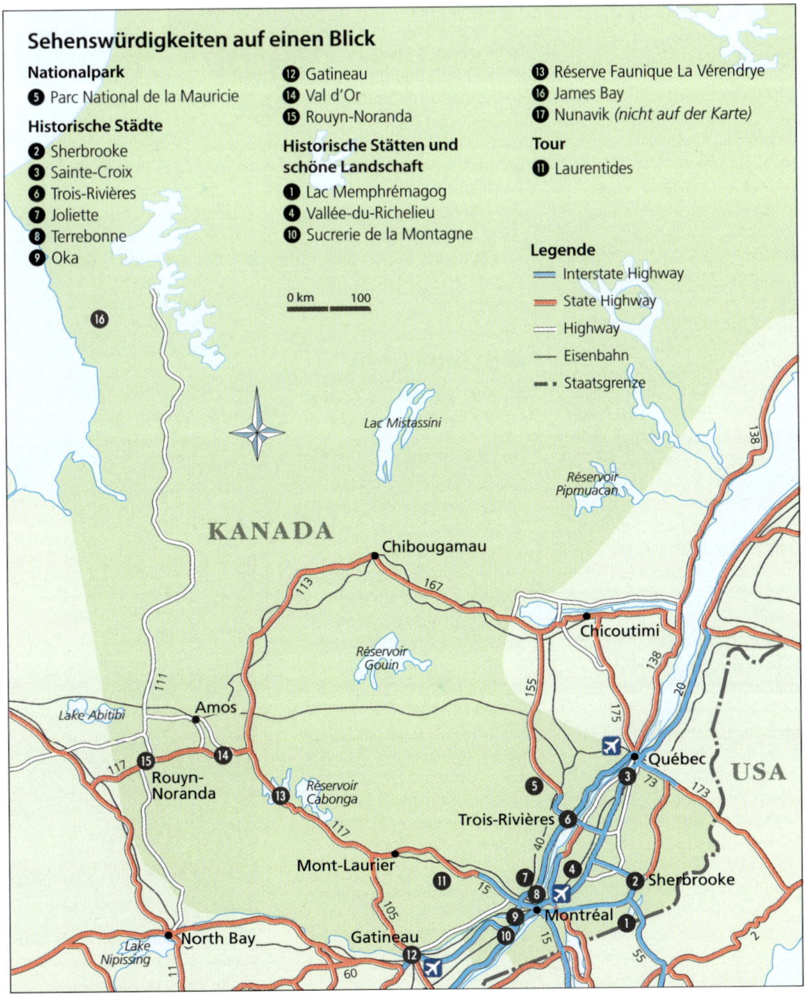

◀ **Herbst am Lac Sauvage, Laurentides** *(siehe S. 155)*

Zeichenerklärung *siehe hintere Umschlagklappe*

Kirche beim Lac Memphrémagog

❶ Lac Memphrémagog

Magog. Magog. 2911 Milletta (Hwy 10, Ausfahrt 115), Magog, 1-819-843-2744.
tourisme-memphremagog.com

Das Gebiet wird zu den Eastern Townships, dem »Garten Québecs«, gerechnet, der sich vom Richelieu-Tal bis an die Grenzen von Maine, New Hampshire und Vermont (USA) erstreckt. Die Townships, eine zu den Appalachen gehörende Landschaft mit Hügeln, Wäldern und Seen, zählen zu Kanadas wichtigsten Ahornsirup-Produzenten *(siehe S. 106f)*.

Der Lac Memphrémagog ist lang, schmal und von Bergen umgeben. Er kann sich sogar eines Monsters rühmen: *Memphré* wurde 1798 erstmals gesichtet. Der Südteil des Sees reicht bis nach Vermont hinein. Deswegen wundert es nicht, dass britische Loyalisten, die vor der Amerikanischen Revolution flohen, die ersten Siedler der Region waren. Von ihrem Einfluss zeugen die hübschen roten Backsteinhäuser mit Holzrahmen in Dörfern wie Georgeville, North Hatley und im Ferienort Magog am Nordende des Sees.

1912 kauften Benediktiner eines der schönsten Areale am See und gründeten die Abtei Saint-Benoît-du-Lac. Heute stellen sie Apfelwein und den köstlichen l'Ermite (Blauschimmelkäse) her. Berühmt sind auch ihre gregorianischen Gesänge, die man während der Messe in der Kirche hört.

❷ Sherbrooke

155 000. 785, rue King Ouest, 1-819-821-1919.
destinationsherbrooke.com

Die selbst ernannte »Königin der Eastern Townships« ist das Industrie-, Handels- und Kulturzentrum der Region. Die Stadt liegt in einem tief eingeschnittenen Tal. Ihr historisches Viertel ist zwischen hügeligem Ackerland und den Flüssen Saint-François und Magog eingebettet.

Die ersten Siedler waren britische Loyalisten aus den Neuengland-Staaten der USA. Obwohl ihr Erbe in Sherbrookes alten Häusern, Gärten und Straßennamen erhalten blieb, ist die Stadt heute vorwiegend frankofon. Die Universität ist englischsprachig. Im Zentrum beginnt die Promenade du Lac-des-Nations, ein überaus hübscher Park mit einem etwa 20 Kilometer langen Rad- und Wanderweg entlang dem Magog River.

❸ Sainte-Croix

2500. 6375, rue Garneau, 1-418-926-2620.

Ein Herrenhaus aus Holz mit geschwungener Eingangstreppe, Säulen und Schnitzereien ist das prachtvollste Gebäude des hübschen Städtchen Sainte-Croix. Es bildet den Mittelpunkt der **Domaine Joly-De Lotbinière**, eines 1851 errichteten Anwesens, das von schönen Geranienbeeten und Walnussbäumen umgeben ist. Zu den seltenen Pflanzen, die hier im Garten gedeihen, gehören 20 Roteichen, die alle über 250 Jahre alt sind. Am bekanntesten sind die Gärten jedoch für den Anbau von »blauen« Kartoffeln.

Domaine Joly-De Lotbinière
Rte de Pointe-Platon. 1-418-926-2462. 20. Mai–24. Sep: tägl. 10–17 Uhr. teilweise.
domainejoly.com

❹ Vallée-du-Richelieu

1080, chemin des Patriotes Nord, Mont-Saint-Hilaire, 1-450-536-0395. **vallee-du-richelieu.ca**

Das Richelieu-Tal erstreckt sich am 170 Kilometer langen Fluss Richelieu vom Lake Champlain bis zum Zusammenfluss mit dem St. Lawrence River. Das **Fort Chambly** in der Industriestadt Chambly, auch Fort St. Louis genannt, ist das besterhaltene einer Reihe alter Gebäude, die die Franzosen zum Schutz vor Angriffen der Holländer und Briten errichteten.

Wegweiser zum Fort Chambly, Richelieu-Tal

Die ersten Befestigungen von 1675 aus Holz wurden 1711 durch Steinbauten ersetzt und sind gut erhalten. Ein Museum in Saint-Denis-sur-Richelieu gedenkt der Patrioten, die 1837 während des Aufstands gegen die Briten fielen.

Heute mäandert der Fluss an von Weinbergen umgebenen Dörfern vorbei. Von Mont-Saint-Hilaire mit seinen Apfelplantagen hat man eine schöne Sicht auf Montréal. Die Kirche (19. Jh.) mit Gemälden des Kanadiers Ozias Leduc *(siehe S. 38)* wurde 1965 unter Denkmalschutz gestellt.

Fort Chambly
2, rue de Richelieu, Chambly. 1-450-658-1585. 20. Mai–23. Juni, 5. Sep–9. Okt: Mi–So 10–17 Uhr; 24. Juni–4. Sep: tägl. 10–18 Uhr.

Kirche (19. Jh.) in Mont-Saint-Hilaire, Vallée-du-Richelieu

Kanufahrer auf dem Lac Wapizagonke im Parc National de la Mauricie

❺ Parc National de la Mauricie

Nahe Hwy 55 N. Shawinigan. 1-819-538-3232. Shawinigan. tägl. teilweise. gegen Gebühr. **pc.gc.ca**

Camper, Wanderer und Langläufer lieben das 536 Quadratkilometer große Gebiet mit seinen Wäldern, Seen und dem rosafarbenen, präkambrischen Granit. Die Laurentides *(siehe S. 155)*, Teil des Kanadischen Schilds und 950 bis 1400 Millionen Jahre alt, ragen in den von wilder Schönheit geprägten Park hinein. Er ist auch für Autofahrer zugänglich – über die 63 Kilometer lange Straße zwischen Saint-Mathieu und Saint-Jean-de-Piles. Eine andere schöne Fahrt mit Blick auf das enge Lac-Wapizagonke-Tal beginnt in Saint-Jean-de-Piles. Der forellen- und hechtreiche See ist ein Paradies für Angler. Auch Elche und Bären durchstreifen den Park.

❻ Trois-Rivières

130 000.
1457, rue Notre Dame, 1-819-375-1122, 1-800-313-1123.
tourismetroisrivieres.com

Die Provinz Québec gehört zu den wichtigsten Papierproduzenten Nordamerikas. Trois-Rivières ist eines der Zentren. Diese Tatsache lässt häufig das reiche historische Erbe der Stadt vergessen. Von den Häusern der ersten französischen Siedler, die 1634 hierherkamen, sind nur wenige erhalten, doch in der Altstadt gibt es einige Häuser und Läden aus dem 18. und 19. Jahrhundert, in denen heute Cafés und Bars untergebracht sind.

Seit 1697 arbeiten Nonnen des Ursulinenordens hier. Noch heute ist das Herzstück der Altstadt das **Monastère des Ursulines**, ein weitläufiger Komplex mit Dom, Kapelle und einem Garten, der jetzt ein öffentlicher Park ist. Bei einem Bummel durch die Rue des Ursulines kann man sich mehrere kleine, alte Häuser in unterschiedlichen Architekturstilen sowie ein Herrenhaus (18. Jh.) ansehen. Das Manoir Boucher-de-Niverville, ein historisches Gebäude, zeigt Wechselausstellungen zur Geschichte der Region.

Die Kirche des Ursulinenklosters in Trois-Rivières

Monastère des Ursulines
734, rue des Ursulines. 1-819-375-7922. März, Apr: Mi–So; Mai–Nov: Di–So (24. Juni–Labour Day: tägl.); Nov–Feb: Mi–So.

❼ Joliette

20 000. 500, rue Dollard, 1-450-759-5013.

Es waren zwei Priester, die die Industriestadt Joliette am Rivière L'Assomption in ein kulturelles Zentrum verwandelten. 1920 gründete Pater Wilfrid Corbeil das Musée d'Art Joliette, dessen Ausstellung von religiöser Kunst des Mittelalters bis zu modernen Werken reicht. 1978 initiierte Pater Fernand Lindsay das Festival International de Lanaudière, eine Sommerkonzertreihe mit bekannten Musikern aus aller Welt.

Die 18 Kilometer westlich gelegene Stadt Rawdon macht ihrem Ruf als landschaftlich einzigartiger Ort alle Ehre. Einige Pfade winden sich am Ouareau River entlang und führen zu den rauschenden Dorwin-Wasserfällen.

8 Terrebonne

106 000. 5000, côte de Terrebonne, 1-866-964-0681.

Die historische Stadt am Rivière des Mille Îles südwestlich der Vororte Montréals fusionierte 2001 mit drei Gemeinden. Sie wurde 1673 gegründet, viele ihrer alten Gebäude wurden 1922 bei einem Brand zerstört. In der Rue Saint-François-Xavier und der Rue Sainte-Marie sind noch einige schöne Häuser (19. Jh.) erhalten, die großteils zu Bistros und Restaurants umgewandelt wurden. Prunkstück der Stadt ist die **Île-des-Moulins**, ein vorindustrieller Komplex mitten im Fluss mit Wassermühlen für Getreide-, Woll- und Holzverarbeitung.

Eines der größten Gebäude auf dem Areal ist eine dreistöckige ehemalige Fabrik, die erste Großbäckerei Kanadas. Sie wurde 1803 von der Northwest Company gebaut, um Schiffszwieback für die *voyageurs* herzustellen, die nach Westen paddelten, um Pelze für Northwest einzukaufen. Terrebonne ist das bedeutendste Zentrum der Québecer Reitkultur. Jedes Jahr finden hier Rodeo-Veranstaltungen statt.

Île-des-Moulins
866, rue St-Pierre. 1-450-471-0619. 24. Juni–5. Sep: Mi–So; 6. Sep–23 Juni: Do–So nachm.
iledesmoulins.com

Turm der Église St-Louis de Terrebonne

Die Oka-Fähre bei der Fahrt über den Lac des Deux Montagnes

9 Oka

5000. 183, rue des Anges, 1-450-479-8389.

Am schönsten ist es, sich dem Ort auf der kleinen Fähre zu nähern, die von Hudson aus über den Lac des Deux Montagnes tuckert. Vom Wasser aus sieht man auf die kleine neoromanische Kirche (1878) inmitten von Hügeln. Okas Abbaye Cistercienne wurde 1881 von französischen Mönchen gegründet. Die Abteikirche ist gemäß der Tradition der Zisterzienser schlicht, doch die neoromanische Architektur mit ruhigem Garten ist gefällig. Die Abtei wurde 2009 geschlossen, doch der Laden in der nahen **Abbaye Notre-Dame du Lac** verkauft nach wie vor den weichen Oka-Käse, den die Mönche kreierten. Der nahe Parc d'Oka mit Teichen und Wäldern erstreckt sich auf 20 Quadratkilometern. Er hat den schönsten Strand und Campingplatz im Gebiet von Montréal und zieht ganzjährig sportlich Aktive an.

Abbaye Notre-Dame du Lac
220, chemin de la Montagne-Coupée, Saint-Jean-de-Martha. 1-450-960-2889. Mo–Sa 9–17 Uhr, So 10–17 Uhr.

10 Sucrerie de la Montagne

300, chemin St-Georges, Rigaud. 1-450-451-0831. ganzjährig, unterschiedl. Zeiten, vorher anrufen. obligatorisch.
sucreriedelamontagne.com

Das denkmalgeschützte Anwesen liegt in einem 50 Hektar großen Ahornwald auf der Spitze des Rigaud in der Nähe von Rang Saint-Georges. Hier werden die vielen Köstlichkeiten aus Québecs berühmtestem Produkt, dem Ahornsaft, hergestellt *(siehe S. 106f)*. In einer rekonstruierten Zuckerhütte (19. Jh.) wird der gesammelte Ahornsaft destilliert und in großen Kesseln zum Sirup eingekocht. Zu den über 20 rustikalen Gebäuden zählen eine Bäckerei, ein Gemischtwarenladen und bequeme Hütten für Besucher, die übernachten wollen. Mittelpunkt ist ein Restaurant mit 500 Plätzen, in dem traditionelle Festessen mit Schinken, Erbsensuppe, Baked Beans und *oreilles du Christ* (»Ohren Christi«) genanntem Schweinespeck sowie Pickles serviert werden. Verkauft werden Ahornsaftprodukte, z. B. Sirup, Bonbons, Toffees, Muffins und Brot. Zum Abendessen gibt es Folk Music. Bei einer Besichtigung des Areals wird der Prozess der Sirupherstellung erklärt, den die Ureinwohner entwickelt und an die europäischen Siedler weitergaben.

Ahornsirup aus Québec

⓫ Tour durch die Laurentides

Die gesamte Region, vom lebhaften Ferienort Saint-Sauveur-des-Monts im Süden bis nach Saint-Jovite im Norden, ist ein Paradies mit Seen, Flüssen, Wander- und Radwegen sowie ganzjährig befahrbaren Skipisten. Die rund eine Milliarde Jahre alten Berge sind Teil des Kanadischen Schilds. Die Region mit ihren alten Städten im französischen Stil eignet sich hervorragend zur Erholung. Zahlreiche Nationalparks bieten vielfältige Sportmöglichkeiten.

Routeninfos

Obwohl man die 175 Kilometer lange Strecke durch die Laurentides von Montréal aus auf dem Hwy 15 in einem Tag zurücklegen kann, empfiehlt sich der langsamere, aber malerischere Hwy 117. Während der Hauptsaison von Juli bis August und Dezember bis März kann es jedoch Verkehrsstaus geben.

④ Sainte-Jovite
Das Dorf mit historischer Architektur liegt in einem bewaldeten Tal.

⑤ La Conception
Kleine Hotels und Straßencafés tragen zum Charme des alten Dorfs bei.

⑥ Mont Tremblant
Der mit 645 Metern höchste Berg der Laurentides ist ganzjährig ein beliebtes Urlaubsziel.

③ Saint-Faustin-Lac-Carré
Der Ort bietet sich als Ausgangspunkt für Ausflüge in die Region an. In den umliegenden Wäldern gibt es eine Forellenzucht und Lehrpfade zu Flora und Fauna.

② Sainte-Agathe-des-Monts
In der größten Stadt der Laurentides trifft man sich gern in den Cafés. Der Lac des Sables lädt zu Bootsfahrten ein.

① Val-Morin
Mit traditionellen französischen Häusern und Kirchen bietet das Dorf einen guten Eindruck von der Region.

Legende
- Routenempfehlung
- Andere Straße

0 km 3

Québecs imposanter Montmorency-Wasserfall ***(siehe S. 143)*** ▶

⓬ Gatineau

Gatineau, bis 1992 noch als Hull bekannt, liegt gegenüber von Ottawa auf der anderen Seite des Flusses in der Provinz Québec. Deshalb sind hier wohl viele Regierungsgebäude angesiedelt – in Gatineau herrscht eine entspanntere Atmosphäre als in der Hauptstadt. Die seit dem Gründungsjahr 1800 geltenden Alkoholgesetze sind milder als in Ottawa. Man darf hier auch in einem jüngeren Alter Alkohol trinken. Deshalb kamen die Politiker zum Feiern hierher. In Gatineau befindet sich Kanadas meistbesuchtes Museum, das Musée canadien de l'histoire, das eine faszinierende Reise durch das vergangene Jahrtausend kanadischer Geschichte bietet.

Infobox

Information
265 000. 103, rue Laurier, 1-819-778-2222. Fall Rhapsody (Sep/Okt).
tourismeoutaouais.com

Anfahrt
Ottawa International, 12 km südl. 200 Tremblay Rd, Ottawa.

Parc de la Gatineau
Hwy 5. 1-819-827-2020. tägl.

Die 360 Quadratkilometer große Wald- und Seenlandschaft zwischen den Flüssen Gatineau und Ottawa ist ein beliebtes Ausflugsziel. Im Park findet man Ruinen neugotischer Bauten, die der ehemalige Premier William Lyon MacKenzie-King sammelte.

Casino du Lac-Leamy
1, bd du Casino. 1-819-772-2100, tägl. 24 Std.

Das prachtvolle, 1996 eröffnete Casino mit etwa 1800 Spielautomaten und 64 Spieltischen zieht jährlich rund drei Millionen Besucher an. Es gehört der

Spielsalon im Casino du Lac-Leamy

Provinzregierung und liegt in einem hübschen Park voller Blumen und Springbrunnen.

Alexandra Bridge
Die Stahlbrücke überspannt den Ottawa River und verbindet Ontario mit Québec. Von hier aus hat man einen schönen Blick auf das Musée canadien de l'histoire sowie auf Ottawas Parlamentsgebäude.

Maison du Citoyen
25, rue Laurier. 1-819-595-2002. Mo–Fr 8.30–16.30 Uhr. Feiertage.

Mittelpunkt des modernen Komplexes ist die Agora, ein Atrium, das den Besuchern als Treffpunkt und den Angestellten der Stadt als Meditationsraum dient. In den diversen Räumlichkeiten finden bis zu 350 Personen Platz. Von hier hat man Zugang zum Rathaus, zur Bibliothek, zum Theater und zur Kunstgalerie.

Promenade du Portage
Der mit den Stadtbrücken verbundene Hauptweg ins Stadtzentrum ist ein schönes Einkaufsviertel mit zahlreichen Geschäften und Cafés. Am Abend spielt sich hier und auf der Place Aubry das Nachtleben ab.

Zentrum von Gatineau
① Alexandra Bridge
② Musée canadien de l'histoire
③ Maison du Citoyen
④ Promenade du Portage

0 Meter 300

Zeichenerklärung
siehe hintere Umschlagklappe

Gatineau: Musée canadien de l'histoire

Douglas Cardinal, der Architekt des Museums der Geschichte Kanadas, wollte mit den wellenförmigen Fassaden die kanadische Landschaft widerspiegeln. Im geschwungenen Pavillon du Bouclier Canadien ist die Museumsverwaltung untergebracht. Im Pavillon du Glacier sind die Exponate. Die Grande Galerie zeigt eine Totempfahlsammlung, die Salle de l'histoire canadienne präsentiert die Geschichte von den Wikingern über die Siedler bis zur Gegenwart. Unterhaltsam ist auch das Musée des Enfants.

Infobox

Information
100, rue Laurier. 1-819-776-7000,. tägl. 9.30–17 Uhr (im Sommer länger, siehe Website).
museedelhistoire.ca

Die Museumsfassade spiegelt Québecs hügelige Landschaft wider

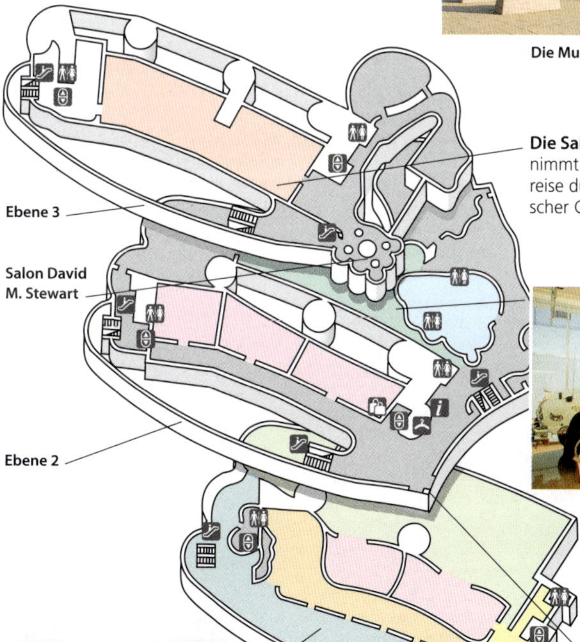

Die Salle de l'histoire canadienne nimmt Besucher mit auf eine Zeitreise durch 1000 Jahre kanadischer Geschichte.

Musée des Enfants
Das Museum für Kinder zeigt interaktive Exponate, einen internationalen Markt und den abgebildeten, bunt verzierten pakistanischen Bus.

★ La Grande Galerie
Das Museum beherbergt die weltweit größte Sammlung von Totempfählen, viele davon in der Grande Galerie.

Legende
- Salle de l'histoire canadienne
- Musée des Enfants
- »Die ersten Einwohner«
- »Die ersten Einwohner« an der Nordwestküste
- Salon W. E. Taylor
- La Grande Galerie
- IMAX Theater
- Wechselausstellungen
- Keine Ausstellungsfläche

Hotels und Restaurants in Süd- und Nord-Québec *siehe Seiten 353f und 370–372*

Luftaufnahme des Tierschutzgebiets La Vérendrye

⓭ Réserve Faunique La Vérendrye

1-819-736-7431. Maniwaki. Sommer. teilweise.

Das Naturschutzgebiet befindet sich etwa 470 Kilometer nordwestlich von Montréal am Hwy 117. Es ist für seine langen, sich schlängelnden Wasserstraßen und Bäche berühmt. Die Tausende Kilometer langen Kanurouten sind ein Paradies für Kanufahrer. Die Flüsse sind meist ungefährlich, und die 13 000 Quadratkilometer große Wildnis ist Heimat einer großen Anzahl von Elchen, Bären, Hirschwild und Bibern. Das Land ist weitgehend unberührt. Es gibt eine Reihe von Campingplätzen. In der Angelsaison kann man hier Barsche, Hechte und Seeforellen fangen. Der Highway 117 durchquert den Park, bietet Zugang zu vielen Seen und Flüssen und ist Startpunkt zahlreicher Wanderwege.

Elch im La Vérendrye

⓮ Val d'Or

32 000. 1070, 3e avenue Est, 1-819-824-9646.
tourismevaldor.com

Val d'Or ist eine Bergarbeiterstadt und ein wichtiges Zentrum im Nordwesten Québecs. Hier gibt es keine architektonischen Sehenswürdigkeiten, sondern Minen und historische Dörfer, die vom Holzhandel und der Bergbaugeschichte des Gebiets zeugen. Seit etwa 1920 haben Bergarbeiter Gold, Silber und Kupfer aus dem Boden um Val d'Or geschürft. Auf dem Weg zum 18 Meter hohen Rotary-Turm am Stadtrand sieht man noch viele aktive Bergwerke.

La Cité de l'Or ist eine Attraktion, die um die stillgelegte Lamaque-Goldmine errichtet wurde. Sie war früher eine der reichsten Goldquellen der Region. Anfang des 20. Jahrhunderts hatte sie eine eigene Kleinstadt mit Krankenhaus, Pension für Junggesellen und sauberen Straßen mit Holzhütten für Familien. Die Grubenmanager besaßen vornehmere Häuser. Besuchern stand ein luxuriöses Gästehaus zur Verfügung.

Die **Village Minier de Bourlamaque** steht seit 1979 unter Denkmalschutz. Sie ist eine Rekonstruktion einer Goldgräbersiedlung von 1930. Besucher können die Stadt, die alten Labors und das Bergwerk besichtigen. Für Mutige gibt es eine Fahrt 90 Meter unter die Erde. Dort kann man Bergbautechniken kennenlernen.

Village Minier de Bourlamaque, La Cité de l'Or
123, av. Perrault. 1-819-825-1274. Juni–Aug: tägl.; Sep: Mi–So; Okt: Do–So. teilweise.

⓯ Rouyn-Noranda

41 000. 1675, avenue Larivière, 1-819-797-3195.

Wie in allen erschlossenen Gebieten im Norden Québecs leben auch hier die Städte von der Schwerindustrie. Rouyn und Noranda entstanden um 1920 quasi über Nacht, als Prospektoren hier Kupfer fanden. 1986 verschmolzen sie zu einer Stadt, unterscheiden sich jedoch noch erheblich voneinander. Noranda am Nordufer des Lake Osisko ist ein umsichtig geplanter Bergbauort mit Kirchen und Schulen, die für die Arbeiter der nun stillgelegten Kupfermine erbaut wurden. Die Rasen und Alleen muten englisch an. Heute sind die Bewohner meist in den umliegenden Bergwerken beschäftigt. Glencore Smelter, eine der größten Hütten der Welt, liegt außerhalb des Zentrums und kann nach Vereinbarung besichtigt werden.

Rouyn, am Südufer, ist geschäftiger. Hierher kamen die Bewohner Norandas, um sich zu erholen. Besucher, die in die nördliche Wildnis reisen, können sich hier mit allem ausrüsten und tanken. Die **Maison Dumulon**, eine Rekonstruktion von Rouyns erstem Postamt, feiert den Pioniergeist der ersten Siedler.

Maison Dumulon
191, av. du Lac. 1-819-797-7125. 12. Juni–23. Aug: tägl.; 25. Aug–11. Juni: Mi–So.
maison-dumulon.ca

Für den Export: Kupferverhüttung in Noranda

Karibuherden auf ihrer Wanderung durch die Tundra von Nunavik

⑯ James Bay

Tourisme Québec, 1-514-873-2015. jamesbayroad.com

Das dünn besiedelte Verwaltungszentrum James Bay ist etwa so groß wie Deutschland und mit rund 350 000 Quadratkilometern viel größer als die meisten anderen Gemeinden der Region. Die vielen Seen, das Buschwerk, das präkambrische Gestein sowie die Wälder, die in Taiga und Tundra übergehen und im vereisten Norden immer unzugänglicher werden, lassen alles Städtische vergessen. Dafür setzt man hier auf Energiegewinnung. Die sechs größten Flüsse können genug Elektrizität produzieren, um ganz Nordamerika mit Licht zu versorgen. Bis jetzt hat die Québecer Regierung über 20 Milliarden Kanadische Dollar investiert, um nur ein Drittel der zahlreichen Dämme des schon jetzt größten Wasserkraftwerkprojekts der Welt zu bauen. Die Kraftwerke produzieren fast 16 000 Megawatt Elektrizität für Québec und Teile Nordostamerikas. Le Grand 2 (LG 2) ist der weltweit größte Damm mit unterirdischem Kraftwerk.

Der größte Ort der Region ist Radisson. Er wurde 1974 gegründet, um die Arbeiter des Hydro Quebec James Bay Project unterzubringen. Heute ist es ein Urlauberzentrum, von dem aus man das umliegende Land überblickt – zwar nicht alle 215 Dämme und Deiche der Bucht, doch zumindest die von LG 2, das direkt östlich des Orts liegt.

Eines der großen Kraftwerke in der James Bay

⑰ Nunavik

Association touristique du Nunavik, 1-819-964-2876, 1-888-594-3424. nunavik-tourism.com

Das Verwaltungszentrum Nunavik im hohen Norden Québecs erstreckt sich etwa über ein Gebiet von der Größe der Iberischen Halbinsel. Seine etwa 12 000 Einwohner sind in der Mehrzahl Inuit, die in 14 Orten entlang den Küsten von Hudson Bay, Hudson Strait und Ungava Bay leben. Nunavik ist Québecs letzte »Frontier«-Region, ein wildes, schönes Land, das praktisch nur mit dem Flugzeug zugänglich ist.

Karibuherden, Eisbären und Moschusochsen leben in den Nadelwäldern und der arktischen Tundra. In den eisigen Gewässern schwimmen Robben und Belugas.

Kuujjuaq nahe der Ungava-Bucht ist Nunaviks größte Gemeinde mit rund 2200 Einwohnern – ein guter Ausgangspunkt für Expeditionen ins wunderschöne Kangiqsujuaq-Tal in der Nähe der Wakeham-Bucht und der zerklüfteten Berge um Salluit.

Nunavik und Kuujjuaq sind wegen der Tierarten interessant, die hier in natürlicher Umgebung leben. Der Sommer ist am besten für einen Besuch geeignet. Doch auch wenn die Temperatur steigt, bleibt der Boden ganzjährig gefroren.

In Nunavik gibt es keine Eisenbahn (und kaum Straßen). Das Gebiet sollte nur in Begleitung eines erfahrenen Führers erkundet werden.

Viele der Inuit-Gemeinden bieten Führungen an und auch die Möglichkeit, bei Inuit-Familien zu wohnen. Besucher werden herzlich aufgenommen und lernen traditionelle Gerichte und Gastfreundschaft kennen.

Bootshäuser in der Dämmerung, Greater Sudbury, Ontario ▶

ONTARIO

Ontario im Überblick

Allein die Größe Ontarios ist beeindruckend. Kanadas zweitgrößte Provinz bedeckt mehr als eine Million Quadratkilometer und erstreckt sich von den Großen Seen an der Grenze zu den USA bis zur Hudson Bay. Nord-Ontario mit seiner wilden und einmaligen Landschaft voller reißender Flüsse, dichter Wälder und arktischer Tundra ist nur per Flugzeug, manchmal mit dem Zug und phasenweise auf wenigen Straßen zugänglich. Ein Großteil des Nordens ist spärlich besiedelt – anders als das fruchtbare Land im Süden und am Ufer des Lake Ontario, wo sich die meisten Einwanderer angesiedelt haben. Im Südwesten befinden sich die Niagarafälle und Toronto, die größte Stadt Kanadas.

Der CN Tower in Toronto wird nachts angestrahlt

Ein Boot nähert sich den Horseshoe Falls, den größeren der Niagarafälle

In Ontario unterwegs

Die wichtigsten Highways am Nordufer des Lake Ontario sind der Highway 401, der Toronto mit Montréal im Osten und Windsor im Westen verbindet, und der Queen Elizabeth Way (QEW), der von Toronto nach Süden zu den Niagarafällen führt. Die Niagarafälle, Toronto und Ottawa haben auch Bus- und Bahnverbindungen. Von Toronto Richtung Norden führt der Highway 69/400 zum Trans-Canada Highway (bei Hwy 17). Den Norden befahren auch Busse.

Weitere Zeichenerklärungen *siehe hintere Umschlagklappe*

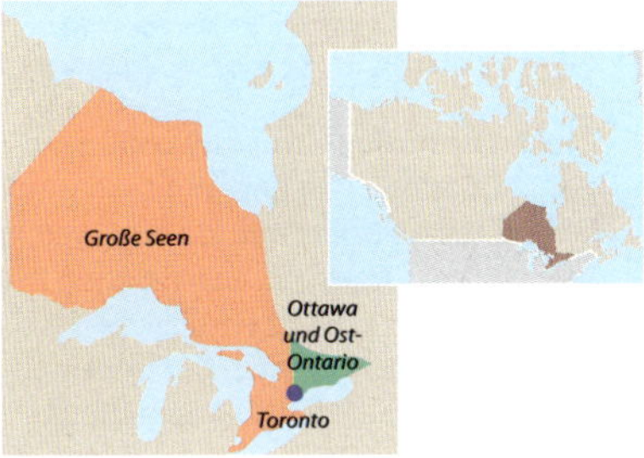

Blick vom Aussichtspunkt Nepean Point auf die neugotische Pracht des Parlaments in Ottawa

Hudson's Bay Company

Die Hudson's Bay Company wurde am 2. Mai 1670 von König Charles II von England beurkundet. Maßgeblich für seine Entscheidung war die erfolgreiche Reise des britischen Schiffs *Nonsuch*, das, beladen mit wertvollen Biberfellen, von der gerade entdeckten Hudson Bay zurückkehrte. Der König verlieh der Gesellschaft weitgehende Rechte, darunter das Monopol für die Handelsrechte in einem riesigen Gebiet um die Bucht, die damals als Rupert's Land bekannt war. Die Gesellschaft sollte Verbindungen zu den dort lebenden Einheimischen knüpfen. Der Handel kam schnell in Schwung, denn die Nachfrage der Europäer nach modischen Biberhüten war kaum zu befriedigen.

Europäische Pelzkuriere bauten mit einheimischen Pelztierjägern einen rasanten, saisonabhängigen Handel auf.

Handelsposten

Ab 1670 wurden Güter von England zu den Handelsposten um die Hudson Bay geschickt, umfriedeten Siedlungen mit sicheren Lagern für die Ware. Die größeren Außenposten wurden allmählich autark und belieferten wiederum die neuen, kleineren Posten der westwärts vorstoßenden Gesellschaft. Bis 1750 wurden an allen großen Flussmündungen der Hudson Bay HBC-Camps errichtet. Fort Albany hatte ein Gefängnis, eine Krankenstation, eine Schmiede, eine Böttcherei, eine Kanuwerft und Viehställe. Man versuchte auch, Getreide anzubauen. Haupthandelsposten versorgten ein Netzwerk kleiner, nur saisonal bewohnter Außenposten. Die Expansion in den Westen dauerte bis zur Übergabe der Landrechte an den neuen Staat Kanada 1870 an.

Legende

- Handelsposten
- Handelsroute
- Grenzen von Rupert's Land (1670)

Beim Seven-Oaks-Massaker 1816 in Manitoba, dem Zusammenstoß von HBC-Arbeitern und der rivalisierenden North West Company, gab es 20 Tote. 1821 beschlossen die beiden Firmen zu fusionieren.

Englische Händler brachten allerlei Waren übers Meer, die sie bei den Einheimischen gegen Winterpelze eintauschten. Die Schiffe trafen im Frühjahr ein. Unter den Tauschgütern befanden sich Schmuck, Decken, Messer und andere Waffen.

Das wechselvolle Schicksal der HBC

Bis etwa 1840 herrschte die HBC unangefochten in Kanada, doch 1846 wurden die Briten gezwungen, Land an Washington und Oregon abzutreten. Da das Monopol nicht zu halten war, verkaufte die HBC 1870 ihr Land an Kanada und behielt nur günstig gelegene Handelsposten, sodass sie im 20. Jahrhundert in der Immobilien- und Einzelhandelsbranche expandieren konnte. Heute zählt sie zu Kanadas Top-Firmen, die Mehrheit hält jedoch ein US-Unternehmen.

The Bay in Vancouver, eines der modernen HBC-Kaufhäuser

Der Biberpelz ist im Winter am dicksten und wertvollsten. Dann gingen die einheimischen Fallensteller auf die Jagd. Im Frühling tauschten die Ureinwohner bei den Handelsposten die weichen Felle gegen Waren ein.

Segelboote beförderten zunächst Tauschwaren für die Ureinwohner. Mit der Expansion der HBC transportierten sie auch Baumaterialien, Nahrung und Saatgut für die Siedlungen und kehrten mit bis zu 16 000 Biberpelzen zurück.

Group of Seven

Die 1920 gegründete Group of Seven revolutionierte die kanadische Kunst. Einige in Ontario arbeitende Künstler ließen sich von ihrem Kollegen Tom Thomson zu einer neuen Ausdrucksform inspirieren. Naturbegeistert reiste dieser ab 1912 in die Wildnis von Nord-Ontario, um Dutzende impressionistischer Skizzen in leuchtenden Farben zu malen. Seine Freunde erkannten, dass er der kanadischen Kunst eine neue Richtung vorgab: Die Landschaftsmalereien waren frei von der bis dahin vorherrschenden Konzentration auf das Europäische. Nach dem Ersten Weltkrieg und dem Tod Thomsons 1917 schlossen sich die Freunde zur »Gruppe der Sieben« zusammen und bekamen 1920 ihre erste Ausstellung in Toronto. Viele Gemälde zeigen die Wildnis von Nova Scotia, Ontario und Québec. Eine neue Kunst war geboren und erfüllte die Menschen mit Stolz auf ihr noch junges Land.

The Red Maple (1914) von A. Y. Jackson verkörpert das Ziel der Gruppe, ein neues Nationalbewusstsein zu schaffen.

Edge of the Forest (1919) von Frank Johnston verdeutlicht wie andere Arbeiten der Gruppe das Motto: »Erst wenn die heimische Kunst blüht, kann das Land zur Heimat des Volkes werden.« Beim Malen ihres Heimatlandes entwickelte die Gruppe eine neue Technik der Landschaftsmalerei.

Above Lake Superior (1922) stammt von Lawren Harris. Mit seinen einfachen, heroischen Bildern fängt er das raue, erfrischende Winterklima um die Großen Seen, den sogenannten »mystischen Norden«, ein. Harris glaubte, dass spirituelle Erfüllung am besten durch Landschaftsbetrachtung zu erreichen sei. Die Gruppe war der Ansicht, dass ein wahrhaftiger Ausdruck nur möglich sei, wenn am Motiv des Werks – der Landschaft – sowohl Künstler wie auch Betrachter mental Anteil nahmen.

Falls, Montreal River (1920) stammt von J. E. H. MacDonald, der Algoma zu seinem Arbeitsplatz wählte. Jedes Gruppenmitglied wurde von einer bestimmten Region, häufig innerhalb Ontarios, am stärksten inspiriert. Im Sommer unternahm man gemeinsame Ausflüge zum Malen, wobei man den Malerkollegen die eigene Lieblingsregion vorstellte.

Group of Seven

Von einem umgebauten Eisenbahnwaggon aus unternahmen die Mitglieder der Gruppe zu Fuß und per Boot Ausflüge zu ihren Lieblingsplätzen im Algonquin Park, in der Georgian Bay, in Algoma oder am Lake Superior. Nach der Ausstellung von 1920 wurden ihre Bilder schnell populär. Fast jedes Jahr stellte die Gruppe gemeinsam aus. Heimische Inspiration war entscheidend für die Themenwahl und Maltechnik der Gruppe. Ihre scheinbar groben Techniken waren Ausdruck ihrer Ablehnung der »schweren« Ölgemälde des damaligen Europa. Leuchtende Farben und sichtbare Pinselstriche veranlassten einen Kritiker zu dem Urteil, die Gruppe habe »der Öffentlichkeit Farbtöpfe ins Gesicht geworfen«.

Nach ihrer letzten Ausstellung 1931 löste sich die Gruppe zugunsten einer größeren, der Canadian Group of Painters mit Künstlern aus ganz Kanada, auf. Als Begründer einer Kunstbewegung, die auf der Liebe zur Schönheit Kanadas beruht, genießt die Group of Seven noch immer besonderes Ansehen, auch in den renommiertesten Galerien des Landes.

Das 1920 im Toronto Arts and Letters Club aufgenommene Foto zeigt von links nach rechts: Varley, Jackson, Harris, Barker Fairley (Schriftsteller), Johnston, Lismer und MacDonald. Carmichael war nicht anwesend.

Die Group of Seven im Jahr 1920

Autumn, Algoma

Das Gemälde (1920) zeigt die außergewöhnlichen Abendfarben des Herbstes in Ontario. Algoma war J. E. H. MacDonalds Lieblingsregion, ein kanadisches Eden in Nord-Ontario, das ihn inspirierte und wohin er regelmäßig Ausflüge unternahm. In seinen Bildern hält er spezifisch kanadische Themen fest: Das leuchtende Laub und die düsteren Kiefern dienen dem Aufbau einer kanadischen Identität. Beeinflusst von den Landschaftsgemälden Skandinaviens um 1900, konzentriert sich MacDonald auf Winterimpressionen, um der Landschaft Größe zu verleihen.

Toronto

Toronto hat sein prüdes koloniales Image abgelegt und wurde eine der kosmopolitischsten Städte Nordamerikas, deren fast sechs Millionen Einwohner über 100 ethnischen Gruppen angehören. Als reichste Stadt der wohlhabendsten Region Kanadas ist Toronto ein Finanz- und Handelszentrum mit schönen Kunstmuseen, schicken Café-Bars und luxuriösen Geschäften.

Das dynamische Toronto am nordwestlichen Ufer des Lake Ontario war im 17. Jahrhundert eine Siedlung der Ureinwohner und ab 1720 französischer Handelsposten. Seit Beendigung des Kriegs von 1812 *(siehe S. 52f)*, in dem England und die USA um die Stadt kämpften, ist Toronto ein friedliebender Ort, der seit dem Zweiten Weltkrieg mit der Ankunft von über einer halben Million Einwanderern, vor allem Italienern und neuerdings Asiaten, dramatisch gewachsen ist.

Das erste Besichtigungsziel sollte der CN Tower sein, der einst höchste Fernsehturm der Welt. Von oben überblickt man die Sehenswürdigkeiten der Stadt. Unten führt ein kurzer Spaziergang zum Rogers Centre oder zum Bankenviertel. Nördlich des Zentrums befinden sich das Chinesenviertel mit seinem bunten Straßenleben und Torontos berühmtes Kunstmuseum. In der Nähe liegt die Universität, auf deren Gelände man auch das Royal Ontario Museum, das Gardiner Museum of Ceramic Art und das Bata Shoe Museum findet. Eine kurze U-Bahn-Fahrt Richtung Norden bringt Besucher zur Casa Loma, einem exzentrischen Herrenhaus aus der Zeit Edwards VII, und zum Spadina House, der viktorianischen Villa nebenan. Weitere Attraktionen liegen im Umkreis von Toronto, etwa der Zoo und das Ontario Science Centre. Die McMichael Canadian Art Collection in Kleinburg beherbergt in einem modernistischen Ambiente eine Sammlung von Gemälden der Group of Seven.

Torontos Caféliebhaber treffen sich im Stadtzentrum

◀ **Blick auf den Financial District am Abend *(siehe S. 180f)***

Überblick: Toronto

Die Metropole erstreckt sich am nordwestlichen Ufer des Lake Ontario über 640 Quadratkilometer. Im Zentrum findet sich ein angenehmer Mix aus Geschäfts- und Einkaufsgegenden und ruhigen Wohnvierteln. Dagegen sind die Außenbezirke, etwa North York und Scarborough, reine Wohngebiete. Das Herz Torontos mit Bankenviertel und Chinatown wird im Norden und Süden von College und Front Street begrenzt, im Osten und Westen von Jarvis Street und Spadina Avenue.

Sehenswürdigkeiten auf einen Blick

Historische Viertel und Gebäude

- 4 Fairmont Royal York
- 8 Royal Alexandra Theatre
- 10 First Post Office
- 13 Toronto City Hall
- 14 Chinatown
- 16 University of Toronto
- 17 Ontario Parliament Building
- 18 Spadina Museum, Historic House & Gardens
- 23 Fort York
- 24 Casa Loma
- 26 Distillery District

Parks und Gärten

- 27 Toronto Islands
- 28 The Beaches und Scarborough Bluffs
- 29 Toronto Zoo

Moderne Architektur

- 1 *CN Tower S. 176*
- 3 Rogers Centre

Museen, Sammlungen und Konzertsäle

- 2 Ripley's Aquarium of Canada
- 5 Hockey Hall of Fame
- 6 Four Seasons Centre for the Performing Arts
- 7 TD Gallery of Inuit Art
- 9 TIFF Bell Lightbox
- 12 *Art Gallery of Ontario S. 182f*
- 19 Gardiner Museum
- 20 *Royal Ontario Museum S. 188f*
- 21 Bata Shoe Museum
- 30 Aga Khan Museum
- 31 Ontario Science Centre
- 32 Black Creek Pioneer Village
- 33 McMichael Canadian Art Collection

Shopping-Meilen

- 11 Queen Street West
- 15 Kensington Market
- 22 Yorkville
- 25 St. Lawrence Market

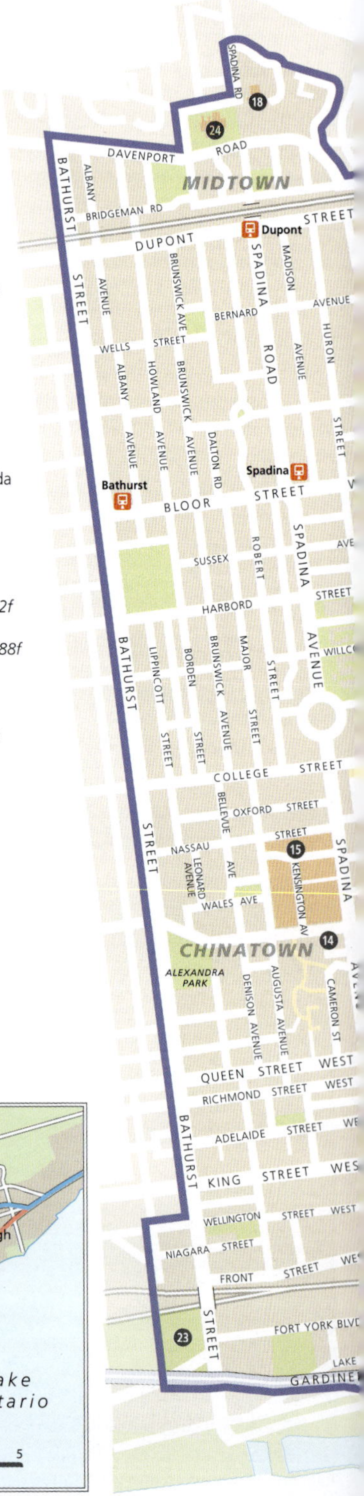

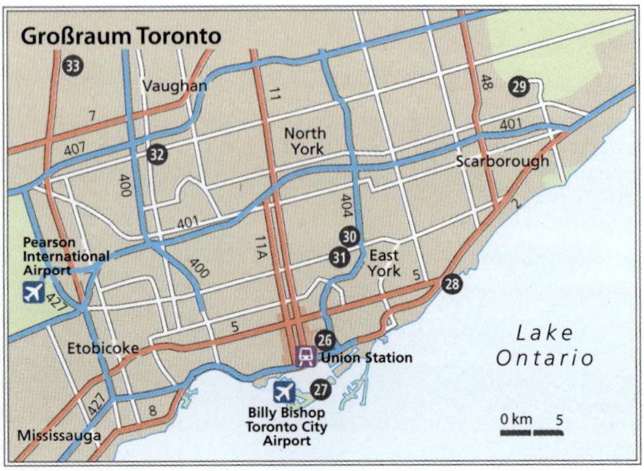

Skyline von Toronto am Ontario Lake

In Toronto unterwegs

Toronto besitzt ein gutes öffentliches Verkehrsnetz. Die U-Bahn-Linien folgen den Hauptverkehrsadern: Bloor/Danforth (Ost–West) und Yonge/University (Nord–Süd). Von jeder Station kommt man per Bus oder Tram weiter. Der UP Express verkehrt alle 15 Minuten zwischen Pearson International Airport und Union Station.

Legende

- Hauptsehenswürdigkeit
- Sehenswürdigkeit
- Interstate Highway
- State Highway
- Highway
- Fußgängerzone
- Eisenbahn

Im Detail: Hafenviertel

Torontos Hafenareal hat eine bewegte Geschichte. Einst grenzte der Lake Ontario an die Front Street, aber die Viktorianer gewannen ihm drei Kilometer Land ab, um ihre Güterbahnhöfe und Lagerhäuser unterzubringen. Bis in die 1960er Jahre, als der Handel rückläufig war, wurden Ontarios Im- und Exporte durch dieses schmale Areal geschleust. In den 1980er Jahren erlebte es einen neuen Aufschwung, als hier auf zehn Quadratkilometern der Harbourfront Park mit Grünflächen, Fußwegen, schicken Wohnungen, vielen von Torontos besten Hotels und zahlreichen Sehenswürdigkeiten angelegt wurde.

❶ ★ CN Tower
Vom einst höchsten frei stehenden Turm der Welt sieht man bis zu 160 Kilometer weit. Für Leute mit starken Nerven gibt es einen Glasboden.

Ripley's Aquarium of Canada
Das Aquarium präsentiert 16 000 Meereslebewesen, vom Lachs über Sägerochen bis zu Quallenarten. Im Glastunnel durch die Dangerous Lagoon mit 2,5 Millionen Liter Wasser kann man Haie beobachten.

❸ ★ Rogers Centre
Eine Veranstaltung im hell erleuchteten Rogers Centre, einem riesigen Stadion, ist ein unvergessliches Erlebnis für jeden Besucher.

Charterboote
Bei einer Bootsfahrt auf dem Lake Ontario und um die drei Toronto-Inseln hat man beste Sicht auf die Stadt. Man kann auch Segel- und Motorboote mieten.

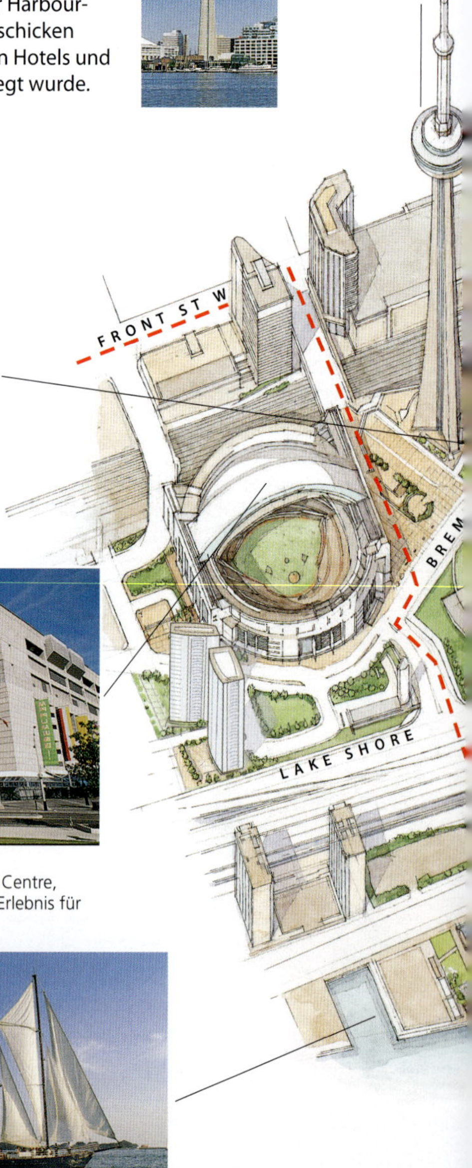

Hotels und Restaurants in Toronto *siehe Seiten 354 und 372–374*

Harbourfront Centre
Das große Kulturzentrum bietet eine Bandbreite an Veranstaltungen. Es gibt zudem eine Eislaufbahn, Glasbläserwerkstätten, wo Besucher Glasbläsern bei der Arbeit zusehen können, Kunstgalerien sowie Tanz-, Musik- und Theatervorstellungen.

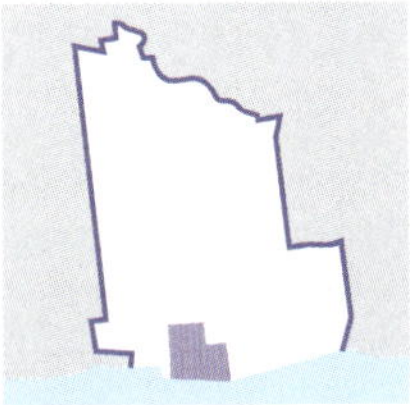

Zur Orientierung
Siehe Zentrumskarte S. 172f

Roundhouse
Um die noch immer funktionstüchtige Drehscheibe des Roundhouse, Sitz des Eisenbahnmuseums, stehen Dampflokomotiven.

Steam Whistle Brewing im Roundhouse kann bei einer Führung besichtigt werden. Auf dem Gelände der Brauerei wurden früher Dampfloks repariert.

Der Gardiner Expressway trennt das Hafenviertel vom Stadtzentrum und führt nach Westen zu den Niagarafällen *(siehe S. 216–219)*.

The Power Plant
Die Galerie für zeitgenössische Kunst zeigt Wechselausstellungen internationaler Künstler.

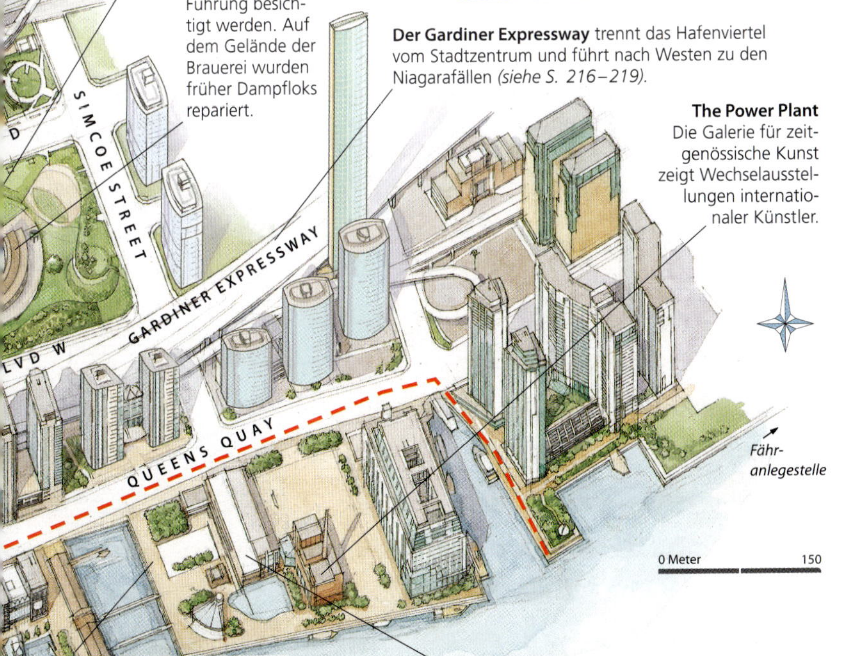

An den Kais
Die Docks sind ein Besuchermagnet, vor allem im Sommer. Hier liegen Boote und Yachten vor Anker, von den Spazierwegen sieht man auf den See.

Bill Boyle Artport
In diesem Areal des Harbourfront Centre ist immer etwas los. Es gibt einen Platz für Vorstellungen sowie eine Galerie.

❶ CN Tower

Der 553 Meter hohe Turm, das Wahrzeichen Torontos, war über drei Jahrzehnte lang das höchste frei stehende Gebäude der Welt. Der CN Tower, der ursprünglich nicht als der höchste Turm der Welt geplant war, fand so großen Anklang, dass er schon bald zu einer der beliebtesten Sehenswürdigkeiten Kanadas wurde. Er beherbergt das weltweit größte Drehrestaurant mit einer Umlaufzeit von 72 Minuten. Seit 2011 können Besucher auf dem EdgeWalk in 356 Meter Höhe auf einem Steg um den Turm herumgehen.

Infobox

Information
301 Front St W. 1-416-868-6937. tägl. 8.30–22.30 Uhr. 25. Dez.
cntower.ca

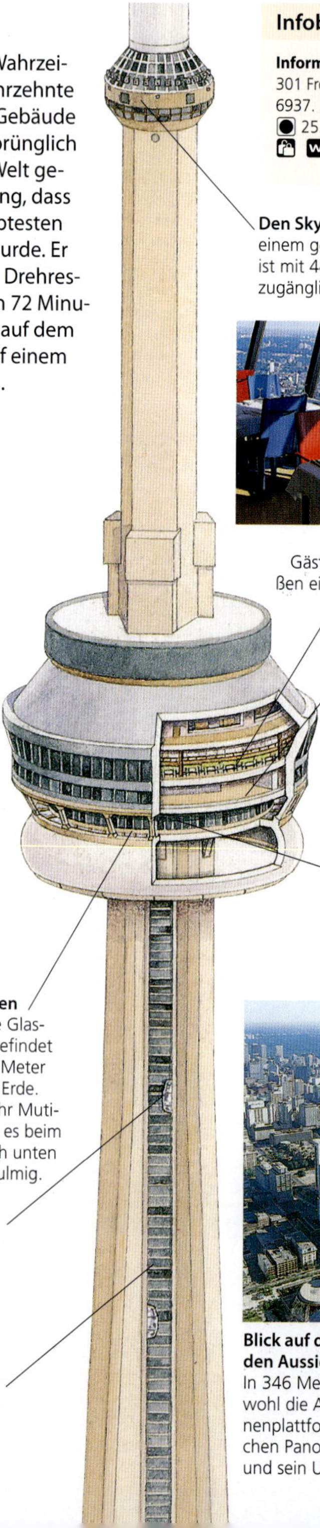

Den Sky Pod erreicht man mit einem gesonderten Aufzug. Er ist mit 447 Metern der höchste zugängliche Punkt des Turms.

360-Grad-Restaurant
Gäste des Restaurants genießen eine spektakuläre Aussicht und erstklassige Küche.

Vom Lookout Level kann man die Stadtansicht geschützt genießen. Hinweisschilder erleichtern die Orientierung.

Outdoor SkyTerrace, eine durch Stahlgitter geschützte Terrasse, lässt jeden spüren, wie hoch der Turm ist – vor allem bei Wind.

Blick vom See auf den CN Tower
Der Turm bietet eine fantastische Aussicht auf Toronto und den Lake Ontario – an klaren Tagen bis zu den Niagarafällen *(siehe S. 216–219)*.

Glasboden
Die dicke Glasschicht befindet sich 342 Meter über der Erde. Selbst sehr Mutigen wird es beim Blick nach unten etwas mulmig.

Gläserne Außenaufzüge bringen die Besucher mit atemberaubender Geschwindigkeit zu den oberen Etagen. Man erreicht die Turmspitze in weniger als einer Minute.

Die Innentreppe hat insgesamt 1776 Stufen. Hier hochzusteigen ist eine beliebte »Sportart« bei Wohltätigkeitsveranstaltungen, um Geld zu sammeln.

Blick auf die Stadt von den Aussichtsplattformen
In 346 Metern Höhe bieten sowohl die Außen- als auch die Innenplattform einen unvergesslichen Panoramablick über Toronto und sein Umland.

❷ Ripley's Aquarium of Canada

288 Bremner Blvd. 1-647-351-3474. Union, St. Andrew. tägl. 9–23 Uhr (teils bis 18 Uhr, siehe Website).
ripleysaquariumofcanada.com

Im 2013 eröffneten Aquarium kann man über 16 000 Meeresbewohner mit Arten aus der ganzen Welt hautnah erleben. Die Ausstellung beginnt mit den Fischbeständen der Great Lakes, es folgt ein zweistöckiges Becken mit einem Urwald aus Algen. Unterhalb der Dangerous Lagoon gelangt man per Rolltreppe in einen Tunnel, über dem sich u. a. Bambushaie und andere Haie sowie Pfeilschwanzkrebse tummeln. Im Planet Jellies leuchten Quallen unter Schwarzlicht.

❸ Rogers Centre

1 Blue Jay Way. 1-416-341-1000. Union, St. Andrew. tägl.
rogerscentre.com

Das 1989 eröffnete Rogers Centre war das erste Stadion der Welt mit beweglichem Dach. Bei gutem Wetter bleibt es offen, bei schlechtem Wetter wird es geschlossen, um Spieler und Zuschauer zu schützen. Vier gigantische Dachplatten wurden auf Schienen befestigt und brauchen

Das feudale Foyer des Royal York

nur 20 Minuten, um die Arena abzudecken. Das Resultat ähnelt einer großen Haselnuss. Der Eindruck wird teilweise wieder wettgemacht durch ein Paar riesiger Cartoon-Skulpturen an der Außenwand – ein Werk des zeitgenössischen Künstlers Michael Snow.

Im Rogers Centre sind zwei große Mannschaften zu Hause, die Toronto Argonauts aus der kanadischen Football- und die Toronto Blue Jays aus der Baseball-Liga. Das Rogers Centre wird auch für Veranstaltungen und Konzerte genutzt.

❹ Fairmont Royal York

100 Front St W. 1-416-368-2511. Union.

Das Royal York aus dem Jahr 1929 war früher Torontos führendes Hotel, das alle anderen mit seiner luxuriösen Ausstattung in den Schatten stellte. Man baute es, bequem für die vornehmen Gäste, gegenüber dem Hauptbahnhof. Für Tausende Immigranten war das Hotel das Erste, was sie von der neuen Stadt sahen.

Das Royal York wurde von den Montréaler Architekten Ross und Macdonald im damaligen Beaux-Arts-Stil entworfen. Die Innenräume, denen schmale Galerien zusätzlichen Charme verleihen, sind prunkvoll. Das Royal York, das mehrfach renoviert wurde, wird von seinen anspruchsvollen Gästen immer noch geschätzt.

Der gegenüberliegende Bahnhof, die United Station, ist ebenfalls ein Entwurf von Ross und Macdonald im Beaux-Arts-Stil. Die höhlenartige Haupthalle hat eine Kassettendecke, die von 22 Marmorsäulen gestützt wird.

Das bewegliche Dach des Rogers Centre über dem Spielfeld, dem Schauplatz vieler Football- und Baseball-Matches

Hotels und Restaurants in Toronto *siehe Seiten 354 und 372–374*

Die moderne Fassade des Four Seasons Centre for the Performing Arts

❺ Hockey Hall of Fame

Brookfield Place, 30 Yonge St. ☎ 1-416-360-7765. 🚇 Union, King Station. ◯ Juli, Aug: Mo–Sa 9.30–18, So 10–18 Uhr; Sep–Juni: Mo–Fr 10–17, Sa 9.30–18, So 10.30–17 Uhr. ● 1. Jan, 1. Juli, 25. Dez. ♿ **W hhof.com**

Die Hockey Hall of Fame zollt Kanadas Nationalsport, dem Eishockey *(siehe S. 42)*, Tribut. Das Spiel, sowohl Rasen- als auch Eishockey, hat seinen Ursprung in Kanada. Es begann auf gefrorenen Seen und entfacht heute die Leidenschaft der Kanadier wie kein anderer Sport. Der ultramoderne Ausstellungsbereich der »Ruhmeshalle« hat verschiedene Abteilungen, die bestimmten Aspekten des Spiels gewidmet sind. Zu allem gibt es Exponate, von den Trikots großer Spieler wie Wayne Gretzky und Mario Lemieux bis zu einem Nachbau des Umkleideraums der Montréal Canadiens.

Der Stanley Cup in der Hockey Hall of Fame

Eine andere Abteilung dokumentiert die technische und optische Entwicklung der Torhütermaske. Es gibt interaktive Ausstellungsstücke. Besucher können mit einem virtuellen Spieler selbst Schläge üben. In einem Kino laufen Filme über einzelne Spiele. In einem eigenen Bereich sind Trophäen, etwa die höchste Hockey-Auszeichnung, der 1893 von Lord Stanley gestiftete Stanley Cup, ausgestellt.

❻ Four Seasons Centre for the Performing Arts

145 Queen St W. ☎ 1-416-363-8231, 1-416-345-9595 (National Ballet). 🚇 Osgoode. So 10.30 Uhr. ♿ **W coc.ca** **W national.ballet.ca**

Das Four Seasons Centre for the Performing Arts ist Kanadas erstes speziell für Opern- und Ballettaufführungen gebautes Haus. Das 2006 fertiggestellte Gebäude verfügt über die längste freischwebende Glastreppe der Welt, ein Auditorium in Hufeisenform und eine phänomenale Akustik. Es ist Heimat der Canadian Opera Company und des National Ballet of Canada. Aufgeführt wird ein umfangreiches Repertoire von Kammermusik von Mozart und Händel bis zu den großen Werken aus dem 19. und 20. Jahrhundert wie Wagners *Ring*, wofür ein Orchester mit über 100 Musikern erforderlich ist.

Die Canadian Opera Company unter Direktor Alexander Neef genießt Weltruf und bietet die größte Opernproduktion in Kanada. Das National Ballet of Canada unter Leitung von Karen Kain ist mit über 60 Tänzern das führende Ballettensemble Kanadas.

❼ TD Gallery of Inuit Art

79 Wellington St. West. ☎ 1-416 982-8473. 🚇 Union, St. Andrew. ◯ Mo–Fr 8–18 Uhr, Sa, So 10–16 Uhr. ♿

Das TD (Toronto Dominion) Centre zeugt mit seinen fünf tiefschwarzen Wolkenkratzern vom Geschäftssinn der Toronto Dominion Bank. Der Südturm zeigt im Foyer eine Sammlung von Inuit-Kunst. Die Exponate wurden in den 1960er Jahren von einem Expertenteam gesammelt – für die Hundertjahrfeier. Zu sehen sind über 100 Stücke aus unterschiedlichen Materialien, doch Mittelpunkt der Ausstellung sind 30 bis 60 Zentimeter große Specksteinskulpturen, die mythologische Tiere und Geister sowie Alltagsszenen darstellen. Einige der schönsten stammen von Johnny Inukpuk (1911–2007), dessen *Mother Feeding Child* (1962) und *Tattoed Woman* (1958) sehr ausdrucksstark sind.

❽ Royal Alexandra Theatre

260 King St W. ☎ 1-416-872-1212, 1-800-461-3333. 🚇 St. Andrew. ♿ **W mirvish.com/theatres/royalalexandratheatre**

In den 1960er Jahren wäre das Royal Alexandra Theatre fast abgerissen worden, hätte der extravagante Einzelhandelsunternehmer »Honest Ed« Mirvish nicht eingegrifen. Mirvish

Das Royal Alexandra (1907), eines der Mirvish Theatres

Hotels und Restaurants in Toronto *siehe Seiten 354 und 372–374*

Terrasse des Black Bull in der Queen Street West – beliebter sonniger Treffpunkt in Toronto

rettete ein Theater aus der Zeit Edwards VII, dessen luxuriöse Einrichtung – roter Samt, grüner Marmor und Goldbrokat – es einst zum vornehmsten Ort Torontos gemacht hatte. Heute ist es eines von mehreren Mirvish-Theatern.

Im »Royal Alex«, wie das Theater allgemein genannt wird, werden Theaterstücke und Broadway-Musicals gezeigt. Einen Block entfernt, im Princess of Wales Theatre, werden ebenfalls Musicals aufgeführt.

Gegenüber dem Royal Alex erhebt sich der imposante Rundbau der Roy Thomson Hall *(siehe S. 389)*, Sitz des Toronto Symphony Orchestra.

9 TIFF Bell Lightbox

350 King St. West. 1-416-599-8433. St. Andrew. tägl. 10–22 Uhr. Filme und Ausstellungen. Do–Do 10–19, Fr, Sa 10–21 Uhr.
tiff.net

In fünf Kinos des Centers kann man internationale Filme, Filmreihen sowie Vorführungen mit Talkrunden sehen – doch TIFF Bell Lightbox ist wesentlich mehr als ein Kinozentrum. Es ist der Veranstaltungsort für das weltbekannte Toronto International Film Festival. Zwei Galerien zeigen Exponate, die mit Film zu tun haben.

10 First Post Office

260 Adelaide St E. 1-416-865-1833. Union Station. 501, 504. Mo–Fr 9–17.30, Sa 10–16, So 12–16 Uhr. Spende.

Das britische Unterhaus gründete 1829 einen kolonialen Postdienst, fünf Jahre später in einem Vorposten der neu geschaffenen Stadt Toronto ein Postamt. Erstaunlicherweise hat Torontos erste Post trotz wiederholter Abrisspläne überlebt.

Das weltweit einzige Beispiel einer Post aus der Zeit der britisch-nordamerikanischen Ära ist noch heute in Betrieb und auch für nostalgische Dienstleistungen bekannt. Die Besucher kommen hierher, um einen Brief per Feder zu schreiben und ihn von einem Angestellten in zeitgenössischer Uniform mit Wachs versiegeln zu lassen. Anschließend wird die Post allerdings vom nationalen Postdienst Canada Post befördert. Das Museum zeigt frühe Exponate und ein Modell Torontos im 19. Jahrhundert.

Kleine Besucher in der Queen Street West

11 Queen Street West

Osgoode. Queen 501.

In der Queen Street West herrscht bis in die frühen Morgenstunden reges Leben. In den 1980er Jahren wurde das alte Lagerhausviertel von Studenten und Trendsettern wiederentdeckt und neu belebt. Heute gibt es hier Designerläden, einfache Bars, stilvolle Cafés, aber auch Filialen großer Ladenketten. Am beliebtesten sind die Straßen zwischen Spadina und Bathurst Avenue, wo es neben Boutiquen noch Secondhand-Läden gibt.

In Torontos First Post Office wird noch mit Siegellack gearbeitet

Im Detail: Zentrum

Noch im 19. Jahrhundert war die von unzähligen Geschäften gesäumte Yonge Street das Zentrum Torontos und zugleich Trennlinie zwischen ethnischen Gruppen. Als 1964 das neue Rathaus und der Nathan Phillips Square direkt gegenüber dem alten Rathaus entstanden, wurde die Queen Street Mittelpunkt. Südlich der Queen Street erstreckt sich der Financial District, in dem seit den 1960er Jahren viktorianische Gebäude durch Hochhäuser aus Beton und Glas ersetzt werden. Zu den markantesten Wolkenkratzern zählen Mies van der Rohes schwarzes Toronto Dominion Centre und der 2012 errichtete, 65-stöckige Trump Tower.

Textilmuseum
Die Ausstellung zeigt mehr als 12 000 Objekte, u. a. Stoffe, Stickereien und Kleidung verschiedener Epochen.

Campbell House Museum
Das Haus gehörte einst einem Vertreter des viktorianischen Bürgertums (19. Jh.).

Legende
– Routenempfehlung

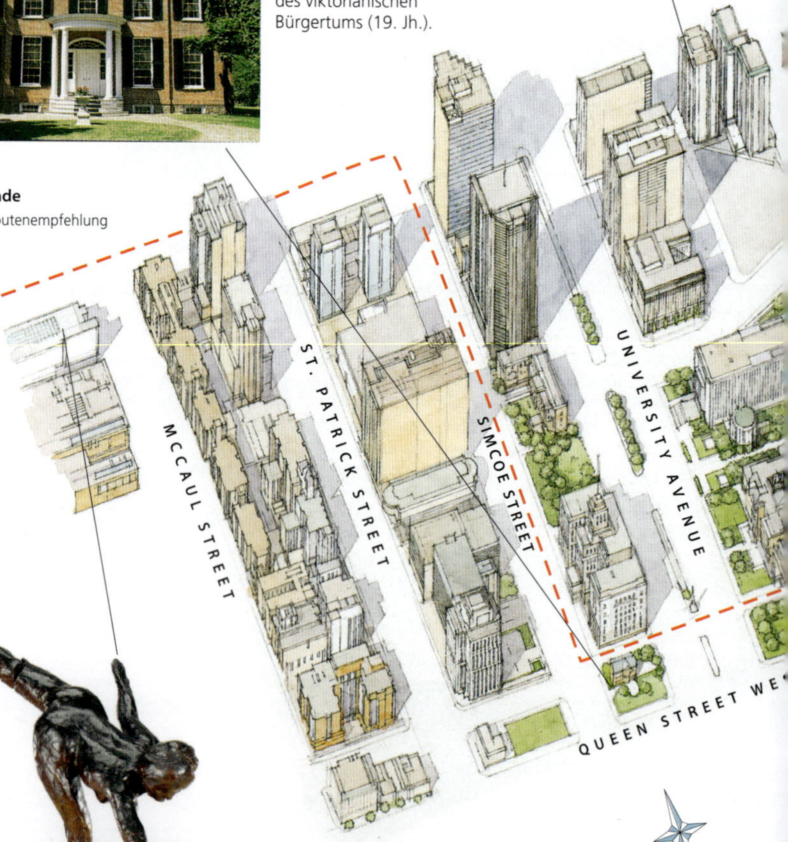

⓬ ★ Art Gallery of Ontario
Unter den zahlreichen Exponaten vom 14. bis zum 21. Jahrhundert sind auch einige Werke von Edgar Degas.

Toronto Eaton Centre Die Mall nimmt zwischen Queen und Dundas Street einen ganzen Block ein. Auf dem Yonge-Dundas Square davor finden gelegentlich Konzerte statt.

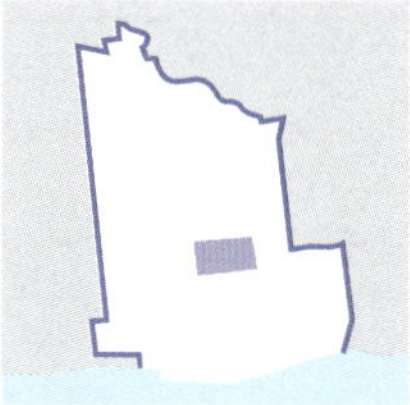

Zur Orientierung
Siehe Zentrumskarte S. 172f

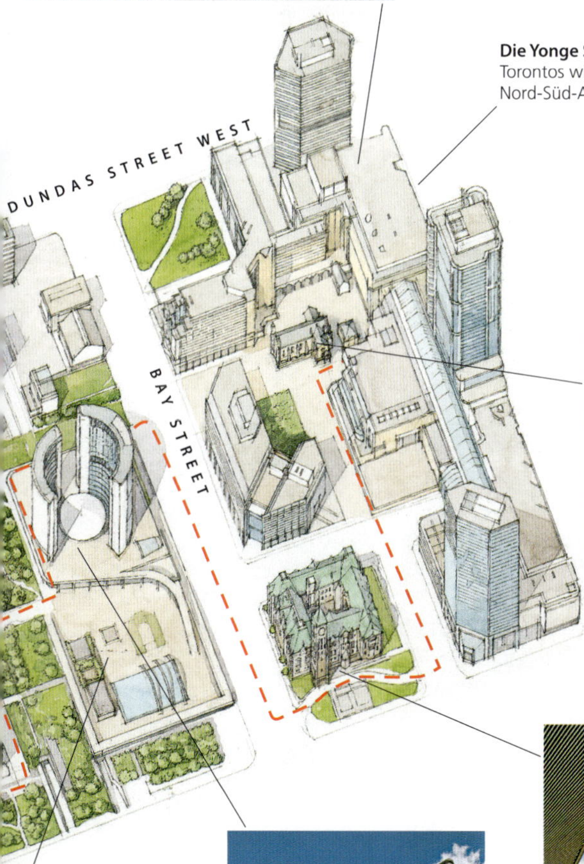

Die Yonge Street ist Torontos wichtigste Nord-Süd-Achse.

Church of the Holy Trinity Die hübsche anglikanische Kirche mit dem eleganten Innenraum stammt aus dem 19. Jahrhundert.

Der Nathan Phillips Square ist Treffpunkt und Schauplatz von Konzerten und Festivals.

⓭ ★ Toronto City Hall Das Rathaus (1965), dessen Bau sehr umstritten war, ist bei den Einheimischen wegen der im Winter zur Eisbahn umfunktionierten Plaza beliebt.

Old City Hall Das gegenüber seinem ultramodernen Nachfolger liegende elegante Alte Rathaus (19. Jh.) beherbergt nun das Provinzgericht.

⓬ Art Gallery of Ontario

Das 1900 als Art Museum of Toronto gegründete Museum besitzt eine von Kanadas größten Sammlungen bildender Kunst und moderner Skulpturen. Der moderne Bau beherbergt europäische Kunst von Rembrandt über Bernini, Monet, Chagall und van Gogh bis Picasso, eine exzellente Sammlung kanadischer Gemälde, u. a. der Group of Seven *(siehe S. 168f)*, Inuit-Kunst und die größte Sammlung von Skulpturen von Henry Moore. Bis 2008 wurde das Gebäude unter dem Architekten Frank Gehry erweitert, um eine unerwartete Schenkung des Privatsammlers Ken Thomson unterzubringen.

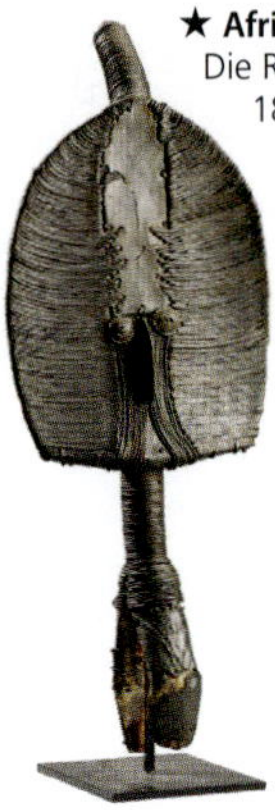

★ Afrikanische Kunst
Die Reliquienfigur (spätes 18. Jh.) aus Gabun ist nur eines von vielen Exponaten in der neuen Sammlung afrikanischer Kunst, deren Ziel es ist, die Beziehung zwischen Kunst und Kultur in Afrika aufzuzeigen.

★ Henry Moore Sculpture Centre
Das 1974 eröffnete Zentrum beherbergt die weltweit größte Sammlung von Werken Henry Moores, einschließlich *Draped Reclining Figure* (1952/53).

Massaker der Unschuldigen (um 1609)
Peter Paul Rubens' 2001 entdecktes Meisterwerk ist eines der Glanzlichter der Thomson-Sammlung.

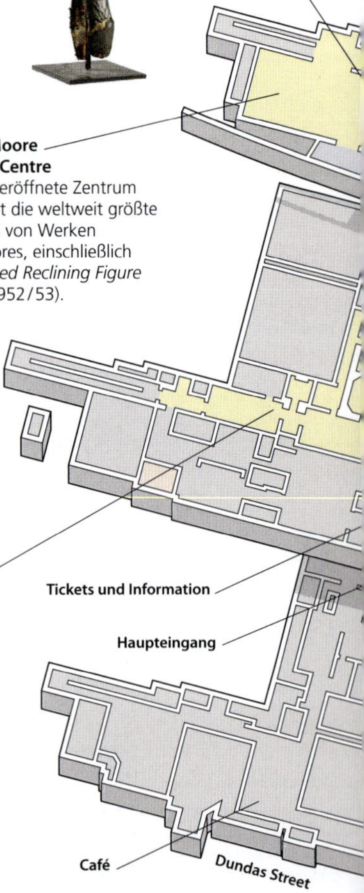

Legende

- Zeitgenössische Kunst
- Europäische Kunst
- Sonderausstellungen
- Kanadische Kunst
- Afrikanische Kunst
- Drucke, Zeichnungen, Fotos
- Keine Ausstellungsfläche

Kurzführer

Im Obergeschoss gibt es ausgezeichnete Sammlungen kanadischer Gemälde mit Werken der Group of Seven (siehe S. 168f) *und Inuit-Kunst. Hier befinden sich auch die umfangreiche Sammlung afrikanischer Kunst und das Henry Moore Sculpture Centre mit Moores Skulpturen, Bronzen und Plastiken. Europäische Kunst ist vor allem im Erdgeschoss ausgestellt, die Thomson-Sammlung mit Schiffsmodellen in der Halle.*

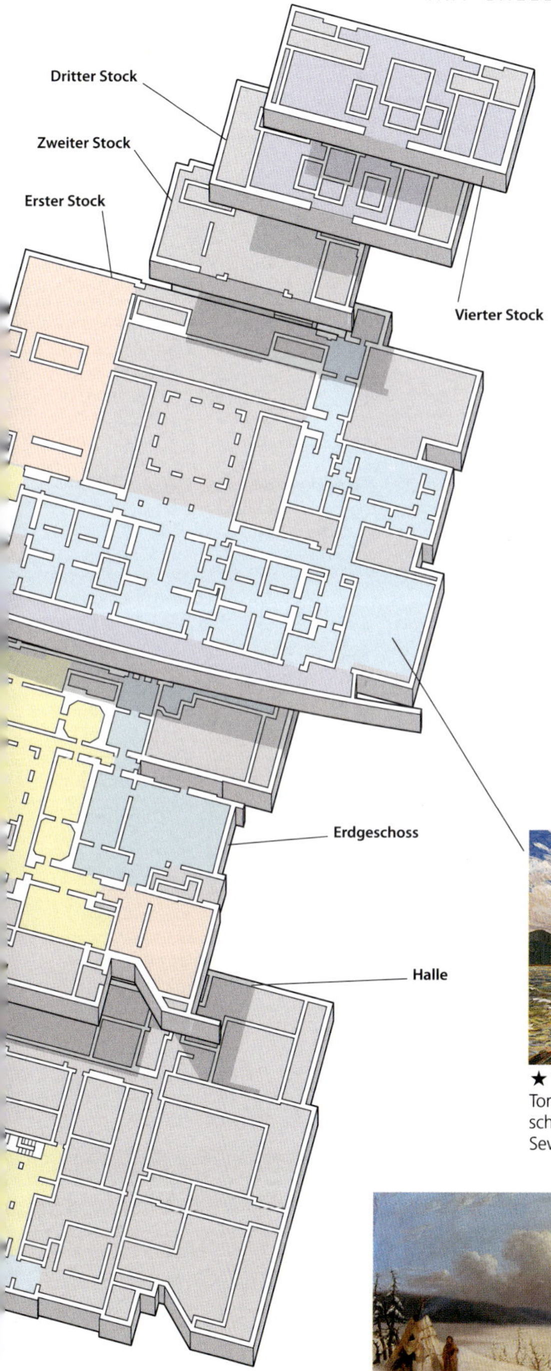

Infobox

Information
317 Dundas St W. 1-416-979-6648, 1-877-225-4246. Di, Do 10.30–17, Mi, Fr 10.30–21, Sa, So 10.30–17.30 Uhr. ago.net

Anfahrt
St. Patrick. 505.

Neue Fassade
Die moderne Erweiterung der Art Gallery of Ontario wurde von dem in Toronto geborenen, in Kalifornien lebenden Architekten Frank Gehry entworfen. Es war sein erstes Gebäude in Kanada.

★ The West Wind (1916/17)
Tom Thomson schuf einen kanadischen Malstil, für den die Group of Seven beispielhaft steht.

Scene in the Northwest (um 1845/46)
Das Gemälde von Paul Kane zeigt den britischen Soldaten und Forscher Captain John Henry Lefroy. Das Werk ist Teil der Sammlung kanadischer Kunst aus der Mitte des 19. Jahrhunderts.

Torontos Rathaus (1964) mit seinem ultramodernen Design ist weltbekannt

⑬ Toronto City Hall

Queen St W/Ecke Bay St.
Queen, Osgoode. Queen 501. Mo–Fr 8.30–16.30 Uhr.
1.toronto.ca

Torontos 1964 vollendetes Rathaus ist ein Entwurf des preisgekrönten Architekten Viljo Revell. Bei der offiziellen Eröffnung verkündete Premierminister Lester Pearson: »Das Gebäude ist so modern wie die Zukunft.« Doch vielen war es zu modern, es gab zahlreiche Proteste. Selbst heute, nach fast 40 Jahren, erscheint das Gebäude noch unerbittlich modernistisch. Mit zwei Türmen aus Beton und Glas, die ein kreisförmiges Zentralgebäude einrahmen, ist es der Inbegriff der Städteplanung der 1960er Jahre.

Das nahe gelegene Alte Rathaus ist ein großartiger neoromanischer Bau aus dem 19. Jahrhundert, dessen Türme und Säulen mit kunstvollen Schnörkelmustern verziert sind.

⑭ Chinatown

Queen 501, Dundas 505, College 506, Spadina 510.

Über 280 000 Chinesen leben in Toronto, mehr als zehn Prozent der Gesamtbevölkerung. Kanada erlebte mehrere Einwanderungswellen aus China. Die erste erfolgte während des Goldrauschs Ende 1850 nach British Columbia. Ende des 19. Jahrhunderts kamen die ersten Chinesen als Arbeiter der Canadian Pacific Railway nach Ontario und ließen sich in den Städten entlang der Eisenbahnlinie nieder. In Toronto fanden sie in Fabriken, Wäschereien und bei der Bahn Arbeit. Nach der Rückgabe Hongkongs an China kamen reiche Chinesen aus Hongkong nach Toronto. Die chinesischen Kanadier leben in jedem Teil der Stadt, die Mehrzahl jedoch in den vier Chinesenvierteln. Das größte und lebendigste hat sein Zentrum in der Spadina Avenue zwischen Queen und College Street und entlang der Dundas Street, westlich der Art Gallery of Ontario. Das Straßenbild und die aromatischen Düfte erinnern an Hongkong. Überall breiten Geschäfte und Stände ihre Waren bis auf den Gehweg aus und bieten eine verwirrende Vielfalt chinesischer Delikatessen an. Nachts werben Neonschilder für die Restaurants.

Restaurantschilder in Chinatown

⑮ Kensington Market

Baldwin St/Ecke Augusta Ave.
Dundas 505, College 506, Spadina 510.

Kensington Market ist dasjenige Wohnviertel Torontos, in dem man die größte Vielfalt an ethnischen Gruppen vorfindet. Es wurde Anfang des 20. Jahrhunderts von osteuropäischen Einwanderern gegründet, die sich in den Häusern nahe der Kreuzung von Spadina Avenue und Dundas Street zusammendrängten und in den Gassen ihre Waren verkauften. Der Basar, den sie um 1930 einrichteten, ist bis heute das Wahrzeichen des Viertels.

Heute drängen sich portugiesische, jamaikanische, mexikanische und vietnameische Stände und Läden an Käsegeschäfte und Metzgereien. Die untere Hälfte der Kensington Avenue (nahe der Dundas Street) ist voller Läden für Secondhand-Klamotten, die auch sonst jede Art von Retro verkaufen. Die Baldwin Street bietet Lebensmittelgeschäfte, Metzgereien und Fischläden. Die geschäftigte Ecke von Augusta und Baldwin Avenue ist das Epizentrum des »Markts«. In der Augusta Avenue findet man alles – von Empanadaständen bis zu Nähereien, die Kleidung reparieren.

Ein Besucher probiert exotische Nüsse im Basar von Kensington Market

Hotels und Restaurants in Toronto *siehe Seiten 354 und 372–374*

Fassade des Parlamentsgebäudes von Ontario, seit 1893 Sitz der Provinzregierung

⓰ University of Toronto

25 King's College Circle. 1-416-978-2011. St. George, Queen's Park. College 506. Mo–Fr 11, 14 Uhr, Sa 11 Uhr.
utoronto.ca

Die Universität von Toronto wurde 1827 aufgrund einer Garantie von George IV. als konfessionsunabhängige Einrichtung gegründet – trotz der Proteste der Kirche, die ihre Kontrolle über die Erziehung gefährdet sah. Sie überstand alle Schwierigkeiten, begann, ihre Rivalen zu schlucken, und entwickelte sich zu einer der angesehensten Universitäten Kanadas. So erklärt sich die Anlage des Campus mit den verstreut liegenden Colleges.

Der Hart House Circle hat die schönsten Gebäude. Hier findet man die herrlichen Höfe und efeubewachsenen Mauern des Hart House (1919), das an die Universitäten von Oxford und Cambridge erinnert. Im nahe gelegenen King's College Circle stehen das University College, ein imposanter neoromanischer Bau von 1859, das Knox College mit seinem Mauerwerk aus grauem Sandstein und die Rotunde der Versammlungshalle, das Kunstzentrum der Universität, das eine exklusive Sammlung byzantinischer Ikonen und zeitgenössische Werke ausstellt.

Ein Besuch wird durch einen Bummel auf dem Philosophenweg abgerundet, dessen gepflegter Rasen bis zur Bloor Street West reicht.

Torontos Universität erinnert an alte britische Universitäten

⓱ Ontario Parliament Building

Queen's Park. 1-416-325-7500. Queen's Park. College 506. Mitte Mai–Aug: tägl. 9.30–17.30 (Sa, So bis 16.30); Sep–Mitte Mai: Mo–Fr 9.30–17.30 Uhr.

Das Parlamentsgebäude, ein riesiger rosafarbener Sandsteinbau von 1893, der das Ende der University Avenue beherrscht, wirkt nicht gerade bescheiden. Ontarios Volksvertreter wollten ein Zeichen setzen. Die Provinz war klein und sehr loyal, doch sie wollte Eindruck hinterlassen und hatte genug Geld, dies stilvoll zu tun. Also gaben die Abgeordneten der Provinzregierung diesen unglaublich teuren Bau im neoromanischen Stil in Auftrag. Die Hauptfassade mit den vielen Türmen, Bogen und Rosetten unter einer Reihe steiler Dächer ist mit einem Relief mit beachtlichen Steinarbeiten geschmückt.

Das Interieur ist ebenfalls großartig. Vergoldete neoklassizistische Säulen säumen die Haupttreppe. Riesige Buntglasfenster erhellen die langen, getäfelten Galerien. Der Sitzungssaal ist reich mit Holzschnitzereien verziert und trägt Inschriften wie »Durch Mut, nicht durch Können«, die zu ehrenwertem Verhalten auffordern wollen.

1909 zerstörte ein Brand den Westflügel. Er wurde mit italienischem Marmor wiederaufgebaut. Der Stein war teuer, und die Abgeordneten waren verärgert, dass ein Großteil des Marmors durch darin eingeschlossene Dinosaurierfossilien beschädigt worden war. Diese Fossilien sind noch heute im Westkorridor zu sehen. Bestimmte Parlamentssitzungen sind öffentlich.

Eingang des Spadina House mit viktorianischen Säulen

⓲ Spadina Museum, Historic House & Gardens

285 Spadina Rd. 1-416-392-6910. Dupont. Jan–März: Sa, So 12–17 Uhr; Apr–Aug: Di–So 12–17 Uhr; Sep–Dez: Di–Fr 12–16, Sa, So 12–17 Uhr. Mo, Karfreitag, 1. Jan, 25., 26. Dez. obligatorisch.

James Austin, der erste Präsident der Toronto Dominion Bank, ließ das viktorianische Spadina House 1866 auf einem Felsen über der Spadina Avenue bauen. Die Letzte der Austins, Anna, zog 1982 aus und hinterließ es samt Einrichtung und Garten der Stadt Toronto und der Provinz Ontario.

Das Anwesen wurde sorgsam restauriert und vermittelt einen Eindruck, wie die Familie Austin in den 1920er und 1930er Jahren lebte. Interessant sind der Jugendstil-Fries im Billardzimmer und die Falltür im Wintergarten, die es den Gärtnern erlaubte, sich unbemerkt von der Familie um die Pflanzen zu kümmern.

⓳ Gardiner Museum

111 Queen's Park. 1-416-586-8080. Museum. Mo–Do 10–18, Fr 10–21, Sa, So 10–17 Uhr. 1. Jan, 25. Dez. **gardinermuseum.on.ca**

Das 1984 eröffnete Keramikmuseum ist das einzige in Nordamerika, das ausschließlich Töpferwaren und Porzellan gewidmet ist. Es gehört zu den größten Themenmuseen weltweit. Die Sammlung dokumentiert die Geschichte der Keramikproduktion und gibt detaillierte Informationen zu den wichtigsten Entwicklungsstadien.

***Der grüßende Harlekin,* Keramikfigur aus Meißen**

Ausgangspunkt ist die präkolumbische Zeit. Zu sehen sind u. a. faszinierende alte Werke aus Peru und Mexiko, zu denen mehrere, Grimassen schneidende Fruchtbarkeitsgötter gehören.

Unter den bunten Majoliken (Tonwaren mit Zinnglasur) befinden sich Töpfe, die zwischen dem 15. und 16. Jahrhundert in Italien hergestellt wurden. Lustig verzierte Gebrauchsgegenstände werden durch spätere Renaissance-Stücke ergänzt, die klassische Mythen erzählen.

Delfter Fayencen aus England sind ebenfalls vertreten. Die prächtigsten Exponate aus dem 18. Jahrhundert sind Stücke aus Frankreich, Österreich, Deutschland und England, vor allem die Figurenserie der Commedia dell'Arte. Sie entstammt der italienischen Stegreifkomödie mit einer Reihe stehender Figuren, darunter auch der stets zu Späßen aufgelegte Harlekin. Die kunstvoll in Regenbogenfarben verzierten Figurinen stellten Angehörige der Aristokratie auf den Esstisch, um ihre Gäste zu erfreuen, zu beeindrucken oder zu umwerben.

Sehr beeindruckend ist auch die Sammlung von Meißner Porzellan aus dem 18. Jahrhundert. Besonders erlesen ist ein Tee- und Schokoladenservice (Mitte des 18. Jh.) in einem eigens angefertigten Lederköfferchen, das die Damen der feinen Gesellschaft mit auf Reisen nehmen konnten. Jede der winzigen Tassen zeigt Segelszenen in einem Goldrahmen. Zur Sammlung des Museums gehören auch Flakons für Parfums.

⓴ Royal Ontario Museum

Siehe S. 188f.

㉑ Bata Shoe Museum

327 Bloor St W. 1-416-979-7799. St. George. Mo–Mi, Do 10–20, Fr, Sa 10–17, So 12–17 Uhr. Karfreitag, 25. Dez. **batashoemuseum.ca**

Das Schuhmuseum wurde im Jahr 1995 eröffnet, um die außergewöhnliche Vielfalt an Schuhen vorzuführen, die Sonja Bata gesammelt hat. Sie ist Mitglied des großen Schuhkonzerns, der seine Ware in 60 Länder verkauft.

Um ihre Ausstellungsstücke auch wirkungsvoll zu präsentieren, beauftragte Sonja Bata den kanadischen Architekten Raymond Moriyama mit dem Bau des hochmodernen Gebäudes mit ungewöhnlichen

Moderne Fassade des Bata Shoe Museum

Hotels und Restaurants in Toronto *siehe Seiten 354 und 372–374*

Sonntagnachmittag im Café Nervosa im hippen Yorkville

Winkeln und Spalten, das den Eindruck einer schicken Schuhschachtel hervorruft.

Die Sammlung ist über mehrere kleine Etagen verteilt und zeigt drei nach Schwerpunkten geordnete Ausstellungen. Diese werden regelmäßig durch jeweils andere Exponate aus der Sammlung des Museums bestückt. Insgesamt besitzt das Museum 13 000 Exponate, die 4500 Jahre umfassen.

Das Museum ist mehr als ein Modetempel. Schuhe werden hier als wichtige ethnologische Stücke betrachtet, die zeigen, wie sich die Technik der Verarbeitung ändert, aber auch, wie sich Wertvorstellungen wandeln. An den Schuhen kann man ganze Lebenseinstellungen ablesen, je nach Wohnort, Klima, Beruf, Geschlecht oder Religion der Träger.

Eine der Dauerausstellungen heißt »Alles über Schuhe«. Sie gibt einen Überblick über Funktionen und Entwicklung von Schuhen und beginnt mit einem Gipsmodell des vier Millionen Jahre alten Fußabdrucks eines Frühmenschen, der in Tansania entdeckt wurde. Interessant sind auch die spitzen Schuhe, die im Mittelalter getragen wurden, oder die Bärenfellschuhe japanischer Samurais.

Eine regelmäßig wiederkehrende Ausstellung zeigt Schuhe berühmter Persönlichkeiten, u. a. Marilyn Monroes rote Stilettos, Elton Johns Plateauschuhe und Michael Johnsons Goldlamé-Sprintschuhe.

Traditionelle indische *Paduka*-Schuhe, Bata Shoe Museum

Gezeigt wird auch so ungewöhnliches Schuhwerk wie französische Stiefel zum Zertreten von Kastanien, venezianische Plateauschuhe (16. Jh.) und im Vietnamkrieg getragene US-Militärstiefel, deren Sohlen so geformt sind, dass sie aussehen wie die Fußabdrücke des feindlichen Vietkong.

㉒ Yorkville

Bay.

Das winzige Yorkville entwickelte sich in den 1960er Jahren zum Treffpunkt der Hippieszene. Mit Auftritten von Vertretern der Gegenkultur wie Joni Mitchell glich es dem New Yorker Viertel Greenwich Village. Die Hippies sind mittlerweile weitergezogen, die Reihenhäuser aus Ziegeln und Holz im zentral gelegenen Yorkville sind in exklusive Geschäfte und Restaurants umgewandelt worden. Luxushotels, Designerboutiquen, private Kunstgalerien sowie schöne Juwelier- und Schuhläden locken Scharen von Einkaufslustigen an. Mittelpunkt des geschäftigen Treibens sind die Yorkville und die Cumberland Avenue mit eleganten Shopping-Komplexen.

In den letzten Jahren wurde die Gegend massiv aufgewertet. Apartmenthäuser und das luxuriöse Four Seasons Hotel Toronto schossen empor. Um den Lifestyle zu schnuppern, sollten Sie Pusateri's Fine Foods an der Yorkville Avenue, Ecke Bay Street aufsuchen. Luxuslabels wie Prada, Versace und Tiffany's findet man entlang der Mink Mile in der Bloor Street. Diverse Filialen hochwertiger Ladenketten erstrecken sich von der Avenue Road bis zur Yonge Street.

⑳ Royal Ontario Museum

Das 1912 gegründete Royal Ontario Museum (ROM), eines der größten Museen Nordamerikas, besitzt eine breit gefächerte Sammlung aus den Bereichen der schönen und angewandten Künste, der Naturwissenschaften und der Archäologie. Zu den Highlights gehören die Dinosaurierskelette und die Sammlung asiatischer Kunst mit chinesischen Skulpturen und Architektur sowie japanischer Kunst. Das renovierte, 2007 wiedereröffnete Museum wird kontrovers diskutiert. Der Michael Lee-Chin Crystal-Anbau ist eine ausdrucksstarke kristalline Struktur des Architekten Daniel Libeskind, die aus dem edwardianischen Hauptbau hervorzubrechen scheint.

Legende
- Asiatische Kunst und Architektur
- Naturgeschichte
- Textilien und Trachten
- Kanada-Abteilung
- Kulturen der Welt
- Wechselausstellungen
- Sonderausstellungen
- Keine Ausstellungsfläche

Die futuristische Optik des Royal Ontario Museum

Kurzführer

Jede Ebene des ROM hat zwei Bereich: die Abteilungen im Originalbau und jene im Michael Lee-Chin Crystal-Anbau. Die Totempfahl-Treppen gewähren Zugang zum Originalbau, die Wunder-Treppen führen zum Neubau. Rampen und Laufstege verbinden beide Bereiche.

Green Room
Dieses Inventarbeispiel stammt aus der Samuel-Sammlung: So sah ein eleganter englischer Salon in den 1750er Jahren aus. Die grüne Wandtäfelung war damals sehr populär.

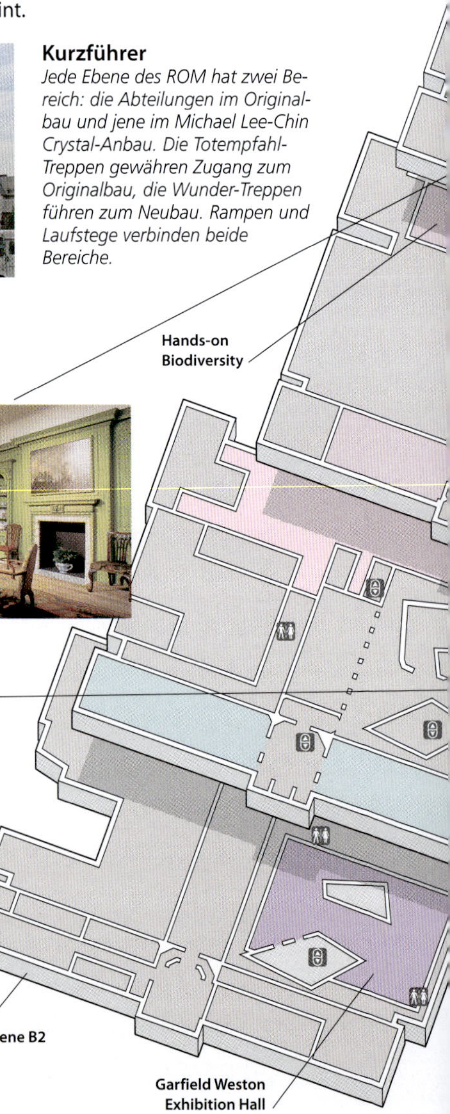

Kanada-Abteilung: First Peoples
Die geräumige Abteilung ist der kanadischen Kultur gewidmet und präsentiert die Traditionen der Ureinwohner.

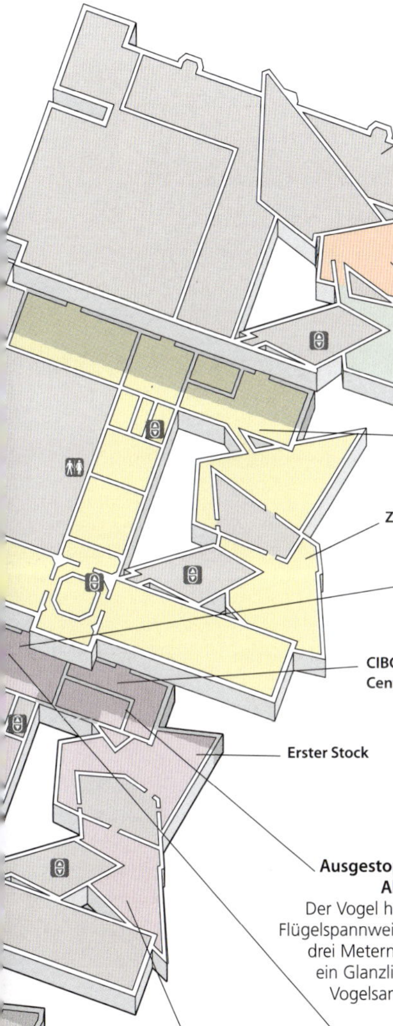

Infobox

Information
100 Queen's Park. ☎ 1-416-586-8000. Ⓜ Museum. ○ tägl. 10–17.30 Uhr (Fr bis 20.30 Uhr). ● 25. Dez. rom.on.ca

Anfahrt
Ⓜ Museum, St. George.

★ Afrika-Abteilung: Ägypten
Hier finden sich Mumien, Begräbnismasken und Alltagsgegenstände sowie die sterblichen Überreste eines Hofmusikers in einem bemalten goldenen Sarkophag, der so fein gearbeitet ist, dass die Forscher nicht wagen, ihn zu öffnen.

Ausgestopfter Albatros
Der Vogel hat eine Flügelspannweite von drei Metern. Er ist ein Glanzlicht der Vogelsammlung.

Fledermaushöhle
In der nach jamaikanischem Vorbild rekonstruierten Höhle erwarten den Besucher ca. 3000 herumfliegende Wachs- und Vinylfledermäuse.

★ Dinosaurier-Halle
Die beliebteste Abteilung des ROM befindet sich nun im ersten Stock des Michael Lee-Chin Crystal-Anbaus, mit Hunderten von Dinosaurierskeletten, Pflanzenfossilien sowie versteinerten Insekten und Meereslebewesen.

㉓ Fort York

250 Fort York Blvd. ☎ 1-416-392-6907. 🚌 511, 509. ◯ Mo–Fr 10–16, Sa, So 10–17 Uhr (24. Mai–5. Sep: tägl. 10–17 Uhr). ● 1. Jan, Karfreitag, 25., 26. Dez. 🎧 ♿ 🅶
W fortyork.ca

Fort York wurde 1793, in der turbulenten Zeit nach der Amerikanischen Revolution, von den Briten erbaut, um die militärische Kontrolle über den Lake Ontario zu erhalten. Das Fort wurde während des Kriegs von 1812 *(siehe S. 53)* von US-Truppen angegriffen und großteils zerstört. Die Briten bauten es wieder auf. Ihre Präsenz beflügelte das Wachstum von York, dem heutigen Toronto.

Das Fort wurde mittlerweile erneut renoviert. Es sieht nun wieder so aus wie vor dem Krieg von 1812 – mit Kasernen, Offiziersquartieren und allen Befestigungen. Heute kann man innerhalb seiner Festungsmauern die größte Ansammlung von Originalbauten zur Zeit von 1812 in Kanada besichtigen.

Das beeindruckende Besucherzentrum des Forts stellt Objekte aus, die einen Zeitraum von 200 Jahren Festungsgeschichte umfassen. Zudem locken die Festivals und Events in Fort York jährlich Tausende Besucher hierher.

Blick auf den St. Lawrence Market in Toronto

㉔ Casa Loma

Das edwardianische Gebäude wurde von E. J. Lennox entworfen, dem Architekten von Torontos Altem Rathaus. Der Stilmix der Casa Loma zollt den Eigenheiten von Sir Henry Pellatt (1859–1939) Tribut. Anfang des 20. Jahrhunderts machte Pellatt ein Vermögen, als er die Energie der Niagarafälle wirtschaftlich nutzte. 1906 beschloss er, sich in Toronto ein Schloss zu bauen. Drei Jahre später begann man, die 3,5 Millionen Dollar teure Casa Loma mit ihrem Architekturmix zu errichten. Die Bauarbeiten wurden im Ersten Weltkrieg unterbrochen.

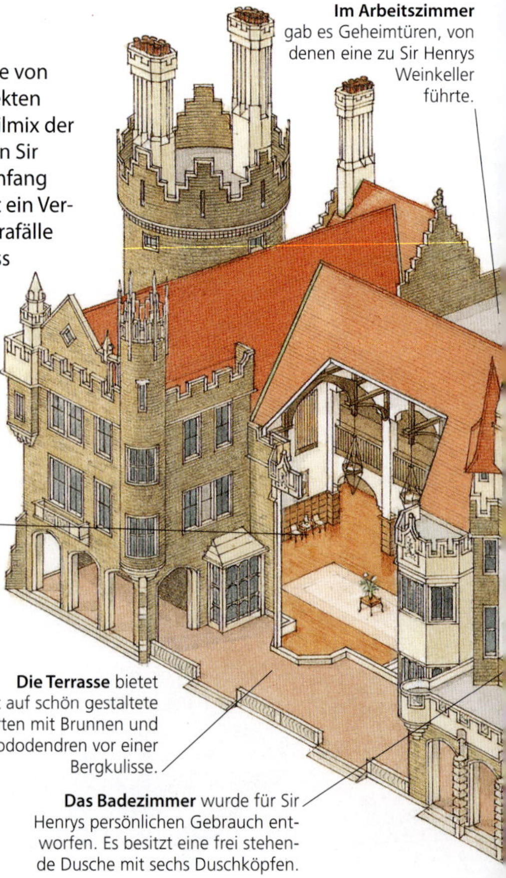

Im Arbeitszimmer gab es Geheimtüren, von denen eine zu Sir Henrys Weinkeller führte.

Die Terrasse bietet Sicht auf schön gestaltete Gärten mit Brunnen und Rhododendren vor einer Bergkulisse.

Das Badezimmer wurde für Sir Henrys persönlichen Gebrauch entworfen. Es besitzt eine frei stehende Dusche mit sechs Duschköpfen.

★ Große Halle
Eichenbalken stützen die 18 Meter hohe Decke. Das Erkerfenster ist zwölf Meter hoch.

Hotels und Restaurants in Toronto *siehe Seiten 354 und 372–374*

㉕ St. Lawrence Market

91 Front St E. King. Di–Do 8–18, Fr 8–20, Sa 5–17 Uhr. North Market Building: **Bauernmarkt** Sa 5–15 Uhr, **Antiquitätenmarkt** So von Sonnenaufgang bis 17 Uhr. **stlawrencemarket.com**

Am besten kommt man hungrig hierher. Genießen Sie z. B. Schinkensandwiches, Bagels oder das beste portugiesische *churrasco* der Stadt. Mit über 100 Ständen ist das Hauptgebäude, der sogenannte South Market, der Ort für frisches Seafood, qualitativ gutes Fleisch, exotische Käsesorten, Top-Früchte und bestes Gemüse. Der North Market wurde wiederaufgebaut. Der Bauernmarkt am Samstag und der Antiquitätenmarkt werden in einem Behelfsgebäude an der Esplanade abgehalten, gleich südlich des Hauptgebäudes.

㉖ Distillery District

Mill St, zwischen Parliament u. Cherry St. 1-416-364-1177. 504 bis Parliament, dann 5 Minuten Fußweg nach Süden. tägl. **thedistillerydistrict.com**

Kopfsteinpflasterstraßen und die erhaltenen viktorianischen Industriebauten kennzeichnen diese Fußgängerzone, die sowohl Shopping-Meile als auch Unterhaltungsareal ist. Der Distillery District war einst Sitz der Whisky-Destillerie Gooderham & Worts. Auf dem Areal finden sich heute Läden, Ateliers, Kunstgalerien, Bars und Restaurants, die sich auf 47 restaurierte Gebäude verteilen. Viele Details der alten Destillerie sind erhalten, etwa die Rohre und Spaliere oberhalb der mit Pflasterstraßen.

Ein Wahrzeichen ist die Mill Street Brewery, wo man vor Ort gebrautes Bier genießen kann. In den Innenhöfen gibt es gute Restaurants, Cafés finden sich an jeder Ecke.

Fußgänger im historischen Distillery District

Hausfassade und Gartenanlage
Die zwei Hektar große Parkanlage mit Rosen, Rasenflächen und Wäldchen unterstreicht den Charme des Hauses.

Infobox

Information
1 Austin Terrace. 1-416-923-1171. Dupont. tägl. 9.30–17 Uhr. 25. Dez. **casaloma.org**

Anfahrt
Dupont.

★ Wintergarten
Die weißen Wände betonen die viktorianische Bleiglaskuppel. In den Marmorblumenkübeln gedeihen seltene Pflanzen.

Unterricht im Kanufahren auf den Lagunen von Toronto Islands

㉗ Toronto Islands

Spadina 510 von Union Station, dann Queen's Quay. 1-416-397-2628. **toronto.ca/wps/**

Die drei Inseln im Lake Ontario, die durch Fußgängerbrücken miteinander verbunden sind, schützen Torontos Hafen und bieten Erholung in autofreier Umgebung. Hierher können sich Besucher im Sommer, wenn die Temperatur bis auf 35 °C klettert, zurückziehen und die kühle Brise am See genießen. Bei gutem Wetter sieht man die Spitze des CN Tower *(siehe S. 176)*.

Ein Spaziergang vom einen Ende der Inseln zum anderen dauert eine halbe Stunde. Im Osten liegt Ward's Island, ein verschlafenes Wohnviertel mit Parks und Wildnis, in der Mitte Centre Island mit dem Vergnügungspark Centreville und im Westen Hanlan's Point mit einem der wenigen FKK-Strände in Kanada.

㉘ The Beaches und Scarborough Bluffs

Beaches: Queen 501.

The Beaches, dessen enge Straßen vom Seeufer hochführen und von hübschen Backsteinhäusern mit Veranden gesäumt sind, ist Torontos schönstes Viertel. Es liegt östlich vom Zentrum zwischen Woodbine und Victoria Park Avenue. An der Queen Street East, der Hauptdurchgangsstraße, gibt es unzählige Cafés und Designerläden. Bis vor Kurzem war The Beaches sehr ruhig, doch mittlerweile ist es wegen seines langen Sandstrands und seiner Uferpromenade hip. Durch das Viertel führt ein drei Kilometer langer, bei Radfahrern und Skatern beliebter Weg, auf dem im Sommer – ebenso wie im großen Schwimmbad – viel Betrieb herrscht. Die Wasserqualität des Lake Ontario hat sich verbessert, sodass man baden kann (Infos zur Wasserqualität unter Tel. 1-416-392-7161).

An seinem Ostende grenzt The Beaches an Scarborough, dessen Hauptattraktion sich ebenfalls am felsigen Seeufer befindet: die Scarborough Bluffs, Felsnasen, die sich über 16 Kilometer am Lake Ontario entlang erstrecken. Zugänglich sind sie über Parks. Die Parks Scarborough Bluffs und Cathedral Bluffs bieten eine herrliche Aussicht auf die zerklüfteten Klippen. Der Bluffers Park eignet sich ideal für Picknicks.

㉙ Toronto Zoo

361A Old Finch Ave, Scarborough. 1-416-392-5929. Kennedy, dann 86A (wochentags, im Sommer auch Sa, So). 6. Mai–4. Sep: tägl. 9–19 Uhr; 5. Sep–9. Okt: Mo–Fr 9.30–16.30, Sa, So 9.30–18 Uhr; 10. Okt–5. Mai: tägl. 9.30–16.30 Uhr. 25. Dez. **torontozoo.com**

Toronto kann sich eines der weltweit größten Zoos rühmen. Er liegt im Rouge-River-Tal und ist leicht mit öffentlichen Verkehrsmitteln oder per Auto erreichbar. Die Tiere sind in ihren natürlichen Lebensräumen angesiedelt: im Mischwald, in flachen Bereichen des Flusstals und in klimatisierten Pavillons.

Besucher können den Zoo auf einem der ausgeschilderten Pfade erkunden oder mit einem Führer eine 30-minütige Fahrt in einem Zoomobil unternehmen. Es dauert etwa vier Stunden, eine repräsentative Auswahl an Tieren zu sehen, einschließlich der einheimischen Elche, Karibus, Grizzly-, Panda- und Eisbären. Splash Island ist etwas für Kinder. Hier tummeln sie sich im Wasser inmitten von Walross- und Biberskulpturen.

㉚ Aga Khan Museum

77 Wynford Dr. Eglinton, dann 100 Flemingdon Park östl. des Wynford Dr. 1-416-646-4677. Di–So 10–18 Uhr (Mi bis 20 Uhr). 25. Dez. Mi ab 16 Uhr kostenlos. **agakhanmuseum.org**

Das erste nordamerikanische Museum für islamische Kunst und Kultur zeigt eine Bandbreite an Exponaten von der Iberischen Halbinsel bis zu solchen aus China. Hinzu kommen pädagogische Programme und Veranstaltungen im Auditorium mit 350 Plätzen.

Der Hauptausstellungsbereich bietet einen persischen Salon, die Exponate der Dauerausstellung, darunter exquisite Manuskripte, Zeichnungen, Bilder, verzierte Keramik, Metallarbeiten und architektoni-

Orang-Utans im Toronto Zoo

Interaktives Exponat im Ontario Science Centre

sche Ornamente vom 8. bis zum 19. Jahrhundert, wechseln. Im ersten Stock sind pro Jahr vier Sonderausstellungen zu sehen, die bestimmte Aspekte islamischer Kunst in den Fokus rücken.

Der von Fumihiko Maki entworfene Komplex (6,8 Hektar) umfasst auch einen formalen Garten, einen Landschaftspark und das Ismaili Centre (Design von Charles Correa).

Architekturtouren gibt es dienstags bis samstags, Gartentouren saisonal.

㉛ Ontario Science Centre

770 Don Mills Rd. 1-416-696-1000. Eglinton oder Pape, dann Eglinton 100 oder Don Mills 25. Mo–Fr 10–16, Sa, So 10–17 Uhr. 25. Dez. **ontariosciencecentre.ca**

Das naturwissenschaftliche Zentrum, eine der beliebtesten Institutionen Ontarios, lockt Kinder in Scharen an – wegen der interaktiven Exponate und der verschiedenen Displays zum Anfassen. Zu den faszinierendsten Themen gehören das Sonnensystem und das menschliche Gehirn. In der Abteilung KidSpark dürfen Kinder unter acht Jahren Musik machen und nach Herzenslust experimentieren. Für ältere Kinder ist die AstraZeneca Human Edge Gallery gedacht.

㉜ Black Creek Pioneer Village

1000 Murray Ross Parkway, nahe Steeles Ave W/Ecke Jane St. 1-416-736-1733. Finch, dann 60. Mai, Juni: Mo–Fr 10–16, Sa, So 11–17 Uhr; Juli, Aug: Mo–Fr 10–17, Sa, So 11–17 Uhr; Sep–23. Dez: Mo–Fr 10–16 Uhr, Sa, So 11–16.30 Uhr. 24. Dez–Apr (bis auf einige Tage im März). **blackcreek.ca**

Etwa 40 Gebäude aus dem 19. Jahrhundert kamen im Lauf der Zeit aus anderen Teilen Ontarios in das historische Black Creek Pioneer Village im Nordwesten der Stadt. Das Resultat entspricht zwar nicht der Realität – kein Dorf in Ontario sah jemals so aus –, doch das Open-Air-Museum ist sehenswert. Personal in zeitgenössischer Tracht führt traditionelle Arbeiten vor. Interessant sind vor allem das Doctor's House (1860) und der Gemischtwarenladen Lasky Emporium. Im Laden des Blechschmieds arbeiten Fachkräfte. Auch ein Versammlungsraum für Freimaurer ist vorhanden. Fünf Gebäude werden dem Pionier Daniel Stong, der im 19. Jahrhundert lebte, zugeschrieben: ein Schweinestall, ein Räucherhaus, eine Scheune und zwei Wohnhäuser. Das ältere der beiden ist eine Holzhütte, das zweite ein Wohnhaus mit Kamin und Kräutergarten.

㉝ McMichael Canadian Art Collection

10365 Islington Ave, Kleinburg. 1-905-893-1121. Mai–Okt: tägl. 10–17 Uhr; Nov–Apr: Di–So 10–16 Uhr. 25. Dez. **mcmichael.com**

Am Rand von Kleinburg, etwa 30 Autominuten von Torontos Zentrum entfernt, bauten sich Robert und Signe McMichael ein schönes Haus aus Holz und Stein mit Blick auf die Wälder des Humber-Tals. Die McMichaels sammelten kanadische Kunst und vermachten 1965 Haus und Gemälde der Provinz Ontario. Seitdem ist die Kunstsammlung weitergewachsen und zählt mit über 6000 Werken zu den größten Sammlungen der Provinz.

Den Löwenanteil der Sammlung machen die Gemälde der Group of Seven *(siehe S. 168f)* aus. Einige Räume sind allein ihren Werken gewidmet – Bildern mit rauen, eindrucksvollen Landschaften, die die Einmaligkeit der kanadischen Wildnis zeigen. Jedem Mitglied der Gruppe ist ein gesonderter Bereich zugewiesen. Sowohl Tom Thomson (ein berühmter Vordenker der Gruppe) als auch Lawren Harris sind vertreten. Die Sammlung bietet auch Abteilungen moderner Kunst sowie Kunst der Inuit und anderer Ureinwohner.

Holz-Stein-Fassade der McMichael Canadian Art Collection

Ottawa und Ost-Ontario

Der Osten Ontarios gehört zu den meistbesuchten Regionen Kanadas. Er ist für seine Geschichte und Naturschönheit berühmt. Die zahllosen Seen und Wasserstraßen waren einst Handelswege der Ureinwohner und der Entdecker. Heute sind sie Erholungsräume für Outdoor-Aktivitäten wie Angeln, Wandern, Boot- und Skifahren. Die Quelle des St. Lawrence River, eines der größten Wasserwege der Welt, liegt bei Kingston. Nördlich des Lake Ontario erstreckt sich der Kanadische Schild mit seinen Seen, Felsen und Wäldern. Der Algonquin Provincial Park ist eines der bekanntesten Wildnisgebiete und bei kanadischen Kanuten sehr beliebt. Ebenso populär ist die Region um die Kawartha Lakes. Oberhalb des Flusses Ottawa erhebt sich majestätisch die gleichnamige Hauptstadt Kanadas. Die große Anzahl nationaler Geschichtsdenkmäler und die imposante Architektur locken jährlich fast acht Millionen Besucher in die Stadt.

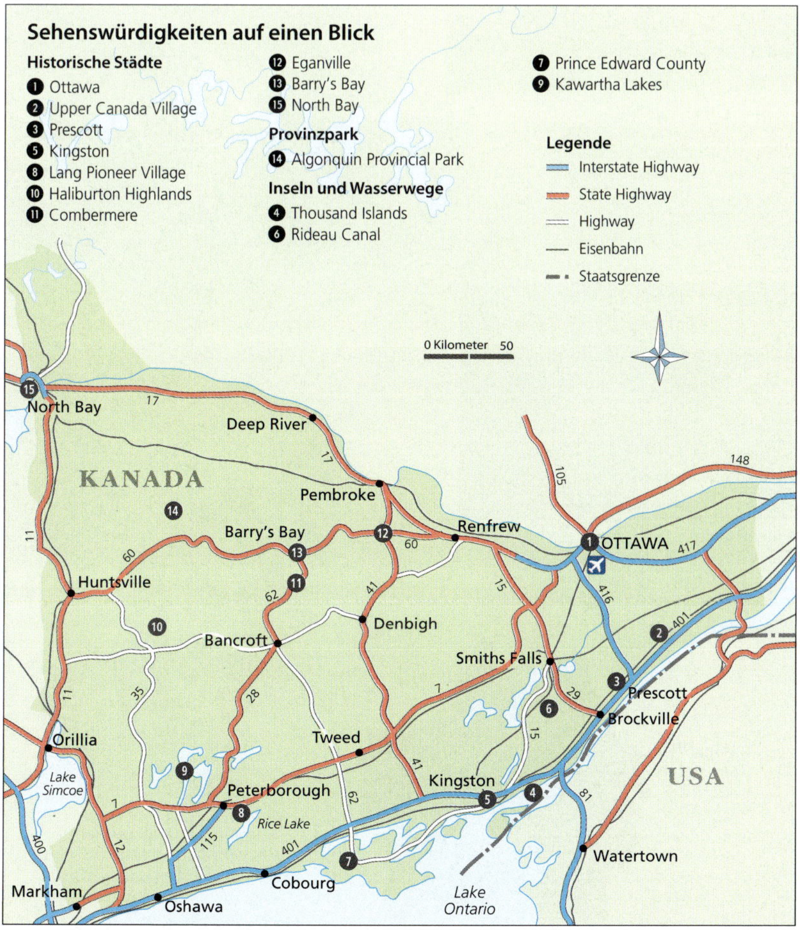

◀ **Luftaufnahme des Parliament Hill, Ottawa** ***(siehe S. 198)***

Zeichenerklärung *siehe hintere Umschlagklappe*

❶ Im Detail: Ottawa

Ottawas Wahl zur Hauptstadt Kanadas war ein Kompromiss, entstanden sowohl aus der Rivalität zwischen Engländern und Franzosen als auch zwischen den heutigen Metropolen Toronto und Montréal. Seit der Gründung 1826 hat sich Ottawa jedoch zu einer Stadt mit eigener Identität entwickelt. Schon 1857 wurde es Hauptstadt der Dominion of Canada. Ottawa hat eine bevorzugte Lage an den Ufern der Flüsse Ottawa und Rideau. Die Stadt besitzt eine Mischung aus englisch- und französischsprachigen Einwohnern. Ihre Attraktionen locken jährlich Millionen Besucher an.

Ein Mountie führt sein Pferd am Parlament vorbei

Die Centennial Flame wurde 1967 entzündet, um an ein Jahrhundert Konföderation zu erinnern. Sie brennt ständig.

★ Parliament Buildings
Von Juni bis August findet täglich die Wachablösung vor dem Parlament statt. Diese Zeremonie trägt zur Attraktivität des Regierungssitzes bei.

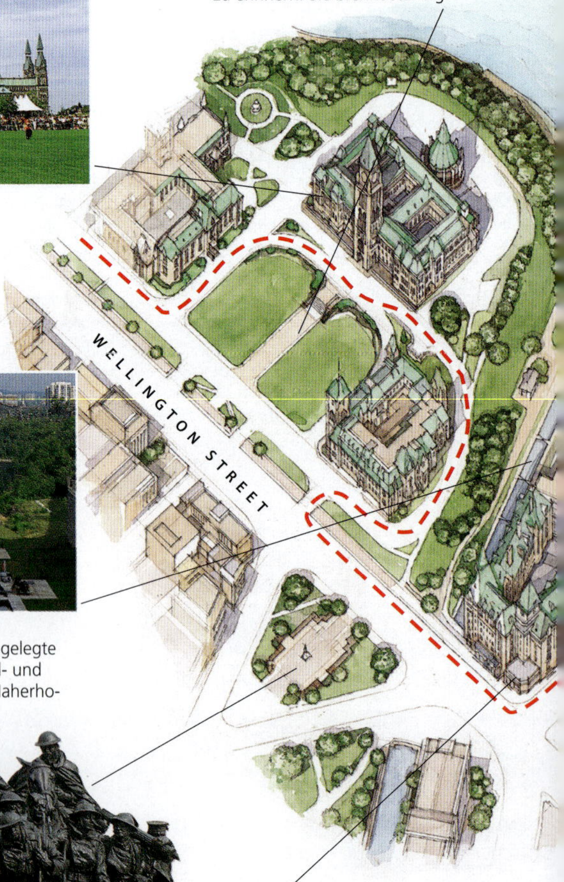

Rideau Canal
Der Mitte des 19. Jahrhunderts angelegte Kanal mit den grasgesäumten Rad- und Fußwegen am Ufer ist heute ein Naherholungsgebiet.

National War Memorial
Alljährlich am 11. November findet vor dem Denkmal ein Gottesdienst für die Kriegsgefallenen statt.

Fairmont Château Laurier ist das wohl berühmteste Luxushotel Kanadas. Seit seiner Erbauung 1912 ist die High Society des Landes hier gern zu Gast.

Hotels und Restaurants in Ottawa und Ost-Ontario *siehe Seiten 354f und 374f*

Major's Hill Park
In der Grünanlage im Herzen der kanadischen Hauptstadt steht diese Statue eines Spähers der Anishinabe. Damit wird die Rolle der indigenen Völker für die Entwicklung des Landes gewürdigt.

Infobox

Information
900 000. Ottawa Tourism, 90 Wellington St, 1-1-844-878-8333. Winterlude (Feb), Canadian Tulip Festival (Mai).
ottawatourism.ca

Anfahrt
18 km südl. der Stadt.
265 Catherine St, 200 Tremblay Rd. 200 Tremblay Rd, 3347 Fallowfield Rd.

Neapean Point bietet einen Blick über das Zentrum von Ottawa.

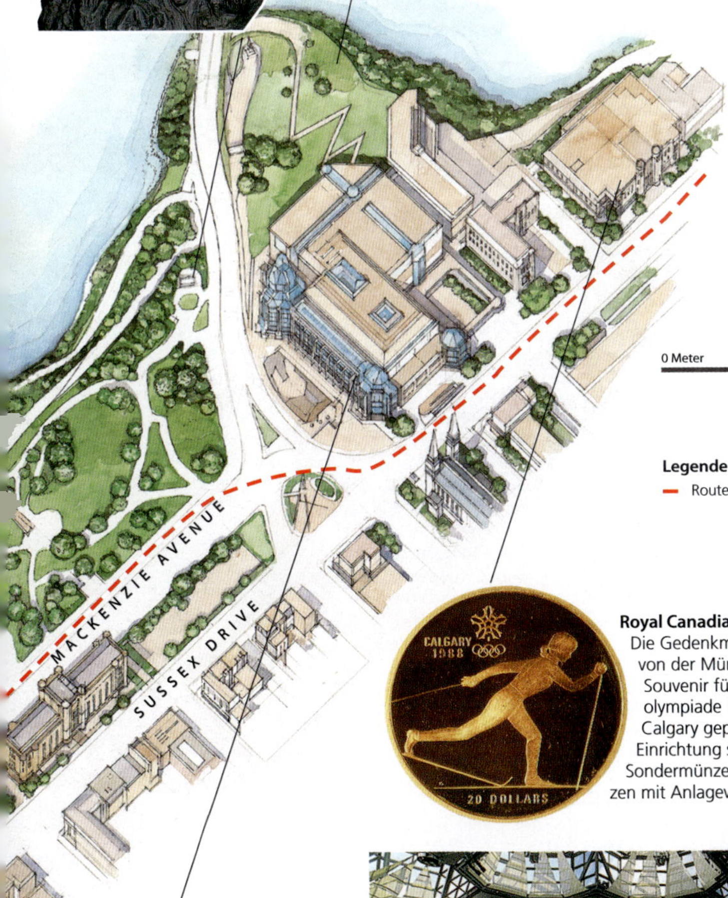

0 Meter 100

Legende
Routenempfehlung

Royal Canadian Mint
Die Gedenkmünze wurde von der Münzanstalt als Souvenir für die Winterolympiade 1988 in Calgary geprägt. Die Einrichtung stellt nur Sondermünzen und Münzen mit Anlagewert her.

★ National Gallery of Canada
In dem außergewöhnlichen Gebäude aus Glas und Granit befindet sich Kanadas führende Sammlung der Schönen Künste mit über 25 000 Exponaten.

Überblick: Ottawa

Im Zentrum Ottawas sind die meisten Sehenswürdigkeiten zu Fuß erreichbar. Der in südlicher Richtung durch die Stadt verlaufende Rideau-Kanal ist ein beliebtes Erholungsgebiet, das im Sommer zu Bootsfahrten und Spaziergängen einlädt. Im Winter tummeln sich Tausende von Schlittschuhläufern auf dem gefrorenen Kanal. Das National Arts Centre bietet Theater-, Musik- und Tanzaufführungen. Geschichts- und Kunstinteressierte können ganze Tage in Museen verbringen. Und gleich jenseits des Flusses liegt Gatineau mit einem der besten Museen des Landes, dem Musée canadien de l'histoire. In Ottawa finden auch viele Festivals statt, z.B. das Winterlude an drei Wochenenden im Februar oder das Canadian Tulip Festival, das im Frühling die Stadt mit Blumen überzieht. Auch jenseits des Zentrums gibt es viele interessante Museen, darunter das Canada Agriculture and Food Museum und das Canada Aviation and Space Museum.

Ottawas majestätisch aufragendes neugotisches Parlamentsgebäude

Parliament Buildings

Parliament Hill, 111 Wellington St. 1-613-992-4793. tägl. 1. Jan, 1. Juli, 25. Dez. **parl.gc.ca**

Die Regierungsgebäude dominieren die Skyline und blicken majestätisch auf das Zentrum Ottawas hinab. Die Kupferdächer des Ost- und des Westflügels sind, trotz der hohen Gebäude, die sich in den vergangenen 150 Jahren in unmittelbarer Umgebung angesiedelt haben, weithin sichtbar.

Die neugotischen Sandsteingebäude auf dem 50 Meter hohen Hügel wurden 1860 fertiggestellt und bieten eine wunderbare Aussicht auf den Ottawa River. Sie erinnern aufgrund des neugotischen Stils und ihrer Lage an bekannte Bauwerke wie Londons Westminster Abbey. Die 1916 teilweise durch Brand zerstörten Bauten erstrahlen nach Wiederaufbau bzw. Renovierung im alten Glanz.

Man kann das Parlament das ganze Jahr über besichtigen, darunter den Peace Tower sowie Unter- und Oberhaus. Charakteristisch für die Regierungsräume ist die Verwendung von handgemeißeltem Sand- und Kalkstein. Die mit Holz und Schmiedeeisen verzierte Bibliothek ist einen Besuch wert. Im Sommer patrouillieren auf den gepflegten Grünflächen vor dem Parlament die Mounties. Besucher warten hier, um Politiker aus der Nähe zu sehen.

Am 1. Juli, dem Canada Day, ist der Parliament Hill Schauplatz der Feierlichkeiten. Einheimische und Besucher kommen hierher, um das Feuerwerk zu erleben.

Bytown Museum

Ottawa Locks. 1-613-234-4570. 18. Mai–9. Okt: tägl. 10–17 Uhr (Do bis 20 Uhr, 14. Juni–4. Sep: bis 19 Uhr); 10. Okt–17. Mai: tägl. 11–16 Uhr. **bytownmuseum.ca**

Registrierkasse aus dem 19. Jahrhundert im Bytown Museum

Zeichenerklärung
siehe hintere Umschlagklappe

Legende
Detailkarte *siehe S. 196f*

Das in Ottawas ältestem Steingebäude (1827) untergebrachte Bytown Museum dokumentiert die Geschichte Ottawas von der Anlage des Rideau-Kanals bis in die Gegenwart. Der mit dem Bau des Kanals beauftragte Offizier John By schlug hier 1826 sein Hauptquartier auf. Während der Bauarbeiten wurde das Anwesen u. a. als Pulver- und Munitionslager genutzt.

Das elegante Wilfrid's Restaurant im Fairmont Château Laurier

Fairmont Château Laurier

1 Rideau St. 1-613-241-1414. **fairmont.com/laurier-ottawa**

Der Nachbau eines französischen Schlosses ist ein hervorragendes Beispiel für die von Eisenbahngesellschaften Anfang des 20. Jahrhunderts errichteten Prachtbauten. Seit seiner Eröffnung 1912 zieht das Hotel Politiker sowie die Prominenz an.

Das Haus beim Parliament Hill besitzt hohe Räume mit Möbeln im Louis-XV-Stil. Zoé's Lounge, ein Restaurant mit Säulen, Kronleuchtern und Palmen, erhält sein Licht durch ein Atrium und ist ein ebenso angenehmer (und teurer) Ort für ein Mittagessen wie das Wilfrid's.

Canadian War Museum

1 Vimy Place. 1-819-776-7000, 1-800-555-5621. Juli–4. Sep: tägl. 10–18 Uhr (Do bis 20 Uhr); 5. Sep–Juni: Mo–So 9.30–17 Uhr (Do bis 20 Uhr). 25. Dez, 8.–12. Jan. **warmuseum.ca**

Die Kanadier haben den Ruf, ein friedfertiges Volk zu sein, doch auch sie starben auf den Schlachtfeldern der Welt. Das Museum in einem imposanten, modernen Gebäude in der Nähe des Parliament Hill dokumentiert die Militärgeschichte des Landes und wie sie die Nation beeinflusst hat.

Die Exponate reichen von den frühesten Kriegshandlungen zwischen Franzosen und Briten auf kanadischem Boden über den amerikanischen Einfall von 1812 und den Burenkrieg von 1899 bis zur Rolle Kanadas in den beiden Weltkriegen. Die LeBreton Gallery beherbergt viel Militärtechnologie, darunter Fahrzeuge und Artillerie. The Beaverbrook Collection of War Art zählt mit etwa 13 000 Objekten zu den weltweit größten Militariasammlungen. In der von Betonwänden eingefassten Memorial Hall steht der Grabstein von Kanadas unbekanntem Soldaten. Die Regeneration Hall mit dem Peace Tower des Parliament Hill macht Hoffnung auf eine bessere Zukunft.

Plakette im War Museum

Zentrum von Ottawa

1. Parliament Buildings
2. Bytown Museum
3. Fairmont Château Laurier
4. National Gallery of Canada S. 202f
5. Royal Canadian Mint
6. Cathédrale Notre-Dame
7. ByWard Market
8. Laurier House
9. Rideau Canal
10. National Arts Centre

Royal Canadian Mint

320 Sussex Dr. 1-613-954-2626. tägl. 9–17 Uhr. obligatorisch. **mint.ca**

Das 1908 als Zweig der Königlich-Britischen Münzanstalt gegründete Unternehmen stellt heute keine Zahlungsmittel, sondern nur noch Gedenkmünzen oder Maple-Leaf-Sonderprägungen her. Hier werden etwa 70 Prozent des kanadischen Goldes veredelt. Die Münze gehört zu den größten Nordamerikas.

Das in den 1980er Jahren renovierte Gebäude ist täglich zu besichtigen. Wenn man den Weg vom Goldblech zu Säcken voller funkelnder Goldmünzen verfolgen will, muss man sich allerdings vorher anmelden.

Fassade der imposanten Cathédrale Notre-Dame in Ottawa

Cathédrale Notre-Dame

Sussex Dr/Ecke St. Patrick St. 1-613-241-7496. tägl.

Die zwischen 1841 und 1865 gebaute Kathedrale mit Zwillingstürmen ist Ottawas bekannteste katholische Kirche. Sie liegt nahe dem ByWard Market und hat eine prächtige neugotische Decke. Sehenswert sind auch die Fenster, die Schnitzereien und die große Orgel. Die Schnitzarbeiten fertigte Philippe Parizeau (1852–1938) an. In einigen Nischen des Altarraums stehen Holzstatuen von Propheten und Aposteln von Louis-Philippe Hébert (1850–1917). Joseph-Eugene Guiges, Ottawas erster Bischof, beaufsichtigte die Fertigstellung von Notre-Dame. Seine Statue steht außerhalb der Basilika.

ByWard Market gilt als besonders lebendiges Viertel

ByWard Market

Zwischen Cumberland St, Sussex Dr, George u. St. Patrick St. 1-613-562-3325. **byward-market.com**

Hier ist ständig Leben – im Sommer draußen, im Winter drinnen. Das Viertel liegt östlich des Parliament Hill auf der anderen Seite des Rideau-Kanals und bietet eine bunte Palette an Läden mit Kunsthandwerk, Cafés, Boutiquen, Clubs und Gemüseständen.

Ein besonderes Vergnügen sind die Lebensmittelstände im ByWard Market Building in der George Street und die kopfsteingepflasterten Höfe der Sussex Courtyards. Die Cafés sind ideal für ein schnelles Mittagessen.

Laurier House

335 Laurier Ave E. 1-613-992-8142. 1. Mai–Juni, Sep–9. Okt: Do–Mo 10–17 Uhr; Juli, Aug: tägl. 10–17 Uhr. **pc.gc.ca/laurierhouse**

Das heutige Nationaldenkmal, ein schön möbliertes, viktorianisches Stadthaus von 1878, war einst die Residenz von zwei kanadischen Premierministern, Sir Wilfrid Laurier und William Lyon Mackenzie King. Das Laurier House beherbergt Erinnerungsstücke, Papiere und persönliches Eigentum der früheren Regierungschefs.

Rideau Canal

pc.gc.ca/rideaucanal

Der Mitte des 19. Jahrhunderts gebaute Rideau-Kanal, eine UNESCO-Welterbestätte, führt durch Seen und Kanäle von Ottawa bis nach Kingston *(siehe S. 204f)*. In der Hauptstadt hat man auf den Fuß- und Fahrradwegen entlang dem Wasser einen reizvollen Blick auf ihn. Der einst als Wasserstraße genutzte Kanal ist heute ein Erholungsgebiet. In den Sommermonaten sieht man Spaziergänger auf den Uferwegen, im Winter verwandelt sich der Kanal auf einer Strecke von knapp acht Kilometern in eine Eislaufbahn, die während des Winterfestivals eifrig genutzt wird.

Canada Agriculture and Food Museum

Experimental Farm Dr/Ecke Prince of Wales u. Carling Ave. 1-613-991-3044. 22. Feb–Okt: tägl. 9–17 Uhr; Nov–21. Feb: Mi–So 9–17 Uhr. 25. Dez. **cafmuseum.techno-science.ca**

Das Museum auf dem Gelände der Central Experimental Farm ist eine Forschungsstation und National Historic Site. Hier wird Besuchern das typische Leben auf einem Bauernhof nähergebracht, u. a. durch Vorstellung

Im Canada Agriculture and Food Museum kommen Kinder den Tieren nah

Der Komplex des National Arts Centre im Herzen der Stadt

diverser landwirtschaftlicher Tätigkeiten. Die Viehställe und Rinderherden sind bei Kindern besonders beliebt. Hübsch ist die Fahrt im Pferdewagen, der von den schweren Clydesdale-Pferden gezogen wird. Beliebt ist auch die Schau-Küche.

National Arts Centre

1 Elgin St. 1-613-947-7000. tägl. **nac-cna.ca**

Das National Arts Centre (NAC) hat vier Bühnen, ein elegantes Restaurant am Kanal und eine Sommerterrasse. Der Originalbau stammt vom kanadischen Architekten Fred Lebensold, 2017 wurde der neu renovierte Komplex eröffnet. Viele einheimische und internationale Künstler aus den Sparten Tanz, Theater und Musik, darunter das National Arts Centre Orchestra, geben hier regelmäßig Vorstellungen. Reservieren Sie frühzeitig.

Canadian Museum of Nature

240 McLeod St. 1-613-566-4700, 1-800-263-4433. Di–So 9–17 Uhr (Do bis 20 Uhr); Juni–4. Sep: tägl. 9–18 Uhr (Do, Fr bis 20 Uhr). **nature.ca**

Das Kanadische Naturgeschichtliche Museum überzeugt mit der didaktisch hervorragenden Aufbereitung seiner Sammlungen von Säugetieren, Vögeln, Meerestieren, Fossilien und Dinosauriern. Die Vale Earth Gallery zeigt Versteinerungen. Kinder zieht es in die Abteilung »Arktische Meere«, wo sie Kapitän auf einem Forschungsschiff werden können. Im Animalium sieht man u. a. Riesenschlangen, Taranteln und Skorpione.

Canada Science and Technology Museum

1867 St. Laurent Blvd. 1-613-991-3044. wg. Renovierung geschlossen, zur Wiedereröffnung im Nov 2017 siehe Website. **cstmuseum.techno-science.ca**

Das interaktive Museum unterzieht sich einer umfangreichen Renovierung. Zusätzlich entstehen neue Ausstellungsflächen, eine neue Ausstellungshalle für Sonderausstellungen, ein Konservierungs-Center und ein Open-Air-Wissenschaftspark. Das Museum widmet sich der kanadischen Weltraumgeschichte, der Entwicklung des Transportwesens und modernen Technologien. Für Kinder gibt es die Children's Gallery.

Canada Aviation and Space Museum

11 Aviation Parkway. 1-613-991-3044. Mai–5. Sep: tägl. 9–17 Uhr; 6. Sep–Apr: Mi–Mo 10–17 Uhr. **casmuseum.techno-science.ca**

Der Bau beim Rockcliffe Airport beherbergt mehr als 130 Flugzeuge. Eine Nachbildung des berühmten *Silver Dart* (1909), eines der ersten kanadischen Flugzeuge, steht hier, ebenso die Nase des *Avro Arrow*, des Überschallkampfjets. Mit ihm löste die Regierung in den 1950er Jahren eine politische Krise aus, als sie einen Baustopp verordnete. Die *Spitfire*, ein Flugzeug der Alliierten aus dem Zweiten Weltkrieg, findet sich neben »Buschfliegern« wie dem *Beaver* und den ersten Passagierjets. Die interaktiven Exponate des Walkway of Time zeichnen die weltweite Geschichte der Fliegerei nach.

Glasfassade des Canadian Aviation and Space Museum

Ottawa: National Gallery of Canada

Die 1988 eröffnete Nationalgalerie ist ein aufsehenerregender Ort für einige der beeindruckendsten Kunstsammlungen des Landes. Das Gebäude des Architekten Moshe Safdie aus rosa Granit und Glas stellt bereits ein Kunstwerk dar. Die Nationalgalerie ist eines der drei größten Museen Kanadas mit wichtigen nationalen und internationalen Kunstwerken. Das Top-Museum liegt nur einen Katzensprung vom Rideau-Kanal und vom Major's Hill Park entfernt.

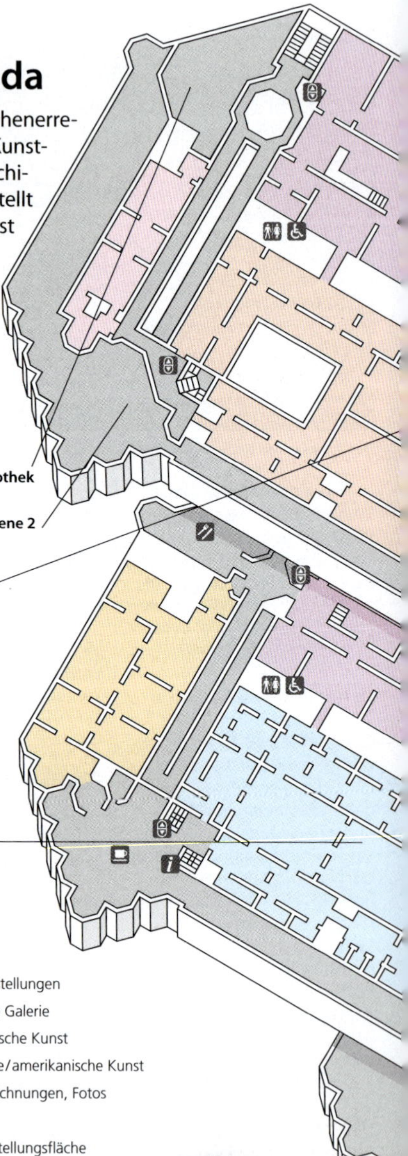

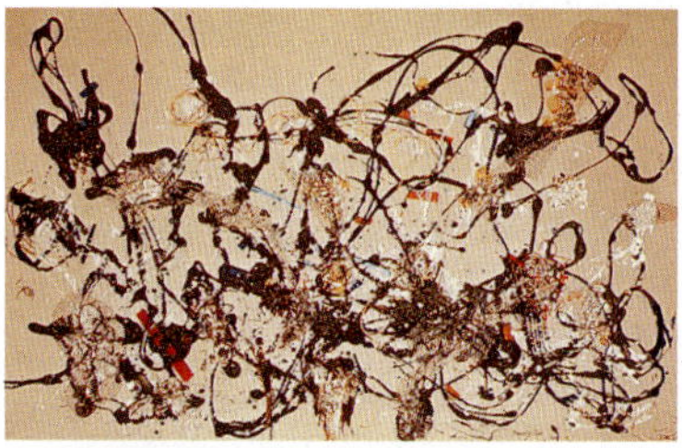

No. 29 (1950)
Dieses Beispiel für Jackson Pollocks eigentümliche Tropftechnik ist Teil einer riesigen, in Segmente geschnittenen Leinwand – daher auch der Titel *No. 29*.

★ Rideau Street Chapel
Die Kapelle (1888), die in einem ruhigen Innenhof stand, wurde vor den Bulldozern gerettet und hier wiederaufgebaut.

Legende
- Sonderausstellungen
- Kanadische Galerie
- Zeitgenössische Kunst
- Europäische/amerikanische Kunst
- Drucke, Zeichnungen, Fotos
- Inuit-Kunst
- Keine Ausstellungsfläche

Inuit-Skulpturen
Sie präsentieren sich in alter und moderner Form. *Aurora Borealis köpft einen jungen Mann* entstand 1965.

Kurzführer

Ebene 1 beherbergt die weltweit größte Sammlung kanadischer Kunst, internationale Exponate und Wechselausstellungen. Auf Ebene 2 finden sich die europäischen und amerikanischen Kunstwerke und die Galerie für Drucke, Zeichnungen und Fotografien. Zwei Innenhöfe laden zur Entspannung ein.

National Gallery Plaza
Die neun Meter hohe Bronzefigur einer Riesenspinne *(Maman)* der Bildhauerin Louise Bourgeois (1911–2010) steht auf der National Gallery Plaza.

Infobox

Information
380 Sussex Drive. 1-613-990-1985. 3. Mai–Sep: tägl. 9.30–17 Uhr (Do bis 20 Uhr); Okt–Apr: Di–So 9.30–17 Uhr (Do bis 20 Uhr). 1. Jan, Karfreitag, 25. Dez. 11, 14 Uhr.
gallery.ca

Anfahrt
1, 3, 9.

★ The Jack Pine (1916)
Tom Thomson, Vater der nationalen Kunstbewegung Kanadas im frühen 20. Jahrhundert, wurde mit seinen skizzenhaften, impressionistischen Gemälden der Landschaft Ontarios bekannt. Dieses Ölgemälde mit einem Baum in der Wildnis ist in kräftigen Farben gehalten.

Maria mit Kind und Engel (um 1535–39)
Francesco Salviati (1510–1563) war Schüler von Andrea del Sarto in Florenz. Die Darstellung in einer Grotte mit einer Landschaft im Hintergrund erinnert an del Sartos Arbeiten.

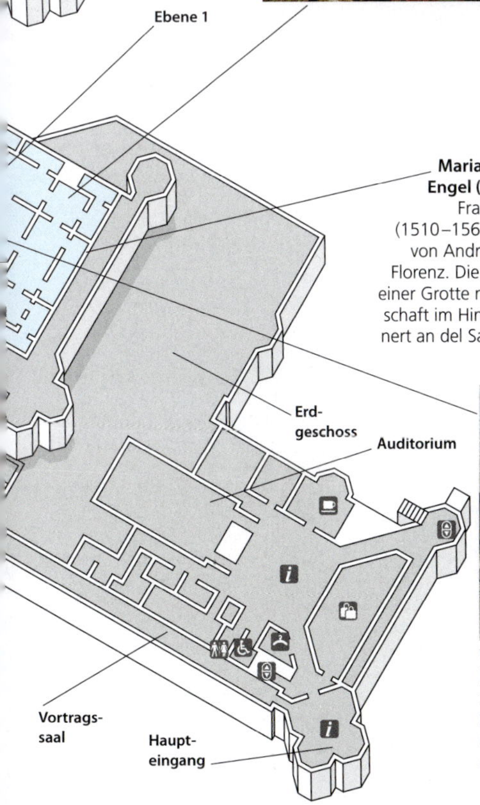

Water Court
Der helle Raum steht in markantem Kontrast zu den wertvollen Schätzen der Vergangenheit, die es im Museum zuhauf gibt. Water Court wird als kontemplatives Ausstellungsareal für Skulpturen genutzt.

❷ Upper Canada Village

13740 County Road 2, Morrisburg. Ausfahrt 758 nahe Hwy 401, dann nach Süden zur County Road 2. 1-613-543-4328. Mai–Sep: tägl. 9.30–17 Uhr (6.–17. Sep: Mi–So 9.30–17 Uhr). **uppercanadavillage.com**

Die ländliche Stadt wurde elf Kilometer westlich von Morrisburg wiederaufgebaut, um sie vor den steigenden Fluten des St. Lawrence River beim Bau des St. Lawrence Seaway (1950) zu retten. Heute ist sie eine Attraktion und erinnert mit ihren 40 Gebäuden aus der Zeit vor 1867 an die Sozialgeschichte der Provinz. Kostümierte »Dorfbewohner« arbeiten in Schmiede, Sägemühle und Tischlerei mit Werkzeug aus der Mitte des 19. Jahrhunderts. Auch eine Bäckerei, eine Käserei und ein Dorfladen werden betrieben. Das ganze Jahr über finden Veranstaltungen statt. In der Nähe erinnert das Battle of Crysler's Farm Memorial an die Gefallenen des Kriegs von 1812.

❸ Prescott

4100. 360 Dibble St W, 1-613-925-2812. **prescott.ca**

Attraktiv machen diese Stadt (19. Jh.) ihre Architektur und die Lage am St. Lawrence River. Im restaurierten Hafenviertel und an der Marina kann man schön bummeln. Besucher aus aller Welt kommen zu den fantastischen Tauchgründen. Hier liegen 22 Schiffswracks (spätes 19. Jh.–Mitte 20. Jh.), die man innerhalb einer Stunde besichtigen kann.

Leuchtturm (1838) und Boote in der Marina von Prescott

Die **Fort Wellington National Historic Site** östlich des Stadtzentrums zieht viele Besucher an. Das Fort stammt aus dem Krieg von 1812. 1838 wurde es neu aufgebaut. Vier Mauern und einige Gebäude sind erhalten, u.a. ein Steinblockhaus, heute ein Militärmuseum, das auch Offiziersquartiere zeigt.

Fort Wellington
Prescott. 1-613-925-2896. 20. Mai–Juni, 5. Sep–9. Okt: Do–Mo 10–17 Uhr; Juli, Aug: tägl. 10–17 Uhr. **pc.gc.ca/fortwellington**

Segelboot bei den Thousand Islands

❹ Thousand Islands

10 King St E, Gananoque, 1-613-381-8427. **1000islandstourism.com**

Der St. Lawrence River, eine der größten Wasserstraßen der Welt, ist das Tor zum Meer für alle Schiffe, die von den Großen Seen kommen. Doch nur wenige Abschnitte können sich mit der Schönheit der Thousand Islands messen: Von Kingston flussabwärts bis nach Gananoque, Brockville, Ivy Lea und Rockport liegen verstreut über 1000 Inseln und Inselchen. Bootstouren unterschiedlicher Länge, darunter ganztägige Ausflüge zum Boldt's Castle, werden in Gananoque, Rockport und Brockville angeboten.

Zu den Sehenswürdigkeiten zählt das seltsame Boldt's Castle auf Heart Island, jenseits der US-Grenze im Staat New York. Den Prachtbau ließ der superreiche Hotelier Boldt bauen, aus Kummer über den Tod seiner Frau gab er ihn jedoch 1904 auf. Boldts Chefkoch Oscar im New Yorker Waldorf Astoria, der die Sommergäste im Schloss bekochte, soll hier die Thousand-Islands-Salatsauce erfunden haben.

❺ Kingston

160 000. 209 Ontario St, 1-613-548-4415, 1-888-855-4555. **tourism.kingstoncanada.com**

Das einstige Zentrum für Schiffsbau und Pelzhandel war kurzzeitig (1841–44) die Hauptstadt der Vereinigten Provinz Kanada *(siehe S. 54)*. Generationen von Schiffsbauern haben hier edle Sandsteinhäuser errichtet. Kingston, 1976 Gastgeber der Regatta der Olympischen Spiele, ist heute Hauptstadt der Binnensegler Nordamerikas und Ausgangspunkt für Bootsausflüge in die Umgebung. Allseits beliebt ist die restaurierte britische Bastion **Fort Henry National Historic Site of Canada**, ein Militärmuseum mit Wachen in scharlachroten historischen Uniformen, die exerzieren, Schießübungen abhalten und Dudelsackmusik aus der Zeit um 1860 spielen.

Wache am Fort Henry

In Kingston befinden sich auch die beste Offiziersschule

Kanadas und das in einem Martello-Turm (1846) untergebrachte Royal Military College of Canada Museum, das die Geschichte der Kadetten erzählt.

Das **Marine Museum of the Great Lakes** ist an den Portsmouth Olympic Harbour umgezogen. Hier wird die Geschichte der Großen Seen und der Schiffe, die sie befuhren, dokumentiert. Unter den Exponaten befindet sich das erste, 1678 hier gebaute Schiff. Der 3000 Tonnen schwere Eisbrecher ist leider nicht mehr zu besichtigen.

An der Schleuse Kingston Mills werden die Boote vier Meter gehoben. Sieben Kilometer nördlich von Kingston erstreckt sich ein Erholungsgelände mit Picknickplätzen.

Fort Henry
Kingston. 1-613-542-7388. 20. Mai–3. Sep: tägl. 9.30–17 Uhr. **forthenry.com**

Marine Museum of the Great Lakes
53 Yonge St. 1-613-542-2261. wg. Renovierung geschlossen. **marmuseum.ca**

6 Rideau Canal

pc.gc.ca/rideaucanal

Der Rideau-Kanal, eine 1832 fertiggestellte Verteidigungslinie gegen die Amerikaner, hat eine Länge von 200 Kilometern. Am besten genießt man dieses funkelnde Wasserband auf einer Bootsfahrt. Als technische Innovation des 19. Jahrhunderts mit 47 Schleusen und 24 Dämmen ermöglicht der Kanal eine sanfte Bootsfahrt vorbei an Wald, Ackerland und Seen mit Stopps für den Besuch von Dörfern und des **Rideau Canal Visitor Centre** bei Smiths Falls.

Blick auf den Rideau-Kanal bei Westport Village

Historisches Haus in Picton, Prince Edward County

Nördlich von Kingston fließt der Kanal durch mehrere Provinzparks mit attraktiven Kanurouten. Beliebt ist auch der Rideau Trail, ein 400 Kilometer langer Wanderweg, der Kingston mit Ottawa verbindet.

Rideau Canal Visitor Centre
34 Beckwith St S. 1-613-613-283-5170. 19. Mai–9. Okt: tägl.
pc.gc.ca/en/lhn-nhs/on/rideau/

7 Prince Edward County

116 Main St, Picton. 1-613-476-2421. **pec.on.ca**

Das malerische, einst ruhige Prince Edward County wird zunehmend zur Destination von Gourmets. Mittlerweile gibt es Dutzende Weinberge. Bekannt ist die Insel, die vom Lake Ontario und der Bay of Quinte umgeben ist, auch wegen des Sandbanks Provincial Park mit zwei Campingplätzen und Stränden zum Sonnenbaden. Die feinen Sanddünen erreichen eine Höhe von 25 Metern und zählen zu den bedeutendsten Süßwasser-Dünenlandschaften der Welt.

Nach der Amerikanischen Revolution (1775) besiedelten britische Loyalisten *(siehe S. 52)* die Insel und gründeten kleine Städte mit einer einträglichen Landwirtschaft. Fährt man mit dem Fahrrad oder im Auto auf den Landstraßen oder dem Loyalist Parkway, entdeckt man immer wieder architektonische Schätze und idyllische Plätze.

8 Lang Pioneer Village

104 Lang Rd, Keene (10 km östl. von Peterborough). 1-705-295-6694. 23. Mai–16. Juni: Mo–Fr 10–15 Uhr; 18. Juni–4. Sep: tägl. 10–16 Uhr.
langpioneervillage.ca

Neun Kilometer entfernt, am kleinen Indian River, präsentiert das Lang Pioneer Village Kanadas Vergangenheit in 20 Gebäuden aus dem 19. Jahrhundert, historischen Gärten und einem Farmbetrieb. Auf dem Gelände befindet sich auch eine alte Mühle. Handwerker gehen in der Kleidung der damaligen Zeit ihrer Arbeit nach, beispielsweise in einer Schmiede.

Die Bewohner des Dorfs demonstrieren traditionelle ländliche Lebensweise auch anhand von Alltagsszenen wie z. B. der Essenszubereitung über offenem Feuer oder dem Flicken von Gewändern. Im Sommer können Besucher im Keene Hotel am Nachmittagstee teilnehmen (13–15 Uhr). Mehrere Veranstaltungen lassen alte Erntefeste und Weihnachtsbräuche aufleben.

Schilfrohr an einem Teich im Petroglyphs Provincial Park

9 Kawartha Lakes

i 270 George St, Peterborough. 1-705-742-2201, 1-800-461-6424. W **thekawarthas.ca**

Die Kawartha-Seen sind Teil des 386 Kilometer langen Trent-Severn-Kanals (19. Jh.), der vom Lake Ontario bis zur Georgian Bay führt – eine Region für Freizeitaktivitäten wie Bootsfahrten und Angeln. Man kann sie auch per Hausboot, (wird in den Orten am Ufer vermietet) erkunden.

Im Zentrum findet sich das Städtchen Peterborough mit einer Universität, hübschen Parks am Ufer und dem größten Schiffshebewerk der Welt. 24 Kilometer nördlich liegt im Curve Lake Indian Reserve das berühmte Whetung Ojibwa Centre, eine der besten Adressen für Handwerkskunst der Ureinwohner.

Der **Petroglyphs Provincial Park**, 55 Kilometer nördlich von Peterborough, ist unter den Einheimischen eher als »teaching rocks« (»Lehrfelsen«) bekannt. Über 900 Felsbilder wurden hier von den Ureinwohnern in den weißen Kalkstein geritzt. Die 1954 entdeckten, gut erhaltenen Symbole und Zeichnungen von Tieren, Booten, Geistern und Menschen wurden von geistigen Führern der Indianer geschaffen, um Träume und Visionen zu tradieren. Heute sind die Felsbilder von einem riesigen Glasbau umgeben, der 1984 errichtet wurde, um sie vor Frost zu schützen. Die Felsbilder sind für die Ureinwohner Kanadas immer noch ein heiliger Ort.

Petroglyphs Provincial Park
2249 Northey's Bay Rd, Woodview, nahe Hwy 28. 1-705-877-2552. 12. Mai–9. Okt: Mi–So (Mitte Juni–Aug: tägl.).

10 Haliburton Highlands

i 12340 Hwy 35, Minden. 1-705-286-1777, 1-800-461-7677. W **myhaliburtonhighlands.ca**

Das Hochland von Haliburton ist das ganze Jahr wegen seiner Wälder, Seen und spektakulären Szenerie ein beliebtes Ziel für Outdoor-Fans. Im Sommer kommen viele Besucher, um Boot zu fahren, zu angeln und zu schwimmen. Im Herbst fahren die Menschen busweise hierher, um die Herbstfarben zu genießen oder zu jagen. Im Winter sieht man Schneemobile, Hundeschlitten und Langläufer in Wäldern und Provinzparks.

Madonna im Pioneer Museum

Der Ort Haliburton beherbergt im Sommer Cottage-Besitzer und Urlauber. Von der Skyline Park Road genießt man eine wunderbare Aussicht. Der malerische Highway 35 verläuft von Minden aus durch eine einzigartige Landschaft in den Norden zum idyllischen Dorset. Sein Feuerturm auf einer Felsklippe ermöglicht eine grandiose Sicht über den Lake of Bays und die Umgebung. Im Herbst genießen Indian-Summer-Fans die Farben der Laubbäume Ontarios.

11 Combermere

250. i Ottawa Valley Tourist Association, 1-613-732-4364. W **ottawavalley.travel**

Das Dorf Combermere, in dem es Benzin und Erfrischungen gibt, ist Ausgangspunkt für Besucher, die auf dem Weg zu einem der vielen Provinzparks in Ost-Ontario sind, darunter die Parks von Algonquin *(siehe S. 208f)*, Carson Lake und Opeongo River. Einige Kilometer südlich befindet sich das **Madonna House Pioneer Museum**. Die von Catherine Doherty gegründete katholische Laiengemeinde unterhält auf der ganzen Welt Missionsstationen. Ihre Mitglieder sammeln Geld für die Armen, u. a. seit 1963 mit einem Recyclingprogramm.

Madonna House Pioneer Museum
2888 Dafoe Rd. 1-613-756-3713. Sommer: Di–Sa 10–17 Uhr. W **madonnahouse.org**

Die Farben des Herbstes am Lake Haliburton, Ontario

Die Cottages außerhalb von Barry's Bay sind bevorzugte Ferienadressen

⓬ Eganville

1300. Ottawa Valley Tourist Association, 1-613-732-4364.
ottawavalley.org

Zu den Attraktionen des Dorfs am Highway 60 mit seinen kleinen Restaurants und einer Tankstelle gehören die acht Kilometer entfernten **Bonnechere Caves**. Vor ungefähr 500 Millionen Jahren lagen die Höhlen am Grund eines tropischen Meers. Über Jahrtausende wurden sie angehoben. Heute kann man hier Fossilien primitiver Lebensformen bestaunen.

Bonnechere Caves
1-613-628-2283. Mitte Mai–Mitte Okt: tägl.
bonnecherecaves.com

⓭ Barry's Bay

1250. Ottawa Valley Tourist Association, 1-613-732-4364.
ottawavalley.org

Die attraktive Kleinstadt Barry's Bay hat einen hohen polnischen Bevölkerungsanteil – wie auch der Nachbarort Wilno, Kanadas erste polnische Siedlung. In der Region leben viele Handwerker und Künstler, die ihre Waren in den Dörfern anbieten. Hier kann man sehr gut Outdoor-Kleidung und Wassersportausrüstung kaufen.

Ganzjährig geöffnete Sporteinrichtungen findet man am Kamaniskeg Lake und in den Redcliffe Hills, wo man Cottages mieten kann. Auf einem Hügel thront Wilno mit einer Marienkirche und -grotte. Es bietet Aussicht auf malerische Flusstäler.

⓮ Algonquin Provincial Park

Siehe S. 208f.

⓯ North Bay

54 000. 1375 Seymour St, 1-705-472-8480.

North Bay, das sich selbst als Tor zum nahen Norden bezeichnet, liegt am Ostende des Lake Nipissing, 350 Kilometer nördlich von Toronto. Die berühmtesten Bewohner waren die Dionne-Fünflinge. Das bescheidene Heim der 1934 geborenen Kinder wurde umgesiedelt und ist nun das **Dionne Quints Museum**.

Der nahe gelegene Lake Nipissing besitzt gute Angelmöglichkeiten in wilder Szenerie. Bootsfahrten auf dem See folgen den Routen der alten französischen Forscher. North Bay ist auch ein guter Ausgangspunkt zu den vielen Ferienzentren der Region.

Dionne Quints Museum
1375 Seymour St. 1-705-472-8480. Mitte Mai–Mitte Okt: tägl.

Die Dionne-Fünflinge

Im Weiler Corbeil geschah am 28. Mai 1934 ein Wunder: die Geburt der Dionne-Fünflinge Annette, Emilie, Yvonne, Cecile und Marie, Töchter von Oliva und Elzire Dionne. Bei der Geburt betrug das Gesamtgewicht der Geschwister 6,1 Kilo. Ihre Lungen waren winzig, sodass man den Babys täglich Rum verabreichte, um die Atmung in Gang zu halten. Experten gaben ihnen eine Überlebenschance von 1 zu 57 Millionen. Die Mädchen wurden internationale Stars und zogen in den 1930er Jahren unzählige Besucher an, die den Kindern beim Spielen zusehen wollten. 1985 wurde das Dionne-Geburtshaus nach North Bay verlegt, wo man nun in diesem kleinen Bauernhaus auf mehr als 80 Jahre Dionne-Geschwister zurückschauen kann.

⑭ Algonquin Provincial Park

Für viele Kanadier ist der Algonquin Provincial Park mit seinen ausgedehnten Ahorn- und Kiefernwäldern, den glitzernden Seen und den vielen Tieren ebenso ein Symbol für Kanada wie die Niagarafälle. Der 1893 gegründete, 7635 Quadratkilometer große Park ist der älteste und berühmteste in Ontario. Hier hat man die Chance, Biber, Elche und Bären in ihrer natürlichen Umgebung zu sehen, und man kann dem Echo der eindringlichen Rufe des Seetauchers lauschen, das man oft in Nord-Ontario hört. Jeden Donnerstagabend im August findet ein organisiertes »Wolfsgeheul« statt, bei dem die Parkranger testen, ob sie den Wölfen des Parks eine Antwort entlocken können. Es gibt zahllose Möglichkeiten für Outdoor-Aktivitäten. Berühmt ist das über 2000 Kilometer lange Kanuroutennetz.

Killarney Lodge
Die rustikalen Hütten im Park kann man mieten. Sie sind als Unterkünfte von Frühling bis Herbst beliebt.

Seenplatte
Ein Netz von über 2000 Kilometern Kanurouten durchzieht den Park. Die Längen variieren von sechs Kilometern für Anfänger und Familien bis zu 70 Kilometern. Die Routen sind hervorragend markiert.

Außerdem

① **Das Algonquin Art Centre** zeigt Kunstausstellungen mit Fokus auf Umwelt und Tieren. Es hat einen Innen- und Außenbereich mit einem Pavillon, in dem ebenfalls Aktivitäten stattfinden.

② **Das Algonquin Logging Museum** präsentiert Holzhandwerk – mit Damm und »Alligator«, dem Schleppboot für den Holztransport.

Elche auf dem Highway 60
Meist kann man im Frühling Elche sehen, vor allem nahe den Seen und bei den Salzpfützen am Straßenrand, die die Tiere zu lieben scheinen.

Hotels und Restaurants in Ottawa und Ost-Ontario *siehe Seiten 354f und 374f*

Lake Opeongo
Mit über 2400 Seen gilt der Algonquin Park als unvergleichliches Angelrevier. Lake Opeongo, einer der größten Seen, ist wegen seiner Saiblinge und Schwarzbarsche bekannt.

Infobox

Information
Hwy 60. 1-705-633-5572.
tägl. für Camping.
einige Hütten.
algonquinpark.on.ca

Anfahrt
ab Toronto im Sommer.

Park Visitor Centre
Das zum 100-jährigen Bestehen des Parks 1993 eröffnete Besucherzentrum präsentiert die Tiere und die Naturgeschichte des Parks.

Brewer Lake
Der bei Anglern beliebte See liegt im Einzugsbereich des Highway 60. Die 56 Kilometer lange Fahrt durch den Park ist bei Tagesausflüglern und Besuchern, die in kurzer Zeit die Hauptattraktionen sehen wollen, populär.

Zeichenerklärung *siehe hintere Umschlagklappe*

Große Seen

Der Reiz der kanadischen Großen Seen sind die verschlafenen Orte und Farmen am Lake Erie, die Buchten des Lake Huron und seine unzähligen Inseln sowie die grandiose Wildnis rund um den Lake Superior. Doch dies gerät wegen der berühmteren Niagarafälle, die vom Lake Erie aus 50 Meter tief in den Lake Ontario stürzen, leicht in Vergessenheit. Die Ureinwohner lebten einst auf dem Land um die Seen und Flüsse. Die Pelzhändler nutzten die Seen als wichtige Transportwege. Nach dem Krieg von 1812 sicherte sich Britisch-Kanada das Handelsrecht für die nördlichen Seeufer. Siedler errichteten von 1820 bis 1850 viele Farmen. Forstwirtschaft und Bergbau blühten in der damals reichsten Provinz Kanadas. Bei einer in Sault Ste. Marie startenden Agawa Canyon Tour kommt man mit dem Zug im Rahmen eines Tagesausflugs in die Wildnis.

◀ **Felsküste, Bruce Peninsula** ***(siehe S. 227)***

Zeichenerklärung *siehe hintere Umschlagklappe*

Imposante Fassade des Dundurn Castle in Hamilton

1 Hamilton

520 000.
28 James St N, 1-905-546-2666, 1-800-263-8590.
tourismhamilton.com

Hamilton liegt im äußersten Westen des Lake Ontario, 70 Kilometer von Toronto entfernt. Es war einst ein Stahlzentrum, in dem rund 60 Prozent des kanadischen Stahls produziert wurden. Trotz der industriellen Wurzeln besitzt die Stadt einige Attraktionen.

Dundurn Castle ist eine Regency-Villa aus den 1830er Jahren mit Möbeln jener Zeit. Sie wurde für die MacNabs gebaut, eine der bekanntesten Familien Ontarios, zu der auch Sir Allan Napier MacNab gehörte, der 1854–56 Premierminister von Kanada war.

Auch die 1093 Hektar großen **Royal Botanical Gardens** mit ihren Wäldern, Marschen und kleinen Seen am Nordufer des Hafens von Hamilton sind sehenswert. Kleine Fußwege am Seeufer führen zu mehreren Gärten: dem herrlichen Rosengarten, dem Laking Garden mit Pfingstrosen und Iris und dem duftenden Fliedergarten. Der Rock Garden umfasst ein Amphitheater sowie kleinere Bestände von Nadelhölzern und Kirschbäumen.

Im Canadian Warplane Heritage Museum sind über 40 betriebsfähige Flugzeuge ausgestellt – vom Zweiten Weltkrieg bis heute.

Dundurn Castle
610 York Blvd. 1-905-546-2872. Di–So 12–16 Uhr. obligatorisch. teilweise.

Royal Botanical Gardens
680 Plains Rd W. 1-905-527-1158. tägl. **rbg.ca**

2 Niagara-on-the-Lake

17 500. 26 Queen St, 1-905-468-1950.
niagaraonthelake.com

Niagara-on-the-Lake ist ein bezauberndes Städtchen mit großen, eleganten, holzverkleideten Häusern und Alleen an der Mündung des Niagara River in den Lake Ontario. Sie liegt gegenüber dem US-amerikanischen Youngstown. Niagara-on-the-Lake hieß einst Newark und wurde 1792 vorübergehend Hauptstadt des damaligen Upper Canada (heute Ontario). Vier Jahre später beschlossen die Briten, die Hauptstadt weiter weg von der US-Grenze zu verlegen, und wählten dafür York (heute Toronto) aus. Dies war eine weitsichtige Entscheidung, denn während des Kriegs von 1812 überquerten die Amerikaner den Niagara River und zerstörten Newark *(siehe S. 52f)*. Die Briten kehrten nach dem Krieg zurück, um ihre Häuser wiederaufzubauen. Die georgianische Stadt, die sie schufen, ist bis heute großteils erhalten.

Rose in den Royal Botanical Gardens

Heute bummeln Besucher durch die hübschen Straßen. Eine Attraktion ist **Fort George National Historic Site**, eine restaurierte Festung (Ende 18. Jh.) im Südosten. Die Holz-Lehm-Palisade umschließt zehn Nachbauten, u. a. Blockhäuser, Kaserne, Wachlokal und Offiziersquartiere. Die Soldaten mussten Schuhe ohne Schnallen tragen, um nicht versehentlich eine Explosion des Pulvermagazins auszulösen. Heute erläutern Führer in Uniform das Leben im Fort.

In Niagara-on-the-Lake findet von April bis Oktober das Shaw-Festival statt, bei dem Stücke von George Bernard Shaw und anderen Dramatikern aufgeführt werden.

Fort George National Historic Site
51 Queens Street, Niagara Pkwy. 1-905-468-6614. Mai–Okt: tägl. 10–17 Uhr; Nov–Apr: Sa, So 10–17 bzw. 11–16 Uhr.
pc.gc.ca/fortgeorge

Gasthaus aus dem frühen 19. Jahrhundert in Niagara-on-the-Lake

3 Niagara Falls

Siehe S. 216–219.

4 Welland Canal

1932 Welland Canals Parkway, St. Catharines, 1-905-984-8880. tägl. **wellandcanal.com**

Der Welland-Kanal wurde gebaut, um die Probleme mit den Niagarafällen zu lösen. Die Wasserfälle stellten früher ein Hindernis für die Schifffahrt

Luftbild des Dorfes Long Point am Ufer des Lake Erie

dar, weil man nicht vom Lake Ontario in den Lake Erie gelangen konnte. Güter mussten auf einer Seite der Wasserfälle entladen und dann auf die andere befördert werden.

Deshalb wurde Anfang des 19. Jahrhunderts ein Kanal durch den 45 Kilometer langen Isthmus gebaut, der die Seen voneinander trennte – westlich des Niagara River.

Der erste Welland Canal war recht primitiv, doch Verbesserungen haben zur heutigen Version mit acht riesigen Schleusen geführt, die einen Wasserstand von 99 Metern ausgleichen können – was auch für riesige Schiffe reicht. Wenn man auf der Government Road vom Lake Ontario entlang der Nordhälfte des Kanals nach Thorold fährt, kommt man an sieben Schleusen vorbei. Von der Aussichtsplattform an Schleuse Nr. 3 in St. Catharines hat man einen schönen Blick. Im Informationszentrum erfährt man viel über die Geschichte des Kanals. Schiffe befahren den Kanal von April bis Dezember.

5 Lake Erie

660 Garrison Rd, Fort Erie, 1-905-871-1332, 1-888-270-9151.
forteriecanada.com

Lake Erie ist nach den Ureinwohnern benannt, die einst an seinen Ufern lebten. Die Erie waren überaus geschickte Fischer. Lake Erie ist 400 Kilometer lang, im Durchschnitt 60 Kilometer breit und der flachste der Großen Seen. Er trennt Kanada von den USA. Das Nordufer mit einer Reihe kleiner Häfen und netter Städtchen in hügeliger Landschaft ist eine der beschaulichsten Gegenden Ontarios.

Drei Halbinseln ragen vom kanadischen Ufer in den See. Eine davon ist der Point Pelee National Park *(siehe S. 214)* mit Resten an Primärwald. Im Frühling und Sommer sind hier Tausende von Zugvögeln zu sehen.

Etwa 30 Kilometer südlich der Niagarafälle, dort wo der Niagara River in den Lake Erie mündet, liegt die kleine Stadt Fort Erie gegenüber der sich weit ausbreitenden amerikanischen Nachbarstadt Buffalo. Die Peace Bridge verbindet die beiden Städte miteinander. Viele überqueren die Brücke, ohne einen Blick auf die **Fort Erie National Historic Site** zu werfen.

Der Komplex ist ein Nachbau der britischen Festung, die 1812 von den Amerikanern zerstört wurde. Man hat Zutritt über eine Zugbrücke und kann die Kaserne, ein Pulvermagazin, Offiziersquartiere und eine Wachstube besichtigen. Auf dem nahen Schlachtfeld des Forts tobte im Krieg von 1812 eine der blutigsten Schlachten – während der Belagerung des Forts im Jahr 1814.

Fort Erie National Historic Site
350 Lakeshore Rd. 1-905-871-0540. Mitte Mai–Okt: tägl. teilweise. **oldforterie.com**

Handelsschiff auf dem Welland-Kanal nahe der Stadt Welland

❻ Point Pelee National Park

1-519-322-2365. Windsor.
Windsor. tägl.
pc.gc.ca/pointpelee

Point Pelee National Park ist eine fingerförmige Landenge, die 20 Kilometer weit in den Lake Erie ragt und den südlichsten Zipfel des kanadischen Festlands bildet. Hier findet man verschiedenste Lebensräume – Marschland, Felder, Wiesen und sehr alte Laubwälder. Sie gehören zu den wenigen Wäldern in Nordamerika, in denen so gut wie nie Bäume gefällt wurden.

Die Vielfalt an Arten schafft eine dschungelartige Atmosphäre: Es finden sich Virginische Zeder, Schwarznuss, Weißer Sassafras, Hickory-Nuss, Bergahorn und Sumach, die alle nach dem Licht streben. Die vielfältige Vegetation zieht im Frühling und Herbst Tausende von Zugvögeln an. Über 370 Arten wurden innerhalb des Parks gesichtet. Man kann sie von Aussichtstürmen und Waldwegen aus beobachten. Im Herbst sind die orangeschwarzen Monarchfalter zu sehen. Ein Holzsteg mit Beobachtungsstationen verläuft durch das Marschland. Am Ausgangspunkt kann man auch Fahrräder und Boote mieten. Im Park gibt es ein Besucherzentrum mit Schautafeln zur Flora und Fauna.

Brunnen am Eingang zum vornehmen Casino in Windsor

❼ Windsor

216 000.
333 Riverside Dr W, 1-519-255-6530, 1-800-265-3633.
visitwindsoressex.com

Wie der amerikanische Nachbar Detroit ist auch Windsor Sitz der Autoindustrie, deren Fabriken täglich Hunderte von Autos ausstoßen. Windsor hat saubere, baumbestandene Straßen und einen Fußweg am Fluss entlang. Die bekannteste Attraktion ist jedoch ein Casino, das Tag und Nacht Tausende anzieht. Die Stadt bietet zudem hübsche Bars und Cafés. Die besten befinden sich in den ersten drei Blocks der Hauptstraße, Ouellette. Interessant ist auch die **Art Gallery of Windsor** mit Wechselausstellungen.

Moderne Malerei in der Windsor Art Gallery

Bei einer Führung durch die Hiram-Walker-Brennerei kann man sich gut vorstellen, dass die Stadt einst ein Paradies für Alkoholschmuggler war: Während der Prohibition wurden Milliarden Flaschen Alkohol über den Detroit River in die USA geschmuggelt.

Am Fluss entlang kommt man 20 Kilometer südlich zum Fort Malden in Amherstburg. Vom Fort selbst steht nicht mehr viel, doch es gibt eine restaurierte Kaserne von 1819. Das Informationszentrum illustriert die Rolle des Forts im Krieg von 1812 *(siehe S. 52f)*, etwa das Komplott der Briten mit den Shawnee, um die USA zu überfallen.

Art Gallery of Windsor
401 Riverside Dr W. 1-519-977-0013. Mi–So 11–17 Uhr.
agw.ca

❽ London

370 000.
267 Dundas St, 1-519-661-5000, 1-800-265-2602.
londontourism.ca

Das liebenswerte London liegt in einem der fruchtbarsten Gebiete Ontarios und ist die bedeutendste Stadt der Gegend. Hier ist die University of Western Ontario mit einer sehenswerten modernen Kunstgalerie und einem Campus mit vielen viktorianischen Herrenhäusern angesiedelt.

Die wenigen Häuserblocks des Stadtzentrums wirken vornehm und gepflegt. Schön sind die Kathedralen aus dem 19. Jahrhundert: St. Paul's, ein 1846 für die Anglikaner gebautes, neugotisches Ziegel-

Kajaks im Point Pelee National Park

steingebäude, und die katholische Kathedrale St. Peter's. Das Museum of Ontario Archeology zeigt die Geschichte der 1100-jährigen Besiedlung der Region. Das Lawson Iroquoian Village ist die Rekonstruktion eines 500 Jahre alten Dorfs mit Langhäusern aus Ulme und Palisaden aus Zeder.

Rekonstruiertes, 500 Jahre altes Haus im Lawson Iroquoian Village

Underground Railroad

Mit Underground Railroad (UGRR, Untergrundbahn) bezeichneten die Abolitionisten (um 1820) weder eine Bahn noch eine U-Bahn. Vielmehr half die UGRR Sklaven, aus den Südstaaten der USA in die freien Nordstaaten und nach Kanada zu fliehen. Die Geheimorganisation operierte vor allem im Süden, wo solche Aktionen hart bestraft wurden, und war bis zum Ende des Amerikanischen Bürgerkriegs 1865 tätig. Einer der Sklaven, dem die UGRR zur Flucht verhalf, war Pfarrer Josiah Henson, der später eine Schule für ehemalige Sklaven gründete. Harriet Beecher Stowes Roman *Onkel Toms Hütte* (1851) basiert auf seiner Lebensgeschichte.

Reverend Josiah Henson

❾ Stratford

31 500. 47 Downie St, 1-519-271-5140, 1-800-561-7926. **visitstratford.ca**

1830 eröffnete William Sargint an einer der holprigen Landstraßen, die sich damals durch Ontario zogen, das »Shakespeare Inn«. Die Farmer, die sich in der Nähe ansiedelten, nannten den dortigen Fluss Avon und die anwachsende Stadt nach dem Heimatort von William Shakespeare Stratford.

1952 organisierte der hiesige Journalist Tom Patterson (1920–2005) ein Shakespeare-Festival. Das erste Mal fand es in einem Zelt statt und war recht bescheiden, doch seither hat es sich zu einem der bekanntesten Theaterfestivals in Kanada entwickelt. Es dauert von Mai bis Anfang November (www.stratfordfestival.ca) und zieht mehr als eine halbe Million Besucher an. Die meisten der gezeigten Stücke sind noch immer von Shakespeare, doch es werden auch moderne Dramatiker aufgeführt.

Stratford ist eine Stadt mit schönen Parks, sie bietet viele Pensionen und Restaurants. Im Besucherzentrum gibt es ein Buch mit Abbildungen zu allen Übernachtungsmöglichkeiten. Von dort aus werden auch historische Führungen zu den architektonischen Juwelen der Stadt organisiert. Das viktorianische Rathaus mit seinen Türmen ist eine der Sehenswürdigkeiten.

Es gibt zahlreiche Kunstgalerien und Läden, in denen Kunsthandwerk der Einheimischen verkauft wird.

River Avon und Huron Street Bridge vor dem Gerichtsgebäude von Stratford

❸ Niagara Falls

Obwohl man die Niagarafälle schon von Weitem hört, verschlägt es einem bei ihrem Anblick doch den Atem. Zischende, schäumende Wassermassen stürzen über eine 57 Meter hohe Klippe in die Tiefe und verbreiten dichte Wolken aus Sprühregen. Es handelt sich um drei Katarakte, denn der Fluss wird durch ein kleines Stückchen Land, Goat Island, zweigeteilt. Auf der einen Seite liegen die Canadian Horseshoe Falls und jenseits der Grenze die kleineren American Falls zusammen mit den recht bescheidenen Bridal Veil Falls. Bei einer Bootsfahrt auf der *Maid of the Mist* oder mit den Hornblower-Booten erlebt man die Wasserfälle aus nächster Nähe. Noch besser ist ein Spaziergang durch mehrere Felstunnel nach unten zu den Horseshoe Falls. Das Donnern der herabstürzenden Wassermassen ist hier ohrenbetäubend.

American Falls
Der Niagara River stürzt über die American Falls 57 Meter in die Tiefe.

Rainbow Bridge
Von der eleganten »Regenbogenbrücke« hat man eine fantastische Sicht auf die Fälle. Die Brücke selbst quert die Schlucht zwischen Kanada und den USA. An Sonnentagen sieht man in der Gischt Regenbogen.

Außerdem

① **Zoll**

② **Im Bird Kingdom** leben über 400 exotische Vögel. Es ist Kanadas größtes geschlossenes Aviarium.

③ **Das Table Rock Welcome Centre** bietet viele Annehmlichkeiten und gewährt Zugang zum 4-D-Erlebnis »Niagara's Fury«.

Clifton Hill
Hier gibt es etliche Sehenswürdigkeiten. In Ripley's Believe it or Not! Museum ist u. a. ein Hund mit Menschenzähnen zu sehen.

Hotels und Restaurants an den Großen Seen *siehe Seiten 355f und 375f*

Infobox

Information
130 km südwestl. von Toronto.
ℹ 6815 Stanley Avenue, Niagara Falls, 1-905-356-6061, 1-800-563-2557.
W **niagarafallstourism.com**

Anfahrt
🚆 von Toronto. 🚌 von Toronto.

★ Horseshoe Falls
Sie haben die Form eines Hufeisens und sind die größten der Fälle. Sie sind 671 Meter breit und 52 Meter hoch.

Journey Behind the Falls
Von den Horseshoe Falls fährt ein Aufzug zur »Reise hinter die Wasserfälle«. Felstunnel führen hinter eine Wasserwand, die so dicht ist, dass kein Sonnenlicht mehr hindurchdringt.

★ *Maid of the Mist*-Bootsfahrt
Auf den Bootsfahrten kommt man ganz nah an die Wasserfälle heran. Regenmäntel gibt es an Bord, denn man wird mit Sicherheit nass.

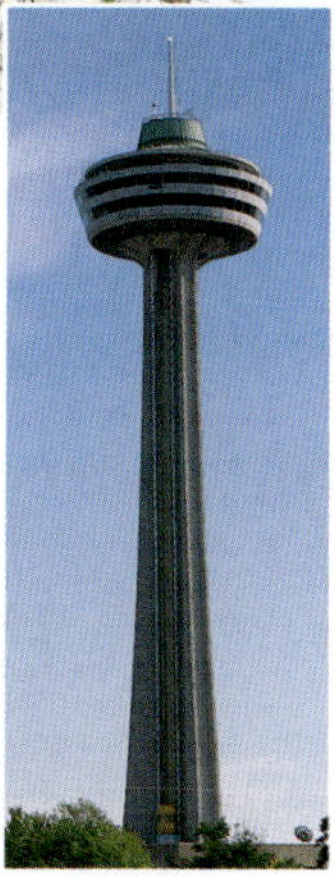

Skylon Tower
Von der Aussichtsplattform des Turms kann man auf die Fälle hinabschauen. Sie ist auch abends geöffnet, wenn die Fälle angestrahlt werden.

Niagara Falls: Überblick

Niagara Falls ist eine freundliche kleine Stadt, die sich drei Kilometer am Niagara River entlangzieht. Die Stadt ist auf die Bedürfnisse der 14 Millionen Besucher pro Jahr eingestellt und als Flitterwochenziel beliebt. Der Ort hat drei Stadtteile: Im Süden liegen die Wasserfälle, eingerahmt von schmalen Grünflächen, die sich am Fluss entlang bis zum Clifton Hill erstrecken, der schillerndsten Straße Ontarios mit zahlreichen Vergnügungseinrichtungen. Im Westen, in der Lundy's Lane, gibt es viele Motels. Im Norden, in der Bridge Street, befinden sich das Geschäftsviertel sowie Bahnhof und Busbahnhof.

Horseshoe Falls

Die 671 Meter breiten und 52 Meter hohen Horseshoe Falls, die nach ihrer Hufeisenform benannt sind, werden durch die wilden Wasser des Niagara River gebildet, die über eine halbkreisförmige Klippe in die Tiefe stürzen.

Der Fluss überwindet so das unterschiedliche Wasserniveau von Lake Erie und Lake Ontario, die er miteinander verbindet. Die Fälle sind nach wie vor ein grandioses Schauspiel, obwohl nun ein Großteil des Flusswassers zur Versorgung von Wasserkraftwerken umgeleitet wird. Das hat zu einer Verringerung der Erosionsrate geführt. Während Anfang des 20. Jahrhunderts die Wasserfälle die darunterliegenden Felsen um einen Meter pro Jahr abtrugen, sind es heute nur noch wenige Zentimeter.

Hornblower-Boot vor den Fällen

Hornblower-Bootsfahrten

5920 Niagara Parkway. 1-905-642-4272. Apr–Okt: tägl. **niagaracruises.com**

Den besten Eindruck von der Wucht der Wasserfälle erhält man auf den Hornblower-Booten. Sie fahren vom Landesteg am Clifton Hill ab und kämpfen sich stromaufwärts zu den herabdonnernden Wassern. Regenmäntel für die nasse Fahrt gibt es an Bord.

Wachsfigurenmuseum und andere Attraktionen am Clifton Hill

Clifton Hill

Clifton Hill ist alles andere als vornehm. An der kurzen Straße, die von der Niagara-River-Schlucht bergauf führt, liegt ein Fast-Food-Restaurant neben dem anderen. Reklametafeln weisen den Weg zum Niagara Skywheel, Guinness Book of World Records, House of Frankenstein und Ripley's Believe it or Not! Museum, wo Besucher mit einem Flaschengeist sprechen oder einen Mann mit einer »außergewöhnlichen Anzahl von Pupillen« bestaunen können.

White Water Walk

4330 Niagara Pkwy. 1-905-374-1221. Mitte Apr–Mitte Nov: tägl.

Eine weitere Möglichkeit, die Wucht des reißenden Niagara River zu bestaunen, ist der Talboden der Schlucht. Der White Water Walk bietet dieses Erleb-

Die tosenden Wasser der herabstürzenden Horseshoe Falls

Hotels und Restaurants an den Großen Seen *siehe Seiten 355f und 375f*

Holzsteg entlang dem Niagara River, Teil des White Water Walk

nis. Mit einem Aufzug gelangt man vom oberen Ende der Schlucht zu einem am Fluss entlangführenden Holzsteg. Die Strudel und Stromschnellen zählen zu den gefährlichsten der Welt.

The Old Scow

Oberhalb der Wasserfälle, auf Felsen mitten im Fluss, liegt der *Old Scow*, ein Prahm, der im August 1918 Schiffbruch erlitt. Er wurde von einem Schlepper über den Niagara River gezogen, als die Seile rissen. Das Boot schleuderte auf die Fälle zu, war nur noch 767 Meter vom Abgrund entfernt, und die Besatzung schien dem Tode geweiht.

Glücklicherweise strandete das Boot gerade noch rechtzeitig auf dem Felsen. Doch dann mussten die beiden Seemänner noch 29 Stunden lang warten, bis sie schließlich in Sicherheit gebracht werden konnten. Seither rostet *Old Scow* hier vor sich hin.

Niagara Glen Nature Reserve

3050 River Rd. tägl.

Das Niagara-Glen-Naturschutzgebiet liegt etwa sieben Kilometer flussabwärts. Dieser Teil der Schlucht ist noch recht ursprünglich. Zu beiden Seiten wachsen Büsche und Bäume auf den Felshängen. So mag es vor der Ankunft der Europäer hier ausgesehen haben. Insgesamt sieben verschiedene Wanderwege führen an Höhlen und Blumenwiesen vorbei. Bergab geht es leicht, doch bergauf ist es sehr steil.

Whirlpool Aerocar

3850 Niagara Pkwy. 1-877-642-7275. tägl., je nach Wetter.

4,5 Kilometer flussabwärts macht der Niagara River einen scharfen Knick, wodurch tückische Strudel und Stromschnellen entstehen. Sie machen diese Wasserstrecke zu einer der gefährlichsten Nordamerikas. Der Fluss prallt auf die Nordwestseite der Schlucht und muss dann in die entgegengesetzte Richtung weiterfließen. Einen atemberaubenden Blick hat man in der Whirlpool Aerocar von 1916, einer zu diesem Zweck konstruierten Seilbahn, die über dem Fluss die Schlucht quert. Auch die Wasserfälle sind von hier aus zu sehen.

Niagara Parks Botanical Gardens und Butterfly Conservatory

2565 Niagara Pkwy. 1-905-358-0025. tägl. Gewächshaus mit Schmetterlingen.

Die Niagara Parks Botanical Gardens erstrecken sich neun Kilometer flussabwärts auf über 40 Hektar Land. Gepflegte Gärten gliedern sich in diverse Bereiche. Einer der schönsten ist der Rosengarten, in dem im Sommer über 2400 Sorten blühen. Es gibt viele seltene Pflanzen aus aller Welt, die ganzjährig blühen. Im Arboretum sind unterschiedlichste Bäume zu sehen, etwa Buchen, Maulbeerbäume, Magnolien und Eiben.

Das Gewächshaus mit den Schmetterlingen ist besonders beliebt. Zu Beginn der Tour wird ein Video gezeigt, das den Lebenszyklus von Schmetterlingen illustriert, angefangen vom Ei und der Larve bis hin zum ausgewachsenen Insekt. Das Gewächshaus ist ein Kuppelbau und beherbergt über 2000 Schmetterlinge – eine der weltweit größten Sammlungen. Durch das Gewächshaus verlaufen Fußwege an tropischer Vegetation vorbei, in der Schmetterlinge frei herumfliegen.

Schmetterling im Gewächshaus des Botanischen Gartens

Blick von der Seilbahn auf die Whirlpool Rapids

Besucher bestaunen die schäumenden Wasser der Horseshoe Falls aus nächster Nähe ▶

Alexander Graham Bells Bibliothek im Bell Homestead in Brantford

⑩ St. Jacobs

2000. 1406 King St N, 1-519-664-2293. **stjacobs.com**

Die Hauptstraße des charmanten Dorfs wird gesäumt von Läden, die Quilts, Besen, Backwaren und Möbel verkaufen. Viele Waren werden von der hiesigen Mennonitengemeinde hergestellt, die die Farmen bewirtschaften. Im Besucherzentrum ist die Mennonite Story zu sehen, die Einblick in das Leben der Mennoniten und der Amish gibt. Drei Kilometer die Straße hinunter ist der St. Jacobs Farmers' Market. Die Stände in den Markthallen verkaufen Schweinefleisch und Bratwurst mit Sauerkraut – ein Hinweis auf das deutsche Erbe der Gegend.

⑪ Brantford

95 000. 399 Wayne Gretzky Pkwy, 1-519-751-9900.

Brantford ist eine unauffällige Industriestadt. Sie wurde nach Joseph Brant (1742–1807), dem Führer eines Stammesbündnisses (Six Nations), benannt. Brant war ein Irokesen-Häuptling und ließ sich 1784 hier nieder. Er fand, dass die Interessen seiner Leute am besten von den Briten vertreten wurden. Seine Männer kämpften im Amerikanischen Unabhängigkeitskrieg (1775–1783) an der Seite der Redcoats. Doch Brant hatte sich den Verlierern angeschlossen. Nach dem Krieg waren seine Leute gezwungen, nach Kanada zu ziehen, wo die Briten ihnen bei Brantford ein Stück Land abtraten. Die Irokesen leben heute noch hier und veranstalten jedes Jahr im Juli oder August den Grand-River-Powwow mit alten Tänzen.

Brantford kennt man auch in Zusammenhang mit der Erfindung des Telefons. 1876 führte Alexander Graham Bell (1847–1922), der 1870 von Schottland nach Ontario ausgewandert war, von hier das erste Ferngespräch zum Nachbarort Paris. Sein Wohnhaus ist heute Teil der **Bell Homestead National Historic Site** und mit vielen familiären Originalstücken ausgestattet. Ein weiteres Gebäude beherbergt Kanadas erstes, mit Telefon ausgestattetes Büro, das 1969 vom Zentrum Brantfords hierher zog.

Obstverkäufer, Brantford

Bell Homestead National Historic Site
94 Tutela Heights Rd. 1-519-756-6220. Di–So 9.30–16.30 Uhr. 24. Dez–1. Jan.

⑫ Orillia

32 000. 50 Andrew St S, 1-705-325-1612.

Orillia ist eine hübsche Kleinstadt und die Heimat des Humoristen Stephen Leacock (1869–1944). Leacocks äußerst beliebte *Sunshine Sketches of a Little Town* machten sich über die Eitelkeit der Leute im ländlichen Ontario lustig. Sein altes Haus am See ist erhalten und heute das **Stephen Leacock Museum** mit Originalmöbeln und Dokumenten aus seinem Leben.

Orillia liegt an einem schmalen Wasserstreifen, der den Lake Couchiching mit dem Lake Simcoe verbindet, und ist ein guter Ausgangspunkt für beschauliche Bootsfahrten. Am Ufer erstreckt sich der Centennial Park mit Yachthafen und einem Holzsteg, der zum Strand des Lake Couchiching führt.

Stephen Leacock Museum
50 Museum Drive, Old Brewery Bay. 1-705-329-1908. Mitte Mai–Aug: tägl. 10–16 Uhr; Sep–Mitte Mai: Mo–Fr 10–16 Uhr.
leacockmuseum.com

Das Bethune Memorial House in Gravenhurst, Muskoka

⑬ Muskoka

Gravenhurst, Huntsville.
1342 Hwy 11 North, Kilworthy, 1-705-689-0660.
discovermuskoka.ca

Muskoka, ein Gebiet nördlich von Orillia, liegt zwischen den Städten Huntsville und Gravenhurst. Im Sommer herrscht hier viel Betrieb. Zentrum der Seenlandschaft ist Gravenhurst, ein Ferienort am südlichen Zipfel des Lake Muskoka. Ein Museum erinnert an Leben und Werk des Arztes Dr. Norman Bethune (1890–1939), der im

Hotels und Restaurants an den Großen Seen *siehe Seiten 355f und 375f*

Spanischen Bürgerkrieg erstmals mobile Bluttransfusionen erprobte. Sein restauriertes Geburtshaus ist nun das **Bethune Memorial House**.

Bethune Memorial House
235 John St N. 1-705-687-4261. 13. Mai–Okt: Do–Mo 10–16 Uhr (Juli–Mitte Okt: tägl.).

Trawler im See nahe der Georgian Bay Islands, Ontario

⓮ Georgian Bay Islands National Park

Beausoleil Island. 1-705-527-7200, 1-705-427-2532. tägl. DayTripper: Honey Harbour, 1-705-526-8907. Mitte Mai–Mitte Juni, Mitte Sep–Mitte Okt: Fr–Di; Mitte Juni–Mitte Sep: tägl.
pc.gc.ca/georgianbay

Das tiefblaue Wasser der Georgian Bay ist mit Tausenden von kleinen Inseln übersät – oft sind es nur Felsen mit einer vom Wind zerzausten Fichte. Die große Bucht mündet in den Lake Huron. 60 der Inseln gehören zum Georgian Bay Islands National Park. Die Insel Beausoleil ist das Zentrum des Wassersports (Kanufahren, Segeln, Surfen etc.).

Mennoniten

Die christliche Glaubensgemeinschaft bildete sich im frühen 16. Jahrhundert in Europa. Ihre Mitglieder wurden verfolgt, weil sie einen Treueschwur auf den Staat verweigerten und Pazifisten waren. Im 17. Jahrhundert trennte sich eine Splittergruppe ab, die eine noch strengere Gemeinschaft gründete. Diese Ammaniten (oder Amish) wanderten in die USA aus und kamen 1799 nach Ontario. Sie haben nur Gemeinschaftsbesitz, lehnen moderne Maschinen ab, fahren mit Einspännern und tragen traditionelle Kleidung.

Amish auf einem Einspänner

Auf Beausoleil gibt es einige schöne Wanderwege. Man sollte allerdings gut ausgerüstet sein, weil es ein abgelegenes Gebiet ist. Die Insel ist nur mit dem Wassertaxi (DayTripper) von Honey Harbour aus zu erreichen (Fahrtzeit ca. 40 Min.). Fahrten durch die Inselwelt auf der *Miss Midland* legen in Midland ab (Mitte Mai–Mitte Okt).

In Penetanguishene östlich der Nottawasaga Bay befindet sich mit Discovery Harbour eine gelungene Rekonstruktion der britischen Marinebasis von 1814. Zu den hier errichteten Gebäuden gehören Kasernen, eine Schmiede, Wohnhäuser und Offiziersquartiere. Zwei Schoner-Nachbildungen, HMS *Tecumseth* und HMS *Bee*, liegen in der King's Wharf. Die unteren Decks des Ersteren sind aus dem Holz des Schiffs von 1815. Überreste des originalen Rumpfs sind im HMS Tecumseth Centre zu sehen.

⓯ Nottawasaga Bay

Wasaga Beach, Collingwood.
45 St. Paul St, Collingwood, 1-705-445-7722, 1-888-227-8667.
visitsouthgeorgianbay.ca

Die Nottawasaga Bay gehört zur Georgian Bay und ist ein beliebtes Ferienziel. Am Wasaga Beach gibt es kilometerlang goldgelben Sand sowie viele Chalets und Cottages. Man kann schwimmen, sich sonnen und die Nancy Island Historic Site hinter Strandbereich Nr. 2 besichtigen. Dies ist ein Museum für die HMS *Nancy*, eines der wenigen britischen Boote, die den Krieg von 1812 *(siehe S. 52f)* überdauert haben.

Collingwood an der südlichen Küste der Georgian Bay ist eine gute Ausgangsbasis für Outdoor-Aktivitäten wie Wandern und Radfahren in den Blue Mountains. Im Winter ist das Blue Mountain Resort eine Top-Adresse für Skifahrer und Snowboarder.

Discovery Harbour, Penetanguishene – Rekonstruktion einer britischen Marinebasis

⑯ Sainte-Marie among the Hurons

Sainte-Marie among the Hurons liegt fünf Kilometer östlich der Stadt Midland und ist die Rekonstruktion einer Missionsstation, die 1639 von Jesuiten bei den hier lebenden Huronen gegründet wurde. Der Ort ist in zwei Bereiche geteilt: einen für Europäer (mit Kapelle und Werkstätten) und einen anderen für die Huronen mit zwei baumrindenverkleideten Langhäusern. Die Grenze zwischen beiden bildet die Kirche Saint Joseph, ein einfacher Holzbau, in dem die Jesuiten die Huronen bekehren wollten. Ihre Bemühungen hatten nicht immer Erfolg. Das vielschichtige Verhältnis der beiden Kulturen wird hier eindringlich illustriert.

Langhaus von außen
Die Außenwände waren mit Baumrinde verkleidet. Den Rahmen bildeten gebogene Pfähle aus Zedernholz.

★ Offenes Feuer im Langhaus
Im Winter wurden Fische, Tierhäute und Tabak zum Trocknen über offenes Feuer gehängt. Der Rauch verursachte gesundheitliche Probleme.

Kirche Saint Joseph
Hier liegen die Jesuiten Jean de Brébeuf und Gabriel Lalement begraben, die von den Irokesen gefangen genommen und zu Tode gefoltert wurden.

Außerdem

① **Im Hospital** wurden mit wenig Erfolg verschiedene Medikamente verabreicht. Die Huronen besaßen z. B. keine Abwehrstoffe gegen Grippe oder Masern.

② **Die Schmiede** war ein wichtiger Betrieb, denn in Sainte-Marie brauchte man Dinge wie Scharniere und Nägel, die oft aus altem Eisen angefertigt wurden.

③ **Die Schreinerwerkstatt** verfügte über Holz in Hülle und Fülle. Die Mission wurde im Auftrag der Priester von Handwerkern aus Frankreich gebaut.

④ **Bastionen** schützten vor Angriffen und dienten als Beobachtungstürme. Sie waren aus Stein und damit gegen Pfeile und Feuerwaffen gewappnet.

Ojibwa-Wigwam bei den Palisaden
Dieser Ojibwa-Wigwam liegt neben den Holzpalisaden, die die Mission umgeben. Die Jesuiten sollen Wigwams gebaut haben, damit sich die Ojibwa heimischer fühlten.

★ **Traditionshandwerk**
Die traditionell gekleideten Führer sind im Handwerk der Huronen und auch der Franzosen ausgebildet. Sie arbeiten u. a. in der Schmiede und kochen wie im 17. Jahrhundert.

Infobox

Information
Hwy 12 (5 km östl. von Midland).
1-705-526-7838.
Mai–9. Okt: tägl. 10–17 Uhr.
hhp.on.ca

Innenraum der Kapelle
Die alte Kapelle ist sorgfältig wiederaufgebaut worden. Wenn Licht hereinfällt, kann man sich gut vorstellen, wie sich die Priester fühlten, wenn sie sich vor Sonnenaufgang hier zur Messe versammelten.

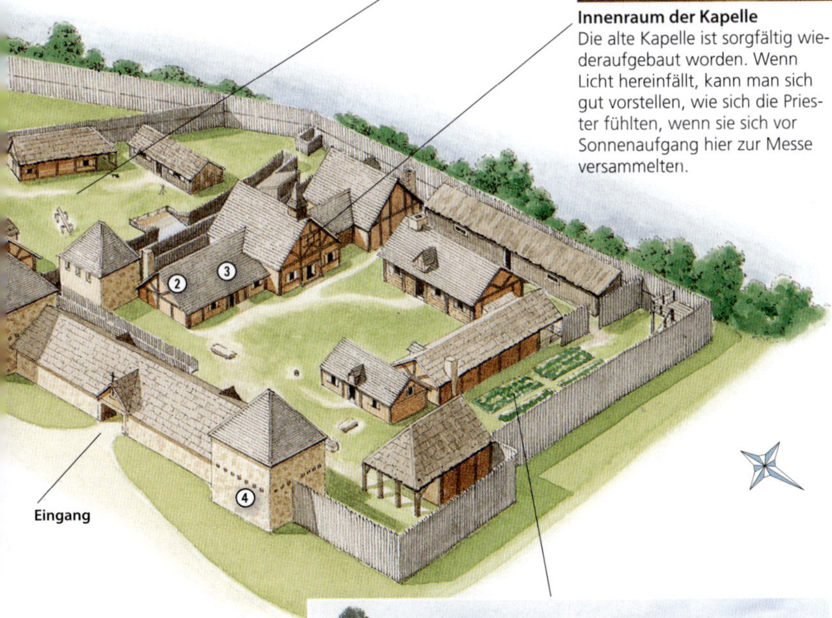

Eingang

0 Meter 25

The Cookhouse Garden
In Sainte-Marie werden abwechselnd Mais, Bohnen und Kürbis angebaut – wie einst bei den Huronen, die so das ganze Jahr über einen Vorrat an Nahrungsmitteln hatten, der durch Fleisch und Fisch ergänzt wurde.

⑰ Goderich

7600. Hamilton St/Ecke Hwy 21. 1-519-524-6600, 1-800-280-7637. **goderich.ca**

Goderich ist eine charmante Kleinstadt auf einer Anhöhe über dem Lake Huron an der Mündung des River Maitland. Sie wurde 1825 von der britischen Canada Company gegründet, die die Regierung von Ontario dazu überredet hatte, eine Million Hektar fruchtbaren Landes für zwölf Cent pro Morgen zu verkaufen, was so billig war, dass Verdacht auf Korruption bestand. Das Unternehmen wollte mit allen Mitteln Siedler anlocken und baute die Huron-Straße, die von Cambridge im Osten nach Goderich führte. Die Hauptstraßen der Stadt gingen radial von einem achteckigen Zentrum aus.

In Goderich gibt es zwei exzellente Museen. Das **Huron County Museum** besitzt eine Sammlung alter landwirtschaftlicher Geräte und eine Militariasammlung. Zu sehen ist auch die Rekonstruktion einer städtischen Straße aus dem 19. Jahrhundert mit Häuserfronten sowie eine alte Lokomotive.

Die **Huron Historic Gaol National Historic Site** (1839–42) ist ein viktorianisches Gefängnis. Bei einer Führung sieht man die feuchten Zellen, die Räume der Wärter und das Haus des Direktors (19. Jh.).

Ein Tipp: Die Sonnenuntergänge am Ufer des Lake Huron sind traumhaft.

Goldgelber Sandstrand von Sauble Beach am Lake Huron

Huron County Museum
110 North St. 1-519-524-2686. Mai–Okt: tägl. 10–16.30 (Do bis 20 Uhr); Jan–Apr, Nov, Dez: Di–Sa 10–16.30 (Do bis 20 Uhr).

Huron Historic Gaol National Historic Site
181 Victoria St N. 1-519-524-6971. Mai–Okt: tägl. 10–16.30 (Mai–Aug: Do bis 20 Uhr).
huroncounty.ca/museum

⑱ Sauble Beach

Owen Sound. 672 Main St, 1-519-422-1262. **saublebeach.com**

Sauble Beach ist einer der schönsten Strände in Ontario. Er erstreckt sich über elf Kilometer am Lake Huron. Hinter dem Strand liegen auf einem parallel verlaufenden schmalen Landstreifen Campingplätze, Holzhütten und Cottages. Das Zentrum bildet der winzige Ort Sauble Beach mit 500 Einwohnern. In den ruhigen Seitensträßchen gibt es einladende Gasthöfe und B & Bs. Der schönste Campingplatz liegt im Sauble Falls Provincial Park, nördlich des Strands.

⑲ Lake Huron

Sarnia, Venetian Blvd, Südufer, 1-519-344-7403. Barrie, 21 Mapleview Drive East, 1-705-725-7280. Sault Ste. Marie, 261 Queen St, Nordufer, 1-705-945-6941. **ontariotravel.net**

Von allen Großen Seen hat der Lake Huron die abwechslungsreichste Uferlandschaft. Im Süden verengt er sich und zieht sich Richtung Lake Erie trichterförmig an den Industriestädten Sarnia und Windsor vorbei. Das Südostufer wird von einem sanften Vorgebirge begrenzt, hinter dem das fruchtbarste Anbaugebiet Ontarios liegt. Weiter nördlich erstreckt sich die Bruce Peninsula weit in den See hinein und kündigt eine Veränderung der Landschaft an: Das südliche Flachland wird hier von den zerklüfteten, von Gletschern geformten Arealen des Kanadischen Schilds abgelöst, was besonders deutlich um die Georgian Bay zu sehen ist.

Es ist eine eindrucksvolle Uferlinie mit kleinen Seen, Wäldern, Stränden und Dörfern, die viele Besucher anziehen. Der See mit seinen Inselchen ist ein Freizeitparadies – man kann schwimmen, wandern und angeln.

Renovierte Fassade im charmanten Städtchen Goderich

Hotels und Restaurants an den Großen Seen *siehe Seiten 355f und 375f*

⑳ Tour: Bruce Peninsula

Die 100 Kilometer lange Bruce Peninsula trennt den größeren Teil des Lake Huron von der Georgian Bay und ist landschaftlich sehr reizvoll. Der Bruce Peninsula National Park zieht sich am Ostufer entlang, er hat zerklüftete Landzungen und Kalkfelsen mit Wanderwegen. Hinter dem Hafen von Tobermory liegt der Fathom Five Marine Park mit 19 unbewohnten Inseln. Er ist wegen des klaren Wassers und der Felsformationen bei Tauchern beliebt.

Routeninfos

Start: Die Tour folgt Route 9 und Hwy 6 und ist von Owen Sound im Süden oder Tobermory im Norden zu erreichen.
Länge: 100 km.
Rasten: Ideal zum Entspannen ist Flowerpot Island, wo es auch Unterkünfte gibt. Man erreicht die Insel von Tobermory aus.

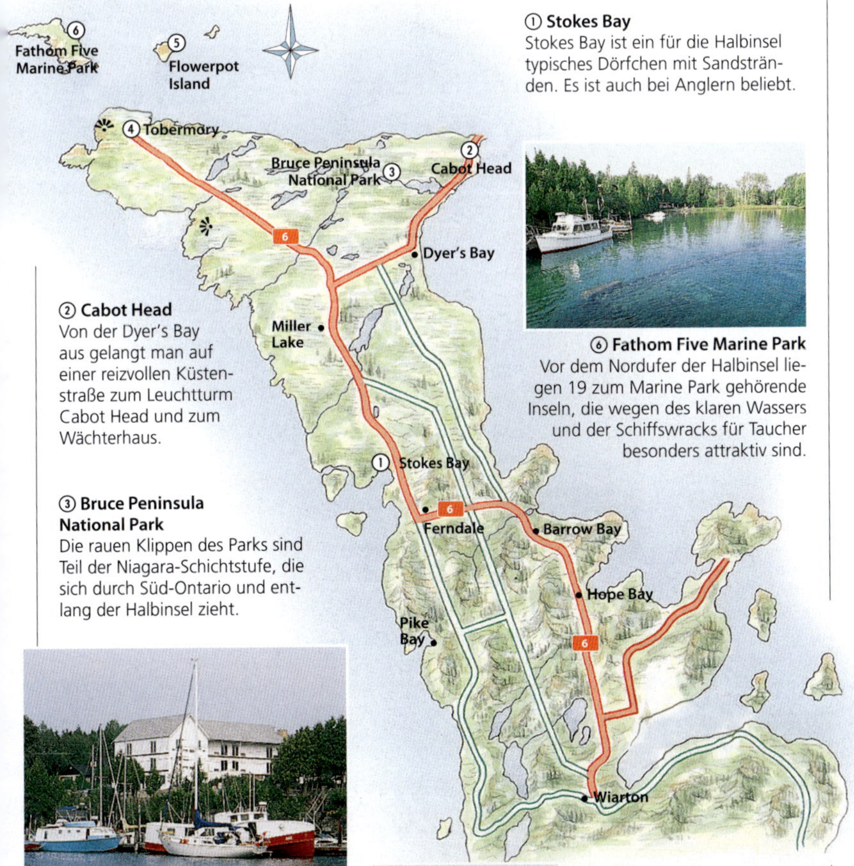

① **Stokes Bay**
Stokes Bay ist ein für die Halbinsel typisches Dörfchen mit Sandstränden. Es ist auch bei Anglern beliebt.

⑥ **Fathom Five Marine Park**
Vor dem Nordufer der Halbinsel liegen 19 zum Marine Park gehörende Inseln, die wegen des klaren Wassers und der Schiffswracks für Taucher besonders attraktiv sind.

② **Cabot Head**
Von der Dyer's Bay aus gelangt man auf einer reizvollen Küstenstraße zum Leuchtturm Cabot Head und zum Wächterhaus.

③ **Bruce Peninsula National Park**
Die rauen Klippen des Parks sind Teil der Niagara-Schichtstufe, die sich durch Süd-Ontario und entlang der Halbinsel zieht.

④ **Tobermory**
Das kleine Fischerdorf liegt am Nordzipfel der Halbinsel und ist ein beliebtes Freizeitzentrum. Die Fähren nach Flowerpot Island fahren von hier ab.

⑤ **Flowerpot Island**
Die einzige Insel im Fathom Five Marine Park, die auch etwas Infrastruktur hat, ist für ihre Felssäulen bekannt.

Zeichenerklärung *siehe hintere Umschlagklappe*

㉑ Manitoulin Island

12 000. 70 Meredith St, Little Current, 1-705-368-3021.
manitoulintourism.com

Manitoulin Island ist mit etwa 2800 Quadratkilometern die größte Süßwasserinsel der Welt und liegt beim Nordufer des Lake Huron – mit kleinen Dörfern, welligem Ackerland, Wäldern und Seen, an deren Ufern lang gestreckte einsame Strände liegen. Der reizvolle North Channel trennt Manitoulin vom Festland und zieht im Sommer Segler an, während Wanderer die zahlreichen Wanderwege erkunden.

Die Ojibwa besiedelten vor über 10 000 Jahren die Insel und nannten sie nach Manitou, dem »Großen Geist«. Ihre Nachfahren stellen heute noch über ein Viertel der Inselbewohner. Im August feiern sie das Wikwemikong Cultural Festival (Bucht des Bibers), einen der größten Powwows Kanadas.

Am Nordufer von Gore Bay befinden sich fünf winzige Museen mit Ausstellungen zu den frühen Siedlern. In der Nähe liegt der größte Ort der Insel, Little Current, mit einigen Motels und Restaurants. Von Mai bis Oktober verbindet die Chi-Cheemaun-Autofähre Tobermory auf der Bruce Peninsula mit Manitoulin Island.

Gore Bay, Manitoulin Island

Wasserspiegelung im George Lake im Killarney Provincial Park

㉒ Killarney Provincial Park

1-705-287-2900. Sudbury. tägl. manche Einrichtungen.

Der Killarney Provincial Park ist ein herrlicher Flecken Wildnis mit tiefblauen Seen, Kiefern und Hartholzwäldern, sumpfigen Ebenen und den La-Cloche-Bergen, die für ihre auffallend weißen Höhenrücken aus Quarzit bekannt sind. Die wunderschöne Landschaft hat schon viele Künstler beeinflusst, insbesondere die Mitglieder der Group of Seven *(siehe S. 168f)*, zu denen auch Franklin Carmichael gehörte, der sie als Ontarios »herausforderndste und erfüllendste Landschaft« beschrieb. Der rund 100 Kilometer lange La Cloche Silhouette Trail ist ein Fernwanderweg, für den man acht bis zehn Tage braucht. Die Belohnung: eine atemberaubende Sicht auf die Berge und die Georgian Bay. Für Kanuten gibt es markierte Routen auf Seen und Flüssen.

㉓ Temagami

800. Chamber of Commerce, Lakeshore Rd, 1-705-569-3344. **temagami.ca**

Der kleine Ferienort und seine raue Umgebung haben schon immer Pelzhändler, Trapper, Maler und Schriftsteller angezogen. Einer der berühmtesten war Grey Owl *(siehe S. 254)*, ein Engländer, der sich als Ureinwohner ausgab und sich um 1930 als Naturliebhaber und Umweltschützer einen Namen machte. Der Ort liegt am Lake Temagami, einem tiefen See mit Fjorden, Buchten und 1400 Inseln. Zahlreiche

Eine der vielen Kanurouten auf dem Lake Temagami

Kanurouten, Wander- und Mountainbikewege durchziehen die Gegend.

Noch abgelegener ist der Lady Evelyn Smoothwater Wilderness Park weiter westlich. Den einzigen Zugang hat man per Boot oder Wasserflugzeug von Temagami aus. Die Fahrt dorthin lohnt sich wegen der fantastischen Landschaft.

Zugänglicher ist der 30 Meter hohe Temagami-Feuerturm, der einen Rundblick auf die Kiefernwälder und den Finlayson Provincial Park bietet, einen beliebten Picknick- und Campingplatz bei Temagami.

㉔ Sault Ste. Marie

73 000. 99 Foster Dr, 1-705-759-5442. **saulttourism.com**

Die hübsche Stadt liegt an den Stromschnellen des St. Mary's River, die Lake Superior und Lake Huron verbinden. Sie ist eine der ältesten europäischen Siedlungen Ontarios.

Das Areal hieß ursprünglich »Baawitigong« – »Platz der Stromschnellen« in der Sprache der Ojibwa (Eigenbezeichnung Anishinabe), die es als Versammlungsort zur Zeit des Felchen-Fischens nutzten. Die Präsenz der Ureinwohner ist noch heute stark spürbar. Nahbei liegen drei Reservate der First Nations.

Die Stadt selbst wurde 1688 von den Franzosen als Jesuitenmission und Pelzhandelsposten gegründet – daher der Name »Sault« (französisch für »Stromschnellen«).

Als die Stromschnellen 1798 durch einen Kanal umgangen wurden, blühte der Handel. Seither ist der Kanal ständig verbessert worden und befördert heute auch riesige Containerschiffe ins Landesinnere.

Es gibt Bootsfahrten auf dem Kanal, doch die Hauptattraktion von Sault Ste. Marie ist der **Agawa Canyon Tour Train**, der Tagesfahrten in die umliegende Wildnis anbietet. Der Zug schlängelt sich nach Norden durch dichten Wald an einsamen Seen vorbei und

Kanalschleusen in Sault Ste. Marie

überquert tiefe Schluchten bis zum spektakulären Agawa Canyon, an dem man mittags 90 Minuten Aufenthalt hat.

Agawa Canyon Tour Train
129 Bay St. 1-705-946-7300. 20. Juni–15. Okt: einmal tägl. **agawatrain.com**

㉕ Lake Superior

Sault Ste. Marie, 1-705-945-6941. **ontariotravel.net**

Der sauberste und westlichste der Großen Seen, der Lake Superior (82 000 km²), ist der weltweit größte Süßwassersee. Bekannt ist er für plötzlich aufziehende Stürme, die Seeleuten seit je Schrecken eingeflößt haben. Das Nordufer ist eine nahezu unberührte Wildnis mit gewaltigen Granitblöcken und ausgedehnten Waldgebieten. Die Landschaft kann man im Pukaskwa National Park und im Lake Superior Provincial Park erleben. Beide Schutzgebiete sind über den Trans-Canada Highway (Hwy 17) erreichbar – mit Aussicht entlang dem Nordufer des Sees.

㉖ Thunder Bay

109 000. Terry Fox Information Centre, Hwy 11/17, 1-807-983-2041. **thunderbay.ca**

Thunder Bay am Nordufer des Lake Superior ist der drittgrößte Süßwasserhafen Kanadas. Seine Silos sind von Weitem zu sehen. Das Getreide dafür kommt aus den westlich gelegenen Prärien und wird über die Großen Seen verschifft.

Die Stadt wurde 1679 als französische Handelsniederlassung gegründet. Im **Fort William Historical Park**, einem Nachbau des alten Pelzhandelspostens, wird dies zelebriert – mit kostümierten Händlern, französischen Entdeckern und Einheimischen. Fort William wurde 1970 mit der Nachbarstadt Port Arthur zusammengelegt und heißt heute Thunder Bay.

Fort William Historical Park
Nahe Broadway Ave. 1-807-473-2347. tägl. (im Sommer mehr Programme). **fwhp.ca**

Lake Superior, der größte Süßwassersee der Welt

Farm mit Getreidefeld in Assiniboia, Saskatchewan ▶

ZENTRAL-KANADA

Zentralkanada im Überblick

Zu Zentralkanada zählen die Provinzen Manitoba, Saskatchewan und der Osten der Provinz Alberta. Die Region umfasst die landwirtschaftlich produktivsten und die energiereichsten Gebiete des Landes. Sie wird im Westen von der Prärie bestimmt, mit sich bis an den Horizont erstreckenden Feldern, und bedeckt eine Fläche von der Größe Mexikos. Daneben gibt es aber auch ganz andere Gegenden, etwa die mit Espen bestandenen Parklandschaften im Westen und Norden, die Tundra im nördlichen Manitoba und die Felswüste der südwestlichen Badlands.

Die Broadway Bridge und Saskatoon mit dem South Saskatchewan River

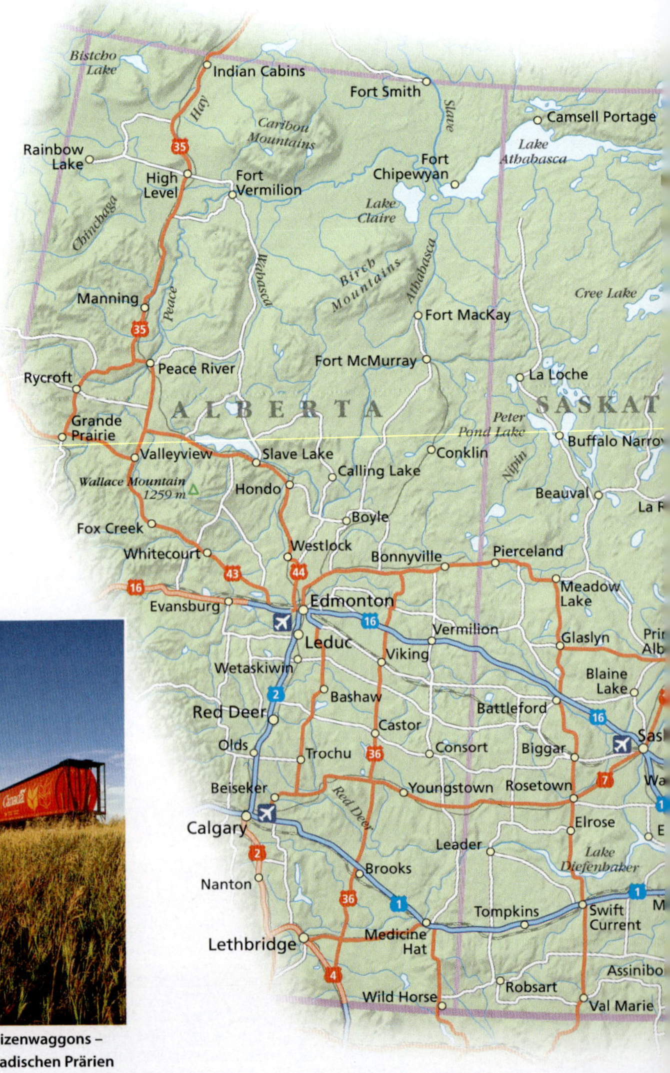

Getreidesilos und Weizenwaggons – Wahrzeichen der kanadischen Prärien

Weitere Zeichenerklärungen *siehe hintere Umschlagklappe*

In Zentralkanada unterwegs

Winnipeg, Edmonton, Regina und Saskatoon, die vier größten Städte der Region, haben ausgezeichnete Flug-, Bahn- und Busverbindungen nach British Columbia und in andere Provinzen. In allen vier Städten gibt es auch internationale Flughäfen. Der Trans-Canada Highway folgt von Winnipeg aus der Route, die im 19. Jahrhundert von der Canadian Pacific Railway gelegt wurde, und verläuft westlich auf einer 1333 Kilometer langen Strecke bis Calgary. Der landschaftlich reizvollere Yellowhead Highway beginnt bei den Forks in Winnipeg und führt durch Yorkton und Saskatoon nach Edmonton (1301 km) und dann weiter durch den Jasper National Park und British Columbia.

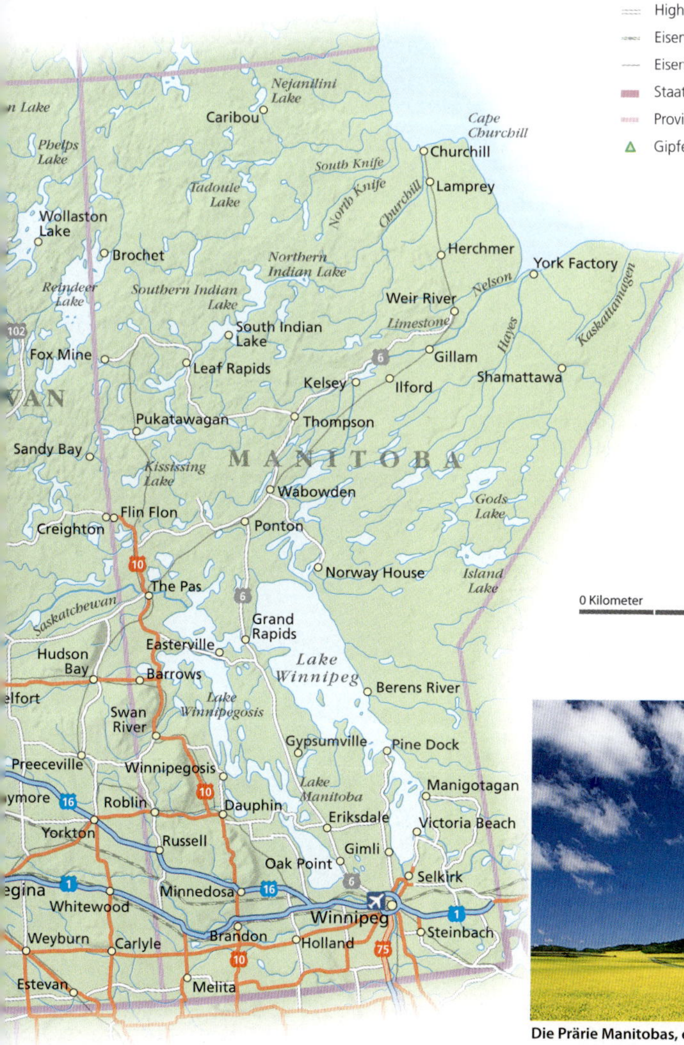

Die Prärie Manitobas, eines der ertragreichsten Gebiete Kanadas

Dinosaurier und prähistorisches Kanada

Es ist leichter, sich Revolverhelden und Kojoten im wüstenartigen Ödland des Red Deer River Valley in Alberta vorzustellen als Dinosaurier, die einst hier lebten. Doch vor über 75 Millionen Jahren war diese Gegend eine tropische Sumpflandschaft – ähnlich den Everglades in Florida – und Lebensraum der riesigen Reptilien, die die Erde 160 Millionen Jahre lang beherrschten. Alle Dinosaurierfunde stammen aus der Kreidezeit (vor 145 bis 65 Millionen Jahren). Dramatische Klimaveränderungen, die feuchte, tropische Verhältnisse, aber auch trockene Wüsten zur Folge hatten, sorgten dafür, dass unzählige Überreste erhalten blieben. Der Dinosaur Provincial Park ist seit 1979 eine Welterbestätte der UNESCO.

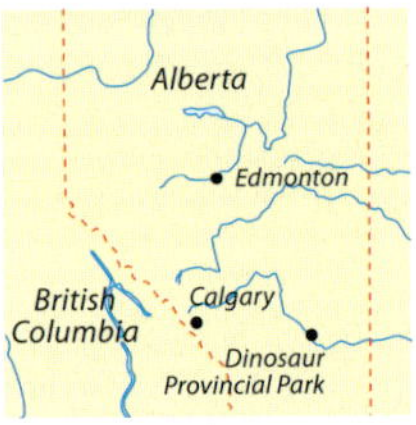

Zur Orientierung

An diesem Triceratops-Schädel sieht man den großen Knochenkragen, der den Nacken schützte. Die beiden Hörner waren einen Meter lang und furchterregend. Die meisten gehörnten Dinosaurier wurden in Alberta gefunden.

Fachleute graben vorsichtig eine Rille um den Knochen, der sich noch in der Erde befindet. Später wird er dann sorgfältig an den dazu passenden Knochen angesetzt.

Die Magnolie war wohl eine der ersten Blütenpflanzen auf der Erde und in der Kreidezeit weitverbreitet.

Der Geologe Joseph Burr Tyrrell fand 1884 im Red Deer River Valley in Alberta Teile eines Dinosaurierskeletts. Beim Kartieren von Kohlelagern stieß er auf den Schädel eines 71,5 Millionen Jahre alten Albertosaurus. Paläontologen machten sich sofort auf die Suche nach Fossilien. Das Royal Tyrrell Museum in Drumheller *(siehe S. 252)* ist nach Tyrrell benannt.

Die künstlerische Rekonstruktion einer Landschaft der Kreidezeit zeigt die damalige Flora. Bis zu 18 Meter hohe Baumfarne bildeten große Wälder. Ähnliche Arten wachsen auch heute noch in den Tropen.

Der Horseshoe Canyon mit seinen verwitterten Höhenzügen aus alten Sedimentschichten liegt am Red Deer River. In der Eiszeit legten Gletscher Schlammschichten frei, die Überreste von Dinosauriern und Pflanzen enthielten. Erosion bringt auch heute noch Knochen, versteinertes Holz und andere Fossilien ans Tageslicht.

Dieses Dinosauriernest des Royal Tyrrell Museum wurde 1987 entdeckt und enthält Embryos und Eier des pflanzenfressenden Hadrosaurus.

Die Feldstation beherbergt das Dinosaur Visitor Centre mit Ausstellungen. Im Angebot sind auch Touren zu den Badlands.

Ausgrabung bei Drumheller

Das Royal Tyrrell Museum veranstaltet Programme für Museumsbesucher (auch für Kinder von sieben bis zwölf und ab zwölf Jahren), bei denen man an Ausgrabungen eines Dinosaurierskeletts teilnehmen kann. Etliche Exkursionen werden von Museumswissenschaftlern geleitet. Die Teilnehmer lernen, mit Werkzeugen wie Hammer, Meißel und Bürste umzugehen. Dabei müssen sie die exakte Fundstelle jedes einzelnen Fossilienstücks aufzeichnen, bevor ein Skelett rekonstruiert werden kann.

Der Beinknochen eines Schnabeldinosauriers erweist sich als unversehrt. Ein weiteres Knochenstück wurde mit Gipsstreifen abgedeckt, um es beim Transport zum Labor zu schützen.

Das rekonstruierte Riesenskelett eines Gorgosaurus erhebt sich in der Dinosaurier-Halle des Royal Tyrrell Museum. Der fleischfressende Gorgosaurus war der erste Dinosaurier, der hier entdeckt wurde. Obwohl die Tiere acht Meter lang und bis zu zwei Tonnen schwer waren, konnten sie sich mit bis zu 20 Stundenkilometern fortbewegen.

Kanadische Mounties

Die Royal Canadian Mounted Police ist ein Symbol des Nationalstolzes. Sir John A. Macdonald, der erste Premierminister Kanadas, gründete 1873 in Ontario die North West Mounted Police. Im Westen war es nämlich zwischen Alkoholschmugglern und Ureinwohnern zu Gewalttätigkeiten gekommen, die im Cypress-Hills-Massaker ihren Höhepunkt fanden *(siehe S. 251)*. Die Mounties marschierten gen Westen und erreichten 70 Kilometer westlich der Cypress Hills den Oldman River in Alberta, wo sie 1874 Fort Macleod errichteten. Ihr Ziel war, ein gutes Verhältnis zu den Ureinwohnern herzustellen und für Ruhe und Ordnung unter den neuen Siedlern zu sorgen. Bei der Überwachung der Arbeiter der Canadian Pacific Railway und während des Klondike-Goldrauschs gewannen sie durch ihr diplomatisches Geschick an Ansehen. Die Bezeichnung Royal erhielten sie 1904.

Die Cypress Hills waren Schauplatz des Massakers, das zur Gründung der North West Mounted Police führte.

Der Marsch nach Westen von Fort Dufferin, Manitoba, nach Alberta betrug 3135 Kilometer. Die Truppe (275 Männer, 310 Pferde und Vieh) sollte den illegalen Whiskyhandel unterbinden. Die Mounties, die mit extremen Temperaturen, Insekten und Vorratsmangel zu kämpfen hatten, erreichten 1874 den Oldman River.

Der lange Marsch

Sitting Bull

James M. Walsh besiegelte den Ruf der Mounties, mutig zu sein, als er mit nur sechs Männern mit dem Sioux-Häuptling Sitting Bull verhandelte. Die Sioux hatten sich 1876 nach der Schlacht gegen US-General Custer am Little Big Horn in diese Gegend zurückgezogen. Obwohl sie Feinde der Blackfoot und Cree waren, gab es nach der Ankunft der Mounties keine Kämpfe. Walshs Truppe konnte Ruhe und Ordnung herstellen und wurde wegen ihrer geschickten Diplomatie respektiert. Der Häuptling der Blackfoot pries ihre Fairness und sagte: »Sie haben uns beschützt, wie die Federn eines Vogels diesen vor dem Winter schützen.«

James M. Walsh

Die Abenteuer der Mounties waren schon immer eine Inspiration für Autoren und Filmemacher. Das harte Aussehen und die scharlachrote Uniform machten den Mountie zum perfekten Helden. Der bekannteste Film über die Mounties war »Rose Marie« (1936) mit Schnulzensänger Nelson Eddy und Jeannette MacDonald.

Die geübten Reiter, die am Musical Ride teilnehmen, werden nach zwei Dienstjahren bei der Polizei ausgewählt und dann sieben Monate lang intensiv ausgebildet.

Musical Ride

Der »musikalische Ritt« ist ein faszinierendes Schauspiel mit 32 Reitern, die Kavallerie-Drills zu Musik ausführen. Die Dressurübungen sind seit ihrem Einsatz bei der britischen Armee vor über 100 Jahren unverändert. In enger Formation präsentieren sich die Pferde im Trab, Kantergalopp und Galopp. Jeden Sommer finden in mehreren Orten Kanadas und der USA solche Ritte statt.

Als Symbol Kanadas sieht man die Mounties überall: auf Briefmarken und Geldscheinen bis hin zu Postern wie diesem (um 1940), das für den Lake Louise im Banff National Park wirbt.

32 speziell gezüchtete Pferde – eine Kreuzung aus Vollbluthengsten und schwarzen Hannoveraner-Stuten – nehmen nach zwei Jahren Training am Musical Ride teil.

Heute gibt es 28 000 Mounties, die für die Einhaltung der Gesetze zuständig sind. Zu ihren Pflichten gehören das Zählen von Zugvögeln ebenso wie die Aufdeckung von Spionage. Moderne Mounties benutzen Jets, Hubschrauber und Autos.

Zentralkanada

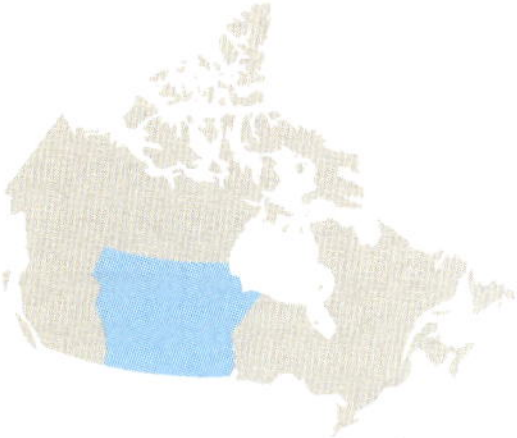

Man spricht oft von den »Prairies«, wenn die unendlich weiten Wälder und Weiden im Herzen Kanadas gemeint sind, die sich über Manitoba, Saskatchewan und Teile Albertas erstrecken. Einst lebten hier Völker der First Nations, die den Bisons Nahrung, Schutz und Werkzeuge verdankten. Ende des 19. Jahrhunderts hatten Jäger die Tiere so gut wie ausgerottet. Europäische Siedler errichteten Farmen und bauten Städte. Einige bildeten durch die Heirat einheimischer Frauen die neue Volksgruppe der Métis. Heute lebt die Region von Erdöl, Erdgas und Getreide. Die Prärien mit ihren markanten Getreidesilos erstrecken sich über weite Ebenen mit historisch interessanten Städten.

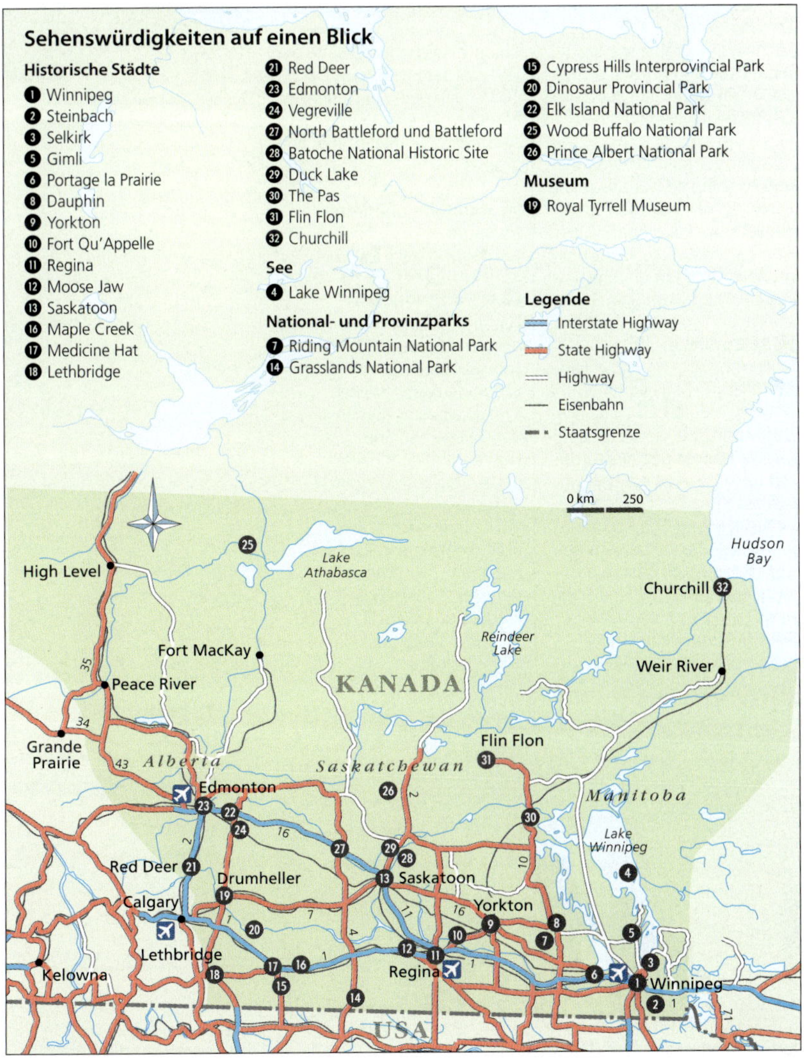

◀ **Prärie und Getreidefelder im südlichen Alberta**

Zeichenerklärung *siehe hintere Umschlagklappe*

❶ Winnipeg

Winnipeg ist eine kosmopolitische Metropole im geografischen Zentrum Kanadas. Über die Hälfte der Einwohner Manitobas lebt hier, die meisten in den kulturell bunten Vorstädten. Aufgrund seiner Lage am Zusammenfluss von Red River und Assiniboine River war Winnipeg schon vor 6000 Jahren ein Handelszentrum der First Nations. Ab 1600 ließen sich europäische Pelzhändler nieder. Dank der Eisenbahn, die auch Winnipeg einbezog, avancierte Weizen um 1880 zum wichtigsten Produkt des Westens. Heute lädt die Stadt mit Museen, historischen Bauten und guten Restaurants zu einem angenehmen Aufenthalt ein.

Sonnenuntergang über Forks Market und Marina, Winnipeg

Überblick: Winnipeg
Die meisten Attraktionen sind vom Zentrum aus zu Fuß zu erreichen. Das großartige Manitoba Museum *(siehe S. 243)* sowie das Ukrainian Cultural Centre liegen im Osten des Exchange District.

Am Zusammenfluss von Red und Assiniboine River liegt The Forks, ein der Stadtgeschichte gewidmeter Freizeitpark. Das Finanz- und Einkaufszentrum gruppiert sich um die Kreuzung Portage und Main Street.

St. Boniface

Tourisme Riel, 219 Provencher Blvd. 1-866-808-8338. Mo–Fr (Sommer: tägl.).

Das historische Viertel St. Boniface ist Heimat der zweitgrößten französischsprachigen Gemeinde Kanadas. Der Vorort gegenüber von The Forks wurde 1818 von Priestern gegründet, die sich um die hier wohnenden Métis *(siehe S. 55)* und Franzosen kümmerten. Das 1844 von den »Grey Nuns« erbaute Hospital birgt das St. Boniface Museum. Obwohl die 1818 erbaute St. Boniface Cathedral 1968 ausbrannte, blieb ihre Fassade ein Wahrzeichen der Stadt. Der 1881 nach dem Aufstand von Batoche hingerichtete Métis-Anführer Louis Riel ist hier beigesetzt.

Manitoba Children's Museum

45 Forks Market Rd. 1-204-924-4000. tägl.
childrensmuseum.com

Das im Komplex von The Forks gelegene Museum für Kinder von drei bis elf Jahren bietet Exponate zum Anfassen: Wer spielt nicht gern in der Galerie »Engine House« auf einer nachgebauten Diesellok von 1952 Lokführer und erfährt dabei noch etwas über die kanadische Eisenbahn? Auch Internet-Surfen und die Produktion einer TV-Show stehen auf dem Programm.

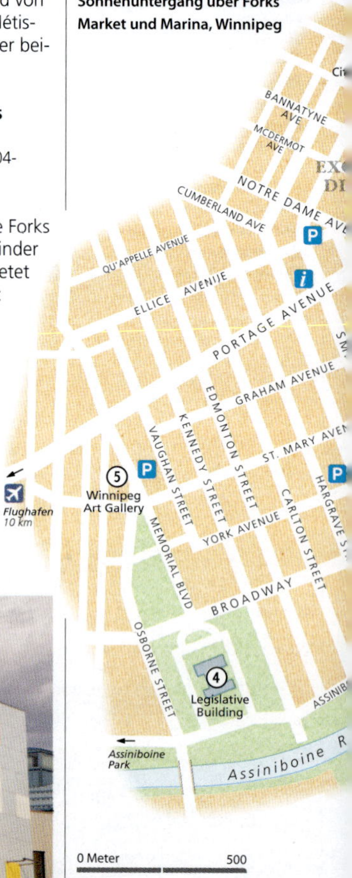

Farbenprächtige Fassade des Manitoba Children's Museum

Zeichenerklärung
siehe hintere Umschlagklappe

Hotels und Restaurants in Zentralkanada *siehe Seiten 356f und 376f*

The Forks National Historic Site

Forks Market Rd. 1-204-942-6302. tägl. für einige Attraktionen u. Veranstaltungen.
theforks.com

Das parkartige Areal erstreckt sich am westlichen Ufer des Red River und reicht von der Esplanade Riel Pedestrian Bridge bis zum Zusammenfluss mit dem Assiniboine River. Vom Ufer aus bietet sich eine schöne Aussicht auf das Stadtzentrum und die Kathedrale von St. Boniface. Über eine Fußgängerbrücke gelangt man ins französische Viertel.

Einen noch eindrucksvolleren Blick genießt man vom Aussichtsturm beim The Forks Market and Johnston Terminal. In dem ehemaligen Bahnhof locken Läden mit Kunsthandwerk und Delikatessen Käufer an. Kinder zieht es in den Variety Heritage Adventure Playground, der u. a. mit Fort und Tipi ausgestattet ist.

Legislative Building

Broadway/Ecke Osborne St.
1-204-945-5813. tägl.
Juli, Aug: tägl; Winter: Mo–Do bzw. Fr.

Das Legislative Building wurde aus einer seltenen, mit Fossilienresten durchsetzten Kalksteinart erbaut. Es liegt inmitten einer zwölf Hektar großen Gartenanlage mit Statuen von Dichtern wie dem Schotten Robert Burns und dem Ukrainer Taras Shevchenko.

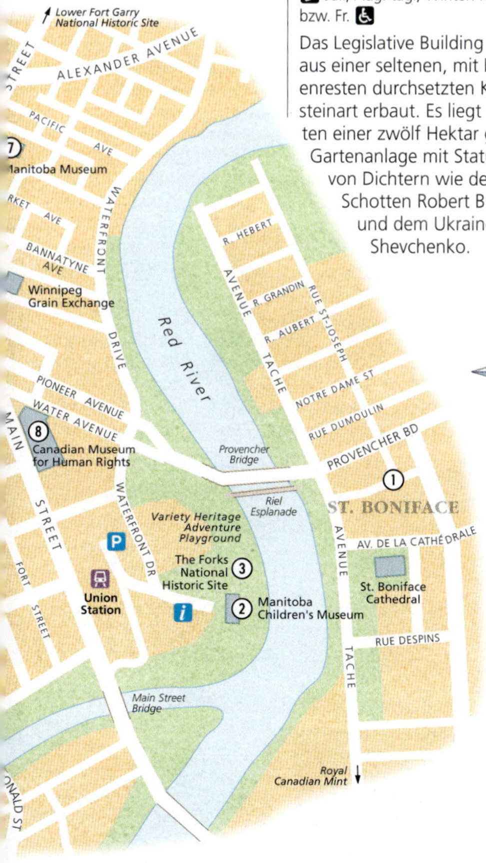

Zentrum von Winnipeg

1. St. Boniface
2. Manitoba Children's Museum
3. The Forks National Historic Site
4. Legislative Building
5. Winnipeg Art Gallery
6. Exchange District und Old Market Square
7. Manitoba Museum *S. 243*
8. Canadian Museum for Human Rights

Infobox

Information
750 000. Tourism Winnipeg, 259 Portage Ave, 1-204-943-1970, 1-855-734-2489.
Festival Voyageur (Feb), Red River Exhibition (Juni), Winnipeg International Children's Festival (Juni), Folklorama (Aug).
tourismwinnipeg.com

Anfahrt
12 km nordwestl.
Main St/Ecke Broadway.
Greyhound Bus Terminal, 2015 Wellington Ave.

Der »Golden Boy« ziert die Kuppel des Legislative Building

Winnipeg Art Gallery

300 Memorial Blvd. 1-204-786-6641. Di–So 11–17 Uhr (Fr bis 21 Uhr). **wag.ca**

Die Galerie verfügt über die weltgrößte Sammlung zeitgenössischer Inuit-Kunst – über 10 000 Schnitzarbeiten, Drucke, Zeichnungen und Textilien. Markant ist der vierteilige Wandteppich *Four Seasons of the Tundra* der Inuit-Künstlerin Ruth Qaulluaryuk. Das Museum zeigt auch Altargemälde und Wandteppiche der Gotik und Renaissance – eine Stiftung des Iren Viscount Gore.

Das Museumsgebäude von 1971 wurde vom einheimischen Architekten Gustavo da Roza entworfen. Der Bau nahe dem Legislative Building und der Portage Avenue ist mit seinem modernistischen Design ein Hingucker. Das Museum bietet einen Laden, ein Restaurant und einen Dachgarten.

Exchange District und Market Square

133 Albert St. 1-204-942-6716.
exchangedistrict.org

1881 beschloss die Canadian Pacific Railway, Winnipeg in die Strecke der transkontinentalen Bahn einzubeziehen. Der folgende Wirtschaftsboom erforderte den Bau vieler Warenbörsen. In dem nach der Getreidebörse (Grain Exchange) benannten Stadtteil entstanden schon bald Hotels, Banken, Läden und Theater aus Backstein. Heute erstrahlt der Exchange District als nationales Kulturdenkmal in seiner ursprünglichen Schönheit und beherbergt Boutiquen, Läden mit Kunsthandwerk, Möbeln und Antiquitäten sowie Galerien, Ateliers und Lofts.

Herzstück des Viertels ist der Old Market Square, ein beliebter Schauplatz von Festivals und Open-Air-Konzerten.

Canadian Museum for Human Rights

85 Israel Asper Way. 1-204-289-2000. tägl. 10–17 Uhr (Mi bis 21 Uhr). humanrights.ca

Das in einem von Antoine Predock konzipierten Gebäude untergebrachte und 2014 eröffnete Canadian Museum for Human Rights prägt die Skyline von Winnipeg. Ambitioniertes Ziel dieser Kulturstätte ist es, die Sensibilität der Besucher für die Einhaltung der Menschenrechte in Kanada und weltweit zu schärfen. Zudem versteht sich das Museum als Forum für einen entsprechenden Dialog. Dies erfolgt durch Workshops, Führungen und interaktive Ausstellungen.

Originalmauern der Lower Fort Garry National Historic Site

Lower Fort Garry National Historic Site

5981 Hwy 9. 1-204-785-6050. Mitte Mai–Juni: Mo–Fr 9.30–17 Uhr; Juli, Aug: tägl. 9.30–17 Uhr.
pc.gc.ca/garry

Die 32 Kilometer nördlich von Winnipeg am Red River gelegene Lower Fort Garry National Historic Site ist das einzige restaurierte Fort Nordamerikas aus der Ära des Pelzhandels. Der seit nahezu zwei Jahrhunderten hier am Flussufer stehende Komplex veranschaulicht die Atmosphäre jener Zeit. In historische Gewänder gekleidete Führer erzählen vom Leben innerhalb der Mauern.

Skulptur im Leo Mol Garden, Assiniboine Park

Royal Canadian Mint

520 Lagimodière Blvd. 1-204-983-6429. tägl. 9–17 Uhr (Labour Day–24. Mai: Di–Sa). 1. Jan, 25. Dez.
mint.ca

Die Königliche Kanadische Münze befindet sich in einem auffallenden Gebäude aus rosafarbenem Glas. Hier werden Jahr für Jahr jeweils mehr als vier Milliarden Münzen für Kanada, aber auch für 60 andere Länder, etwa Thailand und Indien, geprägt.

Glaspyramide der Königlichen Kanadischen Münze

Assiniboine Park

55 Pavilion Crescent. 1-204-927-6000. tägl.
assiniboinepark.ca

Der 153 Hektar große, am Assiniboine River gelegene Park ist einer der größten Stadtparks in Zentralkanada. Beliebt ist der Leo Mol Sculpture Garden mit etwa 50 Bronzeskulpturen des renommierten einheimischen Künstlers. Das Gewächshaus umfasst ein tropisches Palmenhaus mit verschiedenen Blumen- und Straucharten. Der Park besitzt zudem einen englischen Garten, eine Modelleisenbahn sowie einen französischen Ziergarten. Die Pavilion Gallery präsentiert Kunst. Im Lyric Theatre gibt es im Sommer Konzerte.

Der viel besuchte Assiniboine Park Zoo zeigt mehr als 250 verschiedene Tierarten, insbesondere aus nördlichen Breiten und diversen Gebirgsregionen. Zu den hier lebenden Tieren gehören etwa Eisbären, Pumas, Wapitis und Weißkopfseeadler. Eine Statue erinnert an den Bären »Winnie«, der Vorbild für die Figur »Winnie the Pooh« von A. A. Milne gewesen sein soll.

In den Sommermonaten werden die zahlreichen Wander- und Radwege des Parks genutzt, im Winter finden sich hier u. a. Langläufer, Schlittschuhläufer und Rodler ein.

Hotels und Restaurants in Zentralkanada *siehe Seiten 356f und 376f*

Winnipeg: Manitoba Museum

Das 1970 eröffnete Museum stellt auf fantasievolle Weise die Geografie und die Menschen der Region vor. Die Exponate der chronologisch geordneten Abteilungen reichen von der Vorgeschichte bis zur Gegenwart. Zudem ist jeder geografischen Region ein eigener Bereich gewidmet. Neben der erdgeschichtlichen Abteilung mit bis zu 500 Millionen Jahre alten Fossilien findet sich auch ein dem Winnipeg der 1920er Jahre gewidmeter Bereich mit Bahnhof, Kino und Zahnarztpraxis. Ein Highlight ist der maßstabsgetreue Nachbau des Seglers *Nonsuch* (17. Jh.).

Infobox

Information
190 Rupert Ave.
1-204-956-2830.
Di–Fr 10–16 Uhr, Sa, So 11–17 Uhr (19. Mai–4. Sep: tägl. 10–17 Uhr).
manitobamuseum.ca

Anfahrt
11.

Elch-Diorama
Neben einer Elchkuh mit ihrem Kalb unter den Koniferen des borealen Nadelwalds zeigt das Schaubild, wie Ureinwohner (Cree) den Fels bemalen und Nahrung sammeln.

Legende

- Orientierung
- Erdgeschichte
- Arktis/Subarktis
- Borealer Wald
- Weideland
- Saal der Entdeckungen
- Stadtleben
- Galerie »Nonsuch«
- Hudson's Bay Company
- Parks/Mischwald
- Wechselausstellungen
- Keine Ausstellungsfläche

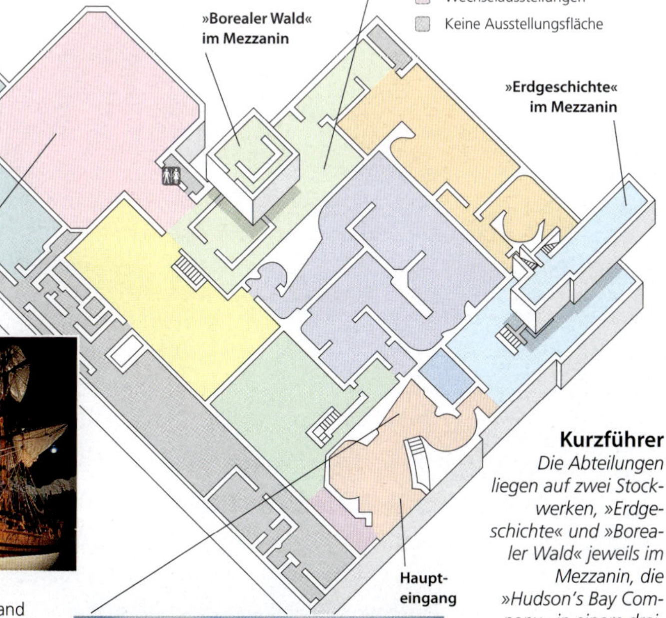

Nonsuch
Der 1968 in England gebaute Zweimaster ist die Nachbildung der *Nonsuch*, mit der 1688 Pelzhändler in der Hudson Bay landeten.

Kurzführer

Die Abteilungen liegen auf zwei Stockwerken, »Erdgeschichte« und »Borealer Wald« jeweils im Mezzanin, die »Hudson's Bay Company« in einem dreistöckigen Anbau.

Bisonjagd
Das Schaubild der Bisonjagd eines Métis zeigt den Fokus des Museums: die Beziehung des Menschen zu seiner Umwelt.

Landwirtschaftlicher Betrieb im Mennonite Heritage Village, Manitoba ***(siehe S. 246)*** ▶

8F-7AA
FAIR BURY
FWMCO FAIRBURY
NEBR

Von Pferden gezogener Pflug im Mennonite Heritage Village, Steinbach

❷ Steinbach

13 500.

Eine gute Autostunde südöstlich von Winnipeg liegt die von großem Gemeinsinn geprägte Kleinstadt mit beachtlichen Leistungen auf den Gebieten Transport, Druckereiwesen, Fertigung und Autohandel, zumeist unter der Leitung von Mennoniten, Mitgliedern einer protestantischen Glaubensbewegung, die für ihre Fairness bekannt sind.

Dampfmaschine im Mennonite Heritage Village

Die in Russland verfolgten Mennoniten kamen 1874 auf Ochsenkarren nach Steinbach. Da sie gute Farmer und später Autohändler waren (wenngleich sie selbst lieber unmotorisiert bleiben), florierte die Stadt ohne Bahnanschluss.

Das nahe gelegene **Mennonite Heritage Village** ist die Nachbildung einer Mennonitensiedlung der 1870er Jahre mit einigen Originalbauten sowie einer nachgebauten Kirche und Schule. Im Restaurant serviert man deftige Hausmannskost wie Borschtsch. Mitte Mai gibt es eine Traktorshow und traditionelles Essen.

Mennonite Heritage Village
Hwy 12 North. 1-204-326-9661. Mai, Juni, Sep: Mo–Sa 9–17, So 11.30–17 Uhr; Juli, Aug: Mo–Sa 9–18, So 11.30–18 Uhr; Okt–Apr: Mo–Fr 9–17 Uhr.
mennoniteheritagevillage.com

❸ Selkirk

10 000. 200 Eaton Avenue, 1-204-785-4900.
myselkirk.ca

Die Kleinstadt wurde 1882 von Siedlern am Ufer des Red River gegründet. Man benannte sie nach dem fünften Grafen von Selkirk, Thomas Douglas, dessen Familie an der Hudson's Bay Company beteiligt war. Heute weist eine 7,5 Meter hohe Wels-Skulptur Selkirk als »Wels-Hauptstadt Nordamerikas« aus, die ganzjährig Sportfischer aus Kanada und den USA anzieht.

Das Marinemuseum in der Evelyn Street zeigt sechs restaurierte historische Schiffe, u. a. die S. S. *Keenora*, das älteste Dampfschiff von Manitoba.

❹ Lake Winnipeg

Winnipeg. Winnipeg. 21 Forks Market Road, Winnipeg, 1-204-927-7800, 1-800-665-0040. **travelmanitoba.com**

Der riesige, 350 Kilometer lange Lake Winnipeg prägt das Bild Manitobas und verbindet zusammen mit dem Nelson River den Süden der Provinz mit dem Norden an der Hudson Bay. Die Ferienorte am Ufer des Sees sind bei Einheimischen und Urlaubern gleichermaßen beliebt.

Viele Strände säumen das Südostufer, darunter Winnipeg Beach mit einem populären Sommerresort. Imposant ist der »Flüsternde Riese« *(Whispering Giant)*, ein hölzerner Indianerkopf im Park, den der einheimische Künstler Peter »Wolf« Toth zu Ehren der First-Nations-Völker Ojibwa, Cree und Assiniboine schuf.

Lange weiße Sandstrände und zwölf Meter hohe, grasbewachsene Dünen findet man am Grand Beach des **Grand Beach Provincial Park**. Eine weitere Perle des Parks ist das landeinwärts reichende Marschland (»The Lagoon«) mit zahlreichen Vogelarten, etwa dem seltenen Gelbfuß-Regenpfeifer.

Die westlich des Sees gelegene Oak Hammock Marsh ist Lebensraum für über 300 Vogel- und andere Tierarten. In der Prärie, den Wiesen und auf den mit Espen und Eichen bestandenen Fel-

Historische Schiffe vor dem Marine Museum of Manitoba in Selkirk

Hotels und Restaurants in Zentralkanada *siehe Seiten 356f und 376f*

Whispering Giant **– Zedernskulptur im Park von Winnipeg Beach**

sen leben Vogelarten wie Kampfläufer, Knäkente und Spitzschwanzammer.

Der **Hecla / Grindstone Provincial Park** weiter nördlich fasst mehrere Inseln im See zusammen. Über einen Damm erreicht man Hecla Island, das früher von den Anishinabe (Ojibwa) bewohnt war und 1875 von Isländern besiedelt wurde. Heute bietet das Dorf Hecla ein Freilichtmuseum mit restaurierten Gebäuden aus dem 19. Jahrhundert.

Rad- und Wanderwege führen von Hecla zu Aussichtspunkten, von denen aus man Wasservögel beobachten kann.

Grand Beach Provincial Park
Hwy 12, nahe Grand Marais.
1-204-754-5040. tägl.
teilweise. **gov.mb.ca**

Hecla / Grindstone Provincial Park
Hwy 8, nahe Riverton. 1-204-378-2261. tägl. **gov.mb.ca**

5 Gimli

6000. Centre St, 1-204-642-7974.

Der Ort Gimli am Westufer des Lake Winnipeg ist die größte isländische Gemeinde außerhalb Islands. Mit der Berechtigung, hier an Land zu gehen, kamen Siedler 1875 im nahe gelegenen Willow Creek an. Bald darauf riefen sie einen unabhängigen Staat aus, der bis 1897 Bestand hatte. Dann legte die Regierung fest, dass sich auch andere Siedler in Gimli niederlassen dürften. Das **New Iceland Heritage Museum** erzählt die ungewöhnliche Geschichte des Orts.

Gimli mit seinem malerischen Hafen und einem hölzernen Pier strahlt Seefahreratmosphäre aus. Beim Icelandic Festival of Manitoba im August können sich Besucher als Wikinger verkleiden, an Spielen teilnehmen und isländische Spezialitäten kosten.

Wikingerstatue im Dorf Gimli

Narcisse Snake Dens, 25 Kilometer westlich von Gimli, ist ein geschützter Lebensraum der Strumpfbandnatter, die hier im Frühjahr und Herbst auf einem eigens gekennzeichneten Weg zu beobachten ist.

New Iceland Heritage Museum
The Waterfront Centre, Unit 108, 94 First Ave. 1-204-642-4001.
Mai–Aug: tägl. 9–16 Uhr; Sep–Apr: Mo–Fr 10–16, Sa, So 13–16 Uhr. **nihm.ca**

6 Portage la Prairie

13000. 97 Saskatchewan Ave E, 1-204-239-8334.

Portage la Prairie liegt im Herzen einer Region, in der Weizen, Gerste und Raps angebaut werden. Der Name der Stadt zwischen Lake Manitoba und Assiniboine River, jener von frühen Reisenden viel genutzten Wasserstraße, bedeutet »Umleitung durch die Prärie«. Heute kann man hier an der Stelle des 1738 vom französischen Entdecker La Vérendrye erbauten Forts das Fort La Reine Museum und das Pioneer Village besichtigen.

Mit Werkzeugen und Fotos skizziert das Museum das Leben in der Prärie im 19. Jahrhundert. Sehenswert sind u. a. ein Dienstwaggon sowie der Waggon von Sir William Van Horne, dem Gründer der Canadian Pacific Railroad.

Pioneer Village ist der gelungene Nachbau einer Siedlung aus dem 19. Jahrhundert mit diversen Läden und einer Kirche.

Pioneer Village, Teil der Anlage von Fort La Reine in Portage la Prairie

7 Riding Mountain National Park

Hwys 10 u. 19. ☎ 1-204-878-7275. ◷ tägl. W pc.gc.ca/riding

Eine der größten Attraktionen im Westen Manitobas ist die rund 3000 Quadratkilometer große Wildnis des Riding Mountain National Park. Im Zentrum des Parks, einer von Wäldern und Seen geprägten Hochebene, findet man die schönsten Wanderwege und eine der reizvollsten Landschaften Manitobas.

Weiter östlich leben Wapitis und Elche in einem Gürtel von Kiefern-, Fichten- und Tannenwäldern. In der Nähe von Lake Audy grast eine kleine Herde Bisons. In den 1930er Jahren siedelte man die Tiere hier wieder neu an, nachdem sie gegen Ende des 19. Jahrhunderts ausgerottet worden waren.

Wasagaming, die größte Ortschaft und der am besten erschlossene Bereich des Parks, bietet Auskunft über Wander-, Rad- und Reitwege in dieser Gegend. Am Clear Lake gibt es auch einen Kanuverleih.

Bison im Riding Mountain National Park

8 Dauphin

8500. ✈ 🚂 🚌 i 100 Main St, 1-204-622-3216.
W **tourismdauphin.ca**

Der französische Entdecker La Vérendrye benannte das Städtchen nach dem ältesten Sohn des französischen Königs. Das Versorgungszentrum für die Farmen im Tal des Vermilion River befindet sich im Norden des Riding Mountain National Park. Das **Fort Dauphin Museum** ist in einem nachgebauten Handelsposten aus dem 18. Jahrhundert untergebracht. Zu besichtigen sind u.a. ein Trapperkanu aus Birkenrinde sowie eine Schule, eine Kirche und eine Schmiede aus der Pionierzeit.

Die Zwiebelkuppel der Church of the Resurrection zollt den ukrainischen Einwanderern Tribut, die sich nach 1891 hier niederließen. Zur Kirchenführung gehört auch eine ukrainische Mahlzeit mit Piroggen.

Fort Dauphin Museum
140 Jackson St. ☎ 1-204-638-6630. ◷ Mai–Sep.

9 Yorkton

16 000. ✈ 🚌 i Kreuzung Hwy 9 u. Hwy 16, 1-306-783-8707, 1-811-250-6454.
W **tourismyorkton.com**

Das 1882 gegründete, von Landwirtschaft geprägte Yorkton liegt in Saskatchewan. Die Kirchenarchitektur zeigt das ukrainische Erbe der Stadt.

Dies gilt insbesondere für die Kirche St. Mary's, die 1914 erbaut wurde und durch ihre Kuppel (21 m), ihre Ikonen und Gemälde besticht. Die Dependance des **Western Development Museum** präsentiert die Geschichte der Einwanderer.

Western Development Museum
Hwy 16A. ☎ 1-306-783-8361. ◷ Mo–Fr 9–17 Uhr, Sa, So 12–17 Uhr (im Sommer tägl.).

Die herrliche Kuppel der Kirche St. Mary's in Yorkton

Elegante Fassade: Motherwell Homestead

10 Fort Qu'Appelle

2000. i 160 Company Ave, 1-306-332-5266.
W **fortquappelle.com**

Das malerische, nach einem Handelsposten der Hudson's Bay Company von 1864 benannte Städtchen befindet sich am Highway 10 zwischen Regina und Yorkton. Das **Fort Qu'Appelle Museum** steht an der Stelle des ursprünglichen Forts mit einem originalen Nebengebäude. Es beherbergt indianisches Kunsthandwerk und eine Sammlung von Fotos aus der Pionierzeit.

Der 430 Kilometer lange Qu'Appelle River fließt durch das südliche Saskatchewan und weitet sich beim Ort zu einer Kette von acht Seen, an deren Ufer mehrere Provinzparks liegen – mit landschaftlich schönen Autostrecken.

Etwa 30 Kilometer östlich von Fort Qu'Appelle liegt die **Motherwell Homestead National Historic Site**. Das reizvolle, ursprünglich von William R. Motherwell erbaute Haus mit seinen weitläufigen Ziergärten kann besichtigt werden. Auf Motherwell gehen zahlreiche landwirtschaftliche Neuerungen in dieser Region zurück. Er war von 1905 bis 1918 Agrarminister Saskatchewans.

Fort Qu'Appelle Museum
198 Bay Ave N, 1-306-332-6033. ◷ Juni–Aug: tägl. 13–17 Uhr. ♿ teilweise.

Motherwell Homestead National Historic Site
Nahe Hwy 22. ☎ 1-306-333-2116. ◷ 22. Mai–Juni: Mo–Fr; Juli, Aug: tägl. ♿ teilweise.

Hotels und Restaurants in Zentralkanada *siehe Seiten 356f und 376f*

⓫ Regina

215 000. 1925 Rose Street, 1-306-789-5099, 1-800-661-5099. **tourismregina.com**

Regina ist die Hauptstadt von Saskatchewan und ein lohnenswerter Ort für einen Besuch. Prinzessin Louise, die mit dem kanadischen Generalgouverneur verheiratet war, benannte es nach ihrer Mutter, Königin (lat. regina) Viktoria. Vor der Stadtgründung 1882 war Regina eine Zeltsiedlung mit dem Namen Pile O'Bones, der sich von »oskana« ableitet (Cree-Wort für »Bisonknochen«) und auf den »Knochenhaufen« nach einer Bisonjagd anspielt.

Die Skyline der heutigen modernen Stadt steht in starkem Kontrast zu den 350 000 Bäumen des 930 Hektar großen Wascana Centre Park, eines Stadtparks mit riesigem See. Mit der Fähre kann man nach Willow Island übersetzen, dem idealen Ort für ein Picknick. Der Park ist Heimat für etwa 60 Wasservogelarten, darunter befinden sich zahlreiche Kanadagänse.

Kanadagans im Wascana Centre Park

Das **Royal Saskatchewan Museum** liegt am Rand des Wascana Park. Seine Earth Sciences Gallery illustriert die rund 3,5 Milliarden Jahre lange Erdgeschichte von Saskatchewan, die First Nations Gallery die Kultur der First Nations in dieser Provinz. Die Life Sciences Gallery zeigt die einzelnen Ökosysteme Saskatchewans sowie den Einfluss des Menschen darauf.

Die alte Zentrale der North West Mounted Police liegt westlich des Zentrums. Heute werden in den Royal Canadian Mounted Police Barracks alle kanadischen Mounties ausgebildet. Hier befindet sich auch das **RCMP Heritage Centre**, das die Geschichte der Mounties seit dem Massaker von Cypress Hills 1873 erzählt *(siehe S. 251)*.

Royal Saskatchewan Museum
2445 Albert St. 1-306-787-2815. tägl. 9.20–17 Uhr.
royalsaskmuseum.ca

RCMP Heritage Centre
5907 Dewdney Ave W. 1-306-522-7333. tägl. 11–17 Uhr.
rcmphc.com

Eines der zahlreichen Wandbilder im Zentrum von Moose Jaw

⓬ Moose Jaw

34 000. 540 Diefenbaker Dr, 1-306-693-8097.
tourismmoosejaw.ca

Die Anfänge der Stadt gehen auf einen Kopfbahnhof der Canadian Pacific Railroad von 1882 zurück, auf den schon bald ein weiterer Endbahnhof der amerikanischen Soo-Linie ab Minneapolis folgte. Heute erinnern 46 Wandbilder an Häusern rund um die 1st Avenue an die Eisenbahnpioniere und Siedler. In der River Street findet man noch einige Hotels und Läden aus den 1920er Jahren, als Moose Jaw noch die »sündige Stadt« (»Sin City«) war: Wegen der Prohibition in den USA wurde von Gangstern wie Al Capone Schnaps von Kanada nach Chicago geschmuggelt.

Die Dependance des Western Development Museum in Moose Jaw ist dem Transportwesen gewidmet.

In Reih und Glied: Kadetten der Royal Canadian Mounted Police Academy in Regina

Traditioneller Powwow-Tänzer im Wanuskewin Park von Saskatoon

⓭ Saskatoon

250 000.
101–202 Fourth Ave N, 1-306-242-1206, 1-800-567-2444.
tourismsaskatoon.com

Der aus Ontario stammende Methodist John Lake gründete 1882 mitten in der Prärie die Temperenzler-Enklave Saskatoon. Heute ist die Stadt ein wirtschaftlicher Knotenpunkt und ein Zentrum der Viehzüchter und Weizenfarmer des Umlands.

Die Geschichte der Region, vor allem die des Wirtschaftsbooms Anfang des 20. Jahrhunderts, wird in der hiesigen Dependance des Western Development Museum veranschaulicht, u. a. mit der Nachbildung einer Hauptstraße in einer typischen Präriestadt mit Bahnhof und Hotel. Das Ukrainian Museum of Canada präsentiert traditionelle Bekleidung, die Mendel Art Gallery zeigt Ausstellungen mit Werken von Künstlern aus aller Welt.

Zahlreiche Parks säumen den South Saskatchewan River, etwa der 307 Hektar große **Wanuskewin Heritage Park**. Er ist der Geschichte der First Nations gewidmet. Ausgrabungen belegen, dass hier bereits vor 6000 Jahren Jäger und Sammler lebten. Das Informationszentrum des Parks hat auch ein archäologisches Labor zur Erläuterung aktueller Forschungen.

Schwarzschwanz-Präriehund

Die bewaldeten Hügel und sumpfigen Flüsschen des Parks gelten bei den Völkern der Northern Plains als heiliger Boden. Einige Stammesangehörige sind hier als Führer tätig. Auf markierten Wegen zeigen sie den Besuchern u. a. Tipi-Ringe, Büffelpfade und einen »Büffelsprung« *(siehe S. 300)*.

Wanuskewin Heritage Park
Nahe Hwy 11. 1-306-931-6767. tägl. 25. Dez. teilweise. **wanuskewin.com**

⓮ Grasslands National Park

Kreuzung Hwy 4 u. 18. Val Marie, 1-306-298-2257. tägl. teilweise.
pc.gc.ca/grasslands

Der Nationalpark im Südwesten Saskatchewans wurde 1988 gegründet, um eine der letzten unberührten Prärieflächen zu erhalten. Er weist extreme Klimaschwankungen auf: Die Temperaturen steigen im Sommer auf 40 °C, im Winter fallen sie auf –40 °C. In diesem Lebensraum finden sich seltene Tierarten wie Krötenechsen und Königsbussarde. Im Frenchman Valley lebt der Schwarzschwanz-Präriehund (er kommt nur hier vor). Im Park kann man Wanderungen unternehmen und zelten. Die Einrichtungen hierfür sind jedoch sehr schlicht.

Östlich erstrecken sich die von Gletschern geformten **Big Muddy Badlands**. Anfang des 20. Jahrhunderts versteckten sich hier Viehdiebe wie Butch Cassidy in den Sandsteinhöhlen und Schluchten.

Big Muddy Badlands
Nahe Hwy 34. 1-306-267-3312. Juli, Aug ab Coronach.

Zeugenberge (isoliert stehende Schichtberge mit flacher Kuppe) in den Big Muddy Badlands

Hotels und Restaurants in Zentralkanada *siehe Seiten 356f und 376f*

⓯ Cypress Hills Interprovincial Park

Hwy 41. 1-403-893-3833. tägl. **cypresshills.com**

Der Cypress Hills Interprovincial Park reicht von Saskatchewan bis nach Alberta und bietet von seinen bis zu 1400 Meter hohen Gipfeln einen schönen Blick auf die Prärie. Die von Drehkiefernwäldern und Blumenwiesen geprägte Landschaft erinnert an die Ausläufer der Rocky Mountains. Auf den Wanderwegen besteht die Chance, Elche, Wapitis und Weißwedelhirsche zu Gesicht zu bekommen oder eine der über 220 Vogelarten, die auf ihrem Zug hier haltmachen, etwa den seltenen Trompeterschwan und die Gambelmeise.

Die **Fort Walsh National Historic Site** im Ostteil des Parks (in Saskatchewan) ist ein Nachbau von Fort Walsh, das die Mounties 1875 errichteten, um Whiskyschmuggler fernzuhalten. Auch die nahe gelegenen, in den Alkoholschmuggel verwickelten Handelsposten Farwells und Solomons wurden wiederaufgebaut. Führer in Kostümen erzählen hier die Geschichte der North West Mounted Police.

Fort Walsh National Historic Site
Cypress Hills Interprovincial Park.
1-306-662-2645. 20. Mai–Juni, 5.–30. Sep: Di–Sa 9.30–17 Uhr; Juli, Aug: tägl. 9.30–17 Uhr.
pc.gc.ca/fortwalsh

⓰ Maple Creek

2000. 114 Jasper St, 1-306-662-4005.

Das 1882 gegründete Maple Creek am östlichen Rand von Cypress Hills trägt den Spitznamen »Old Cow Town«. Beim Anblick der Trucks und Viehzüchter mit ihren Stetsons spürt man noch heute ein Flair von »Old West«. Viele Ladenfassaden stammen – wie auch das elegante Commercial Hotel mit Marmorlobby – aus dem 19. Jahrhundert.

Die Eisenbrücke über den Oldman River bei Lethbridge

⓱ Medicine Hat

63 000. 330 Gehring Rd SW, 1-403-527-6422, 1-800-481-2822. **tourismmedicinehat.com**

Medicine Hat, das Zentrum von Albertas Erdgasindustrie, befindet sich im malerischen südlichen Saskatchewan-Tal. Die 1883 gegründete Stadt blickt auch auf eine lange Tradition bei der Herstellung von Tonwaren zurück. In vielen Werkstätten wurde der in der Umgebung – vor allem am Ufer des South Saskatchewan River – reichlich vorhandene Ton zu vielfältigen Gegenständen verarbeitet. Die **Medalta Potteries National Historic Site** im Historic Clay District dokumentiert die Entwicklung des Töpferhandwerks.

Medalta Potteries National Historic Site
713 Medalta Ave SE. 1-403-529-1070. 20. Mai–Labour Day: tägl. 10–17 Uhr. **medalta.org**

⓲ Lethbridge

92 700. 2805 Scenic Dr, 1-403-320-1222, 1-800-661-1222. **exploresouthwestalberta.com**

Kohle, Erdöl und Erdgas begründeten Lethbridges Wohlstand. Albertas drittgrößte Stadt wurde 1885 nach dem Minenbesitzer William Lethbridge benannt, wenngleich First Nations wie die Blackfoot hier lebten. Zur Stadt am Ufer des Oldman River gehört auch das Fort Whoop-up, das die Whiskyhändler John Healy und Alfred Hamilton 1869 gründeten, um aus dem Verkauf von illegalem und nicht selten tödlichem Whisky Gewinn zu schlagen. Viele vom Alkohol angelockte Ureinwohner wurden durch das mit Tabak und roter Tinte versetzte Gebräu vergiftet, sogar getötet. Das Besucherzentrum beleuchtet die Historie des Handelspostens.

Massaker von Cypress Hills

Zwei Assiniboine auf einem Stich aus dem Jahr 1844

Am 1. Juni 1873 griffen Whiskyhändler ein Lager der Assiniboine an und töteten mehrere Frauen, Kinder und Krieger, die ihnen angeblich Pferde gestohlen hatten. Zahlreiche Ureinwohner waren zu dem Zeitpunkt bereits an dem mit Tinte, Strychnin u. a. versetzten »Whisky« gestorben. Aufgrund des Massakers wurde die North West Mounted Police formiert. Posten wurden errichtet: Fort Macleod 1874 und Fort Walsh 1875. Die Mounties unterbanden den Whiskyhandel und gewannen das Vertrauen der Ureinwohner.

⑲ Royal Tyrrell Museum

Das einzigartige Royal Tyrrell Museum wurde 1985 eröffnet und beschäftigt sich als einziges kanadisches Museum mit 4,5 Milliarden Jahren Erdgeschichte. Die Anordnung der Exponate ermöglicht es, anhand von Dinosauriern und anderen Fossilien dem Lauf der Evolution zu folgen. Mithilfe interaktiver Stationen, Videos und dreidimensionaler Dioramen werden einzelne prähistorische Landschaften erzeugt und die Dinosaurier-Ära zum Leben erweckt. Außerdem erhält man Einblicke in die Arbeit der Paläontologen.

Infobox

Information
Hwy 838, 6 km nordwestl. von Drumheller. ☎ 1-403-823-7707, 1-888-440-4240.
Mitte Mai–Sep: tägl. 9–21 Uhr (Sep ab 10 Uhr); Okt–Mitte Mai: Di–So 10–17 Uhr.
tyrrellmuseum.com

Anfahrt
Calgary.

Legende

- Alberta in der Kreidezeit
- Laboratorium
- Lords of the Land
- Burgess Shale
- Devonian Reef
- Dinosaurier-Halle
- Bearpaw Sea
- Säugetier-Halle
- Kreidezeitlicher Garten
- Perm
- Palynologie
- Eiszeit-Sammlung
- Keine Ausstellungsfläche

Dinosaurier-Halle Hier überragt ein Tyrannosaurus Rex etwa 35 weitere komplette Saurierskelette.

Die Eiszeit-Sammlung präsentiert Skelette von Tieren, die einst Nordamerika bevölkerten, u. a. Wollhaarmammut und Säbelzahntiger.

Vortragssaal

Black Beauty Skull Dieser T-Rex-Schädel wurde bei Crowsnest Pass im Südwesten Albertas ausgegraben. Die dunkle Färbung ist das Resultat einer chemischen Reaktion bei der Fossilisation.

Organisierte Touren

Tour durch die Badlands

Das Royal Tyrrell Museum hat innerhalb des Dinosaur Provincial Park *(siehe S. 253)* ein Field Centre. Dieses ist nicht nur Ausgangspunkt für geführte Touren (mit Bus oder zu Fuß), sondern informiert auch über die Geschichte des Parks sowie über die Tiere, die Alberta in der Vorzeit bevölkerten. Es gibt auch eine Tour, die man auf eigene Faust unternehmen kann.

Kurzführer

Die Sammlung erstreckt sich über mehrere, über Rampen miteinander verbundene Ebenen. Jeder Bereich widmet sich einem Erdzeitalter. Auf eine Einführung zum Thema »Fossilien und Saurier« folgen Schaubereiche zu prähistorischen Säugetieren und zur Eiszeit. Am größten ist die beliebte Dinosaurier-Halle.

Ein Wanderweg führt rund um den Astotin Lake, den größten See des Elk Island National Park

⑳ Dinosaur Provincial Park

Rte 544. 1-403-378-4342. Apr–Sep: tägl.; Okt–März: Mo–Fr. **albertaparks.ca/dinosaur**

Der 1955 gegründete Dinosaur Provincial Park, ein UNESCO-Welterbe, liegt zwei Autostunden südöstlich von Drumheller. Er birgt eine der ergiebigsten Fossilienfundstätten der Welt. In dem Park im Red Deer River Valley sind 75 Millionen Jahre alte Dinosaurierskelette aus der Kreidezeit zu sehen *(siehe S. 234f)*. Hier fand man bereits über 300 fast intakte Skelette. Über 30 Institute in aller Welt besitzen Fundstücke von hier.

Von Drumheller aus kommt man zum 48 Kilometer langen **Dinosaur Trail**, einem Rundweg, der durch das »Valley of the Dinosaurs« führt. Der Weg geht am Royal Tyrrell Museum vorbei, bietet von Anhöhen wie dem Horseshoe Canyon aus einen grandiosen Blick auf die Badlands (»Ödland«) und passiert faszinierende Stein-*hoodoos*.

Dinosaur Trail
Drumheller, 1-403-823-1331.
traveldrumheller.com

Sogenannte *hoodoos* in der Nähe des Dinosaur Provincial Park

㉑ Red Deer

100 000. 101–4200 Queen Elizabeth II Hwy, 1-403-346-0180. **visitreddeer.com**

Die lebhafte Stadt auf halbem Weg zwischen Calgary und Edmonton wurde 1882 von schottischen Siedlern als Zwischenstation für Reisende gegründet. Dank des Kultur- und Freizeitangebots ist Red Deer heute ein Brennpunkt inmitten der Parklandschaften im Herzen von Alberta. Von Interesse sind die St. Mary's Church und der prägnante Water Tower, auch bekannt als »Green Onion« (»grüne Zwiebel«). Der malerische Waskasoo Park liegt am Red River.

㉒ Elk Island National Park

Hwy 16. 1-780-922-5790. tägl. **pc.gc.ca/elkisland**

Das erste, 1906 eingerichtete Tierschutzgebiet Kanadas wurde 1913 zum Nationalpark erklärt. Das unberührte Refugium liegt ungefähr eine halbe Autostunde von Edmonton entfernt.

Der 94 Quadratkilometer große Park bietet großen Säugetieren wie Wapitis, Elchen, Präriebisons und den selteneren, mittlerweile bedrohten Waldbisons Lebensraum. Laut World Wildlife Fund for Nature gilt die Parklandschaft mit Espenbewuchs als einer der gefährdetsten Lebensräume Nordamerikas.

Espen wachsen meist auf trockenen Berghängen, während sich Balsampappeln, Pappeln, Weißbirken und Weiden in Feuchtgebieten mit Binsen wohlfühlen. Feuchtigkeit bevorzugen auch die vielen Vogelarten, etwa Singammer und Goldwaldsänger.

Elk Island ist ideal für einen Tagesausflug von Edmonton aus. Es ist auch bei Tierfotografen ausgesprochen beliebt. Der Park besitzt 13 unterschiedlich lange und schwierige Wanderwege. Im Sommer kann man hier schwimmen, Kanu fahren und zelten. Im Winter ist Elk Island ein Eldorado für Langläufer.

Ice Palace, West Edmonton Mall

㉓ Edmonton

900 000.
9797 Jasper Ave, West Shaw Building, 1-780-401-7696.
exploreedmonton.com

Das im Tal des North Saskatchewan River gelegene Edmonton ist Herzstück und Hauptstadt der Provinz Alberta. Wo um 1790 einige Handelsposten der Hudson's Bay Company standen, entwickelte sich das Zentrum der kanadischen Ölindustrie.

Jasper Avenue und Sir Winston Churchill Square bilden mit ihren modernen Gebäuden, Geschäften und Restaurants das Stadtzentrum. Die gigantische **West Edmonton Mall** beherbergt über 800 Läden, einen Freizeit- und Wasserpark, mehr als 100 Restaurants, ein Bowling-Center, eine Eissporthalle und 27 Kinos. Die Alberta Legislature (1913) im Stadtkern bildet hierzu den Gegenpol. Sie ist eines der ältesten Gebäude Albertas und von malerischen Landschaftsgärten umgeben.

Südwestlich des Zentrums im Fort Edmonton Park wurde das Fort der Hudson's Bay Company mit Straßennachbauten von 1885 und 1920 rekonstruiert. Man schlendert an original restaurierten Läden vorbei oder fährt mit Tram, Pferdekutsche oder Dampfeisenbahn.

Westlich des Zentrums liegt das Royal Alberta Museum zur Naturgeschichte, nordwestlich die Telus World of Science mit IMAX-Kino, Sternwarte und dem Star Theatre.

West Edmonton Mall
170th St / Ecke 87th Ave.
1-780-444-5321. tägl.

㉔ Vegreville

5700. 4500 Volodymyr Dr, 1-780-632-6800.
vegreville.com

Am Yellowhead Highway, von Edmonton aus Richtung Osten, liegt das überwiegend ukrainisch geprägte Städtchen Vegreville, das für seine bunt verzierten, traditionell ukrainischen Ostereier *(pysanky)* bekannt ist. Von der Straße aus sieht man ein prachtvoll verziertes, sieben Meter hohes Riesen-Pysanka aus über 3500 Aluminiumteilen.

Die bis ins Detail fein gearbeiteten Bronze-, Gold- und Silberdarstellungen erzählen die Geschichte der ukrainischen Siedler in der Region und feiern deren Glauben, Ernteglück und die schützende Hand der Royal Canadian Mounted Police.

Das Riesenosterei – Ausdruck ukrainischer Kultur in Vegreville

㉕ Wood Buffalo National Park

Haupteingang: Fort Smith, NWT.
1-867-872-7960. tägl.
pc.gc.ca/woodbuffalo

Kanadas größter Nationalpark ist mit 44 807 Quadratkilometern etwa so groß wie Dänemark. 1983 wurde er zum UNESCO-Welterbe erklärt, da er seltenen Tierarten wie dem Waldbison *(wood buffalo)* einen Lebensraum bietet.

Der Wood Buffalo National Park umfasst drei verschiedene Landschaftsformen: von Bränden gezeichnetes, bewaldetes Hochland, eine weite, wasserreiche Hochebene mit Flüssen und Mooren und das Peace-Athabasca-Delta mit Schilfwiesen, Marschland und seichten Seen. Wanderfalken und Weißkopfseeadler sind hier häufig zu sehen. Zudem ist der Park der weltweit einzige natürliche Nistplatz des seltenen Schreikranichs.

Die Grey-Owl-Story

Lange bevor Tierschutz in aller Munde war, nahm sich der renommierte Naturforscher Grey Owl der Sache an. Inspiriert von seiner Mohawk-Frau Anahareo, schrieb er 1931, in dem Jahr, in dem er auch in den Dienst des Riding Mountain National Park trat, seinen ersten Bestseller *Men of the Last Frontier*. Er baute sich eine Blockhütte am Ufer des Lake Ajawaan und startete dort ein Biberschutzprogramm. Als er 1938 an Lungenentzündung starb, gab es einen Aufruhr, da eine Zeitung herausgefunden hatte, dass er Engländer war. Der 1888 in Hastings geborene Archibald Stansfield Belaney nannte sich Grey Owl, als er nach dem Ersten Weltkrieg nach Kanada zurückkehrte. Er trug Lederhosen und Zöpfe wie die Apachen. Bis heute wirkt sein Vermächtnis zum Schutz der Wildtiere nach.

Grey Owl füttert einen Biber

Hotels und Restaurants in Zentralkanada *siehe Seiten 356f und 376f*

㉖ Prince Albert National Park

Der 1927 gegründete Prince Albert National Park umfasst 3875 Quadratkilometer unberührte Wildnis, von leicht hügeligen Espen-Parklandschaften im Süden bis zu borealen Fichten- und Tannenwäldern im Norden. Diese Areale bieten verschiedenen Wildtierarten wie Elch, Wolf und Karibu in den Wäldern sowie Wapiti, Bison und Dachs in den Parklandschaften einen Lebensraum. Die zentralen, für Besucher leicht zugänglichen Teile des Parks sind die Wanderwege und Kanustrecken an Lake Kingsmere und Waskesiu. Eine Erkundung des Parks beginnt man am besten in Waskesiu.

Infobox

Information
Nahe Hwy 2. ☎ 1-306-663-4522. ○ tägl. (Park). **Nature Centre** ○ 19. Mai–4. Sep: tägl. 10–18 Uhr. ● 25., 26. Dez.
W pc.gc.ca/princealbert
W waskesiuwildernessregion.com

Legende
- Hauptstraße
- Nebenstraße
- Wanderweg
- Fluss

Grey Owls Cabin, Ajawaan Lake
Ein beliebter Wanderweg (20 km) führt zu Grey Owls Blockhütte »Beaver Lodge«.

Strand am Lake Waskesiu
Das Dorf Waskesiu hat zahlreiche Geschäfte, Hotels und einen Sandstrand am See zu bieten.

Die Hanging Heart Lakes bilden eine Wasserstraße zum Crean Lake – eine beliebte Kanustrecke.

Das Nature Centre liefert ökologische Informationen.

Blick auf den Waskesiu Lake
Von der Kingsmere Road aus sieht man das Herbstlaub um den See.

Mud Creek Trail ist ein zwei Kilometer langer Rundweg, der dem Verlauf des Mud Creek folgt.

Zeichenerklärung *siehe hintere Umschlagklappe*

Geschütz auf Lafette, Fort Battleford National Historic Site

27 North Battleford und Battleford

14 700. Visitor Center, Kreuzung von Hwy 16 u. 40, 1-306-445-2000, 1-800-243-0394.
battlefords.ca

Battleford und North Battleford (»The Battlefords«) liegen einander am Ufer des North Saskatchewan River gegenüber. Die nach einer Furt im Battle River benannte Gegend war Schauplatz von Konflikten zwischen Blackfoot und Cree. Die wichtige frühe Siedlung war zwischen 1876 und 1882 Sitz der Regierung der Northwest Territories. Auch wenn die heutigen Städte industriell geprägt sind, konzentriert sich die Dependance des Western Development Museum auf das Prärieleben.

Sehenswert ist die **Allen Sapp Gallery**. Allen Sapp ist einer der populärsten zeitgenössischen Künstler Kanadas. Seine schlichten Gemälde und Zeichnungen in zarten Farben zeigen die Traditionen der Cree der Northern Plains.

Zwischen den Flüssen Battlefield und Saskatchewan liegt die **Fort Battleford National Historic Site**, ein restaurierter Posten der North West Mounted Police (NWMP) mit einigen Originalgebäuden, etwa dem Aussichtsturm des Befehlshabers. In einem Museum berichten kostümierte Führer von der Zeit, als 500 Siedler während der North-West Rebellion im Fort Zuflucht suchten.

Allen Sapp Gallery
1 Railway Ave E. 1-306-445-1760. Juni–Sep: tägl. 11–17 Uhr; Okt–Mai: Mi–So 12–16 Uhr.

Fort Battleford National Historic Site
Nahe Hwy 4. 1-306-937-2621. 22. Mai–25. Juni: tägl. 10–16 Uhr (26. Juni–4. Sep: Mo–Fr).
pc.gc.ca/battleford

28 Batoche National Historic Site

Rte 225 am Hwy 312. 1-306-423-6227. 22. Mai–Juni, 5. Sep–6. Okt: Mo–Fr 9–17 Uhr; Juli, Aug: tägl. 9–17 Uhr.
pc.gc.ca/batoche

Das Dorf Batoche war 1885 Schauplatz der letzten Schlacht der Métis unter Louis Riel und Gabriel Dumont *(siehe S. 55)* gegen die kanadische Miliz.

Ab dem 17. Jahrhundert hatten weiße Pelzhändler indianische Frauen geheiratet und deren Sprache und Bräuche angenommen. Ihre als Métis bekannten Nachkommen zettelten 1869 im Raum Winnipeg einen Aufstand an, als die Bundesregierung sie ihrer Landrechte berauben wollte. Als dies 1885 erneut geschah, holten die Métis Louis Riel aus seinem Exil in Montana und riefen in Batoche eine provisorische Regierung aus. Die Eskalation des Konflikts am 9. Mai 1885 steigerte sich zur North-West Rebellion. Nach deren Niederschlagung kapitulierte Riel. Er wurde als Hochverräter in Regina gehängt. Die Batoche National Historic Site of Canada umfasst den Ort und das Schlachtfeld. In dem 648 Hektar großen Park liegen die Kirche Saint-Antoine de Padou und die letzte Ruhestätte der Métis-Anführer. Eine Tonbildschau schildert die Geschichte der Rebellion aus der Perspektive der Métis.

Saint-Antoine de Padou mit Pfarrhaus, Batoche National Historic Site

Hotels und Restaurants in Zentralkanada *siehe Seiten 356f und 376f*

Eisbären

Der »König der Arktis« kann bis zu 650 Kilogramm schwer werden. Im Herbst sammeln sich die Bären an der Bucht östlich von Churchill und warten auf die Packeisbildung, die ihnen die Seehundjagd ermöglicht. Bis zu einer Entfernung von 32 Kilometern und noch unter einer meterdicken Eis- und Schneeschicht nehmen sie die Witterung von Seehunden auf. In dieser Jahreszeit kann man in der Gegend um Churchill 900 bis 1000 Bären sichten. Am besten beobachtet man sie in einem »Tundra-Buggy«, einer Art Bus, der zwei Meter über dem Boden Wärme und Sicherheit bietet.

Der »König der Arktis«

㉙ Duck Lake

570. **trailsof1885.com**

Westlich des Dorfs Duck Lake erinnert eine Gedenktafel an die ersten Schüsse der North-West Rebellion: Am 26. März 1885 entstand bei einer Verhandlung ein Streit zwischen dem Polizeidolmetscher und dem Vertreter der Cree. Dabei wurde der Polizist getötet. In der folgenden Schlacht fielen zwölf Beamte der North West Mounted Police und sechs Métis. Im Besucherzentrum zeigen Wandbilder die Schlacht von Duck Lake.

㉚ The Pas

5400. 81 Edwards Avenue, 1-204-623-6459.

The Pas war vor 300 Jahren ein Pelzhandelsposten, heute ist es ein industrielles Handels- und Transportzentrum für den Nordwesten Manitobas. Im nahen Clearwater Lake Provincial Park ist der See so sauber, dass man angeblich elf Meter bis zum Grund hinabsehen kann. Im Park führt ein Wanderweg durch »The Caves«: Dieses geologische Phänomen entstand, als sich Felsmassen von den Uferklippen lösten und riesige Spalten bildeten, die nun Tieren, etwa Elchen, Wölfen und Füchsen, Zuflucht bieten.

㉛ Flin Flon

5200. Hwy 10A, 1-204-687-7674.

An den steilen Bergstraßen erkennt man, dass Flin Flon auf präkambrischen Gesteinsschichten liegt, die mit 3,8 Milliarden Jahren fast so alt sind wie die Erdkruste. Die Gegend ist berühmt für grünen Nephrit. Die Stadt trägt den Namen einer Figur aus dem Roman *The Sunless City* von J. E. P. Murdock (als ein Schürfer hier 1915 seinen Claim absteckte, las er gerade dieses Buch).

Noch heute werden hier Kupfer und Gold gefördert, doch die eigentliche Attraktion ist die unendliche Wildnis des nahe gelegenen Grass River Provincial Park.

Der Grass River mit seinen zahllosen Seen und Inseln wird seit Jahrhunderten als Wasserstraße genutzt – anfangs von den Ureinwohnern, später von europäischen Pelzhändlern. Heute werden auf der historischen Route Kanutouren mit Führer angeboten. Der Fluss ist ein Eldorado für Angler, es gibt Hechte, Forellen und Barsche.

㉜ Churchill

900. nahe Kelsey Blvd, 1-204-675-8863.

Churchill an der Mündung des Churchill River in die Hudson Bay sieht noch heute wie ein einfaches Pionierstädtchen aus: keine Luxushotels, wenige geteerte Straßen und kaum Bäume. Die weite arktische Landschaft ist nur von Juni bis Ende September schneefrei. Churchill ist per Flugzeug oder von Winnipeg, Thompson und The Pas aus per Bahn zu erreichen. Trotz der isolierten Lage war der Ort im 18. Jahrhundert für europäische Entdecker und Pelzhändler ein Eingangstor nach Kanada. Die Hudson's Bay Company errichtete hier 1717 einen Außenposten.

Heute kommen die Besucher wegen der Eisbären, der Belugas – und der Tundra: Im Frühling und Herbst verwandeln sich Moose, Flechten und die winzigen Blumen in ein Farbenmeer. Die im Sommer flussaufwärts ziehenden Belugas kann man bei einer Bootstour oder bei einem Tauchgang beobachten.

In Churchill kann man oft Polarlichter sehen.

Warnung vor Eisbären: Schild in der Nähe von Churchill

Winterlandschaft im Mount Seymour Provincial Park, British Columbia ▶

BRITISH COLUMBIA UND ROCKIES

British Columbia und Rockies im Überblick

Dank der Naturschönheit ihrer Gebirgszüge, Wälder und Seen, die bis nach Alberta hineinreichen, sind British Columbia und die Rockies beliebte Reiseziele. Die vielfältigen Landschaftsformen reichen von kahlen Gipfeln in den nördlichen Rockies bis hin zu den Obstgärten und Weinbergen des Okanagan Valley im Süden. Infolge des milden Klimas finden sich in British Columbia mehr Pflanzen- und Tierarten als in vielen anderen Landesteilen. Eine breite Palette an Outdoor-Aktivitäten lockt jährlich Millionen von Besuchern an. Vancouver Island im Westen beeindruckt mit unberührtem Regenwald und der prächtigen Szenerie des Pacific Rim National Park Reserve. Zwischen Pazifik und Coast Mountains liegt Vancouver, eine attraktive Stadt mit guten Verkehrsverbindungen ins Umland sowie nach Calgary im Osten.

Regenwald im Gwaii Haanas National Park Reserve and Haida Heritage Site auf Haida Gwaii

Das hell erleuchtete Parlament von Victoria auf Vancouver Island spiegelt sich im Wasser des inneren Hafens

Weitere Zeichenerklärungen *siehe hintere Umschlagklappe*

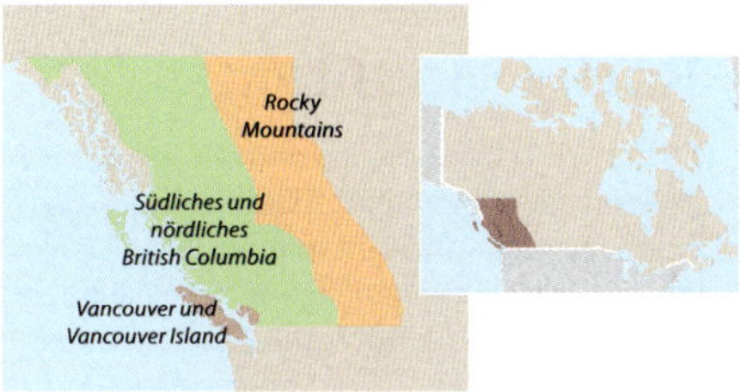

Schneebedeckte Gipfel erheben sich am Emerald Lake, Yoho National Park

In British Columbia und den Rockies unterwegs

Der Trans-Canada Highway (Hwy 1) führt als Haupt-Highway von Vancouver aus auf der Goldgräberroute entlang dem Fraser Canyon in andere Teile der Provinz und weiter nach Alberta. Von Hope aus bieten sich weitere Routen an: Der Coquihalla Highway (Hwy 5) führt nach Kamloops und weiter bis zum Highway 16, der durch den Jasper National Park geht. Der Highway 3 durchquert British Columbia von West nach Ost. Eine schöne Bahnstrecke führt von Vancouver nach Jasper. Buslinien decken fast alle Gebiete ab.

0 Kilometer 200

Rocky Mountains

Die kanadischen Rockies sind ein Teil der Westlichen Kordilleren, jener gewaltigen Gebirgskette, die sich durch Nord-, Zentral- und Südamerika zieht. Der kanadische Abschnitt ist zwischen 30 und 120 Millionen Jahre alt und umfasst einige der höchsten Gipfel Kanadas, das 325 Quadratkilometer große Columbia Icefield und zahlreiche Gletscherseen. Im Sommer bedecken Wildblumen die Bergwiesen, im Winter strömen Skifreunde zu den Pisten und Loipen. Zum Schutz der Flora und Fauna wurden Nationalparks eingerichtet, darunter Banff, Jasper und Yoho *(siehe S. 304–315)*. In Letzterem liegen die bekannten Burgess-Shale-Fossilienfundstätten.

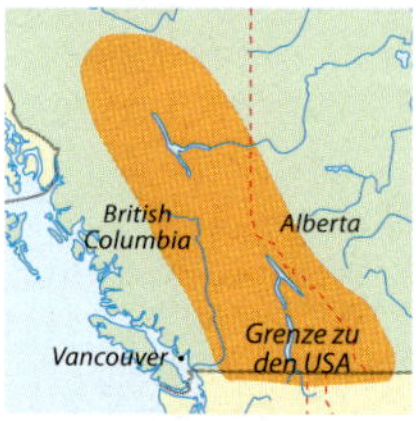

Zur Orientierung

Kanadische Rockies

Die Liard River Hot Springs liegen am berühmten Alaska Highway *(siehe S. 266f)*. Oberflächenwasser sickert durch Risse und Spalten zum erhitzten Gestein der bis zu 1000 °C heißen Erdkruste hinab, verdunstet, steigt als Dampf nach oben und kondensiert an der Oberfläche zu Wasser.

Hoodoos sind von Wind und Erosion geschaffene kegelförmige Felsformationen. Die hier abgebildeten findet man zwischen den Gipfeln des Muncho Lake Provincial Park am Nordrand der kanadischen Rockies.

Vom Icefields Parkway (Hwy 93), einer malerischen Strecke von Lake Louise im Banff National Park nach Jasper, kann man die jüngsten, spitzen Gipfel des Gebirgszugs bestaunen. Sie entstanden vor 15 bis 20 Millionen Jahren in der letzten Auffaltungsphase. Ältere Gebirgszüge wie die Appalachen *(siehe S. 29)* weisen aufgrund längerer Erosionszeiten rundere Gipfelformen auf.

Maligne Canyon ist eine 50 Meter tiefe Kalksteinschlucht im Jasper National Park. Der Canyon wurde vom Schmelzwasser eines Gletschers geschaffen, der früher das Tal überzog. Heute tost der teilweise in unterirdischen Höhlen verlaufende Maligne River durch diese Klamm.

Lewis Overthrust im Waterton Lakes National Park ist eine geologische Besonderheit: Als sich die Felsmassen bei der Entstehung der Rockies ostwärts bewegten, schob sich eine riesige ältere, als »Lewis Thrust« bezeichnete Sedimentgesteinsschicht über eine jüngere Schicht.

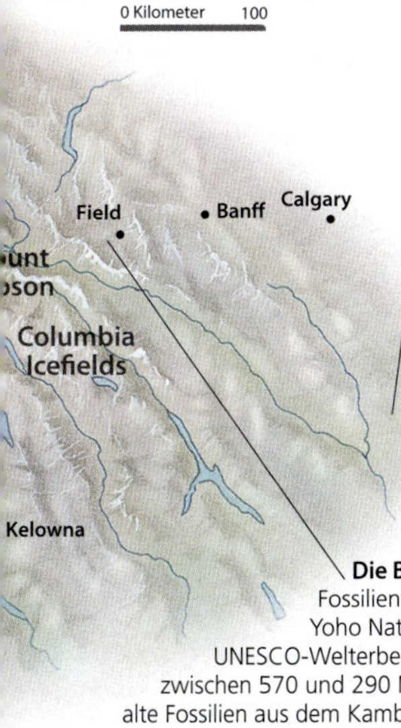

Die Burgess-Shale-Fossilienfundstätten im Yoho National Park sind UNESCO-Welterbe und enthalten zwischen 570 und 290 Millionen Jahre alte Fossilien aus dem Kambrium und dem Perm. Die größten Fundstätten sind Walcott's Quarry und Mt. Stephen. Hier haben sich zahlreiche Trilobiten (fossile Gliederfüßer) erhalten.

Entstehung der Rocky Mountains

Drei Faktoren trugen zur Bildung der Rocky Mountains bei. Erstens: Die ständige Bewegung tektonischer Platten erzeugte eine Aufwölbung. Zweitens: Als sich die Pazifische unter die Nordamerikanische Platte schob, bildete sich eine Kette von Vulkanen, aus denen das flüssige Gestein der ozeanischen Kruste austrat. Drittens: Durch Abtragungsprozesse entstanden mächtige Sedimentschichten auf der Nordamerikanischen Platte. Das Gesteinsmaterial wurde durch die Plattentektonik vor 50 bis 25 Millionen Jahren aufgefaltet. Die schroffen Gipfel der Rockies zeugen von ihrem geringen Alter.

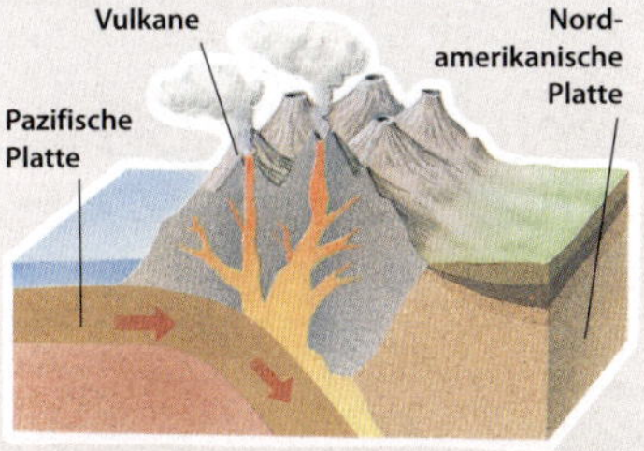

1 Vor 150 Millionen Jahren schob sich die Pazifische Platte nach Osten und wölbte sich mit flüssigem Gestein aus den Tiefen der Nordamerikanischen Platte nach oben. So entstanden die Westlichen Kordilleren.

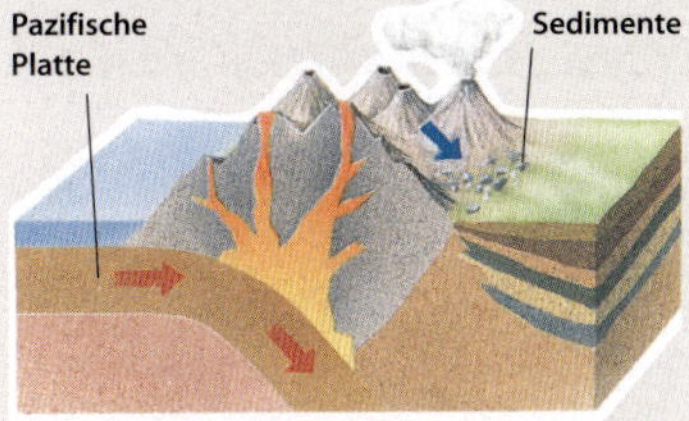

2 Im Verlauf von Jahrmillionen und mehreren Eiszeiten erodierten die Kordilleren. Dadurch lagerten sich Sedimente in den keilförmigen Senken östlich der Gebirgskette ab.

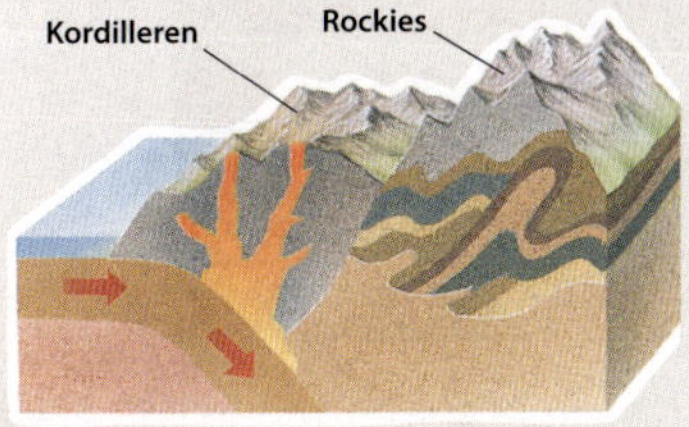

3 Vor etwa 50 Millionen Jahren schob sich die Pazifische Platte weiter nach Osten und drängte die Kordilleren mit. Aus den komprimierten, aufgefalteten Sedimenten entstanden die Rockies.

Flora und Fauna

Von der südlichen Grenze zu den USA bis zur Nordspitze von Haida Gwaii gilt die Küstenregion British Columbias als eine der ökologisch vielfältigsten Gegenden Kanadas. Das milde Klima, bedingt durch die warmen Gewässer des nördlichen Pazifik, ließ gemäßigte Regenwälder entstehen, in denen u. a. Schwarzwedelhirsche, Schwarzbären und Pumas leben. Zahlreiche Inseln und Buchten entlang der Küste sind immer noch mit Wald bedeckt und beherbergen eine reiche Fauna und Flora, darunter die größten Bäume Kanadas: Douglastannen und Sitkafichten können hier bis zu 91 Meter hoch werden.

Trompeterschwäne wurden nach ihrem spezifischen Schrei benannt. Sie leben in Marschland, an Seen und Flüssen.

Gemäßigter Regenwald

Viel Regen und ein mildes Klima ließen diese üppigen Zedern-, Fichten- und Kiefernwälder entstehen. Douglastannen und Sitkafichten überragen das feuchte Blätterdach, unter dem zahllose Farn-, Moos- und Wildblumenarten, darunter auch Orchideen, beheimatet sind. Umweltschützer versuchen, diese Urwälder vor der Abholzung zu bewahren.

Weißkopfseeadler sieht man recht häufig vor Haida Gwaii bei der Fischjagd. In dieser Region lebt eine der größten Populationen von Weißkopfseeadlern in British Columbia.

Den weißen Schwarzbären gibt es nur an der Küste British Columbias. Dieser Verwandte des Schwarzbären ist ein geschickter Lachsjäger.

Schwarzwedelhirsche leben nur an der nördlichen Pazifikküste. Diese Unterart des Maultierhirsches ist eine beliebte Beute von Pumas.

Kragenenten sind scheue Tiere. Die Männchen fallen durch ihre Zeichnung auf. In reißenden Flüssen und in der Meeresbrandung fühlen sich die guten Schwimmer wohl.

Lachse

Die pazifischen Küstengewässer sind Heimat von Buckel-, Coho-, Quinnat-, Blaurücken- und Ketalachsen. Sie bilden die Basis einer der wichtigsten Fischerei-Industrien der Welt, auch wenn in einigen Teilen ihr Bestand zurückgeht. Pazifiklachse laichen nur einmal in ihrem Leben im Süßwasser und sterben dann. Ihre Nachkommen wandern zum Meer, wo sie heranwachsen und zwischen sieben und 45 Kilogramm schwer werden. Die Tiere wandern dann stromaufwärts – zurück zum Ort ihrer Geburt.

Ein Königslachs (Quinnat) schwimmt stromauf zum Laichen.

Der Sockeye Salmon (Blaurückenlachs) ist wegen seines Geschmacks begehrt.

Küstengebiete

In den warmen Gewässern des nördlichen Pazifik leben mehr Wildtierarten als in anderen gemäßigten Küstenzonen. Charakteristisch für diese Region sind Tausende von Inseln und Buchten, die Heimat zahlreicher Tierarten. Hier werden Grau-, Buckel- und »Killerwale« (Orcas), aber auch Seeotter, Seehunde und Seelöwen gesichtet.

Seelöwen leben in Kolonien entlang der Felsküste. Die massigen Tiere können sich mit ihren kurzen Vorderflossen auch an Land fortbewegen.

Die Eismöwe ist eine große Seemöwe, die auf den Klippen der Küste und auf den vielen Inseln der Region nistet.

Orcas (»Killerwale«, Große Schwertwale) sieht man vor der geschützten Ostküste von Vancouver Island und an der Festlandsküste von British Columbia. Sie leben von anderen Meeressäugern.

Seeotter wurden fast bis zur Ausrottung gejagt. Heute tummeln sich wieder etliche dieser verspielten Tiere vor der Festlandsküste und vor Vancouver Island.

Alaska Highway

Der Bau des Alaska Highway war eine Meisterleistung. Nach nur acht Monaten und zwölf Tagen Bauzeit schlängelte sich bereits 1942 die 2451 Kilometer lange Straße durch Wildnis, Gebirge, Wälder und »Muskeg« (moosbedecktes Sumpfland). Man plante die Strecke von den USA durch British Columbia nach Alaska 1941 nach dem japanischen Angriff auf Pearl Harbor als militärische Versorgungsroute und zur Verteidigung der Nordwestküste Alaskas. Die frühere Schotterstraße ist inzwischen einem zweispurigen, meist asphaltierten Highway gewichen. Durch die allmähliche Begradigung der zahllosen Kurven wurde die Strecke auf derzeit 2394 Kilometer verkürzt.

Zur Orientierung

Kartenausschnitt

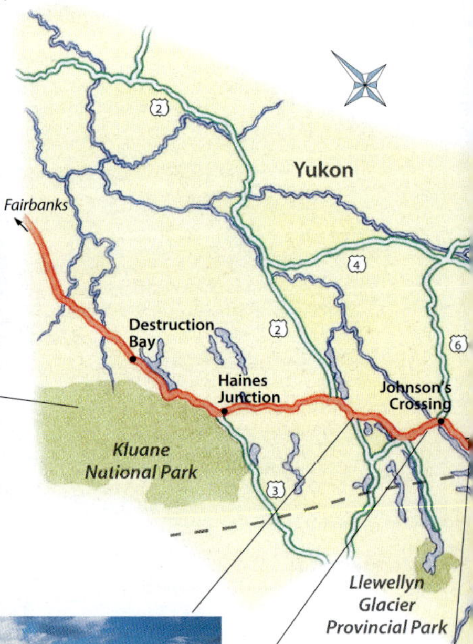

Im Kluane National Park and Reserve liegen einige der landschaftlich imposantesten Teilstücke des Highway. Die Kluane Mountains zählen zu den höchsten Bergen Kanadas. Eisfelder bedecken etwa die Hälfte des Parkareals.

Whitehorse ist die Hauptstadt des Yukon Territory und Zentrum der Forst- und Bergbauindustrie. Die Stadt wirkt nach wie vor wie ein Vorposten in der Wildnis, wo man nachts die Kojoten heulen hört.

An der historischen 836. Meile liegt das Canol Project. Diese ursprünglich zu militärischen Zwecken entlang dem Highway gebaute Pipeline führte über 965 Kilometer zu einer Raffinerie in Whitehorse.

Teslin Lake leitet seinen Namen aus der Tlingit-Sprache ab und heißt eigentlich »langes, schmales Wasser«. Der Highway folgt dem 130 Kilometer langen, von schneebedeckten Gipfeln gesäumten See. Die Region ist bei Jägern und – dank der reichen Bestände an Forellen, Äschen und Hechten – auch bei Anglern beliebt.

Die Piste des Alaska Highway ist im Winter oft schneebedeckt und hebt sich durch den Frost an. Seit der Eröffnung 1942 sorgen Straßenarbeiter dafür, dass die Strecke ganzjährig befahrbar ist.

Bau des Alaska Highway

Ingenieure der US-Army und kanadische Bauarbeiter errichteten den Highway in weniger als neun Monaten. Arbeiter wurden mit warnenden Worten angeworben: »Das wird kein Picknick … Die Männer müssen gegen Sümpfe, Flüsse, Eis und Kälte kämpfen. Moskitos, Fliegen und Mücken sind nicht nur lästig, sondern machen krank. BEWERBEN SIE SICH NICHT, wenn Sie nicht bereit sind, unter diesen … Bedingungen zu arbeiten!« Die Arbeiter wohnten in mobilen Armeecamps, die mit den Bautrupps mitzogen. Steckte ein Trupp in einem der vielen Sümpfe fest, wurden Knüppeldämme aus Baumstämmen gelegt und mit Schotter überschüttet. An manchen Stellen der Strecke waren fünf solcher Schichten notwendig.

Für den Lkw wird ein Knüppeldamm errichtet

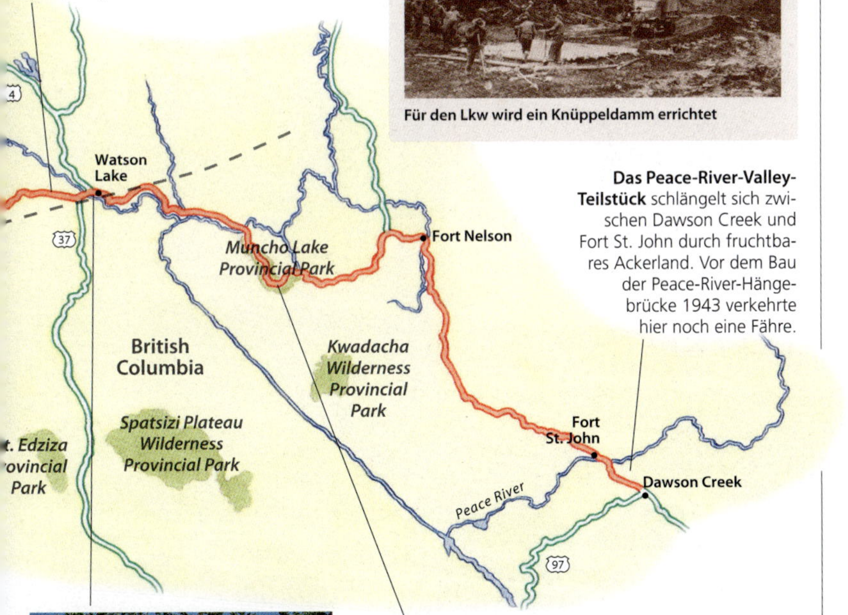

Das Peace-River-Valley-Teilstück schlängelt sich zwischen Dawson Creek und Fort St. John durch fruchtbares Ackerland. Vor dem Bau der Peace-River-Hängebrücke 1943 verkehrte hier noch eine Fähre.

An der historischen 588. Meile bzw. »Contact Creek« trafen sich 1942 die aus Norden und Süden kommenden Bautrupps.

0 Kilometer 100

Am Sign Post Forest, Watson Lake, stehen über 72 000 Schilder. Das erste stellte im Jahr 1942 ein GI aus Heimweh nach Danville, Illinois, auf.

Legende

- Alaska Highway
- Andere Straße
- National- oder Provinzpark
- Provinzgrenze

Vancouver und Vancouver Island

Die Stadt Vancouver an der Meerenge von Georgia liegt so reizvoll wie kaum eine andere Weltstadt. Vor der majestätischen Kulisse der Küstengebirge ragen die Wolkenkratzer der Metropole empor. Als Kapitän James Cook 1778 am Nootka Sound von Vancouver Island an Land ging, beanspruchte er die Region für Großbritannien. Bis dahin hatten die First Nations über 10 000 Jahre lang die Küste besiedelt. Ihnen sind zwei der besten Museen Kanadas gewidmet: das UBC Museum of Anthropology in Vancouver und das Royal BC Museum in Victoria. Als der junge Ort Granville 1886 abbrannte, wurde an dieser Stelle Vancouver gegründet. Die Stadt war der zentrale Veranstaltungsort der Olympischen Winterspiele 2010. Im weltberühmten Pacific Rim National Park Reserve auf Vancouver Island findet man ideale Bedingungen für die Beobachtung der vor der Küste ziehenden Wale.

Zeichenerklärung *siehe hintere Umschlagklappe*

Überblick: Vancouver

Das Zentrum von Vancouver liegt auf einer Art Halbinsel, die von der English Bay umschlossen wird. Mittelpunkt des Stadtkerns ist der Robson Square. Hinter dem Westend an der Spitze der Halbinsel liegt der über 400 Hektar große Stanley Park. Von der Main Street, der Nord-Süd-Achse, ist es nicht weit zu den historischen Vierteln Chinatown und Gastown.

Sehenswürdigkeiten auf einen Blick

Historisches Viertel und Gebäude

- ❷ Chinatown
- ⓬ Old Hastings Mill Store Museum

Parks und Gärten

- ❶ Dr. Sun Yat-Sen Classical Chinese Garden
- ❾ Queen Elizabeth Park und Bloedel Conservatory
- ❿ VanDusen Botanical Garden
- ⓭ Stanley Park
- ⓯ Lynn Canyon Park und Ecology Centre
- ⓰ Grouse Mountain
- ⓱ Capilano Suspension Bridge
- ⓲ Lighthouse Park

Moderne Architektur

- ❹ BC Place Stadium

Museen und Sammlungen

- ❸ Science World
- ❺ Vancouver Art Gallery
- ❻ Vancouver Maritime Museum
- ❼ Museum of Vancouver und H. R. MacMillan Space Centre
- ⓫ *University of British Columbia Museum of Anthropology S. 280f*

Shopping-Meilen

- ❽ Granville Island
- ⓮ Lonsdale Quay Market

Legende

- Sehenswürdigkeit
- Interstate Highway
- State Highway
- Highway
- Fußgängerzone
- Eisenbahn
- SkyTrain

Weitere Zeichenerklärungen *siehe hintere Umschlagklappe*

In Vancouver unterwegs

Vancouvers Transportsystem umfasst SeaBus, Bus und SkyTrain, einen der längsten führerlosen Nahverkehrszüge der Welt. Die Canada Line ist ein Tunnel, der das Hafenviertel mit Richmond und dem Flughafen verbindet. Der SeaBus verkehrt zwischen Lonsdale Quay in North Vancouver und Waterfront Station im Zentrum, wo man auf Bus und SkyTrain umsteigen kann. Da viele Bürger Vancouvers Pendler sind und der Zugang zum Stadtzentrum auf wenige Brücken wie die hektische Lions Gate Bridge beschränkt ist, sollte man den Stoßverkehr meiden.

Der Hafen von Vancouver mit Bergkulisse im Hintergrund

Im Detail: Hafenviertel und Gastown

Gastown, eines der ältesten Viertel Vancouvers, liegt am Burrard Inlet zwischen Columbia Street im Osten und Burrard Street im Westen. Das Viertel wuchs rund um einen Saloon, den John »Gassy« Jack Deighton, dessen Standbild den Maple Tree Square ziert, 1867 eröffnete. Heute tragen Kopfsteinpflaster, restaurierte Gebäude aus dem 19. Jahrhundert und Läden zum Flair von Gastown bei. Boutiquen und Galerien säumen Powell, Carrall und Cordova Street. In den früheren Stallungen und Passagen befinden sich Restaurants und Cafés. Zwei Lokale liegen an der Blood Alley, die nach den ersten Schlachthöfen benannt wurde. An der Ecke Water und Cambie Street kann man viertelstündlich das Pfeifen der dampfbetriebenen Uhr hören.

★ Canada Place
Hinter den weißen Segeln und Glasfronten des architektonischen Kleinods am Hafen verbergen sich ein Hotel, ein Kongress- und Messezentrum und der Flugsimulator FlyOver Canada.

SeaBus
Einen herrlichen Blick auf den Hafen bietet die Fahrt mit dem SeaBus, einer Personenfähre, die zwischen Waterfront Station und Lonsdale Quay in North Vancouver Burrard Inlet überquert.

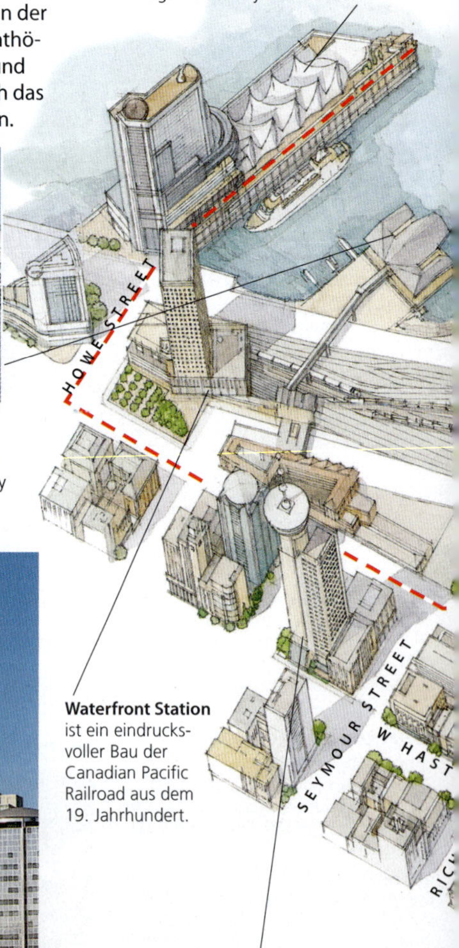

Waterfront Station ist ein eindrucksvoller Bau der Canadian Pacific Railroad aus dem 19. Jahrhundert.

★ Harbour Centre Tower
Der bekannteste Teil des modernen Harbour-Centre-Komplexes ist der 177 Meter hohe Turm, von dem man an einem klaren Tag bis nach Victoria auf Vancouver Island sehen kann.

Hotels und Restaurants in Vancouver und auf Vancouver Island *siehe Seiten 357f und 377–380*

Water Street Gaslaternen, Kopfsteinpflaster, Läden und Cafés sowie die berühmte Uhr in der Water Street bringen den Reiz von Gastown erst richtig zur Geltung.

Zur Orientierung
Siehe Zentrumskarte S. 270f

Steam Clock Die erste dampfbetriebene Uhr, die um 1970 gefertigt wurde, wird noch immer von ihrem Erbauer gewartet. Sie pfeift viertelstündlich an der Ecke Water und Cambie Street.

Statue von »Gassy« Jack Gastown wurde nach dem englischen Seemann John »Gassy« (»Schwätzer«) Jack Deighton benannt, einem Schwadroneur, der hier 1867 für die Sägewerksarbeiter einen Saloon eröffnete.

Die Inuit Gallery in der Camble Street zeigt Schmuck und Gemälde von Inuit-Künstlern.

Auf der West Cordova Street kann man dank vieler kleiner Galerien und trendiger Boutiquen gut shoppen.

Triangular Building Das Gebäude an der Ecke Alexander und Powell Street erinnert an das New Yorker Flatiron Building. Es wurde 1908/09 als Hotel erbaut und dient heute als Apartmenthaus.

Legende
– Routenempfehlung

Pavillon im Dr. Sun Yat-Sen Classical Chinese Garden

❶ Dr. Sun Yat-Sen Classical Chinese Garden

578 Carrall St. 1-604-662-3207. Central Station. Downtown Terminal. Sommer: tägl.; Winter: Di–So. 1. Jan, 25. Dez.
vancouverchinesegarden.com

Der 1986 eröffnete Ming-Garten, der erste außerhalb Chinas, ist eine kleine Oase. Die Ruhe des Gartens rührt von alten taoistischen Prinzipien her – vom Bestreben, ein Gleichgewicht zwischen den polaren Kräften von Mensch und Natur zu schaffen.

Über 50 Landschaftsgärtner aus der chinesischen Gartenstadt Suzhou gestalteten den Garten mit traditionellen Werkzeugen und Techniken. Für Fußwege und Pavillons benutzte man nur Baumaterialien aus China, seien es die Kieselsteine für den Innenhof oder die Dachziegel. Pflanzen dienen als Sinnbilder: Weide für weibliche Anmut, Pflaume und Bambus für männliche Kraft. Es gibt hier auch traditionelle Teezeremonien.

❷ Chinatown

Pender St. East Hastings u. East-Pender-Street-Linien.
vancouverchinatown.com

Vancouvers Chinatown ist älter als die Stadt selbst. 1858 kamen die ersten chinesischen Einwanderer auf der Suche nach Gold ins Land. Mit Jobs im Eisenbahnbau lockte die Canadian Pacific Railroad um 1880 noch mehr Arbeit suchende Chinesen an. Heute reicht Chinatown von der Carrall bis zur Gore Street und heißt neue asiatische Einwanderer nach wie vor herzlich willkommen.

Schild in Chinatown

In dem 1970 zum historischen Bezirk erklärten Viertel wurden viele der bemerkenswerten Bauten mit ihren verzierten Dächern restauriert. In der Pender Street lassen sich Details wie üppig bemalte Holzbalkone am besten studieren. Auch die Straßenschilder mit den chinesischen Schriftzeichen tragen zum authentischen Flair bei.

Die Hauptattraktion von Chinatown ist das Essen, sei es eine köstliche Ente oder die in Windeseile vor den Augen des Gasts zubereiteten Teigtaschen (Wantans) oder ein anderes der zahlreichen Gerichte, die in etlichen guten Restaurants zu haben sind. Das nicht minder reichhaltige und ebenso faszinierende Warenangebot der Geschäfte reicht von süßem oder pikantem Gebäck über exotische Kräuter bis hin zu Jadeschmuck.

Einen Gegenpol zu den betriebsamen Märkten bilden die beschaulichen Teehäuser wie auch das im nahe gelegenen Dr. Sun Yat-Sen Chinese Garden, wo man in aller Ruhe Tee und Kuchen und an den Sommerabenden bei Laternenschein auch chinesische Musik genießen kann.

❸ Science World

1455 Quebec St. 1-604-443-7440. Central Station. Central Station. Mo–Fr 10–17 Uhr, Sa, So 10–18 Uhr. 25. Dez. **scienceworld.ca**

Unweit des Bahnhofs Main Street, direkt am False Creek, ragt die 47 Meter hohe geodätische Stahlkuppel der Science World empor. Für die Expo '86 entwarf der amerikanische Erfinder R. Buckminster Fuller die

Die markante Kuppel des Wissenschaftsmuseums Science World

Hotels und Restaurants in Vancouver und auf Vancouver Island *siehe Seiten 357f und 377–380*

Kuppel, die zu einem Wahrzeichen der Stadt wurde und seit 1989 ein interaktives Wissenschaftsmuseum beherbergt.

In der Eureka Gallery können Besucher eigene Erfindungen machen. In der Sara Stearn Search Gallery kann man Tierfelle und Tierknochen befühlen, optische Effekte gibt es in der Illusions Gallery. Die Kidspace Gallery, geeignet für Kinder von zwei bis sechs Jahren, bietet einen sicheren und interessanten Spielplatz. Der Ken Spencer Science Park präsentiert interaktive ökologische Ausstellungen.

Das Museum ist für die riesige gewölbte Leinwand des OMNIMAX® Theatre in der Museumskuppel bekannt, wo man Reisen in exotische Gegenden oder in den Weltraum unternehmen kann.

❹ BC Place Stadium

777 Pacific Blvd. ☎ 1-604-669-2300. Stadium. variiert je nach Veranstaltung. 1-604-687-5520 (Reservierung).
W bcplacestadium.com

Seit 2011 hat das BC Place Stadium ein ein- und ausfahrbares Dach. Diese moderne Konstruktion ersetzt das markante weiße Luftkissendach, das bei der Stadioneröffnung 1983 das größte der Welt war. Innnerhalb von wenigen Stunden kann die Anlage von einem Footballfeld mit rund 60 000 Sitzplätzen in eine Konzerthalle für etwa 30 000 Menschen verwandelt werden.

Im BC Place Stadium wurden schon so berühmte Besucher wie Queen Elizabeth II und Papst Johannes Paul II. empfangen. Im Rahmen einer Führung durch die Umkleidekabinen, Spielfelder und das Pressezentrum bekommt man mit etwas Glück den einen oder anderen Footballstar zu Gesicht.

Das im Stadion untergebrachte **BC Sports Hall of Fame and Museum** dokumentiert die Karriere einheimischer Sportgrößen. Nicht nur Sportfans zieht es hierher.

BC Place Stadium – hochmodernes Veranstaltungszentrum

BC Sports Hall of Fame and Museum
BC Place Stadium. ☎ 1-604-687-5520. tägl. 10–17 Uhr (So ab 9 Uhr).
W bcsportshalloffame.com

❺ Vancouver Art Gallery

750 Hornby St. ☎ 1-604-662-4719. Central Station. Central Station. 3. tägl. 10–17 Uhr (Di bis 21 Uhr).
W vanartgallery.bc.ca

Das ehemalige Provinzgericht von British Columbia beherbergt heute die Vancouver Art Gallery. Der Bau wurde 1906 von Francis Rattenbury entworfen, der auch für den gotischen Stil des Parlamentsgebäudes und des Empress Hotel *(siehe S. 285)* in Victoria verantwortlich zeichnete. 1983 wurden die Innenräume von Arthur Erickson modernisiert, der das UBC Museum of Anthropology *(siehe S. 280f)* schuf. Das Museum zeigt nationale und internationale Kunst mit dem Fokus auf zeitgenössischen Kunstwerken. In der Dauerausstellung sind gut 10 000 Exponate zu sehen. Unter den Kunstobjekten aus British Columbia befindet sich eine große Sammlung mit Werken der Malerin Emily Carr. Man kann auch an Führungen und Diskussionen teilnehmen. Ebenfalls im Angebot: Museumscafé und Museumsladen.

Viktorianische Elemente an der Fassade der Vancouver Art Gallery

❻ Vancouver Maritime Museum

1905 Ogden Ave. ☎ 1-604-257-8300. Central Station. Central Station. Sommer: tägl. 10–17 Uhr (Do bis 20 Uhr); Winter: Di–So 10–17 Uhr (So ab 12 Uhr). 25. Dez. **W vancouvermaritimemuseum.com**

Publikumsmagnet des Schifffahrtsmuseums ist der Schoner *St. Roch*. Dem 1928 erbauten Schiff gelang 1940 bis 1942 als erstem die Nordwestpassage in beide Richtungen.

Die Abteilungen *Man the Oars* und *Map the Coast* erinnern an den britischen Kapitän George Vancouver und an die Besatzungen der *Chatham* und der *Discovery*, die 1792 die Pazifikküste von British Columbia kartierten.

Im Children's Maritime Discovery Centre können Groß und Klein durch ein starkes Teleskop den Hafen von Vancouver beobachten.

Vancouvers Skyline spiegelt sich im Wasser ▶

Stahlskulptur vor der markanten Fassade des Museum of Vancouver

7 Museum of Vancouver und H. R. MacMillan Space Centre

1100 Chestnut St, Vanier Park. Central Station. Central Station. 22. **Museum** 1-604-736-4431. tägl. 10–17 Uhr (Do bis 20, Fr, Sa bis 21 Uhr). **Space Centre** 1-064-738-7827. Mo–Fr 10–17 Uhr (Observatorium: 20–24 Uhr).
museumofvancouver.ca
spacecentre.ca

Ein auffälliges Element der Skyline von Vancouver ist das nahe dem Vancouver Maritime Museum *(siehe S. 275)* im Vanier Park gelegene Museum of Vancouver. Das weiße konische Betondach des 1967 erbauten Museums wird gern mit einem UFO verglichen. An der Südseite des Baus steht eine Plastik, die an einen gigantischen Krebs aus Stahl erinnert.

Die Orientation Gallery zeigt Nachbildungen der Felsküste und des gebirgigen Inneren von British Columbia. Anhand der Exponate taucht man ein in die Historie Vancouvers von der Zeit der Ureinwohner bis zur Stadtgründung. Das Museum ist für seine Darstellung des städtischen Alltags mit Ausstellungsstücken wie einem Waggon der Canadian Pacific Railroad (um 1880), Kleidung aus den 1930er Jahren oder alten Straßenschildern bekannt.

Auch das H. R. MacMillan Space Centre ist populär. Hier erkundet man im Planetarium und im GroundStation Canada Theatre das Universum.

8 Granville Island

1661 Duranleau St. 1-604-666-6655. Central Station. Central Station. 51. **Markt** tägl. 9–19 Uhr. **Läden** tägl. 10–19 Uhr. **granvilleisland.com**

In den bunt bemalten Schuppen und Lagerhäusern dieses früher heruntergekommenen Industrieareals sind heute hübsche Läden, Galerien und Ateliers untergebracht. Der Großbrand von 1886 zerstörte die aufblühende Stadt und trieb die Bewohner nach Süden, u. a. auf die Halbinsel Granville Island. 1915 rang man dem Meer Boden ab, um Raum für die Holz- und Eisenindustrie zu schaffen.

Schild der Granville Island Brewing Company

Auf der Insel gibt es nur wenige Ladenketten. Die kleineren Läden zeichnen sich durch große Vielfalt und Qualität aus. Das Warenangebot umfasst u. a. ortstypisches Kunstgewerbe wie Teppiche, Schmuck und Textilien. Mehrere Musik-, Tanz- und Theaterensembles prägen das kulturelle Leben.

Vancouvers ethnische Vielfalt spiegelt sich im täglich auf dem Markt feilgebotenen Sortiment wider. Attraktiv sind auch die Cafés und Lokale am Ufer des False Creek, wo einst Sägewerke standen.

9 Queen Elizabeth Park und Bloedel Conservatory

4600 Cambie St. Conservatory 1-604-257-8584. 15. **Conservatory** tägl. 10–17 Uhr (Mai–Mitte Sep: Mo–Fr 9–20, Sa, So 10–20 Uhr). Conservatory.

Vom Queen Elizabeth Park auf dem Little Mountain, dem mit 152 Metern höchsten Hügel Vancouvers, hat man eine tolle Sicht. Die ganzjährige Blütenpracht der Gärten lässt nicht erahnen, dass diese auf Steinbrüchen angelegt wurden.

Auf dem Hügel thront die beeindruckende Plexiglaskuppel des Bloedel Conservatory. Hier wachsen Pflanzen aus allen Klimazonen. Regenwaldgewächse gedeihen ebenso wie Kakteen. Frei fliegende Tropenvögel und Teiche mit Japankarpfen machen das Ambiente noch reizvoller.

Kuppel des Bloedel Conservatory im Queen Elizabeth Park

Hotels und Restaurants in Vancouver und auf Vancouver Island *siehe Seiten 357f und 377–380*

Der Stanley Park erstrahlt in herbstlicher Farbenpracht

⑩ VanDusen Botanical Garden

5251 Oak St. ☎ 1-604-257-8335. Central Station. Central Station, 17. tägl. (wechselnde Öffnungszeiten). 25. Dez. **vandusengarden.org**

Der 22 Hektar große Garten wurde 1975 eröffnet. 1960 wollte die Canadian Pacific Railroad, ursprünglich Eigentümerin des Geländes, hier Apartmenthäuser bauen. Eine Kampagne einheimischer Naturfreunde und eine Schenkung des Geschäftsmanns W. J. VanDusen machten es möglich, das Areal in einen botanischen Garten umzuwandeln.

Heute sind hier über 7500 Pflanzenarten aus sechs Kontinenten zu bestaunen. Im Frühjahr blühen Narzissen, Krokusse und Rhododendren.

Im Sommer entfaltet sich im Perennial Garden die Pracht der Rosen, im September beginnen bereits die Herbstfarben zu leuchten. Die Stromversorgung erfolgt durch Nutzung der Sonnenenergie.

Marmorstatue, Botanical Garden

⑪ University of British Columbia Museum of Anthropology

Siehe S. 280f.

⑫ Old Hastings Mill Store Museum

1575 Alma Rd. ☎ 1-604-734-1212. 4th Ave-Linie. Mitte Juni–Mitte Sep: Di–So 13–16 Uhr; Mitte Sep–Nov, Mitte Feb–Mitte Juni: Sa, So 13–16 Uhr. Dez, Jan. Spende.

Der Old Hastings Mill Store war der erste Gemischtwarenladen und zugleich das Postamt Vancouvers – eines der wenigen Holzgebäude, die den Brand von 1886 überstanden. 1930 transportierte man das 1865 erbaute Haus mit einem Frachtkahn von Gastown nach Jericho Beach und von dort zum heutigen Standort Ecke Alma Street/Point Grey Road. Was zu einem Yachtclub hätte umgebaut werden sollen, ist heute dank vieler Kunstobjekte, die von Einheimischen ab 1940 gestiftet wurden, ein schönes Museum. Ausgestellt werden vor allem viktorianische Zier- und Gebrauchsgegenstände, z. B. eine Pferdekutsche oder alte Nähmaschinen, aber auch Kunsthandwerk wie Flechtkörbe.

Old Hastings Mill Store Museum, eines der ältesten Häuser Vancouvers

⑬ Stanley Park

2099 Beach Ave. ☎ 1-604-681-6728. Central Station. Central Station, 123, 135. Horseshoe Bay. tägl.

Die 404 Hektar große gezähmte Wildnis, in der früher die Musqueam und Squamish lebten, liegt nur wenige Häuserblocks vom Zentrum entfernt.

Der Stadtrat schuf 1886 hier eine schöne Parklandschaft, benannt nach Lord Stanley, dem kanadischen Generalgouverneur. Auf dem Gelände kommt man in den Genuss zahlreicher für Vancouver typischer Attraktionen: Strände, Wanderwege, Tannen- und Zedernwälder – inklusive Ausblick auf Hafen, English Bay und Küstengebirge. Am Parkeingang kann man Fahrräder für die zehn Kilometer lange Fahrt entlang der Mole rund um den Stanley Park mieten. Im Park befindet sich auch das **Vancouver Aquarium**, wo Delfine und Belugas in riesigen Glastanks zu sehen sind. Sehr gut besucht ist auch die Sektion mit den Pinguinen.

Vancouver Aquarium
Stanley Park. ☎ 1-604-659-3474. Juli, Aug: tägl. 9.30–18 Uhr; Sep–Juni: tägl. 10–17 Uhr. **vanaqua.org**

⓫ Vancouver: University of British Columbia Museum of Anthropology

Das herausragende, 1947 eröffnete Museum beherbergt eine der weltweit schönsten Sammlungen von Kunst der Ureinwohner der Nordwestküste. Der imposante Bau mit Blick auf Berge und Meer wurde 1976 von dem kanadischen Architekten Arthur Erickson entworfen. Die hohen Säulen und breiten Glasfronten der Great Hall wurden der Säulenarchitektur der Haida-Häuser nachempfunden und schaffen ein würdiges Ambiente für mächtige Totempfähle, Kanus und Festtagsgeschirr. Durch die Fenster der Great Hall sieht man hinaus auf den Skulpturengarten sowie auf zwei Häuser, die vom zeitgenössischen Haida-Künstler Bill Reid und dem 'Namgis-Künstler Doug Cranmer entworfen wurden.

★ Great Hall
Die beeindruckende Beton- und Glasstruktur der Great Hall bildet den idealen Rahmen für Totempfähle, Kanus und Plastiken.

Skulpturengarten mit Haida-Häusern und Totempfählen

Die beiden Haida-Häuser und die Sammlung mit Totempfählen reflektieren die künstlerische Tradition der Haida und anderer Stämme wie der Salish, Tsimshan und Kwakiutl. Die in Zedernholz geschnitzten Tiere und mythologischen Gestalten repräsentieren Familienclans. Die Anlage errichteten der Haida-Künstler Bill Reid und der 'Namgis-Künstler Doug Cranmer 1959–63.

Totempfähle aus Rotzeder

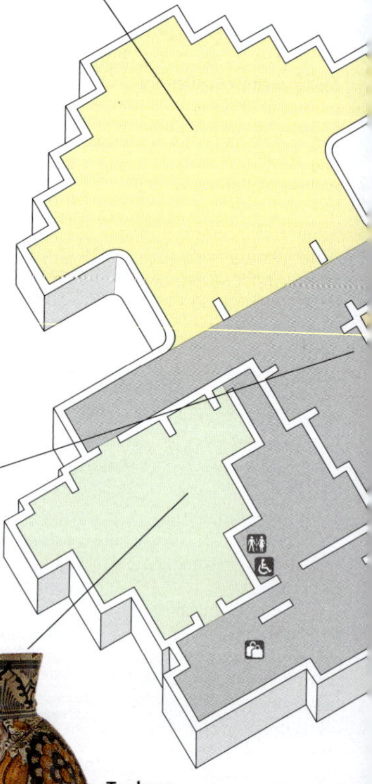

Kletternde Figuren
Diese Figuren, die auf Zedernplanken hinaufklettern, zierten wohl das Innere von Familienhäusern der First Nations. Die stilisierte Ausführung ist typisch für Plastiken der Coast Salish.

Tonkrug
Der reich verzierte Krug wurde 1674 von Mitgliedern der religiösen Gruppierung der Anabaptisten in Mitteleuropa getöpfert. Die Blattmotive heben sich von den frei gestalteten Tieren ab, die um die Basis laufen.

★ The Raven and the First Men (1980)
Die moderne, von Bill Reid aus Alaskazeder geschnitzte Interpretation eines Schöpfungsmythos der Haida zeigt den weisen, trickreichen Raben, der die ersten Menschen aus einer riesigen Muschel herauslocken will.

Infobox

Information
6393 NW Marine Drive.
1-604-822-5087. tägl. 10–17 Uhr (Di bis 21 Uhr); Mitte Okt–Mitte Mai: Di–So 10–17 Uhr (Di bis 21 Uhr). 25., 26. Dez.
moa.ubc.ca

Anfahrt
4 UBC, 84 UBC.

Kurzführer

Alle Sammlungen liegen auf einer Ebene. Die Ramp Gallery führt zur Great Hall, die den Kulturen der nordwestpazifischen First Nations gewidmet ist. Die Multiversity Galleries bergen Kunstgegenstände anderer Kulturen. Die Koerner-Keramiksammlung zeigt europäische Keramiken vom 15. bis 19. Jahrhundert.

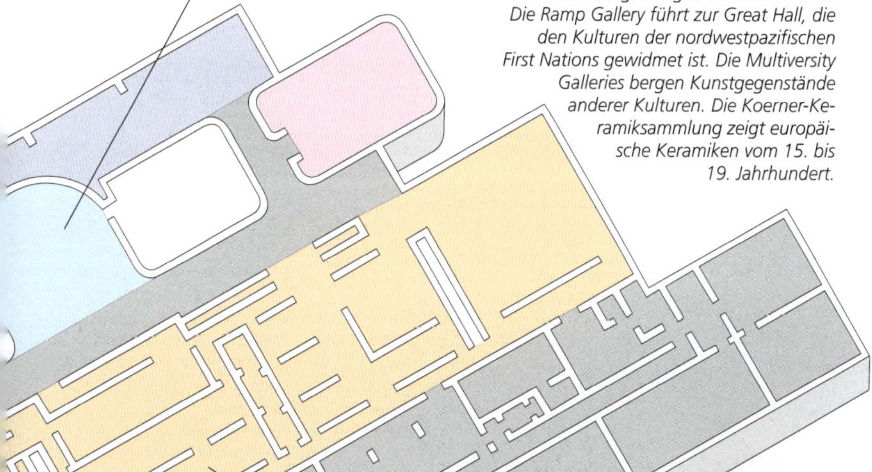

Holzstirnband
Das mit Perlmutt verzierte Stirnband diente als zeremonieller Kopfschmuck bei wichtigen Anlässen wie Geburten oder Hochzeiten.

Portal aus Rotzeder
Dieses Detail stammt vom mächtigen Rotzederportal, das den Museumseingang bewacht. Die Türen wurden 1976 von First-Nations-Künstlern des 'Ksan-Kulturzentrums bei Hazelton geschaffen und zeigen die Geschichte der ersten Völker am Skeena River in British Columbia.

Legende
- Great Hall
- Bill-Reid-Rotunde
- Multiversity Galleries
- Koerner-Sammlung europäischer Keramik
- O'Brian & Audain Gallery
- Michael M. Ames Theatre
- Keine Ausstellungsfläche

⓮ Lonsdale Quay Market

123 Carrie Cates Ct, North Vancouver. 1-604-985-6261. Lonsdale. tägl. 9–19 Uhr.
lonsdalequay.com

In dem aus Beton und Glas errichteten Shopping-Center ist auch der Fährhafen des North Shore SeaBus untergebracht. Im Lebensmittelmarkt werden Köstlichkeiten von frisch gebackenem Brot bis zu Blaubeeren angeboten. In den Cafés und Restaurants wird eine vielfältige Ethno-Küche serviert. Im Obergeschoss befinden sich Läden für Kunsthandwerk und Souvenirs von einheimischen Designern. Die Kid's Alley bietet Läden für Kinderkleidung und Spielzeug. Zum Komplex gehören auch ein Hotel mit Spa und ein Pub.

Moderner Brunnen, Lonsdale Quay

⓯ Lynn Canyon Park und Ecology Centre

3663 Lynn Canyon Park Rd. 1-604-990-3755. Hastings. Lonsdale Quay, dann Bus 228 oder 229. **Ecology Centre** Juni–Sep: tägl. 10–17 Uhr; Okt–Mai: Mo–Fr 10–17, Sa, So 12–16 Uhr. 1. Jan, 25. u. 26. Dez. Spende. teilweise.
dnv.org/ecology

Blick vom Grouse Mountain auf Vancouver

Der Lynn Canyon Park zwischen Mount Seymour und Grouse Mountain ist ein beliebtes Kletterparadies und für seinen wiederaufgeforsteten gemäßigten Regenwald bekannt. Die früheren, bis zu 90 Meter hohen Bäume wurden um 1900 gefällt. Ein paar der Baumstümpfe mit bis zu elf Metern Durchmesser kann man noch auf dem Waldboden ausmachen. An manchen erkennt man die Einkerbungen von den Holzfällern jener Zeit.

Einige der markierten Wege des Wandergebiets führen über steiles, felsiges Terrain vorbei an Wasserfällen und Felsabstürzen mit längeren Routen in den Canyon. Viele laden jedoch zu angenehmen und ungefährlichen Wanderungen unter Rotzedern oder Douglas- und Hemlocktichten ein. Wer sich weit genug in die Wälder vorwagt, kann Schwarzbären, Pumas und Schwarzwedelhirsche zu Gesicht bekommen. Die meisten Besucher bleiben jedoch auf den Wegen und erfreuen sich an Eichhörnchen, Eichelhähern und Spechten. Eine schöne Aussicht über den Canyon hat man von der 50 Meter hohen Hängebrücke aus. In der Nähe liegt der 30 Foot Pool, ein beliebter sommerlicher Badeplatz. Ein 40-minütiger Spaziergang bringt Wanderer zu den Twin Falls.

Das nahe gelegene Ecology Centre bietet geführte Wanderungen an, präsentiert naturhistorische Filme und gibt Einblicke in das ökologische System dieser Region.

⓰ Grouse Mountain

6400 Nancy Greene Way. 1-604-980-9311. Lonsdale Quay. 236. tägl. 9–22 Uhr.
grousemountain.com

Vom Gipfel des Grouse Mountain offenbaren sich die grandiose Landschaft British Columbias und das imposante Panorama Vancouvers. An klaren Tagen sieht man im Westen Vancouver Island, im Norden die Coast Mountains und im Osten die Columbia Mountains.

Wer den anspruchsvollen, drei Kilometer langen Weg zum 1127 Meter hohen Gipfel scheut, kann mit der Skyride-Seilbahn bequem nach oben schweben.

Im Sommer gibt es hier viele Freizeitangebote: Mountainbike-Touren, Wanderungen, Drachenflugwettbewerbe oder Wettbewerbe im »Kettensägenschnitzen«. Im Winter findet man hier alles, was ein Skigebiet zu bieten hat: Skischulen, 26 Pisten, Verleih von Ausrüstung sowie 13 beleuchtete Pisten für Nacht-Abfahrten.

Die Skyride-Seilbahn am Grouse Mountain

Im Refuge for Endangered Wildlife, einem Areal mit zwei Grizzly-Waisen und einem Wolf, geben die Ranger Besuchern Auskunft. Das Theatre in the Sky zeigt Luftaufnahmen von British Columbia.

Hotels und Restaurants in Vancouver und auf Vancouver Island *siehe Seiten 357f und 377–380*

⑰ Capilano Suspension Bridge

3735 Capilano Rd, North Vancouver. 1-604-985-7474. Highlands 236. tägl. (Öffnungszeiten je nach Jahreszeit). 25. Dez. Mai–Okt.
capbridge.com

Seit ihrem Bau 1889 ist die Capilano-Hängebrücke eine Touristenattraktion. Ihr Erbauer, der Schotte George Grant Mackay, erlag der wilden Schönheit des Orts und hatte bereits eine Blockhütte oberhalb des Capilano Canyon errichtet. Da man von dort keinen Zugang zum Capilano River hatte, ließ Mackay die Brücke errichten, damit sein angelbegeisterter Sohn den Fluss leicht erreichen konnte.

Die mittlerweile vierte, 140 Meter lange Brücke (1956) erhebt sich 70 Meter über dem Canyon und zieht alljährlich Tausende von Besuchern an. Naturfreunde lieben die schöne Aussicht sowie eine Wanderung durch alte Waldbestände, vorbei an Forellenteichen und einem 61 Meter hohen Wasserfall. Führer informieren die Besucher über die Geschichte der Region.

Der Treetops Adventure & Cliffwalk bietet Wege in 30 Metern Höhe durch den Wald und teilweise über den Capilano River.

Atkinson Lighthouse – der älteste Leuchtturm mit einem Wärter

⑱ Lighthouse Park

Nahe Beacon Lane, West Vancouver. 1-604-925-7275. tägl. bis Sonnenuntergang.
lighthousepark.ca

Der Park wurde nach dem sechseckigen Leuchtturm benannt, der 1910 an der Mündung des Burrard Inlet erbaut wurde, um Schiffe durch den nebligen Kanal zu leiten. Das unberührte Parkareal umfasst 75 Hektar mit altem Baumbestand und wilder Küstenszenerie. Hier wurde kein Baum gefällt, weshalb einige der majestätischen Douglastannen über 500 Jahre alt sind. Einige der Wanderwege führen auch zum Aussichtspunkt am 18 Meter hohen Point Atkinson Lighthouse. Von hier bietet sich ein grandioser Blick über die Strait of Georgia bis nach Vancouver Island.

Eine Zwei-Stunden-Wanderung verläuft fünf Kilometer lang durch alten Baumbestand und auf recht steinigen Wegen durch moosbedeckte Schluchten hinauf auf steile Felsvorsprünge, wo man einen fantastischen Ausblick auf das Meer und die Umgebung hat. Man sollte allerdings gutes Schuhwerk tragen.

Schon die Anfahrt zum Park ist grandios. Der Marine Drive ist eine Panoramastraße, die sich an der Westküste von Vancouver entlangwindet und an Stränden, Felsen sowie an einigen der teuersten Wohnlagen Kanadas vorbeiführt. Am Weg liegen einige nette Orte für einen Zwischenstopp.

Ambleside besitzt einen langen Strand. Von hier aus sieht man auf den Stanley Park und die Lions Gate Bridge. Ein Spazierweg am Meer führt zum Dundarave Pier – mit Blick über die Strait of Georgia. Dundarave selbst ist ein Dorf mit Läden, Cafés und Restaurants – und einem Strand.

Die Capilano-Hängebrücke über den imposanten Capilano Canyon – eine der längsten ihrer Art

⑲ Victoria

Das ruhige attraktive Victoria ist bekannt für sein altmodisches Flair, das durch die sommerliche Blumenpracht, die Laternen, Balkone und Schaufenster noch mehr zur Geltung kommt. Der ehemalige Pelzhandelsposten der Hudson's Bay Company wurde 1843 von James Douglas gegründet und erlebte während des Goldrauschs (1858–63) turbulente Zeiten, als Tausende Schürfer in über 60 Saloons am Market Square zechten. Victoria wurde 1871 Hauptstadt von British Columbia, doch bald überholte es Vancouver – mittlerweile die größte Stadt von British Columbia. Dennoch blieb Victoria das politische Zentrum der Provinz und ist bei Einheimischen und Besuchern gleichermaßen beliebt.

Fischerboote und Ausflugsdampfer im Inner Harbour von Victoria

Die achteckige Hauptkuppel in den Parliament Buildings

Überblick: Victoria

Bei einem Spaziergang am Inner Harbour entdeckt man viele Sehenswürdigkeiten der Stadt wie das Royal British Columbia Museum mit Ausstellungen über die Geologie und die Ureinwohner der Region. Zwei Gebäude aus dem späten 19. Jahrhundert prägen das Viertel: das Fairmont Empress Hotel und das Parlament, die beide von dem berühmten Architekten Francis Rattenbury entworfen wurden. Zwischen Fort und View Street liegt die viergeschossige Shopping Mall Eaton Centre. Der Bastion Square mit Lokalen und Boutiquen befindet sich südlich vom Market Square mit seinen restaurierten Gebäuden aus den 1850er Jahren.

Parliament Buildings

501 Belleville St. 1-250-387-3046. Mo–Fr 9–17 Uhr. 1. Jan, 25. Dez. Mo–Fr (Sommer: tägl.). **leg.bc.ca**

Die vielen Türmchen von Victorias Parliament Buildings sind ein grandioser Anblick, vor allem nachts im Glanz Tausender Lichter. Der 1892 von Francis Rattenbury begonnene Komplex wurde 1898 vollendet. Schon in seinem ersten Jahr in BC gewann der Brite Rattenbury den Architektenwettbewerb für das neue Parlamentsgebäude. Später hinterließ er weitere bauliche Spuren in der Provinz, darunter das Fairmont Empress Hotel.

Die Parliament Buildings spiegeln sich im Wasser des Inner Harbour

Die Darstellung der Geschichte British Columbias zieht sich wie ein roter Faden durch das Parlament. Auf der höchsten Kuppel prangt eine Statue des Entdeckers George Vancouver. Wandgemälde im Inneren bilden historische Szenen nach.

Hotels und Restaurants in Vancouver und auf Vancouver Island *siehe Seiten 357f und 377–380*

Zentrum von Victoria

① Market Square
② Bastion Square
③ The Bay Centre
④ Fairmont Empress Hotel
⑤ Maritime Museum of British Columbia
⑥ Parliament Buildings
⑦ Royal BC Museum *S. 288f*
⑧ Thunderbird Park
⑨ Helmcken House
⑩ Beacon Hill Park
⑪ Emily Carr House

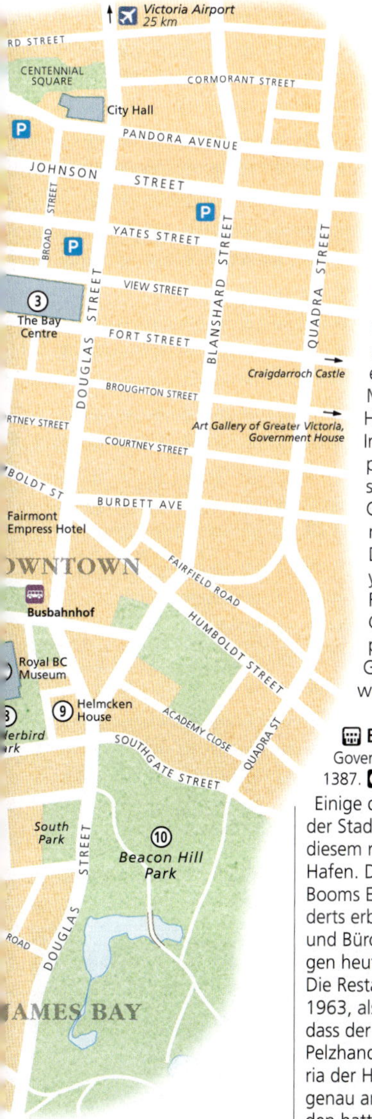

Zeichenerklärung
siehe hintere Umschlagklappe

Fairmont Empress Hotel

721 Government St. 1-250-384-8111. tägl. **fairmont.com/empress-victoria**

Das 1908 nach einem Entwurf von Francis Rattenbury fertiggestellte Empress ist eines der beliebtesten Motive der Stadt. Das Hotel liegt direkt am Inner Harbour und prägt das Stadtbild mit seinem ehrwürdigen Charme. Besucher genießen das luxuriöse Dekor der Bars und Foyers, etwa des Empress Room oder des Palm Court, der von einer prächtigen Tiffany-Glaskuppel überdacht wird.

Bastion Square

Government St. 1-250-885-1387. tägl.

Einige der ältesten Bauwerke der Stadt befinden sich auf diesem restaurierten Platz am Hafen. Die während des Booms Ende des 19. Jahrhunderts erbauten Luxushotels und Bürogebäude beherbergen heute edlere Restaurants. Die Restaurierung begann 1963, als man herausfand, dass der 1843 gegründete Pelzhandelsposten Fort Victoria der Hudson's Bay Company genau an dieser Stelle gestanden hatte.

Ein Wahrzeichen des Platzes ist der MacDonald-Block, der 1863 mit eleganten Säulen und Bogenfenstern errichtet wurde. Im alten Gerichtsgebäude von 1889 befindet sich das Maritime Museum of British Columbia. Im Sommer sitzen Einheimische und Besucher gern an den Cafétischen im Freien.

Infobox

Information
86 000. 812 Wharf St, 1-250-953-2033.
Celtic Festival (Mai), Jazz Fest International (Juni), Fringe Fest (Aug), Victoria Dragon Boat Festival (Aug), Beer Festival (Sep).
tourismvictoria.com

Anfahrt
Victoria Airport. 25 km nördl. Via Station, 450 Pandora Ave. Pacific Coach Lines, 700 Douglas St. Victoria Clipper/ Black Ball Transport.

Bastion Square – für einen Lunch im Freien beliebt

Market Square

560 Johnson St. 1-250-386-2441. Mo–Sa 10–17 Uhr, So, Feiertage 11–16 Uhr. 1. Jan, 25. Dez. teilweise.
marketsquare.ca

Zwei Häuserblocks nördlich des Bastion Square findet man am Market Square (Ecke Johnson Street) einige der schönsten viktorianischen Saloon-, Hotel- und Ladenfassaden. Die Mehrzahl der Gebäude entstand zwischen 1880 und 1890 zur Zeit des Goldrauschs. Das Viertel wurde 1975 herausgeputzt. Heute ist der Platz ein wahres Einkaufsparadies mit einer großen Auswahl an Büchern, Musikinstrumenten, Schmuck und Kunsthandwerk.

Einer der riesigen Totempfähle im Thunderbird Park

Thunderbird Park

Belleville/Ecke Douglas St.

Der Park am Eingang zum Royal British Columbia Museum *(siehe S. 288f)* zeigt eine eindrucksvolle Sammlung riesiger unbemalter und bemalter Totempfähle. Im Sommer hat man Gelegenheit, einheimischen Künstlern im Thunderbird Park Carving Studio beim Schnitzen der Totems zuzusehen. Die Pfähle zeigen und bewahren die Sagen vieler verschiedener Stämme der First Nations an der Nordwestküste.

Helmcken House

675 Belleville St. 1-250-356-7226. Sommer: tägl. 12–16 Uhr.

Beim Inner Harbour befindet sich das Haus von Dr. John Sebastian Helmcken, einem Angestellten der Hudson's Bay Company. Das Helmcken House wurde 1852 errichtet und gilt als eines der ältesten Häuser British Columbias. Der junge Arzt baute sein Haus mit Holz von Douglastannen aus dem nahe gelegenen Wald. Sein schlichtes, aber elegantes Domizil ist noch mit Originalmöbeln eingerichtet, darunter findet sich ein Klavier, auf dem Besucher spielen dürfen. Zu sehen sind neben einer Sammlung alter Puppen auch der persönliche Besitz der Familie, etwa Kleidung, Schuhe und Toilettenartikel.

Maritime Museum of British Columbia

634 Humboldt St. 1-250-385-4222. tägl. 10–17 Uhr (Sep–Mai: Di–Sa 10–16 Uhr). **mmbc.bc.ca**

In dem dreigeschossigen Museum über die Geschichte der Seefahrt erklären Exponate die Herkunft der riesigen Kanus der Coast Salish First Nations Peoples. Das Museum liegt im CPR Steamship Terminal Building (1924) am Inner Harbour. Die 35 000 Exponate umfassen die Zeit von 1775 bis heute. Zu sehen sind u. a. Logbücher, Pläne, Fotografien, Gemälde und Modelle. Auch drei historische Schiffe sind Teil der Sammlung. Eine Bibliothek mit 6000 Bänden rundet das Angebot ab.

The Bay Centre

1150 Douglas St. 1-250-952-5690. Mo–Mi, Sa 10–18 Uhr, Do, Fr 10–21 Uhr, So 11–18 Uhr. **thebaycentre.ca**

Das Shopping-Center hinter historischen Fassaden in der Government Street ist vom Inner Harbour aus gut zu Fuß zu erreichen. Das 1892 von John Wright entworfene Driard Hotel wurde ebenso wie die Front des Times Building (1910) und das Lettice and Sears Building aus dem 19. Jahrhundert vor dem Abriss bewahrt. Hinter der eleganten Fassade gibt es auf drei Stockwerken ein breites Warenangebot – von Mode und Geschenkartikeln über hausgemachte Schokolade bis zu Delikatessen.

Emily Carr House

207 Government St. 1-250-383-5843. Mai–Sep: Di–Sa 11–16 Uhr; Okt–Apr: nach Voranmeldung. **emilycarr.com**

Emily Carr, eine der bekanntesten kanadischen Künstlerinnen *(siehe S. 38f)*, wurde 1871 in dem Holzhaus geboren, das die Architekten Wright und Saunders 1864 nach den Vorgaben von Emilys Vater Richard erbaut hatten. Das Haus mit einem Garten im englischen Stil liegt wenige Gehminuten vom Inner Harbour entfernt und kann besichtigt werden.

Alle Zimmer sind authentisch mit Stilmöbeln und Familienstücken eingerichtet. Im Esszimmer gab Emily seinerzeit ihre ersten Malstunden für Kinder aus der Region. Emily Carrs Zeichnung von ihrem Vater steht noch heute auf dem Kaminsims im Wohnzimmer, in dem sie als Achtjährige ihre ersten Malversuche unternahm.

Emily Carr House, das Geburtshaus der berühmten Malerin

Hotels und Restaurants in Vancouver und auf Vancouver Island *siehe Seiten 357f und 377–380*

Beacon Hill Park

Douglas St. 1-250-361-0600. tägl.

Ende des 19. Jahrhunderts waren in diesem Park Stallungen untergebracht. 1888 konzipierte John Blair, ein schottischer Landschaftsgärtner, das Areal völlig neu, legte zwei Seen an und begann aufzuforsten. Auf dem 74,5 Hektar großen Refugium, auf das sich schon Emily Carr gern zurückzog, gibt es hohe alte Bäume (darunter auch seltene, über 400 Jahre alte Garry-Eichen), Ententeiche und einen 100 Jahre alten Kricketplatz.

Art Gallery of Greater Victoria

1040 Moss St. 1-250-384-4171. tägl. 10–17 Uhr (Do bis 21 Uhr). **aggv.ca**

Die viel besuchte, jüngst renovierte Galerie ist in einem viktorianischen Herrenhaus nahe Rockland (wenige Häuserblocks westlich von Craigdarroch Castle entfernt) untergebracht.

Die Ausstellungen umfassen zeitgenössische Kunst und kanadische regionale Kunst. Es gibt auch Sonderausstellungen. Die Dauerausstellung zeigt Werke von British Columbias größter Künstlerin Emily Carr, vor allem Bilder vom Küstenwald in BC und vom Leben der First Nations. Zudem gibt es Auszüge aus ihren Schriften und Archivfotos.

Detail des Shinto-Schreins, Art Gallery

Im Innenhof birgt die Galerie den einzigen originalen japanischen Shinto-Schrein in Nordamerika. (Shinto ist eine japanische Religion, die die Geister der Vorfahren verehrt.)

Craigdarroch Castle

1050 Joan Crescent. 1-250-592-5323. Mitte Juni–6. Sep: tägl. 9–19 Uhr; 7. Sep–14. Juni: tägl. 10–16.30 Uhr. 1. Jan, 25., 26. Dez. **thecastle.ca**

Das 1890 vollendete Schloss war das Steckenpferd des angesehenen Millionärs Robert Dunsmuir. In dem großen Gebäude, das eigentlich kein Schloss ist, sondern Dunsmuirs Elternhaus in Schottland nachempfunden wurde, vermischen sich mehrere architektonische Stile, etwa romanische Anklänge und Reminiszenzen an die französische Gotik.

Als man Craigdarroch Castle 1959 abreißen wollte, setzte sich eine Bürgerinitiative erfolgreich für die Renovierung des Gebäudes ein. Im Inneren befindet sich heute ein Museum, das Einblicke in den Lebensstil eines reichen kanadischen Unternehmers bietet.

Besonders sehenswert ist eine der schönsten nordamerikanischen Sammlungen an Jugendstil-Bleiglasfenstern. In vielen Räumen und Fluren kann man die Parkettböden sowie die in Weißeiche, Zeder und Mahagoni gehaltenen Täfelungen bewundern. Die Zimmer weisen originale Farbtöne (Dunkelgrün, Pink und Rost) auf und sind mit viktorianischen Möbeln eingerichtet. Erst nach Entfernung der Farbschichten von der Decke des Salons kam das handgemalte Original mit Schmetterlingen und Löwen zum Vorschein.

Turm des Craigdarroch Castle im Stil der französischen Gotik

Government House

1401 Rockland Ave. 1-250-387-2080. **Garten** tägl. **Haus** 1 Sa im Monat (siehe Website) **ltgov.bc.ca**

Das heutige Government House wurde 1959 vollendet, nachdem ein Brand den Bau des Architekten Francis Rattenbury von 1903 zerstört hatte.

Die Residenz des Vizegouverneurs von British Columbia, Repräsentant der Königin, kann nur bei Touren besichtigt werden. Das 5,6 Hektar große Gartenareal mit englischem Rasen, Teichen, einem englischen Bauerngarten und einem viktorianischen Rosengarten ist zugänglich. Eine herrliche Aussicht bietet sich vom Pearke's Peak aus, einer felsigen Anhöhe.

Das Government House (1959) aus blauem und rosa Granit

Victoria: Royal British Columbia Museum

Das Royal British Columbia Museum stellt die naturhistorische und völkerkundliche Geschichte der Region vor. Mit seinen eindrucksvollen Exponaten gilt es als eines der besten Museen Kanadas. Die Natural History Gallery imitiert in naturnahen Dioramen Anblick, Geräusche, ja sogar Gerüche bestimmter Gegenden, etwa der Pazifikküste, des Ozeans und des Küstenwalds. Der regionalen Historie versucht man auf Ebene 3 u. a. durch den Nachbau einer Stadt vom Anfang des 20. Jahrhunderts gerecht zu werden. Das Alltagsleben jener Zeit lässt sich sowohl in einem Saloon als auch in einem Stummfilmkino nachempfinden. Die Abteilung zu Kunst und Kultur der Ureinwohner besitzt auch einen Zeremonialbau.

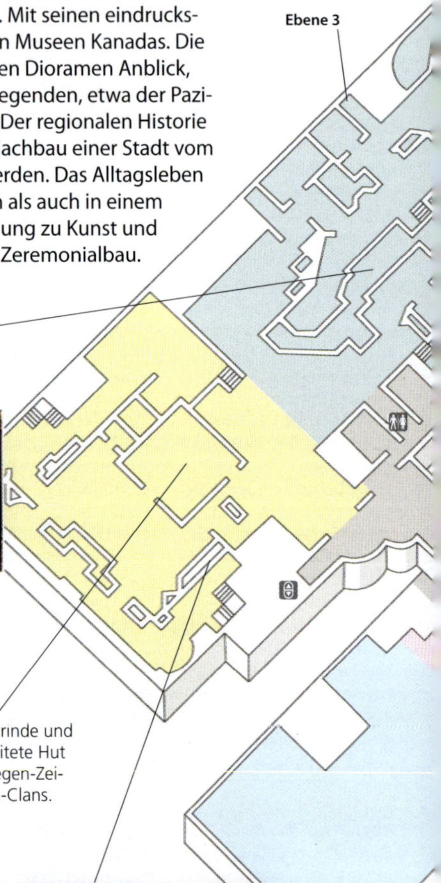

Chinatown im 19. Jahrhundert
Dieser Laden, Teil einer nachgestellten Straßenszene von 1875, bietet Heilkräuter der traditionellen chinesischen Medizin an.

★ First Peoples Gallery
Der um 1897 aus Zedernrinde und Kiefernwurzeln gearbeitete Hut trägt das Schneeziegen-Zeichen des Raben-Clans.

Zeremonielle Masken der First Nations
Die Maus-, Waschbär- und Eisvogelmasken wurden von der Martin-Familie bei zeremoniellen Tänzen getragen.

Legende

- First Peoples Gallery
- Modern History Gallery
- Sonderausstellungen
- Natural History Gallery
- IMAX Victoria Theater
- Keine Ausstellungsfläche

Museumsbau
Nachdem die Sammlungen jahrelang in mehreren Gebäuden rund um das Legislative Building untergebracht waren, konnte 1968 der heutige Hauptbau eröffnet werden. Zum Museum gehört auch ein eigenes Archivgebäude.

Modern History Gallery
In dieser Abteilung wurden Straßenzüge, Läden und Gebäude aus der Zeit von 1700 bis in die 1990er Jahre nachgebaut. Vor dem Grand Hotel sieht man einen original hölzernen Gehsteig.

Infobox

Information
675 Belleville St. 1-250-356-7226, 1-888-447-7977.
tägl. 10–17 Uhr (Sommer: Fr, Sa bis 22 Uhr). 1. Jan, 25. Dez.
royalbcmuseum.bc.ca

Anfahrt
5, 28, 30.

★ Natural History Gallery
Ein lebensgroßes Mammut bewacht den Eingang zur naturhistorischen Abteilung, die Besuchern mit plastischen Dioramen das Leben in den Küstenwäldern von BC und im Meer seit der letzten Eiszeit vor Augen führt.

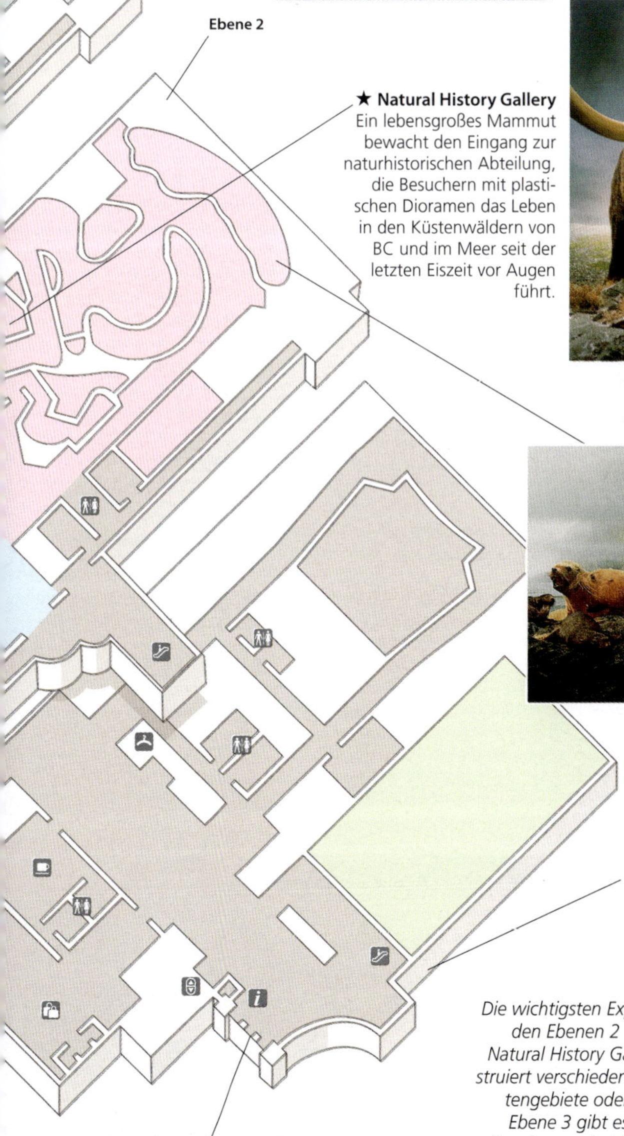

★ Seashore Diorama
Das Diorama arbeitet mit Ton, Film, Licht und lebensecht wirkenden Nachbildungen von Seelöwen.

Kurzführer
Die wichtigsten Exponate befinden sich auf den Ebenen 2 und 3 des Museums. Die Natural History Gallery auf Ebene 2 rekonstruiert verschiedene Lebensräume wie Küstengebiete oder alte Waldbestände. Auf Ebene 3 gibt es die Ausstellungen »First Peoples« und »Modern History« zu sehen.

Seerosenteich im italienischen Ziergarten von Butchart Gardens

⑳ Butchart Gardens

800 Benvenuto Ave, Brentwood Bay. 1-250-652-4422. Victoria. Victoria. tägl. ab 9 Uhr, Schließung je nach Saison. **butchartgardens.com**

Jennie Butchart, die Frau eines Zementfabrikanten, legte 1904 diese herrlichen Gärten an. Als ihr Mann westwärts zog, um in der Nähe von Victoria Kalkstein abzubauen, entwarf Frau Butchart einen neuen Garten, der sich bis zum Wasser des Tod Inlet hinabzieht. Als die Kalksteinvorkommen erschöpft waren, beschloss Jennie Butchart, ihr blühendes Werk zu erweitern, indem sie den Steinbruch ebenfalls in einen Garten mit See verwandelte, an dessen Ufer nun Weiden und andere Bäume ihre Blütenpracht entfalten.

Auf einem riesigen Felsen im Steinbruch wurde ein Steingarten angelegt. Von hier hat man eine prächtige Aussicht. Der Garten erfreute sich immer größerer Beliebtheit und wurde von Frau Butchart mit Tausenden seltener Pflanzen aus aller Welt bestückt.

Heute sind die Gärten in einzelne Bereiche unterteilt: Im Lilienteich des italienischen Ziergartens sprudelt ein Brunnen, den die Butcharts 1924 in Italien erwarben. Über dem Rosengarten liegt im Sommer der Duft Hunderter Blüten. An Sommerabenden finden in den beleuchteten Anlagen Konzerte statt.

㉑ Port Renfrew

144. Sooke Rd/Phillips Rd, Sooke, 1-250-642-6351.

Der einstige Sägewerksort ist nun ein Fischerdorf. Zum Botanical Beach kommen die Tagesausflügler von Victoria. Bei Ebbe kann man in den Felsbecken eines Sandsteinschelfs gut Meerestiere beobachten.

Beliebt sind die Wanderwege entlang den alten Holztransportstraßen: Der Sandbar Trail führt durch eine Douglastannen-Plantage zu einer Sandbank, wo man bei Niedrigwasser schwimmen kann.

Anspruchsvoll ist der 47 Kilometer lange Juan de Fuca Marine Trail von Port Renfrew nach China Beach, der sich in Mehrtagestouren oder kurze Strandspaziergänge einteilen lässt. Der Ort ist einer von zwei Startpunkten zum West Coast Trail im Pacific Rim National Park Reserve *(siehe S. 292f)*.

㉒ Cowichan District

und ab Duncan. 2896 Drinkwater Rd, Duncan, 1-250-746-4636. **cvrd.bc.ca**

Etwa 60 Kilometer nördlich von Victoria liegt der Cowichan District, der das Chemainus und das Cowichan Valley mit einschließt. In der Sprache der Cowichan, einer der größten First-Nations-Gruppen von BC, bedeutet Cowichan »warmes Land«.

Dank des milden Klimas wird der Cowichan Lake im Sommer als Badesee genutzt. Der größte Süßwassersee der Insel eignet sich zum Angeln, Wandern und für Kanufahrten.

Zwischen der Stadt Duncan und dem See liegt der Valley Demonstration Forest mit mehreren Aussichtspunkten und Tafeln mit forstwirtschaftlichen Erläuterungen.

Wegen der Totempfähle entlang dem Highway gilt Duncan als die »Stadt der Totems«. Im Quw'utsun' Cultural and Conference Centre informieren Filme über die Geschichte des Stamms. Im Geschenkeladen gibt es traditionelles Kunsthandwerk und Cowichan-Sweatshirts. Man kann auch einen First-Nations-Schnitzer in seinem Atelier im Maritime Centre in Cowichan Bay besuchen.

Panorama des Lake Cowichan im Cowichan Valley

㉓ Chemainus

3000. 102-9799 Waterwheel Crescent, 1-250-246-3944. **chemainus.bc.ca**

Ende der 1970er Jahre, als das örtliche Sägewerk schloss, avancierte das malerische Chemainus durch riesige, über die Stadt verteilte Wandbilder, die die Geschichte der Region zeigen, zur echten Attraktion. Einheimische Künstler setzten das Projekt fort. Heute kann man über 40 Wandbilder bestaunen, die sich thematisch an Begebenheiten der Stadtge-

Gesichter der First Nations auf einem Wandbild in Chemainus

Hotels und Restaurants in Vancouver und auf Vancouver Island *siehe Seiten 357f und 377–380*

Ausflugs- und Fischerboote im Hafen von Nanaimo

schichte orientieren. Die überlebensgroßen Porträts von Ureinwohnern, Pionieren und Holzfällern haben der Stadt neues Leben eingehaucht.

Reizvoll sind auch die verschiedenen Antiquitätenläden von Chemainus sowie die zahlreichen Straßencafés, Espressobars und Teehäuser.

Umgebung: Etwa 70 Kilometer südlich von Chemainus liegt Swartz Bay, wo die Fähren von Vancouver Island zu den Southern Gulf Islands ablegen. Die 200 meist unbewohnten Inseln sind ideal für alle, die Ruhe und Naturschönheit suchen.

Bei Spaziergängen an menschenleeren Stränden sieht man öfter Adler und Truthahngeier. Auf Charterbooten kann man Lachs und Kabeljau angeln oder bei Kajaktouren in entlegenen Buchten Otter, Seehunde und Seevögel beobachten.

Auf der am dichtesten besiedelten Insel Salt Spring leben etwa 10 500 Menschen. Das Village of Ganges mit Yachthafen, Läden, Cafés, Galerien und farbenfrohen Märkten lädt zum Verweilen ein.

24 Nanaimo

94 000. 2450 Northfield Rd, 1-250-751-1556, 1-800-663-7337.
tourismnanaimo.com

Wo einst fünf Dörfer der Coast Salish standen, wurde um 1850 das Kohlengrubenstädtchen Nanaimo gegründet. Den Island Highway der zweitgrößten Stadt auf Vancouver Island säumen zahlreiche Malls und Läden, doch beliebt ist das Old City Quarter am Hafen.

Hier befinden sich noch viele Gebäude aus dem 19. Jahrhundert, u. a. das 1895 von Francis Rattenbury entworfene Nanaimo Court House. Im **Vancouver Island Conference Centre** wurde u. a. ein altes Klassenzimmer nachgebaut. Darüber hinaus sind Objekte zu den First Nations zu sehen sowie eine Sports Hall of Fame. Außerdem kann man Kunst der Ureinwohner in einem Diorama bewundern.

Vancouver Island Conference Centre
101 Gordon St. 1-250-244-4050. tägl. 10–17 Uhr. Reservierung erforderlich.

25 Port Alberni

20 000. 2533 Port Alberni Hwy, 1-250-724 6535.

Port Alberni liegt am Ende des Alberni Inlet, das im Westen von Vancouver Island 48 Kilometer weit ins Landesinnere hineinreicht. Die Stadt lebte früher von der Holz- und Fischindustrie, heute von Wanderern, Kajakfahrern und Naturliebhabern.

Beim alljährlichen Salmon Derby wird für den größten, am letzten Augustwochenende gefangenen Fisch ein Preisgeld von mehreren Tausend Dollar ausgesetzt. Witzig ist die Lok von 1929, mit der man im Sommer Fahrten am Hafen entlang machen kann, vom restaurierten Bahnhof in Port Alberni (1912) bis zur dampfbetriebenen Mac Lean-Sägemühle. Ein Erlebnis ist auch eine Fahrt auf der M. V. *Frances Barkley*. Das Schiff befördert Post durch den Fjord und bietet u. a. Ausflugsfahrten nach Ucluelet oder Bamfield nahe dem Pacific Rim National Park Reserve *(siehe S. 292f)* an. Die *Frances Barkley* nimmt auch für alle, die auf die Broken Group Islands wollen, Kajaks und Kanus mit. Östlich von Port Alberni lädt Cathedral Grove im MacMillan Provincial Park zum Wandern unter Douglastannen und Rotzedern ein.

Geschnitzter Adler über dem Port Alberni Pier

Fahrt am Hafen von Port Alberni mit der Dampflok von 1929

26 Tofino

1900. 1426 Pacific Rim Hwy, 1-250-725-3414,1-888-720-3414.
tourismtofino.ca

Früher lebte Tofino vom Holz, heute ist es ein geschäftiges Tourismuszentrum für das Pacific Rim National Park Reserve *(siehe unten)*. Die Sandstrände und Waldwanderwege ziehen das ganze Jahr über Besucher an. Im Sommer kann man wandern, surfen, Kajak fahren und Wale beobachten.

Die **Eagle Aerie Gallery** in Tofino stellt interessante Werke des First-Nations-Künstlers Roy Vickers aus. **The Whale Centre Maritime Museum** präsentiert Relikte von Schiffswracks und Exponate über die Geschichte der First Nations. Außerdem werden hier Ausflüge zur Walbeobachtung organisiert.

Im Norden von Tofino befindet sich das UNESCO-Biosphärenreservat Clayoquot Sound mit verschiedenen Ökosystemen, darunter auch Inseln, Bergen und Regenwald. Boots- und Kanu-Tagesausflüge können in Tofino gebucht werden. Auf ein paar Inseln gibt es gut zugängliche Wanderwege.

Sonnenuntergang bei Tofino

Eagle Aerie Gallery
350 Campbell St. 1-250-725-3235. tägl. 10–17 Uhr.

The Whale Centre Maritime Museum
411 Campbell St. 1-250-725-2132. tägl. 9–20 Uhr.
tofinowhalecentre.com

28 Campbell River

35 000. 1235 Shoppers Row, 1-250-286-6901.
campbellrivertourism.com

Das im Nordosten von Vancouver Island gelegene Campbell River ist ein bekanntes Zentrum der Lachsfischerei.

27 Pacific Rim National Park Reserve

Das Pacific Rim National Park Reserve erstreckt sich auf 130 Kilometern an der Westküste von Vancouver Island und umfasst drei Bereiche: Long Beach, den West Coast Trail und die Broken Group Islands. Das Reservat bietet fantastische Möglichkeiten zur Walbeobachtung. Im Kwisitis Visitor Centre (Hwy 4) kann man sich über Wale informieren. In Long Beach bieten sich zahlreiche Wanderwege mit Parkplätzen am Start und Zugang zum Strand an. Der anspruchsvollste Wanderweg ist der 75 Kilometer lange West Coast Trail zwischen Port Renfrew und Bamfield.

Broken Group Islands
Bei Kajakfans und Tauchern ist diese Gruppe von etwa 100 kleinen Inseln beliebt.

Der Schooner Cove Trail ist einer von neun reizvollen, einfachen Wanderwegen an den Stränden von Long Beach.

Das Kwisitis Visitor Centre bietet Terrassen und Fernrohre für die Walbeobachtung.

Long Beach
Die windgepeitschten Sandstrände von Long Beach sind bekannt für ihre wilde Schönheit: tosende Brecher, fantastische Surfbedingungen, Tidenbecken mit Meerestieren und Treibholz.

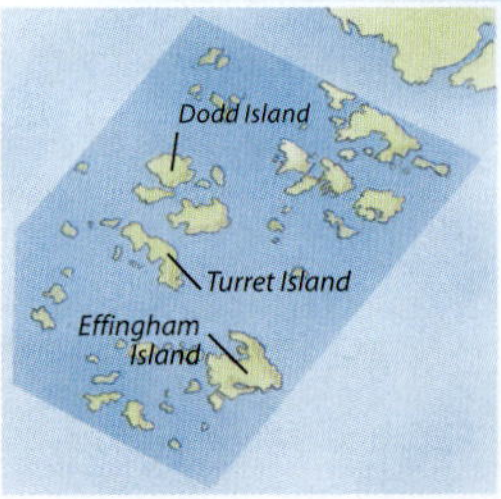

Die donnernden Elk Falls am Campbell River

Fünf Lachsarten, darunter auch der riesige Chinook, passieren auf ihrer Wanderung die Discovery Passage. Ausflugsboote folgen ihnen flussaufwärts. Man kann sich auch ein Boot mieten oder seine Angel in der Stadt auf dem 183 Meter langen Discovery Pier auswerfen.

Der Elk Falls Provincial Park liegt nur drei Kilometer nordwestlich von Campbell River. Er beeindruckt mit großen Douglastannenwäldern und schönen Wasserfällen wie den Elk Falls.

㉙ Telegraph Cove

Port McNeill. 1594 Beach Drive, Port McNeill, 1-250-956-3881.

Telegraph Cove am Nordende von Vancouver Island ist ein kleines, attraktives Dorf, dessen markante hohe Pfahlbauten auf die Gewässer der Johnstone Strait hinabblicken. Im Sommer kommen, angelockt durch die Lachswanderung, Killerwale in das Ökoreservat Robson Bight, wo die Tiere im seichten Gewässer herumtollen. Den Spielen dieser Riesen kann man von Ausflugsbooten oder von Port McNeill aus zusehen.

Killerwale tummeln sich in der Johnstone Strait, Vancouver Island

Walbeobachtung

Wandernde Grauwale

Mehr als 20 Walarten lassen sich in den Küstengewässern British Columbias beobachten. Jahr für Jahr ziehen etwa 22 000 Grauwale von der Arktis an die mexikanische Küste, um dort zu kalben. Die Wale halten sich überwiegend in Landnähe auf, sodass man sie im Westen von Vancouver Island häufig schon von der Küste aus sehen kann. Von März bis August werden täglich Walbeobachtungsfahrten ab Tofino und Ucluelet angeboten.

Infobox

Information
Hwy 4. 1-250-726-4600.
tägl.
März–Sep.
pc.gc.ca

Anfahrt
ab Port Alberni.

West Coast Trail
Moosbewachsener Regenwald und tiefe Schluchten bilden die imposante Kulisse des Wanderwegs.

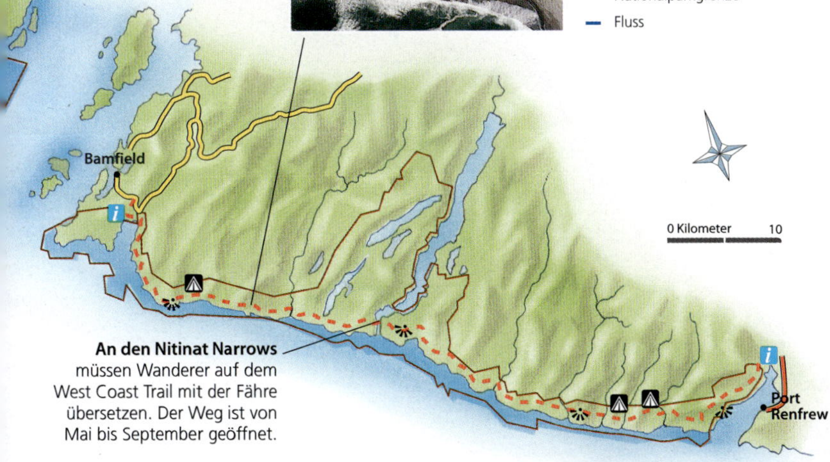

Legende
- Hauptstraße
- Nebenstraße
- West Coast Trail
- Nationalparkgrenze
- Fluss

An den Nitinat Narrows müssen Wanderer auf dem West Coast Trail mit der Fähre übersetzen. Der Weg ist von Mai bis September geöffnet.

Rocky Mountains

Die kanadischen Rockies ziehen sich auf einer Breite von rund 800 Kilometern durch British Columbia und Alberta. Sie bilden das nördliche Ende jener Gebirgskette, die von Mexiko über die USA bis nach Kanada reicht. Vor 65 bis 100 Millionen Jahren wurden die Rocky Mountains durch langsame, aber heftige Bewegungen der Erdkruste aufgefaltet. Dabei entstanden zahlreiche schroffe, spitze Berge, von denen 50 Gipfel über 3000 Meter hoch sind. Akzente in dieser Landschaft voll spektakulärer Schönheit setzen schneebedeckte Gipfel, Gletscher und Bergseen. Die Region steht in mehreren Nationalparks unter Naturschutz. Als man 1883 in Banff heiße Quellen entdeckte, gründete die Regierung dort den ersten kanadischen Nationalpark. Seit dem Jahr 1984 zählen die Nationalparks Banff, Jasper, Yoho und Kootenay zum UNESCO-Welterbe.

❶ Calgary

Bekannt wurde das 1875 gegründete Calgary als Austragungsort der Winterolympiade 1988 und natürlich wegen seines Rodeos (Stampede). Die flächenmäßig größte Stadt Albertas liegt zwischen den Ausläufern der Rockies und den Prärien. Calgary ist eine stilvolle Stadt mit Wolkenkratzern, Museen und Theatern. Dennoch spürt man noch die alte Grenzstadt, wo Pick-up-Lieferwagen und Cowboystiefel gang und gäbe sind. Das »Westernflair« täuscht darüber hinweg, dass seit dem Ölboom der 1960er Jahre eine moderne Stadt entstanden ist. Vom Zentrum sind es nur 128 Kilometer zum Banff National Park *(siehe S. 304–307)*.

Bunte Fassade des Eau Claire Market in Calgary

Calgary Tower

101 9th Ave SW. ☎ 1-403-266-7171. ◯ tägl. 9–21 Uhr (Juli, Aug: bis 22 Uhr). ♿
W calgarytower.com

Der Calgary Tower (191 m) ist das höchste Gebäude der Stadt. Die beiden Aufzüge rasen in 62 Sekunden nach oben, oder man nimmt eine der beiden Feuertreppen mit je 802 Stufen. Auf der Spitze befinden sich ein Drehrestaurant und eine Aussichtsterrasse mit Glasboden, die Besuchern einen unglaublichen Blick auf die Rockies und – nach Osten – über die Prärie beschert.

National Music Centre

4th St SE. ☎ 1-403-543-5115. ◯ Mi–So 10–17 Uhr. ♿
W nmc.ca

Das NMC (National Music Centre) liegt im East Village in einem preisgekrönten Gebäude, das sowohl von der kanadischen Landschaft als auch vom Instrumentenbau inspiriert ist. Das Zentrum ist bekannt für seine über 2000 seltenen Instrumente, Artefakte, Sound-Equipment und kanadische Musikmemorabilien. Hier finden auch viele unterschiedliche Musikveranstaltungen statt.

Eau Claire Market

200 Barclay Parade SW. ☎ 1-403-264-6450. ◯ tägl. ♿

Der in einem Lagerhaus untergebrachte Eau Claire Market hebt sich dank seines freundlichen Äußeren wohltuend von den Bürobauten des Zentrums ab. Er befindet sich am Bow River, gegenüber dem Prince's Island Park, und bietet Spezialitätenläden, Shops für zeitgenössische Kunst, Kunstgewerbemärkte, Kinos sowie Cafés und Restaurants. Bisweilen unterhalten Straßenkünstler die Besucher. Eine Fußgängerbrücke verbindet den Eau Claire Market mit dem Prince's Island Park.

Prince's Island Park

Der reizende Prince's Island Park liegt am Ufer des Bow River. Man erreicht die kleine

Zentrum von Calgary

① St. George Island
② Fort Calgary
③ National Music Centre
④ Arts Commons
⑤ Glenbow Museum
⑥ Calgary Tower
⑦ Calgary Chinese Cultural Centre
⑧ Eau Claire Market
⑨ Prince's Island Park

Skyline mit dem Calgary Tower

Hotels und Restaurants in den Rocky Mountains *siehe Seiten 358 und 380f*

Insel über mehrere Brücken (u. a. eine Fußgängerbrücke am Ende der 4th Street SW). Im Sommer picknicken Besucher und Einheimische im kühlen Schatten der Bäume und nutzen die hübschen Spazier- und Radwege.

Calgary Chinese Cultural Centre

197 1st St SW. 1-403-262-5071. tägl. Museum.
culturalcentre.ca

Das Chinese Cultural Centre im Herzen von Calgary wurde 1992 fertiggestellt. Chinesische Handwerker brachten hierfür ihre traditionelle Handwerkskunst ein und erbauten das Zentrum nach dem Vorbild des Himmelstempels in Peking von 1420. Sehr beeindruckend ist vor allem die Dr. Henry

Blau geflieste Kupptel des Calgary Chinese Cultural Centre

Fok Cultural Hall mit einer 21 Meter hohen Decke, die von einer Kuppel mit Drachen- und Phönixmotiven gekrönt wird. Das üppige Golddekor an den vier tragenden Säulen steht symbolisch für die vier Jahreszeiten. Das Kulturzentrum beherbergt auch ein empfehlenswertes chinesisches Restaurant.

Infobox

Information
1,3 Mio. Southcentre Mall, 100 Anderson Rd SE, 1-403-263-8510. Calgary Stampede (Juli), Folk Music Festival (Juli), Taste of Calgary (Aug), Calgary Fringe Festival (Aug). **visitcalgary.com**

Anfahrt
17 km nordöstl.
Greyhound-Busbahnhof, 850 16th St SW.

Glenbow Museum

130 9th Ave SE. 1-403-268-4100. Di–Sa 9–17, So 12–17 Uhr. **glenbow.org**

Das Museum, eines der größten Westkanadas, besitzt eine großartige Sammlung kanadischer und zeitgenössischer Kunst sowie viele Exponate, die die Geschichte des kanadischen Westens nachzeichnen – von den Ureinwohnern bis zur Pionierzeit. Eine umfassende Militariasammlung präsentiert u. a. mittelalterliche Rüstungen und Samuraischwerter. In der Niitsitapiisini Gallery kann man die Geschichte der Blackfoot in Alberta und Montana interaktiv nachvollziehen.

Arts Commons

205 8th Ave SE. 1-403-294-9494. tägl.
artscommons.ca

Der Komplex von 1985 beherbergt vier Theater, einen Konzertsaal und fünf Sitzungszimmer, die angemietet werden können. Hier finden Events wie Jazz- und Blueskonzerte, Festivals, Theateraufführungen oder Rodeos statt.

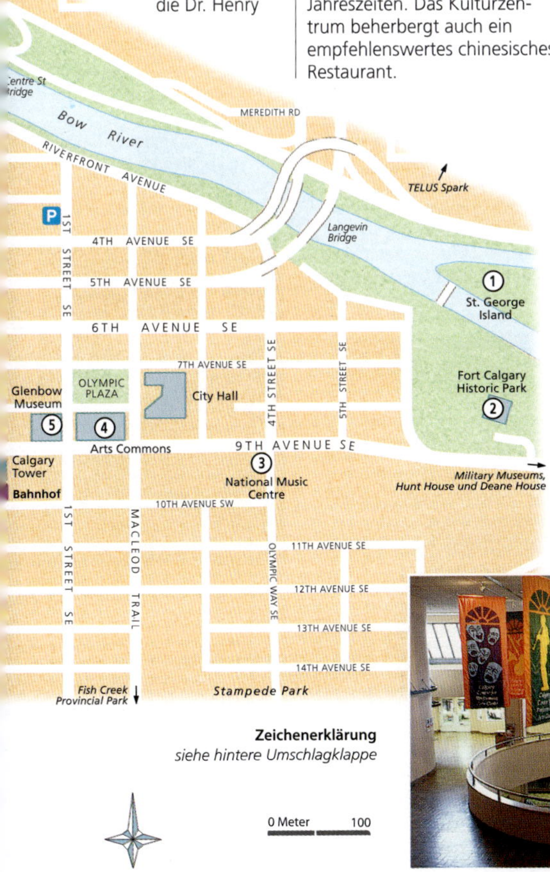

Zeichenerklärung
siehe hintere Umschlagklappe

Foyer des Arts Commons

Hütte eines Mountie im Fort Calgary Historic Park

Hunt House und Deane House

806 9th Ave SE. 1-403-290-1875. **Deane House** tägl.

Das kürzlich restaurierte Hunt House liegt am Elbow River gegenüber dem Fort Calgary Interpretive Centre. Die Blockhütte stammt von 1876 und ist einer der Überreste der ursprünglichen Siedlung Calgary.

Das nahe Deane House wurde 1906 für Captain Richard Burton Deane, den Befehlshaber von Fort Calgary, erbaut und ist nun ein Restaurant, das zum Essen im Ambiente der Zeit einlädt.

Fort Calgary Historic Park

750 9th Ave SE. 1-403-290-1875. tägl.
fortcalgary.com

Fort Calgary wurde 1875 von der North West Mounted Police am Zusammenfluss von Bow und Elbow River errichtet. 1883 kam die Grand Trunk Pacific Railway, das kleine Fort wuchs in einem Jahr auf über 400 Einwohner an.

Als 1887 mehrere Gebäude der Siedlung abbrannten, baute man eine neue Stadt aus Sandstein. 1914 kaufte die Grand Trunk Pacific Railway das Areal auf und ebnete das Fort ein. Bei Grabungen wurden 1970 Reste zutage gefördert. Die restaurierte Anlage wurde 1978 eröffnet.

Heute umfasst das Fort ein Informationszentrum, das Calgarys Geschichte mit Exponaten wie Nachbauten des Ladens des Quartiermeisters sowie der Tischlerei beleuchtet. Außerdem lädt der Fluss zu einem schönen Spaziergang ein.

Calgary Stampede

Im Juli wird der »Wilde Westen« mit der Calgary Stampede im Stampede Park im Rahmen eines zehntägigen Festivals gefeiert.

Die ursprünglich 1886 als Landwirtschaftsmesse gegründete Stampede lockte bereits 1912 14000 Besucher an. In den 1920er Jahren begann man mit den beliebten, aber riskanten Planwagenrennen. Das heutige Festival bietet Entertainment der spektakulären Art mit dramatischen Wildwest-Inszenierungen: Nach einer farbenfrohen Parade gibt es das sogenannte Bullenreiten. Es werden auch Kälber gefesselt und Kühe mit dem Lasso gefangen. Die beiden Hauptevents sind *Showdown Sunday – Rodeo's Richest Afternoon* und das Proviantwagenrennen mit einem Preisgeld von mehr als 2 Millionen Dollar.

St. George Island

Auf St. George Island bei der Mündung des Elbow in den Bow River befinden sich Teile des Calgary Zoo, des Botanical Garden und des Prehistoric Park.

Der Zoo ist stolz auf seine Präsentation von Wildtieren in naturnahen Lebensräumen. Die Abteilung »The Canadian Wilds« veranschaulicht die Vielgestaltigkeit der kanadischen Landschaft und Tierwelt. In Espenwäldern lassen sich gefährdete Karibus beobachten. Auf den Wegen durch den borealen Wald bekommt man möglicherweise einen der seltenen Schreikraniche zu Gesicht, die in den seichten Feuchtgebieten nisten. Penguin Plunge beherbergt etwa 40 Wasservogelarten

Den Tierpark umgeben die Botanical Gardens. Im riesigen Gewächshaus wachsen zahlreiche Pflanzen verschiedener Klimazonen aus aller Welt.

Im Prehistoric Park ist eine Landschaft aus dem Mesozoikum nachgebildet. Hier kann man zwischen 29 lebensgroßen Dinos picknicken.

Schreikranich im Calgary Zoo auf St. George Island

Stampede Park

1410 Olympic Way SE. 1-403-261-0101. tägl. Veranstaltungen. **calgarystampede.com**

Der berühmte Austragungsort der Calgary Stampede bietet ein ganzjähriges Freizeitangebot, Räumlichkeiten für Konferenzen, eine Pferderennbahn und zwei Eishockeystadien,

Hotels und Restaurants in den Rocky Mountains *siehe Seiten 358 und 380f*

Das Heritage Park Historical Village mit etwa 150 historischen Gebäuden

eines davon im Inneren des Saddledome, dessen Dach einem Reitsattel nachempfunden wurde. Auch Messen, u. a. für Antiquitäten, und Konzerte werden hier abgehalten.

Fish Creek Provincial Park

Bow Bottom Trail SE. 1-403-297-5293. tägl. teilweise.
albertaparks.ca

Der 1975 eröffnete Fish Creek Provincial Park im Tal des Fish Creek ist mit 1348 Hektar Wald und Wildnis einer der größten Stadtparks Nordamerikas. Führer halten Diavorträge über die Ökologie sowie die zahlreichen Ausgrabungsstätten, etwa der Büffelsprünge aus der Zeit zwischen 750 v. Chr. und 1800 n. Chr.

Der Baumbestand des Parks ist ein Mischwald aus Weißfichten, Espen und Balsampappeln. Im Winter werden die Wanderwege zu Langlaufloipen. Kanadagänse, Amerikanische Graureiher und Weißkopfseeadler sind nur einige der zahlreichen Vogelarten, die sich im Sommer wie im Winter im Park aufhalten.

Heritage Park Historical Village

1900 Heritage Drive SW. 1-403-268-8500. 20. Mai–9. Okt: tägl. (Museum u. Café ganzjährig). 11. Okt–19. Mai (Village).
heritagepark.ca

Im Heritage Park Historical Village am Ufer des Glenmore Reservoir gibt es mehr als 70 historische Gebäude, vom Plumpsklo bis hin zum zweistöckigen Hotel, die alle aus ganz Westkanada hierher versetzt wurden. Die Gebäude sind in Epochen unterteilt und zeigen u. a. einen um 1880 entstandenen Pelzhandelsposten, aber auch Geschäfte und Privathäuser aus der Zeit zwischen 1900 und 1914. Die meisten der rund 45 000 Ausstellungsstücke – von der Kaffeetasse bis zur Dampflok – stammen von Einwohnern Calgarys und umliegender Städte. Publikumsmagneten sind ein Rummelplatz aus dem 19. Jahrhundert sowie drei funktionsfähige Dampflokomotiven. Ein Nachbau des Heckraddampfers SS *Moyie* ermöglicht Besuchern eine 30-minütige Rundfahrt auf dem Glenmore-Stausee. Großer Beliebtheit erfreuen sich auch die Fahrten mit den beiden alten Straßenbahnen zum Haupteingang des Parks.

Nostalgische Gefühle wecken die allgegenwärtigen Pferdekutschen sowie Düfte und Geräusche aus den Läden, der Bäckerei und der Schmiede, in denen Personal in Originalkostümen arbeitet.

Viktorianischer Trinkbehälter, Heritage Park

Canada Olympic Park

88 Canada Olympic Rd SW.
1-403-247-5452. tägl. (Öffnungszeiten je nach Saison).

Der Canada Olympic Park war 1988 Austragungsort der XV. Olympischen Winterspiele. Heute können sowohl Einheimische als auch Besucher auf der Bob- und Rodelbahn fahren. Atemberaubend ist der Blick vom 90 Meter hohen Sprungturm auf die Rocky Mountains und Calgary.

Die Sports Hall of Fame würdigt in zwölf Galerien 520 kanadische Sportgrößen aus 60 Disziplinen.

TELUS Spark

220 St. George's Drive NE.
1-403-817-6800. tägl. (Öffnungzeiten variieren, siehe Website).
sparkscience.ca

Das 2011 am neuen Standort eröffnete TELUS Spark ist ein interaktives Museum. Themen der hier präsentierten Ausstellungen sind u. a. der menschliche Körper sowie Erde und Himmel. Bei den Exponaten erlebt man modernste Technik auf spielerische Art.

Military Museums

4520 Crowchild Trail SW. 1-403-410-2340. tägl. 9–17 Uhr. 1, Jan, 25., 26. Dez.
themilitarymuseums.ca

Museen mit Exponaten zur Marine, Luftwaffe und Armee sind hier unter einem Dach vereint. Die Militärgeschichte Kanadas steht im Vordergrund – von der Northwest-Rebellion (1885) bis heute.

Sherman-Panzer vor den Military Museums

Der von Bergen eingerahmte Waterton Lake im Waterton Lakes National Park

❷ Fort Macleod

3000. The Fort – Museum of the North West Mounted Police, 219 Jerry Potts Blvd, 1-403-553-4703. **fortmacleod.com**

Fort Macleod, die älteste Siedlung Albertas, wurde 1874 gegründet. Die Mounties sollten Whiskyschmuggler im nahen Fort Whoop-up überwachen und errichteten daher Fort Macleod *(siehe S. 236)*. Viele historische Gebäude sind erhalten. Die rekonstruierten Palisaden des Forts beherbergen ein Mountie-Museum.

Der älteste Büffelsprung der Welt liegt nur 16 Kilometer nordwestlich von Fort Macleod. **Head-Smashed-In Buffalo Jump** wurde zum UNESCO-Welterbe erklärt. Die Blackfoot perfektionierten diese Jagdmethode, bei der bis zu 500 in Bisonfelle gekleidete Männer die Herden in Panik versetzten und über einen Felsabsturz trieben. Der Name des Orts geht auf das Los jenes Wagemutigen zurück, der die Jagd vom Fuß des Felsens aus beobachten wollte und starb.

Head-Smashed-In Buffalo Jump
Hwy 785, nahe Hwy 2. 1-403-553-2731. tägl.

❸ Waterton Lakes National Park

Calgary. Park Info Centre, 1-403-859-5133. tägl. teilweise. **pc.gc.ca**

Die Szenerie des Waterton Lakes National Park ist weniger bekannt, doch nicht minder eindrucksvoll als die anderer Nationalparks in den Rockies. Der »International Peace Park« im Südwesten Albertas an der US-Grenze schützt gemeinsam mit dem amerikanischen Glacier National Park ein staatenübergreifendes Ökosystem.

Die Schönheit des Parks geht auf den Lewis Overthrust zurück, ein geologisches Phänomen. Vor über einer Milliarde Jahren schoben sich ältere über jüngere Gesteinsschichten, deshalb heben sich die Berggipfel auffällig von der flachen Prärie ab. Hier gibt es eine grandiose Artenvielfalt. Der Park bietet Lebensraum für Bären, Dickhornschafe und zahlreiche Vogelarten.

❹ Crowsnest Pass

Frank Slide Interpretive Centre, 1-403-562-7388. tägl. Feiertage. **history.alberta.ca**

Der Highway 3 führt in Alberta, unweit der Grenze zu BC, über den Crowsnest Pass, der wie die meisten Pässe in den Rockies von schneebedeckten

Führung durch die Bellevue Mine am Crowsnest Pass

Hotels und Restaurants in den Rocky Mountains *siehe Seiten 358 und 380f*

Gipfeln umrahmt ist. Um 1900 gab es hier Kohlenbergbau. Die Gegend war Schauplatz des größten kanadischen Grubenunglücks: 1903 rutschten riesige Felsmassen vom Turtle Mountain ins Tal, erreichten das Städtchen Frank und töteten 70 Menschen.

Das Frank Slide Interpretive Centre zeigt zwei preisgekrönte Tonbildschauen zu diesem tragischen Ereignis. Durchs Tal führt ein Weg an den Spuren der Verwüstung vorbei. In der Bellevue Mine erfährt man bei unterirdischen Führungen durch dieselben Gänge, die die Kumpel zwischen 1903 und 1961 benutzten, mehr über die Geschichte des Kohlebergbaus.

Auch die Leitch Collieries, ein faszinierender früher Minenkomplex, können im Rahmen von Touren besichtigt werden.

Häuser der Stadt Fernie vor der Kulisse der Rocky Mountains

❺ Fernie

5300. 102 Commerce Rd, nahe Hwy 3, 1-250-423-6868.
tourismfernie.com

Fernie ist ein reizvolles Städtchen südwestlich des Crowsnest Pass. Seine Attraktivität verdankt es einem Brand, der den Ort 1908 zerstörte. Fernie wurde danch komplett in Stein- und Ziegelbauweise wiedererrichtet. Das Gerichtsgebäude von 1911 ist das einzige Gerichtsgebäude in British Columbia im »Château-Stil«.

Der bekannte Wintersportort rühmt sich des schönsten Pulverschnees in den Rockies. Saison ist von November bis April. Das nahe gelegene, riesige Fernie Alpine Resort befördert stündlich etwa 13 000 Skifahrer den Berg hinauf. Im Sommer bietet der Mount Fernie Provincial Park eine Reihe von Wanderwegen durch das grandiose Bergpanorama. Beliebt sind auch Boots- und Angeltouren auf den umliegenden Flüssen und Seen.

Bei Helikopterflügen, die verschiedene Firmen anbieten, kann man die für diesen Teil der Rockies typischen Formationen und Granitfelsen eingehend studieren.

❻ Fort Steele Heritage Town

9851 Highway 93 /95. 1-250-417-6000. tägl. 10–16 Uhr (Juli, Aug: bis 17 Uhr).
fortsteele.ca

Fort Steele Heritage Town ist der Nachbau einer Siedlung, die man 1864, als am Wild Horse Creek Gold gefunden wurde, als Versorgungsposten gründete. Tausende Abenteurern kamen über den Dewdney Trail, der von Hope aus zu den Claims führte, hierher. Das Städtchen wurde nach Samuel

Friseurladen aus dem 19. Jahrhundert in Fort Steele Heritage Town

Steele benannt, einem Kommandeur der North West Mounted Police, der hier 1887 den Frieden zwischen Ktunaxa und europäischen Siedlern vermittelte. Blei- und Silberfunde bescherten dem Städtchen eine kurze Blütezeit, doch da die Eisenbahnlinie über Cranbrook geführt wurde, war Fort Steele bereits um 1900 eine Geisterstadt.

Die heutige Anlage umfasst über 60 rekonstruierte oder restaurierte Gebäude mit Personal in Originalkostümen. Zu sehen sind ein Laden, ein Stall und die Quartiere der Mounties, in denen Fotos, Schwerter und Uniformen die Räume schmücken. Gezeigt wird auch traditionelles Handwerk wie Quilt- oder Eisherstellung. Bei einem Besuch der Wild Horse River Historic Site kann man selbst Gold schürfen.

Buffalos

Die massigen Tiere mit dem zotteligen Haupt werden als »Büffel« bezeichnet, doch genau genommen sind es Amerikanische Bisons. Die schwerfällig wirkenden Riesen (ein erwachsener Bulle kann bis zu 900 Kilogramm wiegen) sind behände und unberechenbar. Im 18. und 19. Jahrhundert, bevor europäische Siedler gen Westen zogen, gab es noch Herden mit Hunderttausenden Bisons. Insgesamt sollen es etwa 60 Millionen gewesen sein. Anfangs wurden sie nur von den Prärie-Indianern gejagt, die von den Tieren lebten und sie respektierten. Die Europäer jedoch hätten sie beinahe ausgerottet. Um 1900 waren noch rund 1000 Bisons am Leben. 1874 züchtete der Rancher Walking Coyote eine Herde mit 716 Bisons, deren Nachkommen heute einige der kanadischen Nationalparks bevölkern.

Nordamerikanischer Bison

Speisewagen eines restaurierten Zugs, Eisenbahnmuseum in Cranbrook

7 Cranbrook

20 000. 2279 Cranbrook St N, 1-250-426-5914.
cranbrooktourism.ca

Cranbrook, die größte Stadt im Südosten British Columbias, liegt zwischen den Purcell und den Rocky Mountains und bildet einen wichtigen Verkehrsknotenpunkt. Schöne Bergwälder und die sattgrünen Täler der Vorgebirge liegen quasi »vor der Haustür«. Auf einem der zahlreichen Wanderwege kann man bisweilen Wapitis, Wölfe, Pumas oder einen der in dieser Gegend besonders zahlreichen Grizzlybären zu Gesicht bekommen.

Hauptattraktion der Stadt ist das **Canadian Museum of Rail Travel**. Vor allem die Sammlung von Passagierwaggons aus den Jahren zwischen 1880 und 1950 auf dem Freigelände ist interessant.

The Canadian Museum of Rail Travel
57 Van Horne St S. 1-250-489-3918. Mitte Mai–Mitte Okt: tägl. 10–18 Uhr; Mitte Okt–Mitte Mai: Di–Sa 12–17 Uhr.

8 Purcell Mountains

Kamloops. 500 10th Ave N/Hwy 95, Golden, 1-250-344-7125.

Das breite Tal des Columbia River trennt die zerklüfteten und prächtigen Purcell Mountains von den Rockies. Es ist eine der entlegensten Regionen, die Jäger und Skiläufer aus aller Welt anlockt. Kletterer faszinieren die hohen Granitspitzen, die man »Bugaboos« nennt.

Im Norden des Gebirgszugs, in einem der wenigen zugänglichen Teile, liegt die 202 700 Hektar große Purcell Wilderness Conservancy, wo unter strengen Auflagen die Jagd auf Bären, Schneeziegen und Wapitis erlaubt ist.

Vom reizenden Städtchen Invermere aus erreicht man einen der schwierigsten Wanderwege Kanadas: Der Earl Grey Pass Trail führt 56 Kilometer über die Purcell Mountains. Er wurde nach Earl Grey, dem kanadischen Generalgouverneur von 1904 bis 1911, benannt, der sich 1909 in den Purcell Mountains eine Ferienhütte für seine Familie bauen ließ. Dabei nutzte er einen bereits vorhandenen Weg der Kinbasket, die zu den Shuswap-Ureinwohnern gehörten. Bären, Lawinen und umgestürzte Bäume machen den Weg noch heute gefährlich, weshalb er nur von erfahrenen Wanderern und keinesfalls von Anfängern begangen werden sollte.

9 Glacier National Park

Revelstoke/Golden. Revelstoke, 1-250-837-7500. tägl.
pc.gc.ca

Das 1350 Quadratkilometer große Areal des Glacier National Park erstreckt sich über die Selkirk Range der Columbia Mountains. Der Park wurde 1886 gegründet und wuchs mit dem Ausbau der

Purcell Mountains – ein Jagdrevier und Skigebiet

Hotels und Restaurants in den Rocky Mountains *siehe Seiten 358 und 380f*

Illecillewaet Glacier, einer von 400 Gletschern im Glacier National Park

Eisenbahn mit, deren Strecke 1885 über den Roger's Pass geführt wurde. Einige der leichteren Wanderwege des Parks folgen heute alten Bahnstrecken. Andere Wege ermöglichen einen atemberaubenden Blick auf einige der gut 400 Gletscher des Parks wie den Great Glacier bzw. Illecillewaet Glacier.

Im Park regnet es im Sommer viel, im Winter fällt fast täglich Schnee (oft bis zu 23 Meter pro Saison). Wegen der großen Lawinengefahr sollten sich Besucher im Roger's Pass Center vorab über die Lage informieren.

Wohltuendes Bad in Radium Hot Springs

Aufgrund der Lawinenhäufigkeit gab die Canadian Pacific Railroad den Roger's Pass auf. Es wurde ein Tunnel hindurchgebaut. Der Trans-Canada Highway (Hwy 1) führt durch den Park über den Pass Richtung Westen nach Revelstoke, von wo aus man die gezackten Gipfel des Mount Revelstoke National Park besteigen kann.

⑩ Radium Hot Springs

780. 7556 Main St E, 1-250-347-9331, 1-888-347-9331.
radiumhotsprings.com

Die Ortschaft Radium Hot Springs ist berühmt für ihre Mineralquellen und ein guter Ausgangspunkt für den nahe gelegenen Kootenay National Park. Radium Hot Springs besitzt mehr Motelbetten als Einwohner. Im Sommer zieren Blumen die Coffeeshops und Pubs. Viele der jährlich 1,2 Millionen Besucher versprechen sich eine gesundheitliche Besserung durch die Mineralquellen, sei es im heißen Entspannungsbad oder im kühleren Schwimmbad, wo man gegen Entgelt Badekleidung, Duschen und Handtücher sowie Massagen bekommt.

Empfehlenswert ist ein Abstecher zu den Columbia Valley Wetlands: Gespeist von den Gletschern der Purcell und Rocky Mountains, schlängelt sich der Columbia River durch das Feuchtgebiet, in dem über 250 Zugvogelarten wie Kanadagänse und Zwergschwäne leben.

⑪ Kootenay National Park

Banff. Park Visitor Centre, 1-250-347-9505. tägl.
pc.gc.ca

Der Kootenay National Park in den Rockies umfasst ein 1406 Quadratkilometer großes Gebiet mit sehr unterschiedlichen Landschaften. Der Kootenay Parkway (Hwy 93) durchquert ihn von Nord nach Süd. Er windet sich durch die enge Schlucht des Sinclair Canyon, führt an den weltberühmten Pools von Radium Hot Springs vorbei, entlang den roten Klippen der Redwall Fault und über den Sinclair Pass.

Die Straße verläuft dann ins Tal des Kootenay River, vorbei an der Hector Gorge und ins Tal des Vermilion River. Nahe der Straße liegen die Paint Pots, eisenhaltige Quellen mit rostfarbenen Lehmufern. Man sieht hier auch die 35 Meter hohen Dolomitwände des Marble Canyon, der vom Gletscherwasser des Tokumm Creek geformt wurde. Der Fireweed Trail am Vermilion Pass führt durch Wald, der hier nach Waldbränden wächst.

Die rostfarbenen Paint Pots im Kootenay National Park

⑫ Kananaskis Country

Canmore. Canmore Nordic Centre Day Lodge, 1-403-678-2400.
albertaparks.ca

Kananaskis Country ist eine grüne, von Bergen, Seen, Flüssen und Bergwiesen geprägte Region in den Ausläufern der Rocky Mountains. Diese rund 4000 Quadratkilometer große Wildnis südwestlich von Calgary an der Grenze zum Banff National Park *(siehe S. 304–307)* ist ein beliebtes Ziel zum Wandern und zur Tierbeobachtung (Adler, Wölfe, Bären).

Das Städtchen Canmore gilt als Zentrum des Erholungsgebiets und bietet ausreichend Übernachtungsmöglichkeiten sowie Informationen über Outdoor-Aktivitäten.

⓭ Banff National Park

Der bekannteste Nationalpark der kanadischen Rockies war auch der erste des Landes. Er wurde 1885 gegründet, nachdem hier Arbeiter der Canadian Pacific Railroad 1833 heiße Quellen entdeckt hatten. Jahrhunderte vor der Eisenbahn lebten die Stämme der Blackfoot, Stoney und Kootenay in den Tälern um Banff. Kaum ein kanadischer Park bietet so überwältigende Berge, Wälder, Gletscherseen und Flüsse wie der 6641 Quadratkilometer große Banff. Vier Millionen Besucher pro Jahr erschließen sich die Schönheit mit dem Auto, zu Fuß, mit dem Kanu oder im Winter mit Skiern.

Peyto Lake
Eine der lohnendsten Wanderungen ist ein kurzer Spaziergang vom Bow Summit am Icefields Parkway zum Aussichtspunkt oberhalb des eisblauen Peyto Lake.

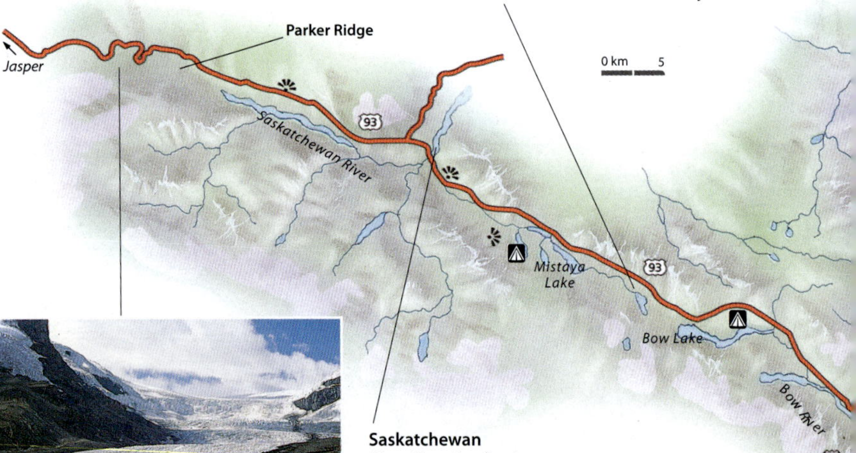

Blick vom Icefields Parkway
Die 230 Kilometer lange Panoramastrecke von Lake Louise nach Jasper führt an grandiosen Berggipfeln, Wäldern, Seen und Gletschern vorbei.

Saskatchewan River Crossing liegt am Zusammenfluss dreier Flüsse auf der Route, die der Forscher David Thompson, der als Erster im späten 18. Jahrhundert hierherkam und Karten zeichnete, gegangen ist.

Valley of the Ten Peaks
Eine Panoramastraße windet sich vom Lake Louise zu dem von zehn Dreitausendern eingerahmten Moraine Lake.

Begegnung mit Bären

In den Nationalparks der Rocky Mountains leben Grizzly- und Schwarzbären. Man sieht sie nur selten, sollte aber unbedingt die Verhaltensregeln des *Mountain Guide* beachten, einer kostenlosen Publikation der Parkbehörden. Nähern Sie sich einem Tier nicht, sondern warten Sie, dass es sich zurückzieht. Locken Sie es nie mit Essen an. Falls ein Bär in der Nähe auftaucht, rennen Sie keinesfalls davon, sondern ziehen Sie sich langsam zurück *(siehe S. 403)*.

Grizzlybär im Park

Johnston Canyon
Einer der beliebtesten Wanderwege des Parks führt vom Bow Valley Parkway *(siehe S. 306)* durch diese spektakuläre Schlucht mit zwei imposanten Wasserfällen. Einige Steige reichen an die Wasserfälle heran. Schautafeln erläutern die Geologie des Canyons.

Infobox

Information
Hwy 1 u. 93.
Banff Visitor Centre, 224 Banff Ave, Banff, 1-403-762-8421. tägl.
banfflakelouise.com

Anfahrt
Brewster Busbahnhof, 100 Gopher St.

Legende
- Interstate Highway
- State Highway
- Fluss

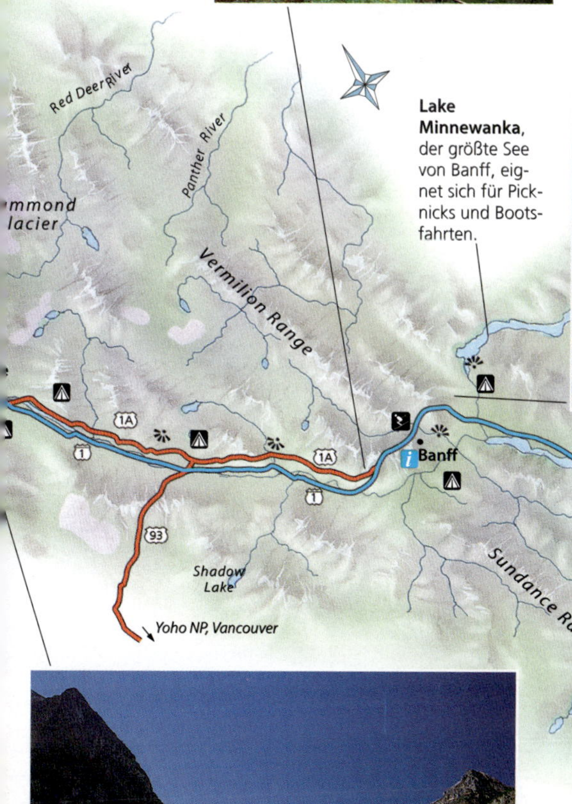

Lake Minnewanka, der größte See von Banff, eignet sich für Picknicks und Bootsfahrten.

Bankhead
Ein mit Erläuterungen und historischen Fotos versehener Wanderweg führt Besucher durch die Kohlengrube und die Geisterstadt.

Lake Louise
Das türkisfarbene Wasser des Sees ist ein unverwechselbares Kennzeichen für die Schönheit der Rockies. Hier entstand einer der ersten Ferienorte von Banff. Bereits 1885 trafen Besucher ein.

Zeichenerklärung *siehe hintere Umschlagklappe*

Banff National Park: Überblick

Es ist unmöglich, den Banff National Park ohne ein Gefühl von Ehrfurcht zu durchqueren: Etwa 25 seiner Berge sind über 3000 Meter hoch und spiegeln sich magisch im türkisblauen Wasser der zahlreichen Seen. Die Ortschaft Banff ist optimal auf Besucher eingestellt. Sie bietet zudem die heilsamen Thermalquellen, die den Ausschlag zur Gründung des Parks gaben, und ist ein idealer Ausgangspunkt zur Erkundung des Umlands. Sogar der Highway ist hier eine Attraktion für sich: Der Icefields Parkway (Hwy 93) ab Lake Louise führt durch ein grandioses Bergpanorama bis zum Jasper National Park.

Icefields Parkway (Highway 93)

Der Icefields Parkway ist eine 230 Kilometer lange Bergstraße, die sich über die schroffen Grate der Rocky Mountains schlängelt. Er ist eine grandiose Panoramastraße, denn auf dem Weg über die Pässe von Lake Louise nach Jasper eröffnet sich hinter jeder Kurve ein neuer Ausblick.

Die Straße wurde während der Weltwirtschaftskrise als ABM-Maßnahme errichtet. Wegen des touristischen Werts wurde der Highway 1960 zu seiner heutigen Länge ausgebaut. Er verfügt über genügend Haltebuchten, um die Aussicht genießen zu können.

Der höchste Punkt des Highways ist Bow Summit (2068 m). Von dort führt eine Nebenstraße zum Aussichtspunkt **Peyto Lake**. Schneebedeckte Gipfel spiegeln sich im Eisblau des Sees. Im Sommer entfaltet sich auf den Wiesen am Bow Summit die Blütenpracht der Wildblumen. Von hier kann man auch den Crowfoot Glacier sehen, ein seltsam geformtes Eisfeld, das über eine Steilwand hängt.

Weiter nördlich führt ein Weg von einem Parkplatz hinab zum **Mistaya Canyon** mit senkrechten Wänden, Strudellöchern und einem beeindruckenden Steinbogen.

Der Highway führt auch an den Icefields vorbei. Von der Straße aus kann man auf den Athabasca Glacier sehen. Die Mineralablagerungen am Straßenrand locken Schneeziegen und Dickhornschafe an.

Der Bow Valley Parkway führt durch eine reizvolle Szenerie

Bow Valley Parkway

Der 55 Kilometer lange Bow Valley Parkway zwischen Banff und Lake Louise ist eine reizvolle Alternative zum Trans-Canada Highway. Die Straße im Bow River Valley führt an zahlreichen Schautafeln und Aussichtspunkten vorbei, die dem Besucher die sanfte Schönheit des Tals erschließen. Von der Straße aus kann man bisweilen auch Bären, Wapitis und Kojoten beobachten.

Etwa 19 Kilometer westlich von Banff führt ein kurzer gepflasterter Weg vom Highway zum **Johnston Canyon** mit seinen beiden Wasserfällen: Die Lower Falls sind für Rollstuhlfahrer zugänglich. Zu den Upper Falls führt ein 2,7 Kilometer langer Wanderweg. Über einen Holzsteig gelangt man, an der Felswand entlanggehend, zum Grund des Canyons, wo sich ein schöner Blick aufs Tal bietet.

Ein überaus interessantes Naturphänomen des Canyons sind die Ink Pots, kleine Teiche, in denen blaugrünes Wasser aus unterirdischen Quellen nach oben sprudelt.

Schautafeln erläutern, wie der Canyon entstand und wie das Wasser dessen einzigartige Felsformationen schuf.

Lake Minnewanka Drive

Die schmale, kurvige, 14 Kilometer lange Straße beginnt an der Abzweigung Minnewanka des Trans-Canada Highway und zieht von dort eine Schleife, vorbei an Picknickplätzen, Wanderwegen und drei Seen. Lake Minnewanka, der größte See des Parks, ist fast 28 Kilometer lang.

Ein kurzer Weg führt zu der Kohlengrube **Bankhead**. Während ihrer Blütezeit in der ersten Hälfte des 19. Jahrhunderts entstand die erste Siedlung von Banff. Alte Fotos entlang dem Weg veranschaulichen das Leben der Grubenarbeiter.

Lake Minnewanka, der größte See im Banff National Park

Hotels und Restaurants in den Rocky Mountains *siehe Seiten 358 und 380f*

Wie ein Märchenschloss: das im 19. Jahrhundert erbaute Banff Springs Hotel

Banff

Die Stadt Banff entstand bei den heißen Quellen, die um 1880 entdeckt wurden. William Cornelius Van Horne, Direktor der Canadian Pacific Railroad, erkannte, dass die Quellen Besucher anlocken würden, und ließ 1888 das grandiose Banff Springs Hotel erbauen. Der Ort erfreute sich großer Beliebtheit und expandierte. Die **Cave and Basin National Historic Site** am Fuß des Sulphur Mountain ist ein Museum zur Stadtgeschichte und befindet sich genau dort, wo Eisenbahnarbeiter 1883 auf die ersten Quellen stießen. Zahlreiche Besucher schätzen die Heilkraft des schwefelhaltigen Wassers im **Upper Hot Springs Pool**, ebenfalls am Fuß des Sulphur Mountain.

Mit 2281 Metern ist der Sulphur Mountain der höchste Berg der Stadt. Wer den etwa fünf Kilometer langen Aufstieg scheut, gelangt auch mit einer Seilbahn innerhalb von acht Minuten auf den Gipfel. Oben hat man eine atemberaubende Panoramasicht auf die Rocky Mountains.

In Banff ist das ganze Jahr über Hochbetrieb – im Winter kommen die Gäste zum Skilaufen und Hundeschlittenfahren, im Sommer zum Wandern, Radfahren und Bergsteigen.

Das **Banff Park Museum** wurde 1903 erbaut und präsentiert präparierte Tiere sowie Pflanzen und Mineralien.

Banff Park Museum
91 Banff Ave. 1-403-762-1558.
Mitte Mai–Mitte Okt: tägl.; Mitte Okt–Mitte Mai: Sa, So.
25. Dez. **pc.gc.ca**

Mit der Seilbahn geht es auf den Sulphur Mountain, Banff

Lake Louise

Visitor Centre, 1-403-762-8421.
Lake Louise ist ein Publikumsmagnet und eine unvergessliche Erinnerung. Zum blauen Wasser und den schneebedeckten Gipfeln gesellt sich noch der Blick auf den fast bis ans Wasser reichenden Victoria Glacier. Tafeln an den Wegen rund um den See erläutern dessen Entstehung gegen Ende der letzten Eiszeit vor etwa 10 000 Jahren.

Die einzigartige Wasserfarbe dieses und anderer Seen im Nationalpark stammt vom feinen Gesteinsmaterial der Gletscher (Gletschermilch), das unmittelbar unter der Wasseroberfläche schwebt. An einem Ende des Sees thront das Hotel Château Lake Louise aus dem Jahr 1894.

Im Sommer fährt eine Seilbahn zum Mount Whitehorn, wo sich ein herrlicher Blick auf Gletscher und See bietet. Im Winter wird die Region von Skifahrern, Eiskletterern und Snowboardern bevölkert. Im Ort Lake Louise können sich Besucher für einen längeren Aufenthalt mit Lebensmitteln, Kleidung und Benzin eindecken.

Moraine Lake

Moraine Lake ist weniger bekannt als Lake Louise, aber nicht minder reizvoll. Die Lodge am Ufer bietet Unterkunft, Mahlzeiten und einen Kanuverleih. Mehrere Wanderwege beginnen am See: Einer führt 1,5 Kilometer am Nordufer entlang. Der Aufstieg zum Larch Valley-Sentinel Pass bietet eine noch prächtigere Aussicht und endet auf einem der höchsten Pässe des Parks.

⓮ Yoho National Park

Der Name des Parks ist inspiriert von der Schönheit der Berge, Seen, Wasserfälle und Gesteinsformationen: »Yoho« bedeutet in der Cree-Sprache »Ehrfurcht und Staunen«. Der Yoho National Park liegt an der Westflanke der Rockies in British Columbia, unweit der Nationalparks Banff und Kootenay. Der Park ermöglicht viele Outdoor-Aktivitäten, etwa Klettern, Wandern, Bootfahren oder Skilaufen. Im Park liegen die Burgess-Shale-Fossilienfundstätten, wo man gut erhaltene Meerestiere entdeckte, die vor über 500 Millionen Jahren (im Kambrium) hier lebten. Es gibt geführte Touren für Gruppen von maximal zwölf Personen.

Emerald Lake
An diesem abgelegenen Flecken mitten im Park kann man in der rustikalen Emerald Lake Lodge übernachten *(siehe S. 358)*. Der nach seiner intensiven »Smaragdfärbung« benannte See ist bei Kanuten, Wanderern und Reitern beliebt.

Natural Bridge
Nach einem kurzen Fußweg vom Highway 1 aus erreicht man die »natürliche Brücke« über den Kicking Horse River mitten im Park. Sie entstand durch jahrhundertelange Erosion, die einen Tunnel durch den massiven Fels grub.

Hoodoo Creek
Ein kurzer, aber steiler Weg führt vom Highway zu diesen märchenhaften, pilzförmigen Felsgebilden, ein Werk der Erosion.

Legende
- Interstate Highway
- State Highway
- Fluss

Zeichenerklärung *siehe hintere Umschlagklappe*

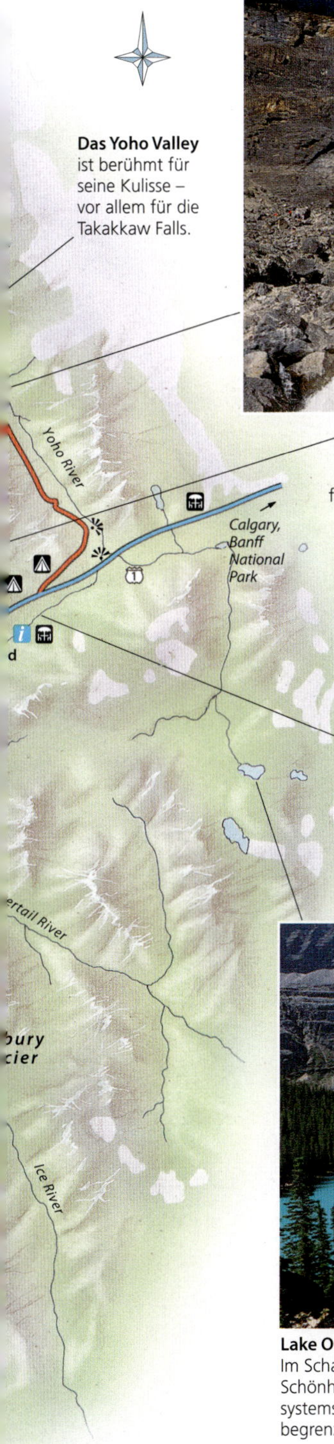

Das Yoho Valley ist berühmt für seine Kulisse – vor allem für die Takakkaw Falls.

Infobox

Information
Hwy 1. **i** Park Information Centre, Field, 1-250-343-6783.
tägl.
W pc.gc.ca

Takakkaw Falls
»Takakkaw« heißt in der Sprache der Ureinwohner: »Es ist wunderbar.« Die Kaskade des Falls stürzt etwa 260 Meter in die Tiefe. Man erreicht den imposanten Wasserfall über die Yoho Valley Road (je nach Saison geöffnet).

Burgess Shale wurde wegen seiner Fossilienfundstätten zum UNESCO-Welterbe erklärt. Tagesführungen sind nur nach Voranmeldung möglich.

Kicking Horse River
Der Wildwasserfluss strömt entlang der um 1880 erbauten Eisenbahnstrecke, die vom *Rocky Mountaineer (siehe S. 414f)* befahren wird.

Lake O'Hara
Im Schatten von Mount Victoria und Mount Lefroy entfaltet sich die Schönheit des Lake O'Hara. Zum Schutz dieses empfindlichen Ökosystems werden die Wanderwege nur nach Voranmeldung für eine begrenzte Besucherzahl freigegeben.

Lake O'Hara vor eindrucksvoller Bergkulisse, Yoho National Park ▶

⓯ Jasper National Park

Der nördlichste und größte der vier Nationalparks in den Rockies ist auch der urtümlichste. Hohe Berge und mit Gletscherseen übersäte Täler, doch auch das Columbia Icefield *(siehe S. 314)* prägen das Bild des 10 878 Quadratkilometer großen Gebiets. Ausläufer des riesigen Gletscherareals, das an manchen Stellen aus bis zu 365 Meter mächtigem Eis besteht, reichen hinab bis in die Täler. Vom Glacier Skywalk in 280 Meter Höhe kann man durch den Glasboden in den Abgrund blicken. Einige der am leichtesten zugänglichen Wanderwege beginnen am Maligne Lake und Maligne Canyon und in der Stadt Jasper. Jasper liegt ungefähr in der Mitte des Nationalparks und ist Ausgangspunkt für viele Wanderungen, etwa zu den Miette Hot Springs.

Pyramid Lake
Zerklüftete Gipfel säumen Pyramid und Patricia Lake. Beide Seen liegen nahe Jasper.

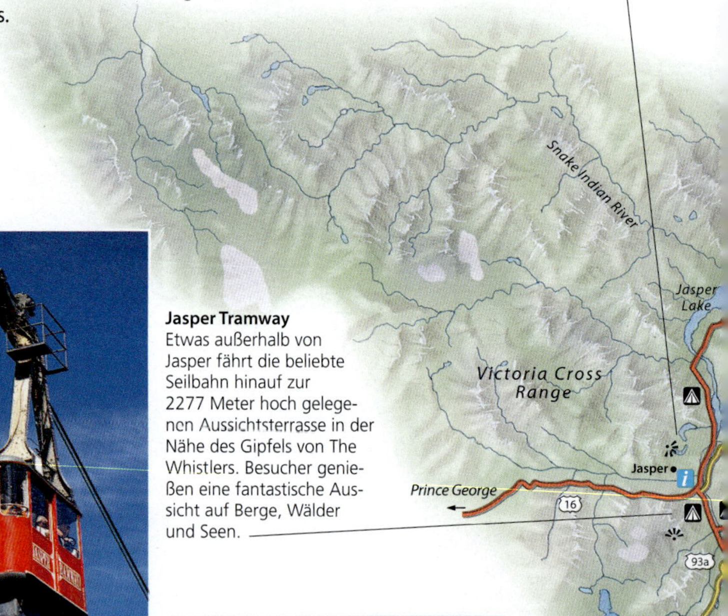

Jasper Tramway
Etwas außerhalb von Jasper fährt die beliebte Seilbahn hinauf zur 2277 Meter hoch gelegenen Aussichtsterrasse in der Nähe des Gipfels von The Whistlers. Besucher genießen eine fantastische Aussicht auf Berge, Wälder und Seen.

Mount Edith Cavell
Bis zum Cavell Lake kann man den Berg hinauffahren. Von dort führt ein Wanderweg zum Angel Glacier und den blumenübersäten Cavell Meadows.

0 Kilometer 20

Legende
- Highway
- Nebenstraße
- Fluss

Hotels und Restaurants in den Rocky Mountains *siehe Seiten 358 und 380f*

Maligne Canyon
Er ist einer der schönsten Canyons der Rockies. Seine blanken Kalksteinwände und imposanten Wasserfälle kann man von Fußgängerbrücken aus bewundern, die den Canyon entlangführen oder ihn überqueren.

Infobox

Information
Hwy 93 u. 16. 500 Connaught Drive, Jasper, 1-780-852-6176. tägl.
jasper.travel

Anfahrt
VIA Rail, Connaught Dr.
Greyhound-Busbahnhof.

Miette Hot Springs
Besucher entspannen sich im wärmsten Quellwasser der Rockies. Wegen des hohen Mineralgehalts wird ihm eine heilende Wirkung nachgesagt.

Medicine Lake
Der Pegel des reizvollen Sees schwankt ständig, da sein Wasser durch unterirdische Spalten und Höhlen abfließt.

Maligne Lake

Glacier Skywalk

Der Sunwapta River bietet ruhige und wilde Passagen für Wildwasser-Rafting.

Athabasca Falls
Der Athabasca River zwängt sich durch eine Schlucht und explodiert förmlich in diesem tosenden Wasserfall.

Weitere Zeichenerklärungen *siehe hintere Umschlagklappe*

Jasper National Park: Überblick

Der 1907 gegründete Jasper National Park ist landschaftlich genauso reizvoll wie andere Regionen der Rockies – er birgt jedoch mehr unberührte Wildnis als die übrigen Nationalparks. Das Innere ist nur zu Fuß, mit dem Pferd oder mit einem Kanu zu erreichen. Für mehrtägige Wanderungen ist ein Pass des Park Trail Office erforderlich. Im Jasper National Park werden auch häufiger Wildtiere wie Bären, Elche und Wapitis gesichtet als in den anderen Parks. Obwohl die Einrichtungen des Parks meist von Oktober bis Ostern geschlossen sind, haben Langlauffreunde im Winter die Gelegenheit, den Park auf Loipen entlang den zugefrorenen Seen zu erkunden. Alternativen hierzu sind Eisfischen, Ski alpin oder geführte Wanderungen auf zugefrorenen Flüssen. Im Sommer bieten sich Tagestouren von der Stadt Jasper aus an.

Skifahren ist nur eine von vielen Freizeitaktivitäten in Jasper

Columbia Icefield und Icefield Centre

Icefields Parkway. 1-780-852-6288. Mitte Apr–Mitte Okt: tägl. **pc.gc.ca**

Das 325 Quadratkilometer große Eisfeld, die größte, bis zu 365 Meter dicke Eisfläche südlich von Alaska, entstand in der letzten Eiszeit und zieht sich über die Nationalparks Banff und Jasper. Vor etwa 10 000 Jahren war die ganze Region mit Eis bedeckt, das die breiten Täler, Felswände und schroffen Bergkämme formte.

Das Icefield Centre erläutert die Phänomene der Eiszeit, zeigt, wie Gletscher die Rockies prägten, und informiert über Wanderwege. Es ist Ausgangspunkt für Fahrten zum Athabasca Glacier.

Glacier Skywalk

Icefields Parkway. 1-403-762-6700, 1-866-606-6700. Mitte Apr–Mitte Okt: tägl. **brewster.ca**

Der 2014 eröffnete, 500 Meter lange Glacier Skywalk lockt mit spektakulärem Panorama. Auf der bogenförmig 30 Meter über den Abgrund hinausragenden Aussichtsplattform blickt man in das 280 Meter tiefer gelegene Sunwapta Valley. Ausgangspunkt der Tour ist am Columbia Icefield Glacier Discovery Centre.

Athabasca Falls

Der Wasserfall an der Gabelung der Highways 93 und 93A zählt zu den aufsehenerregendsten des ganzen Parks. Hier stürzt der Athabasca River 23 Meter in die Tiefe. Die Athabasca Falls sind zwar niedriger als andere Wasserfälle in den Rockies, doch da sich der Fluss zuvor durch eine enge Schlucht zwängen muss, entlädt sich seine Kraft an deren Ausgang umso vehementer.

Jasper

Die Stadt wurde 1911 als Siedlung für die Arbeiter der Grand Trunk Pacific Railroad gegründet, die im Athabasca River Valley Gleise verlegten. Wie in Banff entstanden auch in Jasper mit dem Ausbau der Eisenbahn Hotels, Restaurants und ein Besucherzentrum. Jasper liegt mitten im Park am Highway 16 und am Icefields Parkway (Hwy 93) und ist ein idealer Ausgangspunkt für diverse Unternehmungen. Sieben Kilometer außerhalb liegt die Talstation der Jasper Tramway,

Bei Rafting-Fans beliebt – der tosende Athabasca River

Hotels und Restaurants in den Rocky Mountains *siehe Seiten 358 und 380f*

eine Seilbahn, die Besucher in sieben Minuten auf die 2277 Meter hoch gelegene Bergstation von **The Whistlers** befördert. Von dort führt ein Weg zum 2470 Meter hohen Gipfel mit fantastischer Sicht.

Wer sich alternativ zur Seilbahn auf den 2,8 Kilometer langen Aufstieg macht, wird unterwegs durch den Ausblick ins Miette und ins Athabasca Valley belohnt.

Patricia und Pyramid Lake

Nördlich von Jasper schmiegen sich Patricia und Pyramid Lake an den Pyramid Mountain (2763 m). Die bei Surfern und Seglern beliebten Seen eignen sich für einen Tagesausflug (zwei Lodges am See vermieten die passende Ausrüstung).

Das tiefblaue Wasser des Pyramid Lake am Pyramid Mountain

Maligne Lake Drive

Der Maligne Lake Drive zweigt etwa fünf Kilometer östlich von Jasper vom Highway 16 ab und führt durch das Tal zwischen dem Maligne- und dem Queen-Elizabeth-Gebirge. Auf dieser reizvollen Strecke passiert man viel Sehenswertes. Von den Aussichtspunkten genießt man den Blick ins Maligne Valley.

Über einen vier Kilometer langen Wanderweg erreicht man den Maligne Canyon, eine der Hauptattraktionen der Strecke. Unterwegs erläutern Schautafeln die geologischen Phänomene dieser Schlucht. Die bis zu 50 Meter hohen Kalksteinwände und Wasserfälle des Maligne Canyon, der zu den schönsten der Rockies zählt, können von Fußgängerbrücken aus bewundert werden. Die Straße endet am 22 Kilometer langen Maligne Lake. Mehrere Wanderwege führen um den größten natürlichen See der Rockies. Der Weg zu den Opal Hills bietet herrliche Panoramablicke. Wanderungen mit Führer kann man in Jasper buchen. Am See kann man zudem angeln sowie Kanus oder Kajaks mieten.

Maligne Lake, der größte natürliche See der Rockies

Medicine Lake

Vom Maligne Lake Drive zweigt eine Seitenstraße zum Medicine Lake ab. Ein System aus unterirdischen Spalten und Höhlen lässt den Wasserspiegel dieses Sees erheblich schwanken: Im Herbst trocknet er fast aus, doch im Frühling lässt der angeschwollene Maligne River den Pegel wieder ansteigen.

Miette Hot Springs

1-780-866-3939, 1-800-767-1611. 16. Juni–9. Okt: tägl.

Die Quellen an der Miette Springs Road, 61 Kilometer nördlich von Jasper, sind mit Wassertemperaturen bis zu 54 °C die heißesten der Rocky Mountains. In den Bädern selbst wird das Wasser jedoch auf erträgliche 39 °C abgekühlt. Dank seines hohen Gehalts an Mineralien wie Kalzium und Sulfat und geringen Anteilen an Schwefelwasserstoff sagt man dem Wasser therapeutische Wirkung nach.

Eines der beiden Thermalbäder im Ort Miette Springs ist auch für Kinder geeignet. Die Quellen sind Teil eines Freizeitkomplexes.

Mount Edith Cavell

Der nach einer Krankenschwester aus dem Ersten Weltkrieg benannte Berg liegt 30 Kilometer südlich von Jasper. Die Bergstraße ist zwar geteert, es gibt aber ein paar Haarnadelkurven und enge Serpentinen. Sie endet am Cavell Lake an der Bergnordwand. Von hier führt ein Weg zu einem kleinen See unterhalb des Angel Glacier. Bei der dreistündigen Wanderung durch die blühenden Cavell Meadows hat man die Zunge des Gletschers im Blick.

Gletscherzunge des Angel Glacier, vom Mount Edith Cavell aus gesehen

Historische Küche im Grande Prairie Museum

⑯ Prince George

74 000. 101-1300 First Ave, 1-250-562-3700.
W tourismpg.com

Die größte Stadt im Norden von British Columbia ist Versorgungszentrum für die Region. Zwei Highways passieren Prince George: der Yellowhead (Hwy 16) und der Highway 97, der bei Dawson Creek zum Alaska Highway wird.

Prince George wurde 1807 als Pelzhandelsposten Fort George am Zusammenfluss von Nechako und Fraser River gegründet und ist ein idealer Ausgangspunkt für Erkundungen des Umlands. Heute bietet Prince George alles, was eine Großstadt ausmacht, u. a. auch eine Universität, die auf Geschichte und Kultur der First Nations spezialisiert ist, sowie ein Symphonieorchester und Kunstgalerien.

Das **Exploration Place Museum and Science Centre** befindet sich an der Stelle des alten Forts im 26 Hektar großen Fort George Park und zeigt Ausstellungsstücke von Ureinwohnern, europäischen Pionieren und frühen Siedlern.

Eine Stunde Autofahrt von Prince George entfernt liegen über 1600 Seen und Flüsse. Die Stadt ist deshalb ein Ausgangspunkt für Angler.

Exploration Place Museum and Science Centre
333 Becott Place. 1-250-562-1612. tägl. 9–17 Uhr. 1. Jan, 25., 26. Dez.
W theexplorationplace.com

⑰ Grande Prairie

63 000. 11330 106th St, 1-780-539-7688.
W gptourism.ca

Die Stadt Grande Prairie liegt im Nordwesten Albertas inmitten von fruchtbarem Ackerland. Die große moderne Stadt ist ein beliebter Zwischenstopp für Reisende, die Richtung Norden nach Dawson Creek oder zum Alaska Highway *(siehe S. 266f)* unterwegs sind. Die Drehscheibe der Peace-River-Region bietet alle möglichen Dienstleistungen, etwa riesige Shopping-Center oder Fachgeschäfte im Stadtkern, mit dem zusätzlichen Vorteil, dass die Provinz Alberta keine Verkaufssteuer *(provincial sales tax)* erhebt *(siehe S. 384)*.

Der 405 Hektar große Muskoseepi Park ermöglicht Outdoor-Aktivitäten wie Wandern, Radfahren oder Langlaufen – mitten in der Stadt. Mit gemieteten Kanus oder Ruderbooten kann man das Bear Creek Reservoir befahren. Im Park liegen auch das **Grande Prairie Museum & Heritage Village**, das in 15 Gebäuden mehr als 55 000 historische Kunstgegenstände präsentiert. Sehenswerte Nachbauten sind ein Schulhaus von 1911, ein Postamt und eine Kirche. Interessant ist auch eine Sammlung von Saurierknochen aus dem Peace River Valley.

Der Bear Creek, der durch den Muskoseepi Park verläuft, ist ein Eldorado für Vogelfreunde, da man öfter Adler zu Gesicht bekommt. Die Feuchtgebiete des Grand River, vor allem am Crystal Lake im nordöstlichen Winkel der Stadt, zählen zu den wenigen Brutplätzen des seltenen Trompeterschwans.

Grande Prairie Museum & Heritage Village
102 Ave/Ecke 102 St. 1-780-830-7090. tägl. 1. Jan, 25. Dez. **W cityofgp.com**

⑱ Fort St. John

28 000. 9324 96th St, 1-250-785-3033.
W fortstjohn.ca

Fort St. John liegt nahe Meile Nr. 47 des Alaska Highway im sanften Hügelland des Peace River Valley. Während des Baus der Straße 1942 wuchs die Einwohnerzahl des Orts von 800 auf 6000 an. Der Highway machte Fort St. John zu einem Versorgungszentrum für Besucher, aber auch für die Landwirtschaft des Umlands. Zu

Grünes Farmland am Peace River im Norden von British Columbia

Der grün schimmernde Muncho Lake vor kahlen Gipfeln im Muncho Lake Provincial Park

einem wirklichen Boom kam es jedoch, als man hier in den 1950er Jahren auf das größte Ölfeld der Provinz stieß.

Der Stolz der Stadt auf ihr industrielles Erbe und dasjenige aus der Pionierzeit spiegelt sich im Stadtmuseum wider, das die Besucher mit einem 41 Meter hohen Ölbohrturm begrüßt und die Geschichte der heimischen Ölindustrie erzählt.

⓳ Fort Nelson

3400. 5319 50th Ave S, 1-250-774-2541.
northernrockies.ca

Obwohl die Öl-, Gas- und Holzindustrie in den 1960er und 1970er Jahren boomte, besitzt Fort Nelson das Flair einer Grenzstadt. Es war vor dem Bau des Alaska Highway (1940er Jahre) Zwischenstation auf dem Weg zum Yukon und nach Alaska, hatte aber erst in den 1950er Jahren fließendes Wasser und Strom. Die Menschen lebten vom Pelzhandel. Noch heute jagen Trapper Wölfe, Biber und Luchse.

Fort Nelson hat einen Flughafen, ein Busnetz und ein Krankenhaus und ist mit Motels, Restaurants und Tankstellen auf Besucher eingestellt. Die Einheimischen bieten im betriebsamen Sommer Gästen die Möglichkeit, in Gesprächsreihen mehr über das Leben im rauen Norden zu erfahren. Die Fotos und Exponate im Stadtmuseum rekapitulieren den Bau des 2451 Kilometer langen Alaska Highway.

Luchs bei Fort Nelson

⓴ Muncho Lake Provincial Park

Nahe Hwy 97. 1-250-776-7000. Mai–Mitte Sep: tägl.
env.gov.bc.ca

Muncho Lake, der dritte Provinzpark neben Stone Mountain und Liard River Hot Springs, der 1942 nach dem Bau des Alaska Highway gegründet wurde, liegt am landschaftlich reizvollsten Teilstück der Straße. In dem Provinzpark ragen die kahlen Gipfel der nördlichen Rockies auf. An ihren Ausläufern zeugen Verwerfungen, Schwemmfächer und *hoodoos* von jahrtausendelanger glazialer Erosion. Der Highway führt am Ostufer des zwölf Kilometer langen Muncho Lake entlang, bevor er den Liard River überquert. Hier beginnt die Gebirgskette der Mackenzie Mountains. Im Frühsommer sieht man vom Auto aus oft Elche in den Wildblumenwiesen grasen.

In den Feuchtgebieten des Parks wächst noch der seltene gelbe Frauenschuh. Ziegen, Schafe und Karibus lecken an den Salzablagerungen am Straßenrand.

Wer das etwa 86 000 Hektar große Parkareal besser kennenlernen möchte, kann auf Campingplätzen oder in Lodges übernachten. Angler finden im tiefen Wasser des Muncho Lake reiche Forellenbestände vor.

Südliches und nördliches British Columbia

Der Süden British Columbias reicht von Prince George bis zur Grenze zu den USA. Die Wälder und Wasserfälle des Wells Gray Provincial Park und die üppigen Täler, Weinberge und Badeorte des Okanagan Valley sind nur zwei Beispiele für die abwechslungsreiche Schönheit dieser Region. Das nördliche British Columbia, eine unvergleichliche Wildnis, erstreckt sich zwischen den Coast Mountains und den Rockies von Prince Rupert bis zum Yukon. Der Cassiar Highway ermöglicht den Zugang zu beeindruckenden Landschaften, seien es die Lavaströme und Aschekegel vulkanischen Ursprungs rund um Mount Edziza oder die vereisten Wälder des Atlin Provincial Park. Ein besonderes Erlebnis ist die Fahrt nach Haida Gwaii, wo die für ihre Totemschnitzereien berühmten Haida seit rund 10 000 Jahren leben.

◀ **Weinbau im Okanagan Valley** *(siehe S. 321)*

Zeichenerklärung *siehe hintere Umschlagklappe*

Blick vom Trans-Canada Highway auf Fraser River und Fraser Canyon

❶ Whistler

12 000. 4230 Gateway Drive, 1-604-935-3357, 1-877-991-9988. **whistler.com**

Whistler Blackcomb ist das größte Skigebiet Kanadas. Es liegt 125 Kilometer nördlich von Vancouver in den Coast Mountains und gliedert sich in fünf Bereiche: Whistler Village, Village North, Upper Village, Blueberry Hill und Whistler Creekside.

Whistler und die Blackcomb Mountains bieten die steilsten Abfahrten Nordamerikas. Dank des milden pazifischen Klimas und der Schneesicherheit im Winter genießt man beste Wintersportbedingungen. Im Sommer kann man auf dem Horstman Glacier am Blackcomb Ski fahren.

Whistler Village hat ein umfassendes Serviceangebot vom B&B bis zum Fünf-Sterne-Hotel. Cafés, gemütliche Bars und Restaurants decken jeden Geschmack ab. Die Vielzahl von Geschäften lädt zu einem Bummel ein. Whistler war 2010 Austragungsort der Olympischen Winterspiele für alle Schneesportarten.

❷ Fraser River

Vancouver, 1-800-667-3306.

Der majestätische Fraser River fließt auf 1375 Kilometern durch einige der malerischsten Landstriche British Columbias – von der Quelle im Yellowhead Lake bei Jasper bis zur Strait of Georgia bei Vancouver. Zunächst strömt er Richtung Norden durch den Rocky-Mountain-Graben, bis er kurz vor Prince George nach Süden abbiegt. Er passiert die Coast Mountains, tritt bei Lytton in den Fraser Canyon ein und wendet sich bei Hope nach Westen Richtung Pazifik.

Der Fraser Canyon machte dem legendären Landerkunder Simon Fraser am meisten zu schaffen, als dieser 1808 dem Flusslauf folgte. Doch als man 50 Jahre später in der Nähe von Yale Gold fand, strömten Tausende Goldgräber ins Tal.

Heute ist Yale ein Ort mit 200 Einwohnern. Das reizende **Yale Museum** erzählt vom Goldrausch und vom Bau der Canadian Pacific Railroad durch den Canyon.

Dieses Teilstück des Flusses ist bei Raftern beliebt (Touren können im Ort Boston Bar gebucht werden). Am Hell's Gate donnert der Fraser River durch den nur noch 34 Meter breiten Canyon.

Yale Museum
31187 Douglas St. 1-604-863-2324. Mai–Sep: tägl. 10–17 Uhr. **historicyale.ca**

Hotel für Wintersportler in Whistler Village, British Columbia

❸ Hope

6200. 919 Water Ave, 1-604-869-2021. **hopebc.ca**

Hope am Südende des Fraser Canyon ist Schnittpunkt mehrerer Highways, u. a. Hwy 1 (Trans-Canada) und Hwy 3. Die Stadt ist der ideale Ausgangspunkt für Erkundungen des Canyon und des südlichen British Columbia. Interessant ist zudem die Nähe zu einigen Provinzparks: Outdoor-Aktivitäten werden im herrlichen Areal des Manning Provincial Park großgeschrieben. Im Sommer stehen Schwimmen, Wandern, Angeln und Segeln ganz oben auf der Liste, im Winter Ski alpin und Langlauf.

Hotels und Restaurants im südlichen und nördlichen British Columbia *siehe Seiten 358f und 381f*

❹ Tour durch das Okanagan Valley

Das Okanagan Valley umfasst mehrere, durch Seen verbundene Täler und erstreckt sich über 250 Kilometer von Osoyoos im Süden bis Sicamous im Norden. Der Highway 97 führt durch die Wüstenlandschaft nahe Osoyoos und weiter nördlich durch jene Obstgärten und Weinberge, für die das Tal bekannt ist. Dank milder Winter und heißer Sommer ist das Okanagan-Tal ein beliebtes Ferienziel.

Routeninfos

Start: Hwy 97 bei Vernon im Norden oder Osoyoos im Süden.
Länge: 230 km.
Tipps: Bei den Blüten- und Obstfesten im Frühling und Sommer wird an der Straße eine Fülle von Obst angeboten. Ganzjährig gibt es Führungen mit Weinproben.

④ **Kelowna**
Die größte Stadt im Okanagan Valley liegt am Ufer des Lake Okanagan zwischen Penticton und Vernon. Sie ist Zentrum des Wein- und Obstanbaus.

⑤ **Vernon**
Im von Farmen und Obstgärten umgebenen Vernon ist es dank der seit 1908 intensivierten Bewässerung angenehm grün. An den Seen liegen kleinere Ferienorte.

③ **Summerland**
Der kleine Ferienort am See besitzt Gebäude aus dem 19. Jahrhundert. Man blickt von hier auf den Giant's Head Mountain.

⑥ **Historic O'Keefe Ranch**
Die historische, 1867 von der O'Keefe-Familie erbaute Ranch birgt noch Originalhausrat der Familie, die bis 1977 dort lebte. Das ursprüngliche Blockhaus sowie Kirche und Laden sind erhalten.

② **Penticton**
Das sonnige Städtchen ist bekannt für den Okanagan Lake Beach, gute Windsurfbedingungen, Führungen durch Weingüter sowie das Pfirsichfestival im August.

0 km 25

① **Osoyoos**
Besucher schätzen das warme Wasser und die Sandstrände am Lake Osoyoos sowie Abstecher in die nahe Wüstenzone.

Legende
Routenempfehlung
Andere Straße

Zeichenerklärung *siehe hintere Umschlagklappe*

Historische Bauten im reizvollen Städtchen Nelson

⑤ Castlegar

8000. 1995 6th Ave, 1-250-365-6313. **castlegar.com**

Castlegar im Südosten British Columbias ist ein Verkehrsknotenpunkt: Hier treffen sich Crowsnest Highway und Highway 22 sowie die beiden Flüsse Kootenay und Columbia.

Anfang des 20. Jahrhunderts ließen sich hier vermehrt Doukhobors nieder, russische Anabaptisten, die vor Verfolgung geflohen waren. Das **Doukhobor Discovery Centre** illustriert ihre Kultur und zeigt traditionelle Kleidung, Werkzeuge und altes landwirtschaftliches Gerät.

Doukhobor-Tunika

Doukhobor Discovery Centre
112 Heritage Way. 1-250-365-5327. Mai–Sep: tägl.

⑥ Nelson

10 500. 91 Baker St, 1-250-352-3433.
discovernelson.com

Nelson am Kootenay Lake ist eine der attraktivsten Städte im Süden British Columbias. Die um 1880 gegründete Bergarbeitersiedlung boomte ab 1890 durch den Eisenbahnbau. Sie wurde zum Zentrum für Erz- und Holztransporte. Die Lage am See, aber auch die zahlreichen, 1895–1920 errichteten Verwaltungs- und Privatgebäude tragen zum ansprechenden Stadtbild bei. 1986 wurde hier der Film *Roxanne* mit Steve Martin gedreht. Francis Rattenbury *(siehe S. 284)*, der bekannteste Architekt British Columbias, prägte das Aussehen einiger Bauten. Dazu zählt das elegante Burns Building, das sich der mit Viehzucht und Fleischkonserven zum Millionär avancierte Patrick Burns 1899 erbauen ließ. Auf Rattenburys Reißbrett entstand 1908 auch das Nelson Court House mit Erkern und Türmchen.

Die Stadt bietet im Sommer einen »Art Walk«. Hinzu kommen Cafés, Buch- und Kunsthandwerksläden. Reizvoll ist auch eine Fahrt mit Car 23, einer Straßenbahn von 1906, die zwischen 1924 und 1949 in Betrieb war. Sie wurde 1992 restauriert und fährt heute die Uferpromenade entlang.

Im Besucherzentrum erhält man einen Stadtplan und einen Führer für einen Bummel zu den historischen Gebäuden.

⑦ Nakusp

1500. 92 6th Ave NW, 1-250-265-4234.
nakusparrowlakes.com

Nakusp liegt vor der malerischen Kulisse der Selkirk Mountains am Upper Arrow Lake. Die ehemalige Bergarbeitersiedlung ist heute für ihre Thermalquellen bekannt. Etwas außerhalb befinden sich die Thermalbäder Nakusp und Halcyon Hot Springs.

Das heiße Quellwasser mit einem hohen Sulfat-, Kalzium- und Schwefelwasserstoffgehalt soll bei Arthritis und rheumatischen Beschwerden helfen.

Etwa 40 Kilometer südlich von Nakusp, im Slocan Valley,

Der Blick von Nakusp geht auf den Upper Arrow Lake

liegen die beiden verlassenen Bergarbeiterstädte New Denver und Sandon. Zur Blütezeit des Silberabbaus um 1892 versorgten 29 Hotels, 28 Saloons, etliche Bordelle und Spielhallen die 5000 Einwohner von Sandon. Der Brand von 1900, niedrige Metallpreise und schwindende Erzvorkommen ließen Sandon zur Geisterstadt werden. Die mittlerweile zur historischen Sehenswürdigkeit erklärte Stadt wird heute sorgsam restauriert.

Ähnlich wie Sandon erging es der Nachbarstadt New Denver, die noch dazu im Zweiten Weltkrieg als Internierungslager für kanadische Japaner diente. Das Nikkei Internment Memorial Centre in der Josephine Street ist das einzige Zentrum Kanadas, das sich mit der Internierungsgeschichte von 20 000 kanadischen Japanern beschäftigt. Umgeben wird es von einem typischen japanischen Ziergarten.

8 Sicamous

3000. 446 Main St, 1-250-836-3313.
sicamouschamber.bc.ca

Das Städtchen ist bekannt für seine 3000 Hausboote und seine malerischen Straßen. Es liegt zwischen Mara und Shuswap Lake an der Kreuzung von Trans-Canada Highway und Highway 97A. Der Ort eignet sich als Ausgangspunkt für Fahrten auf den Seen oder nach Salmon Arm am Nordrand des Okanagan Valley *(siehe S. 321)*. Im Sommer kann man sich eines von über 250 Hausbooten in den zwölf kleinen Häfen mieten und sich in einem Hausboot-Laden mit allem Nötigen versorgen. Von den Booten aus sieht man die bewaldete Landschaft am Lake Shuswap, an dessen Ufern Schwarzbären, Hirsche, Elche, Kojoten und Luchse gesichtet werden. Im Sommer lädt der Strand zum Sonnenbaden ein. Den markierten Uferweg kann man entlangwandern.

Hausboote vor Anker in Sicamous

9 Kamloops

90 000. 1290 West Trans-Canada Hwy, 1-250-372-8000.
tourismkamloops.com

Kamloops bedeutet in der Sprache der Secwepemc »wo sich die Flüsse treffen«. Die flächenmäßig größte Stadt im südlichen Hinterland von BC liegt am Zusammenfluss des nördlichen und südlichen Thompson River. Hier treffen sich Trans-Canada Highway, die Highways 5 und 97 zum Okanagan Valley sowie die Canadian Pacific und die Canadian National Railroad.

Die Besiedelung durch die Europäer begann 1812, als Pelzhändler mit Ureinwohnern ins Geschäft kamen. Der **Secwepemc Museum and Heritage Park** in Kamloops präsentiert Exponate wie ein Birkenrindenkanu oder Jagd- und Kochutensilien – Reste der Kultur der Secwepemc.

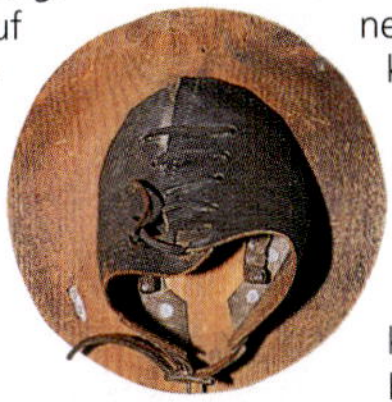
Pferde-Schneeschuh aus Kamloops

Auf dem Freigelände befinden sich die Überreste eines etwa 2000 Jahre alten Winterdorfs der Shuswap mit rekonstruierten Rundhäusern sowie ein Sommercamp.

Das Dorf umfasst zudem eine Jagdhütte, eine Fischdarre und ein Räucherhaus. Der Museumsladen verkauft Körbe aus Kiefernnadeln und Birkenrinde, Mokassins und Schmuck.

Die Art Gallery im Stadtzentrum zeigt eine kleine, aber sehenswerte Sammlung mit Landschaftsskizzen von A. Y. Jackson, einem Vertreter der Group of Seven *(siehe S. 168f)*.

Secwepemc Museum and Heritage Park
355 Yellowhead Hwy. 1-250-828-9749. Mo–Sa 8–16 Uhr.
secwepemcmuseum.com

10 Wells Gray Provincial Park

Hwy 5, Clearwater Valley Road, 1-250-674-3334. Clearwater. Clearwater. tägl.
wellsgray.ca

Die Wildnis des Parks zählt zu den schönsten in BC und birgt Naturwunder, wie man sie sonst nur in den Rockies findet. Der 1939 gegründete Park umfasst Bergwiesen, Wasserfälle und bis zu 2575 Meter hohe Gipfel. Die Canadian National Railroad und der Highway 5 folgen dem Thompson River am Westrand des Parks und bieten ein prächtiges Panorama. An der Clearwater Valley Road, die vom Highway 5 abzweigt, beginnen Wanderwege, wobei man zwischen Spaziergängen und anstrengenden, mehrtägigen Märschen wählen kann. Die Dawson Falls sind nur einen Katzensprung von der Straße entfernt.

⓫ Bowron Lake Provincial Park

1-778-414-8014. Quesnel. Quesnel. Mitte Mai–Sep. für Kanufahrt. teilweise.

Der Bowron Lake Provincial Park liegt etwa 113 Kilometer östlich von Quesnel am Highway 26 in den Cariboo Mountains. Das Wasserwegenetz des Parks bildet ein großes, markantes Rechteck aus neun Seen, drei Flüssen, Bächen und Teichen, die über Wege miteinander verbunden sind. Es wird eine einwöchige Kanutour angeboten, die auf 50 Kanuten beschränkt ist und vom Besucherzentrum autorisiert wird. Auf der Tour nähert man sich in aller Stille Wildtieren wie Elchen oder Bibern. Im Spätsommer warten Bären am Bowron River auf laichende Blaurückenlachse.

Ein mächtiger Grizzlybär

⓬ Quesnel

9500. 703 Carson Ave, 1-250-992-8716.
tourismquesnel.com

Quesnel entstand zwischen 1858 und 1861 während des Goldrauschs und lebt heute von der Holzindustrie. Der Ort war der letzte am Gold Rush Trail (der Cariboo Road, heute Hwy 97), an dem sich von hier bis Kamloops viele Bergarbeitersiedlungen aneinanderreihten. Quesnel liegt an einem vom Fraser und Quesnel River gebildeten Dreieck. Interessant ist das Riverfront Trail System, ein zwölf Kilometer langer Wanderweg an den Ufern beider Flüsse. Im Pinnacles Provincial Park vor der Stadt sieht man *hoodoos*, jene merkwürdigen Steinkegel, die vor etwa zwölf Millionen Jahren entstanden sind und durch die Erosion von Wind und Wasser geformt wurden.

Barkerville liegt 87 Kilometer östlich von Quesnel am Highway 26. Der Ort entstand, als der Engländer Billy Barker 1862 hier eine Handvoll Nuggets fand. Er ist das Musterbeispiel einer perfekt erhaltenen Bergarbeiterstadt aus dem 19. Jahrhundert mit über 120 restaurierten oder rekonstruierten Gebäuden. Authentisch gekleidet sitzt der Kutscher auf dem Kutschbock, steht der Schmied am Amboss und tanzen Showgirls für die Goldgräber.

Pferdekutsche aus dem 19. Jahrhundert in Barkerville

Barkerville Historic Town
87 km östl. von Quesnel, Hwy 26.
1-250-994-3332. tägl.
barkerville.ca

⓭ 'Ksan Village

1-250-842-5544. **Gelände** ganzjährig. **Häuser** Apr–Sep: tägl. **ksan.org**

Etwa 290 Kilometer östlich von Prince Rupert liegt 'Ksan Village, der um 1950 entstandene Nachbau eines Ureinwohnerdorfs von 1870. Das Dorf soll die Tradition der Gitxsan bewahren, die vor allem im Skeena River Valley lebten. Sie waren von weißen Siedlern bedroht, die 1850 in Prince Rupert landeten und auf der Suche nach Minen oder Land flussaufwärts zogen.

Die Gitxsan sind überregional bekannt für ihre kunstvoll geschnitzten und bemalten Masken, Totems und Kanus.

Totempfähle der Gitxsan aus Zedernholz im 'Ksan Village

Die Stammesältesten geben ihre Fertigkeiten im 'Ksan Village an die Jüngeren weiter. Der Komplex umfasst sieben Langhäuser mit Schnitzschule sowie ein Museum und einen Geschenkeladen.

⓮ Prince Rupert

12 000.
200–215 Cow Bay Rd, 1-250-624-5637, 1-800-667-1994.
visitprincerupert.com

Prince Rupert ist die zweitgrößte Hafenstadt von British Columbia. Sie liegt an einer von Wäldern und Fjorden geprägten Küste auf Kaien Island an der Mündung des Skeena River. Im Hafen tummeln sich Ausflugs- und Fischerboote sowie Fähren. Die Stadt ist der wichtigste Zugang nach Haida Gwaii und Alaska.

Wie viele größere Städte British Columbias wuchs auch Prince Rupert mit dem Bau der Eisenbahn. Das Kwinitsa Railway Museum in der Grand Trunk Railroad Station von 1914 zeigt, was der Geschäftsmann Charles Hay mit der Stadt vorhatte. Da er 1912 beim Untergang der *Titanic* starb, konnte er kaum etwas davon realisieren.

Die ersten Bewohner waren Tsimshian. Noch vor 150 Jahren zierten ihre Zedernhäuser und Totems den Hafen. Das **Museum of Northern British Columbia** ist ihrer Geschichte und Kultur gewidmet und bietet Führungen an. Zu sehen sind Tänze und Gesänge in einem Langhaus.

Museum of Northern British Columbia
100 1st Ave W. 1-250-624-3207. Juni–Sep: tägl.; Okt–Mai: Di–Sa. 25., 26. Dez.
museumofnorthernbc.com

⑮ Haida Gwaii

Prince Rupert. Prince Rupert. 3220 Wharf St, Queen Charlotte, 1-250-559-8316 (ganzjährig geöffnet). **gohaidagwaii.ca**

Die früher Queen Charlotte Islands genannte Inselgruppe Haida Gwaii ist ein keilförmiger Archipel von etwa 150 Inseln westlich von Prince Rupert. Da die Inseln von der letzten Eiszeit unberührt blieben, weisen sie ein für Kanada einzigartiges Ökosystem auf. In den Wäldern leben Säugetiere wie die Spitzmausart »Dusky Shrew« und das Kurzschwanzwiesel. Es gibt auch eine große Population von Weißkopfseeadlern. Im Frühling ziehen Grauwale die Küsten entlang.

Seit Tausenden von Jahren leben die Haida hier. Inzwischen wird ihre Kunst gebührend honoriert, vor allem ihre Schnitzarbeiten aus Zedernholz und ihre Skulpturen aus Argillit (einem schwarzen, schieferähnlichen Stein, der nur hier vorkommt).

Die Haida initiierten in den 1980er Jahren Umweltschutzaktionen gegen Holzfirmen, woraufhin 1988 die **Gwaii Haanas National Park Reserve and Haida Heritage Site** gegründet wurde. Das Areal umfasst Regenwaldbestände mit bis zu 1000 Jahre alten Sitkafichten, Hemlocktannen und Rotzedern.

Atlin Lake im entlegenen Atlin Provincial Park

Gwaii Haanas National Park Reserve and Haida Heritage Site
1-250-559-8818. tägl. (im Winter frei). **pc.gc.ca**

⑯ Parks im Norden

Mount Edziza, Spatsizi, Hwy 37, Atlin, Hwy 7. 1-250-771-4591. **hellobc.com**

Entlegene Wildnis, Berge, Eisfelder und Tundra prägen die Provinzparks im nördlichen British Columbia: Mount Edziza Provincial Park, Spatsizi Plateau Wilderness Provincial Park und – nördlicher – Atlin Provincial Park.

Typisch für den 1972 gegründeten Mount Edziza Provincial Park sind Lavafelder, Basaltplateaus und Aschekegel. Man erreicht den Park mit dem Boot oder einem Wasserflugzeug. Der Park selbst kann nicht befahren werden: Man kann ihn auf langen, rauen Überlandpfaden durchqueren, vorbei an weitläufigen Wiesen, arktischen Birkenwäldern und Bächen, oder ein Wasserflugzeug chartern.

Jenseits des Highway liegen die noch schrofferen Gefilde des Spatsizi Plateau Wilderness Provincial Park mit den Schneegipfeln der Skeena Mountains. Der kleine Gladys Lake mitten im Park ist ein ökologisches Reservat zur Beobachtung von Wildschafen und Schneeziegen. Auch zu diesem Park führt lediglich eine kleine Straße vom Dorf Tatogga am Highway 37, wo man Führer anheuern und Wasserflugzeuge mieten kann.

Zum Atlin Provincial Park kommt man von Yukon aus auf dem Highway 7, der vom Alaska Highway abzweigt. Ein Drittel des Parks besteht aus Eisfeldern und Gletschern.

Masset Sound auf Northern Graham Island, der nördlichsten Insel von Haida Gwaii

NORD-
KANADA

Nordkanada im Überblick

Zu Kanadas Norden zählen der Yukon, die Northwest Territories und Nunavut. Dieses Gebiet zwischen Atlantischem und Pazifischem Ozean reicht bis etwa 800 Kilometer an den Nordpol heran und umfasst 37 Prozent der Landesfläche. Kahle Tundra mit nahezu ganzjährig gefrorenen Böden, subarktische Wälder, Berge, Gletscher, vereiste Flüsse und Seen prägen die raue Landschaft. Zahlreiche Wildtiere leben hier, etwa Moschusochsen, Karibus, Eisbären und Seehunde. In der Mitte des kurzen Sommers erhellt die Mitternachtssonne die Nachtstunden, während in den finsteren Wintermonaten Polarlichter *(siehe S. 341)* aufflackern. Der äußerste Norden wurde nur dort erschlossen, wo er, meist wegen seiner landschaftlichen Schönheit, einladend wirkt. Rund 500 000 Besucher pro Jahr bestaunen die eindrückliche Gegend, die vor ungefähr 25 000 Jahren von den First Nations und vor etwa 5000 Jahren von den Inuit besiedelt wurde.

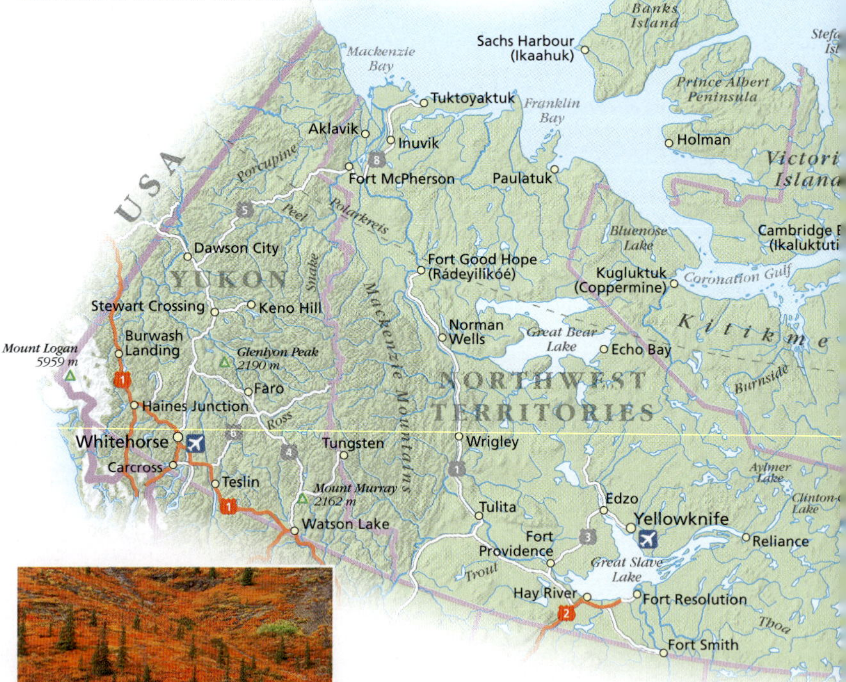

Herbstliche Farbenpracht, dazwischen die immergrünen Bäume im Norden des Yukon

In Nordkanada unterwegs

Wer diese Region bereist, muss auf sein Budget achten, da Ausflüge, Rundfahrten, Unterkünfte und sogar das Essen beträchtlich teurer sind als im Rest des Landes. Die größeren Städte des Yukon erreicht man mit dem Bus, doch mit dem Auto ist man erheblich flexibler. In Nunavut und den Northwest Territories gibt es 600 Rollfelder und kleinere Flugplätze, weshalb sich hier Reisen mit dem Flugzeug empfehlen. Die Unterkünfte sind ebenso spärlich wie die Verkehrsverbindungen. In vielen Siedlungen gibt es nur ein Hotel. Lediglich die Städte des Yukon bieten gute Übernachtungsmöglichkeiten.

◀ Karibuherde in der verschneiten Landschaft des Yukon

Die Inuit der Northwest Territories fahren mit Hundeschlitten

Weitere Zeichenerklärungen *siehe hintere Umschlagklappe*

Kunst und Kultur der Inuit

Die Kultur der Inuit wird von ihrem jahrhundertealten Lebensstil als Jäger und Fallensteller geprägt. Die Gemeinschaften im Osten und im Zentrum Nordkanadas pflegen meist die gleichen Bräuche, auch wenn sich die Formen regional unterscheiden. Die Inuit kennen kaum eine schriftliche Überlieferung. Auch im 21. Jahrhundert lebt ihre Kultur vom gesprochenen Wort. Angesichts des rauen Lebens und der knappen natürlichen Ressourcen überrascht ihre künstlerische Schaffenskraft, doch die Härte des Nordens fördert ihre Kreativität. So nutzen sie ihre Fertigkeiten als Werkzeugmacher auch für die Bildhauerei. Ihre Kultur ist mit der Landschaft verbunden, die nach wie vor Künstler und Mythenerzähler inspiriert.

Der Holzschnitt zeigt ein Mädchen, das einem Eisbären begegnet. Diese Kunstform wurde in den 1950er Jahren entwickelt. Druckschablonen werden auch aus Stein hergestellt.

Warme Kleidung ist funktionell und dekorativ. Frauen fertigen die Kleidung ihrer Familie oft mühsam aus den Resten erlegter Tiere. Meist besteht Kleidung aus Fell, Pelz oder Wolle.

Schmuck fertigte man früher aus Knochen und Elfenbein, heute aus bunten Steinen und Perlen. Jedes Stück ist ein Unikat und stellt Vögel, Tiere oder Menschen dar. Neuere Entwürfe aus Silber und Gold zeigen westliche Einflüsse.

Diese Specksteinarbeit zeigt einen Inuk, wie die Angehörigen der Inuit genannt werden, mit einem Seehund.

Frau, die einen Saibling zubereitet

Die veraltete, ja beleidigende Bezeichnung für das Volk der Inuit lautet »Eskimos«, was in der Sprache der Cree »Rohfleischesser« heißt. Da es in der Arktis keine Bäume oder Feuerholz gibt, essen die Inuit ihr Fleisch traditionellerweise roh. Fleisch von Karibus und Eisbären sowie Fisch wurde luftgetrocknet oder mit Frucht- und Beerensaucen eingelegt. Auch wenn Öfen und moderne Brennstoffe die Essgewohnheiten der Inuit verändern, bleiben sie doch der Tradition verbunden.

Diese Schmuckstücke aus Elfenbein und Walknochen tragen Inuit-Tänzer bei feierlichen Anlässen zu ihren Tanzkostümen. Die Federn arktischer Vögel dienen zur Verzierung.

Vater und Sohn in Parkas, die seit je von den Frauen aus Karibu-, Wolf- und Eisbärfell hergestellt werden. Heute werden sie auch mit modernen Stoffen verziert.

Fischer nutzen die oft kargen Ressourcen optimal und leben nach wie vor vom Fischfang für den Eigenbedarf.

Die Inuit wohnen nicht mehr im traditionellen Iglu, sondern meist in Camps oder Sozialwohnungen.

Mythen

Skulptur eines Inuk, der einen Geist bekämpft

Da die Inuit am Rand der bewohnbaren Welt leben, wehrten sie sich mit religiösen Vorstellungen gegen den drohenden Hungertod. Ihr Glaube gebietet, alle Jagdtiere zu respektieren, um sich nicht die Rache der Götter zuzuziehen. Ihre Mythen spiegeln die Vorstellung wider, dass jedes Lebewesen eine Seele hat und der Dorfschamane zwischen den oberen und unteren Welten hin- und herreisen kann, um mit den Jagd- und Wettergeistern zu kommunizieren. Seit frühester Zeit versehen die Inuit ihre Werkzeuge und Jagdwaffen mit Abbildungen von Schutzgeistern. Ihre Sänger erzählen Sagen von Meeresgeistern und menschlichen Helden.

Jagd und Fischerei bleiben Dreh- und Angelpunkt der Inuit-Kultur. In den 1960er Jahren versuchte die Regierung in Ottawa, die uralten Praktiken zu verbieten – ohne Erfolg.

Der Trommeltanz ist eine der Formen traditioneller Musik und spielt bei wichtigen Anlässen wie Geburt, Hochzeit, Jagdglück oder Totenehrung eine Rolle. Kehlkopfgesänge werden von zwei Frauen, die sich gegenüberstehen, vorgetragen und handeln von Sagen, großen Begebenheiten oder Mythen.

Nordkanada

Der Norden Kanadas – das riesige Areal umfasst den Yukon, die Northwest Territories und Nunavut – ist nach wie vor eine der abgelegensten Regionen der Welt. Doch mittlerweile haben Reisende, die unberührtes Terrain für Trekkingtouren und Entdeckungen der Superlative suchen, Zugang zur arktischen Schönheit. Viele Siedlungen entstanden erst im 20. Jahrhundert. Die Orte wuchsen um Mounti-Außenposten, die zur Überwachung von Trappern, Entdeckern und Walfängern eingerichtet wurden. Auch militärische Anlagen der jüngeren Vergangenheit entwickelten sich zu Siedlungen. Immer mehr Inuit geben ihren nomadischen Lebensstil auf und siedeln sich in solchen Orten an – Ausgangspunkte für grandiose Entdeckungsreisen. Im Winter fällt das Quecksilber auf –50 °C, doch der Sommer bringt die Tundra zum Blühen. Das Tauwetter kämpft dann gegen die acht langen eisigen Monate, die alles in eine weiße Decke hüllen. Die endlosen Weiten, vereisten Pfade, seltenen Tiere und friedvollen Menschen dieses harten und zugleich schönen Landes warten nur darauf, entdeckt zu werden.

Sehenswürdigkeiten auf einen Blick

Historische Städte

1. Whitehorse
2. Carcross
3. Haines Junction
5. Burwash Landing
6. Stewart Crossing
7. Dawson City
8. Inuvik
9. Norman Wells
11. Fort Providence
12. Hay River
13. Yellowknife

Nationalparks

4. Kluane National Park and Reserve
10. Nahanni National Park Reserve

Schöne Landschaft

14. Rankin Inlet
15. Baker Lake
16. Banks Island und Victoria Island
17. Baffin Island

◀ **Polarlicht, Northwest Territories** *(siehe S. 341)*

Zeichenerklärung *siehe hintere Umschlagklappe*

❶ Whitehorse

Der Name Whitehorse rührt von den Stromschnellen im Yukon River her, die die Goldgräber an die wehenden Mähnen von Albino-Appaloosas erinnerten. Die Stadt geht auf den Run von 2500 Wagemutigen zurück, die auf der Jagd nach Gold im Winter 1897/98 zu Fuß den Chilkoot- und White-Pass-Trail meisterten und hier, am Ufer von Lindeman und Bennett Lake, ihr Lager aufschlugen. 1898 setzten Fährleute zur Zeit der Schneeschmelze an die 7000 Mal über die Stromschnellen, bis man den Fluss mit einer Bahn umfahren konnte. An der Stelle, an der die Goldgräber Boote zu den Minen am Klondike nahmen, entstand die Zeltstadt Whitehorse. Sie ist heute die am schnellsten wachsende Stadt der Northern Territories – doch die Wildnis liegt gleich um die Ecke.

MacBride Museum of Yukon History

1124 Front St. 1-867-667-2709. Mitte Mai–Aug: tägl.; Sep–Mitte Mai: Di–Sa.
macbridemuseum.com

Das MacBride Museum ist in einer Blockhütte am Fluss untergebracht. Hier wird die Geschichte des Yukon erzählt – vom Goldrausch bis zur Gründung von Whitehorse. Auch der modernen Geschichte ist eine Ausstellung gewidmet, ebenso der Naturgeschichte, der Archäologie und den Ureinwohnern. Zu sehen sind ein Triebwagen der White Pass and Yukon Railroad und eine Blockhütte der Balladen-Figur Sam McGee. Im Sommer finden jeden Tag Gesprächsrunden und parodistische Darbietungen statt.

Log Skyscrapers

208 u. 210 Lambert St.

In der Elliott Street, zwei Blocks vom Old Log Church Museum entfernt, stehen die einzigartigen, zwei- oder dreistöckigen »Blockhaus-Wolkenkratzer«. Die etliche Jahrzehnte alten Gebäude dienen heute als Läden und Galerien. Die »Wolkenkratzer« sind eine willkommene Abwechslung im Stadtbild, das sonst von funktioneller Architektur dominiert wird.

Old Log Church Museum

Elliott St/Ecke 3rd Ave. 1-867-668-2555. Sommer: tägl.; Winter: nach Voranmeldung.
oldlogchurchmuseum.ca

Im August 1900 wurde der anglikanische Missionar Reverend R. J. Bowen nach Whitehorse geschickt, um eine Kirche zu bauen. Er lebte in einem Zelt, in einem zweiten hielt er Messe. Die Old Log Church wurde im Oktober 1900 vollendet, das Pfarrhaus im Winter darauf. Die Gebäude gehören zu den wenigen aus der Goldgräberzeit. 1953 wurde der Bau die Hauptkirche der Diözese Yukon. Heute dokumentiert die weltweit einzige Holzkathedrale die Kultur der Ureinwohner, die Missionsarbeit und die Gesichte der anglikanischen Kirche im Norden.

Ganz aus einheimischem Holz: Old Log Church

S. S. *Klondike* National Historic Site

Am Ende der 2nd Ave. 1-867-667-3910. 20. Mai–5. Sep: tägl. 9.30–17 Uhr. **pc.gc.ca**

Der 1929 gebaute Schaufelraddampfer S. S. *Klondike* sank 1936. Die aus dem Wrack rekonstruierte *Klondike* machte zehnmal pro Saison Versorgungsfahrten nach Dawson City. Anfang der 1950er Jahre baute man Brücken für die Straße nach Dawson, die für Heckraddampfer zu niedrig waren. 1955 stellte die *Klon-*

Das Stadtzentrum von Whitehorse im Yukon River Valley

Hotels und Restaurants in Nordkanada *siehe Seiten 359 und 382f*

Die S. S. *Klondike* vor Anker in Whitehorse

dike den Betrieb ein und liegt seither als Museumsschiff in Whitehorse vor Anker. Sie wurde detailgetreu – bis hin zu authentischen Uniformen und den *Life*-Magazinen aus dem Jahr 1937 auf den Tischen – restauriert und ist als nationales Kulturdenkmal zu besichtigen.

Lake Laberge

Klondike Hwy. 1-867-667-3084.
tägl. je nach Wetterlage.

Der größte See der Region liegt 62 Kilometer nördlich von Whitehorse am Klondike Highway. Bei Temperaturen von unter –30 °C ist der See das halbe Jahr über zugefroren, erwacht jedoch mit der Schneeschmelze zum Leben und lockt im Sommer Angler, Schwimmer und Bootsfahrer an. Die Einheimischen assoziieren den See immer mit dem Gedicht *Cremation of Sam McGee* von Robert Service, weil hier der Scheiterhaufen stand, auf dem der fiktive Held sein Ende fand. Dank der guten Forellenbestände fing man hier zur Zeit des Goldrauschs tonnenweise Fisch, um die Goldgräber zu verköstigen.

Schneeziegen

Infobox

Information

22 000. Whitehorse Visitor Reception Centre, 100 Hanson St, 1-867-667-3084. Yukon Quest, Yukon Sourdough Rendezvous, Available Light Film Festival, Frostbite Music Festival (alle Feb). **travelyukon.com**

Anfahrt

Greyhound-Busbahnhof, 2191 2nd Ave.

Yukon Wildlife Preserve

Takhini Hot Springs Rd. 1-867-456-7300. 12. Mai–9. Okt: tägl. **yukonwildlife.ca**

Das 1965 für Zucht- und Forschungsprogramme gegründete Reservat liegt 25 Kilometer entfernt an der Takhini Hot Springs Road, die vom Klondike Highway abzweigt. In dem Areal mit Wäldern, Weiden, Tundra und Wasserflächen leben Elche, Bisons, Wapitis, Karibus, Schneeziegen, Hirsche, Dallschafe, Moschusochsen und Luchse. Die Tiere können im 300 Hektar großen Park gut beobachtet werden.

Zentrum von Whitehorse

① MacBride Museum of Yukon History
② Log Skyscrapers
③ Old Log Church Museum
④ S.S. *Klondike* National Historic Site

0 Meter 250

Zeichenerklärung
siehe hintere Umschlagklappe

Karibu bei Carcross während der Herdenwanderung über den Yukon

❷ Carcross

300. Carcross Commons, 1-867-821-4431.
southernlakesyukon.com

Carcross ist ein kleines Dorf am Zusammenfluss von Bennett und Tagish Lake, eine Autostunde südlich von Whitehorse. Die ersten Goldgräber, die auf der beschwerlichen Wanderung zu den Claims im Norden den Chilkoot Pass überquerten, nannten den Ort »Caribou Crossing«, da wandernde Karibuherden durch den Engpass zwischen den beiden Seen Bennett und Nares zogen. Carcross wurde 1899 gegründet, als der Goldrausch mit dem Ausbau der White Pass and Yukon Railroad seinen Höhepunkt erreichte. »Caribou Crossing« wurde zu »Carcross«, um Namensgleichheiten mit Orten in Alaska, British Columbia und am Klondike zu vermeiden.

Die Gegend war früher Karibujagdgebiet der Tagish und ist noch heute von ihren Traditionen geprägt. Tagish-Scouts arbeiteten 1942 beim Bau des Alaska Highway *(siehe S. 266f)* für die US-Armee.

Zwei Kilometer weiter nördlich liegt Carcross Desert, die kleinste Wüste der Welt. Die karge, windgepeitschte Ebene ist Überbleibsel eines nach der letzten Eiszeit ausgetrockneten Gletschersees. Wegen des heftigen Winds wächst hier fast nichts – und gerade deshalb bleibt der Ort jedem Besucher unvergesslich.

❸ Haines Junction

600. Kluane National Park and Reserve Visitor Information Centre, 1-867-634-7207.
hainesjunctionyukon.com

Haines Junction an der Kreuzung von Alaska und Haines Highway ist Versorgungsposten für Besucher des Kluane National Park and Reserve. Der Ort bietet Postamt, Läden, Lokale, Motels und Lodges. Touren für Rafting, Kanufahrten und Wanderungen müssen im Verwaltungszentrum des Parks im Ort gebucht werden – Rafter sollten dies frühzeitig tun. Der Ort war früher ein Stützpunkt der Ingenieure der US-amerikanischen Armee, die 1942 einen Großteil des Alcan Highway (des heutigen Alaska Highway) bauten, der Fairbanks in Alaska mit Südkanada verbindet. Bei einem Rundflug kann man die St. Elias Mountains sowie die Gletscher und eisigen Gipfel der umliegenden Wildnis überblicken.

Die St. Elias Mountains erheben sich bei Haines Junction

Kaskawulsh Glacier im Kluane National Park and Reserve

❹ Kluane National Park and Reserve

1-867-634-7207. Haines Junction. ganzjährig.
pc.gc.ca

Die atemberaubende Wildnis im Südwesten des Yukon ist ein UNESCO-Welterbe. Das Areal mit einer Fläche von 21 980 Quadratkilometern teilt sich die St. Elias Mountains, die höchsten Berge des Landes, mit Alaska. Zum Nationalpark gehört auch das größte nichtpolare Eisfeld der Welt.

Zwei Drittel des Parks sind vergletschert, die Seen ganzjährig zugefroren. Unterbrochen wird die Szenerie von alpinem Wald, Wiesen und Tundra. Kluane ist eines der letzten erhaltenen Beispiele jener Eiszeitlandschaft, die vor etwa 12 000 bis 7000 Jahren im Rest der Welt verschwand. Mount Logan ist mit 5959 Metern der höchste Berg Kanadas. Wanderer nutzen die zahlreichen, gut markierten Wege, von denen einige direkt an der Hauptstraße beginnen. Einige weniger gut ausgeschilderte

Hotels und Restaurants in Nordkanada *siehe Seiten 359 und 382f*

Buntes Herbstlaub am Alsek River im Kluane National Park and Reserve

Routen folgen den alten Goldgräberpfaden. Ungeübte wie auch erfahrene Bergwanderer finden hier etwas nach ihrem Geschmack, sei es eine zweistündige Wanderung oder eine zehntägige Trekkingtour mit Führer.

Die Kombination aus grandioser Landschaft und Tierwelt (mit Elchen, Dallschafen und Grizzlybären) macht den Park zur reizvollsten Wildnis der Provinz Yukon. Touren werden von Haines Junction aus organisiert. Unkalkulierbares Wetter, Wildtiere und die Abgeschiedenheit machen sorgfältige Sicherheitsvorkehrungen unabdingbar.

❺ Burwash Landing

70. Whitehorse, 1-867-667-3084.

Das kleine Dorf am Alaska Highway, 124 Kilometer nordwestlich von Haines Junction, liegt am Westende des Kluane Lake, direkt vor dem Kluane National Park. Als man hier 1905 Gold fand, entstand eine Siedlung, die heute als Servicezentrum dient. Der Blick Richtung Süden über den Kluane Lake ist atemberaubend.

Das **Kluane Museum of Natural History** in Burwash Landing informiert über die Tierwelt und die regionale Naturgeschichte. Ein weiterer Schwerpunkt ist der Lebensstil des hier ansässigen Stamms der Southern Tutchone.

Kluane Museum of Natural History
Burwash Landing. 1-867-841-5561. Mitte Mai–Mitte Sep: tägl. 9–18.30 Uhr.

❻ Stewart Crossing

20. Whitehorse, 1-867-667-3084.

Das Dörfchen, 180 Kilometer östlich von Dawson City *(siehe S. 340)*, liegt an der Kreuzung von Klondike Highway und Silver Trail. Letzterer führt zu den Dörfern Mayo, Elsa und Keno, die einst für ihre Silbergruben bekannt waren. Während des Goldrauschs (Ende 19. Jh.) hieß die Gegend »grubstake« (Darlehen gegen Gewinnbeteiligung), weil sich in den Sandbänken des Flusses genügend Gold fand, um den Claim für das folgende Jahr zu sichern.

Stewart Crossing ist ein einfaches Servicezentrum. Hier beginnen die Kanutouren auf dem Stewart River, die man in Whitehorse oder Dawson City organisieren sollte. Bootstouren in diesem rauen Terrain sind auch für Kinder und Anfänger geeignet.

Etwa eine Stunde Fahrt nach Norden, bei Kilometer 655, liegt die Tintina Trench Rest Area. Dieser Graben zieht sich mehrere Hundert Kilometer durch den Yukon und liefert mit seinen jahrtausendealten, teils offen liegenden Gesteinsschichten den Beweis für die Theorie der Plattentektonik. In der Sprache der Ureinwohner heißt Tintina »Häuptling«, und es handelt sich tatsächlich um eine der größten Falten im Yukon-System. In Stewart Crossing erkennt man diesen Graben am besten, der in Alaska erst parallel zum Yukon River und von Dawson City bis hier parallel zum Klondike Highway verläuft.

Broad Valley bei Stewart Crossing unweit des Yukon River

Winter im Kluane National Park and Reserve, Yukon Territory *(siehe S. 336f)* ▶

Palace Grand Theatre in Dawson City

❼ Dawson City

1370. Front St/ Ecke King St, 1-867-993-5575. **dawsoncity.ca**

Dawson City im Yukon wurde 1898 während des Klondike-Goldrauschs *(siehe S. 56f)* berühmt, als die Stadt explosionsartig von einer Elchweide zu einer Metropole mit bis zu 40 000 Menschen heranwuchs, die im neuen »Paris des Nordens« ihr Glück suchten. Beim Ort wird immer noch Gold gefördert, doch eine der Haupteinnahmequellen ist heute der Tourismus.

Das **Dawson City Museum** informiert über den Klondike-Goldrausch. Eine Attraktion ist die Spielhalle **Diamond Tooth Gerties** – mit Honky-Tonk-Klavier und Can-Can-Girls.

Dawson City Museum
595 5th Ave. 1-867-993-5291. 18. Mai–Labour Day: tägl. 10–18 Uhr; Labour Day–30. Sep: Di–Sa 10–14 Uhr; Okt–Mitte Mai: nach Voranmeldung.
dawsonmuseum.ca

Diamond Tooth Gerties
4th Ave/Ecke Queen St. 1-867-993-5525. Mai–Mitte Sep: tägl. (Winter: Fr, Sa).

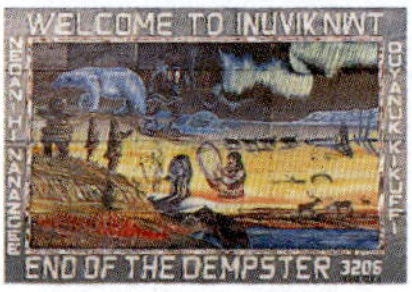

Willkommen in Inuvik

❽ Inuvik

3100. 2 Firth St, 1-867-777-8600. **inuvik.ca**

Etwa 770 Kilometer nördlich von Dawson City am Ende des Dempster Highway, der nördlichsten Straße Kanadas, liegt Inuvik. Die Stadt wurde in den 1950er Jahren als Versorgungszentrum für militärische Projekte in den Northwest Territories gegründet und erlebte ihre Blütezeit während des Ölbooms der 1970er Jahre. Angesichts der funktionellen Architektur liegt der Reiz von Inuvik mehr in seiner Lage. Es ist Ausgangspunkt für eine Erkundung der Region. Inuvik hat einige Hotels und ein paar Geschäfte – nicht übel für eine Stadt mit nur einer einzigen Ampel. Dennoch ist Inuvik die meistbesuchte Stadt der nördlichen Arktis, kunsthandwerkliches Zentrum der Inuit und Startpunkt für Touren in den äußersten Norden.

Umgebung: Die kleine Siedlung Paulatuk, 400 Kilometer östlich von Inuvik, liegt ideal zum Jagen, Fischen und Fallenstellen – wovon man hier seit Jahrhunderten lebt. Paulatuk ist auch ein Tor zur Wildnis. Der Tourismus nimmt zu, und mit Inuit-Führern lassen sich bei Trips in den Tuktut Nogait National Park Flora und Fauna gut erkunden. Die ungewöhnlichen Smoking Hills, die aus sulfidreichem Schiefer und Kohle bestehen, sieht man am besten vom Flugzeug aus.

❾ Norman Wells

800. Visitor Information Centre and Museum, 1-867-587-2415. tägl.
normanwells.com

Im Jahr 1920 fand man hier in der Nähe einer Dene-Siedlung Öl. Der Ort wuchs mit der steigenden Rohölförderung während des Zweiten Weltkriegs, als die USA eine Pipeline bauten, um die Bauarbeiten am Alaska Highway mit Öl zu versorgen.

In Norman Wells beginnt der Canol Heritage Trail, ein Weg durch die Wildnis, der im Yukon in die Canol Road (Hwy 6) Richtung Ross River übergeht, die mit dem Highwaynetz verbunden ist. Es gibt kaum Infrastruktur – der Trail gilt als eine der härtesten Trekkingrouten der Welt, ist aber bei erfahrenen Tourengehern sehr beliebt.

❿ Nahanni National Park Reserve

1-867-695-7750. Fort Simpson. ganzjährig. Nahanni National Park Reserve, 10002 100th St, Fort Simpson, NWT. **pc.gc.ca**

Nahanni National Park Reserve liegt zu beiden Seiten des South Nahanni River zwischen der Grenze zum Yukon und der Siedlung Fort Simpson. 1978 wurde das Areal zum Schutz seiner geologischen

Inuviks Kirche und Rathaus ist einem Iglu nachempfunden

Hotels und Restaurants in Nordkanada *siehe Seiten 359 und 382f*

Die Weiten des Nahanni National Park im Sommer

Geschichte zum UNESCO-Welterbe erklärt. Der Park ist eine grandiose Wildnis mit vier gewaltigen Canyons, heißen Quellen und den Virginia Falls, einem der spektakulärsten naturbelassenen Wasserfälle Nordamerikas. Mit 90 Metern Höhe ist er fast doppelt so hoch, aber weniger wuchtig als die Niagarafälle. Er besitzt eine einzigartige Flora und Fauna. In und um die Virginia Falls leben ungefähr 16 Fisch- und 180 Vogelarten. Wölfe, Grizzlybären und Karibus streunen durch den Park.

Im Park steht allerdings nicht Tierbeobachtung an erster Stelle, sondern Rafting und Kanufahren. Im Sommer zur Schneeschmelze, wenn die Wildblumen blühen, ist Wassersport beliebter als Wandern. Man erreicht den Park normalerweise mit einem Wasserflugzeug.

⓫ Fort Providence

700. Northern Frontier Visitors Association, 4807 49th St, Yellowknife, 1-867-873-4262.

Die Dene nennen das Dorf »zhahti koe« (»Missionshaus«). Fort Providence war eine katholische Mission und wurde später von der Hudson's Bay Company *(siehe S. 166f)* ausgebaut, die hier Ende des 19. Jahrhunderts einen Außenposten errichtete. Die Siedlung und die Aussicht auf Arbeit veranlassten die Dene, sich hier niederzulassen. Heute ist der Ort ein Zentrum des Dene-Kunsthandwerks.

Unmittelbar nördlich von Fort Providence liegt das Mackenzie Bison Sanctuary, Heimat der mit 3000 Tieren größten Waldbisonherde der Welt. Der Park erstreckt sich am Ufer des Great Slave Lake 100 Kilometer nach Norden. Man kann die Tiere vom Auto aus sehen.

⓬ Hay River

3500. 73 Woodland Drive, 1-867-874-6522.
hayriver.com

Die Siedlung am Ufer des Great Slave Lake ist der größte Hafen der Northwest Territories. Hay River versorgt die arktischen Siedlungen und nördlichsten Städte des Landes, vor allem Inuvik. Dies übernehmen die Frachter und Schlepper an den Kais sowie die Fischereiflotte, sobald im Frühling das Eis schmilzt und der Fluss wieder befahrbar wird.

Ungewöhnlich für die Gegend ist, dass Hay River auf eine lange Geschichte zurückblickt. Vor Jahrhunderten ließen sich die Dene an diesem ideal gelegenen Ort am Great Slave Lake nieder, um zu jagen und zu fischen. Die Attraktionen hier sind industriell geprägt, etwa der betriebsame Hafen, in dem sich gut Schiffe beobachten lassen.

Die ursprüngliche Siedlung der Dene, heute ein Dorf mit 300 Einwohnern, liegt nördlich der Altstadt und lädt zu einem Besuch ein.

Polarlichter

Polarlichter *(aurora borealis)* entstehen in der Ionosphäre in mehreren Hundert Kilometern Höhe durch Sonnenwinde. Die bei der Kollision der Sonnenwindpartikel mit den Gasen der Erdatmosphäre freigesetzte Energie äußert sich in nächtlichen Lichterscheinungen, die insbesondere zwischen August und Oktober im Yukon und in den Northwest Territories am Himmel zu sehen sind und ein leuchtendes Spektakel bieten. Einige Ureinwohnergruppen deuten das Polarlicht religiös und sehen darin die Geister toter Jäger, während es die Goldgräber des 19. Jahrhunderts irrigerweise für Ausdünstungen von Goldadern hielten. Wie auch immer – die funkelnden Lichtbänder sind ein faszinierender Anblick.

⓭ Yellowknife

Yellowknife war eine Siedlung der Dene und wurde nach den kupfergelben Jagdmessern seiner ersten Bewohner benannt. Infolge sinkender Profite schloss die Hudson's Bay Company 1823 hier ihren Außenposten, doch dank der Goldfunde florierte der Ort in den 1930er Jahren wie auch nach 1945. Mit dem Straßenausbau wurde Yellowknife 1967 Hauptstadt der Northwest Territories. Als Sitz der Verwaltung und dank drei Diamantenminen 300 Kilometer nördlich von Yellowknife geht es der Stadt gut.

Infobox

Information

18 000. Northern Frontier Visitors Association, 4807 49th St, 1-867-873-4262.
Long John Jamboree (März), Snowking Winter Festival (März), Folk on the Rocks (Juli).
visityellowknife.com

Anfahrt

Bewegliche Hausboote auf dem Great Slave Lake

Old Town

Die Altstadt liegt einen Kilometer nördlich des Stadtkerns auf einer Insel und einer felsigen Halbinsel im Great Slave Lake. Ab 1947 wuchs Yellowknife von der sandigen Ebene nach Süden über die Grenzen von Old Town hinaus. Viele Bewohner der Yellowknife Bay leben in beweglichen Hausbooten. Bei einem Spaziergang durch das jetzige Wohnviertel erkennt man die architektonische Vielfalt älterer Bauten. Läden und Unterkünfte findet man weiter südlich in der Neustadt.

Einen schönen Blick hat man vom Bush Pilots Monument am Nordende der Franklin Avenue.

Wildcat Café

3904 Wiley Rd. 1-867-873-4004.
Sommer: Mo–Fr 11.30–22, Sa, So 10.30–21 Uhr.
wildcatcafe.ca

Das älteste Restaurant von Yellowknife ist eine Institution. Die Blockhütte aus alten Zeiten steht unterhalb des Hügels der Old Town und wurde im Stil der 1930er Jahre restauriert.

Zentrum von Yellowknife

① Old Town
② Wildcat Café
③ Prince of Wales Northern Heritage Centre
④ Legislative Assembly

Zeichenerklärung
siehe hintere Umschlagklappe

Hotels und Restaurants in Nordkanada *siehe Seiten 359 und 382f*

Das stimmungsvolle Innere weckt Reminiszenzen an die Pionierzeit. Von außen ist das Café eines der meistfotografierten Gebäude in Yellowknife. Auch nach der 2011 erfolgten Renovierung hat es seinen Charme bewahrt.

Prince of Wales Northern Heritage Centre, Northwest Territories

Prince of Wales Northern Heritage Centre

4750 48th St. 1-867-767-9347. tägl. 10.30–17 Uhr (Do bis 21 Uhr). **pwnhc.ca**

Das Regionalmuseum zeigt typische Artefakte des Nordens wie Boote aus Elchleder und Exponate, die die Geschichte der Luftfahrt in den Territories illustrieren. Wechselausstellungen beleuchten das Leben in der Subarktis und in den Regionen des Beaufort-Deltas.

Legislative Assembly

Frame Lake. 1-867-669-2200, 1-800-661-0784. tägl. Juli, Aug. **assembly.gov.nt.ca**

Die Kuppel des 1993 erbauten Sitzes der Provinzregierung ist weithin sichtbar. Als Sinnbild gleicher Rechte für alle hat das einzige runde Parlamentsgebäude des Landes einen großen ovalen Tisch, an dem alle Abgeordneten gleiche Verantwortung tragen sollen – wie es die Ureinwohner praktizierten. Gemälde, Inuit-Kunst und ein großes Eisbärfell zieren die Kammer. In sitzungsfreien Zeiten können die Sitzungsräume besichtigt werden.

⑭ Rankin Inlet

2600. Kivalliq Regional Visitor Centre, 1-867-979-3838.

Der 1955 mit der Eröffnung der North Rankin Nickel Mine gegründete Ort ist die größte Gemeinde auf der felsigen Hochebene von Kivalliq, die vom Kanadischen Schild bis zur Hudson Bay reicht. Rankin Inlet ist Verwaltungs- und Tourismuszentrum der Region Kivalliq, deren Bevölkerung (zu 85 Prozent Ureinwohner) vorwiegend an der Küste lebt.

Typisch sind der ländliche Lebensstil und die grandiose arktische Landschaft. Im **Iqalugaarjuup Nunanga Territorial Park**, zehn Kilometer außerhalb, liegt eine restaurierte Siedlung der Thule (Vorfahren der Inuit) mit Zeltringen, Lagern und halb unterirdischen Winterhäusern.

Iqalugaarjuup Nunanga Territorial Park

10 km nordwestl. von Rankin Inlet am Meliadine River. 1-800-491-7910. tägl. (je nach Wetterlage). **nunavuttourism.com**

⑮ Baker Lake

1700. 1-867-793-2874.

Baker Lake im geografischen Herzen Kanadas ist die landesweit einzige Inlandssiedlung der Inuit. Sie liegt an der Quelle des Thelon River. Das Quellgebiet war seit jeher der sommerliche Sammelpunkt der Inuit und bildet heute ein Zentrum der Inuit-Kunst. Im weiter westlich gelegenen **Thelon Wildlife Sanctuary** kann man einheimische Tiere, vor allem Moschusochsen, in ihrem natürlichen Lebensraum beobachten.

Thelon Wildlife Sanctuary

300 km westl. von Baker Lake. 1-800-491-7910. tägl.

⑯ Banks Island und Victoria Island

1-867-979-4636.

Banks Island im Nordpolarmeer ist die Heimat der größten Moschusochsenherden der Welt. Sie leben im **Aulavik National Park** auf der entlegenen Nordspitze der Insel. Der abgelegene Park ist nur mit dem Flugzeug erreichbar, und das am besten von den Northern Territories aus.

Victoria Island wurde zwischen den Northwest Territories und Nunavut aufgeteilt. Die beiden wichtigsten Orte sind Ulukhaktok in den NWT und die Inuit-Siedlung Cambridge Bay in Nunavut, wo sich jeden Sommer Ureinwohner zum Saiblingfischen sowie zur Karibu- und Seehundjagd einfanden. Der Ort ist heute ein Servicezentrum für Einheimische und Besucher. Unweit der Siedlung leben Eisbären, Moschusochsen, Wölfe und arktische Vogelarten.

Aulavik National Park

Sachs Harbour. 1-867-690-3904. tägl. (je nach Wetterlage). **pc.gc.ca**

Inuit beim Iglubau nahe Baker Lake

⓱ Baffin Island

Baffin Island in Nunavut ist einer der entlegensten Plätze des nordamerikanischen Kontinents. Die Insel ist mit 500 000 Quadratkilometern die fünftgrößte der Welt. Über 60 Prozent ihrer Fläche liegen nördlich des Polarkreises. Baffin Island hat schätzungsweise 11 000 Einwohner, 9000 davon sind Inuit. Die meisten Menschen leben in einer der acht verstreuten Siedlungen. Iqaluit, die größte Ortschaft, wurde zur Hauptstadt des Territoriums Nunavut erklärt. Auf Baffin Island mit seinen spektakulären Fjorden, spitzen Berggraten und funkelnden Gletschern bieten sich unübertreffliche Gelegenheiten für Outdoor-Aktivitäten in der Arktis – seien es Kanu- und Kajakfahrten, Trekkingtouren oder abenteuerliche Wanderungen. Dabei befindet man sich meist in Gesellschaft zahlreicher Wildtiere, darunter Eisbären und Wale.

Pond Inlet
Pond Inlet ist ein Juwel in Nunavuts funkelnder Krone. Den Ort umgibt eine Kulisse aus Bergen, Gletschern und Eisbergen. Die arktische Meeresfauna ist unerwartet artenreich. Sehr beliebt sind Schneemobilfahrten und Schlittenhunderennen auf Treibeis.

Auyuittuq National Park

Der Nationalpark Auyuittuq ist mit 19 089 Quadratkilometern der drittgrößte Kanadas. Er ist einer der wenigen Parks mit Landmasse oberhalb des nördlichen Polarkreises. Der Auyuittuq ist geprägt von einer ursprünglichen Wildnis mit Bergen, Tälern und Fjorden. Im Frühjahr nach der Schneeschmelze sind die Wiesen mit Wildblumen übersät. Innerhalb der Parkgrenzen gibt es viele Tiere – von Schneegänsen bis zu Eisbären. Sogar in den kurzen Sommern kann das Wetter sehr unbeständig sein, es kann jederzeit heftig schneien. Die Temperaturen sind das ganze Jahr über niedrig. Die nahe Kleinstadt Pangnirtung ist ein Zentrum für Kunsthandwerk.

Wildblumen unterhalb der Schneegipfel

Cape Dorset ist von archäologischem Interesse, da hier die Thule und Dorset, die Vorfahren der heutigen Inuit, lebten. Cape Dorset ist auch wegen der traditionellen Steindrucktechniken bekannt.

Legende
— Fluss
— Nationalparkgrenze

Hotels und Restaurants in Nordkanada *siehe Seiten 359 und 382f*

Pangnirtung
Die Kleinstadt Pangnirtung mit 1400 Einwohnern befindet sich am Südende des Pangnirtung Fjord. Der 100 Kilometer lange Wanderweg um den Fjord ist besonders beliebt. Einige Klippen sind über 1500 Meter hoch.

Infobox

Information
11 000. Visitor Centre, Iqaluit, 1-867-979-4636.
Toonik Tyme (Apr), Iqaluit, Alianait Arts Festival (Juni), Iqaluit. **nunavuttourism.com**

Im Norden Kanadas unterwegs

Es kommen zwar immer mehr Besucher nach Nunavut, man erreicht die zum Teil weit entlegenen Siedlungen jedoch nur mit dem Flugzeug – was im Vergleich zu den Hauptflugrouten sehr teuer ist. Fast jede Gemeinde hat ein eigenes Flugfeld.

Iqaluit
Der Ort ist das Tor nach Baffin Island und ein verkehrstechnisch günstig gelegenes Versorgungszentrum im Norden. In der Hauptstadt der Provinz Nunavut *(siehe S. 61)* leben 60 Prozent Inuit.

Kimmirut
Kimmirut ist bekannt als Zentrum für die Steinskulpturen der Inuit. Da es hier im Süden der Insel etwas wärmer ist, stehen die Wiesen den kurzen Sommer über in voller Blüte.

Zeichenerklärung *siehe hintere Umschlagklappe*

SANDWICHES
BAGEL PLUS...
"ALL DAY"

ZU GAST IN KANADA

Hotels

Kanada bietet – aufgrund seiner Größe nicht überraschend – eine Vielfalt an Übernachtungsmöglichkeiten: Sie reichen von weltberühmten Hotels wie dem Fairmont Le Château Frontenac in Québec bis zu familiären Pensionen auf dem Land. Die Mittelklasse hat einiges zu bieten: ländliche Gasthöfe, idyllische Cottages, Stadtapartments, Herbergen, Hausboote oder das schon immer beliebte, allgegenwärtige Motel. Man findet immer etwas Passendes, sei es für nur eine Nacht oder für eine ganze Saison. Außerhalb der Hauptsaison geht das sogar ohne Reservierung. Ausgewählte Unterkünfte für jeden Geschmack und jedes Budget stellen wir Ihnen auf den Seiten 350–359 vor.

Zimmer mit Whirlpool im Château Montebello, Outaouais ***(siehe S. 353)***

Ausstattung

Es gibt in Kanada zwar keine staatliche Hotelkategorisierung, doch das Sternesystem des freiwilligen Programms »Canada Select« liefert recht gute Anhaltspunkte. Die Ausstattung eines Vier-Sterne-Hotels in einer Großstadt reicht allerdings nicht immer an ein Haus derselben Kategorie in einem eleganten, kleinen Ferienort mit einem »Château-Hotel« heran.

Die Canadian Automobile Association hat ihr eigenes Bewertungssystem (meist für Hotels und Motels an den Highways), das allgemein als konsequent und exakt gilt. Im Sommer gehört die Klimaanlage fast überall zur Standardausstattung, außer in Lodges der Nationalparks oder in kühleren Küstenregionen und nördlichen Breiten. Zentralheizung, Kabelfernsehen, Radio, Bügeleisen und Bügelbrett sowie Kaffeemaschine sind die Norm. Üblich ist zudem ein separates Badezimmer, auch wenn man sich nach Badewanne oder Dusche eigens erkundigen sollte.

Preise

Die Preise sind so unterschiedlich wie die Kategorien. Für die Präsidentensuite im Top-Hotel bezahlt man über 1000 Can-$ pro Nacht, während man im Schlafsaal einer Herberge für Wanderer für unter 30 Can-$ ein Bett bekommt. Günstige Hotels und Pensionen verlangen unter 100 Can-$ pro Person. Die Preise variieren und sind im Sommer und zur Skisaison am höchsten.

Reservierung

In Großstädten, in denen ganzjährig Konferenzen stattfinden, oder in Feriengebieten ist eine Zimmerreservierung immer ratsam. Die Tourismusinformationen der Provinzen *(siehe S. 401)* helfen bei Auswahl und Buchung.

Mit Kindern reisen

Das Reisen mit Kindern ist problemlos. Fast überall bekommt man ein Kinderbett. Größere Hotels bieten Babysitterdienste an. Gesetze zur Vermeidung von Entführungen verlangen oft die schriftliche Einwilligung eines Elternteils, wenn der andere allein mit Kind reist. Mehr Infos unter www.servicecanada.gc.ca.

Behinderte Reisende

Nach kanadischem Recht müssen neue und renovierte öffentliche Gebäude rollstuhlgerecht ausgestattet sein. Da Hotels häufig noch aus dem 19. Jahrhundert stammen, sollte man sich vorab erkundigen.

Luxushotels

In den kanadischen Großstädten findet man durchaus einige Weltklasse-Häuser. Mit dem Zeitalter der Eisenbahn Ende des 19. Jahrhunderts kamen die typisch kanadischen Hotels im »Château-Stil« auf. Heute sind die meisten Schlosshotels wie das Château Laurier *(siehe S. 355)* in Ottawa im Besitz von Fairmont Hotels. Die Luxushotel-Gruppen Relais & Châteaux, Four Seasons, Hilton, Radisson, Sheraton und Westin sind in den großen Städten vertreten.

Blumengeschmückte Fassade des Le Priori, Québec ***(siehe S. 353)***

◄ **Kunterbuntes Flair des ByWard Market, Ottawa** ***(siehe S. 200)***

Clayoquot Wilderness Resort in traumhafter Landschaft *(siehe S. 357)*

Hotelketten

In Kanada gibt es zahlreiche Hotel- und Motelketten. Die zuverlässigen und komfortablen, gelegentlich etwas faden Ketten variieren preislich wie stilistisch – von den Häusern großer Ferienzentren hin zu günstigeren Häusern von Days Inn, Best Western, Choice Hotels und Howard Johnson. Die bei Geschäftsreisenden und Familien beliebten Hotels bieten häufig WLAN sowie ein Frühstück.

Apartments & Co.

Neben Ferienhäusern werden in Kanada zahllose Klein- und Kleinstapartments angeboten. Motorhomes oder RVs (Recreational Vehicles) werden immer beliebter und können in größeren Städten angemietet werden. Die meisten sind mit Klimaanlage, Kühlschrank, Herd und Bad ausgestattet.

Campingmöglichkeiten gibt es überall in Kanada. Auf den Plätzen findet man Stromanschlüsse, Waschmaschinen, Läden und WLAN. Campingplätze in den Provinz- und Nationalparks sind allerdings bescheidener.

Cottages und Blockhütten gelten als typisch kanadisch. Ontario ist berühmt für sein Angebot an ländlichen, gut ausgestatteten Ferienwohnungen, die wochen-, monats- oder sogar saisonweise vermietet werden und meist in der Nähe der Sehenswürdigkeiten liegen. Auch in den Provinz- und Nationalparks stehen in der Saison Lodges und Campingplätze zur Verfügung.

Bed & Breakfast

Die steigende Zahl der Frühstückspensionen spricht für deren Popularität. Vom historischen Gasthof bis zum »Urlaub auf dem Bauernhof« versprechen sie persönlichen Service, Lokalkolorit und Einblick in den regionalen Lebensstil. Das atlantische Kanada ist bekannt für seine B & Bs, die oft in eleganten viktorianischen Häusern liegen. Die Informationszentren der Provinzen geben Auskunft.

Übernachtungssteuer

Fast jede Unterkunft addiert zum Grundpreis zwei Steuern: Die Provincial Sales Tax (PST), eine Verkaufssteuer, variiert je nach Provinz zwischen sieben und zehn Prozent (in Alberta, Northwest Territories, Nunavut und Yukon wird sie nicht aufgeschlagen). In einigen Provinzen gilt die PST nur für Hotels und Motels, nicht jedoch für Campingplätze, Pensionen und Gästehäuser.

Die Goods and Services Tax (GST), eine Waren- und Dienstleistungssteuer, beträgt fünf Prozent und betrifft die meisten Übernachtungskategorien. In den Provinzen Nova Scotia, New Brunswick, Newfoundland und Labrador, Ontario sowie Prince Edward Island werden GST und PST zur sogenannten »Harmonisierten Verkaufssteuer« (HST) von 13 bis 15 Prozent zusammengelegt. Kleinere Hotels schlagen oft keine GST auf.

Hotelkategorien

Die Hotels in der Hotelauswahl *(siehe S. 350–359)* sind in verschiedene Kategorien eingeteilt: »Luxus« bezeichnet Hotels am oberen Ende der Preisskala. Bei »Boutique« handelt es sich um kleinere Häuser mit besonderem Design. »Mittelklasse« sind oft Hotels einer Kette. »Motel« kennzeichnet eine einfache, komfortable Unterkunft. »B & B« (in Québec als *gîte* bezeichnet) meint Pensionen oder Zimmer in Gasthöfen und auf Farmen. »Resort« steht für Ferienanlagen mit zahlreichen Outdoor-Angeboten. »Historisch« beschreibt Häuser mit traditioneller Ästhetik, »ländlich« bedeutet Abgeschiedenheit. Hinzu kommen »Zimmer mit Aussicht« und die Kategorie »Preisgünstig«.

Außergewöhnliche Unterkünfte mit spezieller Ausstattung oder besonderem Design finden Sie in der Hotelauswahl als **Vis-à-Vis-Tipp**.

Stilvolles Interieur des Fairmont Château Laurier, Ottawa *(siehe S. 355)*

Hotelauswahl

Newfoundland und Labrador

CHANGE ISLANDS: Seven Oakes Island Inn and Cottages $
Historisch
NL, A0G 1R0
1-709-621-3256
sevenoakesislandinn.com
Von dem über 100 Jahre alten Haus mit umlaufender Terrasse hat man perfekten Meerblick.

CORNER BROOK: Marble Mountain Resort $$
Resort
Ausf. 8 TCH, NL, A2H 2N2
1-800-636-2725
skimarble.com
Die Zimmer in dem Skiresort haben Küchen und offene Kamine.

GRAND FALLS: Hill Road Manor B & B $$
Historisch
1 Hill Rd, NL, A2A 1G9
1-866-489-5451
hillroadmanor.com
Das B&B von 1939 mit hohen Decken bietet ein täglich wechselndes Frühstücksbüfett.

NORRIS POINT: The Tides Inn $$
Motel
263 Main St, NL, A0K 3V0
1-877-350-3310
thetidesinn.ca
Ruhige und schöne Unterkunft im Gros Morne National Park.

QUIRPON: Quirpon Lighthouse Inn $$$
Zimmer mit Aussicht
NL, A0K 2X0
1-877-254-6586
linkumtours.com
Im 1922 erbauten, mehrfach restaurierten Haus eines Leuchtturmwärters übernachtet man am Rand von Iceberg Alley.

Das malerische Great George Inn, Charlottetown

ST. JOHN'S: Blue on Water $$
Boutique
319 Water St, NL, A1C 1B9
1-877-431-2583
blueonwater.com
Tolles Boutique-Hotel an der ältesten Straße Nordamerikas. Modernes Design, Hafenblick.

Vis-à-Vis-Tipp

ST. JOHN'S: Doctor's House Inn & Spa $$$
Luxus
21 Old Hopeall Road, Green's Harbour, NL, A0B 1X0
1-709-582-2754
doctorshousenewfoundland.com
Das elegante Tudor-Haus ist ein Rückzugsort für Spaziergänge am Ozean oder Ritte mit Neufundland-Ponys. Whirlpool vorhanden, Spa-Behandlungen sollten vorab gebucht werden.

TWILLINGATE: Hillside B & B $
B & B
14 Blanfords Ln, NL, A0G 4M0
1-709-884-1666
bbcanada.com
Günstige Unterkunft in bester Lage. In der Nähe starten viele Wanderwege.

New Brunswick, Prince Edward Island und Nova Scotia

ANTIGONISH: Azelia Farmhouse B & B $$
B & B
309 Connors Rd, RR 2, NS, B2G 2K9
1-902-863-4262
bbcanada.com
Idyllisch gelegenes B & B mit originell eingerichteten Zimmern.

BAY FORTUNE: Inn at Bay Fortune $$
Historisch
Rte 310, RR 4, PE, C0A 2B0
1-902-687-3745
innatbayfortune.com
Charmantes Gästehaus mit nettem Personal und bester Küche.

BOUCTOUCHE: Auberge le Vieux Presbytère $$
Historisch
157 Ch. du Couvent, NB, E4S 3B8
1-506-743-5568
vieuxpresbytere.nb.ca
Unterkunft in einem alten Pfarrhaus mit geräumigen Zimmern und hübschem Garten.

Preiskategorien
Die Preise gelten für ein Standard-Doppelzimmer pro Nacht, inklusive Frühstück, Steuer und Service.

$	unter 100 Can-$
$$	100 – 200 Can-$
$$$	über 200 Can-$

CARAQUET: Hotel Paulin $$
Luxus
143, bd St-Pierre W, NB, E1W 1B6
1-506-727-9981
hotelpaulin.com
Denkmalgeschütztes Haus mit antiken Möbeln. Gutes Essen.

CHARLOTTETOWN: The Great George Inn $$$
Luxus
58 Great George St, PE, C1A 4K3
1-902-892-0606
thegreatgeorge.com
Stilvolles Haus mit luxuriös ausgestatteten Zimmern (u. a. mit Jacuzzi und offenem Kamin).

DIGBY: The Digby Pines $$
Luxus
103 Shore Rd, NS, B0V 1A0
1-902-245-2511
digbypines.ca
Elegante Unterkunft mit beheiztem Außenpool, Kinderspielplatz und nächtlichem Lagerfeuer.

EDMUNDSTON: Auberge Les Jardins Inn $$
Boutique
60, rue Principale, NB, E7B 1V7
1-506-739-5514
lesjardinsinn.com
Altmodisch-gemütlich eingerichtete Zimmer. Auch günstigere Motelzimmer sind verfügbar.

FREDERICTON: Delta Fredericton $$$
Resort
225 Woodstock Rd, NB, E3B 2H8
1-506-457-7000
deltahotels.com
Familienfreundliche Anlage mit Pools und sehr gutem Essen.

GEORGETOWN: The Georgetown Inn $$
Boutique
62 Richmond St, PE, C0A 1L0
1-902-652-2511
peigeorgetownhistoricinn.com
Pfiffig eingerichtete Zimmer – einige haben Meerblick und Terrasse mit Sichtschutz.

GRAND TRACADIE: Dalvay by the Sea $$$
Ländlich
Rte 6, Dalvay Beach, PE, C0A 1P0
1-902-672-2048
dalvaybythesea.com

Hotelkategorien *siehe Seite 349*

Modern eingerichtetes Zimmer im Hilton, St. John

Die National Historic Site liegt etwas abgelegen, aber perfekt für diverse Outdoor-Aktivitäten. Spitzenrestaurant.

HALIFAX: Cambridge Suites $$
Hotelkette
1583 Brunswick St, NS, B3J 3P5
1-902-420-0555
cambridgesuiteshalifax.com
Modern gestaltete Zimmer mitten in der Stadt. Schöne Dachterrasse mit Aussicht auf den Hafen.

INGONISH:
Keltic Lodge Resort and Spa $$$
Resort
383 Middle Head Peninsula, NS, B0C 1L0
1-902-285-2880
kelticlodge.ca
Mit Stil und Geschmack gestaltetes Resort in schöner Gegend. Drei Restaurants mit Meerblick.

INVERNESS:
Cabot Links Resort $$$
Resort
15933 Central Ave, NS, B0E 1N0
1-885-652-2268
cabotlinks.com
Luxuriöse Zimmer mit atemberaubendem Meerblick. Weitere Pluspunkte: Spa, edles Restaurant und Golfplatz.

LIVERPOOL:
White Point Beach Resort $$
Resort
75 White Point Beach Resort Rd, Hunts Point, NS, B0T 1G0
1-902-354-2711
whitepoint.com
Grandioses Surfer-Resort mit Unterkunft in Lodge und Cottages. Golfplatz, Spa und Restaurant.

LOUISBOURG:
Point of View Suites $$
Zimmer mit Aussicht
15 Commercial St Ext, NS, B1C 2J4
1-902-733-2080
louisbourgpointofview.com
Von den Suiten blickt man auf die Fortress of Louisbourg. Man kann historisch dinieren.

MONCTON: Amsterdam Inn and Suites $$
Hotelkette
2550 Mountain Rd, NB, E1G 3V7
1-506-383-5050
amsterdaminns.com
Angenehmes Hotel nahe dem Casino mit großen Zimmern und erstklassigem Frühstück.

Vis-à-Vis-Tipp

PEGGY'S COVE: Oceanstone Seaside Resort $$$
Resort
8650 Peggy's Cove Rd, Indian Harbour, NS, B3Z 3P4
1-902-823-2160
oceanstoneresort.com
Das Resort am Meer überzeugt vor allem mit aufwendig ausgestatteten Zimmern (u. a. Jacuzzi und Gewölbedecken), Bilderbuchaussicht sowie der Nähe zu Halifax, Peggy's Cove und einer ganzen Reihe von Sehenswürdigkeiten.

RUSTICO: Barachois Inn $$$
Luxus
2193 Church Rd, PE, C0A 1N0
1-902-963-2194
barachoisinn.com
Ehrwürdiges Hotel mit Antiquitäten, gemütlichem Ambiente und wundervollem Frühstück.

SHEDIAC:
Maison Tait House $$$
Luxus
293 Main St, NB, E4P 2A8
1-506-532-4233
maisontaithouse.com
Außergewöhnlich ausgestattete Zimmer und viele Annehmlichkeiten (u. a. Spitzenrestaurant).

ST. ANDREWS-BY-THE-SEA:
Europa Inn $$
Motel
48 King St, NB, E5B 1Y3
1-506-529-3818
europainn.com
Zentral gelegenes Hotel mit Komfort und gutem Restaurant.

ST. JOHN: Hilton St. John $$
Hotelkette
1 Market Square, NB, E2L 4Z6
1-506-693-8484
3.hilton.com
Geräumige Zimmer mit Hafenblick und ein beheizter Innenpool sind Vorzüge dieses Hotels.

ST. PETER'S:
The Inn at St. Peter's $$
Zimmer mit Aussicht
1668 Greenwich Rd, PE, C0A 2A0
1-902-961-2135
innatstpeters.com
Zimmer und Cottages mit Meerblick in einer hübschen Gegend. Empfehlenswertes Restaurant.

SUMMERSIDE:
Clark's Sunny Isle Motel $
Motel
720 Water St East, PE, C1N 4J1
1-902-436-5665
sunnyislemotel.com
Das Haus bietet ein gutes Preis-Leistungs-Verhältnis für komfortable Zimmer mit Garten. Es gibt einen Wanderweg am Wasser.

WESTPOINT:
West Point Lighthouse Inn $$
Zimmer mit Aussicht
364 Cedar Dunes Park Rd, O'Leary, PE, C0B 1V0
1-902-859-3605
westpointlighthouse.com
Die Unterkunft im Leuchtturm bietet ein einzigartiges Flair.

Montréal

CHINATOWN: Holiday Inn Select Montréal Centre-Ville $$
Motel
99, av. Viger Ouest, H2Z 1E9
1-514-878-9888
holidayinn.com
Das Hotel der bekannten Kette bietet Innenpool, Fitness-Center, Sauna und hübsche chinesische Gärten.

DOWNTOWN: Auberge de Paris $
Gästehaus
907, rue Sherbrooke Ouest, H2L 1L3
1-514-522-6124
aubergemontreal.com
Legere Unterkunft im Stil einer Jugendherberge. Es gibt auch Schlafsäle mit eigenem Bad nur für Frauen. Bistro vorhanden.

DOWNTOWN: Hôtel Viger $
Gästehaus
1001, rue Saint-Hubert, H2L 3Y3
1-514-845-6058
hotel-viger.com
Einfache, aber saubere Unterkunft mit passabel ausgestatteten Badezimmern und TV.

DOWNTOWN:
Hotel Château Versailles $$
Boutique
1659, rue Sherbrooke O., H3H 1E3
1-514-933-3611
versailleshotels.com
Das renovierte alte Stadthaus ist mit Möbel der Zeit eingerichtet. Französisches Restaurant.

DOWNTOWN:
Le Nouvel Hôtel $$
Boutique
1740 René-Lévesque O., H3H 1R3
(514) 931 8841
lenouvelhotel.com
Die Zimmer sind hell geräumig und modern. Ideal für Familien.

DOWNTOWN:
Delta Montréal $$$
Hotelkette
475, av. du Prés. Kennedy, H3A 1J7
1-514-286-1986
deltamontreal.com
Perfekt eingerichtete Zimmer. Von einigen blickt man über die Stadt und auf den Mont-Royal.

DOWNTOWN:
Fairmont Le Reine Elizabeth $$$
Luxus
900 René-Lévesque Ouest, H3B 4A5
1-514-861-3511
fairmont.com
Lieblingsadresse vieler Berühmtheiten. Standort für Ski- und Golfurlaub, Tennis und Rafting.

DOWNTOWN: Residence Inn $$$
Hotelkette
2170 Lincoln Ave, H3H 2N5
1-514-935-9224
residencemontreal.com
Zimmer mit Kitchenette und Schreibtisch. Frühstücksbüfett.

DOWNTOWN:
Ritz-Carlton Montréal $$$
Luxus
1228, rue Sherbrooke O., H3G 1H6
1-514-842-4212
ritzmontreal.com
Plüschige Zimmer, ein exquisites Restaurant, tolle Umgebung.

PLATEAU MONT-ROYAL:
Auberge de la Fontaine $$
Boutique
1301, rue Rachel Est, H2J 2K1
1-514-597-0166
aubergedelafontaine.com
Stilvoll dekoriertes Hotel mit dem besonderen Etwas.

PLATEAU MONT-ROYAL:
Le Jardin d'Antoine $$
Gästehaus
2024, rue St-Denis, H2X 3K7
1-514-843-4506
aubergelejardindantoine.ca
Von den luxuriösen Zimmern blickt man über die Gärten.

Großer Innenpool des Hotels Delta Montréal

VIEUX-MONTRÉAL: Auberge les Passants du Sans Soucy $$
Gästehaus
171, rue Saint-Paul Ouest, H2Y 1Z5
1-514-842-2634
lesanssoucy.com
Hotel in historischem Haus (1723) mit Antiquitäten und Kunst in der Lobby. Exzellentes Frühstück.

Vis-à-Vis-Tipp

VIEUX-MONTRÉAL: Hostellerie Pierre du Calvet $$$
Luxus
405, rue Bonsecours, H2Y 3C3
1-514-282-1725
pierreducalvet.ca
Geradezu opulente Eleganz prägt das Flair in dem 1715 errichteten Steinhaus. Es gibt Zimmer mit Kamin, Eichenholzvertäfelung und großen Fenstern. Frühstück wird im Atrium serviert, wo Papageien die Gäste unterhalten. Zwei fantastische Restaurants.

VIEUX-MONTRÉAL:
Hôtel Épik $$$
Zimmer mit Aussicht
97, rue de la Commune E., H2Y 1J1
1-514-876-0081
epikmontreal.com
Das Haus in der Nähe des Alten Hafens bietet Dachterrasse, schöne Zimmer und ein renommiertes Restaurant.

VIEUX-MONTRÉAL:
Hôtel Gault $$$
Boutique
449, rue Saint-Hélène, H2Y 2K9
1-514-904-1616
hotelgault.com
Vorbildlicher Service, skurriles Design. Bibliothek in der Lobby.

VIEUX-MONTRÉAL: Hotel InterContinental Montréal $$$
Luxus
360, rue Saint-Antoine O., H2Y 3X4
1-514-987-9900
intercontinental.com
Modernes Hotel im Ausgehviertel. Pool, Sauna und Massagen sorgen für Entspannung.

VIEUX-MONTRÉAL:
Hotel le Saint-James $$$
Luxus
355, rue St-Jacques, H2Y 1N9
1-514-841-3111
hotellestjames.com
Exklusiv eingerichtete Räume und die lange schmiedeeiserne Treppe sorgen für Flair.

Quebéc und St. Lawrence River

BAIE-SAINT-PAUL:
Auberge La Maison Otis $$
Boutique
23, rue St-Jean-Baptiste, QC, G3Z 1M2
1-418-435-2255
maisonotis.com
Charmanter Landgasthof mit Spa, Restaurant und Garten. Golf und Lachsfischen in der Nähe.

Vis-à-Vis-Tipp

BAIE-SAINT-PAUL:
Hôtel La Ferme $$
Luxus
50, rue de la Ferme, QC, G3Z 0G2
1-418-657-5945
lemassif.com
Guy Laliberté, Mitbegründer des Cirque du Soleil, eröffnete 2012 das umweltfreundliche Hotel. Neben modernen Zimmern gibt es auch Schlafsäle. Das Restaurant verwendet Zutaten vom Bauernmarkt.

GASPÉ: Gîte du Mont-Albert $$
Resort
2001 Route du Parc, Sainte-Anne-des-Monts, QC, G4V 2E4
1-418-890-6527
sepaq.com
Mieten Sie ein Zimmer der Lodge oder ein Cottage. Im nahen Nationalpark kann man wandern.

Anheimelndes Zimmer im Hôtel Épik, Vieux-Montréal

Hotelkategorien *siehe Seite 349* **Preiskategorien** *siehe Seite 350*

ÎLES-DE-LA-MADELEINE: Domaine du Vieux Couvent $$
Historisch
292, route 199, Havre-aux-Maisons, QC, G4T 5A4
1-418-969-2233
domaineduvieuxcouvent.com
Hotel in einem umgestalteten Pfarrhaus. Zimmer mit Meerblick sowie sechs Apartments.

L'ÎLE VERTE: Les Maisons du Phare de l'Île Verte $
Preisgünstig
2802, chemin du Phare, QC, G0L 1K0
1-418-898-2730
ileverte.net
Einfache Unterkunft mit Küchen in einem Leuchtturm. Es gibt Frühstück, Gäste können eigene Mahlzeiten zubereiten.

LA MALBAIE: Fairmont Le Manoir Richelieu $$
Luxus
181, rue Richelieu, QC, G5A 1X7
1-418-665-3703
fairmont.com/
Das Hotel auf einer Klippe ähnelt einem Schloss. Strand, Skipisten und Golfplatz sind in der Nähe.

LAC-SAINT-JEAN: Hôtel du Jardin $$
Motel
1400, bd du Jardin Saint-Félicien, QC, G8K 2N8
1-418-679-8422
hoteldujardin.com
Komfortables Haus mit geräumigen Zimmern (einige mit Whirlpool). Innenpool und Restaurants.

PERCÉ: Hôtel La Normandie $$
Zimmer mit Aussicht
221, route 132 W, QC, G0C 2L0
1-418-782-2112
normandieperce.com
Zimmer mit toller Aussicht, sehr schönen Gärten und exzellentem Seafood-Restaurant.

QUÉBEC: Hôtel Particulier Belley $$
Boutique
249, rue Saint-Paul, QC, G1K 3W5
1-418-692-1694
hotelbelley.com
Hotel in einer alten Taverne zwischen Festungsanlagen. Einzigartig eingerichtete, kleine Zimmer.

QUÉBEC: Fairmont Le Château Frontenac $$$
Luxus
1, rue des Carrières, G1R 4P5
1-418-692-3861
fairmont.com
Fantastischer Blick auf den Fluss, exzellentes Personal und eine gemütliche Bar sind Markenzeichen des altehrwürdigen Hauses.

QUÉBEC: Hôtel Clarendon $$$
Historisch
57, rue Sainte-Anne, QC, G1R 3X4
1-418-692-2480
hotelclarendon.com
Art-déco-Hotel mit einem Hauch von Nostalgie. Restaurant und Bar mit Live-Jazz.

QUÉBEC: Le Priori $$$
Boutique
15, rue Sault-au-Matelot, QC, G1K 3Y7
1-418-692-3992
hotellepriori.com
Einstiges Wohnhaus des Architekten Jean Baillairgé. Steinwände, moderne Möbel, Kunstwerke.

SEPT-ÎLES: Hôtel Sept-Îles $$
Preisgünstig
451, av. Arnaud, QC, G4R 3B3
1-418-962-2581
hotelseptiles.com
Einfache Zimmer mit Balkon mit Flussblick. Restaurant vorhanden.

TROIS-RIVIÈRES: Delta Trois-Rivières $$
Hotelkette
1620, rue Notre-Dame Centre, QC, G9A 6E5
1-819-376-1991
deltahotels.com
Modernes Hotel, ideal für Familien. Beliebter Sonntagsbrunch.

Süd- und Nord-Québec

LAURENTIDES: Auberge de la Montagne-Coupée $$
Zimmer mit Aussicht
1000, ch. de la Montagne Coupée, St-Jean-de-Matha, QC, J0K 2S0
1-450-886-3891
montagnecoupee.com
Bequeme Unterkunft im bewaldeten Hügelland. Frühstück und Abendessen inklusive.

LAURENTIDES: Le Gîte des Merveilles $$
Resort
3914, chemin Doncaster, Val David, QC, J0T 2N0
1-819-322-7613
domainedesmerveilles.com
Schöne Lodge mit komfortablen Zimmern in ruhiger Umgebung.

MAGOG: Auberge L'Étoile-sur-le-Lac $$
Zimmer mit Aussicht
1200, principal Ouest, QC, J1X 2B8
1-819- 843-6521
etoilesurlelac.ca

Boutique-Hotel Le Priori, Québec

Von einigen Balkonen blickt man auf den Lac Memphrémagog. Essen auf der Terrasse. Spa.

NORTH HATLEY: Manoir Hovey $$$
Luxus
575, rue Hovey, QC, J0B 2C0
1-819-842-2421
manoirhovey.com
Romantisches Hotel, das das Wohnhaus von George Washington kopiert. Einige Zimmer mit Kamin. Spitzenrestaurant.

NUNAVIK: Auberge Kuujjuaq Inn $$$
Ländlich
550 Airport Rd, Kuujjuaq, QC, J0M 1C0
1-819-964-2903
nvkuujjuaq.ca
Eines der wenigen Hotels in der Wildnis der kanadischen Tundra. Frühzeitig reservierieren.

Vis-à-Vis-Tipp

OUTAOUAIS: Château Montebello $$$
Luxus
392, rue Notre-Dame, Montebello, QC, J0V 1L0
1-819-423-6341
fairmont.com
Dies ist eines der weltweit größten als Hotel genutzten Blockhäuser. Zum Anwesen gehören auch einige abgelegene Cottages. Genießen Sie einen Aperitif am Kamin, bevor Sie sich im exquisiten Restaurant verwöhnen lassen. Diverse Outdoor-Aktivitäten.

VALLÉE-DU-RICHELIEU: Les Trois Tilleuls $$
Luxus
290, rue Richelieu, St-Marc-sur-Richelieu, QC, J0L 2E0
1-514-856-7787
lestroistilleuls.com
Historisches Landhaus am Richelieu River. Exzellentes Spa, Kunstgalerie und schöne Gärten. Hafen mit Bootsverleih.

ROUYN-NORANDA: Hotel Albert $$
Hotelkette
84, principal, QC, J9X 4P2
1-819-762-3545
bestwestern.com
Altmodisches Hotel mit einfachen, gemütlichen Zimmern.

Toronto

AIRPORT: Hotel Indigo $
Hotelkette
135 Carlingview Dr, M9W 5E7
1-416-637-7000
hotelindigo.com
Modernes Hotel beim Flughafen.

DOWNTOWN: The Primrose Best Western Hotel $$
Preisgünstig
111 Carlton St, M5B 2G3
1-416-977-8000
torontoprimrosehotel.com
Günstige Lage, gemütliche Zimmer – mit einem der wenigen Dachterrassen-Pools der Stadt.

DOWNTOWN: DoubleTree by Hilton Hotel $$$
Hotelkette
108 Chestnut St, M5G 1R3
1-416-977-5000
doubletree.com
Elegante Zimmer sowie Kanton-Küche im Restaurant Lai Wah Heen.

DOWNTOWN: Eaton Chelsea $$$
Hotelkette
33 Gerrard St W, M5G 1Z4
1-416-595-1975
chelsea.eatonhotels.com
Zentral gelegenes Hotel (Kinder unter 17 Jahren frei). Separater Familien-Pool mit Wasserrutsche.

DOWNTOWN: Hilton Toronto Hotel $$$
Hotelkette
145 Richmond St W, M5H 2L2
1-416-869-3456
hilton.com
Luxushotel im Finanzviertel, nahe der Shopping-Meile Queen West.

DOWNTOWN: Hyatt Regency $$$
Boutique
370 King St W, M5V 1J9
1-416-343-1234
hyattregencytoronto.com
Hotel mit Chic im Herzen des Ausgehviertels von Toronto.

DOWNTOWN: Omni King Edward Hotel $$$
Luxus
37 King St E, M5C 1E9
1-416-863-9700
omnihotels.com
Ein geradezu fürstliches Hotel mit Höchstkomfort. Nachmittagstee.

DOWNTOWN: Shangri-La Hotel $$$
Luxus
188 University Ave, M5H 0A3
1-647-788-8888
shangri-la.com
Luxushotel mit asiatischem Dekor. Die Lage nahe dem Ausgehviertel ist sehr gut.

DOWNTOWN: Sheraton Centre Toronto $$$
Hotelkette
123 Queen St W, M5H 2M9
(416) 361 1000
starwoodhotels.com
Das bemerkenswerte Hochhaus gegenüber dem Rathaus hat den größten Innenpool der Stadt.

Vis-à-Vis-Tipp

DOWNTOWN: Windsor Arms Hotel $$$
Luxus
18 St. Thomas St, M5S 3E7
1-416-971-9666
windsorarmshotel.com
Schon das Portal und die Lobby (beide aus Stein) überzeugen. Die Zimmer sind mit Mahagonimöbeln, Kamin und edlen Bädern ausgestattet. Mehrere Restaurants für edles oder informelleres Speisen sowie für den Nachmittagstee. Genießen Sie das Spa und den Salzwasser-Pool.

SOUTH OF FRONT STREET: Delta Toronto Hotel $$$
Hotelkette
75 Lower Simcoe St, M5J 3A6
1-416-849-1200
deltahotels.com
Zwei Blocks vom CN Tower entfernt bietet das 46-stöckige Hotel geräumige Zimmer mit Aussicht.

SOUTH OF FRONT STREET: Fairmont Royal York $$$
Luxus
100 Front St W, M5J 1E3
1-416-368-2511
fairmont.com/royal-york-toronto
Das altehrwürdige Hotel aus der Eisenbahnzeit bietet einen unvergleichlichen Service.

SOUTH OF FRONT STREET: Radisson Hotel Admiral Toronto-Waterfront $$$
Hotelkette
249 Queens Quay W, M5J 2N5
1-416-203-3333
radisson.com
Stilvolles Hotel am Wasser mit Aussicht. Innenpool.

SOUTH OF FRONT STREET: The Westin Harbour Castle $$$
Zimmer mit Aussicht
1 Harbour Square, M5J 1A6
1-416-869-1600
starwoodhotels.com
Von vielen Zimmern genießt man wunderbare Blicke auf den See. Grandiose Dachterrasse.

WEST END: Annex Garden $$$
B&B
Euclid Ave, M6G 2T1
1-416-258-1179
annexgarden.com
Schön restauriertes historisches Haus (zwei Zimmer, zwei Suiten). Kamine und Bodenheizung.

WEST END: Drake Hotel $$$
Boutique
1150 Queen St W, M6J 1J3
1-416-531-5042
thedrakehotel.ca
Hotel von 1890 mit ultrahipper Ausstattung in sechs Zimmern.

WEST END: Gladstone Hotel $$$
Boutique
1214 Queen St W, M6J 1J6
1-416-531-4635
gladstonehotel.com
37 Design-Zimmer in einem imposanten roten Ziegelbau.

Ottawa und Ost-Ontario

ALGONQUIN PARK: Arowhon Pines $$$
Resort
Arowhon Rd, Algonquin Park, ON, P1H 2G5
1-705-633-5795
arowhonpines.ca
Von Mitte Juni bis Mitte Oktober geöffnete Cottages am See – für die perfekte Algonquin-Erfahrung. Kanufahrten sind möglich.

Üppig möblierte Lobby des Fairmont Royal York, Toronto

Hotelkategorien *siehe Seite 349* **Preiskategorien** *siehe Seite 350*

Zimmer mit Himmelbett im Swiss Hotel, Ottawa

COBURG: King George Inn $$
Historisch
77 Albert St, ON, K9A 2L9
☎ 1-905-373-4610
W thekinggeorgeinn.com
Das Haus im früheren Provinzgefängnis bietet auch Zimmer mit Stockbetten, die oft von Familien genutzt werden.

FENELON FALLS:
Eganridge Inn & Spa $$
Resort
26 Country Club Dr, ON, K0M 1N0
☎ 1-705-738-5111
W eganridge.com
Das Anwesen umfasst Zimmer mit Terrasse, Cottages und eine Lodge. Exzellentes Spa.

HALIBURTON:
Sir Sam's Inn & Waterspa $$$
Resort
1491 Sir Sam's Rd, Eagle Lake, ON, K0M 1N0
☎ 1-705-754-2188
W sirsamsinn.com
Außenpool, Sauna und Spa sind Pluspunkte. Viele Outdoor-Aktivitäten (u. a. Schwimmen, Segeln, Surfen).

KINGSTON:
Rosemount Inn & Spa $$$
Historisch
46 Sydenham St S, ON, K7L 3H1
☎ 1-613-531-8844
W rosemountinn.com
Anwesen (19. Jh.) mit opulentem Frühstück, Nachmittagstee und vielfältigen Spa-Anwendungen auf Weinbasis.

KINGSTON:
Secret Garden Inn $$
B&B
73 Sydenham St, ON, K7L 3H3
☎ 1-613-531-9884
W thesecretgardeninn.com
Das historische Haus mit Antiquitäten und privaten Bädern liegt nur zwei Blocks von der Queen's University und dem Lake Ontario entfernt. Die freundlichen Besitzer informieren ihre Gäste gern.

NORTH BAY:
Best Western North Bay $$
Motel
700 Lakeshore Drive, ON, P1A 2G4
☎ 1-705-474-5800
W bestwesternnorthbay.com
Die Lage am See ist gut für Wassersport. Nah bei den Museen.

OTTAWA: Lord Elgin Hotel $$
Historisch
100 Elgin St, ON, K1P 5K8
☎ 1-613-235-3333
W lordelginhotel.ca
Charme und Historie prägen das Ambiente. Gäste genießen Pool, Whirlpool und Sauna.

OTTAWA: Swiss Hotel $$
Boutique
89 Daly Ave, ON, K1N 6E6
☎ 1-613-237-0335
W swisshotel.ca
Familiengeführtes Hotel in zentraler Lage. Einige Zimmer haben Kamin und Jacuzzi.

OTTAWA:
Delta Ottawa City Center $$$
Hotelkette
101 Lyon St N, ON, K1R 5T9
☎ 1-613-237-3600
W deltahotels.com
Sie haben die Wahl zwischen Suiten und Studios mit Kitchenette und Balkon. Salzwasser-Pool.

Vis-à-Vis-Tipp

OTTAWA: Fairmont
Château Laurier $$$
Luxus
1 Rideau St, ON, K1N 8S7
☎ 1-613-241-1414
W fairmont.com/laurier-ottawa
Das wie ein Märchenschloss wirkende Hotel wurde 1912 erbaut. Hier trifft man sich zum Nachmittagstee oder zum Dinner. Abends lassen sich in der Lounge viele Berühmtheiten blicken. Mehr als 400 Zimmer, Art-déco-Pool und Spa-Einrichtungen. Bester Service.

PRINCE EDWARD COUNTY:
Merrill Inn $$$
Boutique
343 Main St E, ON, K0K 2T0
☎ 1-613-476-7451
W merrillinn.com
Backsteinvilla (1887) mit eleganten, gut ausgestatteten Zimmern und renommiertem Restaurant.

RICE LAKE: Victoria Inn $$
Historisch
5316 Rice Lake Scenic Drive, Gore's Landing, ON, K0K 2E0
☎ 1-905-342-3261
W thevictoriainn.ca
Unterkunft aus dem 19. Jahrhundert am Ufer des Rice Lake. Turmzimmer mit schöner Aussicht.

Große Seen

COLLINGWOOD:
The Westin Trillium House, Blue Mountain $$$
Resort
220 Gord Canning Drive, Blue Mountains, ON, L9Y 0V9
☎ 1-705-443-8080
W westinbluemountain.com
Hotel im Skigebiet mit Kinderclub, Schwimmbad und Golfplatz. Kitchenettes vorhanden.

Vis-à-Vis-Tipp

GODERICH:
Benmiller Inn & Spa $$
Resort
81175 Benmiller Line, ON, N7A 3Y1
☎ 1-519-524-2192
W benmiller.ca
Das umweltfreundliche Hotel in einem bewaldeten Tal besteht aus mehreren Gebäuden, u. a. einer alten Mühle. Exzellentes Spa mit Blick auf den Fluss. Die Strände am Lake Huron und viele Wanderwege sind in der Nähe.

HAMILTON:
Sheraton Hotel Hamilton $$
Hotelkette
116 King St W, ON, L8P 4V3
☎ 1-905-529-5515
W sheratonhamilton.com
Hier steigen vor allem Geschäftsreisende ab. Viele Sehenswürdigkeiten in der Nähe. Innenpool.

JORDAN: Inn on the Twenty $$$
Boutique
3845 Main St, ON, L0R 1S0
☎ 1-905-562-5336
W innonthetwenty.com
Sehr populäres Gästehaus mit Annehmlichkeiten wie offenem Kamin und Whirlpools.

NIAGARA FALLS:
Old Stone Inn Boutique Hotel $
Historisch
6080 Fallsview Blvd, ON, L2G 7L6
1-905-357-1234
oldstoneinnhotel.com
Sehr schöne Unterkunft in einer alten Mühle. Ruhig gelegen, aber in der Nähe vieler Attraktionen.

NIAGARA FALLS:
Sheraton on the Falls $$$
Zimmer mit Aussicht
5875 Falls Ave, ON, L2G 3K7
1-905-374-4445
sheratononthefalls.com
Übernachtung direkt an den Fällen. Von den Suiten ist der Blick atemberaubend.

NIAGARA-ON-THE-LAKE:
Harbour House $$$
Boutique
85 Melville St, ON, L0S 1J0
1-905-468-4683
niagarasfinest.com
Sehr beliebtes Hotel in perfekter Lage am Niagara River. Von hier aus kann man zu einer Weinführung aufbrechen.

PORT STANLEY:
Inn on the Harbour $$
Boutique
202 Main St, ON, N5L 1H6
1-519-782-7623.
innontheharbour.ca
Boutique-Hotel mit rustikaler, aber eleganter Einrichtung.

SAULT STE. MARIE: Delta Sault Ste. Marie Waterfront Hotel $$
Hotelkette
208 St. Mary's River Dr, ON, P6A 5V4
1-705-759-8200
deltahotels.com
Von den Zimmern hat man den idealen Hafenblick.

STRATFORD: Foster's Inn $$$
Boutique
111 Downie St, ON, N5A 1X2
1-519-271-1119
fostersinn.com
Zentral gelegenes Hotel mit originalen Ahorn-Hartholzböden.

THUNDER BAY: Best Western NorWester Hotel $$
Motel
2080 Hwy 61, ON, P7J 1B8
1-807-473-9123
bestwestern.com
Einfaches Hotel mit beheiztem Schwimmbad. Golfplatz, Fischgründe und Skipisten nahebei.

TOBERMORY: Blue Bay Motel $$
Motel
32 Bay St, ON, N0H 2R0
1-519-596-2392
bluebay-motel.com
Hotel bei den Docks und dem Fähranleger nach Manitoulin Island. Nahebei gibt es Tauchgründe, Bootstouren, Wanderwege und Loipen.

WINDSOR: Waterfront Hotel $$
Zimmer mit Aussicht
277 Riverside Dr, ON, N9A 5K4
1-519-973-5555
windsor-hotel.ca
Von den Zimmern genießt man Blick auf die Skyline von Detroit. Zum Casino ist es nicht weit.

Zentralkanada

CHURCHILL:
Lazy Bear Lodge $$$
Ländlich
313 Kelsey Blvd, MB, R0B 0E0
1-866-687-2327
lazybearlodge.com
Das Blockhaus ist ein guter Standort für Eisbären-Beobachtungen. Paketangebote mit Mahlzeiten und Touren.

DRUMHELLER:
Newcastle Country Inn $$
B&B
1130 Newcastle Trail, AB, T0J 0Y2
1-403-823-8356
newcastlecountryinn.net
Komfortabel ausgestattete Zimmer. Kontinentales Frühstück.

Vis-à-Vis-Tipp

EDMONTON:
Mettera Hotel on Whyte $$$
Boutique
10454 82 Ave, AB, T6E 4Z7
1-780-465-8150
metterra.com
Das moderne Hotel im angesagten Viertel Old Strathcona bietet einzigartige Feuer-und-Wasser-Suiten, ein Restaurant und ein Spa. Das De-luxe-Frühstück sowie Weinproben am Abend (Mo–Sa) sind im Preis inbegriffen. Nightlife und Restaurants gibt es nahebei.

EDMONTON: Union Bank Inn $$$
Boutique
10053 Jasper Ave, AB, T5J 1S5
1-780-423-3600
unionbankinn.com
Hotel in einem 1911 erbauten Anwesen der Union Bank. À-la-carte-Frühstück.

LETHBRIDGE: Lethbridge Lodge Hotel & Conference Centre $$
Motel
320 Scenic Drive, AB, T1J 4B4
1-403-328-1123
lethbridgelodge.com
Erstklassiges Hotel für Geschäftsreisende. Begrünter Hof, Innenpool, gutes Frühstücksbüfett.

MOOSE JAW:
Temple Gardens Hotel & Spa $$$
Resort
24 Fairford St E, SK, S6H 0C7
1-306-694-8310
templegardens.sk.ca
Spa-Resort mit geothermisch beheiztem Pool und vielen Anwendungen im historischen Zentrum.

REGINA: Radisson Plaza Hotel Saskatchewan Regina $$$
Hotelkette
2125 Victoria Ave, SK, S4P 0S3
1-306-522-7691
radisson.com
Historisches Hotel (1927) mit Aussicht auf einen Park und über die Dächer der Stadt. Spa, Fitness-Center und Tagungsräume.

RIDING MOUNTAIN NATIONAL PARK: Elkhorn Resort $$
Resort
3 St. Mooswa Drive E, Onanole, MB, R0J 1N0
1-204-848-2802
elkhornresort.mb.ca
Von Wald umgebenes, ganzjährig geöffnetes Resort. Spa, Ausritte, Golfplatz und Wintersport.

SASKATOON:
Delta Bessborough $$$
Motel/Business
601 Spadina Crescent, SK, S7K 3G8
1-306-244-5521
deltahotels.com

Sheraton on the Falls, Hotel im Bann der Niagarafälle

Hotelkategorien *siehe Seite 349* **Preiskategorien** *siehe Seite 350*

Zimmer im Fairmont Waterfront in Vancouver

Sehr gut geführtes Hotel mit Business- und Fitness-Center, Innenpool, Spa und Restaurants.

SASKATOON: The James Hotel $$$
Luxus
620 Spadina Crescent E, SK, S7K 3T5
1-306-244-6446
thejameshotel.ca
Modernes Boutique-Hotel in wunderschöner Lage am Flussufer. Stilvolle Lounge.

Vis-à-Vis-Tipp

WINNIPEG: Fort Gary Hotel $$
Luxusy
222 Broadway Ave, MB, R3C 0R3
1-204-942-8251
fortgarryhotel.com
Das opulent ausgestattete, 1913 errichtete Hotel ist eine National Historic Site. Romantisches Interieur und plüschiges Ambiente sind Markenzeichen. Spa, Fitness-Center mit Pool, Konferenzzentrum, Drehrestaurant. In der Palm Lounge gibt es Sonntagsbrunch und abends Musik.

Vancouver und Vancouver Island

BARKLEY SOUND: Eagle Nook Resort & Spa $$$
Resort
Box 289, Ucluelet, BC, V0R 3A0
1-604-357-3361
eaglenook.com
Rund 28 Hektar Wildnis umrahmen das Anwesen. Kajak, Tierbeobachtungen, Lachsangeln.

SOOKE: Sooke Harbour House $$$
Luxus
1528 Whiffin Spit Rd, BC, V9Z 0T4
1-250-642-3421
sookeharbourhouse.com
Eines der ältesten B&Bs auf der Insel mit Meer- und Bergblick. Kajaktouren und Wanderwege.

TOFINO: Middle Beach Lodge $$
Resort
400 Mackenzie Beach Rd, BC, V0R 2Z0
1-250-725-2900
middlebeach.com
Rustikale Cottages mit Kamin und Badewanne direkt am Meer. Ein Familien-Cottage.

Vis-à-Vis-Tipp

TOFINO: Clayoquot Wilderness Resort $$$
Resort
380 Main St, BC, V0R 2Z0
1-250-726-8235
wildretreat.com
Das abgelegene Anwesen bietet seinen Gästen von Mai bis September jede Menge Komfort. Hier kann man in perfekt eingerichteten Zelten übernachten. Viele Outdoor-Aktivitäten – u. a. Kajak, Surfen, Fliegenfischen, Bärenbeobachtung, Klettern und Wandern. Spa und Yoga. Die Abholung der Gäste in Tofino erfolgt mit Wasserflugzeug.

VANCOUVER: Georgian Court Hotel $$
Boutique
773 Beatty St, BC, V6B 2M4
1-604-682-5555
georgiancourthotel vancouver.com
Ein Stockwerk des Hotels ist Frauen vorbehalten. Restaurants und Spa. Joggingrouten sowie Rad- und Wanderwege in der Nähe.

VANCOUVER: Greystone B&B $$
Historisch
2006 West 14th St, BC, V6J 2K4
1-250-732-1375
greystonebb.com
1910 errichtete Unterkunft mit zwei Zimmern und einer Suite mit zwei Schlafräumen, Küche und Gartenzugang.

VANCOUVER: Fairmont Hotel Vancouver $$$
Luxus
900 West Georgia St, BC, V6C 2W6
1-604-684-3131
fairmont.com
Elegantes historisches Haus mit Spa. Behindertengerecht.

VANCOUVER: Fairmont Waterfront $$$
Luxus
900 Canada Pl Way, BC, V6C 3L5
1-604-691-1991
fairmont.com
Spektakuläres Glas-Stahl-Design prägt das Flair des schön gelegenen Hotels. Berg- und Meerblick vom Pool.

VANCOUVER: Four Seasons $$$
Luxus
791 West Georgia St, BC, V6C 2T4
1-604-689-9333
fourseasons.com
Familienfreundliches Luxushotel in der Nähe der Pacific Centre Mall. Innen- und Außenpool vorhanden.

VANCOUVER: Granville Island Hotel $$$
Boutique
1253 Johnston St, BC, V6H 3R9
1-604-683-7373
granvilleislandhotel.com
Das Hotel in Uferlage auf Granville Island bietet einzigartig luxuriöse Zimmer. Haustiere sind willkommen.

VANCOUVER: Metropolitan Hotel Vancouver $$$
Luxus
645 Howe St, BC, V6C 2Y9
1-604-687-1122
metropolitan.com
Individuell gestaltete Zimmer. Pluspunkte: Health-Center, Squash-Plätze und Golfparcours.

VANCOUVER: O Canada B&B $$$
B&B
1114 Barclay St, BC, V6E 1H1
1-604-688-0555
ocanadahouse.com
Beliebt ist das 1897 errichtete Gästehaus vor allem für das üppige Frühstück. Abends wird Sherry serviert. Yogakurse.

VANCOUVER: ThistleDown House $$$
Historisch
3910 Capilano Rd, BC, V7R 4J2
1-604-986-7173
thistle-down.com
Die Zimmer des Hotels (1920) sind hell, einige verfügen über Kamin, Balkon oder Innenhof.

VICTORIA: Days Inn Victoria on the Harbour $$
Hotelkette
427 Belleville St, BC, V8V 1X3
1-250-386-3451
daysinnvictoria.com
Hotel mit gutem Preis-Leistungs-Verhältnis in Gehentfernung zum Zentrum. Pool und kostenloser Parkplatz.

VICTORIA: Inn at Laurel Point $$
Zimmer mit Aussicht
680 Montréal St, BC, V8V 1Z8
1-250-386-8721
laurelpoint.com
Eindrucksvolles Hotel direkt am Wasser mit Blick über den Hafen. Durch die verglasten Balkone genießt man die Aussicht vom Bett aus. Japanische Gärten.

VICTORIA: Fairmont Empress $$$
Luxus
721 Government St, BC, V8W 1W5
1-250-384-8111
fairmont.com
Das von Efeu umrankte Hotel von 1908 bietet nostalgische Eleganz. Der Rosengarten erstreckt sich bis zum Hafen. Exzellenter Service.

VICTORIA: Humboldt House Bed & Breakfast $$$
Boutique
867 Humboldt St, BC, V8V 2Z6
1-250-383-0152
humboldthouse.com
Viktorianisches Haus in ruhiger Lage. In den nach Themen gestalteten Zimmern genießt man Sektfrühstück. Zentrumsnah.

Rocky Mountains

Vis-à-Vis-Tipp

BANFF: Fairmont Banff Springs $$$
Luxus
405 Spray Ave, AB, T1L 1J4
1-403-762-2211
fairmont.com
Fürstliche Unterkunft im Banff National Park mit unvergleichlichem Blick auf Bow River und Mount Rundle. Genießen Sie den Sonnenuntergang mit einem Cocktail in der Hand. Spa, Mineralbäder, Golfplatz, Innenpool. Ausritte und geführte Wanderungen zählen zu den angebotenen Outdoor-Aktivitäten. Tadelloser Service.

CALGARY: Hotel Arts $$$
Boutique
119 12th Ave SW, AB, T2R 0G8
1-403-266-4611
hotelarts.ca
Einige Zimmer des Hotels haben Balkon, Marmorbad und Whirlpool. Innenhofbar am Pool.

CANMORE: Quality Resort Château Canmore $$
Zimmer mit Aussicht
1718 Bow Valley Trail, AB, T1W 2X3
1-403-678-6699
chateaucanmore.com
Zimmer mit Kamin, Kitchenette sowie Bergblick. Kinder unter 18 Jahren übernachten im Zimmer der Eltern umsonst.

CRANBROOK: Elizabeth Lake Lodge $$
Zimmer mit Aussicht
590 Van Horne St S, BC, V1C 4W7
1-250-426-6114
elizabethlakelodge.com
Von den Zimmern hat man einen wundervollen Blick auf das Elizabeth Lake Bird Sanctuary. Einige Zimmer haben Kitchenette.

FIELD: Emerald Lake Lodge $$$
Resort
PO Box 10, BC, V0A 1G0
1-403-410-7417
crmr.com
Cottages im Yoho National Park mit offenem Kamin, Schachbrettern und Billardtisch.

FORT NELSON: Woodlands Inn & Suites $$
Motel
3995 50th Ave S, BC, V0C 1R0
1-250-774-6669
woodlandsinn.ca
Hotel mit Fitness-Center, Kitchenettes, Münzwaschsalon und kostenlosem Airport-Shuttle.

GOLDEN: Vagabond Lodge $$
Resort
1581 Cache Close, BC, V0A 1H0
1-250-344-2622
vagabondlodge.ca
Luxuriöse Lodge mit grandiosem Bergblick von einigen Balkonen. Zimmer ohne Telefon und TV.

LAKE LOUISE: Fairmont Château Lake Louise $$$
Resort
111 Lake Louise Drive, AB, T0L 1E0
1-403-522-3511
fairmont.com
Anwesen oberhalb des Lake Louise. Kanufahren, Wandern, Ausritte. Kinder und Haustiere sind hier willkommen.

PRINCE GEORGE: Norton Ranch Cottages $$
Luxus
6505 Lower Mud River Rd, BC, V2N 5C3
1-250-560-5165
nortonranch.com
Cottages einer Ranch im Western-Stil. Haustiere willkommen.

Helle Lobby des Prince of Wales Hotel in Waterton Lakes

RADIUM HOT SPRINGS: Bighorn Meadows Resort $$
Resort
10 Bighorn Blvd, BC, V0A 1M0
1-250-347-2323
bighornmeadows.com
Das Golfresort bietet voll ausgestattete Suiten mit Bergblick, Kaminen und Terrassen.

WATERTON LAKES: Prince of Wales Hotel $$$
Resort
Waterton Lakes National Park, AB, T0K 2M0
1-403-859-2231
glacierparkinc.com
Nur im Sommer geöffnetes Resort auf einem Felsen. Bergblick, gut für Tierbeobachtung.

Südliches und nördliches British Columbia

Vis-à-Vis-Tipp

108 MILE RANCH: The Hills Health Ranch $$
Resort
4871 Hwy 97, BC, V0K 2Z0
1-250-791-5225
spabc.com
Die Ranch liegt in grandioser Bergszenerie. Auf dem Programm stehen Ausritte durch die bewaldete Umgebung, Grillpartys und Yogakurse. Sehr beliebt ist das Health-Center. Es gibt auch Cottages.

BARKERVILLE: Kelly and King House B&Bs $$
Historisch
Main St, BC, V0K 2R0
1-866-994-0004
kellyhouse.ca
Hier übernachtet man in einer restaurierten Goldgräberstadt. Sie können ein einzelnes Zimmer oder das ganze Haus buchen.

CHASE: Quaaout Lodge & Spa $$
Resort
1663 Little Shuswap Rd, BC, V0E 1M2
1-250-679-3090
quaaoutlodge.com
Resort mit Blick über den Little Shuswap Lake. Reiten, Fischen, Kanufahren, Wandern, Golf.

HARRISON HOT SPRINGS: Harrison Hot Springs Resort & Spa $$$
Resort
100 Esplanade Ave, BC, V0M 1K0
1-604-796-2244
harrisonresort.com

Genießen Sie die fünf heißen Mineralquellen in wunderschöner Umgebung.

HOPE: Manning Park Resort $$
Resort
7500 Hwy 3, Manning Provincial Park, BC, V0X 1R0
1-250-377-8075
manningpark.com
Resort mit vielen Übernachtungsoptionen und Sportangeboten.

KAMLOOPS: Plaza Hotel $$
Historisch
405 Victoria St, BC, VC2 2A9
1-250-372-8075
theplazahotel.ca
Stilvolles Hotel im Zentrum. Kostenloser Zugang zu Pool und Fitness-Center in der Nähe. Auch das Frühstück ist umsonst.

KELOWNA: Hotel Eldorado $$$
Zimmer mit Aussicht
500 Cook Rd, BC, V1W 3G9
1-250-763-7500
hoteleldoradokelowna.com
Charme der 1920er Jahre und moderner Komfort am See. Gute Bar, exzellenter Sonntagsbrunch.

OLIVER: Hester Creek Estate Winery Villa $$$
Luxus
877 Rd 8, BC, V0H 1T0
1-250-498-4435
hestercreek.com
Suiten im mediterranen Stil mit Blick auf Wein- und Obstgärten. Frühstück inklusive.

PRINCE RUPERT: Prince Rupert Crest Hotel $$
Zimmer mit Aussicht
222 1st Ave W, BC, V8J 1A8
1-250-624-6771
cresthotel.bc.ca
Komfortables Hotel auf einer Klippe an der Cow Bay. Zimmer mit Blick auf Hafen, Berge und Kaien Island. Haustiere erlaubt.

WHISTLER: Fairmont Château Whistler $$$
Resort
4599 Château Blvd, BC, V0N 1B4
1-604-938-8000
fairmont.com
Schlossartiges Anwesen mit Golfplatz und Spa. Wanderwege starten in der Nähe. Kinderfreundlich.

WHISTLER: Holiday Inn Whistler Village $$$
Hotelkette
4295 Blackcomb Way, BC, V0N 1B4
1-604-938-0878
whistlerhi.com
Hotel in der Nähe mehrerer Skilifte. Die Zimmer sind mit Kitchenette und Kamin ausgestattet. Kinderfreundlich.

Einladende Suite im Fairmont Château Whistler, British Columbia

Nordkanada

DAWSON CITY: Downtown Hotel $$
Motel
1026 2nd Ave, YT, Y0B 1G0
1-867-993-5346
downtownhotel.ca
Das Dekor erinnert an den Klondike-Goldrausch. Whirlpool sowie kostenloser Airport-Shuttle.

Vis-à-Vis-Tipp

DAWSON CITY: Bombay Peggy's Inn & Pub $$$
Gästehaus
2nd Ave/Princess St, YT, Y0B 1G0
1-867-993-6969
bombaypeggys.com
Das viktorianische Gebäude (1900) mit Charme bietet individuell gestaltete Zimmer. Genießen Sie zum Frühstück Croissants und am Nachmittag Portwein und Schokolade. Im angegliederten Pub gibt es eine große Auswahl an Scotch, Bier und Martinis.

HAINES JUNCTION: Dalton Trail Lodge $$$
Ländlich
Box 5331, YT, Y0B 1L0
1-867-634-2099
daltontrail.com
Von einem schweizerisch-deutschen Paar betriebenes Haus. Viele Outdoor-Möglichkeiten (u. a. Angeln und Wandern).

HAY RIVER: Ptarmigan Inn $$
Motel
10 J. Gagnier St, NT, X0E 1G1
1-867-874-6781
ptarmiganinn.com
Zentral gelegenes Hotel mit Suiten und Zimmern mit Kitchenette. Viele Pauschalangebote.

INUVIK: Capital Suites $$$
Motel
198 Mackenzie Rd, NT, X0E 0T0
1-867-678-6300
capitalsuites.ca
Studios und Suiten. Internet-Zugang und Wäscheservice sind gratis.

IQALUIT: Capital Suites $$$
Motel
807 Aiviq St, NU, X0A 0H0
1-867-975-4000
capitalsuites.ca
Hotel in bester Lage mit Inuit-Dekor in den Suiten.

IQALUIT: Frobisher Inn $$$
Boutique
Astro Hill, NU, X0A 0H0
1-867-979-2222
frobisherinn.com
De-luxe-Zimmer mit Whirlpool und Kamin. Zum Haus gehören drei Restaurants und ein Theater.

WHITEHORSE: Coast High Country Inn $$
Motel
4051 4th Ave, YT, Y1A 1H1
1-867-667-4471
coasthotels.com
Lobby mit Antiquitäten und Kamin. Zimmer mit Kitchenette. Gute Basis für Wanderungen.

WHITEHORSE: Skky Hotel $$
Boutique
91622 Alaska Hwy, YT, Y1A 3E4
1-867-456-2400
skkyhotel.com
Boutique-Hotel nahe dem Zentrum. Kostenloser Airport-Shuttle.

YELLOWKNIFE: Bayside Bed & Breakfast $$
Boutique
3505 McDonald Dr, NT, X1A 2H2
1-867-445-5003
baysidenorth.com
In der malerischen Old Town mit Blick auf Yellowknife. Gutes Essen gibt es im Dancing Moose Café.

YELLOWKNIFE: Explorer Hotel $$
Motel
4825 49th Ave, NT, X1A 2R3
1-867-873-3531
explorerhotel.ca
Bequeme Zimmer. Genießen Sie Cocktails in der Trapline Lounge und Abendessen im Traders Grill.

Restaurants

Die zahlreichen regionalen Spezialitäten machen Kanadas Küche so einzigartig: Rindfleisch aus Alberta, Seesaibling aus Nordkanada , Lachs aus British Columbia, Hummer aus Nova Scotia und französische Backwaren wie *tourtières* (Pasteten mit Fleischfüllung) aus Québec. Was die Ureinwohner schon immer aßen – Wildfleisch wie Kaninchen, Karibu und Bison –, gilt heute als Gourmet-Essen. In vielen Metropolen, vor allem in den Restaurants der Spitzenhotels, spürt man den Einfluss französischer Haute Cuisine. Außerdem ist in einem Einwanderungsland wie Kanada auch Ethno-Küche allgegenwärtig. So findet man etwa in deutschen, afrikanischen, griechischen, chinesischen, indischen, ukrainischen, thailändischen und italienischen Restaurants etwas für jeden Geschmack und Geldbeutel. Die regionalen Spezialitäten kostet man am besten vor Ort, doch die meisten Städte bieten eine Auswahl des Besten, darunter auch Weine und Biere *(siehe S. 363)*. Auf den Seiten 364–383 sind Restaurants aufgeführt, die sich durch ihren Service, ihr Preis-Leistungs-Verhältnis und die Vielfalt ihrer Küche auszeichnen.

CinCin, ein populäres Speiselokal in Vancouver ***(siehe S. 378)***

Restauranttypen

Kanadische Lokale sind – im Vergleich zu Europa und den USA – überraschend preiswert. Umso mehr lohnt sich ein Besuch in einem Spitzenrestaurant mit internationalen Gerichten (oft aus regionalen Zutaten). Dank der breiten Vielfalt messen sich Tearooms, Bistros, Brasserien und Theatercafés mit den gängigeren Cafés, Restaurants und Fast-Food-Lokalen. Auch in vielen Pubs wird gutes Essen zu vernünftigen Preisen serviert. Etwas ungewöhnlicher, aber ebenso reizvoll ist das typisch kanadische »Lobster-Supper«, zu dem man sich im Sommer auf Prince Edward Island mit den Fischern vor Ort an Holztischen zusammensetzt. Ebenso einzigartig, nur nicht öffentlich, ist ein Inuit-Dinner.

Wer die arktischen Regionen bereist, kommt vielleicht in den Genuss, von einer Inuit-Familie zu ihrem traditionellen Abendessen eingeladen zu werden. Dabei geht es – in der Regel ohne Alkohol – recht fröhlich zu. Man genießt Köstlichkeiten wie getrocknetes Karibufleisch mit verschiedenen Beerensaucen oder geräucherten und getrockneten Fisch.

Vegetarische Gerichte

Vegetarische Mahlzeiten sind auch in Kanada stark im Kommen, auf der Speisekarte jedes kanadischen Restaurants findet man mindestens ein entsprechendes Gericht. Für Fischliebhaber ist Kanada sogar ein kleines Paradies. Restaurants, die sich am staatlichen Programm »Healthy Eatings« für gesunde Ernährung beteiligen, kennzeichnen fettarme Gerichte auf ihren Speisekarten mit einem Herzsymbol. Wer eine Diät macht, kann den Küchenchef bzw. den Kellner einfach bitten, bestimmte kalorienreiche Zutaten wegzulassen.

In Südkanada bekommt man im Sommer und Herbst überall erntefrisches Obst, oft an Straßenständen, vor allem in den Anbaugebieten Ontarios und im Okanagan Valley in BC. Im Sommer gibt es hier die besten Beeren und Pfirsiche.

In den Northwest Territories und Nunavut hingegen werden viele Nahrungsmittel tiefgefroren oder als Konserven importiert. Abgesehen von der Jagdbeute der Inuit sind frische Lebensmittel in der Arktis Mangelware und sehr teuer. Beachten Sie dies bei Reisen dorthin.

Essen im Freien – Restaurantterrasse in Montréal

Klassisches Dekor im Bistro Le Coq, einem französischen Bistro in Halifax ***(siehe S. 366)***

Alkohol

Erst mit 19 Jahren (in Québec, Alberta und Manitoba bereits mit 18) darf man Alkohol kaufen und in der Öffentlichkeit konsumieren. Kanada produziert einige sehr gute Weine *(siehe S. 363)*, die man immer öfter in den Regalen findet. Die Provinzregierungen kontrollieren den Vertrieb von Alkohol. Er wird nicht in Läden oder Supermärkten verkauft, sondern in speziellen »liquor stores« (Weine und Spirituosen) angeboten. Einige staatlich betriebene Läden verkaufen ausschließlich Bier.

Essenszeiten und Reservierung

Zu Mittag isst man von 12 bis 14 Uhr, abends von 18 bis 21 Uhr, auch wenn in Großstädten oder Ferienorten spätere Reservierungen kein Problem sein dürften. Eine Tischreservierung ist allgemein ratsam. Es ist üblich (und auch höflich), telefonisch abzusagen, wenn man die Reservierung nicht wahrnehmen kann.

Bezahlung und Trinkgeld

Gut essen kann man in Kanada auch für wenig Geld. Ein Snack im Café kostet selten mehr als 10 Can-$. Ein dreigängiges Menü mit Wein kommt in einem guten Restaurant auf 45 bis 70 Can-$. Sogar in Gourmet-Dinner bekommt man oft schon ab 45 Can-$. Mittags speist man meist günstiger als abends. In Restaurants werden fünf Prozent GST (»Waren- und Dienstleistungssteuer«) erhoben, dazu je nach Provinz – außer in Alberta – eine unterschiedlich hohe Verkaufssteuer. Die Steuern stehen auf der Rechnung. Auch der Service wird meist berechnet. In den meisten Restaurants und Cafés wird ein Trinkgeld von 15 Prozent erwartet. Auch in Bars und Nachtclubs ist Trinkgeld üblich. Bei gutem Service sollte man das Trinkgeld erhöhen. Es ist in Kanada nicht üblich, schlechten Service zu »bestrafen«.

Mit Kindern essen

Kanada ist ein kinderfreundliches Land. In den meisten Restaurants bekommt man Hoch- oder Kinderstühle. In gehobeneren Restaurants erwartet man, dass der Nachwuchs am Tisch sitzen bleibt und man mit lauten Kindern nach draußen geht. Für Kinder unter acht Jahren werden häufig Kindergerichte oder halbe Portionen angeboten.

Behinderte Reisende

Alle neuen und in Renovierung befindlichen Restaurants achten auf einen geeigneten Zugang für Rollstuhlfahrer. In älteren Lokalen auf dem Land sollte man sich jedoch vorher über die entsprechenden Gegebenheiten erkundigen.

Etikette

In den meisten Lokalen ist man leger und »ordentlich« angezogen willkommen, vor allem mittags. Turnschuhe, abgeschnittene Jeans, schmutzige oder zerrissene Kleidung werden bisweilen nicht geduldet. Als Faustregel gilt: Je teurer und exklusiver das Restaurant, desto formeller sollte Ihr Outfit sein. Ein Abendkleid wird so gut wie nie benötigt.

Rauchen

Über 80 Prozent der Kanadier sind Nichtraucher. Lokale Verordnungen regeln die »Raucherzonen«. In öffentlichen Einrichtungen, dazu zählen auch Bars, Cafés und Restaurants, herrscht Rauchverbot. Eine Warnung: Drücken Sie wegen der Waldbrandgefahr im Freien Ihre Zigarette sorgfältig aus.

Restaurantkategorien

Die Restaurantauswahl *(siehe S. 364–383)* reflektiert den kulinarischen Reichtum des Landes – vom hohen Norden bis in die Großstädte. Bei jedem Restaurant wird eine Typisierung nach Stil bzw. vorherrschender Küche vorgenommen (z. B. Gourmet, Bierlokal, Bistro, Café, Seafood bzw. Kanadisch, Französisch, Asiatisch, Mediterran etc.).

Restaurants mit besonderem Charakter oder Charme werden als **Vis-à-Vis-Tipp** hervorgehoben. Sie überzeugen z. B. durch eine kreative Küche oder durch ein spezielles Ambiente.

Die Café-Bars in Städten sind meist eine preiswerte und gute Wahl

Kanadische Küche

Eine »kanadische Küche« im engeren Sinn gibt es nicht, dafür jedoch unverwechselbare regionale Spezialitäten, die die ausgeprägte multikulturelle Tradition des Landes widerspiegeln. Die Atlantikprovinzen und British Columbia stehen im Zeichen von Fisch und Meeresfrüchten, in Alberta und Saskatchewan sollte man Steaks und Burger probieren. In New Brunswick und Nova Scotia findet man noch die akadische Küche, die auf das ländliche Frankreich zurückgeht. Im Norden Kanadas werden mittels alter Inuit-Techniken Gerichte aus getrocknetem Karibufleisch und Fisch zubereitet. Weltberühmt ist der kanadische Ahornsirup.

Speisekürbisse

Angler mit Pazifischem Lachs am Khutzeymateen River, BC

Seafood

Kanada ist an drei Seiten von Meer umgeben, weshalb man besonders an der Ost- und Westküste Fisch und Meeresfrüchte genießt. Der frische Fang kommt meist binnen 24 Stunden auf den Tisch. Austern, Venus- und Jakobsmuscheln stehen auf den Speisekarten der Ostküste. Prince Edward Island ist berühmt für seinen Hummer, sehr gut ist auch Atlantischer Lachs. Pazifischer Lachs, Krebse, Schaltiere und Garnelen (Shrimps) werden in BC besonders gern gegessen. Etwas ungewöhnlichere Gerichte, bei denen oft traditionelle Methoden des Einlegens und Konservierens zum Einsatz kommen, sind u. a. *Solomon Grundy* (der marinierte Hering Nova Scotias), Kabeljauzunge oder der pikante Seehundflossen-Pie aus Newfoundland. Die Süßwasser- und Zuchtfische aus den Seen bilden einen schmackhaften Kontrast zu den Meerestieren. Typisch kanadisch sind Winnipeg-Goldeye (Mondauge), Forelle und Hecht, die beim Sommerpicknick über offenem Feuer gegrillt werden.

Auswahl an Köstlichkeiten aus den klaren Gewässern Kanadas

Frankokanadische Spezialitäten

Ahornsirup

Unumstrittene Hochburg der französisch geprägten Feinschmeckerküche ist Québec, während man in der Provinz noch traditionelle Gerichte findet wie *creton* (Schweinefleischpastete), *tourtière* (Pastete mit Hackfleisch-Nelken-Füllung), Patisserie in verschiedenen Erscheinungsformen sowie Rauchfleisch. Auf den Speisekarten der Atlantikprovinzen stehen akadische Köstlichkeiten, etwa Pies mit Fleischfüllung, Pasteten, Eintöpfe und Desserts oder Kuchen, die nach jahrhundertealten Rezepten zubereitet werden. In Vieux-Montréal servieren Bistros traditionelle Spezialitäten wie *escargots à la bourguignonne* (Schnecken in Knoblauchsauce). Die frankokanadische Küche ist für ihre üppigen Nachspeisen berühmt, z. B. *trempettes* (gebratenes Brot in Ahornsirup) und *pouding chômeur*, kanadischer Karamellpudding

Creton ist ein würziger Schweinefleisch-Aufstrich, der mit frischem Baguette und Cornichons serviert wird.

Körbe rotwangiger Äpfel vor einem Hofladen in Nova Scotia

Fleisch

Das beste Rindfleisch Kanadas kommt von den Farmen in Alberta. In den meisten ländlichen Gegenden wird es schlicht mit Pommes frites und Salat serviert, sehr beliebt ist aber auch die Spezialität *Calgary Beef-Hash*, Corned Beef mit gebackenen Bohnen und Bratkartoffeln. In geringerem Umfang werden auch Bisons und Lämmer gezüchtet. Wild stammt meist aus dem Yukon, den Northwest Territories und Nunavut. Karibu-, Moschusochsen- und Elchfleisch wird in den Süden geliefert und dort auf europäische Art zubereitet. Die Bewohner des Nordens, vor allem die Inuit, räuchern Fleisch für den Winter. Sie verwerten jeden Teil des Tiers als Nahrungsmittel – sogar die als Delikatesse geltenden Elchflöhe – oder für Kleidung. Auch Gänse, Enten und Fisch helfen, geräuchert oder getrocknet, über den Winter. Karibufleisch und Geflügel lässt man an Leinen in der arktischen Sonne trocknen.

Fiddleheads (junge Farntriebe) auf einem Markt in New Brunswick

Obst und Gemüse

Ontario ist der Obstgarten Kanadas. Neben der florierenden Weinindustrie ist die Provinz bekannt für Erd- und Preiselbeeren. Auch Pfirsiche und Äpfel gibt es hier, ebenso Heidelbeeren, die zudem in Nova Scotia und Québec gedeihen. Mais, schwarze Bohnen und Speisekürbisse werden in Ontario neben Zucchini, Tomaten und frischen Kräutern angebaut. In New Brunswick reicht man sautierte *fiddleheads* (Farnspitzen, die sich noch nicht entrollt haben) und *dulse* (Lappentang) als Gemüsebeilage.

Getränke

Zu den beliebtesten Bieren gehören die Lagerbiere Molson »Canadian« und Labatt »Blue«. Auch einige Biere von Mikrobrauereien wie Creemore Brewery in Ontario und Unibroue in Québec sind populär. Das Land erzeugt einige exzellente Weine. Die wichtigsten Anbaugebiete befinden sich im Okanagan Valley in BC *(siehe S. 321)*, im Annapolis Valley und entlang einem schmalen Streifen an der Niagara Peninsula im Süden von Ontario. Zu den Rebsorten zählen Chardonnay, Riesling und Pinot noir. Roggenwhisky wird in British Columbia gebrannt, bekannteste Marke ist Canadian Club. Kleinere Brennereien erzeugen Spezialitäten.

Escargots à la bourguignonne sind Weinbergschnecken, die mit Knoblauchbutter und Petersilie angerichtet werden.

Tourtière, eine mit Hackfleisch und Gemüse gefüllte, kräftig gewürzte Pastete, ist ein ländliches Gericht.

Pouding chômeur (wörtlich »Arbeitslosenpudding«) ist ein gestürzter Kuchen mit dicker Karamellschicht.

Restaurantauswahl

Newfoundland und Labrador

BONAVISTA:
Bonavista Social Club $
Pizzeria
Upper Amherst Cove, NL, A0C 2A0
1-709-445-5556 ● Mo–Mi
Das Lokal ist für Backwaren und Pizza aus dem Holzofen bekannt. Das Angebot an Brot reicht von Misch- bis Sauerteigbrot. Die Pizzen sind ein wahrer Genuss. Die Zutaten stammen von Agrarbetrieben aus der Umgebung.

CORNER BROOK:
Newfound Sushi $
Sushi
117 Broadway, NL, A2H 5B6
1-709-634-6666 ● So
Dies ist eines der wenigen Sushi-Lokale dieser Gegend. Die einzelnen Varianten haben Namen wie »Humber River Roll« oder »Blow Me Down Roll«. Gemütliches Ambiente.

CORNER BROOK: Jennifer's The Upper Level Restaurant $$
Nordamerikanisch
48–50 Broadway, NL, A2H 4C4
1-709-632-7979
Der Familienbetrieb ist für bestes Essen und hervorragenden Service bekannt. Versuchen Sie Fischsuppe oder eines der Kabeljaugerichte, z. B. *cod au gratin* (mit Sauce, Käse, Brot gratiniert).

FERRYLAND:
Ferryland Lighthouse Picnics $
Nordamerikanisch
Lighthouse Rd, NL, A0A 2H0
1-709-363-7456
● Sep–Mai: Mo, Di
Ein besonderes gastronomisches Erlebnis bietet sich Gästen dieses Leuchtturms (19. Jh.), den man im Rahmen einer rund 40-minütigen Wanderung erreicht. Nach der Ankunft bekommt man einen Korb mit allem, was man für ein Picknick braucht, sowie eine Decke. Der hausgemachte Kuchen ist besonders lecker. Gut für Walbeobachtungen. Reservierung erforderlich.

GRAND FALLS-WINDSOR:
48 High $$
Gourmet
48 High St, NL, A2A 1C6
1-709-489-9299
Das Restaurant überzeugt mit feinster Küche. Besonders zu empfehlen: Seafood-Platten und Nudelgerichte. Spitzengastronomie in ruhiger Atmosphäre.

JOE BATT'S ARM: Nicole's Café $
Nordamerikanisch
159 Main Rd, Fogo Island, NL, A0G 2B0
1-709-658-3663
In dem Lokal, einem der besten auf Fogo Island, werden viele traditionsreiche Rezepte aus Newfoundland modern interpretiert. Kunstwerke bereichern das Ambiente. Lassen Sie Platz für die hausgemachte Eiscreme.

LABRADOR CITY:
Mes Amis Dining Room $
Nordamerikanisch
Two Seasons Inn, 96 Avalon Dr, NL, A2V 2L3
1-709-944-2661
Serviert werden nordamerikanische Gerichte mit regionalem Einfluss. Empfehlenswert ist *cod au gratin*. Extraraum für Geschäftsessen, Weinkarte plus Barbereich.

NORRIS POINT:
Sugar Hill Inn's Chanterelles $$
Mediterran
129 Sexton Ln, NL, A0K 3V0
1-888-299-2147 ● Nov–Apr
Regionale Zutaten werden mit feinstem Olivenöl oder Essig zu typisch mediterranen Gerichten verfeinert. Spezialität des Hauses ist Seafood (u. a. Heilbutt, Lachs, Kabeljau, Shrimps, Muscheln). Mehr als 80 Weine.

ROCKY HARBOUR: Java Jack's $
Nordamerikanisch
88 Main St N, NL, A0K 4N0
1-709-458-3004
● Okt–Mitte Mai
Java Jack's startete als Café und ist nun ein angesagtes Restaurant. Die Speisekarte listet eine Auswahl an Seafood, Wildgerichten und vegetarischen Optionen. Dazu gibt es knackige Bio-Salate aus dem Garten.

Seafood-Gerichte im Raymonds Restaurant, St. John's

Preiskategorien
Die Preise gelten für ein Drei-Gänge-Menü pro Person mit einer halben Flasche Wein, inklusive Steuer und Service.

$	unter 45 Can-$
$$	45–70 Can-$
$$$	über 70 Can-$

ST. JOHN'S:
Adelaide Oyster House $$
Seafood
334 Water St, NL, A1C 1C1
1-709-722-7222 ● Mo
Das moderne optimistische Restaurant ist auf Austern spezialisiert. Es ist oft rappelvoll. Deshalb ist es günstig, schon vor der Öffnung um 17 Uhr zu kommen, um noch einen Platz zu erwischen. Hier kann man an großen Tischen gut Einheimische kennenlernen.

ST. JOHN'S:
Piatto Pizzeria Enoteca $$
Pizzeria
377 Duckworth St, NL, A1C 1H8
1-709-726-0909
In dem populären Lokal werden die Pizzen nach neapolitanischen Rezepten gebacken. Es gibt auch Pasta. Einige der verwendeten Zutaten wuchsen auf den vulkanischen Böden des Vesuv.

Vis-à-Vis-Tipp

ST. JOHN'S:
Raymonds Restaurant $$$
Modern-kanadisch
95 Water St, NL, A1C 1A4
1-709-579-5800 ● So, Mo
Das mehrfach ausgezeichnete Raymonds bietet viele für die kanadische Atlantikküste typische Gerichte – Seafood und Wild stehen dabei im Fokus. Auch Gemüse und Beeren finden reichlich Verwendung. Bei entsprechendem Appetit ist das siebengängige Menü zu empfehlen. Von mehreren Tischen des Restaurants genießt man wundervollen Hafenblick.

TWILLINGATE:
Canvas Cove Bistro $
Seafood
52 Main St, NL, A0G 4M0
1-709-884-1888 ● Okt–Apr
Die Hummersuppe ist ein absolutes Muss. Runden Sie das Mahl mit dem flambierten Bananen-Dessert Newfie Screech ab. Die Weine stammen aus der nahe gelegenen Auk Island Winery.

Gemütliches Interieur im The Blue Door in Fredericton

New Brunswick, Prince Edward Island und Nova Scotia

ADVOCATE HARBOUR: Wild Caraway $$
Modern-kanadisch
3721 Highway 209, NS, B0M 1A0
1-902-392-2889
Vom Restaurant im alten Gemäuer blickt man auf die Bay of Fundy. Der Küchenchef bereichert die lokalen Zutaten mit globalen Aromen. Der Schwerpunkt liegt auf Seafood und Schweinefleisch.

ANNAPOLIS ROYAL: German Bakery and Sachsen Café $
Deutsch
358 St. George St, NS, B0S 1A0
1-902-532-1990
Nettes, familiengeführtes Lokal mit Aussicht auf Fort Anne. Häufig bestellt werden Schnitzel und Bratwurst mit Sauerkraut. Traumhafte Backwaren, große Auswahl an deutschen Bieren und Weinen.

ANTIGONISH: Gabrieau's Bistro $
Modern-kanadisch
350 Main St, NS, B2G 2C5
1-902-863-1925 So
Gabrieau's Bistro hat einen wunderschönen Speiseraum, in dem man exzellentes Essen genießt. Aus oft nur wenigen regionalen Zutaten werden große Überraschungen kreiert. Sehr beliebt ist auch das Tapas-Menü.

BADDECK: Herring Choker Deli $
Imbiss
10158 Hwy 105, Nyanza, NS, B0E 1B0
1-902-295-2275
Ob kräftige Suppen oder dicke Sandwiches – die Portionen sind groß. Das hausgemachte Brot und vor allem die Zimtbrötchen sind vorzüglich. Hier gibt es jedes Gericht auch zum Mitnehmen.

BAY FORTUNE: The Inn at Bay Fortune $$$
Modern-kanadisch
758 Route 310, PE, C0A 2B0
1-902-687-3745
Das Haus eines Bühnenautors vom Broadway ist nun Schauplatz edler saisonaler Küche. Das Menü enthält Seafood, Bio-Salat und auf Holzkohle gegrilltes Fleisch. Exzellente Weinauswahl.

BRACKLEY: The Dunes Café $$
Modern-kanadisch
3622 Brackley Point Rd, PE, C1E 1Z3
1-902-672-1883
Geräumiges, luftiges Café mit hübschem Garten. Einen Schwerpunkt der Karte bildet Seafood, das frisch serviert wird. Lange Weinkarte, köstliche Cocktails, grandiose Desserts.

CARAQUET: Mitchan Sushi $
Japanisch
49 A Blvd St-Pierre W, NB, E1W 1B6
1-506-726-1103 Mo, Di
Ein Treff der Einheimischen mit netter Atmosphäre. Die Karte listet einen Querschnitt durch die japanische Küche, darunter Sushi und Sashimi aus frischem Fisch.

CHARLOTTETOWN: Sim's Corner Steakhouse and Oyster Bar $$$
Steakhouse
86 Queen St, PE, C1A 4A7,
1-902-894-7467
Gönnen Sie sich an der Bar ein paar Austern, bevor Sie an einem Tisch Platz nehmen und ein saftiges Steak bestellen. Die Qualität der Drinks steht derjenigen der Speisen in nichts nach.

CHÉTICAMP: Restaurant Acadien $
Regional
15067 Main St, NS, B0E 1H0
1-902-224-3207
Kellner in akadischer Tracht servieren Geflügelgerichte, Blutwurst, Fleischpastete und vieles mehr. Alles in allem herzhafte Kost, die mit einem der köstlichen Desserts abgerundet werden sollte.

DIGBY: Fundy Restaurant $
Seafood
34 Water St, NS, B0V 1A0
1-902-245-4950
Von dem Lokal am Wasser hat man Aussicht auf das Annapolis Basin. Traumhaftes Seafood in entspannter Atmosphäre. Probieren Sie Muscheln in Knoblauchbutter. Damit sie schwimmen, eignet sich Keith's India Pale Ale.

FREDERICTON: The Schnitzel Parlour $$
Deutsch
304 Union St, NB, E3A 3L9
1-506-450-2520 So–Di
Das freundliche Personal serviert große Portionen klassisch-deutscher Küche in angenehmer Atmosphäre. Die Schnitzel sind vom Allerfeinsten.

FREDERICTON: The Blue Door Restaurant and Bar $$$
Modern-kanadisch
100 Regent St, NB, E3B 3W4
1-506-455-2583 So
Neben der Zubereitung bewährter Favoriten der kanadischen Küche wird hier immer wieder neu experimentiert.

FREEPORT: Lavena's Catch Café $
Seafood
15 Hwy 217, NS, B0V 1B0
1-902-839-2517
Unspektakulär, doch zweifellos eines der besten Fischlokale in Nova Scotia. Vor allem Hummergerichte, Heilbuttsuppe und Jakobsmuscheln sind gefragt. Am Wochenende gibt es Live-Musik.

Beliebter Ort für Seafood: Fundy Restaurant in Digby

GEORGETOWN: Clamdiggers Beach House and Restaurant $$
Seafood
7 West St, PE, C0A 1L0
1-902-652-2466
In dem Strandlokal gibt es große Portionen von bestem Seafood und dazu den Blick aufs Meer – was will man mehr?

HALIFAX: Bistro Le Coq $$
Französisch
1584 Argyle St, NS, B3J 2B3
1-902-407-4564
Legeres, aber elegantes Restaurant mit französischer Küche. Ob Austern, Crêpes oder Steak frites – hier können Sie nichts falsch machen. Das gilt auch für Cocktails und Desserts.

Vis-à-Vis-Tipp

HALIFAX: Chives Canadian Bistro $$$
Modern-kanadisch
1537 Barrington St, NS, B3J 1Z4
1-902-420-9626
Den Aufenthalt hier werden Sie wohl nie vergessen. Zum Auftakt eines Menüs gibt es Kekse mit einigen warmen Sirups. Danach locken Fleischgerichte, Seafood und vegetarische Speisen, zu denen Weine aus Nova Scotia serviert werden. Küchenchef Craig Finn ist Autor von drei Kochbüchern, die Bestseller wurden.

LAHAVE: LaHave Bakery $
Imbiss
Hwy 331, NS, B0R 1G0
1-902-688-2908
Die Überfahrt mit der Fähre für die Suppen oder exzellente Sandwiches lohnt sich. Man sitzt im mit Antiquitäten möblierten Speiseraum, auf der sonnigen Veranda oder der hinteren Terrasse.

LUNENBURG: Salt Shaker Deli $$
International
124 Montague St, NS, B0J 2C0
1-902-640-3434
Die geräucherte Fischsuppe müssen Sie probieren. Auch Muscheln und Fischpastete sind zu empfehlen. Daneben stehen Pizzen mit dünnem Boden und asiatisch inspirierte Speisen (z. B. koreanische Grillgerichte) auf der Karte.

LUNENBURG: Fleur de Sel $$$
Französisch
53 Montague St, NS, B0J 2C0
1-902-640-2121
Bestes Essen in entspanntem Ambiente. *Foie gras*, Ente und Hummer zählen zu den Favoriten. Reservierung empfohlen.

MABOU: Red Shoe Pub $
Seafood
1533 Route 19, NS, B0E 1X0
1-902-945-2996
Das Pub wird von den Rankin Sisters, einer populären kanadischen Band, betrieben. Es gibt solides Essen, freundlichen Service und Live-Musik. Eine echte Cape-Breton-Erfahrung.

MARGATE: Shipwright's Café $$
Modern-kanadisch
11869 Route 6, PE, C0B 1M0
1-902-836-3403
Die Zutaten für die in diesem Landhaus zubereiteten Gerichte stammen aus eigenem Anbau. Der Küchenchef ist gleichzeitig auch der Inhaber. Lassen Sie noch etwas Platz für eines der köstlichen Desserts übrig.

MIRIMACHI: The Anglers Reel $$
Seafood
1809 Water St, NB, E1N 1B2
1-506-773-5651
Genießen Sie auf dem Sonnendeck mit Blick auf den Miramachi River feinstes Seafood, z. B. eines der rund 20 Lachsgerichte. Auch die Pasta ist sehr gut.

MONCTON: Pump House Brewery $
Pizzeria
5 Orange Ln, NB, E1C 4L6
1-506-855-2337
Das Etablissement vereinigt Pub, Mikrobrauerei und Pizzeria unter einem Dach. Die Pizzen haben sehr dünne Böden. Hier geht es vor allem abends an den Wochenenden hoch her.

MONTAGUE: Windows on the Water Café $$
Seafood
106 Sackville St, PE, C0A 1R0
1-902-838-2080
Herzhafte Mahlzeiten, gemütliches Flair, Blick aufs Meer. Die ausgezeichneten Fischgerichte werden in großen Portionen serviert. Zum Nachtisch gibt es Brotpudding.

Chives Canadian Bistro in Halifax

NEW GLASGOW: New Glasgow Lobster Suppers $$
Seafood
604 Route 258, Hunter River, PE, C0A 1N0
1-902-964-2870
Trotz des Images als Touristenfalle lohnt sich ein Besuch des Restaurants wegen der hervorragenden Hummergerichte. Auch die Nachspeisen sind gut, probieren Sie den Zitronenkuchen.

PEGGY'S COVE: Rhubarb Restaurant $$
Modern-kanadisch
8650 Peggy's Cove Rd, Indian Harbour, NS, B3Z 3P4
1-902-821-3013
In diesem Juwel von Restaurant genießt man allerbeste kanadische Küche. Die kreativ zusammengestellten Menüs bieten für jeden Geschmack das Richtige. Perfekter Service, wundervolle Aussicht.

QUISPAMSIS: Daughter's Fine Dining $$
Gourmet
315 Hampton Rd, NB, E2E 4M9
1-506-849-3000 So, Mo
Das Lokal biete französische Klassiker wie auch asiatische Fusionsküche. Eine verlockende Versuchung ist Rinderfilet mit Sauce béarnaise.

RUSTICO: The Pearl Café $$$
Modern-kanadisch
7792 Cavendish Rd, PE, C0A 1X0
1-902-963-2111
Das Lokal gehört zu den besten auf Prince Edward Island und zieht auch viele Einheimische an. Gutes Essen in idyllischem Ambiente mit fantasievollem Dekor. Reservierung erforderlich.

SHEDIAC: The Tait House $$
Seafood
293 Main St, NB, E4P 2A8
1-506-532-4233
In dem restaurierten Haus fühlt man sich einfach wohl. Das Tait House ist für Seafood in vielen Variationen bekannt. Lange Weinkarte, kompetentes Personal und freundliche Atmosphäre.

SHELBURNE: The Sea Dog Saloon $$
Seafood
1 Dock St, NS, B0T 1W0
1-902-875-1131
Pub und Restaurant unter einem Dach. Hier gibt es Seafood-Gerichte, die für Nova

Scotia typisch sind. Große Terrasse mit Meerblick. Aus dem großen Angebot ragen vor allem Kabeljaugerichte heraus.

SOURIS:
Sheltered Harbour Café $
Gourmet
41 Breakwater St, PE, C0A 2B0
1-902-687-1997
Kreative Küche mit lokalem Einschlag. Tipp: Hummer im Kartoffelmantel und zum Dessert Blaubeerpudding. Allein schon die tolle Aussicht lohnt einen Besuch.

ST. ANDREWS-BY-THE-SEA:
Rossmount Inn $$$
Modern-kanadisch
4599 Route 127, NB, E5B 3S7
1-506-529-3351
Das Restaurant in einer großen Villa bietet ein spezielles gastronomisches Erlebnis. Sehr beliebt sind Fischgerichte und Meeresfrüchte (vor allem Hummer) sowie Spanferkel.

ST. JOHN: Thandi's $$
Indisch/International
33 Canterbury St, NB, E2L 2C6
1-506-648-2377
Neben Klassikern der indischen Küche werden hier auch saftige Steaks und gutes Seafood zubereitet. Nehmen Sie an der Bar einen Aperitif.

WOLFVILLE:
Privet House Restaurant $$
Modern-kanadisch
406 Main St, NS, B4P 1C9
1-902-542-7525
Elegantes und doch gemütliches Restaurant. Zu jedem Gericht wird der passende Wein empfohlen. Leckere Nachspeisen.

Montréal

CHINATOWN:
Maison Kam Fung $
Chinesisch
11779, bd de Pierrefonds, Pierrefonds, H8Z 3K8
1-514-878-2888
In dem verspielt eingerichteten Lokal wird Küche aus ganz China zubereitet. Versuchen Sie die Peking-Ente oder das vielleicht beste Dim Sum der Stadt.

DOWNTOWN: Boustan $
Orientalisch
2020, rue Crescent, H3G 2B8
1-514-843-3576
Die Gerichte der arabischen (vor allem libanesischen) Küche gibt es auch zum Mitnehmen. Beliebt sind Schawarma, Kebab und Couscous. Frisch gepresste Säfte.

Malerische Fassade des Hauses von The Pearl Café, Rustico

DOWNTOWN:
L'Orchidée de Chine $
Chinesisch
2017, rue Peel, H3A 1T6
1-514-287-1878
Hier gibt es preiswerte Gerichte aus Hunan, Sichuan und Beijing. Versuchen Sie die Ente oder ein Lammgericht in würziger Sauce.

DOWNTOWN:
La Station des Sports $
Pub
862, rue Ste-Catherine Est, H2L 2E3
1-514-903-8571
Ausladende Sportbar mit Essen zu erschwinglichen Preisen. Wenn eines der Teams der Stadt spielt, ist es hier rappelvoll. Gute Auswahl an Fassbieren.

DOWNTOWN: Bistro Duo.D $$
Französisch
1380, rue Notre-Dame Ouest, H3C 1K8
1-514-657-7144
Das traditionelle französische Bistro liegt in einem historischen Bau aus roten Ziegeln. Die Atmosphre ist einladend, die Speisen sind es auch. Köstlich: die Lachs- und Kalbfleischgerichte.

DOWNTOWN:
Chez la Mère Michel $$
Französisch
1209, rue Guy, H3H 2K5
1-514-934-0473 ● Mo
Das in einer viktorianischen Villa untergebrachte traditionsreiche französische Restaurant bietet seit 1965 fantastische Küche. Zu den Spezialitäten des Hauses gehört *coq au vin*. Im Weinkeller lagern über 7000 edle Tropfen.

DOWNTOWN:
Restaurant Europea $$
Französisch
1227, rue de la Montagne, H3G 1Z2
1-514-398-9229
Das von Jérôme Ferrer betriebene Restaurant serviert Fleisch- und Fischgerichte in großer Auswahl, u. a. Kalb, Bison, Hummer und Muscheln sowie Fischsuppe.

DOWNTOWN:
Restaurant Phayathai $$
Thai
1235, rue Guy, H3H 2K5
1-514-933-9949
Im Phayathai genießt man Klassiker wie Pad Thai und grünes Curry. Probieren Sie eine der Suppen, z. B. die Ingwer-Koriander-Zitronengras-Suppe.

DOWNTOWN:
Le Montréalais $$$
Gourmet
900, bd René-Lévesque Ouest, H3B 4A5
1-514-861-3511
Das elegante Le Montréalais im Fairmont Hôtel Le Reine Elizabeth serviert fantasievolle mediterrane Gerichte aus saisonal-regionalen Zutaten. In der Les Voyageurs Lounge sollten Sie einen der Martinis testen – angeblich die besten der Stadt.

DOWNTOWN:
Queue de Cheval $$$
Steakhouse
1181, rue de la Montagne, H3G 1Z2
1-514-390-0091
Feines Steakhouse, das von den Einheimischen für Essen, Flair und Service geschätzt wird. Auf der Karte: Sirloin Steak, Filet mignon oder Wagyu-Rind. Im Sommer isst man im Freien. Reservieren Sie frühzeitig.

OUTREMONT: Maïko Sushi $
Japanisch
387, rue Bernard Ouest, H2V 1T6
1-514-490-1225
Bewährte Favoriten unter den Gerichten sind *tempura* und *teriyaki*. Beim Warten kann man den Köchen in der Sushi-Bar zusehen. Im Sommer speist man draußen.

Ambiente der 1930er Jahre im Wilensky's Light Lunch in Saint-Urbain

OUTREMONT: Faros $$
Seafood
362, av. Fairmount Ouest, H2V 2G5
1-514-270-8437
Das gemütliche Restaurant zählt zu den meistbesuchten Fischlokalen in Montréal. Viele Paare schätzen das romantische Flair. Sehr gefragt ist Faros Feast, eine Platte mit vielen kleinen Gerichten. Reservierung empfohlen.

OUTREMONT: Les Deux Singes de Montarvie $$
Französisch
176, rue St-Viateur Ouest, H2T 2L3
1-514-278-6854 So, Mo
Spezialitäten des französischen Bistros sind Saibling, Tintenfisch und Ente. Heimeliges Ambiente, viele französiche Weine.

PLATEAU MONT-ROYAL: Aux Vivres $
Vegetarisch
4631, bd Saint-Laurent, H2T 1R2
1-514-842-3479
Seit seinen Anfängen (1997) hat sich das Lokal zu einem der besten Vegetarier der Stadt entwickelt. Auch vegane und glutenfreie Gerichte. Kein Alkohol.

PLATEAU MONT-ROYAL: Café Santropol $
Kanadisch
3990, rue Saint-Urbain, H2W 1T7
1-514-842-3110
Das trendige Lokal mit gemütlichem Garten serviert u. a. Suppen, Sandwiches und Desserts.

PLATEAU MONT-ROYAL: L'Anecdote $
Nordamerikanisch
801, rue Rachel Est, H2J 2H7
1-514-526-7967
Hier gibt es wohl mit die besten Burger der Stadt. Das Dekor aus Filmplakaten und Chrom-Accessoires aus den 1950er Jahren tragen ebenfalls zur Beliebtheit bei. Ausgezeichnete Weinkarte.

PLATEAU MONT-ROYAL: L'Express $
Französisch
3927, rue Saint-Denis, H2W 2M4
1-514-845-5333
Bistro mit Pariser Flair und französischer Küche zu vernünftigen Preisen. Kosten Sie möglichst die Fischsuppe mit Gruyère-Croûtons. Riesiger Weinkeller.

Vis-à-Vis-Tipp

PLATEAU MONT-ROYAL: Schwartz's Montréal Hebrew Delicatessen $
Jüdisch
3895, bd Saint-Laurent, H2W 1L9
1-514-842-4813
Rumänisch-jüdische Einwanderer machten nach der Eröffnung ihres Restaurants (1928) geräucherte Rinderbrust zu einer Spezialität in Montréal. Die Essensqualität des Deli ist gleichbleibend gut. Geräuchertes Fleisch gibt es mager, Medium und fett. Kein Alkohol. Kalkulieren Sie längere Warteschlangen ein.

PLATEAU MONT-ROYAL: Thanjai Restaurant $
Südindisch
4759, av. Van Horne, H3W 1H8
1-514-419-9696 Di
Südindische Küche vom Feinsten mit einer großen Auswahl aromatischer Speisen. Kein Alkohol.

PLATEAU MONT-ROYAL: Au Pied de Cochon $$
Regional
536, av. Duluth Est, H2L 1A9
1-514-281-1114 Mo, Di
Das populäre Bistro wird von dem in Kanada berühmten Küchenchef Martin Picard geführt. *Foie gras* gehört zu den Favoriten vieler Gäste. Klassiker des Hauses ist Duck in a Can.

PLATEAU MONT-ROYAL: Bistro L'Entrepont $$
Französisch
4622, av. de l'Hôtel de Ville, H2T 2B9
1-514-845-1369
Das kleine Bistro bietet eine kleine, aber feine Karte sowie freundlichen Service. BYOB (Bring your own beer = Bringen Sie alkoholische Getränke selbst mit).

PLATEAU MONT-ROYAL: Moishe's $$
Steakhouse
3961, bd Saint-Laurent, H2W 1Y4
1-514-845-3509
Das Lokal ist eine Institution im jüdischen Viertel. Wählen Sie regionales Rindfleisch oder das zweifach gebackene Kartoffelgericht Monte Carlo.

PLATEAU MONT-ROYAL: Pintxo $$
Baskisch
256, rue Roy Est, H2W 1M6
1-514-844-0222
Ein Besuch im Pintxo führt Sie ins Baskenland. Serviert werden Brotscheiben mit vielerlei Belägen (Wurstwaren, Käse, Lachs etc.).

PLATEAU MONT-ROYAL: Lawrence Restaurant $$$
Französisch
5201, bd St-Laurent, H2T 1S4
1-514-503-1070 Mo
Lebhaftes Restaurant mit vielfältigen Fleisch- und Fischgerichten (vor allem Hummer und geräucherte Forelle). Beliebter Brunch.

PLATEAU MONT-ROYAL: Van Horne $$
Kanadisch
1268, av. Van Horne, H2V 1K6
1-514-508-0828 So, Mo
Der deutsche Küchenchef Jens Ruoff kreiert Köstlichkeiten wie *foie gras* und Austern. Das Restaurant besticht auch durch sein elegantes Ambiente mit Kunstwerken.

SAINT-URBAIN: Wilensky's Light Lunch $
Imbiss
34, av. Fairmount Ouest, H2T 2L9
1-514-271-0247 So
Lokal aus den 1930er Jahren mit günstigen Preisen und nostalgischem Dekor. Probieren Sie das Spezialgericht: Salami-Mortadella-Brötchen mit Senf. Hausgemachte Kirsch-Cola.

VIEUX-MONTRÉAL: Le Cartet $
Französisch
106, rue McGill, H2Y 2E5
1-514-871-8887
Das trendige Restaurant ist für gutes (und üppiges) Frühstück und Brunch bekannt. Die Sand-

Restaurantkategorien *siehe Seite 361* **Preiskategorien** *siehe Seite 364*

wich-Bar ist ein beliebter Treffpunkt. Sehr lecker sind Entenconfit-Salat und die hausgemachten Suppen.

VIEUX-MONTRÉAL:
Olive et Gourmando $
Café
351, rue Saint-Paul Ouest, H2Y 2A7
☎ 1-514-350-1083 ● So, Mo
Das nette, kleine Café ist für Frühstück und Mittagessen geöffnet. Köstliche Croissants und guter selbst gemachter Eistee. Auch vegane Gerichte sind erhältlich.

VIEUX-MONTRÉAL:
Stash Café $$
Polnisch
200, rue Saint-Paul Ouest, H2Y 1Z9
☎ 1-514-845-6611
Hier erlebt man einen Querschnitt durch die vielfältige polnische Küche – von Borschtsch (Rote-Bete-Suppe) über Piroggen (Teigtaschen) bis zu Nalesniki (Pfannkuchen).

VIEUX-MONTRÉAL:
Tuck Shop $$
Bistro
4662, rue Notre-Dame Ouest, H4C 1S7
☎ 1-514-439-7432 ● So, Mo
Das italienische Bistro besticht durch seine reiche Auswahl herzhafter Gerichte. Wählen Sie z. B. Rindertatar, Schweinebauch oder hausgemachte Ravioli und zum Abschluss eine Käseplatte.

VIEUX-MONTRÉAL:
Le Club Chasse et Pêche $$$
Kanadisch
423, rue Saint-Claude, H2Y 3B6
☎ 1-514-861-1112 ● So, Mo
Die in Leder gebundene Speisekarte listet kanadische Spezialitäten wie Wild, Ente, Lachs, Austern oder Muscheln. Exzellente Dessertkarte.

Frische Croissants und Sandwiches im Olive et Gourmando, Montréal

VIEUX-MONTRÉAL: Toqué! $$$
Französisch
900, place Jean-Paul-Riopelle, H2Z 2B2
☎ 1-514-499-2084 ● So, Mo
Die kreativen Köche des französischen Edelrestaurants bieten nicht nur höchste Qualität, sondern auch ideenreiche Präsentationen ihrer Gerichte. Klassiker sind Ente, Wild sowie Seafood wie Lachs und Saibling. Sehr gute Auswahl an edlen Tropfen.

Québec und St. Lawrence River

BAIE-COMEAU: Restaurant
La Cache d'Amélie $$$
Französisch
37, marquette, Baie-Comeau, QC, G4Z 1K4
☎ 1-418-296-3722
Das französische Restaurant zählt zu den besten in der Umgebung. Bei der Zubereitung werden ausschließlich regionale Produkte verwendet. Das kompetente Personal empfiehlt zu jedem Gericht den passenden edlen Tropfen.

BAIE-SAINT-PAUL:
Le Saint-Pub $
Pub
2, rue Racine, Baie-Saint-Paul, QC, G3Z 2P8
☎ 1-418-240-2332
Das zentral gelegene Lokal präsentiert sich im Stil eines Londoner Pubs. Zu den typischen, in großen Portionen servierten Pub-Gerichten gibt es eine große Auswahl an frisch gezapften Bieren.

BAIE-SAINT-PAUL:
Le Mouton Noir $$
Französisch
43, rue Sainte-Anne, QC, G3Z 1N9
☎ 1-418-240-3030 ● Mo, Di
Jedes Fischgericht ist ein Genuss. Probieren Sie Jakobsmuscheln oder Thunfisch mit Ratatouille. Heimeliges Ambiente. Vom schönen Innenhof blickt man auf den Gouffre River.

BAS ST-LAURENT, NOTRE-DAME-DU-LAC:
Auberge Marie Blanc $$$
Regional
2629, rue Commerciale Sud, Témiscouata-sur-le-Lac, QC, G0L 1X0
☎ 1-418-899-6747
● Okt–Mitte Mai
Das Auberge Marie Blanc verfügt über eine Terrasse mit Aussicht auf den Lac Témiscouta. Das Speisenangebot ist vom Allerfeinsten, bei der Auswahl der Zutaten wird auf allerhöchste Qualität geachtet. Kein Alkohol.

Stilvolles Interieur des Tuck Shop, Montréal

CHARLEVOIX, SAINT-SIMÉON:
Auberge sur Mer $$
Seafood
109, rue du Quai, QC, G0T 1X0
☎ 1-418-638-2674 ● Nov–Mai
Herberge und Restaurant mit schönem Panoramablick. Das Angebot an Gerichten ist überschaubar, die Salate, Suppen und Sandwiches sind aber gut. Auch Krabben und Shrimps stehen zur Auswahl. Kindermenüs.

HAVRE-SAINT-PIERRE:
Restaurant Chez Julie $
International
1023, rue Dulcinée, QC, G0G 1P0
☎ 1-418-538-3070
Unprätentiöses, bei Einheimischen beliebtes Lokal. Vor allem die Seafood-Pizza mit Béchamelsauce ist ein Muss. Freundliches Personal.

ÎLE D'ORLÉANS, SAINT-PIERRE:
Le Vieux-Presbytère $$
Kanadisch
1247, rue Mgr. d'Esgly, QC, G0A 4E0
☎ 1-418-828-9723
Das Restaurant in einem ehemaligen Pfarrhaus ist urgemütlich und bietet tolle Aussicht auf den St. Lawrence River. Es gibt Gerichte mit Wild, Bison und Straußen sowie Seafood.

ÎLES-DE-LA-MADELEINE, L'ÉTANG-DU-NORD:
La Table des Roy $$
Französisch
1188, chemin La Vernière, QC, G4T 3E6
☎ 1-418-986-3004
● Okt–Mai
Im früheren Wohnhaus der Küchenchefin Johanne Vigneault machen Sie mit Sicherheit eine besondere kulinarische Erfahrung. Hummer-Ravioli, *bouillabaisse* und Lamm sind unwiderstehlich. Ohne Reservierung bekommt man kaum einen Tisch.

LA MALBAIE:
Auberge des Peupliers $$$
Regional
381, rue St-Raphael, QC, G5A 2N8
1-418-665-4423
Hier genießt man typische Speisen der Region. Besonders gefragt sind Stör- und Lammgerichte. Wählen Sie als Beilage einen knackig-frischen Salat.

LAC-SAINT-JEAN, SAINT-GÉDÉON: Microbrasserie du Lac-Saint-Jean $
Pub
120, rue de la Plage, St-Gédéon, QC, G0W 2P0
1-418-345-8758
● Sep–Mai; Mo–Mi
Die Mikrobrauerei verfügt über ein großes Angebot an Biersorten aus Québec. Dazu gibt es solide Pub-Gerichte wie Forellenplatte.

MATANE: Belle Plage $$
Seafood
1310, rue d Matane-sur-Mer, QC, G4W 3M6
1-418-562-2323 ● Okt–Apr
Das Hotel Belle Plage beherbergt ein wunderbares Seafood-Restaurant, von dessen Tischen man aufs Meer blickt. Dem Lokal ist eine Räucherkammer angegliedert. Genießen Sie Räucherlachs in Cognac. Es gibt auch vegetarische und glutenfreie Mahlzeiten.

PERCÉ: La Maison du Pêcheur $
Seafood
155, place du Quai, QC, G0C 2L0
1-418-782-5331
● Mitte Okt–Mai
Das auf Gerichte wie Lachstatar mit Algen spezialisierte Pêcheur rühmt sich vieler Stammgäste. Weitere Seafood-Gerichte sind Hummer, Kabeljauzungen, Schneekrabben, Seeteufelbäckchen, Jakobsmuscheln und Heilbutt. Von vielen Tischen hat man Meerblick.

QUÉBEC: Le Cochon Dingue Champlain $
Regional
46, bd Champlain, QC, G1K 4H5
1-418-692-2013
Le Cochon Dingue, eine renommierte Kette, hat vier Niederlassungen in der Stadt. Die Kindermenüs ziehen viele Familien an. Beliebt sind Steak Frites und Muscheln. Üppiges Frühstück. Französische Weine.

QUÉBEC: Hobbit Bistro $
Bistro
700, rue Saint-Jean, QC, G1R 1R1
1-418-647-2677 ● Jan
Das mit Hobbit-Motiven dekorierte Lokal bietet günstige, aber schmackhafte Bistro-Küche. Zu den Gerichten passt ein Bier der Marke Montréal McAuslan.

Große Bierauswahl im Les Brasseurs de Temps in Gatineau

QUÉBEC:
L'Improviste Restaurant $$
Französisch
44, rue des Jardins, QC, G1R 4L7
1-418-692-1666
Für Gäste stehen mehrere Speisesäle zur Verfügung. Empfehlenswert: Caesar Salad, Schnecken, Karibu mit Wacholderbeeren und Wildgulasch stehen auf der Karte ganz oben. Gute Auswahl an Kaffeevariationen und Desserts.

Vis-à-Vis-Tipp

QUÉBEC:
Aux Anciens Canadiens $$$
Regional
34, rue Saint-Louis, QC, G1R 4P3
1-418-692-1627
Das Restaurant ist im ältesten Haus (1675) der Stadt untergebracht. Das in Gewänder vergangener Epochen gekleidete Personal serviert traditionelle regionale Köstlichkeiten. Gönnen Sie sich die Fleischplatte für zwei Personen. Auch Kindermenüs sind erhältlich.

RIMOUSKI: Bistro L'Ardoise $$
Bistro
152, rue St-Germain Est, QC, G5L 1A8
1-418-732-3131 ● So
Das trendige Bistro bietet Küche aus Frankreich. Starten Sie mit einer Suppe, als Hauptgang sind Kaninchen und Lamm zu empfehlen. *Foie gras* und Moussaka sind ebenfalls eine gute Wahl.

SAINTE-FLAVIE:
Capitaine Homard $$
Seafood
180, route de la mer, QC, G0J 2L0
1-418-775-8046
● Mitte Sep–Apr
Schon seit 1967 wird im Capitaine Homard bestes Seafood zubereitet. Es gibt Gaspé-Hummer (0,5 – 2,2 kg). Ebenfalls lecker sind Krabben, Shrimps, Räucherlach und die *bisque* (Muschelsuppe) des Hauses.

Süd- und Nord-Québec

CHAMBLY:
Fourquet-Fourchette $$
Regional
1887, av. Bourgogne, QC, J3L 1Y8
1-450-447-6370
Den Gast erwartet Küche, wie man sie schon seit den frühen Pionierzeiten in Québec schätzt. Das Bier stammt von der lokalen Brauerei Unibroue. Von der Sommerterrasse blickt man auf Fort Chambly.

GATINEAU:
Les Brasseurs de Temps $
Mikrobrauerei
170, rue Montcalm, QC, J8X 2M2
1-819-205-4999
Zwölf Biere vom Fass stehen zur Auswahl. Dazu gibt es Pub-Gerichte (u. a. Enten-Burger). Biermuseum im Haus.

Gedeckter Tisch im Aux Anciens Canadiens, Québec

Restaurantkategorien *siehe Seite 361* **Preiskategorien** *siehe Seite 364*

GATINEAU: Le Pied de Cochon $$
Französisch
248, rue Montcalm, QC, J8Y 3C1
1-819-777-5808 So, Mo
Le Pied de Cochon, eines der bekanntesten Lokale der Stadt, ist für solide französische Küche bekannt. Das Tagesmenü *(goût-du-jour)* ist von beständig hoher Qualität und immer eine gute Wahl.

GATINEAU: Soif $$
Weinbar
88, rue Montcalm, QC, J8X 2L7
1-819-600-7643
Ein bei Künstlern beliebter Treffpunkt. Die gegrillten Makrelen oder das Bisontatar mit Croûtons passen perfekt zu den Tropfen der extensiven Weinkarte.

ATINEAU: Le Tartuffe $$
Französisch
133, rue de Notre-Dame de l'Île, QC, J8X 3T3
1-819-776-6424 So
Das unaufdringlich wirkende französische Restaurant überzeugt mit kreativ zubereiteten Fleischgerichten (u. a. Wild, Kalb, Lamm und Ente). Die Weinauswahl kann sich sehen lassen.

LAURENTIDES: Chocolaterie Marie-Claude $
Café
1090, rue Valiquette, Sainte-Adèle, QC, J8B 2M3
1-450-229-3991
Mo, Mi, Do
Wählen Sie aus einem Angebot von über 30 süßen Spezialitäten aus – von Waffeln über Croissants bis zum Schokoladen-Fondue. Viele Kaffeevariationen (u. a. Espresso und Milchkaffee).

LAURENTIDES: Kayak Café $
Kanadisch
2202, chemin du Moulin, Labelle, QC, J0T 1H0
1-819-686-1111 Okt–Apr
Das nur im Sommer geöffnete Lokal organisiert auch Kanu- und Kajakausflüge sowie Stand Up Paddling. Die vielseitige Karte listet u. a. Suppen, Sandwiches, Steaks, Muscheln und köstlichen Queen-Elizabeth-Kuchen.

LAURENTIDES: À L'Express Gourmand $$$
Französisch
31, rue Morin, Sainte-Adèle, QC, J8B 2M3
1-450-229-1915
Das Restaurant in einem 100 Jahre alten Schulhaus ist für seine bodenständige, gleichwohl delikate französische Küche bekannt. Alle Gerichte werden frisch zubereitet.

Hier kann man elf Gänge genießen: Les Fougères, Outaouais

LAURENTIDES: Restaurant Le Cheval de Jade $$$
Französisch
688, rue de St-Jovite, Mont Tremblant, QC, J8E 3J8
1-819-425-5233 So, Mo
Der Chefkoch ist ein *canardier*, also ein Meister der Entenzubereitung. Entengerichte sind hier also ein Muss. Sie sollten aber auch die köstliche *bouillabaisse* probieren. Oder Sie wählen eines der Überraschungs- bzw. Gastro-Menüs. Reservierung erforderlich.

MONTÉRÉGIE: L'Auberge des Gallants $$
Regional
1171, chemin Saint-Henri, Sainte-Marthe, QC, J0P 1W0
1-450-459-4241
L'Auberge des Gallants ist ein Hotel mit Spa, Restaurant und Zuckerhütte, das in einem Naturschutzgebiet liegt. Hier erwartet den Gast sehr gutes Essen in entspannter Atmosphäre. Der Sonntagsbrunch ist so populär wie üppig.

OUTAOUAIS: Café 349 $
Kanadisch
349, rue Main, Shawville, QC, J0X 2Y0
1-819-647-6424 So
Inhaberin Ruth Smiley-Hahn kreiert köstliche Mahlzeiten mit frischen Zutaten aus der Umgebung sowie süße Verführungen wie Muffins und andere Desserts.

OUTAOUAIS: Le Hibou $
Kanadisch
757, chemin Riverside, Wakefield, QC, J0X 3G0
1-819-459-8883
Beliebtes Bistro mit Sitzen am Flussufer. Zur Auswahl stehen Fisch- und Gemüsegerichte. Besonders zu empfehlen sind die Salate und die Zwiebelsuppe.

OUTAOUAIS: L'Orée du Bois $$
Französisch
15 Kingsmere Rd, Chelsea, QC, J9B 1R7
1-819-827-0332
Nov–Apr: So, Mo
In warmem, von Holz geprägtem Interieur wird regionale Küche serviert – z. B. Fleisch-, Spargel- oder Pilzgerichte. Fleisch wird auf Ahorn geräuchert.

Vis-à-Vis-Tipp

OUTAOUAIS: Les Fougères $$$
Gourmet
783, route 105, Chelsea, QC, J9B 1P1
1-819-827-8942
Die bewaldeten Gatineau Hills warten mit einer kulinarischen Überraschung auf. Les Fougères ist vor allem wegen seiner erlesenen, ausnahmslos frischen Zutaten ein Begriff. Viele stammen aus biologischem Anbau. Das fantastische elfgängige Probiermenü präsentiert wohl alle Köstlichkeiten der Region. Sommeliers empfehlen die passenden Weine. Auch Kindermenüs.

RIGAUD: Sucrerie de la Montagne $$
Regional
300, rang St-Georges, QC, J0P IP0
1-450-451-0831
Die traditionsreiche Zuckerhütte ist ganzjährig geöffnet. Im Sommer kann man die Produktion von Sirup bestaunen. Stocken Sie Ihren Vorrat an Sirup, Pancakes und Bonbons im Laden auf.

ROUYN-NORANDA: Brochetterie La Maison Grecque $
Griechisch
152, av. Principale, QC, J9X 4P5
1-819-797-0086
Zum Angebot des Lokals zählen Fleisch- und Fischgerichte sowie typische Desserts der griechischen Küche. *Brochettes* (Fleischspieße) sind besonders gefragt. Im Hintergrund läuft griechische Musik.

SAINT-DENIS-SUR-RICHELIEU: Les Chanterelles du Richelieu $$$
Französisch
61, chemin des Patriotes, QC, J0H 1K0
1-450-787-1167
Jan–Mitte März
Gäste schätzen die regionalen Spezialitäten aus besten Zutaten, darunter Ossobuco vom Bison, *foie gras* und Filet mignon, sowie die unvergleichliche Atmosphäre des Lokals.

SHERBROOKE: Restaurant Le Chou-Bruxelles $
Belgisch
1461, rue Galt Ouest, QC, J1H 2A9
1-819-564-1848 Mo
Kaninchen, Geflügel, Muscheln, Lachs und mehr werden hier nach Art der belgischen Küche zubereitet. BYOB – Sie können Ihren eigenen Wein mitbringen.

SHERBROOKE: L'Arlequin $$
Französisch
875, belvédère Sud, QC, J1H 4C2
1-819-573-2818
Probieren Sie den Hirschbraten mit Pfeffersauce – Sie werden Ihre Wahl nicht bereuen. Die Auswahl an Käsegerichten ist groß. Eigener Wein kann mitgebracht werden (BYOB).

TROIS-RIVIÈRES: Le Manoir $
Italienisch
1147, rue Hart, QC, G9A 4S3
1-819-373-0204
Le Manoir serviert Pasta-Gerichte und eine leckere Pulled-Pork-Pizza in freundlichem Ambiente.

Toronto

DOWNTOWN: Ethiopian House $
Äthiopisch
4 Irwin Ave, M4Y 1K9
1-416-923-5438
Wie in Äthiopien wird hier mit den Fingern gegessen. Mit einem Stück *Injera*-Brot greift man sich mundgerechte Portionen der Fleisch- oder Gemüsegerichte.

DOWNTOWN: Karine's $
Vegan
109 McCaul, Unit 32, M5T 3K5
1-416-591-0863
Hier gibt es veganes Essen und Frühstück den ganzen Tag. Große Auswahl an glutenfreien Nachspeisen. Die Sojamilch-Shakes sind köstlich. Kein Alkohol.

DOWNTOWN: Manpuku Modern Japanese Eatery $
Japanisch
105 McCaul St, Unit 29–31, M5T 2X4
1-416-979-6763 So
Das einfache Lokal serviert Köstlichkeiten wie *takosen* (Tintenfisch) und *unatama don* (gegrillter Aal mit Reis), die man ansonsten in Toronto kaum findet bzw. nicht zu solch günstigen Preisen.

DOWNTOWN: Wildfire Steakhouse & Wine Bar $
Steakhouse
8 Colborne St, M5E 1E1
1-416-350 8188
Ein Steakhouse mit Candle-Light-Ambiente. Spezialitäten des Hauses sind Sterling Silver Steaks, die vier Wochen gereift sind. Großartiges Churrasco sowie Geflügel- und Lammgerichte.

DOWNTOWN: 309 Dhaba Indian Excellence $$
Indisch
309 King St W, M5V 1J5
1-416-740-6622
Indisches Lokal mit südasiatischen Klassikern wie *Tandoori*-Gerichten, Butter- und Okra-Hühnchen sowie Lamm mit Auberginen. Beim Mittagsbüfett haben Sie eine Auswahl an 60 Speisen.

DOWNTOWN: Asian Legend $$
Chinesisch
418 Dundas St W, M5T 1G7
1-416-977-3909
Neben chinesischen Klassikern wie Dim Sum gibt es Gerichte aus dem Wok, des Weiteren geräucherte Sichuan-Ente, knusprige Pfannkuchen und Bohnenpaste. Dazu trinkt man Tsingtao-Bier oder Jasmintee.

DOWNTOWN: Biagio $$
Italienisch
155 King St E, M5C 1G9
1-416-366-4040
Sa mittags, So
Das Restaurant im Rathaus bietet einen eleganten Speisesaal und einen begrünten Innenhof. Beliebt sind *risotto ai funghi* und *sella d'agnello* (Lammkarree).

DOWNTOWN: Biff's Bistro $$
Kanadisch
4 Front St E, M5E 1G4
1-416-860-0086
Vornehmes, modern eingerichtetes Bistro. *Bœuf bourguignon* und Goldbarschsuppe zählen zu den Favoriten. Nach 17 Uhr gibt es Austern an der Bar. Bei den Desserts sind die *madeleines* ein Hochgenuss.

DOWNTOWN: Big Daddy's Crab Shack & Oyster Bar $$
Cajun
212 King St W, M5H 1K5
1-416-599-5200
Viele Theaterbesucher kommen vor der Vorstellung hierher. An der Wand sieht man Straßenszenen von New Orleans und Porträts von Jazz-Musikern. Probieren Sie den Cocktail New Orleans Hurricane.

DOWNTOWN: La Palette $$
Französisch
492 Queen St W, M5V 2B2
1-416-929-4900
Der ideale Ort für ein romantisches Essen. Die französischen Klassiker aus marktfrischen Zutaten sind ein Genuss. Internationale Auswahl an Wein und Bier.

DOWNTOWN: Marben $$
Regional
488 Wellington St W, M5V 1C9
1-416-979-1990
Mo, Di mittags
Das Marben ist der Himmel für Fleischliebhaber. Gemütliches Ambiente, Gerichte aus frischen Produkten. Gute Weinauswahl.

DOWNTOWN: N'Awlins Jazz Bar & Grill $$
Cajun
299 King St W, M5V 0C4
1-416-595-1958
N'Awlins ist Bar und Grillrestaurant in einem. Beliebt sind die pikanten Fischgerichte, darunter *surf 'n' turf*, *jambalaya*, *gumbo* und geschwärzter Seewolf.

DOWNTOWN: Rodney's Oyster House $$
Seafood
469 King St W, M5V 1K4
1-416-363-8105 So
Wie der Name schon sagt, dreht sich bei Rodney's vieles um Austern. Man genießt sie roh oder gegrillt. Es gibt jedoch noch

Lil' Baci, ein trendiger Italiener im Viertel Leslieville, Toronto

weitere Gerichte, z. B. Jakobsmuscheln, Krabben, Hummer, Shrimps – und allein vier Sorten Muschelsuppe.

DOWNTOWN: Segovia $$
Spanisch
5 St. Nicholas St, M4Y 1W5
1-416-60-1010
Sa mittags, So, Mo
Der legere bunte Spanier ist bekannt für seine Tapas. Versuchen Sie die Schnecken in Weinsauce oder Muscheln in Safran. Auch Paella und Lammgerichte stehen zur Auswahl. Die Portionen sind üppig. Live-Musik und Tanzfläche.

DOWNTOWN: Sultan's Tent and Café Moroc $$
Marokkanisch
49 Front St, M5E 1B3
1-416-961-0601
Im Sultan's Tent nimmt man aufwendige Menüs zu sich, im Café Moroc gibt es kleinere Mahlzeiten, etwa Lamm oder *keskesu* (süßes Couscous). Abends gibt es Bauchtanz.

DOWNTOWN: Benihana $$$
Japanisch
Fairmont Royal York Hotel, 100 Front St W, M5J 1E3
1-416-860-5002
mittags; So, Mo
Der Ableger einer weltweit agierenden Kette serviert japanische Klassiker wie *hibachi* und *teppanyaki*. Es gibt auch Steaks, Sushi, Seafood und Gemüsegerichte.

DOWNTOWN: Buca $$$
Italienisch
604 King St W, M5V 1M6
1-416-865-1600
Die Osteria im Basement wird von Kritikern hochgelobt. Hier gibt es Klassiker, aber auch Bison-Prosciutto und *nodini* (Knoblauch-Käse-Bällchen).

DOWNTOWN: Bymark $$$
Kanadisch
66 Wellington St W, M5K 1J3
1-416-777-1144 So
Das Restaurant befindet sich im Finanzzentrum. Von der Innenhofbar sieht man die Hochhäuser von Mies van der Rohe. Großartig: Kalbsrouladen, Kalbsbäckchen und Thunfisch *puttanesca*.

DOWNTOWN: Le Sélect Bistro $$$
Französisch
432 Wellington St W, M5V 1E3
1-416-596-6405
Bistro im Pariser Stil mit halbrunden Sitzbänken und bester Bistro-Küche: *Cassoulet*, *bouillabaisse*, Kalbskeule und Steak tartare. Endlose Weinkarte.

Heimeliges Ambiente im Grano, einem beliebten Italiener in Toronto

EAST END: Kalyvia $
Griechisch
420 Danforth Ave, M4K 1P3
1-416-463-3333
Das urgemütliche Lokal erinnert an eine griechische Taverne. Von der Terrasse aus kann man das lebhafte Treiben im griechischen Viertel beobachten. Vor allem das Seafood ist exzellent.

EAST END: Lady Marmalade $
Mexikanisch
898 Queen St E, M4M 1J3
1-647-351-7645
Frühstück, Brunch und Mittagessen zeigen dezente Einflüsse der mexikanischen Küche. An Wochenenden geht es hoch her. Nur Barzahlung.

EAST END: Lil' Baci $
Italienisch
892 Queen St E, M4M 1J2
1-416-465-4888
Überaus populäres Lokal mit köstlichen Pizzen sowie Pasta-Gerichten und Salaten nach Rezepten aus Süditalien. Es gibt Fassbiere aus Ontario und Weine aus Italien und Kanada.

EAST END: Off the Hook $
International
749 Broadview Ave, M4K 2P6
1-416-465-4356
Für eine Portion *fish 'n' chips* in legerem Ambiente ist man hier genau richtig. Dazu passt ein Bier vom Fass (sowie ein Teller Krautsalat). Man kann das Essen auch mitnehmen.

EAST END: Lolita's Lust $$
Italienisch
513 Danforth Ave, M4K 1P5
1-416-465-1751 So
Ein relativ ruhiges italienisches Restaurant mit bester Küche – vom Pilzrisotto über die Lammkeule bis zum Rote-Bete-Salat. Probieren Sie einen der köstlichen Martinis.

EAST END: Rodeo Brazilian Steakhouse $$
Brasilianisch
95 Danforth Ave, M4K 1N2
1-416-465-0969 Mo
Das Steakhouse bietet All-you-can-eat-Menüs mit brasilianischen Speisen wie Seafood, Churrasco und gebratenen Kochbananen. Live-Musik.

EAST END: Tapas at Embrujo $$
Spanisch
97 Danforth Ave, M4K 1N2
1-416-778-0007
Lebhaftes Lokal, in dem vor allem Seafood, vegetarische Tapas und Paella gegessen werden. Gute Auswahl an spanischen Sherrys und Weinen. Sonntags gibt es Flamenco.

Vis-à-Vis-Tipp

NORTH: Grano $$
Italienisch
2035 Yonge St, M4S 2A2
1-416-440-1986 So
Traditionsreiches italienisches Restaurant mit hervorragender Küche. Von Antipasti über Suppen bis zu Grillgerichten: Alle Speisen werden aus feinsten Zutaten der Umgebung zubereitet. Gäste haben die Wahl zwischen mehreren Speiseräumen mit Kunstwerken an den Wänden. Auch wenn es laut werden kann, ist die Atmosphäre ein Erlebnis.

NORTH: North 44° $$$
Gourmet
2537 Yonge St, M4P 2H7
1-416-487-4897
Feinste kanadische Küche in modernem Ambiente. Dies schätzen viele Berühmtheiten. Entenbrust, Brathähnchen und Heilbutt sind gefragte Gerichte.

WEST END: Café 668 $
Asiatisch
885 Dundas St W, M6J 1V9
1-416-703 0668
Das Lokal listet auf seiner Karte Gerichte aus Vietnam, China und Thailand. Empfehlenswert: *Tempura*-Platte, Algen-Tofu-Suppe oder das Gemüsegericht *lor-hon*. Kein Alkohol.

WEST END: Fresh $
Vegetarisch
894 Queen St W, M6J 1G3
1-416-599-4442
Das Fresh ging aus einer kleinen Saftbar hervor und verfügt mittlerweile in Toronto über viele Niederlassungen. Der Himmel für Vegetarier bietet auch viele vegane Speisen an.

WEST END: Terroni $
Italienisch
720 Queen St W, M5C 1K6
1-416-504-0320
Das italienische Lokal ist ein guter Tipp für Freunde der rusikalen Küche. Neben großen Pizzen gibt es viele weitere Gerichte. Eine Filiale gibt es in der Victoria Street in Adelaide, eine weitere 1095 Yonge Street zwischen den Stationen Rosedale und Summerhill.

WEST END: Chiado $$$
Seafood
864 College St, M6H 1A3
1-416-538 1910
Das Chiado gilt als eines der besten Fischlokale der Stadt. Täglich wird frischer Fisch von den Azoren eingeflogen. Formeller Service sowie ungewöhnliche Weinkarte mit portugiesischen Lagen.

Ottawa und Ost-Ontario

HALIBURTON HIGHLANDS: Wild Orchid Thai Bistro $
Thai
3 North Water St, ON, K0M 2K0
1-705-286-1532
Das gut besuchte familiengeführte Restaurant am Burnt River besticht durch seine außergewöhnliche Küche. Die Öffnungszeiten müssen telefonisch erfragt werden, das Lokal hat keine Website.

HALIBURTON HIGHLANDS: Bonnie View Inn $$
Traditionell
2713 Kashagawigamog Lake Road, ON, K0M 1S0
1-705-457-2350
Nov–Apr: Mo, Di
Das kleine familiengeführte Resort am Kashagawigamog Lake hat einen freundlichen, fichtenvertäfelten Speiseraum mit großem Kamin. Schön präsentierte Gerichte.

HALIBURTON HIGHLANDS: Rhubarb $$
Gourmet
9201 Hwy 118 (Ecke Hwy 35), Carnarvon, ON
1-705-489 4449
Das gehobene Lokal am Mirror Lake serviert köstliche, schön angerichtete Speisen in einem luftigen rustikalen Speiseraum.

KINGSTON: Chez Piggy $$
Bistro
68-R Princess St, ON, K7L 1A5
1-613-549-7673
Das Bistro befindet sich auf dem Gelände einer ehemaligen Stallung. Chez Piggy hat zahlreiche Stammgäste, die die schmackhaften, frisch zubereiteten Gerichte schätzen.

Ambiente mit Stil im Chiado, West End, Toronto

KINGSTON: Le Chien Noir Bistro $$
Bistro
69 Brock St, ON, K7L 1R8
1-613-549-5635
Das Bistro überzeugt mit seinen frischen Zutaten aus regionaler Produktion. Viele regionale und internationale Weine gibt es glasweise. Der Service ist perfekt, guter Brunch.

KINGSTON: River Mill Restaurant $$
Mediterran
2 Cataraqui St, ON, K7K 1Z7
1-613-549-5759
Sa mittags, So
Eine alte Mühle ist Standort dieses eleganten Restaurants am Wasser. Die Weinauswahl ist mehr als üppig. Sehr beliebt sind die Platten mit mehreren kleinen Speisen.

OTTAWA: New Mee Fung $
Vietnamesisch
350 Booth St, ON, K1R 7K1
1-613-567-8228 Di
Hier gibt es das vermutlich beste vietnamesische Essen in Ottawa – ob Wraps, *satay* mit Rindfleisch oder Grillgerichte. Große Portionen. Bisweilen kann es laut werden. Reservierung erforderlich.

OTTAWA: The Table Restaurant $
Vegetarisch
1230 Wellington St, ON, K1Y 3A1
1-613-729-5973
Vegetarisches Lokal mit vielen glutenfreien Speisen und oft wechselnder Speisekarte. Das Essen wird nach Gewicht abgerechnet. Kein Alkohol.

OTTAWA: Yang Sheng $
Chinesisch
662 Somerset St W, ON, K1R 5K4
1-613-235-5794
Chinesisches Lokal mit Gerichten aus Kanton und Sichuan, u. a. Dim Sum, Reis- und Nudelgerichte sowie gegrilltes Fleisch (Ente und Schwein). Sehr gute Suppen.

OTTAWA: The Fish Market $$
Seafood
54 York St, ByWard Market, ON, K1N 5T1
1-613-241-3474
Das Fish Market ist für frisches Seafood bekannt, gefragt sind vor allem Hummer und Austern. Testen Sie das Cajun-Gericht des geschwärzten Seewolfs. Lange, originelle Weinkarte. Im Bistro im Erdgeschoss ist Live-Jazz zu hören (So, Di, Mi abends).

OTTAWA: Light of India $$
Indisch
730 Bank St, ON, K1S 3V4
1-613-563-4411
Hier wird die Küche Nordindiens zelebriert. Das grandiose Mittagsbüfett wechselt täglich. Der Service ist perfekt.

OTTAWA: Sidedoor $$
Fusion
18B York St., ON, K1N 5T5
1-613-562-9331
Das lebhafte Lokal ist von asiatischem Straßenessen beeinflusst. Gelobt werden die Tacos, die Vorspeisen und die warmen Doughnuts zum Dessert. Als Hauptgericht ist der Hummer mit grünem Curry empfehlenswert.

Vis-à-Vis-Tipp

OTTAWA: Beckta Dining & Wine $$$
Gourmet
150 Elgin St, ON, K2P 1L4
1-613-238-7063
Sa, So mittags
In dem schönen Haus von 1875 gibt es aufregende Küche. Eine gute Wahl ist das Probiermenü mit passendem Wein und Käse. Die separate Weinbar glänzt mit einigen leichten Gerichten. Reservierung erforderlich.

OTTAWA: Wilfrid's $$$
Modern-kanadisch
Fairmont Château Laurier, 1 Rideau St, ON, K1N 8S7
1-613-241-1414
Das im eleganten Fairmont Château Laurier untergebrachte Wilfrid's bietet grandiose Frühstücksbüfetts und einen Sonntagsbrunch. Mittags gibt es leich-

te Mahlzeiten, abends edle Dinner mit Blick auf den Parliament Hill. Die kanadischen Klassiker sind hier perfekt. Beliebt zum Frühstück sind Crêpes mit Ahornsirup, zum Lunch ist die Seafood-Suppe zu empfehlen.

PRINCE EDWARD COUNTY: Blumen Garden Bistro $$
Gourmet
647 Highway 49, Picton, ON, K0K 2T0
1-613-476-6841
Das Restaurant an der Ecke nach Picton serviert sublime Köstlichkeiten. Das mit Äpfeln und Zwiebeln gefüllte Schweinefilet und der Kaninchenschmorbraten mit hausgemachten Gnocchi sind unschlagbar.

Große Seen

BAYFIELD: Black Dog Village Pub and Bistro $
Pub
5 Main St N, ON, N0M 1G0
1-519-565-2326
Das in einem historischen Gebäude untergebrachte Pub bietet über 20 Biersorten vom Fass und viele Whiskys. Einfaches, aber gutes Essen.

BAYFIELD: Little Inn of Bayfield $$
Gourmet
26 Main St N, ON, N0M 1G0
1-519-565 2611
Das feine Restaurant mit hübscher Aussicht verwöhnt mit hervorragender regionaler Küche aus frischen Zutaten.

BEAMSVILLE: Peninsula Ridge Estate Winery $$
Gourmet
5600 King St W, ON, L0R 1B0
1-905-563-0900 ● Mo, Di
Das schöne Farmhaus im Queen-Anne-Revival-Stil liegt auf einem Hügel mit Blick auf die Niagara-Böschung und den Lake Ontario. Es gibt Gerichte aus frischen regionalen Zutaten, kombiniert mit den passenden Weinen des Anwesens. Beginnen Sie mit dem Pilzsalat, dann nehmen Sie die Ravioli mit Jakobsmuscheln und schließlich ein Sorbet der Saison.

GODERICH: Thyme on 21 $
Gourmet
80 Hamilton St, ON, N7A 1P9
1-519-524-4171 ● Mo
In einem viktorianischen Gebäude servieren die Kellner des preisgekrönten Thyme on 21 Köstlichkeiten wie Rinderlende oder Jakobsmuscheln.

GODERICH: Ivey Dining Room at Benmiller Inn & Spa $$
Gourmet
81175 Benmiller Rd, ON, N7A 3Y1
1-800-265-1711
Das Restaurant legt Wert auf die Verwendung von aus der unmittelbaren Umgebung stammenden Zutaten. Aus diesen werden wunderbare kanadische Gerichte zubereitet. Grandiose Lage im Tal an einem Mühlenfluss.

HAMILTON: Wass Ethiopian Restaurant $
Äthiopisch
207 James St S, ON, L8P 3A8
1-289-389-5294
Äthiopische Gerichte mit einigen vegetarischen Optionen. Nehmen Sie an einer Kaffeezeremonie teil, und kosten Sie den Honigwein.

MUSKOKA: Oar & Paddle $
Pub
530 Muskoka Rd N, Gravenhurst, ON, P1P 1G3
1-705-687-8618
In dem relaxten rustikalen Pub sitzt man auf Kirchenbänken, an den Wänden hängen Ruder. Das Essen mit Ontario-Anleihen ist großartig. Empfehlenswert: Wildschwein, Heidelbeer-Burger und das Schinkensandwich aus Erbsenmehl mit Brie und Cranberrys.

MUSKOKA: Top of the Cove $$
Kanadisch
375 South Bay Rd, Honey Harbour, ON, M5H 2G4
1-705-756-3399
● Mitte Sep–Mitte Mai
Das nur im Sommer geöffnete Lokal am Wasser bietet den perfekten Blick über die Georgian Bay. Im Angebot: Seafood, Pasta, Burger und Steak.

MUSKOKA: Bartlett's Lodge $$$
Kanadisch
PO Box 10004, Algonquin Park, ON, P1H 2G8
1-705-633-5543
● Mitte Okt–Mitte Mai
Das malerisch gelegene Restaurant im Algonquin Provincial Park erreicht man mit einem motorisierten Kanu. Der frische Fisch aus dem See und lokale Produkte ergeben wunderbare Speisen. Eigener Wein kann mitgebracht werden.

NIAGARA FALLS: Elements on the Falls $$
International
6650 Niagara Pkwy, ON, L2G
1-905-354-3631
Von dem Lokal im oberen Stock des Table-Rock-Besucherzentrums hat man einen grandiosen Blick auf die Niagarafälle. Zu essen gibt es Lammfleisch, Steak, vegetarische Pasta, Burger oder die vor Ort gefangenen Barsche und Hechte. Kinderteller.

NIAGARA FALLS: Revolving Dining Room at Skylon Tower $$$
Gourmet
5200 Robinson St, ON, L2G 2A3
1-905-356-2651
213 Meter über den Niagarafällen hat man einen ständig wechselnden Blick auf die Umgebung. Auf der Karte: Steaks und Seafood sowie Kinderteller. Gute Weinauswahl.

Vis-à-Vis-Tipp

NIAGARA-ON-THE-LAKE: Olde Angel Inn $
Pub
224 Regent St, ON, L0S 1J0
1-905-468-3411
Das Olde Angel Inn blickt auf eine lange Geschichte zurück. Feuerstellen, Holzbalken und Parkettböden schaffen eine urgemütliche Atmosphäre. Anhänger von englischen Pub-Gerichten werden begeistert sein von sehr guten *fish 'n' chips* oder von Würstchen mit Kartoffelbrei. 25 Biere vom Fass.

Interieur des Le Chien Noir Bistro, Kingston

NIAGARA-ON-THE-LAKE:
Tiara $$$
Gourmet
155 Byron St, ON, L0S 1J0
☎ 1-905-468-2195
Das elegante Restaurant im stattlichen Queen's Landing Hotel bietet wunderbare Ausblicke auf die Marina. Sonntags gibt es ein Brunch-Büfett.

ST. CATHARINES:
Murphy's Restaurant $
Seafood
38 Lakeport Rd, St. Catharines, ON, L2N 5B4
☎ 1-905-934-1913
● Nov–Mitte Apr: Mo, Di
Die Lage am Welland Canal überzeugt ebenso wie das maritime Flair. Die Bar ist aus einem Schiffsrumpf gefertigt. Kindermenüs.

SAULT STE. MARIE:
Arturo Ristorante $
Italienisch
515 Queen St E, ON, P6A 2A2
☎ 1-705-253-0002 ● So, Mo
Das familiengeführte Restaurant serviert Gerichte nach toskanischen Rezepten. Grandiose Pasta-Gerichte und gute Weine. Testen Sie die *gamberoni* (Shrimps) oder das pikante Pfeffersteak.

STRATFORD:
The Church Restaurant $$
Gourmet
70 Brunswick St, ON, N5A 6V6
☎ 1-519-273-3424 ● Mo
Restaurant in einer alten Kirche mit entsprechend eindrucksvollem Flair. Grandiose französische Küche, üppiger Sonntagsbrunch.

STRATFORD: Pazzo Taverna and Pizzeria $$
Italienisch
70 Ontario St, ON, N5A 3H2
☎ 1-519-273-6666 ● Mo
Legeres und doch vornehmes Dekor. Die Pizzen haben Gourmet-Qualität. Hierher kommt man mittags oder abends vor bzw. nach dem Theater her.

STRATFORD: Rundles $$$
Gourmet
9 Cobourg St, ON, N5A 3E4
☎ 1-519-271-6442
● Mitte Sep–Mitte Mai: Mo
Das Restaurant mit minimalistischem Design blickt auf den Fluss Avon. Aus der Küche kommen edle Gerichte, die zu den besten der Stadt zählen.

THUNDER BAY:
The Sovereign Room $
Gastropub
220 Red River Rd, ON, P7B 1A6
☎ 1-807-343-9277
● Sa–Mo mittags
Die Einrichtung ist einfach gehalten, doch das Essen überzeugt. Ob Entenconfit oder Schweinebauch – auch die Preise stimmen. Gute Bierauswahl.

WINDSOR: Chanoso's $
Asiatisch
225 Ouellette Ave, ON, N9A 4H9
☎ 1-519-254-8530
Ein kulinarischer Hotspot im Zentrum. Die Auswahl an asiatischen Grillgerichten ist riesig. Oder Sie entscheiden sich für eine Platte mit mehreren kleinen Speisen.

WINDSOR: Smoke and Spice $
Barbecue
7470 Tecumseh Rd E, ON, N8T 1E9
☎ 1-519-252-4999
Die Auswahl im Smoke and Spice ist nichts für Vegetarier – hier trifft kanadische Küche auf den Süden der USA. Nirgends in der Stadt sind Rippchen besser.

Zentralkanada

Vis-à-Vis-Tipp

EDMONTON: Corso 32 $$
Italienisch
10345 Jasper Ave NW, AB, T5J 1Y7
☎ 1-780-421-4622 ● Mo, Di
Das minimalistische Dekor scheint im Widerspruch zum Bekanntheitsgrad des Corso 32 zu stehen. Küchenchef Daniel Costa überzeugt auf jeden Fall mit hinreißender italienischer Küche. Zu seinen Spezialitäten zählen hausgemachte Pasta-Gerichte, Ravioli in schwarzer Trüffelsauce, Tortellini mit Hühnerleber oder Fisch in Anchovis-Vinaigrette. Sehr gute Weine und Spirituosen (u. a. viele Grappas).

EDMONTON:
Los Tres Carnales $$
Mexikanisch
10119 100A St, AB, T5J 0R5
☎ 1-780-429-0911 ● So
Stimmungsvolles Lokal mit original mexikanischer Küche. Das Spektrum reicht von Tacos über Tortillas bis zu Geflügelgerichten. Bier und Sangria.

EDMONTON: Hardware Grill $$$
Modern-kanadisch
9698 Jasper Ave NW, AB, T5H 3V5
☎ 1-780-423-0969 ● So
Das moderne Lokal wurde für sein Weinsortiment ausgezeichnet. Es gibt kanadische Klassiker wie Wolfsbarsch im Steinpilzmantel, Steaks und Alberta-Lamm.

LETHBRIDGE:
Two Guys and a Pizza Place $
Pizzeria
316 11 St S, AB, T1J 2N8
☎ 1-403-331-2222
Die Pizzen haben Preise gewonnen, u.a. die Roadhouse-Pizza. Es gibt auch gute Nudel- und Fleischgerichte sowie Desserts.

REGINA:
Diplomat Steakhouse $$
Steakhouse
2032 S Broad St, SK, S4P 1Y3
☎ 1-306-359-3366
Plüschiges Mobiliar und kleine Nischen kennzeichnen das Lokal. Die Auswahl an Steaks ist gigantisch. Kenner schätzen die zum Teil seltenen Weinbrände.

REGINA: La Bodega Tapas Bar & Grill $$$
Spanisch / Lateinamerikanisch
2228 Albert St, SK, S4P 2V2
☎ 1-306-546-3660
Stilvolles Restaurant mit einem Mix aus spanischer und Latino-Küche. Im Fokus stehen Tapas, Steaks und Seafood. Antipasti, *foie gras* und Falafel sind weitere Angebote. Sonntagsbrunch.

Eingang des Church Restaurant in Stratford

Restaurantkategorien *siehe Seite 361* **Preiskategorien** *siehe Seite 364*

REGINA: Willow on Wascana $$$
Gourmet
3000 Wascana Dr, SK, S4P 4W7
1-306-585-3663 ● So
In malerischer Lage mit Blick auf den See schmecken gebratene Enten-, Bison- oder Wildschweinbraten besonders gut.

SASKATOON: Duck Duck Goose $
Spanisch
616 10 St E, SK, S7H 0G9
1-306-649-3825 ● So
Populäres Lokal mit Tapas aus regionalen Zutaten. Spezialitäten des Hauses sind Jakobsmuscheln-Ceviche, Enten-Poutine und Ricotta-Gnocchi. Dazu trinkt man kanadischen Cidre oder Bier.

SASKATOON: The Granary $$
Gourmet
2806 8th St E, SK, S7L 6V6
1-306-373-6655
In dem einem Getreidesilo nachempfundenen Gebäude genießt man Köstlichkeiten wie Filet mignon, Prime Rib, Lachs und diverse Beerenkuchen.

SASKATOON: Saskatoon Station Place $$
Kanadisch
221 Idylwyld Dr N, SK, S7L 6V6
1-306-244-7777
Im Speisesaal genießt man zwischen kanadischen Memorabilien Spezialitäten wie Bisonsteaks, Hummer und Geflügelgerichte.

SASKATOON: Wanuskewin Restaurant $
First Nations
Hwy 11 N Corman Park No. 344, SK, S7K
1-306-931-6767
Das Restaurant im Wanuskewin Heritage Park hält das kulturelle Erbe der indigenen Völker hoch, indem es u. a. Bisongerichte, Kanincheneintopf und Bannockbrot serviert.

SASKATOON: Saboroso Brazilian Steakhouse $$$
Brasilianisch
2600 8 St, SK, S7H 0V7
1-306-249-4454
In dem traditionsreichen brasilianischen Lokal wird Essen zum sinnlichen Erlebnis. Auf den Tranchierbrettern sind beste Stücke von Rind, Lamm und Schwein angerichtet.

SASKATOON: Saint Tropez Bistro $$$
Französisch
238 2nd Ave S, SK, S7K 1K9
1-306-652-1259
Hier gibt es traditionelle französische Küche in der gemütlichen Atmosphäre eines familiengeführten Restaurants. Es liegt in einem ehemaligen Bankgebäude.

WATERTON PARK: Vimys Lounge and Grill $$
International
101 Clematis Ave, AB, T0K 2M0
1-403-859-2150
Die Tische im Freien geben den Blick auf die umliegenden Berge frei. Die Speisekarte listet Gerichte aus aller Welt, z. B. französische Zwiebelsuppe, Elch-Hackfleischbällchen oder Bisonfilet.

WINNIPEG: Nuburger $
International
472 Stradbrook Ave, MB, R3L 0J9
1-204-888-1001
Nuburger serviert Burger mit gesunden Zutaten, etwa Mango-Curry-Chicken-Burger. Es gibt auch vegane Optionen.

WINNIPEG: Pizzeria Gusto $
Pizzeria
404 Academy Rd, MB, R3N 0B8
1-204-944-8786 ● So
Den Gourmet-Pizzen aus dem Holzofen kann kaum jemand widerstehen. Darüber hinaus gibt es Antipasti und Risotto.

WINNIPEG: Resto Gare $$
Französisch
630, rue des Meurons, MB, R2H 2P9
1-204-237-7072
● Juli, Aug: So
Das in einem alten Bahnhofsgebäude untergebrachte Lokal kreiert leichte französische Gerichte. Wie wäre es mit Zwiebelsuppe oder *tourtière* (Fleischpastete)?

WINNIPEG: Segovia Tapas Bar and Restaurant $$
Spanisch
484 Stradbrook Ave, MB, R3L 0K2
1-204-477-6500
Lebhaftes Restaurant in einem trendigen Viertel. Unter den Spezialitäten finden sich Chorizo mit Äpfeln, Ceviche oder geräucherter Seesaibling.

Vancouver und Vancouver Island

CAMPBELL RIVER: Harbour Grill $$$
Gourmet
112-1334 Island Hwy, BC, V9W 1A7
1-250-287-4143 ● So
Harbour Grill ist ein guter Tipp für Seafood, Steaks und Geflügelgerichte. Probieren Sie den Entenbraten oder Heilbutt. Schöne Aussicht auf den Hafen.

Genoa Bay Café mit Blick aufs Wasser, nahe Duncan

DUNCAN: Genoa Bay Café $$
Kanadisch
5000 Genoa Bay Rd, BC, V9L 5Y8
1-250-746-7621
Das romantische, legere Café am Wasser bietet Auslick auf die Genoa Bay. Muschelsuppe, Tintenfisch und Heilbutt sind bewährte Favoriten. Unter den Nachspeisen brilliert der nach altem Rezept gebackene Karottenkuchen.

NANAIMO: Asteras Greek Taverna $$
Griechisch
347 Wesley St, BC, V9R 3A7
1-250-716-0451
Hier gibt es authentische griechische Küche zu akzeptablen Preisen. Die Speisekarte wechselt regelmäßig, gefragte Klassiker sind *Avgolemono*-Suppe (Eier-Zitronen-Suppe), *spanakopita* (Spinatpastete), Souvlaki und die Süßspeise *ekmek*.

NANAIMO: Mahle House Restaurant $$$
Kanadisch
2104 Hemer Rd, BC, V9X 1L8
1-250-722-3621 ● Mo, Di
Das 1904 errichtete Landhaus wird von einem gepflegten Garten umrahmt. Das fünfgängige Abendessen »Adventure Wednesday« ist eine gute Wahl. Die Karte wechselt wöchentlich.

RICHMOND: Fisherman's Terrace Seafood Restaurant $
Chinesisch
4151 Hazelbridge Way, BC, V6X 4J7
1-604-303-9739
Das ausgesprochen beliebte chinesische Lokal im Aberdeen Centre bietet wunderbare Dim Sum – darunter finden sich auch welche mit Hühnerfüßen.

Elegantes Ambiente im CinCin Restaurant & Bar, Vancouver

RICHMOND:
Pajo's Fish and Chips $
Fish 'n' Chips
12351 3rd Ave, BC, V7E 2Z1
☎ 1-604-272-1588
Das Lokal an den Docks der Steveston Wharf verfügt über eine große Terrasse und ist auch mit Kindern ideal. Einfache, aber exzellente Kost, darunter Heilbutt, Lachs und handgeschnittene Pommes frites. Kein Alkohol.

SALT SPRING ISLAND:
Hastings House $$$
Kanadisch
160 Upper Ganges Rd, BC, V8K 2S2
☎ 1-250-537-2362 ● Nov–Feb
Hastings House ist ein Hotel mit Restaurant in einem englischen Landhaus am Hafen. Kräuter, Obst und Gemüse sind aus dem eigenem Garten. Die Karte wechselt täglich. Lange Weinkarte.

SOOKE:
Sooke Harbour House $$$
Kanadisch
1528 Whiffen Spit Rd, BC, V9Z 0T4
☎ 1-250-642-3421 ● Di, Mi
Bei den delikaten Menüs im Sooke Harbour House jagt ein kulinarischer Höhepunkt den nächsten. Viele Zutaten für die Gerichte stammen aus dem Meer (darunter Seeigel und Schaltiere), Kräuter und Gemüse kommen aus dem eigenen Garten.

TOFINO: SoBo $$
Kanadisch
311 Neil St, BC, V0R 2Z0
☎ 1-250-725-2341
SoBo (Abkürzung für »Sophisticated Bohemian«) ist bekannt für die Holzofenpizzen, Kebab aus Elchfleisch sowie Eiscreme und Kuchen aus eigener Produktion. Gute Weinkarte.

Vis-à-Vis-Tipp

TOFINO:
The Pointe Restaurant $$$
Gourmet
The Wickaninnish Inn, 500 Osprey Ln, BC, V0R 2Z0
☎ 1-250-725-3106
The Pointe ist in einer Zedernlodge untergebracht, verfügt über einen Kamin und bietet beste Aussicht auf den Pazifik. Auf der Speisekarte finden sich Seafood- sowie Fleischgerichte (vor allem Rind und Lamm). Die Sommeliers bieten Weine des Pazifischen Nordwestens an. Direkt neben den Gästen trifft die Brandung auf Felsen.

VANCOUVER: Planet Veg $
Indisch
1941 Cornwall Ave, BC, V6J 1C8
☎ 1-604-734-1001
Das vegetarische Speiselokal serviert indische Klassiker, etwa Reisgerichte, aber auch Burger. Gute Desserts. Kein Alkohol.

VANCOUVER: Red Sea Café $
Eritreisch / Äthiopisch
670 East Broadway, BC, V5T 1X6
☎ 1-604-873-3332
Das angenehme familiengeführte Lokal bereichert die Stadt mit traditionellen ostafrikanischen Gerichten, die in großen Portionen serviert werden. Zu den Speisen, etwa *keieh tsebhi* (Hähncheneintopf), wird immer *Injera*-Brot gereicht.

VANCOUVER:
Sushi Bella Restaurant $
Sushi
2059 West 4th Ave, BC, V6J 1M7
☎ 1-604-734-4990
Hier gibt es japanische Klassiker wie Sushi und Sashimi, die teils französisch interpretiert werden. Empfehlenswert: Thunfisch.

VANCOUVER: La Taqueria Pinche Taco Shop $
Mexikanisch
322 W Hastings St, BC, V8B 1K6
☎ 1-604-568-4406
Der kleine Laden, eine von drei Filialen, bietet frische Tacos aus regionalen Bio-Zutaten. Sehr gut: die *horchata* (Erdmandelmilch).

VANCOUVER:
CinCin Restaurant & Bar $$
Italienisch
1154 Robson St, BC, V6E 3V5
☎ 1-604-688-7338
Das stark frequentierte italienische Restaurant ist für seine Degustationsmenüs bekannt. Bei der Zubereitung kann man zusehen. Gute Weinauswahl.

VANCOUVER: East is East $$
Afghanisch/Orientalisch
3243 West Broadway, BC, V6K 2H5
☎ 1-604-734-5881
Orientalisches Ambiente mit niedrigen Tischen, kuscheligen Kissen und Tanzdarbietungen. Was Sie auch essen, etwa das Probiermenü – trinken Sie Chai dazu.

VANCOUVER: The Foundation $$
Vegetarisch
2301 Main St, BC, V5T 3C9
☎ 1-604-708-0881
Das lässig-komfortable Lokal hat Hipster-Flair. Ein Genuss ist der warme Brokkolisalat, auch die Nacho-Variationen sind sehr beliebt. Gute Musik-Beschallung.

VANCOUVER: Havana $$
Kubanisch
1212 Commercial Dr, BC, V5L 3X4
☎ 1-604-253-9119
Das Havana ist für neue kubanische Küche und die Cocktails bekannt. Lecker: Muschel-Paella oder hausgemachte Chorizo.

Speisen mit Blick auf den Pazifik im The Pointe Restaurant, Tofino

VANCOUVER: Kirin Restaurant City Centre $$
Chinesisch
201–555 West 12th Ave, BC, V5Z 3X7
1-604-879-8038
Eine von vier Niederlassungen des Kirin in Vancouver. Serviert werden Dim Sum, frisches Seafood sowie vegetarische Gerichte. Tipp: Seeohren mit chinesischen Pilzen in Austernsauce.

VANCOUVER: Maenam $$
Thai
1938 West 4th Ave, BC, V6J 1M5
1-604-730-5579 So
Alles, was den besonderen Reiz der Thai-Küche ausmacht, kann man hier erleben. Empfehlenswert: Fisch mit acht Gewürzen. Beachtliche Weinauswahl.

VANCOUVER: Stepho's Souvlaki Greek Taverna $$
Griechisch
1124 Davie St, BC, V6E 1N1
1-604-683-2555
Angenehmes, manchmal jedoch etwas lautes Lokal mit delikater griechischer Küche. Die Gerichte werden in großen Portionen serviert.

VANCOUVER: Bishop's $$$
Modern-kanadisch
2183 West 4th Ave, BC, V6K 1N7
1-604-738-2025
Im Bishop's wechselt die Karte jede Woche. Probieren Sie das Bisonrippenstück und die Mandel-Panna-Cotta. An den Wänden hängt Kunst der First Nations.

VANCOUVER: Chambar $$$
Beglisch
306 Beatty St, BC, V6B 2L3
1-604-879-7119
Hippes Lokal mit variantenreicher Küche. Die Muscheln mit Chili, Kokosmilch, Zitronen und Koriander sind einen Versuch wert.

Vis-à-Vis-Tipp

VANCOUVER: Diva at the Met $$$
Regional
645 Howe St, BC, V6C 2Y9
1-604-602-7788
Ein Besuch bei Diva at the Met garantiert ein kulinarisches Erlebnis der Spitzenklasse. Zu den Spezialitäten gehören Seezunge in Trüffelsauce oder Buttertoast-Eiscreme. Viele Gäste wählen für den letzten Gang aus dem üppigen Käsesortiment aus. Es gibt verschiedene Menüs, etwa für Theaterbesucher oder an Feiertagen.

VANCOUVER: The Fish House $$$
Seafood
8901 Stanley Park Dr, BC, V6G 3E2
1-604-681-7275
Das Lokal im Stanley Park ist eine Institution. Probieren Sie die mit Ouzo flambierten Garnelen – oder gehen Sie gleich an die Austernbar. 20 Weine gibt es hier glasweise.

VANCOUVER: Gotham Steak House & Cocktail Bar $$$
Steakhouse
615 Seymour St, BC, V6B 3K3
1-604-605-8282
Die Steaks des in einem Art-déco-Bau untergebrachten Gotham werden meist mit Knochen serviert. Es gibt zudem gute Schweinefleisch- und Rindfleischgerichte. Beim Seafood dominieren Taschenkrebse, Alaska-Königskrabben und Hummer.

VANCOUVER: Lupo $$$
Italienisch
869 Hamilton St, BC, V6B 2R7
1-604-569-2535
Das Lupo ist ein gemütliches wie elegantes Restaurant mit Kamin. Die Speisekarte bietet u. a. gebratene Wachtel oder Wildreis-Risotto.

VANCOUVER: Olive & Anchor Restaurant $$$
International
6418 Bay St, BC, V7W 2H1
1-604-921-8848
Von den Tischen aus blickt man auf die Horseshoe Bay. Auf der Karte finden sich Klassiker aus aller Welt – von *chicken tikka masala* über Burger bis zu Nudelgerichten.

VANCOUVER: Tojo's Japanese $$$
Japanisch
1133 West Broadway, BC, V6H 1G1
1-604-872-8050
Hier gibt es wohl das beste Sushi und Sashimi der Stadt. Nehmen Sie Platz an der Bar oder in einer der behaglichen Nischen. Sake-Liebhaber wissen die große Auswahl (21 Sorten) zu schätzen.

VANCOUVER: West $$$
Modern-kanadisch
2881 Granville St, BC, V6H 3J4
1-604-738-8938
In dem Restaurant mischt sich die Westküstenküche mit dem Reichtum der kanadischen Küche. Auch die kulinarischen Traditionen der indigenen Völker werden gewürdigt, z. B. mit einem Kohlenfischgericht aus Haida Gwaii. Probieren Sie einen der fantastischen Martinis.

Malerische Sonnenterrasse des The Fish House in Vancouver

VICTORIA: J & J Wonton Noodle House $
Chinesisch
1012 Fort St, BC, V8V 3Z9
1-250-383-0680 So, Mo
Die hausgemachten Nudeln des gemütlichen Lokals sind täglich frisch. Auch *Won-ton*-Suppe, Hunan-Chicken und Zwiebelkuchen haben viele Anhänger.

VICTORIA: Red Fish Blue Fish $
Fish 'n' Chips
1006 Wharf St, BC, V8W 1T4
1-250-298-6877
Fish 'n' chips sind der Renner in dem einfachen Lokal mit Terrasse. Alternativen sind mit Austern oder Lachs belegte Sandwiches.

VICTORIA: Brasserie L'École $$
Französisch
1715 Government St, BC, V8W 1Z4
1-250-475-6260 So, Mo
Das kleine romantische Lokal in Chinatown serviert Gerichte der französischen Landküche. Die saisonalen Zutaten stammen überwiegend aus der Region.

VICTORIA: Il Terrazzo $$
Italienisch
555 Johnson St, BC, V8W 1M2
1-250-361-0028
Genießen Sie *salmone al forno* (überbackenen Lachs) oder andere Köstlichkeiten im Speisesaal oder im Innenhof. Gute Weine.

VICTORIA: Spinnakers $$
Pub
308 Catherine St, BC, V9A 3S8
1-250-386-2739
Gemütliches Lokal mit guter Auswahl an soliden Pub-Gerichten. Für sein Angebot an frisch gezapften Bieren wurde das Pub schon mehrfach ausgezeichnet.

VICTORIA:
Fairmont Empress Room $$$
Kanadisch
721 Government St, BC, V8W 1W5
1-250-389-2727
Das Restaurant im Empress Hotel, einem Wahrzeichen der Stadt, bietet feinste Küche und besten Service. Viele Gäste schätzen den Nachmittagstee.

Rocky Mountains

BANFF:
Coyote's Southwestern Grill $$
Nordamerikanisch
206 Caribou St, AB, T1L 1A2
1-403-762-3963
Zwangloses Restaurant mit großer Auswahl: Es gibt Pizzen und Salate, Gemüse- und Fleischgerichte (darunter auch Steak vom Grill und pikant gewürztes Filet).

BANFF: The Maple Leaf $$
Kanadisch
137 Banff Ave, AB, T1L 1C8
1-403-760-7680
Im freundlichen Ambiente kann man wählen zwischen Rindfleisch aus Alberta, Bison und Elch – oder Seafood aus British Columbia. Gute Weinauswahl.

BANFF: Le Beaujolais $$$
Französisch
212 Buffalo St, AB, T1L 1B5
1-403-762-2712
Feinste französische Küche und liebenswürdiger Service. Elchgerichte und Seafood stehen weit oben auf der Speisekarte. Degustationsmenüs mit Weinen.

BANFF: The Bison Restaurant & Terrace $$$
Traditionell
213, 211 Bear St, AB, T1L 1E4
1-403-762-5550
Bio-Lokal mit vielen Büffel- und Wildgerichten sowie Terrasse im Sommer. Auch in Wanderstiefeln erhält man Zutritt.

BANFF: Sleeping Buffalo Restaurant & Lounge $$$
Traditionell
700 Tunnel Mountain Rd, AB, T1L 1B3
1-403-760-4484
Sleeping Buffalo wird für seine wohlschmeckenden Wildgerichte geschätzt, u. a. Karibu und Wildschwein. Das Fleisch stammt von einer Ranch in den Rocky Mountains.

CALGARY: Pfanntastic Pannenkoek Haus $
Holländisch
2439 54th Ave SW, AB, T3E 1M4
1-403-243-7757 Mo, Di
Fast noch ein Geheimtipp in Calgary. Pfannkuchen – ob süß oder pikant – gibt es hier in mehr als 80 Variationen. Alternativ können Sie auch »Ihren« Belag zusammenstellen.

CALGARY: Silver Dragon $$
Chinesisch
106 3rd Ave SE, AB, T2G 0B6
1-403-264-5326
In dem Lokal in Calgarys Chinatown gibt es Gerichte aus Sichuan und Kanton sowie täglich wechselnde Dim Sum. Eine Reservierung ist erforderlich.

CALGARY: River Café $$$
Gourmet
25 Prince's Island Park, AB, T2P 0R1
1-403-261-7670
Von diesem auf einer kleinen Insel gelegenen Café hat man Blick aufs Wasser. Es gibt Fisch- und Wildgerichte sowie vegetarische Optionen – alles saisonal und bio. Der Brunch am Wochenende ist sehr beliebt.

CALGARY: Rouge $$$
Gourmet
1240 8th Ave SE, AB, T2G 0M7
1-403-531-2767 So
Das Rouge befindet sich in einem 1891 errichteten Haus am Bow River. Fleisch und Fisch stammen von Farmen bzw. aus Gewässern der Umgebung, Kräuter und Gemüse teilweise aus dem eigenen Garten.

CALGARY:
Saltlik Steakhouse $$$
Steakhouse
101 8th Ave SW, AB, T2P 1B4
1-403-537-1160
Das populäre Steakhouse bietet neben herzhaften Steaks, darunter Rib-Eye vom Alberta-Rind, auch üppige Salate. Reservieren Sie frühzeitig.

CANMORE:
Beamer's Coffee Bar $
Café
120 737-7th Ave, AB, T1W 3H8
1-403-609-0111
Das Café ist für seine vielfältigen Kaffeevariationen bekannt. Mehr als 40 Bohnensorten werden hier verarbeitet. Zum Kaffee (oder Tee) genießt man hausgemachte Sandwiches und Cookies.

Vis-à-Vis-Tipp

CANMORE: The Trough $$$
Kanadisch
725 9 St, AB, T1W 2V7
1-403-678-2820 Mo
Das familiengeführte Trough zählt für Feinschmecker zu den ersten Adressen in Canmore. Qualität und Präsentation der Speisen suchen ihresgleichen. Lendenbraten vom Alberta-Rind und Jakobsmuscheln sind nur einige der Delikatessen. Hervorragende Weine runden jedes Mahl ab. Leckere Desserts, romantische Atmosphäre. Freundliches Personal.

GOLDEN:
Eagle's Eye Restaurant $$$
Traditionell
1500 Kicking Horse Trail, BC, V0A 1H0
1-250-439-5413
außerhalb der Saison
In Kanadas höchstgelegenem Restaurant (2410 m) überzeugen vor allem Lammgerichte und Wildschweinburger – und natürlich die Aussicht. Saisonal unterschiedliche Öffnungszeiten.

JASPER: Bear's Paw Bakery $
Café
4 Pyramid Lake Rd, Jasper National Park, AB, T0E 1E0
1-780-852-3233
In dem gemütlichen Café sollte man sich einige leckere Gebäckstücke gönnen, wahlweise auch Sandwiches und Suppen. Viele Kaffee- und Teevariationen. Essen auch zum Mitnehmen.

Tische im Freien mit Bergpanorama: The Bison Restaurant & Terrace, Banff

Speisen am Kamin in der Emerald Lounge, Fairmont Jasper Park Lodge

JASPER:
The Emerald Lounge $$$
Traditionell
1 Old Lodge Rd, Jasper National Park, AB, T0E 1E0
1-780-852-3301
Vom Innenhof des Restaurants in der Fairmont Jasper Park Lodge hat man eine prachtvolle Sicht auf Whistlers Mountain. Grillgerichte stehen hier im Fokus. Die Speisen auf der Kinderkarte sind gratis.

KIMBERLY:
The Old Bauernhaus $$$
Bayrisch
280 Norton Ave, AB, V1A 1X9
1-250-427-5133 ● Di, Mi
Das Restaurant befindet sich in einer alten Scheune (17. Jh.) aus Bayern, die an ihrem ursprünglichen Standort auseinandermontiert, verschifft und 1989 hier wieder aufgebaut wurde. Wirtshausgerichte wie Schnitzel.

LAKE LOUISE:
Lake Agnes Tea House $
Café
Zugang vom Fairmont Château Lake Louise, 111 Lake Louise Dr, AB, T0L 1E0
1-403-763-7242
● Mitte Okt–Mai
Das Gebäude wurde als Schutzhütte für Wanderer erbaut. Heute werden hier mehr als 100 Teesorten zubereitet. Die Suppen und Sandwiches sind schmackhaft. Nehmen Sie beim Aufstieg im Sommer genug Wasser mit.

LAKE LOUISE:
Elkhorn Dining Room $$$
Traditionell
Mile 22 Bow Lake, Icefield Parkway, AB, T0L 1E0
1-403-522-2167
Das urige Restaurant in der Num-Ti-Jah Lodge bietet einen phänomenalen Blick auf den Bow Lake und die Berge in der Umgebung. Beliebt ist das dreigängige Candle-Light-Dinner mit Wildgerichten.

LAKE LOUISE:
Poppy Brasserie $$$
Kanadisch
Fairmont Château Lake Louise, 111 Lake Louise Dr, AB, T0L 1E0
1-403-522-1601
Vom Hotelrestaurant hat man eine toller Aussicht auf den Lake Louise. Frühstück und Brunch sind so üppig wie köstlich. Neben vielen kanadischen stehen auch einige internationale Gerichte (auch aus Japan) zur Auswahl. Für einen abendlichen Besuch sollte man reservieren.

LAKE LOUISE: The Post Hotel Dining Room $$$
Kanadisch
200 Pipestone Rd, AB, T0L 1E0
1-403-522-3989
Hier wird für ein wundervolles Esserlebnis angerichtet. Das Personal hilft bei der Auswahl des richtigen Weins (aus nicht weniger als 2300 Optionen). Die überwiegend kanadische Küche ergänzen Gerichte anderer Regionen. Wie wäre es mit *bœuf stroganoff* oder Hummersalat?

NELSON: The Outer Clove $$
International
536 Stanley St, BC, V1L 1N2
1-250-354-1667 ● So
Ein ungewöhnliches Restaurant, in dem die Köche reichlich Knoblauch verwenden (jeden Tag mehr als 2,2 kg!) – von der Vorspeise bis zum Dessert (sogar für Cookies und Eiscreme).

REVELSTOKE:
112 Restaurant and Lounge $$$
Kanadisch
112 First St E, BC, V0E 2S0
1-250-837-2107
Das Restaurant im Regent Hotel präsentiert sich mit feinen weißen Tischdecken. Steaks vom Holzkohlegrill, Lammgerichte und *cioppino* (Fischeintopf) sind beliebt. Unbedingt probieren: Mt. Begbie-Bier vom Fass.

Südliches und nördliches British Columbia

FORT LANGLEY:
Beatniks Bistro $
Kanadisch
9194 Glover Rd, BC, V1M 2S4
1-604-888-4487
Im entspannten Beatniks gibt es alles von Seafood-Linguine bis hin zu Burgern. Essen auch zum Mitnehmen. Große Auswahl an Bier von Mikrobrauerein aus dem Okanagan Valley sowie Wein und Cocktails.

HARRISON HOT SPRINGS:
Morgan's Bistro $$
Kanadisch
160 Esplanade Ave, BC, V0M 1K0
1-604-491-1696
Vom Innenhof kann man den Blick auf den Harrison Lake genießen. Hier hat man die Qual der Wahl – von hausgemachter *focaccia* über Rinderfilet und Lamm bis zu Salaten.

KELOWNA: The Yellow House Restaurant $$
Kanadisch
526 Lawrence Ave, BC, V1Y 6L7
1-250-763-5136
In dem Restaurant in einem viktorianischen Haus ist alles hausgemacht – von den Suppen über die Saucen bis zu den Desserts. Probieren Sie die Regenbogenforelle, die Crab Cakes oder das Lammkarree. Die Martinis sind großartig.

Elkhorn Dining Room in der Num-Ti-Jah Lodge, Lake Louise

Vis-à-Vis-Tipp

KELOWNA: Waterfront Wines $$
Kanadisch
1180 Sunset Dr, BC, V1Y 9W6
1-250-979-1222
So (in Ferienzeiten auch Mo)
Das minimalistisch designte Waterfront Wines wurde schon mit Preisen überhäuft. Das kompetente Personal berät Sie bei der Auswahl der Weine. Bei den Gerichten sind Wildlachs, Schweineschulter und Entenbrust unter den Favoriten vieler Gäste. Zur Pilzsaison sollten Sie Morcheln probieren. Vor oder nach dem Essen passt ein Cocktail auf der Sommerterrasse. Große Bierauswahl.

OSOYOOS: The Diamond Steak and Seafood House $$
Mediterran
8903 Main St, BC, V0H 1V0
1-250-495-6223 Mo
Familienbetriebenes Restaurant mit mediterranen Köstlichkeiten. Tintenfisch und griechischer Salat zählen zu den Favoriten, auch Steaks und Pizzen werden stark nachgefragt. Die Auswahl an Weinen kann sich sehen lassen. Im Winter sitzt man am Kamin.

PRINCE GEORGE: Spicy Greens Restaurant $
Asiatisch
6545 Hart Hwy, BC, V2K 3A4
1-250-564-3509
Spicy Greens serviert schmackhaftes Essen. Schwerpunkte liegen auf den Küchen Südindiens, Sri Lankas und Singapurs. Currys und *mee goreng* (gebratene Nudeln) sind empfehlenswert.

PRINCE GEORGE: Shogun Japanese Steakhouse $$
Japanisch
770 Brunswick St, BC, V2L 2C2
1-250-563-0121
Nehmen Sie am besten nahe dem Teppan-Grill Platz, um den Köchen bei der Zubereitung über die Schulter zu blicken. Oder Sie setzen sich in den Shojii Room. Steaks und *tempura* werden in großen Portionen serviert.

PRINCE RUPERT: Cow Bay Café $
Café
205 Cow Bay Rd, BC, V8J 1A2
1-250-627-1212 So, Mo
Von den Tischen am Fenster des legeren Lokals sieht man den Hafen. Die Gerichte stehen auf einer Tafel. Neben dem Fisch des Tages sind auch einige fleischlose Optionen dabei. Je früher Sie kommen, desto größer ist die Auswahl. Vorzügliche Desserts.

PRINCE RUPERT: Opa Sushi $
Japanisch
34 Cow Bay Rd, BC, V8J 1A5
1-250-627-4560
Das Sushi-Lokal liegt ungewöhnlicherweise in einer ehemaligen Werkstatt für Fischernetze. Die Zubereitungsvarianten sind typisch für die Westküste. Hier findet auch so mancher Kenner von Sake neue Sorten.

TERRACE: Don Diego's $
Texmex
3212 Kalum St, BC, V8G 2M9
1-250-635-2307 So
Die täglich wechselnde Speisekarte und sehr günstiges Texmex-Essen sind Markenzeichen des Don Diego's, eines populären Treffpunkts. Es gibt köstliche Enchiladas. Auch glutenfreie Gerichte stehen zur Auswahl.

WHISTLER: Blacks Pub & Restaurant $$
Traditionell
4270 Mountain Sq, BC, V0N 1B4
1-604-932-6945
Das Blacks am Fuß von Blackcomb und Whistlers Mountain zählt zu den ältesten Lokalen der Gegend. Im Pub oben überzeugt die große Bierauswahl neben bodenständigen Gerichten.

WHISTLER: Bearfoot Bistro $$$
Französisch
4121 Village Green, BC, V0N 1B4
1-604-932-3433
Das innovative Bistro bietet eine Auswahl an französischen Gerichten. Es gibt auch Probiermenüs und dazu die passenden Weine.

Nordkanada

DAWSON CITY: Drunken Goat Taverna $$
Griechisch
950 2nd Ave, YT, Y0B 1G0
1-867-993-5868 So, Mo
Die von einem Griechen betriebene malerische Taverne bietet einen Querschnitt durch die Küche Griechenlands. Große Portionen.

DAWSON CITY: Klondike Kate's $$
Kanadisch
1102, 3rd Ave, YT, Y0B 1G0
1-867-993-6527 Okt–Apr
Ein 1904 im Zeitalter des Goldrauschs errichtetes Gebäude ist Standort dieses familiengeführten Restaurants. Frühstück wird den ganzen Tag über angeboten, am Wochenende gibt es Brunch. Bekannt ist das Lokal auch für seine Smoothies.

Cow Bay Café am Hafen von Prince Rupert, British Columbia

Restaurantkategorien *siehe Seite 361* **Preiskategorien** *siehe Seite 364*

FORT PROVIDENCE: Snowshoe Inn Café $
Imbiss
Ausf. 1, Mackenzie Dr, NT, X0E 0L0
1-867-699-3511
Für einen kleinen Snack in gemütlicher Atmosphäre ist man hier richtig. Burger, *fish 'n' chips*, Chicken Wings oder Shrimps sind von guter Qualität. Dies gilt auch für die Desserts.

HAY RIVER: Back Eddy Cocktail Lounge & Restaurant $$
International
6 Courtoreille St, NT, X0E 0R0
1-867-874-6680
Die Kombination aus Restaurant, Lounge und Sportbar zählt zu den populärsten Lokalen in Hay River. Der Fisch stammt überwiegend aus dem Great Slave Lake. Auch Steaks sind zu haben.

INUVIK: Tonimoes Restaurant and Shivers Lounge $$
Kanadisch
185 Mackenzie Rd, NT, X0E 0T0
1-867-777-2861
Ein Wasserfall ist das Markenzeichen des Restaurants im Mackenzie Hotel. Serviert werden Steaks, Burger und Nudelgerichte in vielen Variationen. Freitagabends stehen Prime-Rib-Steaks auf dem Programm, am Sonntag gibt es Brunch.

IQALUIT: The Gallery $$$
Gourmet
Astro Hill Complex, NU, X0A 0H0
1-867-979-2222
The Gallery im Frobisher Inn präsentiert Drucke der Pangnirtung Print Collection. Die Künstler sind vor Ort und tragen ihren Teil zur »Dinner-and-Art-Show« bei. Regionale Gerichte feinster Qualität.

IQALUIT: The Granite Room $$$
Gourmet
1056 Mivvik St, NU, X0A 0H0
1-867-979-4433
The Granite Room überzeugt mit typischen Gerichten Nordkanadas. Die in einem warmen Gelbton gestrichenen Wände schaffen Behaglichkeit. Suppen, Salate (vom Büfett), Tagesmenü, Sonntagsbrunch – hier schmeckt einfach alles. Versuchen Sie das Karibusteak oder Heilbutt.

NORMAN WELLS: Yamouri Inn $$
International
1 Town Square, NT, X0E 0V0
1-867-587-2744
Der Speisesaal im Yamouri Inn ist entspannt-gemütlich. Das Speisenangebot wechselt regelmäßig. Die Gerichte kann man auch mitnehmen.

Gut besetzt: Tische im Freien des Bearfoot Bistro in Whistler

WHITEHORSE: Pickapeppa $
Karibisch
2074 2nd Ave, YT, Y1A 1B1
1-867-456-4990
In dem winzigen Restaurant sollten Sie unbedingt einkehren. Hier gibt es authentisches jamaikanisches Essen: Jerk-Hühnchen, Teigtaschen oder Ziegeneintopf. An einem kalten Tag können Sie hier Hitze quasi essen.

WHITEHORSE: Antoinette's Food Cache $$
International
4121 4th Ave, YT, Y1A 1H7
1-867-668-3505 ● So
Karibisches Flair in Nordkanada: helle Tischdecken, rot gestrichene Wände und legeres Ambiente. Ob Currys, Seafood (z. B. Heilbutt), Bison-Burger oder vegetarische Gerichte: Neben der Qualität erfreut hier auch die Präsentation der Speisen. Warmer Apfelkuchen und *crême brûlée* ragen unter den Desserts heraus.

WHITEHORSE: Burnt Toast Café $$
Modern-kanadisch
2112 2nd Ave, YT, Y1A 1B9
1-867-393-2605 ● So abends
Burnt Toast Café ist ein angesagtes Restaurant mit zeitgenössischer Einrichtung. Das Spektrum an Gerichten reicht von Tapas bis zur Elchfleischwurst mit Heidelbeeren. Sonntags geht es beim Brunch (gute Auswahl an Eiergerichten) hoch her.

WHITEHORSE: Cellar Steakhouse & Wine Bar $$$
Gourmet
101 Main St, YT, Y1A 2A7
1-867-667-2562 ● Mo, Di
Das Restaurant im Edgewater Hotel ist bekannt für schmackhafte Steaks und Fischgerichte. Das exklusive Flair entspricht dem gehobenen Preissegment. An der Weinbar werden edle Tropfen aus aller Welt ausgeschenkt.

YELLOWKNIFE: Bullocks Bistro $$$
Fish 'n' Chips
3534 Weaver Dr, NT, X1A 2S9
1-867-873-3474
Kleines, aber gemütliches Lokal. Vom Barhocker aus können Sie dem Koch bei der Zubereitung von Karibu- und Bisongerichten zusehen. Der Fisch kommt frisch aus dem Great Slave Lake.

YELLOWKNIFE: Fuego $$$
International
4915 50th St, NT, X1A 1S1
1-867-873-3750 ● So
Auf der Speisekarte dominieren Wildgerichte und Seafood. Das Fuego mit warmer Beleuchtung und dunklen Holzböden ist ein schöner Platz für ein romantisches Abendessen.

Vis-à-Vis-Tipp

YELLOWKNIFE: Thornton's Wine & Tapas Room $$$
Tapas
5125 52nd Ave, NT, X1A 1S8
1-867-669-9463 ● Mo
Die Lage neben einer Bowlingbahn scheint auf den ersten Blick der Eleganz des Lokals zu widersprechen. Doch hier zeigt sich die Klasse im Detail. Hohe Decken, exzellenter Service und eine riesige Auswahl an feinsten Tapas machen den Charme des Restaurants aus. Gute Weinauswahl. Beliebter Sonntagsbrunch. Reservieren Sie frühzeitig.

YELLOWKNIFE: Wildcat Café $$$
Regional
Wiley Rd, NT, X1A 2S9
1-867-873-4004 ● Okt–März
Hier wird Historie lebendig: Das renovierte Blockhaus stammt aus der Ära des Goldrauschs und überzeugt seine Gäste mit vielfältigen Köstlichkeiten der regionalen Küche.

Shopping

Shopping in Kanada umfasst mehr als nur Souvenirs wie Mountie-Puppen und T-Shirts mit Ahornblatt. Die Auswahl reicht von Elektronik über Kleidung bis Schmuck. Natürlich gibt es auch Landestypisches wie etwa Ahornsirup aus Québec, Räucherlachs aus British Columbia und Cowboystiefel aus Alberta. Kunstwerke der indigenen Bevölkerung haben eine jahrhundertealte Tradition, darunter die Schnitzereien der First Nations an der Westküste oder die Malereien und Wandteppiche der Inuit. In jeder größeren Stadt gibt es riesige Shopping-Zentren, hinzu kommen zahlreiche Fachgeschäfte, Galerien und lebhafte Straßenmärkte, in ländlichen Gebieten auch Geschäfte mit reizvollem Kunsthandwerk der jeweiligen Region. Bitte beachten Sie bei Ihrem Einkauf, dass zum angegebenen Preis häufig noch die Verkaufssteuer hinzukommt.

Öffnungszeiten

Die Öffnungszeiten sind unterschiedlich, doch in größeren Städten öffnen die meisten Geschäfte um 9 Uhr und schließen zwischen 17 und 21 Uhr. Einige Gemischtwarenläden sind rund um die Uhr geöffnet, in Großstädten auch einige Apotheken.

In den meisten Städten haben die Geschäfte freitagabends bis 21 Uhr geöffnet. In Kleinstädten und Dörfern dagegen schließen Läden und Tankstellen meist schon um 18 Uhr. An Sonn- und Feiertagen sind immer mehr Geschäfte, je nach Provinz, ab Mittag bis 17 Uhr offen. In ländlichen Gegenden ist dies jedoch noch eher die Ausnahme. Informieren Sie sich gegebenenfalls vor Ort über die Öffnungszeiten der Tankstellen, nicht alle haben an Sonn- und Feiertagen geöffnet.

Bezahlung

In den meisten Geschäften akzeptiert man die gängigen Kreditkarten. Am populärsten sind Visa und MasterCard. Zahlungen mit Kreditkarte sind gelegentlich mit einer Mindestkaufsumme verbunden und beim Schlussverkauf oft nur eingeschränkt benutzbar. Früher konnte man mit einer Bankkarte problemlos zahlen oder Geld am Automaten abheben, doch die heutigen Karten mit dem VPay-System (mit Maestro-Logo) funktionieren nur teilweise. Die Bezahlung mit Reiseschecks ist zwar noch möglich, aber immer weniger willkommen.

In Kaufhäusern wird als einzige Auslandswährung der US-Dollar akzeptiert. Der Umrechnungskurs liegt dabei oft bis zu 15 Prozent unter dem einer Bank. Größere Kaufhäuser haben häufig auch eigene Wechselstuben.

Verkaufssteuern

In Kanada gibt es drei Arten der Verkaufssteuer. Die Goods and Services Tax (GST, »Waren- und Dienstleistungssteuer«), die Provincial Sales Tax (PST, Verkaufssteuer, die je nach Provinz variiert) sowie die Harmonized Service Tax (HST, »Harmonisierte Verkaufssteuer«). Letztere entspricht einer Kombination aus GST und PST und beträgt je nach Provinz 13 bis 15 Prozent. Sie wird nur in einigen Provinzen (Nova Scotia, New Brunswick, Newfoundland und Labrador, Ontario sowie Prince Edward Island) erhoben. In den anderen Provinzen und Territorien werden GST in Höhe von fünf Prozent und PST (je nach Provinz sieben bis zehn Prozent) erhoben.

Seit 2007 können sich Reisende, die keinen ständigen Wohnsitz in Kanada haben, die GST nicht mehr rückerstatten lassen.

Verbraucherschutz

Informieren Sie sich beim Kauf über Ihr Umtauschrecht. Manche Läden bieten den Kunden eine »Geld-zurück-Garantie«, andere hingegen stellen bei Umtausch einen Gutschein aus, doch in vielen Fällen ist der Umtausch ganz ausgeschlossen. Renommierte Geschäfte nehmen unter Vorlage der Originalrechnung beschädigte Waren jedoch innerhalb eines Zeitraums von 28 Tagen anstandslos zurück.

Regionales Kunsthandwerk in einem Laden in British Columbia

Typisch kanadisch

Es gibt eine breite Palette von Waren »made in Canada«. Obwohl diese landesweit erhältlich sind, bekommt man sie in ihrer Herkunftsregion häufig günstiger. Handgestrickte Pullover und Tonwaren gibt es in den Atlantikprovinzen, gleiches gilt für Seagull-Zinngeschirr aus Nova Scotia. Die Prärieprovinzen und Alberta sind auf Cowboyzubehör wie Gürtel, Westen, Hüte und Stiefel spezialisiert. Künstler aus British Columbia fertigen Schnitzereien wie Totempfähle. Auch Schmuck aus vor Ort abgebauter Jade ist hier relativ preisgünstig. Ahornsirup und

Das Eaton Centre an der Yonge Street im Zentrum von Toronto

Zuckerprodukte kommen aus Québec und Ontario. In Québec findet man zudem schöne Holzschnitzereien, in Ontario auch Korbwaren der Ureinwohner.

Schnitzereien von Ureinwohnern bekommt man in ganz Kanada, vor allem im hohen Norden. Kunst(-handwerk) der Inuit wird von der Regierung gekennzeichnet. Der Aufkleber mit dem Iglu und die Signatur des Künstlers garantieren die Echtheit. Seit den 1950er Jahren stellen die Inuit Drucke her, die sich, ebenso wie ihr Schmuck, großer Beliebtheit erfreuen. Handgemachte Parkas, Stickereien und Hirschledermokassins sind hübsche Souvenirs.

Tonkrug aus Nova Scotia

Zeitgenössische kanadische Kunst ist in den Geschenkeläden und Galerien des ganzen Landes vertreten. Wer sparen will, dem seien Fotografien und Drucke empfohlen, aber auch Musikaufnahmen. Tonträger wie CDs werden in kleinen Plattenläden und Shopping-Zentren verkauft.

Moderne Sport- und Oberbekleidung ist robust und chic. Mit Camping-, Wander-, Boots- und Angelzubehör macht man stets einen guten Kauf. Da man in Kanada traditionell viel Zeit in der freien Natur verbringt, sind Outdoor-Artikel oft erheblich preiswerter als in Europa.

Für alle, die einen zusätzlichen Koffer benötigen, um die erworbenen Schätze nach Hause zu bringen, seien die renommierten Koffer von Tilley empfohlen, die es überall in Kanada gibt.

Kaufhäuser

Die größte kanadische Kaufhauskette im mittleren Preissegment ist The Bay. Kanadische Kaufhäuser mussten in den vergangenen Jahren finanzielle Einbußen hinnehmen und verändern derzeit ihr Image, um mit amerikanischen Ketten wie Wal-Mart, mit Discountern und Ketten wie Costco und Sears konkurrieren zu können, die mit einem Kundenkartensystem arbeiten. Sie liegen im mittleren bis unteren Marktsegment. Canadian Tire, eine wahre Institution, verkauft alles von Autozubehör bis zu Sportartikeln.

Malls und Shopping-Zentren

Die kanadischen Vorstädte sind vielleicht keine kulturellen Anziehungspunkte, doch einige ihrer Einkaufszentren sind einen Besuch wert. Das Eaton Centre in Toronto liegt unter einem Kuppeldach aus Glas und Stahl. Über den Köpfen der Besucher fliegen von Künstlerhand geschaffene Gänse. Jährlich besuchen rund 50 Millionen Menschen dieses Paradestück moderner Architektur, das konservative Torontoer Bürger bisweilen als »Barbarei« abtun. In Kanada befindet sich auch das größte Einkaufszentrum der Welt, die West Edmonton Mall in Edmonton (Alberta). Über 800 Geschäfte, 100 Restaurants, 34 Kinos, ein Erlebnisbad, ein Vergnügungspark, ein Hotel, ein Minigolfplatz, eine Eislaufbahn und ein Aquarium mit Delfinen sind nur einige Features, die Einheimische wie Besucher in dieses Shopping-Paradies locken.

Exklusive Läden findet man in Toronto, der kanadischen Hauptstadt des Einzelhandels. Marken wie Tiffany, Holt Renfrew, Ralph Lauren und Gucci säumen die Bloor Street und Yorkville Avenue. Auch Vancouver und Montréal haben Luxusgeschäfte der Weltklasse. Montréal gilt als Pelzhauptstadt, gute Kaufhäuser führen Sommer- und Winterpelze zu günstigen Preisen. Wer nicht in den Norden reist, kann hier auch Inuit-Kunst erwerben.

Die »Underground City« mit Hunderten von Boutiquen in Montréal

Shopping in Montréal, Toronto und Vancouver

Eines haben die drei größten Städte Kanadas gemeinsam: ein internationales Warenangebot. Montréals kosmopolitischer Zuschnitt spiegelt sich in einer breiten Palette von Einkaufsmöglichkeiten wider, von schicken Boutiquen über Antiquitätenläden bis hin zur Underground City. Zum Shopping-Paradies Toronto gehören die Bezirke Bay/Bloor und Yorkville sowie Dutzende Ethno-Viertel mit entsprechendem Warenangebot. Vancouver trumpft mit rund zehn großen Shopping-Arealen auf, in denen es Haute Couture, Möbel, Kunst und vieles mehr zu entdecken gibt.

Das Eaton Centre in Toronto lockt mit Hunderten von Läden

Kaufhäuser und Malls

Das bekannteste Kaufhaus Kanadas ist **The Bay / La Baie**, ein modernes Kürzel für die Hudson's Bay Company, die im 17. Jahrhundert als Handelsstation für die frühen Siedler und die Ureinwohner startete. The Bay gibt es in allen drei Städten. Die Decken, Pullover und Mäntel mit den regenbogenbunten Streifen, dem unverwechselbaren Markenzeichen der Kette, waren schon immer ein beliebtes Mitbringsel. Der Shopping-Komplex **Eaton Centre** in der Innenstadt von Toronto erstreckt sich über einen ganzen Block und beherbergt Hunderte von Läden und viele Kaufhäuser, darunter Nordstrom im Norden und The Bay im Süden. Hier findet man Niederlassungen zahlreicher international agierender Unternehmen und Marktführer – vom Apple Store über Indigo Books, H&M und Roots bis zu AX Armani Exchange. In Montréals **Place Montréal Trust** haben sich rund 70 Boutiquen angesiedelt, darunter einige große Ketten. Ein hübscher Treffpunkt in der Mall ist der neun Meter hohe Springbrunnen. In Vancouver ist das **Pacific Centre** wohl die erste Shopping-Adresse im Zentrum, während man im **Aberdeen Centre** im nahe gelegenen Richmond eine Fülle von asiatischen Läden, Restaurants und Dienstleistern findet.

Märkte

Das mildere Klima von Vancouver eignet sich besser für Märkte unter freiem Himmel, doch auch die beiden anderen Metropolen haben in dieser Hinsicht viel zu bieten. Der **Jean-Talon Market** in Montréal mit über 100 Verkaufsständen findet von Mai bis Oktober draußen statt, verfügt aber auch über 20 Läden im Inneren. Die Torontoer lieben ihren **St. Lawrence Market** mit seinen über 60 Ständen wegen der frischen Ware und wegen der St. Lawrence Hall mit Läden im Erdgeschoss. Auf **Granville Island** in Vancouver findet ein echter Bauernmarkt statt, zudem gibt es einige Galerien, Boutiquen und Läden mit Kunsthandwerk.

Antiquitäten und Kunsthandwerk

In Toronto gibt es an nahezu jeder Ecke einen Antiquitätenladen. Eine große Auswahl alter Möbel und Accessoires findet man entlang der Queen Street. Der große **Sunday Antique Market** öffnet seine Pforten bei Sonnenaufgang und dauert bis 17 Uhr. Er befindet sich in der Nähe des St. Lawrence Market *(siehe S. 191)*. **Toronto Antiques on King** ist für wertvolle (und hochpreisige) Stücke bekannt. **Craft Ontario Shop** in Yorkville verkauft herrliche Waren des Ontario Crafts Council. Der Shop im **Textilmuseum** *(siehe S. 180)* bietet eine große Auswahl an handgefertigten Stücken (u. a. Schals und Halstücher). Bei **L'Art des Artisans du Québec** in Montréal kann man Arbeiten aus Holz, Zinn und Glas von Québecer Künstlern erwerben. Auch die 15 Läden des **Marché Bonsecours** verkaufen regionales Kunsthandwerk. In Vancouver reihen sich Antiquitätenläden entlang der Main Street. Das **Antique Warehouse** ist ein Magnet für Sammler.

Designermode und Schmuck

Exklusive Damenmode von Québecer Designern bietet **Anne de Shalla** in Montréal, **L'Uomo Montréal** zieht modebewusste Männer an. Das Modehaus **La Maison Ogilvy** ist

Der Granville-Island-Markt in Vancouver

bereits seit 1866 in Montréal ansässig und bekannt für hochwertige Kleidung. In Toronto finden sich die meisten Designerläden, u. a. **Tiffany & Co.**, **Royal de Versailles** und **Gucci**, in der Gegend Yorkville und Bloor Street. Hier steht auch der Flagship-Store von **Holt Renfrew**, einer kanadischen Kaufhauskette, die für ihre hochwertige Waren bekannt ist. In der Robson Street in Vancouver haben sich Marken wie Armani und das kanadische Lifestyle-Haus **Roots** angesiedelt. In der Water Street reihen sich die Boutiquen.

Kunst, Bücher, Musik und Geschenke

Die größte Buchhandelskette Kanadas ist Chapters/Indigo/Coles, in den Filialen der Großstädte findet man auch eine erstklassige Musikauswahl. Die **Canadian Guild of Crafts** in Montréal führt nicht nur schönes Kunsthandwerk aus Holz, Keramik, Glas und Metall sowie handgefertigten Schmuck, sondern bietet auch eine sehenswerte Inuit-Kunstausstellung. In Vancouver bekommt man bei **MacLeod's Books** seltene Bücher und frühe Werke über Westkanada.

Besondere Läden

Bei **Canadian Maple Delights** in Montréal gibt es alles, was man mit Ahornsirup machen kann: Eis, Gebäck, Senfsorten, Essig, Marmeladen und unzählige weitere Leckereien. In Toronto und Montréal genießt man bei **La Casa del Habano** feinste Havannazigarren mit einem kubanischen Cocktail oder Kaffee. Das **Héritage** in Vieux-Montréal ist nicht nur ein Pelzgeschäft, sondern auch eine Kunstgalerie. Vancouvers **Mountain Equipment Co-op** bietet Outdoor-Ausrüstung für jeden Zweck.

Auf einen Blick

Kaufhäuser und Malls

Aberdeen Centre
4151 Hazelbridge Way, Richmond, Vancouver.
☎ 1-604-270-1234.
W aberdeencentre.com

The Bay / La Baie
585, rue Ste-Catherine Ouest, Montréal. 176 Yonge St, Toronto. 674 Granville St, Vancouver.
W thebay.com

Eaton Centre
220 Yonge St, Toronto.
☎ 1-416-598-8560.
W torontoeatoncentre.com

Pacific Centre
700 W Georgia St, Vancouver.
☎ 1-604-688-7235.
W pacificcentre.com

Place Montréal Trust
1500 McGill College Ave, Montréal.
☎ 1-514-843-8000.
W placemontrealtrust.com

Märkte

Granville Island
Südseite von Dowton Vancouver.
W granvilleisland.com

Jean-Talon Market
7070 Henri Julien Ave, Montréal.
W marchepublics-mtl.com

St. Lawrence Market
92 Front St E, Toronto.
☎ 1-416-392-7219.
W stlawrencemarket.com

Antiquitäten und Kunsthandwerk

Antique Warehouse
226 SW Marine Dr, Vancouver. ☎ 1-604-324-3661. W antiquewarehouse.net

L'Art des Artisans du Québec
Complexe Desjardins, 150, rue Ste-Catherine O., Montréal. ☎ 1-514-288-5379. W artdesartisansduquebec.com

Craft Ontario Shop
118 Cumberland St, Toronto.
☎ 1-416-921-1721.
W craftontario.com

Marché Bonsecours
350, rue St-Paul Est, Montréal. ☎ 1-514-872-7730. W marchebonsecours.qc.ca

Sunday Antique Market
St. Lawrence North Market, Toronto.
☎ 1-416-410-1310.
W sundayantiquemarket.com

Textilmuseum
55 Centre Ave, Toronto.
☎ 1-416-599-5321.
W textilemuseum.ca

Toronto Antiques on King
284 King St W, Toronto.
☎ 1-416-260-9057.

Designermode und Schmuck

Anne de Shalla
Marché Bonsecours, 350, rue St-Paul Est, Montréal.
☎ 1-514-398-0761.

Gucci
130 Bloor St W, Toronto.
☎ 1-416-963-5127.

Holt Renfrew
1300, rue Sherbrooke Ouest, Montréal. 50 Bloor St W, Toronto. Pacific Centre, 727 Dunsmuir St, Vancouver.
W holtrenfrew.com

La Maison Ogilvy
1307, rue Ste-Catherine Ouest, Montréal.
☎ 1-514-842-7711.
W ogilvycanada.com

Roots
1001 Robson St, Vancouver. ☎ 1-604-683-4305. 1025, rue Ste-Catherine O., Montréal. ☎ 1-514-845-7995. 80 Bloor St W, Toronto. ☎ 1-416-323-3289. W roots.com

Royal de Versailles
101 Bloor St W, Toronto.
☎ 1-416-967-7201.
W royaldeversailles.com

Tiffany & Co.
150 Bloor St W, Toronto.
W tiffany.ca

L'Uomo Montréal
1452, rue Peel, Montréal.
☎ 1-514-844-1008.

Kunst, Bücher, Musik und Geschenke

Canadian Guild of Crafts
1460, rue Sherbrooke Ouest, Suite B, Montréal.
☎ 1-514-849-6091.
W canadianguild.com

MacLeod's Books
455 West Pender St, Vancouver.
☎ 1-604-681-7654.

Besondere Läden

Canadian Maple Delights
84, rue St-Paul Est, Montréal.
☎ 1-514-765-3456.

La Casa del Habano
1434, rue Sherbrooke Ouest, Montréal.
☎ 1-514-849-0037.
113 Yorkville Ave, Toronto. ☎ 1-416-340-9066.

Héritage
30, rue St-Paul Est, Montréal.
☎ 1-514-926-9272.

Mountain Equipment Co-op
130 W Broadway, Vancouver. ☎ 1-604-872-7858. 400 King St W, Toronto. ☎ 1-416-340-2667. W mec.ca

Unterhaltung

Die Unterhaltungsszene in Kanada ist sehr unterschiedlich. Sie hat das internationale Niveau, das Besucher von einem nordamerikanischen Land erwarten, bietet jedoch auch ländliches Entertainment mit jeder Menge Lokalkolorit. Neben Mainstream-Produktionen in Ottawa und anderen Großstädten gibt es in Kanada sowohl alternative »Acts« als auch traditionelle Kunstformen, wobei das Land in puncto Folkmusik auf eine lange und erfolgreiche Tradition zurückblicken kann. Klassische und moderne Musik sind überall präsent. Die Großstädte bieten Theater- und Tanzaufführungen sowie Musicals von Weltrang, ganz zu schweigen von den vielen Musik- und Filmfestivals.

Information

Die Tageszeitungen der Provinzen informieren über kulturelle Ereignisse. *Vancouver Sun*, *Montréal Gazette*, *Ottawa Citizen* und *Toronto Star* sind am beliebteste Veranstaltungskalender erscheinen mindestens einmal wöchentlich. Die landesweit erhältlichen Zeitungen *The Globe and Mail* und *National Post* aus Toronto haben ein exzellentes Feuilleton. Auch kostenlose Wochenmagazine wie *Now* in Toronto oder *Georgia Straight* in Vancouver sind für Besucher der jeweiligen Stadt sehr hilfreich.

Auskunft erhält man zudem in den Informationszentren *(siehe S. 401)*, deren Mitarbeiter oft auch Tickets reservieren. In Besucherzentren und Hotels liegen Wochenmagazine wie *Where* aus. Das französischsprachige Unterhaltungsprogramm von Québec wird in *La Presse* und *Le Devoir* zusammengefasst. *Maclean's* ist eine Wochenzeitschrift mit interessantem Kulturteil.

Tickets

Filialen von »Ticketmaster«, mit Tickets für Veranstaltungen in ganz Kanada, findet man in vielen Einkaufszentren. Karten für Events in Québec bekommt man über das Admission Network. Verschiedene Agenturen versorgen bestimmte Städte, obwohl man Tickets meist auch am Veranstaltungsort kaufen kann.

Behinderte Reisende

Kanadische Veranstaltungsorte sind meist sehr gut auf Rollstuhlfahrer eingestellt. In den Hallen befinden sich Rampen, die Toiletten sind gut zugänglich, auch Behindertenparkplätze sind vorhanden. Im National Arts Centre *(siehe S. 201)* von Ottawa und in vielen Hallen gibt es Induktionsspulen für Hörgeräte. In größeren Zentren erreicht man die Säle über Rampen oder Aufzüge.

Theater

Toronto, Ottawa, Vancouver, Montréal, Stratford und Niagara-on-the-Lake sind die Theaterhochburgen, die kanadische Stücke, aber auch Produktionen aus den USA und Europa präsentieren. Musicals und klassisches Theater sind recht beliebt und meist hochkarätig – wobei Shakespeare nur ein Highlight ist. Es gibt auch viele Shows, die Torontoer Theater Princess of Wales und Royal Alexandra zeigen etwa Broadway-Produktionen und Weltpremieren wie *Der Herr der Ringe*.

Die Spielzeit der Theater dauert von November bis Mai, doch sind Aufführungen im Sommer stark im Kommen. Musicals und Historienstücke sind ein Erlebnis für die ganze Familie, besonders populär ist *Anne of Green Gables*, das in Charlottetown ganzjährig gespielt wird.

Film

Produktionen aus Hollywood sind in Kanada so erfolgreich wie in Europa. Da die Premieren oft mit denjenigen in den USA zusammenfallen, kann man hier die Filme sehen, bevor sie in Europa anlaufen. In Großstädten, vor allem in Ottawa und Gatineau, gibt es riesige IMAX™- und OMNIMAX™-Kinos.

Kanada hat seinen Platz in der Filmgeschichte und bei den Cineasten: Hier wurde der Dokumentarfilm »erfunden«. Die Kunstfilme jüngerer Zeit finden großes Interesse. Neuen Trends kann man in Montréal, Vancouver und Toronto nachspüren. Insider schätzen vor allem Robert Lepage, Kanadas großen Theater- und Filmimpresario. Auch der Surrealist David Cronenberg, Regisseur von *Spider* (2002) und *A History of*

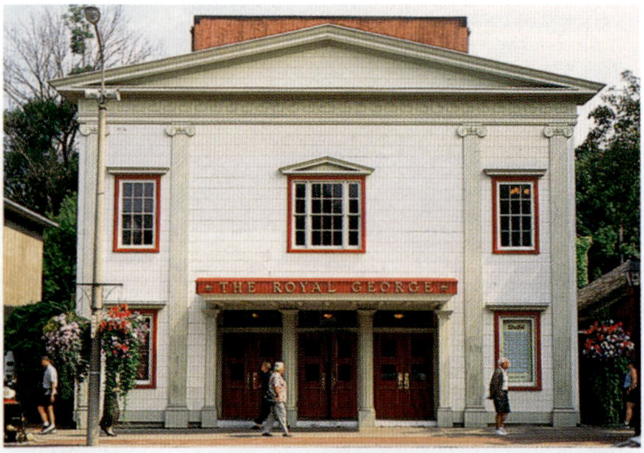

Fassade des Royal George Theatre in Niagara-on-the-Lake, Ontario

Toronto International Film Festival – ein Muss für Cineasten

Violence (2005), ist Kanadier. Vom Québecer Denys Arcand stammen *Jesus von Montréal* (1989), *Liebe und andere Grausamkeiten* (1993) und *Die Invasion der Barbaren* (2003). Das National Film Board wählt jedes Jahr das Werk eines Angehörigen der First Nations aus den Bereichen Spielfilm, Animations- und Dokumentarfilm aus und vertreibt es. Um junge Filmemacher zu erleben, bietet sich das Toronto International Film Festival an, das wie andere Festivals in Montréal und Vancouver ein wahrer Publikumsmagnet ist.

Klassische Musik, Oper und Ballett

Da klassische Musik und Oper in Kanada ein großes Publikum haben, sind die Produktionen wie auch die Bühnen auf höchstem Niveau. Stammhaus der Canadian Opera Company mit einem Repertoire von Mozart bis zu neueren Stücken ist das Four Seasons Centre for the Performing Arts *(siehe S. 178)* in Toronto. Es ist auch Sitz des National Ballet of Canada, Konkurrent des Royal Winnipeg Ballet. Beide präsentieren klassisches Ballett und Experimentelles.

In Toronto sind jährlich 400 per Los ausgewählte Werke der Avantgarde zu sehen. Mehr als 100 000 Besucher finden sich jedes Jahr in der Jack Singer Concert Hall im Arts Commons ein, um das Calgary Philharmonic Orchestra zu hören. Das Orpheum Theatre in Vancouver ist Sitz des Vancouver Symphony Orchestra.

Rock, Folk und Popmusik

Die kanadische Popmusik hat sich längst eine Stellung erworben, die ihr selbst gewogene Kenner nicht zugetraut hätten. Céline Dion aus Québec ist ein internationaler Superstar. Shania Twain, Bryan Adams und k. d. lang sind international bekannt. Alanis Morissette und Sarah McLachlan sind würdige Vertreterinnen des Folkrocks ihres Landes. Junge Popgrößen wie Justin Bieber, Avril Lavigne, Nelly Furtado und Leslie Feist sind Stars bei ihren Teenager-Fans.

Am bekanntesten ist Kanada wohl für seine Folkmusik: Singer-Songwriter wie Leonard Cohen, Neil Young und Joni Mitchell sind die bekanntesten Protagonisten einer langen, erfolgreichen Tradition.

Céline Dion, ein kanadischer Star von Weltrang

Auf einen Blick

Tickets

Admission Network
1-855-790-1245.
admission.com

Ticketmaster
1-855-985-4357.
ticketmaster.ca

Veranstaltungsorte

Arts Commons, Calgary
1-403-294-9494.

Bell Centre, Montréal
1-514-932-2582.

Calgary Philharmonic Orchestra
1-403-571-0270.

Four Seasons Centre for the Performing Arts, Toronto
1-416-363-8231.

The National Ballet of Canada
1-416-345-9595 (Toronto).

The Newfoundland Symphony Orchestra
1-709-722-4441.

Orpheum Theatre, Vancouver
1-604-665-3050.

Roy Thomson Hall, Toronto
roythomson.com

Royal Winnipeg Ballet
1-204-956-2792.

Vancouver Symphony Orchestra
1-604-876-3434.

Eine ungemein musikalische Landbevölkerung prägt die kanadische Volksmusik. Die verschiedenen Formen und Genres reichen von den keltischen Melodien der Ostküste bis zu den jodelnden Cowboys im Westen. An der Ostküste gibt es auf kleinen Bühnen regionale Musik auf hohem Niveau. Der Folksänger Gilles Vigneault *(siehe S. 34)* aus Québec wird auch in Europa bewundert. In Whitehorse lässt man mit Varietés im Stil des 19. Jahrhunderts – mit Tänzerinnen und Honky-Tonk-Piano – die Zeit des Goldrauschs in Form von Bühnenshows wiederaufleben.

Unterhaltung in Montréal, Toronto und Vancouver

Die drei größten Städte des Landes sind mit ihren zahllosen Theatern, Kinos und Konzertsälen auch in puncto Unterhaltung führend. Montréal ist die Heimat französisch- wie auch englischsprachiger Musiker und unzähliger jährlich stattfindender Festivals, darunter das Festival International de Jazz de Montréal. Das renommierte Toronto International Film Festival lockt jeden September die Crème der Hollywood-Stars in die Stadt, während es in Vancouver in fast jedem Viertel eine lebendige Live-Musik-Szene, Clubs und Irish Pubs gibt.

Riesenbanner bei der Parade des jährlichen Toronto Pride Festival

Festivals

Das Festivalfieber ergreift die drei größten Städte Kanadas in den Sommermonaten, doch auch im Frühling oder Frühherbst kann man einzigartige Veranstaltungen erleben. Der **Cirque du Soleil** stellt seine Programme oft erstmals in seiner Heimatstadt Montréal vor, und das **Festival International de Jazz de Montréal** ist nicht zuletzt wegen der 350 Gratiskonzerte so beliebt. Beim **Scotiabank Contact Photography Festival** in Toronto stellen Newcomer neben international anerkannten Fotografen aus. Die Vielfältigkeit der Lesben-, Schwulen-, Bisexuellen- und Transgender-Gemeinschaften wird beim **Pride Toronto** zelebriert. Die Stadt veranstaltet im August und Juli auch den **Scotiabank Caribbean Carnival**. Beim **Toronto International Film Festival** genießen Cineasten nächtelanges Kinovergnügen, ebenso beim **Vancouver International Film Festival**, das inzwischen fast ebenso populär ist. Im Juli steht beim **Dancing on the Edge Festival** in Vancouver zeitgenössischer Tanz auf dem Programm.

Theater

Die **Centaur Theatre Company** in Montréals alter Börse bringt englischsprachige Adaptionen von Werken nationaler und internationaler Dramatiker auf die Bühne. Neben renommierten Autoren werden auch jüngere berücksichtigt. Die Theaterproduktionsgesellschaft **Mirvish Theatres** in Toronto gilt als die drittgrößte des Kontinents und zeigt oft USA-Premieren großer Produktionen, z. B. des Musicals *Der Herr der Ringe*. Vancouvers **Arts Club Theatre Company** besteht seit mehr als 40 Jahren. Im Vanier Park in Vancouver findet das größte Shakespeare-Festival Westkanandas, **Bard on the Beach**, statt.

Rock, Folk und Popmusik

Erste Adresse für Rock- und Popkonzerte in Montréal ist das **Bell Centre**, während man Folkmusik und angehende Musikstars in den trendigen Bistros und Bars in der Rue Saint-Denis und Ontario Street im Quartier Latin hören kann. In Toronto finden große Pop- und Rockkonzerte im **Rogers Centre** oder im **Air Canada Centre** statt. Ein Veranstaltungsort für größere Shows ist das **Sony Centre for the Performing Arts**. In den Sommermonaten spielen viele Bands im **Molson Canadian Amphitheatre** und am **Echo Beach**. In Vancouver ist die **Rogers Arena** der Hauptveranstaltungsort für Rock- und Popkonzerte. Musikaufführungen in kleinerem Rahmen bietet das **Orpheum Theatre**.

Klassische Musik, Oper und Ballett

Die 1980 gegründete **Opéra de Montréal** ist das größte französischsprachige Opernhaus Nordamerikas. Im selben Gebäude, dem Theater Place des Arts, präsentieren die **Grands Ballets Canadiens de Montréal** ihr Repertoire und laden zudem jedes Jahr Ballettkompanien aus der ganzen Welt ein. Toronto ist die Heimat des **Toronto Symphony Orchestra**, das in der Roy Thomson Hall spielt, der

Bard on the Beach, das Shakespeare-Festival in Vancouver

Auftritt des Ensembles der Opéra de Montréal im Kulturzentrum Place des Arts

Canadian Opera Company und des **National Ballet of Canada**, für die das 2006 eröffnete **Four Seasons Centre for the Performing Arts** erbaut wurde. In Vancouver beherbergt das **Queen Elizabeth Theatre** sowohl die **Vancouver Opera** als auch das **Ballet British Columbia**.

Bars und Clubs

In Montréal gibt es zwei große Ausgehmeilen: das zwei Blocks umfassende Rue-Crescent-Areal zwischen Rue de Maisonneuve und Rue Ste-Catherine mit vielen Clubs und Pubs und die Rue St-Laurent in französischsprachiger Umgebung mit gehobeneren Lokalen und den meisten Clubs. In Toronto ballen sich in der Gegend um Queen Street und King Street West (von der Universität bis zur Spadina Avenue) Discos und Comedy-Clubs sowie weitere Lokale. Das Lesben- und Schwulenviertel liegt um die Wellesley Street. Vancouvers Bars und Clubs sind überall verstreut: von der Robson Street im Zentrum bis zur Gastown, wo die Künstlerszene Galerien zugleich als Bars betreibt. Kitsilano ist eine Hommage an Kalifornien mit Strandbars.

Auf einen Blick

Festivals

Cirque du Soleil
Premieren oft in Montréal. 1-514-790-1245.
cirquedusoleil.com

Dancing on the Edge Festival
Vancouver. Juli.
dancingontheedge.org

Festival International de Jazz de Montréal
Ende Juni–Anfang Juli.
1-514-871-1881.
montrealjazzfest.com

Pride Toronto
Juni.
1-416-927-7433.
pridetoronto.com

Scotiabank Caribbean Carnival
Toronto. Juli, August.
1-146-391-5608.
torontocaribbeancarnival.com

Scotiabank Contact Photography Festival
Toronto. Mai.
1-416-539-9595.
scotiabankcontactphoto.com

Toronto International Film Festival
Ende Juni–Anfang Juli.
tiff.net

Vancouver International Film Festival
Ende Sep–Anfang Oktober. 1-604-683-3456. **viff.org**

Theater

Arts Club Theatre Company
1585 Johnston St, Vancouver. 1-604-687-1644. **artsclub.com**

Bard on the Beach
Vanier Park, Kits Point am Fuß der Whyte Ave, Vancouver.
1-604-739-0559.
bardonthebeach.org

Centaur Theatre Company
453, rue Saint-François-Xavier, Montréal.
1-514-288-3161.
centaurtheatre.com

Mirvish Theatres
Toronto: Princess of Wales Theatre, 300 King St W, Royal Alexandra Theatre, 260 King St W, Ed Mirvish Theatre, 244 Victoria St, Toronto Panasonic Theatre, 651 Yonge St.
1-416-872-1212.
mirvish.com

Theatre Passe Muraille
16 Ryerson Ave, Toronto.
1-416-504-7529.
passemuraille.ca

Rock, Folk und Popmusik

Air Canada Centre
50 Bay St, Toronto.
1-855-985-5000.
theaircanadacentre.com

Bell Centre
1260, rue de la Gauchetière Ouest, Montréal.
1-514-932-2582.
centrebell.ca

Echo Beach
909 Lakeshore Blvd W, Toronto. 1-416-269-5700. **echobeach.ca**

Molson Canadian Amphitheatre
909 Lakeshore Blvd W, Toronto. 1-416-260-5600. **livenation.ca**

Orpheum Theatre
884 Granville St, Vancouver. 1-604-665-3050. **vancouver.ca/theatres**

Rogers Arena
800 Griffiths Way, Vancouver.
1-604-899-7400.
rogersarena.com

Rogers Centre
Beim CN Tower, Toronto.
1-416-872-5000.
rogerscentre.com

Sony Centre for the Performing Arts
1 Front St E, Toronto.
1-855-872-7669.
sonycentre.ca

Klassische Musik, Oper und Ballett

Ballet British Columbia
Vancouver.
1-604-732-5003.
balletbc.com

Canadian Opera Company
Toronto.
1-416-363-8231.
coc.ca

Four Seasons Centre for the Performing Arts
145 Queen Street W, Toronto.
1-416-363-8231.
fourseasonscentre.ca

Les Grands Ballets Canadiens de Montréal
1-514-849-0269.
grandsballets.com

National Ballet of Canada
Toronto.
1-416-345-9595.
national.ballet.ca

Opéra de Montréal
1-514-985-2258.
operademontreal.com

Queen Elizabeth Theatre
649 Cambie St, Vancouver.
1-604-665-3050.
queenelizabeththeatre.org

Toronto Symphony Orchestra
1-416-593-4828.
tso.ca

Vancouver Opera
1-604-683-0222.
vancouveropera.ca

Sport und Aktivurlaub

Schon die Vielfalt des unberührten Landes lockt viele Besucher nach Kanada. Bei derzeit 46 Nationalparks, von denen einige zum UNESCO-Welterbe erklärt wurden, konzentrieren sich die meisten Spezialurlaube auf diese weitläufigen, natürlichen »Spielwiesen« des Landes. Es ist für jeden Besucher immer wieder erstaunlich, was für ganz unterschiedliche Dinge man in diesem Land machen kann, seien es Hundeschlittten- und Schneemobilfahrten mit Inuit-Führern oder eine Frühlingskreuzfahrt durch die blühenden Thousand Islands von Ontario. Das Land mit seinen ausgedehnten und vielfältigen Naturräumen bietet das ganze Jahr über Möglichkeiten für attraktive Outdoor-Aktivitäten. Weitere Angebote sind etwa Zugfahrten durch die Rockies, Forellenfischen in entlegenen Seen und Wanderungen in einer unberührten Wildnis.

Wandern

Kanada ist ein Paradies für Wanderer. Die Palette umfasst verschieden schwierige Wege durch unterschiedliches Terrain, sei es eine zweistündige gemütliche Wanderung oder eine mehrtägige Trekkingtour.

Die besten Startpunkte für Wanderungen sind in den Nationalparks ausgeschildert. Auf längeren Touren kann man häufig in Lodges oder Herbergen innerhalb des Parks übernachten, im eigenen Zelt kampieren oder im nächsten Ort ein Zelt mieten. Genaue Landkarten aller Regionen und Parks erhält man bei **World of Maps** in Ottawa.

Die meisten der beliebtesten Wanderungen erfordern nur eine kurze Vorbereitung und lediglich eine durchschnittliche Fitness. Die bekanntesten Wandergebiete liegen in Alberta und British Columbia, vor allem in und um die vier großen Nationalparks Kootenay, Yoho, Jasper und Banff, deren Popularität auf die ganz unterschiedlichen Landschaftsformen vom Hügelland bei Calgary bis zu den zerklüfteten Gipfeln der Rockies zurückzuführen ist.

Auch die Prärieprovinzen bieten verschiedene Wandermöglichkeiten, etwa die trockenen »Badlands« in Albertas »Dinosaurierland« oder die Wildnispfade im Prince Albert National Park.

Im Osten geht es wieder bergauf: Das steile Terrain des Parc de la Gatineau in Québec oder die unberührte Landschaft im Osten und Zentrum der Halbinsel Gaspé sind ideal zum Wandern.

Im Norden Kanadas sind die Wanderungen durchaus etwas anspruchsvoller, aber nicht minder lohnend. Die Saison dauert von Juli bis August, wenn die Temperaturen steigen, aber kurzzeitig auch wieder auf –30 °C fallen können. Das Wetter könnte man bestenfalls als »unberechenbar« bezeichnen. Auf dem 53 Kilometer langen Chilkoot Pass folgt man den Pfaden der Goldgräber aus früherer Zeit von Bennett in British Columbia nach Dyea in Alaska. Der für diese Gegend relativ leichte Weg bietet herrliche Ausblicke auf die nördliche Szenerie.

Beschwerlicher, um nicht zu sagen gefährlicher ist der Pangnirtung Trail durch den Südosten von Baffin Island, wo selbst im Sommer die Eiskappen nicht schmelzen. Auf Wunsch kann man sich von Inuit-Führern durch die vereisten Weiten lotsen lassen. Gelegentlich werden Wanderungen mit Tierbeobachtung oder Fahrten mit Hundeschlitten in die entlegene Wildnis angeboten. Solche Fahrten sind unvergesslich, aber sehr teuer, weil es in der Abgeschiedenheit keine anderen Transportmittel gibt.

Der türkisfarbene Lake O'Hara im Yoho National Park

Wanderer am Weasel River im Auyuittuq National Park, Baffin Island

Sicherheit

Fitness und Sicherheitsvorkehrungen sind für jede Wanderung erforderlich. Holen Sie sich bei regionalen Parkbehörden oder Informationszentren Rat und genaues Kartenmaterial. Eine vermeintlich unwahrscheinliche Begegnung mit Wildtieren kann recht unangenehm sein: Beachten Sie, wie man sich vor Bären schützt *(siehe S. 304)*. Insekten sind weniger gefährlich, aber lästig. Schützen Sie sich vor Kriebelmücken *(blackflies)* und Moskitos. Vermeiden Sie das Trinken von Flusswasser, ohne es vorher abzukochen. Es kann Parasiten enthalten, die das »Bärenfieber« *(Giardiasis)* hervorrufen.

Im hohen Norden sollten Sie wegen der eisigen Witterung besondere Vorkehrungen treffen. Informieren Sie vor jeder Tour jemanden über Ihre Route und Ankunftszeit. Befragen Sie Aufseher über Wildtiere und Routen, und achten Sie auf die entsprechende Ausrüstung. Wappnen Sie sich in den Sommermonaten gegen einen Wetterumschwung. Wer sich in unbekanntes Terrain vorwagt, sollte am besten einen Führer mitnehmen oder sich wenigstens vor Ort über die möglichen Unwägbarkeiten informieren.

Emerald Lake Lodge im Yoho National Park

Ausrüstung

In den meisten kanadischen Wandergebieten kann man Zelte und warme Kleidung mieten. Feste Bergschuhe, Regenschutz und Kleidung zum Wechseln müssen Wanderer jedoch selbst mitbringen oder im nächsten Ort kaufen. Hilfreich sind zudem ein Erste-Hilfe-Set und bestimmte Medikamente wie Mückenschutzmittel und Antihistaminika. Mit entsprechender Kleidung und Medikamenten schützt man sich vor Sonnenstich oder Unterkühlung. Auf langen Touren sind Energiespender wie Schokolade oder Studentenfutter ratsam.

Radium Hot Springs, Rocky Mountains

Nationalparks

Die schönsten Berge, Seen, Flüsse, Wälder und Küsten liegen in den 46 Nationalparks – ideal für alle, die Aktivurlaub machen und Sport treiben wollen oder einfach Erholung suchen. Beliebte Bergregionen sind die »Big Four«-Parks in Alberta und BC, Kluane im Yukon und die arktische Tundra des Auyuittuq National Park im Süden von Baffin Island.

Die meisten Parks werden von **Parks Canada**, einer staatlichen Institution, verwaltet und verfügen über Besucherzentren oder Parkbüros, wo man sich – oft bei versierten Führern – über Wandermöglichkeiten, Trekkingtouren, Angeln und Kanufahren informieren kann. In den Büros werden auch Angelscheine ausgestellt, die man in allen Parks braucht. Jagen, der Gebrauch von Feuerwaffen, die Fütterung von Wildtieren und die Zerstörung von Pflanzen sind in sämtlichen Nationalparks strengstens untersagt.

In den meisten Parks stehen für Wanderer Campingplätze bzw. einfache Lodges oder Hütten gegen eine Gebühr zur Verfügung. In der Regel erheben die Parks eine Tages-, Wochen- oder auch Jahresgebühr – manche Parks sind allerdings kostenlos. Tickets erhält man im jeweiligen Parkbüro oder auf der Website von Parks Canada.

Kanus auf dem Wapizagonke Lake, Parc National de la Mauricie

Kanufahren

Kanadische Ureinwohner perfektionierten das Kanu für Fahrten auf den unendlichen Wasserstraßen des Landes, um auf diese Weise Nahrung zu finden und zu überleben. Heute ist Kanufahren ein Freizeitsport. In den Provinz- und Nationalparks mit ihren vielen Flüssen und Seen können Kanuten mit ihren Booten über Land von stark frequentierten Gewässern in stillere Gefilde wandern.

Bei ungefähr 250 000 Seen und 35 000 Kilometern Wasserwegen findet in Ontario jeder Kanute das Passende. Die Flüsse und Seen in den Parks Algonquin, Killarney und Quetico bieten zusammen Kanustrecken von 25 000 Kilometern Länge. Der 190 Kilometer lange Rideau Canal von Ottawa nach Kingston ist eine beliebte Strecke durch die Provinz, auf der man die Hauptstadt, die winzigen Inseln bei Kingston und die Felder und Obstgärten am Kanal selbst zu Gesicht bekommt (achten Sie auf andere Wasserfahrzeuge, wenn Sie zwischen den Inseln hindurchfahren). Der Kanal ist mit dem St. Lawrence Seaway verbunden, dem größten Binnenkanal der Welt, auf dem strenge Schifffahrtsbestimmungen gelten und kleinere Fahrzeuge womöglich Tankern Platz machen müssen.

In den an Kanustrecken gelegenen Orten kann man tage- oder monatsweise Boote sowie Neoprenanzüge und Rettungswesten mieten. In vielen Läden sind daher hochwertige Angel- und Kanu-Ausrüstungen etwa um die Hälfte billiger als in Europa.

Wildwasser-Rafting

Rafting ist in den Nationalparks von British Columbia möglich. Der Mackenzie River, der von BC bis in die Northwest Territories reicht, bietet streckenweise herausfordernde Rafting- und Kanupassagen.

Die meisten Strecken im hohen Norden erfordern viel Erfahrung. Die schwierigste Strecke von allen ist der 300 Kilometer lange Abschnitt des South Nahanni River, der bei Fort Simpson in den Northwest Territories beginnt.

Unerfahrene Bootsfahrer und Rafter können überall im Land zweiwöchige Anfängerkurse absolvieren. Eine entspannende Alternative sind die beliebten See-Kanufahrten im Wells Gray Provincial Park.

Windsurfer, Georgian Bay Islands National Park, Lake Ontario

Weitere Wassersportarten

Auch wenn die Saison kurz ist, war Segeln im Sommer schon immer ein beliebtes Freizeitvergnügen. Kanada bietet Seen in Hülle und Fülle. Angeblich gibt es hier mehr Boote pro Einwohner als irgendwo sonst. Die Großen Seen sind die

Rafting auf dem Athabasca River im Jasper National Park (Rocky Mountains)

Schneemobilfahrer fegen in Ontario durch Pulverschnee

wichtigsten Segel- und Surfreviere, von Mai bis September auch die Ost- und Westküste.

Stand Up Paddling ist in ganz Kanada populär, das Zubehör kann man an der Küste und in Ferienorten mieten.

Ist es warm genug, kann man schwimmen. Auf Prince Edward Island und Cape Breton vor der Ostküste gibt es warmes Wasser und Sandstrände. In Ontario badet man in Binnenseen wie dem Lake Huron. In Toronto kann man es im Lake Ontario versuchen.

Angeln

Über acht Millionen Quadratkilometer Binnengewässer erklären, warum Kanada als Anglerparadies gilt. Es werden zahlreiche Fischarten geangelt *(siehe S. 31)*, zudem gibt es Chartertouren für Lachsfischen im Pazifik. In vielen Provinz- oder Nationalparks darf geangelt werden, häufig in unberührten Flüssen und Seen. Den Angelschein erhält man im Hauptbüro des jeweiligen Parks.

Obwohl die meisten Besucher im Sommer angeln, stellt das Eisfischen in einer kleinen, manchmal beheizten Holzhütte über einem Eisloch eine winterliche Variante des Freizeitvergnügens dar. Es lohnt sich für passionierte Angler, das Angelgerät vor Ort zu kaufen, da überall hochwertige und preisgünstige kanadische Produkte in großer Auswahl angeboten werden.

Skifahren, Snowboarden und Snowmobilfahren

Nicht umsonst wird Kanada als »Great White North« bezeichnet. Es besitzt einige der besten Skigebiete der Welt. Bekannt sind die Skiorte Mont Tremblant und Mont-Ste-Anne in den Laurentides im Osten. Im Westen versprechen die internationalen Skiorte Lake Louise, Whistler und Banff unvergessliche Erlebnisse im Schnee. Hoch in den Rockies wartet unberührter Pulverschnee. An den Gipfeln von British Columbia wird Helikopter-Skiing angeboten.

Viele Pisten und Abfahrten, vor allem in Banff und Lake Louise, liegen höher als in den europäischen Alpen. Die XV. Olympischen Winterspiele wurden 1988 in Calgary ausgetragen, die XXI. Olympischen Winterspiele fanden 2010 zwischen Vancouver und Whistler statt. Von Vorteil ist, dass alle großen Skiorte in der Nähe von Städten liegen. So kann man tagsüber zum Skilaufen in die Berge fahren und abends wieder mitten in der Metropole sein Dinner genießen.

Kanadisches Snowboard

Langlaufmöglichkeiten gibt es fast überall. Besonders gut sind sie im südlichen und mittleren Ontario, in den Eastern Townships und in den Laurentides.

Snowboarden wird in den Skizentren des Landes immer beliebter. Alle Skiorte haben auch spezielle Pisten dafür.

Auf einen Blick

Karten

Map Town
400 5th Ave SW, Calgary.
1-403-266-2241.
maptown.com

Open Air Books & Maps
25 Toronto St, Toronto.
1-416-363-0719.
openairbooksandmaps.com

Ulysses Travel Bookshop
4176, rue St-Denis, Montréal.
1-514-843-9447.
ulyssesguides.com

World of Maps
1235 Wellington St W, Ottawa.
1-613-724-6776.
worldofmaps.com

Nützliche Organisationen

Parks Canada
1-888-773-8888.
pc.gc.ca

Spinal Cord Injury Ontario
520 Sutherland Drive, Toronto.
1-416-422-5644.
sciontario.org

Reiseveranstalter

Air Canada Vacations
1-866-529-2079.
vacations.aircanada.com

Cosmos / Globus
1-800-556-5454.
globusandcosmos.com

Trek America
1-800-873-5872.
trekamerica.com

Schneemobilfahren ist in manchen Gegenden für die Einheimischen überlebensnotwendig – gleichzeitig ist es mittlerweile auch ein populärer Wintersport. In Ontario gibt es fast 50 000 Kilometer Routen für Schneemobile. Versierte Fahrer bewältigen in zwei Tagen bis zu 500 Kilometer.

Es ist sicherer und auch günstiger, in der Gruppe Schneemobil zu fahren. Entlang den Routen liegen zahlreiche »Snow-Inns«, die häufig entsprechende Gruppenpauschalen anbieten.

45

GRUND-INFORMATIONEN

Praktische Hinweise

Der flächenmäßig größte Staat Nordamerikas bietet seinen Besuchern eine gelungene Mischung aus Stadtleben und Outdoor-Erfahrung – für jeden ist sicherlich das Passende dabei. Auch bei einem mehrwöchigen Urlaub ist für viel Abwechslung gesorgt. Das Land ist hervorragend auf Gäste eingestellt: Unterkünfte und Restaurants *(siehe S. 348–383)* entsprechen internationalem Standard, öffentliche Verkehrsmittel *(siehe S. 406–419)* sind sehr effizient, in größeren Orten steht das Personal von Informationszentren mit Rat und Tat zur Seite. Die folgenden Seiten enthalten Nützliches für Planung und Reise. Unter »Sicherheit und Gesundheit« *(siehe S. 402f)* finden Sie Tipps zu Vorsichtsmaßnahmen, die Seite »Banken und Währung« *(siehe S. 404)* informiert über finanzielle Fragen und die Seite »Kommunikation« *(siehe S. 405)* über Telefon und Post.

Reisezeit

Die Größe des Landes erfordert es meist, den Aufenthalt auf eines der Zentren – Vancouver, Toronto, Ottawa oder Montréal – zu konzentrieren, aber man kann natürlich auch entlegene Gegenden wie die Inuit-Siedlungen westlich und nördlich der Hudson Bay besuchen. Je nach Interessenlage bestimmen das regionale Klima und die Jahreszeit, wann die beste Reisezeit ist – in den meisten Fällen ist es der Sommer oder der Herbst.

Generell herrscht an der West- und Ostküste eher gemäßigtes Klima. Im Landesinneren ist es rauer, in Alberta, Manitoba und Saskatchewan ist der Sommer zwar sehr schön, der Winter hingegen lang und kalt. Der Norden Kanadas ist im Juli und im August am einladendsten, denn erst dann schmilzt der Schnee, und die Temperaturen klettern über den Gefrierpunkt.

Im Osten Kanadas – Nova Scotia, New Brunswick und Prince Edward Island – variiert das Klima im Jahresverlauf: Der Winter ist verschneit, der Frühling mild und der Herbst lang und kühl. Am besten bereist man diese Provinzen im Sommer. In Québec und Ontario gibt es feuchtheiße Sommer, die Winter sind kalt, und der Schnee bleibt oft bis Ende März liegen. Frühjahr und Herbst sind hier kurz, aber häufig die beste Reisezeit.

In Newfoundland und an der Küste Labradors schwanken die Temperaturen im Winter zwischen 0 °C und –50 °C in St. John's an der Ostküste. Im Winter genießt man in British Columbia und in den Rockies mit die besten Skibedingungen der Welt. Diese Region ist bekannt für ihr gemäßigtes Klima, kann aber im Frühling und Herbst recht feucht sein, wenn die pazifischen Tiefs über die Küstengebirge ziehen.

Einreise und Zoll

Im August 2015 wurde in Kanada das eTA-Verfahren (Electronic Travel Authorization) eingeführt. Um auf dem Luftweg nach Kanada einzureisen, ist – neben einem gültigen Pass – die elektronische Einreiseerlaubnis erforderlich. Die Beantragung muss vor Antritt des Flugs online erfolgen (www.cic.gc.ca/english/visit/eta-facts-de.asp). Hierbei wird eine Gebühr von 7 Can-$ fällig. Bei Ankunft in Kanada erfolgt eine Befragung durch Beamte der Einwanderungsbehörde CBSA. Reisende müssen darlegen, dass sie über ausrei-

Fahrt mit dem Kettenkarussell beim Jahrmarkt SuperEx im August, Ottawa

◀ Mit der Bahn durch den herbstlichen Wald bei Edmonton *(siehe S. 254)*, Alberta

Kanadas Zeitzonen

Kanada hat sechs Zeitzonen. Der Unterschied von Küste zu Küste beträgt viereinhalb Stunden. Von Westen nach Osten heißen die Zeitzonen: Pacific Time, Mountain Time, Central Time, Eastern Time und Atlantic Standard Time. Eine ungewöhnliche halbe Stunde Zeitunterschied besteht zwischen Atlantic Standard Time und Newfoundland Time. In jeder Provinz – mit Ausnahme von Saskatchewan – wird die Uhr von Mitte März bis Oktober oder November für die Sommerzeit (»Daylight Saving Time«) eine Stunde vorgestellt.

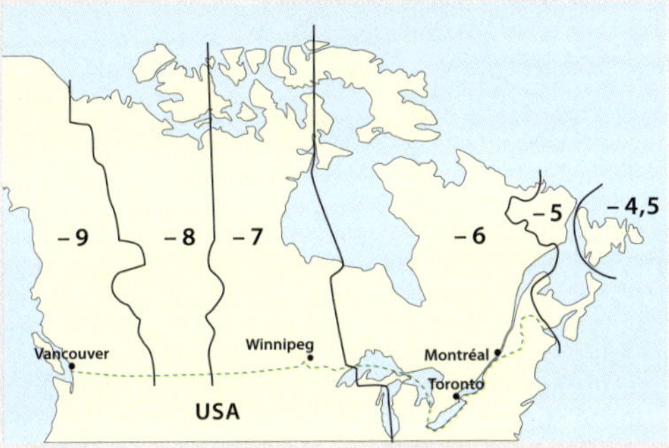

Zeitzone	Differenz zur MEZ	Zeitzone	Differenz zur MEZ
Pacific Time	–9 Std.	Eastern Time	–6 Std.
Mountain Time	–8 Std.	Atlantic Time	–5 Std.
Central Time	–7 Std.	Newfoundland Time	–4,5 Std.

chende finanzielle Mittel für den Aufenthalt verfügen, keine Arbeitsaufnahme beabsichtigen und das Land nach Ende des Besuchs wieder verlassen. Als Besucher kann man maximal sechs Monate in Kanada bleiben. Anträge auf Verlängerung sollten 30 Tage vor Visumsablauf gestellt werden.

Zum Schutz vor terroristischen Anschlägen wurden die allgemeinen Sicherheitsmaßnahmen verschärft. Bei der Einreise ist mit zeitaufwendigen Kontrollen zu rechnen.

Falls Sie über die USA nach Kanada einreisen, müssen Sie für die USA mindestens 72 Stunden vor Reiseantritt ebenfalls eine elektronische Einreiseerlaubnis einholen (https://esta.cbp.dhs.gov). Die Gebühr beträgt 14 US-$.

Seit 2012 sind Kindereinträge im Reisepass eines Elternteils nicht mehr gültig. Kinder jeden Alters benötigen seither ein eigenes Ausweisdokument. Für Kinder und Jugendliche unter 18 Jahren, die allein oder nur mit einem Elternteil reisen, ist eine Kopie der Geburtsurkunde und eine Einverständniserklärung der Eltern bzw. des zweiten Elternteils erforderlich.

1,1 Liter Spirituosen oder 1,5 Liter Wein oder etwa 8 Liter Bier (Mindestalter 18 bzw.19 Jahre) sowie 200 Zigaretten oder 200 Gramm Tabak oder 50 Zigarren dürfen zollfrei eingeführt werden (weitere Infos: http://inspection.gc.ca).

Ein auffälliger Apfel: Touristeninformation in Ontario

Information

Kanadische Tourismusbüros bieten Reisenden umfangreiches Material und kompetente Informationen. Das Kartenmaterial ist hervorragend, die Büros helfen bei der Reservierung von Hotels, Pensionen und Campingplätzen. Oft vermitteln sie auch spezielle Aktivitäten wie Campen in der Wildnis, archäologische Grabungen und Tierbeobachtung.

In allen Provinz- und Nationalparks gibt es Besucherzentren, die für gewöhnlich Landkarten bereithalten.

Die nationale Dachorganisation ist die Canadian Tourism Commission, doch jede Provinz hat ihre eigene Informationszentrale während der Saison. In Großstädten gibt es jeweils ein Hauptbüro, dazu stehen im Sommer zusätzliche Filialen zur Verfügung. Hotels kann man meist auch an Flughäfen buchen.

Öffnungszeiten und Eintrittspreise

In den meisten Museen, Parks und anderen Sehenswürdigkeiten wird Eintritt verlangt. Die Preise schwanken erheblich. In vielen Fällen gibt es Ermäßigungen für Familien, Kinder und Senioren. In den Broschüren der Informationszentren wie auch in Regionalzeitungen findet man häufig Ermäßigungsgutscheine. In einigen Sammlungen und Museen ist an einem bestimmten Tag, Abend oder eine Stunde vor Schließung der Eintritt frei.

Die Öffnungszeiten hängen von der Jahreszeit ab. Im Sommer sind Sehenswürdigkeiten länger geöffnet, im Winter teilweise durchgehend geschlossen. Museen und Sammlungen haben meist montags oder dienstags zu, nicht an Wochenenden. Obwohl Attraktionen an Feiertagen wie Weihnachten und Neujahr häufig geschlossen sind, haben auch viele ganzjährig geöffnet.

Die kanadischen Schulferien dauern von Juni bis zum Labor-Day-Wochenende, das mit dem ersten Montag im September endet. Danach gelten die kürzeren Winteröffnungszeiten. Auf dem Land sind die Öffnungszeiten in der Regel kürzer als in Städten.

Maße und Gewichte

In Kanada gilt seit den 1970er Jahren das metrische System, also Meter, Liter und Gramm.

Für Groß und Klein die Sensation: die Niagarafälle

Mit Kindern reisen

Obwohl Kanada hinsichtlich Freizeitparks nicht mit den USA mithalten kann, findet sich in den Badeorten, Parks und Stadtzentren doch einiges für Kinder und Familien. Unterkünfte geben meist an, ob Kinder gern gesehen sind. In kinderfreundlichen Hotels werden für Kinder, die bei den Eltern im Zimmer schlafen, keine Kosten berechnet. Darüber hinaus werden meist Kinderbetten, Hochstühle und manchmal auch ein Babysitterdienst angeboten.

Restaurants sind generell kinderfreundlich, bieten in der Regel Hochstühle und Kindermenüs, wärmen Babynahrung und -fläschchen. Einige Fast-Food-Restaurants haben sogar Spielecken. In gehobenen Restaurants sollte man sich vorher erkundigen.

Auf Flügen gibt es Ermäßigungen für Babys unter zwei Jahren. In öffentlichen Transportmitteln zahlen Kinder unter zwei nichts, Kinder unter zwölf weniger. Bei Mietwagen *(siehe S. 419)* kann man Kindersitze reservieren.

Etikette

Kanada ist eine multikulturelle Nation *(siehe S. 32f)*, die Menschen und Gepflogenheiten anderer Länder respektiert. Die kanadischen Ureinwohner bezeichnet man nicht als »Indianer«, sondern als »First Nations« oder »Natives« (»Ureinwohner«), die Inuit nie als »Eskimos« *(siehe S. 37)*.

In Québec wird hauptsächlich Französisch gesprochen. Es wird gern gesehen, wenn Besucher ein paar Wörter Französisch parat haben.

Die zwanglose Atmosphäre des Landes spiegelt sich in der Kleidung wider. Kanadier sind fast immer praktisch und dem Klima angepasst gekleidet. Sie schätzen Jeans und Sweatshirts und tragen gern mehrere Schichten – für alle Fälle, vor allem für den Wechsel zwischen beheizten Einkaufszentren und winterlichen Straßen. In größeren Städten erwartet man hingegen etwas formellere Kleidung, vor allem in edleren Restaurants, Theatern und zu besonderen Anlässen. Selbst einfachere Lokale bestehen auf angemessener Kleidung, in Feriengegenden liest man öfter den Hinweis »No shoes, no shirt, no service«. Übrigens: Oben-ohne-Baden ist in Kanada verpönt.

Alkoholkonsum an öffentlichen Orten ohne Schankerlaubnis (»non-licenced«) ist illegal. Es ist zudem gesetzeswidrig, im Auto eine geöffnete Flasche Alkohol mitzuführen. Es gilt Rauchverbot in öffentlichen Gebäuden und Verkehrsmitteln sowie in Restaurants.

Wenn eine Rechnung keine Servicegebühr enthält, gibt man meist 15 Prozent Trinkgeld (bei sehr gutem Service mehr). Taxifahrer und Friseure erwarten etwa dasselbe. Gepäckträger auf Flughäfen und Bahnhöfen, Garderobenfrauen, Hotelpagen und Portiers bekommen einen Dollar pro Gepäckstück, Zimmermädchen einen Dollar pro Tag. Auch Bedienungen in Bars und Nachtclubs erwarten ein Trinkgeld.

Studenten

Mit einem Internationalen Studentenausweis (ISIC) bekommen Studenten beträchtliche Ermäßigungen auf Reisen, in Kinos, Sammlungen und Museen sowie bei Sehenswürdigkeiten. Der Ausweis ist vor Reisebeginn bei Studentenwerken und über das Internet zu erwerben. Für Studenten gibt es zudem Preisnachlässe bei Bus- und Bahnreisen. Es gibt verschiedene Pässe, die etwa landesweit verbilligte Reisen plus Aufenthalte in Jugendherbergen ermöglichen. Man erhält sie in regionalen Reisebüros, die auf Studentenreisen spezialisiert sind. VIA Rail bietet den »Canrail Pass« an, der Studenten für eine bestimmte Zeit unbegrenzt viele Fahrten auf allen Strecken gestattet.

Internationaler Studentenausweis

Während der Semesterferien im Juli und August können Studenten in größeren Städten preiswert in Universitätsschlafsälen übernachten. Es gibt auch Hostels, die in der Regel Hostelling International (HI) angeschlossen sind. Da man in Kanada in vielen Lokalen günstig essen kann, wird auch dort der Geldbeutel von Studenten nicht übermäßig strapaziert.

Senioren

Menschen über 60 Jahre haben als »seniors« Anspruch auf Ermäßigungen. Dies gilt etwa im Kino, bei der Benutzung von öffentlichen Verkehrsmitteln sowie bei Eintritten. VIA Rail gewährt Senioren zehn Prozent Nachlass. Sofern es Ermäßigungen gibt, liegen sie je nach Provinz oder Sehenswürdigkeit für Personen ab 55, 60 oder 65 Jahren zwischen zehn und 50 Prozent. Bildungsreisen für Senioren bietet u. a. die gemeinnützige Organisation **Road Scholar** an.

Behinderte Reisende

Kanada ist eines der behindertenfreundlichsten Länder der Welt. In allen Städten verfügen öffentliche Gebäude und Transportmittel über rollstuhltaugliche Zugänge. Die meisten Randsteine sind an den Übergängen abgesenkt, viele unterirdische Bahnhöfe haben Aufzüge (auf der Website von **Toronto Transit Commission** erhalten Sie weitere Informationen).

Die Organisation **Spinal Cord Injury (SCI) Canada** – früher unter dem Namen Canadian Paraplegic Association (CPA) bekannt – ist eine hervorragende Informationsquelle für Menschen mit Mobilitätseinschränkungen. Hier erhält man auch wichtige Hinweise für die Besichtigung von Sehenswürdigkeiten. Die insgesamt 40 Niederlassungen der Organisation sind über das ganze Staatsgebiet verstreut. Die Adresse des nächstgelegenen Büros findet man auf der übersichtlichen Website der Organisation.

Viele Hotels in Kanada sind behindertengerecht ausgestattet. Die Häuser der meisten großen Ketten wie Best Western oder Holiday Inn sind barrierefrei zugänglich und haben Zimmer für Menschen mit Behinderungen. Einige Luxushotels und die meisten Jugendherbergen sind diesbezüglich ebenfalls gut ausgestattet.

In vielen National- und Provinzparks existieren barrierefreie Besucherzentren sowie kurze Naturwege und Holzstege, die für Rollstuhlfahrer geeignet sind.

Elektrizität

Kanadische Elektrogeräte haben Stecker mit zwei oder drei Stiften. Die Spannung beträgt 110/120 Volt bei 60 Hertz. Besucher aus Europa brauchen für ihre Geräte einen entsprechenden Adapter für die Stecker.

Haustiere

Für Hunde und Katzen ab drei Monaten ist eine Tollwutimpfung erforderlich, die (im EU-Heimtierausweis) bescheinigt sein muss. Am meisten Auslauf haben Hunde in abgelegenen Gebieten, z. B. in einem der National- oder Provinzparks.

Auf einen Blick

Botschaft

Kanadische Botschaft
Leipziger Platz 17, 10117 Berlin.
(030) 20 31 20.
canadainternational.gc.ca/germany-allemagne

Information

Canadian Tourism Commission
fremdenverkehrsamt.com/touristeninformation/kanada/index.html

Citizenship and Immigration Canada
Jean Edmonds Towers, 365 Laurier Ave W, Ottawa, ON, K1A 1L1.
1-888-242-2100.
cic.gc.ca

Destination Canada
800-1045 Howe Street Vancouver, BC, Canada V6Z 2A9.
canada.travel

Visit Canada
1-800-456-5552.
visitcanada.com

Provinzbüros

British Columbia
Tourism British Columbia, 865 Hornby St, 8. Stock, Vancouver, BC, V6Z 2G3.
1-800-435-5622.
hellobc.com

Newfoundland und Labrador
Department of Tourism, PO Box 8700, St. John's, NF, A1B 4J6.
1-709-729-2830.
newfoundlandlabrador.com

Northwest Territories
NW Territories Tourism, PO Box 610, Yellowknife, NWT, X1A 2N5.
1-867-873-5007.
spectacularnwt.com

Nova Scotia Tourism
PO Box 667, 8 Water St, Windsor, NS, B0N 2T0.
1-1902-798-6700.
novascotia.com

Nunavut Tourism
PO Box 1450, Iqaluit, NT, X0A 0H0.
1-867-979-6551.
nunavuttourism.com

Ontario Tourism
10 Dundas St E, Toronto, ON, M7A 2A1.
1- 800-668-2746.
ontariotravel.net

Tourism New Brunswick
PO Box 6000, Fredericton, NB, E3B 5H1.
1-800-561-0123.
tourismnewbrunswick.ca

Tourism Prince Edward Island
PO Box 2000, Charlottetown, PEI C1A 7N8.
1-902-437-857.
tourismpei.com

Tourism Québec
1255, rue Peel, Bureau 400, Montréal, H3B 4V4.
1-514-873-2015.
bonjourquebec.com

Tourism Saskatchewan
189-1621 Albert St, Regina, SK, S4P 3S5.
1-306-787-9600.
tourismsaskatchewan.com

Tourism Yukon
PO Box 2703, Whitehorse, Yukon, Y1A 2C6.
1-800-661-0494.
travelyukon.com

Travel Alberta
400-1601 9th Ave SE, Calgary, AB, T2G 0H4.
1-403-648-1000.
travelalberta.com

Travel Manitoba
21 Forks Market Rd, Winnipeg, MB, R3C 4T7.
1-204-927-7800.
travelmanitoba.com

Senioren

Road Scholar
11 Ave de Lafayette, Boston, MA 02111.
1-800-454-5768.
roadscholar.org

Studenten

STA Travel
statravel.de

Behinderte Reisende

Spinal Cord Injury Canada
130 Albert St, Suite 512, Ottawa, ON, K1P 5G4.
1-613-723-1913.
sci-can.ca

Toronto Transit Commission
ttc.ca/TTC_Accessibility

Sicherheit und Gesundheit

Angesichts der niedrigen Kriminalitätsrate ist Kanada ein sicheres Reiseland. Im Gegensatz zu US-amerikanischen Städten gibt es in den Zentren nur wenig Straßenkriminalität. Vielleicht liegt dies daran, dass so viele Kanadier mitten in der City wohnen, diese also selbst nachts nie menschenleer ist. Dennoch sollten Sie sich erkundigen, welche Viertel eher »verrufen« sind. Meiden Sie die Stadtparks nach Einbruch der Dunkelheit. Schließen Sie Ihren Wagen stets ab, und lassen Sie nichts sichtbar im Wageninneren liegen. In entlegenen ländlichen Regionen sollten Sie die Ratschläge der Einheimischen befolgen, um Gefahren zu vermeiden.

Persönliche Sicherheit

In kanadischen Städten gibt es kaum Viertel, die man meiden muss. Auch eher zwielichtige Gegenden sind dank der Polizeipräsenz meist sicherer als eine durchschnittliche Vorstadt bei Nacht. Fragen Sie im Hotel, im Informationszentrum oder Polizisten, welche Straßen eher unsicher sind. In Hotels gibt es nur selten Diebstähle. Verwahren Sie Wertsachen dennoch im Hotelsafe, da nur dort für Sicherheit garantiert wird. Den Zimmerschlüssel geben Sie am besten an der Rezeption ab, wenn Sie das Hotel verlassen.

Zum Schutz vor Taschendieben sollte man sich in Menschenmengen Taschen und Kameras umhängen. Hantieren Sie nicht auffällig mit Bargeld. Wenn nötig, verwenden Sie einen Geldbeutel für Münzen und eine Brieftasche für Scheine. Bewahren Sie Ihren Pass am besten getrennt von Bargeld und Reiseschecks auf.

Hängen Sie im Restaurant Ihre Handtasche nicht an die Stuhllehne, sondern stellen Sie sie neben Ihre Beine. Größere Mengen Bargeld tragen Sie besser nicht in der Gesäßtasche.

Polizei

Die Royal Canadian Mounted Police (RCMP) ist praktisch im ganzen Land tätig, nur Ontario, Québec sowie Newfoundland und Labrador haben ihre eigene Polizei. Zudem gibt es eine Stadtpolizei und eine eigene Polizei in den First-Nations-Siedlungen. Die Polizisten sind sehr hilfsbereit.

Es ist untersagt, an öffentlichen Orten wie Flughäfen gedankenlos über Bomben, Waffen und Terrorismus zu reden oder Witze darüber zu machen. Dafür kann man sogar festgenommen werden. Alkohol am Steuer sollte man ganz meiden. Eine offene Flasche mit einem alkoholischen Getränk im Auto mitzuführen ist illegal. Auf eine Anklage wegen Drogenkonsums folgt ein Abschiebeverfahren.

Polizisten in Toronto

Verlust von Eigentum

Melden Sie jeden Verlust von Eigentum der Polizei. Sie benötigen den Polizeibericht für Ihre Versicherung. Der Verlust oder Diebstahl von Kreditkarten und Reiseschecks ist unverzüglich der jeweiligen Gesellschaft zu melden *(siehe Kasten S. 404)*. Wer sich die Nummern seiner Reiseschecks notiert hat, wird problemlos innerhalb von 24 Stunden Ersatz bekommen.

Bei Verlust Ihres Reisepasses wenden Sie sich an Ihre Botschaft *(siehe Kasten S. 403)*. Dort bekommen Sie einen provisorischen Ausweis, da Sie nicht unbedingt einen Pass benötigen, wenn Sie direkt nach Hause zurückreisen. Für die Weiterreise in ein anderes Land brauchen Sie allerdings einen neuen Pass. Wenn Sie länger bleiben wollen, sind notariell beglaubigte Kopien Ihrer Geburtsurkunde erforderlich.

Versicherungen

Eine Reiseversicherung für Krankheitsfälle, Reisestornierung oder -abbruch sowie den Verlust von Wertsachen ist für Kanada unabdingbar. Privat Krankenversicherte sollten sich erkundigen, in welchem Maß ihre Versicherung Auslandskosten abdeckt. Wer gesetzlich krankenversichert ist, sollte auf jeden Fall zusätzlich eine private Reisekrankenversicherung abschließen. Vor allem der Rücktransport nach Hause sollte abgedeckt sein. Für die zahnärztliche Notbehandlung ist eine eigene Versicherung erforderlich.

In den meisten Fällen müssen Sie die Behandlungskosten zunächst selbst bezahlen (Ihre Kreditkarte sollte deshalb mit höhren Beträgen belastbar sein). Sie brauchen eine detaillierte Aufstellung der Leistungen, damit Sie zu Hause mit Ihrer Versicherung abrechnen können.

Medizinische Versorgung

Das kanadische Gesundheitssystem ist hervorragend, man findet stets die richtige medizinische Versorgung. Apotheken beraten bei kleineren Problemen. Bei schwierigeren Fällen sollte man die Ambulanz des nächsten Krankenhauses aufsuchen und sich auf lange Wartezeiten einstellen. Bei einem Notfall wählt man fast überall in Kanada 911, ansonsten fordern Sie mit 0 über die Vermittlung einen Krankenwagen an.

Wer ständig Medikamente einnehmen muss, sollte einen Vorrat mitführen sowie eine Rezeptkopie, um das Medikament (bzw. den Wirkstoff) nachkaufen zu können. Es ist ratsam, ein einfaches Erste-Hilfe-Set mit Aspirin (oder Paracetamol), Antihistaminika gegen Mückenstiche und Allergien, Pillen gegen Übelkeit, Desinfektionsmittel und Verbandszeug sowie Mückenschutzmittel einzupacken. Dies ist vor allem auf längeren Reisen in entlegene oder arktische Regionen anzuraten. Bei Reisen in die Wildnis empfehlen sich Antibiotika-Salben.

Warnschild für Autofahrer

In den Provinzhauptstädten gibt es Zahnkliniken für eine Notfallbehandlung. In den Gelben Seiten findet man Zahnärzte – und alle anderen Ärzte.

Risiken in der Natur

Moskitos und Kriebelmücken *(blackflies)* können so lästig werden, dass sogar Elche und Hirsche außerhalb der Wälder Erleichterung suchen. Am schlimmsten ist es während der Fortpflanzungszeit der Mücken zwischen Frühlingsende und Hochsommer, im Norden Kanadas verschwinden die Plagegeister erst, wenn die Temperaturen wieder fallen. Ab Mai ist in Kanada auch Saison für das West-Nil-Fieber, eine grippeähnliche Viruserkrankung. Helle Kleidung zu tragen ist sinnvoll, sie zieht Mücken weniger stark an. Tragen Sie langärmlige Kleidung, und stecken Sie Ihre Hosenbeine in die Stiefel oder Socken. Besser noch ziehen Sie eine Hose mit Knöchelbündchen über die Stiefel. In der Wildnis braucht man für Gesicht, Hals und Hände unbedingt ein wirksames Insektenschutzmittel. Beim Campen ist ein feinmaschiges Moskitonetz unabdingbar. Während der Hochphase sollte man in den Wäldern Gesicht und Hals auch tagsüber bedeckt halten.

Kanada ist berüchtigt für sein kaltes Winterwetter, dennoch gibt es nur selten größere Probleme. Die täglichen Wetterberichte in den Medien informieren, wenn die Gefahr von Erfrierungen ansteigt. Ziehen Sie mehrere Kleidungsschichten an, und tragen Sie am besten eine Mütze mit Gesichtsschutz. Im Sommer sind Kopfbedeckung und Sonnenschutz (auch an bewölkten Tagen) ratsam.

Bären

Die Nationalparkbehörden, vor allem in den Rocky Mountains, informieren, wie man sich am besten vor Bären schützt. Wer nicht in den Wäldern wandert, wird allerdings kaum einem Bär begegnen.

Ein Bär greift nicht grundlos an, sondern in der Regel nur, wenn er sich bedroht fühlt. Machen Sie sich also beim Wandern bemerkbar, damit der Bär sich zurückziehen kann – viele Wanderer haben Pfeifchen dabei oder tragen »bear bells«, kleine Glöckchen. Für Camper gilt: Deponieren Sie nie Müll oder Lebensmittel neben dem Zelt oder Auto. Lagern Sie Wasser und Kochgeschirr mindestens 30 Meter vom Zelt entfernt.

Wenn ein Bär in Ihrer unmittelbaren Umgebung auftaucht, schreien Sie nicht, und rennen Sie auf keinen Fall weg. Klettern Sie auch nicht auf einen Baum – Bären können das besser als Sie. Bleiben Sie ruhig, reden Sie leise auf das Tier ein, und ziehen Sie sich langsam zurück.

Auf einen Blick

Notfälle

Polizei, Feuerwehr und Ambulanz
In den meisten Provinzen gilt die Notrufnummer 911, ansonsten wählen Sie die 0.

Royal Canadian Mounted Police (RCMP)
W **rcmp-grc.gc.ca**

Botschaften

Deutschland
1 Waverley St, Ottawa, Ontario, K2P 0T8.
+1-613-232-1101.
W **ottawa.diplo.de**

Österreich
445 Wilbrod St, Ottawa, Ontario, K1N 6M7.
+1-613-789-1444.
W **austro.org**

Schweiz
5 Marlborough Avenue, Ottawa, Ontario, K1N 8E6.
+1-613-235-1837.
W **eda.admin.ch/countries/canada/en/home/representations/embassy-in-ottawa.html**

Ein Eisbär nähert sich einem Touristen-Buggy im nördlichen Manitoba

Banken und Währung

Ein Kanadischer Dollar (Can-$ bzw. CAD) unterteilt sich in 100 Cent (c). Am häufigsten braucht man 25-Cent- und Ein-Dollar-Münzen, beispielsweise für Münztelefone, Automaten und den öffentlichen Nahverkehr, weil Busfahrer oft kein Wechselgeld haben bzw. herausgeben. Nehmen Sie bei der Anreise etwa 50 bis 100 Dollar bar mit, am besten auch Münzen für Trinkgelder. Wechselstuben findet man u. a. an Flughäfen und Bahnhöfen. Mit der Kreditkarte kann in Kanada unkompliziert Bargeld abgehoben werden. Geldautomaten sind landesweit verfügbar.

Kartenverlust

Allgem. Notrufnummer
☎ 011 49 116 116.
W **116116.eu**

American Express
☎ 1-800-668-2639.

Diners Club
☎ 1-800-363-3333.

MasterCard
☎ 1-800-307-7309.

Visa
☎ 1-800-847-2911.

girocard
☎ 011 49 69 740 987.

Sandsteinfassade der Börse in Toronto

Banken

Die größten Banken des Landes sind Royal Bank of Canada, Bank of Montréal, TD Canada Trust, Canadian Imperial Bank of Commerce (CIBC), Scotiabank und National Bank. Dort finden Sie meist auch Geldautomaten (ATMs). In der Regel können Sie Ihre Kreditkarte (mit PIN) zum Abheben nutzen. Wählen Sie möglichst die Auszahlung ohne Sofortumrechnung in Euro – sonst drohen hohe Gebühren. ATMs findet man auch in Läden und Einkaufszentren, an Tankstellen, Bahn- und Busbahnhöfen sowie Flughäfen. Banken sind meist montags bis freitags von 9 bis 17 Uhr offen. Einige haben freitags länger geöffnet, ein paar auch am Samstagvormittag. An Sonn- und Feiertagen sind alle Banken in Kanada geschlossen.

Logo der Scotiabank

Reiseschecks

Die Bedeutung von Reiseschecks nimmt ab, daher ist die Einlösung nicht mehr überall sichergestellt. In einigen Tankstellen, Läden, Restaurants und Hotels werden sie statt Bargeld genommen. Reiseschecks sollten Sie in kleineren Einheiten (20 Can-$) nach Kanada mitnehmen, da man in Geschäften nur ungern viel Wechselgeld zurückgibt. Wer in Banken oder Wechselstuben Reiseschecks umtauschen will, muss sich ausweisen.

Kredit- und Debitkarten

Kreditkarten sind in Kanada weitverbreitet. Die gängigsten sind **American Express**, **Diners Club**, **MasterCard** und **Visa**. Bei Zahlung mit Kreditkarte ist der Umtauschkurs deutlich günstiger als bei Barzahlung. Häufig kann man sich mit einer Kreditkarte auch ausweisen oder größere Kautionen hinterlegen. Die meisten Autoverleihfirmen bestehen auf einer Kreditkarte oder verlangen eine stattliche Kaution in bar. Auch einige Hotels bevorzugen die Vorauszahlung per Kreditkarte. Viele Restaurants und Läden akzeptieren Kreditkarten. Beachten Sie, dass Debitkarten (z. B. **girocard**) mit VPay-Logo nicht akzeptiert werden. Sie können nur mit Debitkarte mit Maestro-Logo zahlen und Geld abheben, allerdings nicht überall.

Bankanweisung

Wenn Ihnen bei Ihrem Aufenthalt das Geld ausgeht oder ein Notfall eintritt, können Sie sich innerhalb von wenigen Minuten von zu Hause elektronisch Geld anweisen lassen. American Express, Travelex und Western Union mit 22 000 Filialen in ganz Nordamerika bieten diesen Service an.

Kanadische Münzen und Banknoten

Es gibt die folgenden kanadischen Münzen: fünf Cent (»Nickel«), zehn Cent (»Dime«), 25 Cent (»Quarter«), ein Dollar, den man nach dem auf der Rückseite abgebildeten kanadischen Eistaucher *(loon)* »Loonie« nennt, und zwei Dollar oder »Toonie«, der 1996 den alten Zwei-Dollar-Schein ersetzte. Die Ein-Cent-Münze wurde 2013 aus dem Verkehr gezogen. Auch 50-Cent-Stücke sind praktisch nicht mehr in Umlauf.

Zeichen von Western Union

Banknoten gibt es zu 5, 10, 20, 50, und 100 Dollar. Scheine ab 100-Dollar werden manchmal misstrauisch beäugt, weil in Läden, Cafés oder an Tankstellen selten mit großen Scheinen bezahlt wird. Die Banknoten, die seit 2011 gedruckt werden, bestehen aus Kunststoff.

Kommunikation

Das Geburtsland des Erfinders des Telefons, Alexander Graham Bell, verfügt heute über eines der ausgereiftesten Kommunikationssysteme der Welt. Trotz der weiten Verbreitung von Mobiltelefonen findet man auch noch an vielen Orten Münztelefone – u. a. in Cafés, öffentlichen Gebäuden und Postämtern sowie an Tankstellen. Ortsgespräche sind günstig, Auslandsgespräche oft ziemlich teuer. Eine SIM-Karte mit Prepaid-Funktion ist für die Zeit Ihres Aufenthalts leicht und günstig zu erwerben. Viele Hotels und Cafés bieten WLAN. Die kanadische Post – Canada Post – ist sehr zuverlässig.

Telefongespräche

Bei *Telefonaten innerhalb Kanadas* wählen Sie unabhängig von Ihrem jeweiligen Standort mit Handy oder Festnetztelefon *immer* zuerst die **1**, dann die dreistellige Ortsnetzvorwahl *(area code)* und schließlich die siebenstellige Telefonnummer.

Für ein *internationales Ferngespräch* aus Kanada wählen Sie erst 011, anschließend die Ländervorwahl *(siehe Kasten)*, die Ortsvorwahl (ohne 0) und die Rufnummer. Sie können an öffentlichen Telefonen internationale Gespräche führen, brauchen dafür allerdings sehr viel Kleingeld und werden vom Operator gegebenenfalls aufgefordert, weitere Münzen nachzuwerfen.

Öffentliche Fernsprecher gibt es überall an den Straßen

Als Besucher ist man gut beraten, sich für internationale Anrufe eine Prepaid-Telefonkarte (Phone Cards oder Calling Cards) zu kaufen. Man bekommt sie in Kaufhäusern, im Drugstore, im Laden an der Ecke, in Truck Stops oder im Internet.

Post

Post von Kanada nach Übersee wird per Luftpost versandt und ist vier bis sieben Tage unterwegs. Auch Inlandspost benötigt mehrere Tage. Post ohne Postleitzahlen bzw. Postcode ist noch langsamer. Postämter – erkennbar am Schild »Canada Mail« – befinden sich zum Teil in Einkaufszentren. Brief bzw. Postkarte (30 g) nach Europa kosten 2,50 Can-$.

Mobiltelefone und WLAN

Smartphones (*cell phones* oder *mobile phones* genannt) funktionieren problemlos. Achtung: Erkundigen Sie sich bei Ihrem Provider über Roaming-Gebühren. Schalten Sie, falls nicht benötigt, das sehr kostspielige Daten-Roaming am besten ab.

Fast alle Hotels, Motels und Hostels bieten kostenloses WLAN (Wi-Fi) – mit Ausnahme abgelegner Lodges im hohen Norden. Auch viele Cafés und Informationsbüros haben kostenloses WLAN. Teurere Hotels berechnen Gebühren für den Internet-Zugang.

Auf einen Blick

Provinzvorwahlen

Alberta: 403, 587, 780.
British Columbia: 236, 250, 604, 778.
Manitoba: 204, 431.
New Brunswick: 506.
Northwest Territories: 867 (Yukon und Nunavut).
Nova Scotia und PEI: 782, 902.
Newfoundland und Labrador: 709.
Ontario: 416, 437, 647 (Toronto).
705 (Zentrum, Nordosten).
226, 289, 519 (Südwestliche Halbinsel).
343, 613 (Region Ottawa).
807 (Nordwesten).
Québec: 438, 514 (Montréal).
819, 873 (Norden).
418, 581 (Osten).
Saskatchewan: 306, 639.

Medien

Es gibt in Kanada zwei landesweite Tageszeitungen, die *National Post* und *The Globe and Mail* aus Toronto. *Maclean's* ist eine nationale Wochenzeitschrift. Die meisten Städte haben ihre eigenen Zeitungen. Die Wochenzeitungen vieler Städte und Regionen sind eine gute Informationsquelle für Veranstaltungen.

Kanada hat einen nationalen Fernsehsender (CBC), der rund um die Uhr sendet. 80 Prozent der Sendungen werden regional produziert. CBC bietet auch ein Radioprogramm, das über Veranstaltungen und das aktuelle Wetter informiert.

Vorwahlnummern

- Vorwahl Kanada: **001**.
- Bei Direktanrufen innerhalb Kanadas wählen Sie die **1**, anschließend den dreistelligen *area code* und die siebenstellige Telefonnummer des Teilnehmers.
- Für ein Auslandsgespräch mittels Vermittlung: **0**.
- Direktwahl ins Ausland: **011**, dann die Landesvorwahl (Deutschland **49**, Österreich **43**, Schweiz **41**), Ortsvorwahl ohne 0 und die Rufnummer.
- Deutschland Direkt (R-Gespräch): **1-800-465-0049**.
- Auskunft über Ferngespräche: **1**, dann die Vorwahl der Provinz und anschließend **555-1212**.
- Gebührenfreie Rufnummern beginnen mit **1-800**, **1-855**, **1-866**, **1-877** oder **1-888**.

Anreise

Die meisten Besucher Kanadas landen auf einem der drei größten Flughäfen des Landes in Vancouver, Toronto oder Montréal. Es werden aber auch Direktflüge nach Halifax, Winnipeg, Edmonton, Calgary und St. John's (Newfoundland) angeboten. Urlauber, die mehrere Landesteile bereisen wollen, überbrücken die zum Teil riesigen Entfernungen meist per Flugzeug. Wer im Rahmen eines Kurzaufenthalts Toronto und Montréal, aber auch die Rockies erleben möchte, muss zwangsläufig einige Zeit in der Luft zubringen. Man kann das Land aber auch mit anderen Transportmitteln entdecken. Das Schienennetz von VIA Rail verbindet die meisten Großstädte. Fernreisebusse sind eine entspannende und häufig preiswerte Alternative zu den restlichen Transportmitteln, um Kanada kennenzulernen. Spektakuläre Szenerien sieht man außerdem auf kurzen Kreuz- oder Fährfahrten. Auch das Auto ist ein sehr beliebtes Fortbewegungsmittel in Gegenden, die ansonsten nur schwer zu erreichen sind.

Air Canada, die größte Fluglinie des Landes

Anreise mit dem Flugzeug

Mehrere internationale Fluggesellschaften fliegen nach Kanada, die große nationale Linie **Air Canada** kooperiert mit den großen Fluggesellschaften in aller Welt. Fast alle großen europäischen Airlines fliegen direkt in die Metropolen Toronto, Montréal oder Vancouver.

Wer sowohl die USA als auch Kanada besuchen möchte, kann die zahlreichen günstigen Anschlussflüge in große amerikanische Städte, beispielsweise New York, Los Angeles, Dallas, Chicago oder Atlanta, nutzen.

Internationale Flüge

Ein Flug von Europa nach Kanada dauert zwischen sechs und elf Stunden – je nachdem, welchen Teil des Landes man bereist. Kanada hat – neben zahlreichen kleineren Flugplätzen oder auch nur Flugpisten – 13 internationale Flughäfen. Alle größeren Städte sind mit Flughäfen in den USA verbunden.

Im Sommer fliegt Lufthansa täglich von Frankfurt am Main nach Vancouver, Calgary, Toronto und Montréal, Air Canada nach Vancouver, Calgary und nach Toronto.

Einige Airlines bieten Gabelflüge an, also die Möglichkeit, eine Stadt anzufliegen und von einer anderen wieder zurückzufliegen. Anschlussflüge von den großen Flughäfen zu kleineren Städten wie etwa Edmonton, Halifax, Ottawa, Winnipeg bestehen mehrmals täglich.

Einreise und Zoll

Für touristische oder geschäftliche Aufenthalte bis zu sechs Monaten ist die Ein- bzw. die Transitreise nach Kanada zwar visumsfrei, aber nur noch mit einer elektronischen Einreiseerlaubnis möglich. Seit 2015 fordert Kanada das eTA-Verfahren (Electronic Travel Authorization). Die Beantragung muss vor Antritt der Flugreise online erfolgen. Informationen auch in

Flughafen	Information
St. John's	☎ 1-709-758-8500
Halifax	☎ 1-902-873-4422
Montréal (Trudeau)	☎ 1-514-394-7377
Montréal (Mirabel)	☎ 1-514-394-7377
Ottawa	☎ 1-613-248-2125
Toronto	☎ 1-416-247-7678
Winnipeg	☎ 1-204-987-9402
Calgary	☎ 1-403-735-1200
Edmonton	☎ 1-780-890-8382
Vancouver	☎ 1-604-207-7077

deutscher Sprache, Antragsformulare und FAQ finden sich auf der Website des Government of Canada (www.cic.gc.ca/english/visit/eta-facts-de.asp). Bei der elektronischen Beantragung ist eine Gebühr von 7 CAN-$ (ca. 5 €) zu entrichten. Dafür benötigen Sie einen Reisepass – auch Kinder jeden Alters benötigen ein eigenes Ausweisdokument und eTA –, eine Kredit- oder Debitkarte und eine E-Mail Adresse. Die Einreisegenehmigung wird für fünf Jahre erteilt und ist an das jeweilige Reisedokument des Antragstellers gebunden.

Achten Sie auf die Website für das eTA-Verfahren. Es gibt Webseiten, die bis zu 100 Euro für einen eTA-Antrag nehmen!

Einreisende dürfen 1,1 Liter Spirituosen oder 1,5 Liter Wein oder etwa 8 Liter Bier, 200 Zigaretten und 50 Zigarren und Tabak zollfrei einführen.

Bei der Ankunft

Kurz vor der Landung in Kanada müssen Sie Zoll- und Einwanderungspapiere ausfüllen, die mit dem Reisepass nach Ankunft den Einwanderungsbehörden vorzulegen sind. Die Sicherheitsvorkehrungen wurden zum Schutz vor Anschlägen verschärft.

Die größeren Flughäfen bieten zahlreiche Dienstleistungen. Es gibt Läden, medizinische Dienste, Postämter, Wechselstuben, Zeitungs- und Bücherstände. In großen Airports findet man auch Info-Schalter der Tourismusbüros.

In allen größeren Flughäfen sind Autovermietungsfirmen vertreten. Fast überall gibt es Zubringerdienste in die Stadt mit dem Bus.

Vor einem Anschlussflug innerhalb Kanadas müssen Sie Ihr Gepäck holen und durch den Zoll schleusen, bevor Sie erneut einchecken können.

Wege zu und von Flughäfen sind gut beschildert

Auf einen Blick

Fluglinien

Air Canada (Deutschland)
Hahnstraße 70,
60528 Frankfurt am Main.
(069) 2711 51 11.
aircanada.com

Lufthansa
+49 69 86 799 799 (D).
1-800-563-5954 (CAN).
lufthansa.com

Austrian
+43 05 1766 1000 (A).
1-800-843-0002 (CAN).
austrian.com

Swiss
+41 848 700 700 (CH).
1-877-359-7947 (CAN).
swiss.com

Torontos Pearson International, der größte Flughafen Kanadas, auf dem ein Drittel des Luftverkehrs abgewickelt wird, hat nur zwei Terminals. Informieren Sie sich bei Ihrer Fluglinie, an welchem Terminal Sie ankommen und an welchem Terminal und Gate Sie weiterfliegen.

Entfernung zur Stadt	Taxifahrt in die Stadt	Bustransfer in die Stadt
8 km	25 CAN-$	–
42 km	65 CAN-$	45 Min.
22 km	40 CAN-$	45 Min.
55 km	70 CAN-$	40–55 Min.
18 km	30 CAN-$	25 Min.
24 km	60 CAN-$	45–55 Min.
10 km	25 CAN-$	45 Min.
16 km	45 CAN-$	30 Min.
31 km	55 CAN-$	55 Min.
15 km	35 CAN-$	25 Min.

Inlandsflüge

Wegen der großen Entfernungen gehören Flüge innerhalb des Landes zum kanadischen Alltag. Das Netz aus Flugverbindungen umfasst zahlreiche Airlines, die häufig Anschluss an Air Canada bieten. Kleinere Linien fliegen nur innerhalb der Provinzen oder in entlegene Gegenden, wo sie oft das einzige Transportmittel sind. Insgesamt werden 125 Ziele innerhalb Kanadas angeflogen. Sie können einen Inlandsflug zu Hause – vor Reiseantritt – buchen oder in Kanada über ein Reisebüro. Auch im Internet und in kanadischen Lokalzeitungen findet man häufig Angebote. Besucher aus dem Ausland können zwischen einigen verbilligten Flugpässen wählen. Für faszinierende, aber kostspielige Flüge in abgelegene Regionen wie Baffin Island stehen Charterflugzeuge bereit.

Eine Dash-7 auf einem Flugfeld im Norden Kanadas

Flugrouten und Fluglinien

Das beeindruckend dichte Inlandsflugnetz gewährleistet, dass auch fast alle kleineren Städte Kanadas regelmäßig angeflogen werden. Dennoch muss man in aller Regel in eines der Ballungszentren – also Vancouver, Toronto oder Montréal – fliegen und von dort aus einen Anschlussflug nehmen.

Die kleineren Fluglinien sind oft Zubringer für **Air Canada** und können häufig auch über diese Airline gebucht werden. Die meisten Langstreckenflüge innerhalb Kanadas verbinden die Städte von Ost nach West: von Halifax an der Ostküste über Montréal, Toronto, Ottawa, Winnipeg, Calgary und Edmonton nach Vancouver im Westen.

Längere Süd-Nord-Flüge in den Yukon und die Northwest Territories starten meist ab Edmonton und Winnipeg.

Ziele im hohen Norden des Landes, beispielsweise Baffin Island (wohin es ansonsten nur bei gutem Wetter eine Schiffsverbindung gibt), erreicht man am leichtesten mit einem Charterflugzeug. Nur nach Churchill (Manitoba) fährt auch ein Zug.

Apex-Tickets und andere Ermäßigungen

Inlandsflüge in Kanada sind relativ preisgünstig, vor allem auf beliebten Routen, wo Billigflieger wie **WestJet** der nationalen Linie **Air Canada** Konkurrenz machen. Die Preisgestaltung ist recht simpel. Mit den teuersten Tickets sind Sie flexibler als mit den billigen. Am kostengünstigsten ist es, wenn Sie mindestens sieben Tage im Voraus buchen, aber in Bezug auf Ihre Reisedaten flexibel sind (Apex-Tickets). Seien Sie sich darüber im Klaren, dass nur die teuren Tickets eventuellen Schadenersatz bzw. Umbuchungen ermöglichen.

Eine weitere Ermäßigung ist der »Platzverkauf«: Eine Fluglinie bietet außergewöhnlich günstige Tickets an, um beliebte Routen in ruhigen Zeiten stärker auszulasten. Nachteil dieses Angebots ist, dass man kaum variieren kann und zu bestimmten Zeiten fliegen muss.

Air Canada bietet in Büros außerhalb Nordamerikas Rundreisepässe für Kanada mit Abstechern in die Vereinigten Staaten an. Dabei handelt es sich meist um Coupons, d.h., man bezahlt mit je einem Gutschein für je einen Flug innerhalb des Kontinents oder einer speziellen Region.

Fly-and-Drive

Mit einem Fly-and-Drive-Angebot lässt sich der Mietwagenpreis drastisch verringern und der Urlaub optimal nutzen. Man kann in Kanada den Wagen an einer Stelle abholen und an einem anderen Ort zurückgeben. So könnten Sie von Toronto aus durch Ontario fahren, das Auto in Ottawa abgeben und dann nach Vancouver fliegen. Insgesamt ist man damit wesentlich flexibler, als wenn man den Wagen wieder zur Ausleihstation bringen muss. Bei dieser »One Way«-Autovermietung fallen jedoch oft Gebühren für den Rücktransport des Wagens an (bei einer Strecke Toronto–Ottawa z.B. 200 Can-$).

Gepäckbeschränkungen

Wer im Inland in der Economy-Klasse fliegt, muss leider auf Gewichts- und Mengenbeschränkungen beim Reisegepäck achten, wenn er nicht Übergewicht bezahlen will. Das Freigepäck schwankt je nach Airline und Flugzeugtyp. Bei Lufthansa darf man bei Interkontinentalflügen in der Economy Class ein Gepäckstück à 23 Kilogramm mitführen sowie ein Handgepäckstück bis zu acht Kilogramm.

In der Regel dürfen auf einem Inlandsflug pro Person zwei Koffer mit je 20 bis 23 Kilogramm mitgeführt werden. Das Handgepäck muss sich sicher unter oder über dem Sitz verstauen lassen. In Kleinflugzeugen ist oft nicht mehr als Handgepäck zulässig. Auch bei Inlandsflügen gilt, dass Flüssigkeiten oder Gels (über 100 ml) im Handgepäck verboten sind. Biegsame Kleidungshüllen von maximal 112 mal 11 Zentimetern dürfen unter Umständen an Bord gebracht werden.

Logo von WestJet

Check-in

Notwendige und verstärkte Sicherheitsüberprüfungen können das Einchecken verlängern. Aufgrund der verstärkten Kontrollen nach den Anschlägen vom 11. September müssen Sie bei Flügen innerhalb Kanadas mindestens 90 Minuten, bei Flügen von Kanada in die USA und bei anderen internationalen Flügen 120 Minuten vor Abflug einchecken.

Beim Online-Check-in müssen Sie erst eine Stunde vor Abflug eintreffen. Auch wer innerhalb Kanadas reist, muss einen Pass mit sich führen, um sich jederzeit ausweisen zu können.

Die Stoßzeiten auf den großen Flughäfen liegen zwischen 7 und 9 sowie zwischen 15 und 20 Uhr. Wenn während der Winterurlaubszeit, in der Osterzeit und im Sommer das Passagieraufkommen steigt, sollte man mehr Zeit für Parkplatzsuche, eventuelle Autorückgabe und Check-in einplanen.

Auf einen Blick

Inlandsfluglinien

Air Canada
☎ 1-514-393-3333, 1-888-247-2262. **W aircanada.com**

Air North
(Yukon, Northwest Territories, Alberta u. British Columbia)
☎ 1-867-668-2228, 1-800-661-0407. **W flyairnorth.com**

Bearskin Airlines
(Ontario u. Manitoba) ☎ 1-807-475-0006, 1-800-465-2327. **W bearskinairlines.com**

Calm Air
(Manitoba u. Nunavut)
☎ 1-800-839-2256.
W calmair.com

First Air
(Nunavut u. North West Territories) ☎ 1-800-267-1247.
W firstair.ca

Porter Airlines
(Ontario, Québec, Atlantikprovinzen u. USA)
☎ 1-888-619-8622.
W flyporter.com

WestJet
☎ 1-403-444-2446, 1-888-937-8538. **W westjet.com**

Wichtige Inlandsflugrouten

Air Canada ist Kanadas größte Fluggesellschaft. Sie arbeitet mit kleineren Linien zusammen und deckt damit ein umfangreiches Netz an Routen ab. WestJet hat sich auf den Westen Kanadas spezialisiert.

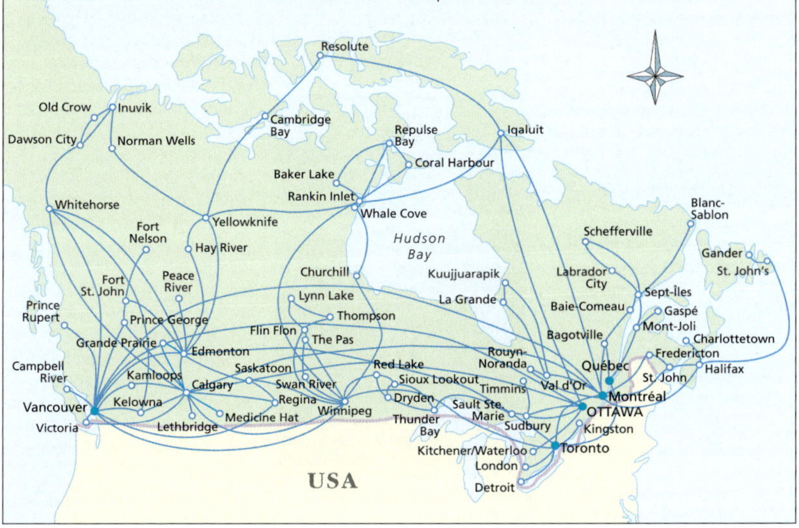

In Kanada unterwegs

In den ausgedehnten ländlichen Gebieten Kanadas sind Autos wegen der zum Teil enormen Entfernungen ein probates Transportmittel. Doch auch die Stadtbewohner fahren gern Auto. Dennoch verfügen die Städte über einen effizienten öffentlichen Personennahverkehr. Als Besucher erkundet man die Zentren der Metropolen am besten zu Fuß und / oder nutzt die öffentlichen Verkehrsmittel. Die Straßen sind sauber und sicher – bei einem Spaziergang kann man die unterschiedlichen Viertel am besten kennenlernen. Die städtischen Verbundnetze bieten ermäßigte Mehrfahrten- oder Tageskarten an. Autofahren in der City ist meist ein relativ entmutigendes Unterfangen, vor allem in Stoßzeiten. Auch das Abstellen des Autos kann problematisch sein, denn Parkplätze sind knapp und teuer. An Bahnhöfen und bei den Informationszentren erhält man kostenlose Streckenpläne für den öffentlichen Nahverkehr. Die folgenden Seiten befassen sich mit dem Personennahverkehr der drei größten Metropolen Vancouver, Toronto und Montréal (Pläne zu Métro, SkyTrain und U-Bahn *siehe hintere Umschlaginnenseiten*) sowie anderer Provinzhauptstädte und der meistbesuchten Orte des Landes.

Montréal

Montréals Métro- und Busnetz bildet den Verbund **Société de transport de Montréal (STM)**. An den Stationen hat man Anschluss an die Busse. Fahrscheine gelten für beide Verkehrsmittel, wenn man ein Umsteigeticket löst. Ein Einzelfahrschein mit Umsteigen kostet 3,25 Can-$ (Zehner-Karte: 27 Can-$).

Die Métro ist sauber, sicher, im Sommer klimatisiert und im Winter geheizt. Sie ist mit Abstand das schnellste und günstigste Fortbewegungsmittel. An den Fahrkartenschaltern erhält man Streckenpläne. In allen größeren Hotels und Informationszentren bekommt man für einen oder drei Tage die *Carte Touristique*.

Mit dem Auto zu fahren ist nicht empfehlenswert: Der Verkehr ist dicht, vor allem in der Altstadt gelten strenge Parkverbote. Nutzen Sie stattdessen das Park-and-Ride-System. Taxis winkt man einfach an der Straße heran. Das Schild auf dem Dach leuchtet weiß oder orange, wenn das Taxi frei ist.

An vielen Straßen Montréals gibt es Fahrradwege. Über das Radwegenetz informiert der kostenlos in den Tourismusbüros erhältliche *Great Montréal Bike Path-Guide*. Außer zu Stoßzeiten – wochentags von 7 bis 10 und 17 bis 19 Uhr – können Fahrräder in der Métro mitgenommen werden. Einige Radwege sind sehr malerisch, darunter die Strecke entlang dem Canal de Lachine oder jene durch die Cité du Havre und über den Pont de la Concorde zu den Inseln.

Fahrräder kann man tage- oder wochenweise mieten. Meist wird eine Kaution verlangt (ab 250 Can-$).

Toronto

Die **Toronto Transit Commission (TTC)** betreibt ein Verbundnetz aus U-Bahn, Bus und Straßenbahn, das weltweit als eines der sichersten und saubersten seiner Art gilt.

Es gibt im Stadtzentrum zwei U-Bahn-Hauptlinien mit etwa 66 Haltestellen. Der an den meisten U-Bahn-Kartenschaltern erhältliche *Ride Guide* präsentiert alle wichtigen Sehenswürdigkeiten der Stadt und erläutert, wie man diese mit öffentlichen Verkehrsmitteln erreicht.

Radeln und Skaten am Fluss in Québec

Für die Benutzung von Bussen und Straßenbahnen benötigt man das exakte Fahrgeld, sofern man sich nicht vorab am Fahrkartenschalter oder an einem Kiosk ein Ticket oder einen *token* besorgt hat.

Mit einem einzigen Ticket können Sie das ganze Stadtgebiet befahren, egal welches Vekehrsmittel Sie nutzen. Wenn Sie umsteigen, benötigen Sie einen *transfer pass*.

Einzelticket oder *token* am Automaten kostet 3 Can-$, Kinder bis zwölf Jahre fahren kostenlos. Mehrfahrtenkarten sind günstiger. Bei vielen Fahrten innerhalb eines Tages lohnt sich der Kauf einer Tageskarte (12,50 Can-$), die bis 5.30 Uhr am Folgetag gilt. Die Website der TTC (www.ttc.ca) informiert über Tickets und Tarife.

Taxis findet man leicht: Sie können auf der Straße angehalten oder im Voraus bestellt werden. Außerdem warten sie oft vor Hotels.

Fahrräder kann man mieten, etwa bei **Bike Share Toronto** (https://bikesharetoronto.com). Immer mehr Straßen im Zentrum verfügen über Radwege. Der Martin Goodman Trail ist ein schöner Fahrradweg am Seeufer entlang.

Wartende Taxis an einem Stand in Toronto

Vancouver

TransLink bietet ein sehr gut organisiertes Netz aus S-Bahn (genannt SkyTrain), Bus und Fähre. An Kiosken und in Informationszentren erhält man den preiswerten *Transit Guide* mit Stadtplan und Streckenplan. Wegen der Staus und der geringen Zahl an Parkplätzen ist es nicht ratsam, in der Innenstadt mit dem Auto zu fahren. Für Pendler und Besucher empfehlen sich die Park-and-Ride-Parkplätze rund um das Zentrum.

Der SkyTrain ist eine führerlose S-Bahn, die – teils unter-, teils oberirdisch – vom Zentrum in die Vororte Burnaby, New Westminster und Surrey fährt. Die größte Haltestelle ist die Waterfront Station am Ende der Seymour Street.

Auch wenn sie zu Stoßzeiten weniger empfehlenswert sind, bieten Busse eine gute Alternative zum SkyTrain. Unterwegs sieht man gleich noch die Sehenswürdigkeiten der Stadt. Der Busverkehr wird um Mitternacht eingestellt. Für Nachtschwärmer (»Night Owls«) gilt ein abgespeckter Fahrplan.

Am schnellsten kommt man auf dem Wasser vorwärts. Der SeaBus ist ein Katamaran mit 400 Plätzen. Er verkehrt zwischen Lonsdale Quay in North Vancouver und Waterfront Station. Die Fahrt dauert 15 Minuten und eröffnet einen fabelhaften Blick auf die Berge und die Skyline von Vancouver.

Die Aquabus-Fähren versorgen False Creek, Granville Island, Stamp's Landing und das Hornby Street Dock.

Wer ein Taxi benötigt, sollte es bei einem der großen Unternehmen wie Black Top Cabs oder Yellow Cab bestellen, da man mit Winken am Straßenrand kaum Erfolg hat.

Mit zahlreichen Radwegen und der zehn Kilometer langen Strecke um den Stanley Park ist Vancouver ideal für Radfahrer. Es existiert sogar, ähnlich wie sonst bei Autos, ein Park-and-Ride-System für Fahrräder.

Bus, SkyTrain und SeaBus kosten im Raum Vancouver gleich viel, jedoch schwanken die Preise je nach Tageszeit und Entfernung. Das Netz ist in drei Zonen eingeteilt. Ein Erwachsener zahlt wochentags für eine Fahrt 2,85 Can-$ (1 Zone), 4,10 Can-$ (2 Zonen), 5,60 Can-$ (3 Zonen), ab 18.30 Uhr sowie samstags, sonntags und feiertags kann man für den Preis einer Zone in allen drei Zonen fahren.

Einen Preisvorteil bieten das FareSaver-Heftchen mit zehn Tickets (22 Can-$) oder die Tageskarte (10 Can-$). Kinder unter fünf Jahren fahren in Begleitung eines Erwachsenen umsonst, Kinder zwischen 5 und 13 Jahren ermäßigt. Gleiches gilt für Studenten und Senioren. Alle am Automaten gekauften Tickets (Compass Tickets) berechtigen zum Umsteigen auf andere Verkehrsmittel. Haben Sie im Bus bar bezahlt, brauchen Sie dafür ein weiteres Ticket. Ein Ticket bleibt 90 Minuten lang gültig.

Der SkyTrain auf der imposanten Stadtbrücke von Vancouver

Spaziergang zum einladenden Fairmont Le Château Frontenac in Québec

Ottawa

Glücklicherweise kann man viele bekannte Sehenswürdigkeiten der Hauptstadt vom Parliament Hill aus zu Fuß erreichen. Ottawas Gehsteige sind breit und sauber. Für längere Strecken kann man auf öffentliche Verkehrsmittel zurückgreifen. **OC Transpo** betreibt ein Busnetz (130 Linien) und die Stadtbahn (»O-Train«). Fahrgäste benötigen ein Ticket oder eine wiederaufladbare Smartcard (»presto«), die man vor dem Einsteigen in einen Bus oder einen O-Train an ein Lesegerät hält. Beim Umsteigen ist dieser Vorgang erneut notwenig, das Guthaben der Karte wird dabei nicht belastet. Eine Einzelfahrt kostet bei Verwendung einer Smartcard 3,35 Can-$, die Tageskarte kostet 10,25 Can-$. Kinder unter fünf Jahren fahren kostenlos. Alle Linien treffen sich am Rideau Centre. Haltestellen einer Linie haben dieselbe Farbe.

Autofahrern stehen relativ günstige städtische Parkplätze zur Verfügung (auf das grüne »P« achten). Taxis warten vor großen Hotels oder können telefonisch gerufen werden. In Anbetracht eines 150 Kilometer langen Radwegenetzes bietet sich auch das Fahrrad zur Besichtigung an. Einige Spazier- und Radwege führen am Rideau Canal entlang.

Calgary

Das Unternehmen **Calgary Transit** betreibt ein S-Bahn-System (C-Train) und Busse. Für 3,25 Can-$ können Sie mit ein- und demselben Ticket beide Verkehrsmittel nutzen. Für Besucher, die an einem Tag mehrere Besichtigungen planen, bietet sich die Tageskarte für 10 Can-$ an.

Logo des C-Train in Calgary

Der C-Train fährt Richtung Norden zur Universität und zum Flughafen und nach Süden zum Macleod Trail. Zwischen 10th Street und City Hall im Stadtzentrum ist er, im Gegensatz zu den Bussen, kostenlos. Streckenpläne und Tickets bekommt man in den Büros von Calgary Transit. Fahrkarten für den C-Train löst man an Automaten am Bahnsteig.

Den Stadtkern kann man mit öffentlichen Verkehrsmitteln, aber auch zu Fuß bewältigen – allerdings sind die Häuserblocks lang (Calgary ist flächenmäßig die zweitgrößte Stadt Kanadas). Für Ausflüge in die Randbezirke benötigt man ein Auto. An Wochenenden sind Mietwagen deutlich preiswerter als unter der Woche. Taxis sind verhältnismäßig teuer und können nicht auf der Straße angehalten werden. Sie warten vor Hotels oder müssen telefonisch bestellt werden.

Winnipeg

Viele Sehenswürdigkeiten Winnipegs sind vom Stadtkern (Kreuzung Portage St/Main St) in gut 20 Minuten zu Fuß zu erreichen.

Mit den Bussen von **Winnipeg Transit** erreicht man auch weiter entfernte Ziele. Der Einheitstarif für die Busse beträgt 2,70 Can-$ (Barzahlung), die Tageskarte (24 Stunden) kostet 8,70 Can-$, eine Wochenkarte 21,15 Can-$ (5 Tage) oder 23,50 Can-$ (7 Tage). Ein 60 Minuten lang gültiges Umsteigeticket bekommt man beim Busfahrer. Das Transit Service Centre (SW Concourse Portage St/Main St) ist wochentags von 8.15 bis 16.45 Uhr geöffnet. Hier bekommt man auch einen kostenlosen Streckenplan.

Durch die City wie auch durch mehrere Randbezirke führen einige recht reizvolle Radwege.

Québec

Die malerischen, engen Straßen der Altstadt von Québec besichtigt man am besten zu Fuß, zumal die meisten historischen Sehenswürdigkeiten in einem kleinen Areal innerhalb der Stadtmauer liegen.

Für weiter entfernte Attraktionen wie das Musée du Québec nutzt man das zuverlässige Busnetz von **Québec RTC**. Das Einzeltickt kostet bei Barzahlung im Bus (bitte den genauen Münzbetrag bereithalten) 3,50 Can-$ (vorab gekauft 2,95 Can-$), der Preis einer Tageskarte beträgt 8,25 Can-$. Der Busbahnhof befindet sich in der Lower Town am Boulevard Charest Est. Die wichtigsten Linien führen über die Place d'Youville in der Altstadt.

Taxis warten vor großen Hotels und vor dem Rathaus. Eine Fahrt mit der Pferdekutsche *(calèche)* durch die Altstadt von Québec ist recht entspannend, kostet allerdings etwa 56 Can-$ für eine 40-minütige Fahrt.

Halifax

Der Stadtkern von Halifax ist sehr kompakt und lässt sich gut zu Fuß oder mit einem tage- oder halbtageweise gemieteten Fahrrad erkunden. Autofahren ist nicht ratsam, da Parkplätze knapp sind.

Außenbezirke erreicht man mit den Bussen und Fähren von **Halifax Transit**. Die Fährroute vom Zentrum nach Dartmouth ist ein Vergnügen – der Einheitspreis für Fähren und Busse beträgt 2,50 Can-$. Preiswerter sind Heftchen mit zehn Tickets für 20 Can-$.

Charlottetown

Seit Fertigstellung der Confederation Bridge 1997 ist Prince Edward Island mit Bus und Auto gut zu erreichen. Pro Fahrzeug ist eine Maut von 45,50 Can-$ zu entrichten. Doch nach wie vor verkehrt von Mai bis November auch eine Fähre ab Pictou (Nova Scotia). Der Shuttle-Bus ab Halifax fährt mit der Fähre zur Insel.

In den Sommermonaten sind in Charlottetown die Busse von **Charlottetown Trius Transit** unterwegs (Einzelticket 2,25 Can-$). Touren mit dem Auto sind weitaus populärer. Für die Monate Juli und August sollte man einen Mietwagen reservieren. Es werden auch Ausflugsfahrten mit dem Bus sowie Wander- und Radtouren angeboten.

Die Confederation Bridge führt nach Prince Edward Island

St. John's, Newfoundland

Im Gegensatz zu manch anderen kanadischen Städten ist das Parken in St. John's kein Problem. Dazu löst man an einem der zahlreichen Automaten, die Quarter- und Dollar-Münzen nehmen, einen Parkschein. Mietwagenfirmen gibt es am Flughafen und im Zentrum.

Eine Fahrt mit einem der Busse von **Metrobus** kostet 2,50 Can-$, ein Heftchen mit zehn Tickets 22,50 Can-$. Eine Fahrt im Bus durch das Stadtzentrum und eine anschließende Fahrt im Randbezirk entsprechen schon einer kleinen Stadtrundfahrt.

Auf einen Blick

Öffentliche Verkehrsmittel

Calgary Transit
1-403-262-1000.

Charlottetown Trius Transit
1-902-566-9962.

Halifax Transit
1-902-490-6999.

Ottawa OC Transpo
1-613-741-4390.

Québec RTC
1-418-627-2511.

Société de transport de Montréal (STM)
1-514-288-6287.

St. John's, Newfoundland Metrobus
1-709-570-2020.

Toronto Transit Commission (TTC)
1-416-393-4636.

Vancouver TransLink
1-604-953-3333.

Winnipeg Transit
311 oder 1-877-311-4974.

Bus auf der Harbour Bridge in St. John's, New Brunswick

Mit der Eisenbahn unterwegs

Das kanadische Bahnnetz ist im Besitz der staatlichen Firma VIA Rail. Seit Ende der 1980er Jahre, als viele Überland- und Regionalstrecken gestrichen wurden, fahren immer weniger Züge. Doch betreibt VIA Rail nach wie vor den legendären *Canadian*, einen restaurierten Zug aus den 1950er Jahren, der zwischen Toronto und Vancouver verkehrt – in der atemberaubenden Szenerie der Rockies zwischen Jasper und Kamloops. Lange Strecken fliegen die Kanadier, kurze Strecken fahren sie wegen des Gepäcks meist mit dem Auto. Für Besucher ist allerdings eine Bahnfahrt immer eine gute Möglichkeit, weite Teile des Landes zu sehen (vor allem im Panoramawagen mit Glasdach). Zudem sind die Verbundnetze der Großstädte nützlich, um ein Gebiet eingehender zu erkunden.

Mit dem Sonderzug Rocky Mountaineer durch die Rockies

Kanadisches Bahnnetz

VIA Rail Canada ist die nationale Eisenbahngesellschaft für Personenverkehr. Trotz der Stilllegung etlicher Strecken fahren immer noch 400 Züge pro Woche, die auf den Hauptstrecken von Vancouver nach Toronto und weiter nach Montréal, Québec und Halifax etwa 13 000 Kilometer zurücklegen. Auf diese Weise lässt sich das Land mit dem Zug in fünf Tagen durchqueren. Der luxuriöse *Canadian* aus den 1950er Jahren mit Speise- und Panoramawagen befährt die längste durchgehende Strecke von Vancouver nach Toronto.

Orte ohne Straßenverbindung wie etwa Churchill im Norden Manitobas sind von der Schiene abhängig. Die Strecke Winnipeg–Churchill wird sonntags und dienstags betrieben. Auf die 48 Stunden dauernde Fahrt in Richtung Norden machen sich viele Besucher, um Eisbären zu beobachten *(siehe S. 257)*.

VIA Rail unterhält sowohl Überlandverbindungen im Osten und Westen Kanadas als auch Intercity-Strecken im dicht besiedelten Ontario Corridor von Québec über Montréal, Ottawa, Kingston, Toronto und Niagara Falls nach Windsor. In den recht schnellen Zügen gibt es Snacks und Getränke.

Da VIA Rail in Montréal und Vancouver mit dem amerikanischen Amtrak-Netz verbunden ist, kann man problemlos in die USA fahren. Tickets für Fahrten von Montréal nach Albany oder New York sowie von Vancouver nach Seattle, Eugene oder Los Angeles werden ausschließlich von Amtrak angeboten. VIA Rail und Amtrak unterhalten gemeinsam die Strecke Toronto–New York über Niagara Falls (für die ein Zug zwölf Stunden benötigt – einschließlich eines zweistündigen Aufenthalts an der Grenze) sowie Toronto–Chicago über Buffalo. Der VIA-Bahnhof Windsor ist nur wenige Kilometer vom Amtrak-Bahnhof Detroit entfernt.

Regionale Betreiber

VIA Rail betreut den Personenverkehr in Kanada nicht allein. In den größeren Städten gibt es S-Bahn-Netze für Pendler: Vancouver hat den West Coast Express, Toronto versorgt die Vororte bis Kitchener, Barrie, Hamilton und Oshawa. Montréal besitzt eine Métro.

Außergewöhnliche Bahnstrecken

Es gibt einige Strecken, die Besuchern die Möglichkeit bieten, in bequemen, teils luxuriösen Zügen die kanadische Landschaft zu genießen. Etwas Besonderes ist die **Algoma Central Railway**, die den landschaftlich spektakulären Norden Ontarios durchfährt. Die einen Tag dauernde Reise von Sault Ste. Marie durch den schier atemberaubenden Agawa Canyon wird von Ende Juni bis Mitte Oktober angeboten. Besonders reizvoll ist die Fahrt ab Ende September wegen der herbstlichen Laubfärbung. Im Februar und März wird die Strecke durch den Agawa Canyon und die dann schnee- und eisbedeckte Landschaft vom Snow Train bedient.

Der **Polar Bear Express** startet in Cochrane im Norden Ontarios zu seiner 300 Kilometer langen Fahrt durch dichte Nadelwälder ins abgelegene Moosonee, von wo man mit einem motorisierten Kanu die Moose Factory erreicht (Übernachtung empfohlen).

Die wohl spektakulärste Bahnfahrt Kanadas gibt es in British Columbia, wo der *Rocky Mountaineer* von Mitte Mai bis Anfang Oktober mehrere Strecken durch die Rocky Mountains befährt. Die Züge sind lediglich tagsüber unterwegs, die Nacht verbringt man im Hotel. Die meisten Fahrten starten von Vancouver. Man kann mit dem *Rocky Mountaineer* bis Halifax und Jasper fahren. Dort steigt man dann auf den *Canadian* um.

Ein unvergessliches Erlebnis ist eine Fahrt in einem Salonwagen des **Royal Canadian Pacific**. Dieser luxuriöse Zug fährt in Calgary ab und gelangt über Lethbridge in die Rockies. Zurück führt die Strecke durch den Banff National Park. Übernachtet wird im prunkvollen, holzvertäfelten Schlafabteil. Eine weitere Strecke verläuft von Calgary über mehrere Gebirgspässe nach Vancouver.

VIA-Rail-Logo mit Ahornblatt

Kategorien

Auf Langstrecken gibt es zwei Hauptkategorien: Economy und Business sowie verschiedene Schlafwagenklassen. Economy und Business bieten komfortable Liegesitze, breite Gänge und große Fenster sowie Kissen und Decken für die Nacht. Passagiere dieser Klassen können auch die Snackbar oder das Restaurant des Zugs nutzen.

Die Schlafwagenklassen bieten mehrere Optionen – vom Einzel- und Doppelschlafplatz bis hin zu Doppelbettabteilen, die sich am Tag in luxuriöse Salons verwandeln. VIA-Züge im Westen Kanadas, etwa der *Canadian*, bieten Verpflegung an.

Fahrkarten und Reservierung

Reservierungen für Zugreisen können online über VIA Rail oder andere Anbieter vorgenommen werden. Bei der Buchung werden verschiedene Ermäßigungen angeboten. Interessant sind insbesondere zwei Angebote: Das Canrail-Pass-System bietet die Nutzung von sieben bzw. zehn Streckenabschnitten und ist innerhalb von 60 Tagen gültig – zwischen West- und Ostküste, im Norden bis zur Hudson Bay. Der Corridor-Pass gilt für das Gebiet zwischen Québec und Windsor (gegenüber von Detroit) und damit für Metropolen wie Montréal, Toronto und Ottawa. Er ist 21 Tage lang für sieben oder zehn Zugfahrten gültig.

Vor allem im Sommer sollte man Platzreservierungen vornehmen. Kinder unter zwölf Jahren zahlen bei Bahnfahrten in Kanada lediglich den halben Preis. Für Reisende zwischen zwölf und 25 bzw. über 60 Jahren gibt es ebenfalls Ermäßigungen.

Auf einen Blick

Algoma Central Railway
T 1-800-242-9287.

Amtrak
T 1-800-872-7245.
W **amtrak.com**

Polar Bear Express
T 1-705-472-4500.

Rocky Mountaineer Railtours
T 1-877-460-3200.
W **rockymountaineer.com**

Royal Canadian Pacific
T 1-403-508-1400.
W **royalcanadianpacific.com**

VIA Rail Canada
T 1-888-842-7245.
W **viarail.ca**

Wichtige Bahnstrecken

VIA Rail ist die wichtigste Eisenbahngesellschaft für Personenverkehr in Kanada. Sie bietet Verbindungen zu allen großen Städten, in denen regionale Betreiber für den Anschluss in die Außenbezirke sorgen.

Mit dem Bus unterwegs

Der Bus ist die preiswerteste Möglichkeit, Kanada kennenzulernen. Die meisten Busstrecken westlich von Toronto wie die Mammuttour auf dem Trans-Canada Highway (Hwy 1) von Toronto nach Vancouver werden von Greyhound Canada betreut. Östlich von Toronto werden die meisten Regionen von kleineren Unternehmen versorgt. Auf der langen Fahrt bringt man eine oder mehrere Nächte im Sitzen zu, doch die Busse sind meist komfortabel, machen häufig Pausen und sind in der Regel pünktlich. In entlegenen Regionen sollte man im Voraus den Fahrplan studieren, da in manche Orte nur ein Bus pro Woche fährt.

Reisebusse

Busse, die Langstrecken zurücklegen, sind preiswerter und oft schneller als Züge. Greyhound Canada ist das größte Unternehmen und befördert jährlich über zwei Millionen Fahrgäste in die zahlreichen Städte des Landes. Obwohl sich Greyhound-Linien auf den Westen und das Zentrum Kanadas beschränken, sind sie vielfach mit Buslinien im Osten und in den USA verbunden. Westlich von Vancouver trifft Greyhound auf die Pacific Coach Lines, östlich von Ottawa auf Orléans Express und Maritime Bus. DRL bietet Busreisen auf dem Festland von Newfoundland und in Labrador an. In der Provinz Saskatchewan sind Busse der staatlich betriebenen Saskatchewan Transport Corporation unterwegs. Seit der 2012 erfolgten Einstellung mehrerer Zugverbindungen im Norden Ontarios betreiben Busse von Ontario Northland in diesem Gebiet den Verkehr zwischen einzelnen Städten.

Der schnellere Express-Service von Greyhound nutzt die Highways und bietet Busse mit Filmen, Musik, Imbiss und mehr Beinfreiheit. In den Bussen herrscht Rauchverbot, doch alle drei bis vier Stunden macht der Fahrer halt, um den Fahrgästen eine Pause zu ermöglichen. Für Pausen und Fahrerwechsel werden Busbahnhöfe oder Servicestationen angesteuert, an denen man Restaurants, Cafés oder Snackautomaten vorfindet. Alle Busse verfügen über Klimaanlage und WC und bieten darüber hinaus den Vorteil, dass man im Stadtzentrum aus- und zusteigen kann.

Greyhound-Logo

Bushaltestelle am Parliament Hill in Ottawa

Ermäßigungen

Fahrkarten für die Busse von Greyhound sind günstiger, wenn man sie mehr als zwei Wochen im Voraus online bucht. Kinder unter zwölf Jahren zahlen 75 Prozent des Fahrpreises, Kleinkinder unter zwei Jahren fahren gratis. Passagiere über 65 Jahre erhalten zehn Prozent Rabatt. Höher sind die Preisermäßigungen für Gruppen (z. B. für Familien): Eine Person zahlt den regulären Fahrpreis, bis zu drei weitere nur den halben. In der Hochsaison können Ausnahmen gelten.

Busbahnhöfe und Reservierungen

Da Busse verschiedener Unternehmen an denselben Busbahnhöfen halten, kann man problemlos umsteigen. Reservierungen sind meist nicht erforderlich: Jeder kann zusteigen, solange noch Platz ist. Kommen Sie mindestens eine Stunde vor Abfahrt, um noch genügend Zeit zum Fahrkartenkauf und Einchecken zu haben. Bleiben Sie gelassen, wenn der Bus rasch voll wird – in diesem Fall wird meist umgehend der nächste eingesetzt. Auch wer seine Karten im Voraus kauft, hat keine Platzgarantie und muss sich in die Schlange an der Haltestelle einreihen. Für einen Aufpreis von 5 Can-$ genießt man an einigen Busbahnhöfen *priority boarding*. Mit dieser Option genügt es, 20 Minuten vor Abfahrt des Busses am Abfahrtsort einzutreffen.

In den meisten Busbahnhöfen gibt es kleine Restaurants oder Cafés. Für lange Reisen sollte man ausreichend Proviant mitnehmen, um nicht vom bisweilen überteuerten und nicht unbedingt schmackhaften Essen an den Servicestationen abhängig zu sein.

In größeren Busbahnhöfen gibt es Schließfächer, damit man die Umsteigepausen unbelastet nutzen kann.

In Großstädten sollte man im Zentrum zusteigen, da der Bus vielleicht schon voll ist, bevor er den nächsten Halt in der Vorstadt erreicht hat. Erkundigen Sie sich frühzeitig nach einer Direkt- oder Expressverbindung, da auf manchen Strecken viele Stopps die Reisezeit erheblich verlängern können. Mit einem kleinen (Reise-)Kissen, einem Sweatshirt gegen die kalte Luft der Klimaanlage und einem inter-

Fahrgäste auf einer Busfahrt zum Athabasca Glacier bei Jasper

essanten Buch oder Magazin lässt sich eine lange und vielleicht mühsame Fahrt durchaus angenehmer gestalten.

Bustouren

Mehrere Busunternehmen haben diverse Pauschalangebote – von Stadtrundfahrten über Ausflugsfahrten zu Attraktionen bis hin zu mehrtägigen, kostspieligen Luxustouren inklusive Führer, Mahlzeiten und Unterkunft.

Spezialtouren konzentrieren sich auf Aktivitäten wie Gletscherwanderungen, Rafting oder Reiten. Zu einer typischen zehntägigen Tour durch Westkanada gehören meist eine Fahrt nach Victoria, eine Wanderung im Banff National Park und ein Picknick am Lake Louise. Angeboten werden aber auch ein Ausflug zum Columbia Icefield oder eine historische Tour zum Thema »Goldrausch« in der Cariboo-Region. Fordern Sie zunächst bei den Unternehmen ausführliche Unterlagen an. Achten Sie beim Preis darauf, dass keine versteckten Zusatzkosten wie Trinkgelder, Verkaufssteuer und Eintrittsgelder anfallen – meist sind sie im Pauschalpreis inbegriffen. Durch einige besonders schöne Regionen, etwa durch die Rocky Mountains, verlaufen auch reguläre Greyhound-Strecken. Fahren Sie auf diesen Routen möglichst am Tag.

Auf einen Blick

DRL (Newfoundland)
T 1-888-263-1854.
W **drl-lr.com**

Greyhound Canada
T 1-800-661-8747.
W **greyhound.ca**

Maritime Bus
T 1-800-575-1807.
W **maritimebus.com**

Orléans Express (Québec)
T 1-514-395-4000.
T 1-888-999-3977.
W **orleansexpress.com**

Pacific Coach Lines (British Columbia)
T 1-604-662-7575.
T 1-800-661-1725.
W **pacificcoach.com**

Bustouren

Brewster Travel Canada
T 1-403-762-6700.
W **brewster.ca**

Great Canadian Holidays
(für Fahrten in den Osten)
T 1-519-896-8687.
T 1-800-461-8687.
W **greatcanadianholidays.com**

Wichtige Busstrecken

Diese Karte zeigt die wichtigsten Busstrecken durch Kanada. Mit Greyhound Canada und den Busunternehmen, die östlich von Toronto tätig sind, kann man auf dem Trans-Canada Highway quer durchs Land reisen

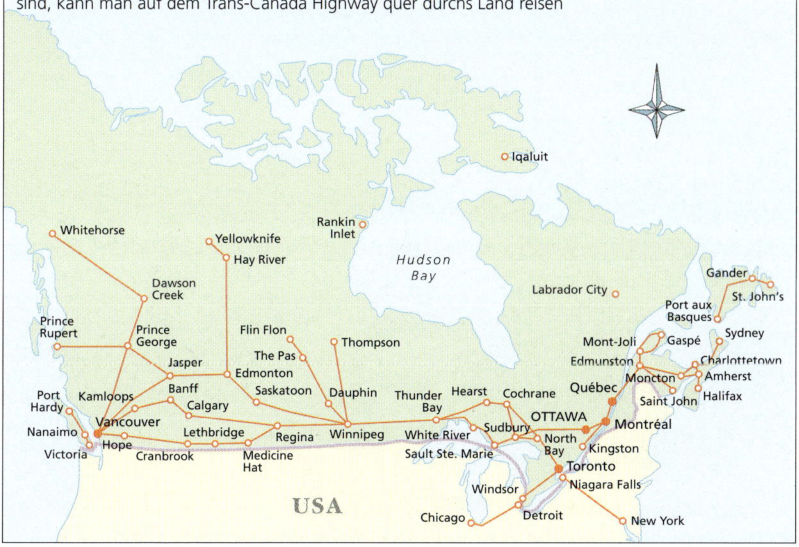

Mit dem Auto unterwegs

Ein Mietauto ist in Kanada sehr zu empfehlen. Öffentliche Transportmittel eignen sich für Stadtbesichtigungen und Fahrten zwischen Städten, doch entlegenere Regionen lassen sich nur mit dem Auto erkunden. Touren durch Gegenden wie die wilde Halbinsel Gaspé in Québec *(siehe S. 148f)* oder das Okanagan Valley in British Columbia *(siehe S. 321)* unternimmt man am besten mit dem Wagen. Kanada ist ein Land für Autofahrer – davon zeugen das einwandfreie Highwaynetz und die riesigen, am besten mit dem Auto erreichbaren Einkaufszentren außerhalb der Städte. Doch angesichts des dichten Verkehrs in den Metropolen wie Toronto, Vancouver, Montréal und Ottawa sind öffentliche Verkehrsmittel dort die schnellere und preisgünstigere Alternative.

Anreise mit dem Auto

Viele Besucher fahren mit dem Auto von den USA über eine der längsten Staatsgrenzen der Welt nach Kanada. Die Strecken von Detroit nach Windsor und nach Niagara Falls sind die am stärksten frequentierten der insgesamt 13 Hauptübergänge. Die meisten amerikanischen Highways führen zum Trans-Canada Highway (Hwy 1), der auf 7821 Kilometern quer durch Kanada von Victoria (BC) nach St. John's (Newfoundland) verläuft. Am Grenzübergang muss man Nationalität, Wohnort und voraussichtliche Aufenthaltsdauer angeben und den Pass vorzeigen, eine elektronische Anmeldung ist nur bei der Einreise per Flugzeug nötig *(siehe S. 398f)*. Das Benzin ist auf amerikanischer Seite billiger.

Man kann auch von Alaska aus über den berühmten Alaska Highway *(siehe S. 266f)* einreisen, der durch Yukon führt und bei Dawson Creek in British Columbia endet.

Führerschein

Mit einem gültigen nationalen Führerschein dürfen Sie in Kanada bis zu drei Monate lang Auto fahren. Manche Provinzen haben eigene Bestimmungen: In British Columbia, Québec und New Brunswick gilt Ihr Führerschein sechs Monate, auf Prince Edward Island vier Monate und im Yukon lediglich einen Monat. Die Mitnahme des internationalen Führerscheins ist ratsam – vor allem die deutschen alten grauen »Lappen« werden bei Kontrollen misstrauisch beäugt.

Versicherungen

Wer mit einem Privatauto fährt, muss den in Kanada vorgeschriebenen Versicherungsschutz nachweisen können. Die deutsche Haftpflichtversicherung wird nicht anerkannt – wer seinen Wagen mitnehmen will, besorgt sich am besten noch in Deutschland Risikoabdeckung durch eine in Kanada anerkannte Versicherung (z. B. bei TourInsure GmbH, Herrengraben 5, 20459 Hamburg, Tel. (040) 25 17 21 50, www.tourinsure.de). Die Haftpflicht-Mindestsumme beträgt 200 000 Can-$. Die meisten Mietwagenfirmen bieten gegen Aufpreis eine Kasko- und Insassenunfallversicherung an, die beide zu empfehlen sind. Falls Sie einen Privatwagen fahren, der nicht auf Sie zugelassen ist, benötigen Sie eine Bescheinigung zur Versicherung des Fahrzeugs.

Mit dem Wohnmobil fährt man im Banff National Park (Alberta) durch Wälder und über Bergpässe

Mietwagen

Einen Mietwagen bekommt man fast überall in Kanada. Die großen Mietwagenfirmen wie Hertz, Avis und National haben ihre Büros in den Flughäfen und Städten des ganzen Landes. Eine preisgünstige Option ist ein Fly-and-Drive-Paket, das man von zu Hause aus bucht. Ermäßigungen werden auch gewährt, wenn man einen Mietwagen im Voraus reserviert. Die Kosten schwanken je nach Saison, Fahrzeugart und Mietdauer. Mögliche Aufpreise sind Zusatzversicherungen, Ablieferungsgebühren und Steuern, die je nach Provinz erhoben werden und zudem unterschiedlich hoch sind.

Bei Abholung des Wagens müssen Sie Ihren Pass und gelegentlich Ihr Rückflugticket vorlegen. Meist kann man ab 25, manchmal ab 21 Jahren einen Wagen mieten. Sie benötigen eine Kreditkarte für die Kaution, ohne die man in Kanada so gut wie nirgends einen Wagen mieten kann.

Kinder unter 18 Kilogramm brauchen einen Kindersitz, der mit dem Gurt befestigt wird. Man sollte ihn bei den Mietwagenfirmen reservieren. Die größeren Firmen bieten alle Fahrzeugtypen – vom kleinen Zweitürer bis hin zur viertürigen Limousine. Fast alle Wagen haben Radio, Klimaanlage und Automatikgetriebe. Umgebaute Fahrzeuge für behinderte Fahrer bekommt man bei größeren Firmen. Wohnmobile oder RVs (Recreational Vehicles) sind teurer und sollten für Aufenthalte im Sommer möglichst lange im Voraus gebucht werden.

Warnung vor Elchen auf dem Highway

Benzin und Tankstellen

Benzin ist etwas teurer als in den USA, aber deutlich preiswerter als in Europa, vor allem in den Städten. Auf dem Land sind die Preise etwas höher als in Städten.

An den Tankstellen bekommt man bleifreies Benzin. Mietwagen sind bei Abholung vollgetankt. Sie können das Benzin entweder im Voraus oder bei Rückgabe des Wagens zahlen. An Tankstellen gilt in der Regel Selbstbedienung, was ungünstig ist, wenn man einen Mechaniker benötigt. In Großstädten und entlang des Trans-Canada Highway sind manche Tankstellen rund um die Uhr geöffnet, auf dem Land schließen sie oft schon um 18 Uhr und sind, vor allem im hohen Norden, dünn gesät. Tanken Sie vor der Abfahrt immer voll. Man bezahlt in der Regel mit Kreditkarte.

Verkehrsregeln

Die kanadischen Highways sind meist vierspurig, gut in Schuss und deutlich nummeriert und ausgeschildert. Gute Straßenkarten sind unerlässlich. Es gibt sie bei Automobilclubs wie der **Canadian Automobile Association (CAA)**, die z. B. mit dem **ADAC** zusammenarbeitet. Hier kann man sich auch nach den Verkehrsregeln erkundigen. Je nach Provinz gibt es viele kleine Abweichungen.

In Kanada fährt man generell mit Abblendlicht. Außer in Québec dürfen Rechtsabbieger bei einer roten Ampel nach vollständigem Stopp vorsichtig weiterfahren. Stoppschilder sind oft mit einem zusätzlichen Schild »4 ways« bzw. »arrête – toutes les directions« versehen. Das bedeutet, dass alle Fahrzeuge anhalten müssen. Danach hat Vorfahrt, wer als Erster an der Kreuzung war. An haltenden Schulbussen mit eingeschaltetem Warnblinklicht darf – auch in der Gegenrichtung – nicht vorbeigefahren werden.

Höchstgeschwindigkeiten werden in km/h angegeben. Es gelten 50 km/h in Orten und 80 bis 100 km/h auf Highways. Für alle Insassen gilt Gurtpflicht. Die tolerierte Alkoholgrenze liegt je nach Provinz zwischen 0 und 0,8 Promille – Sie verzichten besser ganz auf Alkohol am Steuer.

Auf einen Blick

Mietwagen

Avis
1-800-331-1212. **avis.ca**

Hertz
1-800-262-0600.
hertz.ca

National
1-800-387-4747.
nationalcar.ca

Automobilclubs

Canadian Automobile Association
1-613-820-1890.
caa.ca

24-Stunden-Pannenhilfe
1-800-222-4357.

ADAC
011 49 89 222 222.

Autofahren im Winter

Angesichts des strengen kanadischen Winters sollte man sich vor der Abfahrt stets über die Straßen- und Witterungsverhältnisse informieren. Im Winter und im Norden ist häufig mit Schneeverwehungen und Glatteis zu rechnen. In entlegenen Regionen braucht man einen vollen Tank, Decken, etwas Sand, eine Schaufel und Notverpflegung, falls man stecken bleibt. Wegen der Kälte sollte man auch stets ein Starthilfekabel dabeihaben. In der Provinz Québec ist im Winter die Benutzung von Winterreifen vorgeschrieben.

In den meisten Provinzen sind im Winter Spikes erlaubt (Tourismusbüros und Autoverleiher geben Auskunft). Für Fahrten durch Bergregionen sollten Sie Ketten dabeihaben.

Vor allem in Teilen von British Columbia droht Gefahr durch Wildtiere. Sie können urplötzlich auf der Straße auftauchen. Achten Sie auf Schilder mit Elchen oder Hirschen.

Textregister

Seitenzahlen in **fetter** Schrift beziehen sich auf Haupteinträge.

C

I

J

M

N

O

S

T

Y

Z

Danksagung und Bildnachweis

Dorling Kindersley bedankt sich bei allen, die bei der Herstellung dieses Buchs mitgewirkt haben.

Hauptautoren

Paul Franklin ist Autor und Fotograf für Reiseführer aus aller Welt. Er lebt in Nova Scotia.
Sam Ion und **Cam Norton** leben und arbeiten in Burlington, Ontario. Die erfolgreichen Reiseschriftsteller schreiben für Zeitungen, Magazine und Broschüren.
Philip Lee ist seit mehr als zehn Jahren Reiseschriftsteller für unzählige Artikel und Reiseführer mit Zielen in aller Welt. Er bereiste die USA und Kanada und lebte dort. Heute wohnt er in Nottingham, England.
Lorry Patton lebt in British Columbia. Sie war als Reiseredakteurin bei einem Frauenmagazin tätig. Zurzeit arbeitet sie für ein Online-Reisemagazin und wohnt auf einer der Golfinseln außerhalb von Vancouver.
Geoffrey Roy ist ein preisgekrönter freischaffender Reiseschriftsteller und Fotograf. Er lebt in Surrey, England. Er ist Autor zahlreicher Artikel über Nordkanada.
Donald Telfer ist ein Reiseschriftsteller aus Saskatchewan mit langjähriger Erfahrung zum Thema Zentralkanada. Er schreibt regelmäßig Artikel für verschiedene kanadische und internationale Zeitungen und Magazine.
Paul Waters, ein Journalist mit Wohnsitz in Montréal, lebte und arbeitete in verschiedenen Städten der Provinz Québec und war Reiseredakteur für *The Gazette*.

Weitere Autoren

Bruce Bishop, Alan Chan, Katharine und Eric Fletcher, Helena Katz, Ffion Llwyd-Jones, Sandra Phinney, Michael Snook.

Zusätzliche Fotografien

Tim Draper, Bert Hoferichter, James Jackson, Alan Keohane, Gunter Marx, Ian O'Leary, Cylla von Tiedman, Enrique Uranga, Matthew Ward, Peter Wilson.

Zusätzliche Illustrationen

Stephen Conlin, Eugene Fleury, Steve Gyapay, Chris Orr, Mel Pickering, Peter Ross.

Kartografie

ERA-Maptec Ltd, Dublin, Irland.

Korrektorat

Sam Merrell.

Register

Hilary Bird.

Design- und Redaktionsassistenz

Gillian Allan, Emily Anderson, Claire Baranowski, Sonal Bhatt, Hillary Bird, Ilona Biro, Louise Bolton, Julie Bond, Lola Brown, Barbara L. Campbell, Divya Chowfin, Vivien Crump, Flannery Dean, Hannah Dolan, Gadi Farfour, Emer FitzGerald, Joy Fitzsimmons, Camilla Gersh, Emily Green, Mohammed Hassan, Andrew Hempstead, Dr. Stephen Henderson, Jessica Hughes, Marie Ingledew, Shobhna Iyer, Zafar ul Islam Khan, Steve Knowlden, Kathryn Lane, Judy Ledger, Patrick Lejtenyi, Hayley Maher, Bhavika Mathur, Casper Morris, Mary Ormandy, Clare Peel, Helen Peters, Marianne Petrou, Adrian Potts, Rada Radojicic, Mani Ramaswamy, Lee Redmond, Lucy Richards, Toby Saltzman, Sands Publishing Sollutions, Azeem Siddiqui, Rituraj Singh, Susana Smith, Jaynan Spengler, Mark Stevens, Anna Streiffert, Rebecca Taylor, Geordie Telfer, Stuti Tiwari, Helen Townsend, Vinita Venugopal, Nikhil Verma, Lisa Voormeji, Candice Walsh.

Zusätzliche Bildrecherche

Rachel Barber, Marta Bescos, Ellen Root.

Weitere Unterstützung

Canada Map Office, Ontario; Canadian Tourism Office, London, UK; Claude Guerin und Danielle Legentil, Musée d'Art Contemporain de Montréal; Jim Kemshead, Tourism Yukon; Wendy Kraushaar, RCMP Museum, Regina, Saskatchewan; 'Ksan Historical Indian Village & Museum, Hazleton, BC; Leila Jamieson, Art Gallery of Ontario, Toronto; Antonio Landry, Village Historique Acadien, New Brunswick; Marty Hickie, Royal Tyrrell Museum, Drumheller, Alberta; Mary Mandley, Information Office, Sainte-Marie among the Hurons; National Air Photo Library, Ottawa, Ontario; Liette Roberts, Manitoba Museum of Man and Nature, Winnipeg; Mark Sayers; Ernest D. Scullion, Aeriel Photography Services, Scarborough, Ontario; Visit Canada Office, London, UK; Jennifer Webb, UBC Museum of Anthropology, Vancouver, BC.

Bildnachweis

Dorling Kindersley dankt allen Personen und Institutionen für die freundliche Erlaubnis zu fotografieren.

o = oben; m = Mitte; u = unten; l = links; r = rechts; d = Detail.

Kunstwerke wurden mit freundlicher Genehmigung der Copyright-Inhaber abgedruckt: © Bill Vazan *Shibagua Shard*, 1989, 189m.

Dorling Kindersley bedankt sich bei folgenden Personen, Institutionen und Bildarchiven für die freundliche Genehmigung zur Reproduktion ihrer Fotografien:

Air Canada: 406mlo.
AKG, London: 57mu.
Alamy Images: Rubens abboud 196or; Philip Bird 1; Bill Brooks 363ol; Scott Diamond 294; Ron Erwin 343ol; Jeff Greenberg 385o; Rolf Hicker Photography 317mlo; Don Johnston 162–163; Marshall Ikonography 90–91; Gunter Marx 362ml; Mediacolor's 386ml; Megapress 386ol; Pictures Colour Library 13ur, 386ur; Robert Harding Picture Library Ltd/Roy Rainford 10mlo; Rolf Hicker Photography 226or, 240or, 321mlo; Andrew Rubtsov 193ol; Stephen Saks Photography 363m; Steve Shuey 332; John Sylvester 96m; Travel Pictures 118ol; David Trevor 192ol; David Wei 384mr; Darwin Wigget 80, 338–339.
Allsport: Jamie Squire 45mu; Rick Stewart 42ml.
Bryan und Cherry Alexander: 26m, 30o, 31mr, 32ml, 37mr, 37ur, 47or, 61mro, 61mu, 161o, 328ul, 330–331, 331mr, 340ol, 345ol.
Anchorage Museum of History and Art, Anchorage, Alaska: B74.1.25 56or.
The Anne of Green Gables Museum, Silver Bush, Park Corner, Prince Edward Island: 89ur.
Art Gallery of Ontario: 182or; Edgar Degas *Grande Arabesque*, Bronze 180ul; Paul Gaugin (1848–1903), Lawren H. Harris (1885–1970), *Above Lake Superior*, um 1922, Öl auf Leinwand, 121,9 x 152,4 cm, Schenkung des Ruben und Kate Leonard Canadian Fund 1929 © Mrs. James H. Knox 168ur; Paul Kane, *Scene in the Northwest* (1845–1846), The Thomson Collection 183ur; J. E. H. MacDondald (1873–1932), *Falls, Montréal River*, 1920, Öl auf Leinwand, 121,9 x 153 cm, Ankauf 1933, Acc.-Nr. 2109, Foto Larry Ostrom, 169or; Henry Moore (1898–1986), *Draped Reclining Figure*, 1952–1953, 100,4 x 160,4 x 68,6 cm, Schenkung von Henry Moore, 1974. Das Kunstwerk auf Seite 182mlo wurde reproduziert mit Erlaubnis der Henry Moore Foundation; Robert Gray Murray (* 1936), 1963, bemaltes Aluminium, zwei Einheiten, Röhrensäule, 271,1 cm Höhe, Plansäule 275,0 cm, Schenkung des Junior Women's Committee Fund, 1966 65/60.1-2, 39mu; Photographic Resources 38u; Peter Paul Rubens, *Massaker der Unschuldigen* (um 1609), The Thomson Collec-

tion 182mlu; Tom Thomson (1887–1917), *The West Wind* 1917, Öl auf Leinwand, 120,7 x 137,2 cm, Schenkung des Canadian Club of Toronto, 1926, 183mru.
Auberge du Vieux-Port: 352u.
Aux Anciens Canadiens: 370ur.
Axiom: Chris Coe 28ml, 26ol, 37m, 92mr, 209ur, 241ol/mro, 243mo/um, 25or, 281o, 314or, 336ml/r, 361ur.
Bard on the Beach Shakespeare Festival: David Blue 390ur.
Bata Shoe Museum, Toronto: 187ul.
Bearfoot Bistro: 383or.
Bell Homestead: 222ol.
The Bison Restaurnat & Terrace: 380ul.
Bistro Le Coq: 361ol.
The Blue Door Restaurant: 365ol.
Brasseurs de Temps: 370or.
Bridgeman Art Library, London: Emily Carr (1871–1945), *Skidgate, Graham Island, British Columbia*, 1928, Öl auf Leinwand, Schenkung der J. S. Mclean Collection by Canada Packers Inc., 1990, 39ol, Maurice Galbraith Cullen (1866–1934) *On the Saint Lawrence* 1897, Öl auf Leinwand, Schenkung des Reuben und Kate Leonard Canadian Fund, 1926 38ml; British Library Portolan von Pierre Descaliers: *From the voyage of Jacques Cartier* (1491–1557) *and his followers*, um 1534–1541, 50mu, *Jacques Cartier* (1491–1557), *Französischer Seefahrer und Entdecker des kanadischen Flusses St. Lawrence*, Stahlgravur nach einem Porträt in St. Malo, 50u; Hudson's Bay Company Lieutenant Smyth (19. Jh.) *Incidents on Trading Journey: HMS Terror Making Fast to an Iceberg in Hudson's Strait*, 18. August 1836, 167ol; Gedenkmedaille der britischen Besatzung von Québec, 1759, Bronze, 53ul; Gravur von Jean Antoine Theodore Gudin (1802–1880), *Jacques Cartier* (1491–1557) *auf dem St. Lawrence River*, 1535; Gravur von Charles Maurand, Französische Schule, 19. Jh., *Delaware Indians Killing Bison*, um 1860, Foto von Ken Welsh, 227m, Litho von Howard Pyle (1853–1911), *The Capitualtion of Louisbourg, Illustration from »Colonies and Nation«* von Woodrow Wilson, veröffentlicht in *Harper's Magazine*, 1901, 53ol, Benjamin West (1738–1820), *William Penn's Treaty with the Indians in November 1683*, Öl auf Leinwand, 36or; Stapleton Collection, Gravur von Carl Vogel (1816–1851) *Indian Hunting the Bison, plate 31 from volume 2 »Travels in the Interior of North America«*, 1844, Wasserfarbe, von Karl Bodmer (1809–1893), 34mru, Gravur von Charles Geoffroy (1832–1882) *Assiniboin Indians, plate 32 from volume 2 of »Travels in the interior of North America* 1832–1834«, 1844, Wasserfarbe, von Karl Bodmer (1809–1893), 251mu.
British Columbia Archives: Province of B.C., Foto, 53mru.
Calgary Transit: 412mlu.
Cephas: Fred R. Palmer 106or; Pascal Quittemelle 106ul; TOP/Hervé Amiard 34mu.
Jean-Loup Charmet: 52or.
Le Chien Noir Bistro: 375ur.
Chives Canadian Bistro: 366mu.
The Church Restaurant: 376ur.
CinCin Restaurant & Bar: 360ml, 378or.
Clayoquot Wilderness Resort: 349o.
Bruce Coleman Ltd.: John Cancalosi 249m.
Colorific!: Randa Bishop 403ur; Terence LeGoubin 229mo; Black Star/Richard Olsenius 78ur; Michael Saunders 107ul; Geray Sweeney 29u; Focus/Eric Spiegelhalter 325or.
Corbis: 35ol, 39mu, 54mu, 56ml, 69ur, 213o, 215or, 236ul, 254ul; Craig Aurness 236–237; David Bartruff 331u; Bettman 55ul, 57mr, 58ur; Bettman/UPI 207u; Alan Copson 110, 124–125; Peter Harholdt 330ul; Hulton Deutsch Sammlung 6–7, 60mr, 60mu, 60ur; Wolfang Kaehler 330ml; Lake County Museum 237mru; Library of Congress 49or, 49mu; William Manning 132; Alan Marsh 150; Masterfile/Frank Krahmer 206ur/Jeremy Woodhouse 201o/Michael Mahovisch 374om; Wally McNamee 129mro; New York Public Library Picture Collection 50mo; PEMCO-Webster & Stevens Collection Museum of History and Industry, Seattle 57ol; Sygma/Touhig Sion 27m; UPI 41mlo.
Delta Montréal: 352mo.
destinationslabrador.com: 79mru.
Discovery Harbour: 223u.
Adrian Dorst: 260ml, 292mr, 293mu.
Dreamstime.com: Michael Bussieres 175mro; Ckchiu 389o; Jiong Dai 402ul; Songquan Deng 220–221; Tom Eagan 77mr; Elena Ellisseva 223mlo; Fallsview 396–397; Chris Hill 210; Ritu Jethani 143or; Wangkun Jia 15o, 22; Chu-Wen Lin 10ml; Philippehalle 16o; Photawa 398u; William Manning 268; Mauden 173om; Paul McKinnon 42ur; Meunierd 127ur; Mirceax 128or; Mkoudis 17ul; Nelugo 309–310; Norman Pogson 11um; Jason P. Ross 14mr; Howard Sandler 201ur; Brandon Smith 238; Thevirex 190or; Valentino Visentini 175ol; Simone Winkler 156–157.
Empics Ltd: Sportschrome 27ul.
Robert Estall Photo Library: 83ur, 106–107, 108m, 160ur.
Mary Evans Picture Library: 53mr, 57or, 166or.
Fairmont Château Laurier: 199or.
Fairmont Holtels and Resorts, Kanada: 348o, 349u, 354u, 357o, 381ol.
Four Seasons Centre for the Performing Arts: Sam Javanrouh 178ol.
P. M. Franklin: 29or, 31mo, 66ur, 69r/mr, 99o.
Winston Fraser Photos: 74ur, 106ml, 107mru, 109or, 233ur, 254ol, 340ur, 405mlu, 407ml; Black Star 161m; Canada In Stock 223or; Ivy Images/Don Mills 46mr, 66ur, 68or, 69ol, 78mru, 79ol, 155mr; Ivy Images/Don Mills/© Gilles Daigle 84o, /© Sylvain Grandadam 395ol; /© Tony Mihok 44ur; /© Dan Roitner 87ur; T. Klassen Photography 242m, 246ol, 257om.
Fundy Restaurant: 365or.
Genoa Bay Cafe: 377or.
Getty Images: Barrett & MacKay 79, 244–245; Henry@scenicfoto.com 2–3; Yves Marcoux 102–103; mbbirdy 170; Dennis McColeman 198ml; Lisa Stokes 346–347; Superstock 276–277; Taxi/Walter Bibikow 12or; Michael Wheatley 258–259.
Goderich: 226ul.
Grano Restaurant Toronto: 373mo.
The Great George Hotel: 350ur.
Greyhound Canada: 416mo.
Lyn Hancock: 342mlo, 344u, 345ur, 392ul; Charles Bowman 111u; Jeff Greenberg 266mu; Norma Joseph Frgs 237mr; Maurice Joseph Frgs, Arps 44ml, 417ol; Alan Marsh 382u; R. McLeod 325u; Roy Rainford 184ol; Walter Rawlings 309mr; Geoff Renner 235ol; Ian Tomlinson 45o, 298ul; Dr A.C. Waltham 334u; Explorer 160ol; Patrick Lorne 148ul; Publiphoto Diffusion 30ml; Paul G. Adam 144o; Yves Marcoux 147o.
Robert Harding Picture Library: 31ml, 37ol, 109mr, 262mlu.
Hilton Hotels and Resorts: 351ol.
Hornblower Niagara Cruises: 217ul
David Houser: 78ol, 78ml, 147or, 149ul.
Hudson Bay Company Archives, Toronto: 166ul; Provincial Archives of Manitoba 166u, 167mro.
Hulton Getty Collection: 60ol, 99mu, 108mlu.
Inuit Art Foundation, Ontario: Sarah Joe Qinuajua, *A Polar Bear Meets A Woman*, QC1985 Black Stone Cut, 330or.
Jasper Tourism and Commerce: 312or; Hugh Levy 313mo.
Wolfgang Kaehler: 148or, 149ur.
Robin Karpan: 25mo, 232or, 235mr, 235ur, 236or, 240ul, 242ul, 247ur, 248ml, 248mu, 249u, 250m, 250ul, 250u, 253o, 253u, 254mro, 255mlo, 255mr, 255u, 335ol, 343ur.
Jospeh King: 271ur, 279o, 324ul.
Kobal Collection: *Rose Marie*, MGM 237or; *Anne of Green Gables*, RKO 40ml.
Frank Lane Picture Agency: Dembinsky 30mru; Michael Gore 67mru; John Hawkins 67ur; David Hosking

234mlu, 264or, 301ur; Maslowski 30ur; C. Mullen 147m; Mark Newman 31mru, 264mu; C. Rhodes 31mu; M. Rhode 82m; Leonard Lee Rue 31mlu, 160m, 317mr; Sunset/Brake 82ol, 344ml; T. Leeson 264ul; John Watkins 66mu; David Whittaker 264mo; Terry Whittaker 30mlu.
Hotel le Priori: 348mr.
Leisurail/VIA Rail Canada: 415mo.
Lil' Baci Restaurant: 372ur.
Manitoba Museum of Man and Nature: 243mlu.
Arnold Matchtinger: 190ul.
McCord Museum, Montreal: Notman Photographic Archives 59mo.
McMichael Canadian Art Collection: Photo Arthur Goss/Arts & Letters Club 169ur; A. V. Jackson (1882–1974) *The Red Maple*, 1914, Öl auf Leinwand, 21,6 x 26,9 cm, Schenkung von Mr S. Walter Stewart 1968, 168orm 193ur.
Musée d'art contemporain de Montréal: Natalie Roy, *Les Dentelles de Montmirail*, 1995 (Detail), Soutensgorge et jupon sous acrylique et bois, 32 x 300 x 35 cm, Denis Farley et Natalie Roy Du Compagnonnage du 2 juin au septembre 1999 ©SODART/DACS, 2011, 120or; Richard Long, *Niagra Sandstone Circle*, 1981, 32 pierres de grès © Richard Long, 120ml.
Musée des beaux-arts de Montréal: Laurent Arriot, *Teapot*, Foto von Christine Guest, 1952, DS 41, 122ul; El Greco, *Porträt eines jungen Mannes*, 1945.885, 123m; Harmensz van Rijn Rembrandt, *Porträt einer jungen Frau*, 1949-1006, 122mlo.
Museum of Anthropology, University of British Columbia, Vancouver, Kanada: Foto von Bill McLennan, 280mlu, 280u, Red Cedar Totem Poles in Great Hall, Haida und Tsimshian, 280or; Wooden Frontlet Bella Bella, H. R. MacMillan Purchase 281or.
National Archives of Canada: C-011371, 55mo, C-25739, 267mro.
National Gallery of Canada, Ottawa: 202mlo, Davidialuk Alasua Amittu (1910–1976), *The Aurora Borealis Decapitating a Young Man*, um 1965, erworben 1992 © La Fédération des Cooperatives du Nouveau-Québec 202; Louise Bourgeois *Maman*, 1999 © Louise Bourgeois Trust 203ol; Jackson Pollock (1912–1956), *No. 29*, um 1950, erworben 1968 © ARS, NY und DACS, London 2011, 203mo; Francesco Salviati, *Maria mit Kind und Engel*, um 1535–1539, 203mru; Tom Thomson (1877–1917), *The Jack Pine*, um 1916/17, erworben 1918, 203mo.
Natural History Photographic Agency: Brian and Cherry Alexander 67mlu; Dan Griggs 29mr, 167um; Stephen Krasemann 30ul, 66or, 265ur, 336ol, 337o; David E. Myers 24ur; T. Kitchen and V. Hirst 31or, 31ul, 66mru, 265mo, 265or, 265mu; Jean-Louis Le Moigne 265ul; Dr. Eckart Pott 264mu; Kevin Schafer 66ul, 335m; John Shaw 67ul, 264ur, 304ul, 324mlo; NorbertWu 293ml.
Naturpress: Roberto Olivas 341ol.
NBA Photo: 43mo.
New Brunswick Tourism: 84ur.
Peter Newark's American Pictures: 48, 52–53, 52ml, 52um, 53or, 54or, 55ur, 56ul, 58ml, 59mlu, 59ul, 68ml, 68ul.
Northern British Columbia Tourism Association: 316ur.
Num-ti-jah Lodge: 381ur.
Olive et Gourmando: 369ul.
Opéra de Montréal: Yves Renaud 391ol.
Oxford Scientific Films: Tui DeRoy 67m; Breck P. Kent 67mlo; Richard Herrmann 265um.
Parks Canada: Claudette Bue 222mr; Claude Picard *Acadians working the fields* 68–69.
PA Photos: AP/Aaron Harris 390mlo.
The Pearl Eatery: 367or.
Photo Library: Robert Harding Travel/Alison Wright 345mr.
Pictures Colour Library: 408ml, 411u.
The Pointe Restaurant: 378ur.
Prince of Wales Hotel: 358mu.
Provincial Archives of Manitoba: CT16 55mru.
Publiphoto: 61ol; Y. Beaulieu 35m; J.P. Danvoye 145ur, 149ol; Claude A. Girouard 145ul, 146mu; Jean Lauzon 60mru, 148mlo; D.Oullette 146ol; M.E.F./Boulion 145mro; S. Clement 34mr; G. Zimbal 35ur.
Raymonds Restaurant: 364mu.
Regié des Installations Olympique: 129ol.
Retna Pictures: Steve Granitz 389mu; Phil Loftus 41u; Micheal Putland 40ur; Richard Reyes 27or.
Rex Features: 41or.
Ripley's Aquarium of Canada: 174mlo.
Royal British Columbia Museum: 288ml, 288mlo, 289o, 289mro, 289mlu; © Peter and Mabel Fox 288mru.
Royal Canadian Mounted Police Museum, Regina: 236ml, 236ur.
Royal Ontario Museum: 188mlo, bemaltes männliches Kleidungsstück aus Karibuhaut, Innu, Québec-Labrador, um 1805, 188mlu; David McKay 188m.
Royal Tyrell Museum, Drumheller: Alberta Tourism Parks, Recreation and Culture 234mlo, 234ur, 234or, 235mro; 252mo, 252mlu, 252ur.
Sainte-Anne-de-Beaupré Museum: 143ol, 143ul.
Scotiabank: 404mlu.
Sheraton on the Falls: 356ur.
Spectrum Colour Library: 337ur, 340m.
Spectrum Stock: Ottomar Bierwagen 46ol; Ron Erwin 228or, 228u; Henry Kalan 228m; Norman Piluke Photography 229ur.
STA Travel Group: 400mru.
Tony Stone Images: Wayne R. Bilenduke 220ur, 341mru; Cosmos Condina 23u, 304ur; Richard Elliot 267ul; John Edwards 177u; Suzanne and Nick Geary 418u; Sylvian Grandadam 109ol; David Hiser 257ur, 331ol; Paul Souders 267ol; Jess Stock 43ur.
Superstock: Russ Heinl 194; Rolf Hicker 318, 326–327; Dave Reede 230–231.
Swiss Hotel, Ottawa: 355ol.
Tate, London: The Honorable John Collier *Last Voyage of Henry Hudson*, Öl auf Leinwand, ©1988 51mru.
Donald I. Telfer: 30mr, 242or, 246ur, 247ol, 247mr, 248or, 249o, 256o, 256u.
Travel Alberta: 305mr, 316ol.
Tourism Winnipeg: 240ul.
Tuck Shop Bistro: 369.
University of Toronto: J. B. Tyrrell Papers, Thomas Fisher Rare Book Library MS Collection 26 234ul.
Vancouver Public Library, Special Collections: 56–57.
Victoria University in the University of Toronto: Lawren S. Harris, *Autumn Algoma*, 1920, © Mrs James H. Knox 168–169.
Village Historique Acadien: 85ol, 85or, 85ul.
Western Union Money Transfer: 404mr.
WestJet: 409m.
Willensky's Light Lunch: 368ol.
Winnipeg Art Gallery, Kanada: Frank H. Johnston, *Edge of Forest*, 1919, Wasserfarbe, Tempera auf Hartkarton, 52,2 x 62,8 cm, L26, Ernest Mayer, 168ml.
World Pictures: 26ol, 47ul, 65mr, 67or, 97ur, 136mlo, 208ml, 262ur, 263ol, 263mlo, 266ul, 305mo, 317o, 324or, 331or, 416ul.
Yukon Government Communities: 334mro.

Vordere Umschlaginnenseiten: Fotografien im Auftrag von **Dorling Kindersley**, außer **Axiom**: Chris Coe mlu; **Colorific!**: John Moss ul, Jeff Perkell om; **P. M. Franklin:** mro; **Robert Harding Picture Library**: Ian Thomlinson ml; **Spectrum Stock**: mru, um; **Tony Stone Images**: Cosmo Condina m; Susan Lapides or; R. G. K. Photography mlo; Chris Thomaidis ur; **World Pictures**: ol.

Umschlag

Vorderseite: **Dorling Kindersley**: Peter Wilson (Hauptbild).
Buchrücken: **Dorling Kindersley**: Peter Wilson o.

Montréal: Métro

Der Einzelfahrschein gilt auch zum Umsteigen und für Busfahrten. Die Métro ist von frühmorgens bis 1 Uhr nachts in Betrieb, mit etwas langsamerem Zeittakt am Wochenende. Die Métro stellt eine angenehme Alternative zum Autoverkehr in der Stadt dar. Oberirdisch weisen große blaue Pfeilzeichen auf die Bahnhöfe hin.

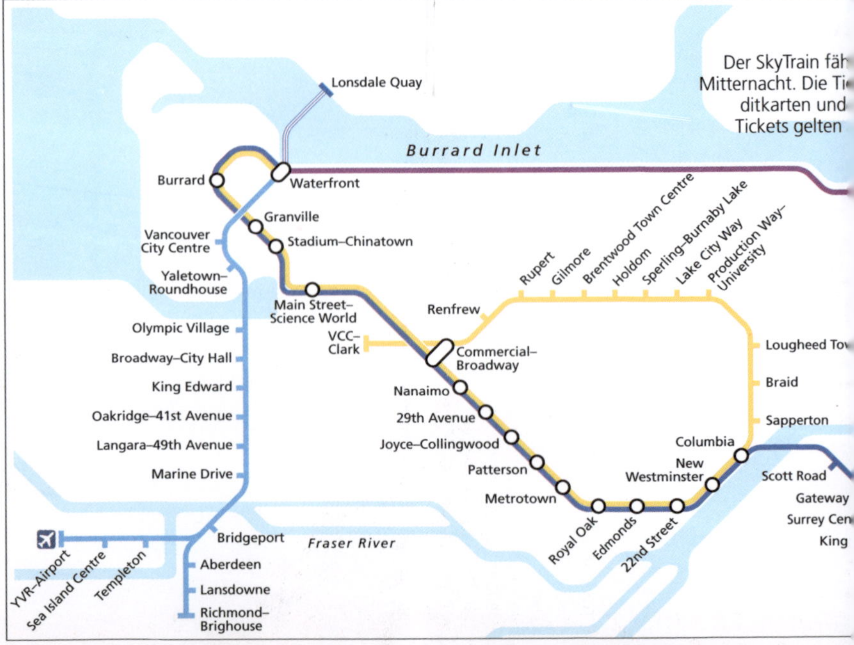

Der SkyTrain fäh
Mitternacht. Die Ti
ditkarten und
Tickets gelten

VIS-À-VIS

So schmeckt

KANADA

www.dorlingkindersley.de

KANADA KULINARISCH

Die kanadische Küche ähnelt der amerikanischen. Darüber hinaus spiegeln sich in ihr vielfältige Traditionen wider – ganz der Rolle eines typischen Zuwanderungslandes entsprechend. Die Kultivierung regionaler Spezialitäten ist ausgeprägt.

Der multikulturelle Charakter des nordamerikanischen Landes zeigt sich auch in der Gastronomie. Im hohen Norden werden sogar noch alte Zubereitungstechniken der First Nations gepflegt, bei den Zutaten orientiert man sich hier an dem, was die Natur bietet – vor allem Wildfleisch (u. a. Karibufleisch), Wildreis, Mais, Kräuter und Beeren. Im Landesinneren sind noch viele von Zuwanderern aus Europa (vor allem England und Frankreich) mitgebrachte Einflüsse zu spüren, ein Schwerpunkt liegt auf Rindfleisch- und Wildgerichten. In den Metropolen bereichern Einflüsse aus aller Welt die kulinarische Szene.

Zu den Hochburgen kanadischer Gourmet-Küche gehört Québec, wo Spitzenköche französische Rezepte mit viel Finesse neu interpretieren. Die Küstengebiete – insbesondere die Atlantikprovinzen und British Columbia – sind bekannt für beste Seafood-Gerichte.

Kürbis – Basis u. a. für *pumpkin pies*

Seafood nimmt aber auch landesweit viel Platz auf den Speisekarten ein. Lachs verleiht einem so populären Gericht wie Montreal-Style-Bagel seine besondere Note und ist auch Grundlage für *roasted salmon with swiss chard*. Süßwasserfische aus den zahlreichen kanadischen Seen bereichern die kanadische Küche.

Klassiker unter den Fleischgerichten sind u. a. Medaillons vom Karibu und gebratener Truthahn. Französische Einflüsse zeigen sich nicht nur namentlich bei der Hackfleischpastete *tourtière*, einem klassischen Weihnachtsessen, oder beim Kürbiscassoulet.

Die in den ausgedehnten kanadischen Waldgebieten wachsenden Beeren (darunter Blaubeeren/Heidelbeeren) werden für zahlreiche Desserts verwendet. *Blueberry upside down cake* ist der Lieblingskuchen vieler Einheimischer. Für die gewünschte Süße der Pancakes sorgt – in bester kanadischer Tradition – Ahornsirup.

Inhalt

Impressum

Beilage zum Reiseführer Vis-à-Vis Kanada

Programmleitung: Dr. Jörg Theilacker, DK Verlag
Projektleitung: Antonia Wiesmeier, DK Verlag
Gestaltung: Ute Berretz, München
Redaktion: Dr. Elfi Ledig, München
Schlussredaktion: Philip Anton, Köln

ISBN: 978-3-7342-0169-1

Für 8 Personen

Zubereitungszeit 15 Min.
+ Wartezeit

Garzeit 1:10 Std.

Zutaten

Für den Salat

375 g Wildreis

60 g Pekannusskerne

375 g geräucherte Putenbrust, in Scheiben geschnitten

Für das Cranberrydressing

175 g Cranberrys

50 g Zucker

1 Bio-Orange

4 EL Apfelessig

2 Schalotten, sehr fein gehackt

Salz und Pfeffer

125 ml neutrales Pflanzenöl

Festive wild rice salad

Festlicher Wildreissalat

Dieser Salat wird sogar besser, wenn er einige Stunden gestanden hat, daher eignet er sich ideal für jede Art von Büfett. Man kann ihn einen Tag im Voraus zubereiten.

① Wildreis abspülen, dann etwa 1 Std. in einer mit Wasser gefüllten Schüssel quellen lassen. In einem Topf 1,5 l Wasser mit 1 TL Salz zum Kochen bringen. Reis hinzugeben, umrühren und auf niedriger Temperatur etwa 45 Min. bei geschlossenem Deckel köcheln lassen. In ein Sieb abgießen. Abgekühlten Reis in eine große Schüssel füllen.

② Den Backofen auf 190 °C vorheizen. Die Cranberrys in ofenfester Form verteilen, mit Zucker bestreuen und 10–15 Min. in den Backofen schieben, bis sie aufplatzen. In der Form abkühlen lassen.

③ Pekannüsse auf einem Blech verteilt 5–8 Min. rösten. Nüsse grob hacken.

④ Mit einem Sparschäler die äußere Schale der Orange abhobeln und in dünne Streifen schneiden.

⑤ In einem Topf Wasser zum Kochen bringen. Die Schalenstreifen darin 2 Min. blanchieren. Abtropfen lassen, fein hacken und beiseitestellen. Die Orange auspressen, Saft in eine Schüssel gießen.

⑥ Essig, Schalotten, Salz und Pfeffer mit dem Orangensaft verrühren. Das Öl hinzugeben, dann abschmecken. Die Cranberrys ohne Saft untermischen.

⑦ Die Putenbrust enthäuten. Pekannüsse, Orangenschale und zwei Drittel des Dressings zum Reis geben und unterheben. Den Salat 1 Std. ziehen lassen, dann abschmecken. Salat auf einer Platte anrichten. Die Putenbrust mit dem restlichen Dressing beträufeln.

Wildreis – auch als »Kanadischer Reis« bekannt

Für 4–6 Personen

Zubereitungszeit 40 Min.
+ Wartezeit

Backzeit 20–25 Min.

Zutaten

Für die Bagels

300 g Weizenmehl Type 550, plus mehr zum Arbeiten

1 TL Salz

1 TL Zucker

½ Päckchen Trockenhefe

1 EL Sonnenblumenöl, plus mehr zum Fetten

2 TL Zuckerrübensirup

50 ml Honig

1 Ei, verquirlt

Für die Füllung

200 g Rahmfrischkäse

1 EL fein gehackter Dill

1 TL Tafelmeerrettich

175 g Räucherlachs

schwarzer Pfeffer

Zitronenspalten zum Servieren

Montreal-Style-Bagel
Bagel nach Montréal-Art

Bagels aus Montréal sind dünner als ihre amerikanischen Verwandten und werden in Honigwasser vorgegart. Die süßliche Note passt zu Räucherlachs und Frischkäse.

① Mehl, Salz, Zucker in eine Schüssel geben. Hefe mit 150 ml lauwarmem Wasser verrühren. Öl hinzugeben. Flüssigkeit, Zuckerrübensirup und Mehlmischung zu einem Teig verrühren. Teig auf bemehlter Arbeitsfläche 10 Min. kneten. In einer Schüssel mit Folie bedecken und 1–2 Std. gehen lassen.

② Auf der bemehlten Fläche kneten und rund formen. In 4–6 Stücke schneiden. Jedes zu einer 30 cm langen Rolle formen. Teigenden zusammenrollen. Das Loch in der Mitte soll groß sein.

③ Die Backbleche mit Backpapier belegen und die Teigringe daraufsetzen. Mit Folie und Geschirrtuch bedecken. Bis zu 1 Std. an einem warmen Ort gehen lassen. Backofen auf 220 °C vorheizen. Wasser in einem Topf zum Kochen bringen, den Honig darin auflösen.

④ Bagels im nur leicht köchelnden Wasser auf jeder Seite 1 Min. vorgaren. Mit Schaumlöffel herausheben. Auf einem Geschirrtuch abtropfen lassen. Die Bagels wieder auf die Bleche setzen und jeden mit etwas Ei bestreichen.

⑤ Im Ofen (Mitte) 20–25 Min. backen, bis die Bagels goldgelb sind. 5 Min. auf einem Gitter abkühlen lassen.

⑥ In einer Schüssel Rahmfrischkäse, Dill und Meerrettich verrühren. Untere Hälften der Bagels mit der Mischung bestreichen, dann mit Räucherlachs belegen.

⑦ Frisch gemahlenen schwarzen Pfeffer darübergeben und die oberen Bagelhälften aufsetzen. Die Bagels mit den Zitronenspalten zum Beträufeln des Lachses servieren.

Dill (Gurkenkraut) – eine vielseitig verwendbare Gewürzpflanze

Sweet corn fritters with tomato salsa
Maispuffer mit Tomatensalsa

Frische Maiskörner sind so aromatisch und süß, dass man sie roh zu knusprigen Puffern verarbeiten kann. Eine frische Tomatensalsa passt perfekt dazu.

① Das Mehl mit dem Backpulver in eine Schüssel sieben. Die Eier mit der Milch verquirlen und die Eiermilch langsam unter die Mehlmischung rühren. Alles zu einem dicken Teig verarbeiten.

② Maiskörner, Paprikapulver, weiße Frühlingszwiebelteile, 2 EL Koriandergrün und die Chilischote (nach Belieben) untermischen. Den Teig kräftig mit Salz und Pfeffer würzen.

③ Das Sonnenblumenöl in einer großen Pfanne erhitzen und den Teig esslöffelweise darin braten. Dabei die Puffer mit dem Löffelrücken glatt streichen und auf jeder Seite 2–3 Min. braten, bis sie aufgehen und goldbraun werden. Den gesamten Teig so verarbeiten, falls nötig, noch etwas Öl in die Pfanne geben.

④ Für die Salsa die Tomaten mit restlichem Koriander und dem Olivenöl sowie Tabasco oder Chilisauce zu einer stückigen Salsa mixen. Die Salsa abschmecken und zu den heißen Puffern servieren.

Für 14–16 Stück

Zubereitungszeit 20 Min.

Garzeit 20 Min.

Zutaten

Für die Maispuffer

100 g Mehl

1½ TL Backpulver

2 große Eier

4 EL Milch

Körner von 2 Maiskolben

1 TL geräuchertes Paprikapulver

2 Frühlingszwiebeln, die grünen und weißen Teile getrennt fein geschnitten

4 EL gehacktes Koriandergrün

1 rote Chilischote, entkernt und fein gehackt (nach Belieben)

Salz und frisch gemahlener schwarzer Pfeffer

2 EL Sonnenblumenöl

Für die Salsa

2 reife Tomaten, gehäutet und grob gewürfelt

2 EL Olivenöl

1 Spritzer Tabasco oder Chilisauce

Mais, eine der ältesten Kulturpflanzen, stammt aus Mexiko

Für 4 – 6 Personen

Zubereitungszeit 15 Min.

Garzeit 1:45 Std.

Zutaten

Für das Cassoulet

2 EL Olivenöl

1 Zwiebel, fein gewürfelt

Salz und frisch gemahlener schwarzer Pfeffer

2 Möhren, fein gewürfelt

2 Stangen Sellerie, fein gewürfelt

3 Knoblauchzehen, fein gewürfelt

1 TL gemahlene Gewürznelke

1 Lorbeerblatt

500 g Kürbisfruchtfleisch, in mundgerechte Stücke geschnitten

500 g kleine Pastinaken, in Scheiben geschnitten

250 ml Weißwein

1 Dose weiße Bohnen (400 g)

1 Dose Tomaten (400 g)

einige Zweige Thymian

1 l heiße Gemüsebrühe

Für die Knusperkruste

125 g Brotkrumen, leicht geröstet

30 g Parmesan, gerieben

1 EL gehackte Petersilie

Pumpkin cassoulet
Kürbiscassoulet

Dies ist eine kanadische Interpretation des ursprünglich recht fleischlastigen Cassoulets aus Frankreich.

① Den Backofen auf 180 °C vorheizen. Das Öl in einem großen backofenfesten Schmortopf erhitzen. Die Zwiebelwürfel darin glasig dünsten, salzen und pfeffern. Möhren und Sellerie mit Knoblauch, Nelke und Lorbeerblatt hinzufügen und unter gelegentlichem Rühren bei schwächster Hitze 8 – 10 Min. dünsten, bis sie weich sind. Dann Kürbis und Pastinaken unterrühren und einige Minuten mitgaren. Wein angießen und bei stärkerer Hitze 1 – 2 Min. kochen lassen.

② Die Bohnen in einem Sieb abspülen und abtropfen lassen. Mit Tomaten, Thymian und Brühe zum Gemüse geben und das Ganze aufkochen lassen. Den Topf schließen und für 40 Min. in den heißen Ofen stellen.

③ Die Zutaten für die Knusperkruste mischen. Den Eintopf damit bestreuen. Weitere 30 Min. zugedeckt, dann noch 10 Min. offen im Ofen garen, bis die Kruste goldbraun ist. Auf Suppenschalen verteilen.

Dazu passt knuspriges Brot.

Ob im Cassoulet, als Salat oder als Gemüsebeilage: Weiße Bohnen liefern wichtige Mineralstoffe

Roasted salmon with swiss chard

Ofenlachs mit Mangold

Für 4 Personen

Zubereitungszeit 10 Min.

Garzeit 20 Min.

Zutaten

Für den Lachs

4 Stücke Lachsfilet (je 150 g; bzw. Forelle oder Steinbutt)

1 EL Olivenöl

Salz und schwarzer Pfeffer

Für den Mangold

2 Handvoll Mangoldblätter, geputzt und gehackt

Saft von 1 Zitrone

1 Prise Chiliflocken

Für die Kräuterbutter

125 g weiche Butter

1 Bund Petersilie, gehackt

1 Bund Dill, gehackt

1 Knoblauchzehe, gehackt

1 EL Zitronensaft

Das leckere Gericht schmeckt genauso gut mit Grünkohl oder mit Spinat.

① Für die Kräuterbutter die Butter mit Kräutern, Knoblauch und Zitronensaft cremig rühren. Kräuterbutter auf ein Stück Butterbrotpapier geben und zu einer Rolle formen. Die Enden zusammendrehen und die Rolle in den Kühlschrank legen.

② Den Backofen auf 200 °C vorheizen. Die Filets in eine beschichtete ofenfeste Form legen, mit Olivenöl beträufeln, salzen und pfeffern. Dann im Ofen 15–20 Min. backen, bis sie gar sind.

③ Inzwischen den Mangold in sprudelnd kochendem Salzwasser in 5–8 Min. bissfest garen. Abgießen und gut abtropfen lassen. Mit Zitronensaft beträufeln und mit Chiliflocken würzen. Auf vier vorgewärmte Teller verteilen.

④ Den Lachs auf dem Mangold anrichten und auf jedes Stück eine Scheibe Kräuterbutter geben, sofort servieren.

Mangold, ein langblättriges Gemüse, ähnelt im Aussehen dem Spinat

Tourtière

Hackfleischpastete

Die *tourtière* ist ein Erbe der französischen Vorfahren. Das traditionsreiche Gericht ist vor allem zu Weihnachten ein beliebter Klassiker.

① Mehl und Salz in eine Schüssel sieben, mit Butter und Schmalz verarbeiten. Eine Mulde in die Mitte drücken, Eiswasser und Weißweinessig hineingießen. Zu größeren Streuseln mischen, dann zu einem glatten Teig verkneten. In Folie wickeln und 30 Min. kalt stellen.

② Hackfleisch mit den Gewürzen sowie Salz und Pfeffer verkneten und ebenfalls mindestens 30 Min. kalt stellen.

③ Das Fleisch in eine Pfanne geben und auf hoher Temperatur 7–10 Min. anbräunen, dabei mit dem Kochlöffel zu Krümeln zerkleinern. Fett abgießen, Fleisch in einer Schüssel beiseitestellen.

④ In derselben Pfanne einen EL Öl erhitzen und Zwiebeln 1–2 Min. auf mittlerer Temperatur glasig dünsten. Knoblauch sowie Sellerie dazugeben und weitere 5 Min. anbraten.

⑤ Fleisch zurück in die Pfanne geben und alles mit Weißwein ablöschen. Den Bratensatz mit dem Kochlöffel vollständig vom Boden lösen. Kräuter zugeben, Fond angießen und alles in 30–40 Min. vollständig einkochen lassen.

⑥ Währenddessen Pie-Form fetten. Drei Viertel des Teigs zu einer Kugel formen, den Rest zugedeckt kalt stellen. Teig auf 35–40 cm Ø bzw. die Größe der Pie-

Für 8–10 Personen

Zubereitungszeit 35–45 Min. + Wartezeit

Garzeit 1:45 Std.

Springform (24 cm Ø) oder Pie-Form (2 l Inhalt)

Zutaten

Für den Teig

500 g Mehl, plus mehr zum Arbeiten

2 TL Salz

75 g kalte Butter, in Würfel geschnitten, plus mehr für die Form

75 g kaltes Schweineschmalz, in Würfel geschnitten

130 ml Eiswasser

2 EL Weißweinessig

Für die Füllung

1,2 kg Hackfleisch vom Schwein

1½ TL Zimt, gemahlen

1 TL Nelken, gemahlen

1 gute Prise geriebene Muskatnuss

Salz und Pfeffer

2 Zwiebeln, gehackt

3 Knoblauchzehen, gehackt

300 g Stangensellerie, in Scheiben

150 ml Weißwein

1 TL Thymian, getrocknet

2 TL Estragon, getrocknet

500 ml Hühnerfond

80 g Semmelbrösel

1 Ei

Form (bzw. Springform) ausrollen. Form damit auskleiden, 2 cm Teig überhängen lassen. Erneut bis zum Gebrauch kühl stellen.

⑦ Semmelbrösel gründlich unter die Fleischmasse rühren, mit Salz und Pfeffer abschmecken. Pfanne von der Herdplatte nehmen und abkühlen lassen.

⑧ Backofen auf 200 °C erhitzen. Form aus dem Kühlschrank nehmen und mit der Fleischmasse füllen. Ei mit etwas Salz verquirlen, die Teigränder damit bestreichen. Restlichen Teig 5 mm dick zu einem Deckel für die Pastete ausrollen. Auf die Pastete legen und Teigränder zusammendrücken, überschüssigen Teig abschneiden.

⑨ Teigdeckel mehrmals einschneiden, damit Dampf ungehindert austreten kann. Deckel mit Ei bestreichen. Im Ofen 30 Min. backen. Dann Temperatur auf 180 °C senken und weitere 15 Min. backen. Pastete in der Form abkühlen lassen. Mit Raumtemperatur servieren.

Die Blätter des Stangenselleries können zum Würzen verwendet werden

Für 4 Personen

Zubereitungszeit 10 Min.

Garzeit 30 Min.

Zutaten

2 EL Öl

4 Karibu-Medaillons (je etwa 175 g; alternativ Wild)

Für die Sauce

3 EL Sherryessig

4 EL Cherry Brandy

120 ml Rotwein

1 Zimtstange

150 ml Wild- oder Kalbsjus

50 g getrocknete Kirschen

1 EL Cranberrygelee

4 EL Portwein

2 EL gehackte Walnusskerne

10 g eiskalte Butter, in Stücke geschnitten

Medaillons of caribou fillet

Karibu-Medaillons

Seine besondere Note erhält das schmackhafte Gericht durch die Süße der verwendeten Früchte und den Zimt.

① Das Öl in einer großen Pfanne erhitzen. Die Medaillons darin 3–5 Min. goldbraun braten. Herausnehmen und warm stellen.

② Überschüssiges Bratfett abgießen, Ansatz mit Sherryessig ablöschen. So lange kochen, bis der Essig verdunstet ist.

③ Cherry Brandy, Rotwein und Zimtstange dazugeben, alles 3–4 Min. kochen, bis die Flüssigkeit auf die Hälfte reduziert ist. Jus und getrocknete Kirschen zufügen und 5 Min. köcheln lassen.

④ Die Zimtstange herausnehmen und Gelee, Portwein und Walnüsse in die Sauce geben. Die Butterstückchen nach und nach kräftig unterschlagen. Die Sauce abschmecken und vor dem Servieren über die Karibu-Medaillons geben.

Dazu passen selbst gemachte Spätzle oder ein cremiges Kartoffelpüree.

Walnüsse verleihen vielen Gerichten ein fein-bitteres Aroma

Für 6 – 8 Personen

Zubereitungszeit 30 Min.

Garzeit 3:45 Std.

Zutaten

1 Pute von etwa 4,5 kg, ofenfertig

25 g Butter

frische Kräuter zum Garnieren (nach Belieben)

Für die Füllung

50 g Butter

1 Zwiebel, fein gehackt

125 g frische weiße Semmelbrösel

2 EL fein gehackte Petersilie

100 g Cranberrys, frisch oder tiefgekühlt, grob gehackt

50 g Pistazien, gehackt

Salz und Pfeffer

2 Eiweiß

1–2 EL Milch

8 Streifen durchwachsener Speck

Roast turkey

Truthahn

Die leichte Füllung schmeckt köstlich, wenn sie im Truthahn gart, kann aber auch separat als Beilage zubereitet werden.

① Für die Füllung die Butter in einer Pfanne zerlassen, Zwiebel hineingeben und 3–4 Min. anschwitzen.

② Pfanne vom Herd nehmen und Semmelbrösel, Petersilie, Cranberrys und Pistazien einrühren. Mit Salz und Pfeffer abschmecken. Die Masse abkühlen lassen und mit Eiweiß und etwas Milch binden.

③ Backofen auf 180 °C vorheizen. Durch die Halsöffnung die Pute füllen, wiegen und Gardauer berechnen: etwa 20 Min. pro 500 g plus 20 Min. extra.

④ Pute mit zerlassener Butter bestreichen, mit Salz und Pfeffer würzen, in eine Fettpfanne legen und mit Alufolie bedecken. Für die berechnete Gardauer braten, bis beim Einstechen in den dicksten Teil der austretende Saft nicht mehr rosa ist. Gelegentlich begießen und für die letzten 30–40 Min. die Alufolie entfernen, damit die Haut knusprig wird.

⑤ Aus der restlichen Füllung acht walnussgroße Klößchen formen. Speckstreifen mit dem Messerrücken dünn ausstreichen, dann quer halbieren. Die Stücke jeweils um die Klößchen wickeln und in eine gefettete Backform legen.

⑥ Die fertige Pute aus dem Ofen nehmen, mit Alufolie bedecken und für mindestens 20 Min. ruhen lassen, dann zerlegen. Die Ofentemperatur auf 200 °C erhöhen und die Klößchen 15–20 Min. backen, bis sie goldbraun sind. Pute mit Klößchen und nach Belieben mit Kräutern garniert servieren.

Cranberrys – beliebte Zutat vieler Vor-, Haupt- und Nachspeisen

Für 6 Personen

Zubereitungszeit 10 Min.

Backzeit 15 – 20 Min.

1 große beschichtete Pfanne

Zutaten

200 g Mehl

2 TL Backpulver

40 g Zucker

250 ml Milch

2 große Eier, verquirlt

1 Päckchen Vanillezucker

30 g Butter, zerlassen und abgekühlt, plus mehr zum Backen

200 g gemischte Beeren (etwa Brombeeren, Himbeeren, Heidelbeeren, Johannisbeeren)

Ahornsirup zum Servieren

Pancakes and maple syrup

Pfannkuchen mit Ahornsirup

Beginnen Sie schon zum Frühstück mit einem bewährten kulinarischen Highlight der kanadischen Küche.

① Das Mehl mit dem Backpulver in eine Schüssel sieben. Den Zucker hinzufügen. Die Milch mit Eiern und Vanillezucker verquirlen. In die Mitte des Mehls eine Mulde drücken und nach und nach die Milch-Eier-Mischung mit einem Schneebesen unterrühren. Die Butter dazugeben und den Teig schlagen, bis er ganz glatt ist.

② In der Pfanne etwas Butter bei mittlerer Hitze zerlassen. Den Teig esslöffelweise hineingeben, dabei zwischen den Portionen Abstand lassen – die Pancakes werden 8 – 10 cm groß. Pancakes backen. Sobald an der Oberfläche Blasen entstehen und wieder platzen, wenden. Weitere 1 – 2 Min. backen, bis sie goldbraun und gar sind. Alle Pancakes so zubereiten und warm halten.

③ Pancakes mit Beeren belegen und mit ein paar Esslöffel Ahornsirup beträufeln, sofort servieren.

Brombeeren sind voller Vitamine und Mineralstoffe

Für 8–10 Stück

Zubereitungszeit 15 Min.

Backzeit 40 Min.

1 Springform (22 cm Ø)

Zutaten

150 g weiche Butter, plus mehr für die Form

150 g Zucker

3 Eier

1 Päckchen Vanillezucker

100 g Mehl

2 TL Backpulver

50 g gemahlene Mandeln

250 g Blaubeeren

steif geschlagene Sahne, Vanillesauce oder Puderzucker zum Servieren (nach Belieben)

Blueberry upside down cake

Gestürzter Blaubeerkuchen

In Kanada werden wilde und gezüchtete Blaubeeren (Heidelbeeren) geerntet. Schon die First Nations schätzten die Früchte als Nahrungs- und Heilmittel.

① Butter und Zucker schaumig schlagen. Die Eier einzeln hinzufügen, unterrühren und den Vanillezucker dazugeben. Mehl, Backpulver und gemahlene Mandeln mischen. Das Ganz unter die Butter-Eier-Masse rühren.

② Die Backform mit Backpapier auslegen. Blaubeeren in die Form streuen und den Teig gleichmäßig darüber verteilen. Den Kuchen im vorgeheizten Ofen (175 °C) in 35–40 Min. goldbraun backen, bis er auf Fingerdruck zurückfedert und bei der Stäbchenprobe kein Teig mehr haften bleibt.

③ Den Kuchen einige Minuten in der Form abkühlen lassen, dann aus der Form stürzen. Backpapier abziehen. Warm mit geschlagener Sahne oder Vanillesauce als Dessert oder kalt mit Puderzucker bestreut servieren.

Aufbewahren

Dieser Kuchen hält sich luftdicht verpackt zwei Tage lang frisch.

Ob für Kuchen, Muffins, Pfannkuchen oder Waffeln – Blaubeeren bereichern jede Dessertkarte

Pumpkin pies
Kürbistörtchen

Dieses Gebäck eignet sich wunderbar als Nachspeise oder zur Tasse Kaffee oder Tee zwischendurch.

① Für den Teig Mehl und Butter mit den Fingern oder in der Küchenmaschine in kurzen Intervallen zu Streuseln reiben. Den Zucker untermischen. Das Eigelb mit dem Vanillezucker verquirlen und mit der Streuselmasse zu einem Teig verarbeiten. Falls nötig, noch etwas Wasser hinzufügen. Den Teig in Frischhaltefolie wickeln und für 1 Std. kalt stellen.

② Den Backofen auf 180 °C vorheizen. Den Teig auf der bemehlten Arbeitsfläche etwa 3 mm dünn ausrollen. So dünn ist der Teig sehr brüchig, notfalls wieder zusammenschieben und mit der Hand glatt drücken. Mit einem Glas so viele Kreise wie möglich ausstechen (etwa 6–8) und in die gefetteten Muffinförmchen setzen. Die Teigböden mehrmals mit einer Gabel einstechen, mit Backpapier bedecken und darauf die Hülsenfrüchte zum Blindbacken verteilen.

③ Die Form auf einem Blech in den Ofen schieben und den Boden 15 Min. backen. Dann Hülsenfrüchte und Papier entfernen und die Pie-Böden weitere 5 Min. backen, falls die Mitte noch nicht gar ist.

Für 6 – 8 Stück

Zubereitungszeit 30 Min. + Wartezeit

Backzeit 60 – 65 Min.

Zutaten

Für den Teig

150 g Mehl, plus mehr zum Arbeiten

100 g kalte Butter, gewürfelt

50 g Zucker

1 Eigelb

1 Päckchen Vanillezucker

getrocknete Hülsenfrüchte zum Blindbacken

Für die Füllung

3 Eier

100 g heller Muscovado-Zucker

1 TL gemahlener Zimt

1 TL Lebkuchengewürz

200 g Crème fraîche

350 g geschmorter, pürierter Kürbis (siehe Profi-Tipp)

Puderzucker zum Servieren

④ Für die Füllung die Eier mit Zucker, Gewürzen und Crème fraîche gut verrühren, dann das Kürbispüree dazugeben und alles zu einer glatten Masse rühren. Die Füllung auf die Teigböden geben, die Form auf das Backofengitter setzen und das Gitter in den Ofen (Mitte) schieben.

⑤ Die Pies im heißen Ofen etwa 40 Min. backen, bis die Füllung recht fest ist. Aus dem Ofen nehmen und 5 Min. abkühlen lassen. Die Pies in der Form mindestens 15 Min. abkühlen lassen, anschließend aus der Form nehmen. Mit Puderzucker bestreut servieren.

Gartenkürbisse gehören zu den aromatischsten Kürbisgewächsen

Profi-Tipp

Für das Kürbispüree 350 g frischen Kürbis (z. B. Gartenkürbis, Butternuss, Hokkaido) schälen, putzen und in Stücke schneiden. In einem Topf mit Wasser bedecken, mit Salz würzen und weich garen. Die Kürbisstücke abgießen, pürieren und vor der Weiterverwendung abkühlen lassen.